U0785875

永嘉年鉴

（2019）

永嘉县地方志编纂委员会　编

方志出版社
Publishing House of Local Records

图书在版编目（C I P）数据

永嘉年鉴. 2019 / 永嘉县地方志编纂委员会编. -- 北京：方志出版社，2020. 4
ISBN 978-7-5144-4189-5

Ⅰ. ①永… Ⅱ. ①永… Ⅲ. ①永嘉县—2019—年鉴 Ⅳ. ①Z525. 54

中国版本图书馆CIP数据核字（2020）第075820号

永嘉年鉴（2019）

编　　者：永嘉县地方志编纂委员会
责任编辑：罗　滔
出 版 者：方志出版社
　　地址　北京市朝阳区潘家园东里9号（国家方志馆4层）
　　邮编　100021
　　网址　http: //www. fzph. org
发　　行：方志出版社图书经销中心
　　电话（010）67110500
经　　销：各地新华书店
印　　刷：温州市北大方印务有限公司
开　　本：889×1194　1/16
印　　张：29
字　　数：958千字
版　　次：2020年4月第1版　　2020年4月第1次印刷
印　　数：0001～1000册

ISBN 978-7-5144-4189-5　　定价：180. 00元

· 版权所有 翻印必究 ·

永嘉县地方志编纂委员会

主　任　林万乐

副主任　张贤孟　项光夫　胡明凯　周旭丹　杨志华

委　员　陈立新　戚永东　麻伯崇　李小攀　戴源涌　林久区

谢向荣　朱海兵　张家强　谢向东　黄金锡　林　杰

周望欣　肖晓锵　李金星　潘教勤　金翎翼　汪庆珍

王晓峰　叶卫周

永嘉县地方志研究室

主　任　谢向荣

副主任　谢李忠　李河海

《永嘉年鉴》编辑部

主　审　周旭丹

主　编　谢向荣

副主编　李河海　徐逸龙　高　远　林　雪

编　辑　（以姓氏笔画为序）

李河海　林　雪　胡程炜　柯孙强　徐逸龙

高　远　戴丽芝

编　务　汤开銮　柯孙强

摄　影　（以姓氏笔画为序）

叶卫周　汪学斌　陈兴怀　陈胜豪 等

编辑说明

一、《永嘉年鉴》以马克思列宁主义、毛泽东思想、邓小平理论、“三个代表”重要思想、科学发展观、习近平新时代中国特色社会主义思想为指导，坚持辩证唯物主义和历史唯物主义的立场、观点和方法，坚持存真求实，全面、客观、系统地记述年度发展情况。

二、《永嘉年鉴》所刊内容由永嘉县各有关部门、单位指定专人负责撰写。经供稿单位领导审核后由《永嘉年鉴》编辑部定稿。

三、《永嘉年鉴》所采用的数据，除国家统计部门正式公布的外，均由永嘉县各有关部门和行业协会提供，并经供稿单位领导审核。由于数据来源、统计方法、使用角度等方面原因，如遇同一数据不一致的情况，以统计局数据为准。考虑到社会使用习惯，全书中“亩”不统一换算为“公顷”。

四、《永嘉年鉴（2019）》全面客观地记载2018年永嘉人民投身改革开放和全面推进“一带两城五组团”发展布局，深入开展“大学习大调研大抓落实”活动中取得的新成就、新经验，以及在前进中所遇到的新情况、新矛盾。其收录范围，以永嘉县现有行政区划为界，以2018年1月1日至12月31日为限，个别事物不受时间、地域限制。

五、《永嘉年鉴》框架按类目、分目、条目设计，以条目为主要载体。2019年卷共设29个类目，依次是特载、特辑、大事记、县情概况、永嘉县主要机构及负责人名录、中共永嘉县委员会、永嘉县人民代表大会、永嘉县人民政府、政协永嘉县委员会、纪检·监察、民主党派·社会团体、法治、军事、农业·农村·水利、工业、商贸、城乡建设、交通·通信、旅游、经济管理、金融、科学技术、教育、文化、卫生、体育、社会事务、环境保护、功能区　乡镇（街道）。除内文外，还有少量反映永嘉生态环境、人文景观及2018年举办大型活动的图片资料。

类　目

山水永嘉

上图　楠溪舴艋舟（岩坦镇　供图）
下图　狮子岩晨韵（叶卫周　摄）

城乡建设

上图　永嘉体育馆、游泳馆（陈胜豪　摄）
下图　桥头夜景（陈兴怀　摄）

上图　玩具之都·智慧桥下——永临大道西侧公园（桥下镇　供图）
下图　瓯江北岸夜游亮化工程（三江街道　供图）

城乡建设

上图　建设中的上瓯公路（陈胜豪　摄）
下图　永临大道（陈胜豪　摄）

人文风情

1 2 3
4 5

图1 云岭乡高山白茶节（陈胜豪 摄）
图2 呑运会（陈胜豪 摄）
图3 丽水街长街宴（陈胜豪 摄）
图4 温州（楠溪江）国际太极瑜伽活动（陈胜豪 摄）
图5 楠溪江·东海跨年音乐节（温州市楠溪江风景旅游管理委员会 供图）

美丽乡村

楠溪江·東海
跨年音乐节
2018

永嘉县行政区划图

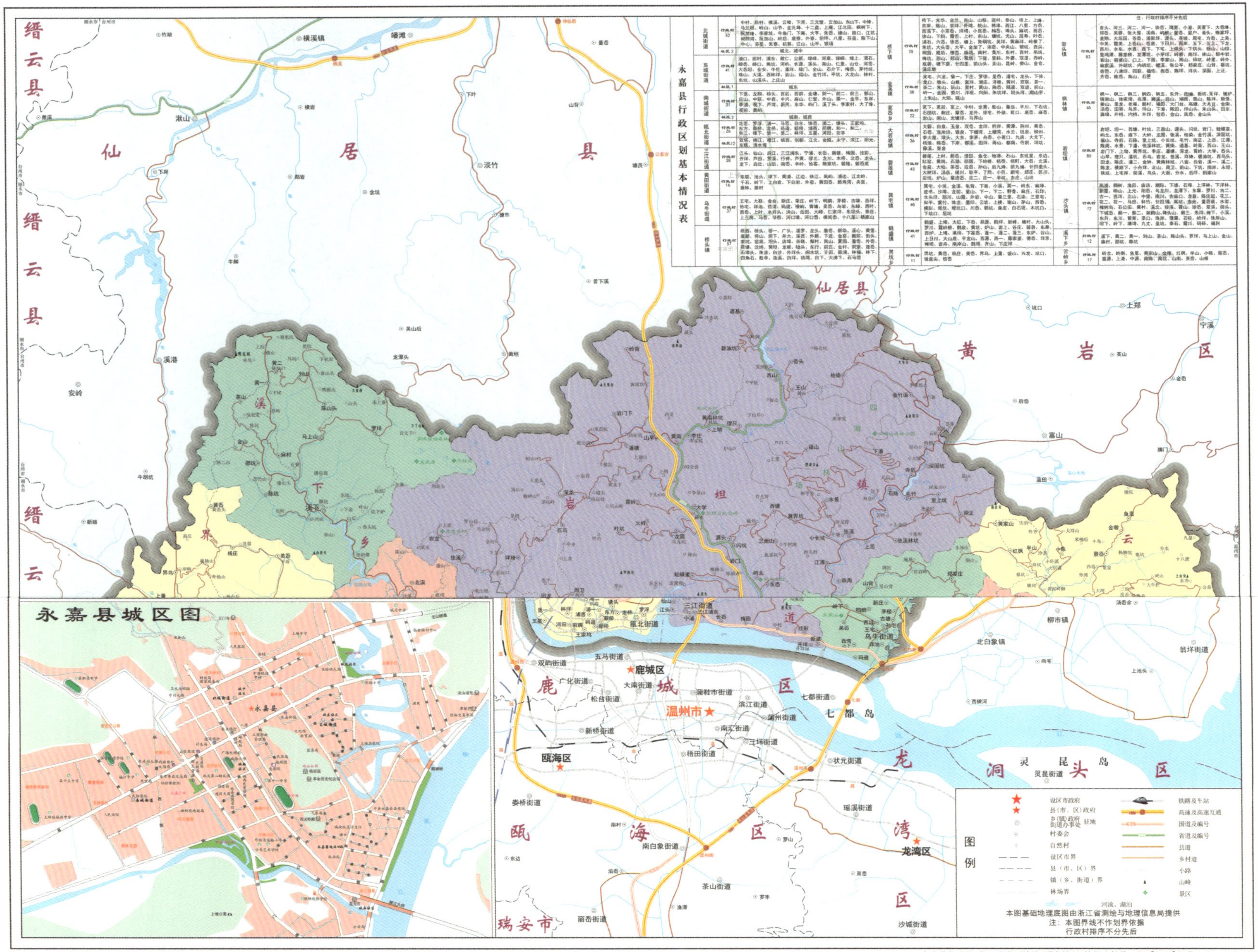

永嘉县民政局 浙江煤炭测绘院 联合编制 地图审核号：浙S[2016]75号 二〇一六年五月

目录

永嘉县主要机构及负责人名录

中共永嘉县委员会

永嘉县人民代表大会

永嘉县人民政府

政协永嘉县委员会

纪检·监察

民主党派·社会团体

法 治

军　事

农业·农村·水利

工　业

商 贸

城乡建设

交通·通信

旅游

经济管理

金 融

科学技术

教　育

文 化

卫生

体育

社会事务

环境保护

功能区 乡镇（街道）

特载

聚焦“一二五”强化抓落实 奋力谱写“八八战略”再深化永嘉篇章

——在县委十三届四次全体（扩大）会议上的报告

（2018年8月12日）

中共永嘉县委书记　姜景峰

这次县委全会的主要任务是，深入贯彻习近平总书记对浙江工作的重要指示精神，全面落实省委全会和市委全会精神，回顾总结上半年工作，研究部署下半年任务，进一步动员全县上下凝心聚力、开拓创新，实干担当、奋勇争先，确保高质量完成全年各项目标任务。审议通过《中共永嘉县委关于新时代进一步扩大对外开放的决定》。

下面，我代表县委常委会向全会作报告。

一、创新实干求突破，县域发展迈向更高水平

今年以来，全县上下认真贯彻落实中央和省委、市委的决策部署，深入开展“大学习大调研大抓落实”活动，全面推进“一带两城五组团”发展布局，统筹抓好改革发展稳定各项工作，经济社会发展实现稳中有进，综合考核位居全省26个加快发展县第二。上半年，全县实现地区生产总值200.62亿元，同比增长8.8%；一般公共预算收入19.87亿元，增长13.1%；固定资产投资92.81亿元，增长10.1%；社会消费品零售总额89.61亿元，增长10.4%；城镇常住居民人均可支配收入22518元，农村常住居民人均可支配收入11731元，分别增长8.2%和8.6%。

（一）经济转型增添新动力。全力抓好新动能培育和传统产业提升，泵阀产业列入全省传统制造业改造提升分行业试点，全县高新技术产业、战略性新兴产业增加值分别增长14.1%和16.9%，增速均排名全市第一；规上工业总产值连续15个月保持两位数增长、增速创六年新高。深入推进“两化融合”和“浙江制造”两大省级试点，东蒙列入工信部“两化”融合贯标企业，奥康、红蜻蜓成为省级制造业与互联网融合发展示范试点企业，完成企业股改5家、签约3家，新增省级科技型中小企业65家、“专精特新”培育企业200家、小微园入驻企业85家。大力培育生态休闲产业，全面深化与浙旅、北部湾旅的全域旅游、智慧旅游合作，楠溪江国际旅游度假区成为全市唯一、体量全省第三的省山海协作旅游示范项目，云岭风情小镇列入市级田园综合体培育项目，我县获评2018年美丽中国首选旅游目的地、全国首批民宿产业发展示范区，实现接待游客数519.23万人次、旅游总收入59.98亿元，均保持30%以上的高位增长。全面加强金融风险防控，为企业提供应急转贷资金2.5亿元，不良贷款余额和不良贷款率实现“双下降”，金融生态继续保持全市最优水平。

（二）城乡建设实现新突破。全力推进“项目建设突破年”行动，集中开工重大项目60个、总投资253亿元，新增省重点项目6个，签约招商项目10个、总投资59.6亿元，完成清零清障项目19个、交地3308亩，5亿元以上重大产业项目、重大服务业项目投资额均排名全市第一，民间投资比重达72.4%、高出全市8.2个百分点。更加突出交通的先导作用，提前启动杭温高铁全线征地拆迁，高标准编制温州北站、楠溪江站综合交通规划，高水平推进“四好农村路”、美丽经济交通走廊建设，全县交通项目投资实现45.6%的高速增长。聚焦“一江两岸”协同发展和“一带两城”联体发展，全力抓好瓯江北岸亮化夜游工程、永嘉世贸中心等核心区十大项目建设，联动推进上塘中后村、瓯北清水埠等城中村改造，基本完成高铁新城城市设计及控规调整，“大建大美”重点项目投资完成率全市第三。大力实施乡村振兴战略，全力推进楠溪古韵、山水诗画等示范带和温州西部生态休闲产业带项目建设，建成村级集体经济项目320个、带动增收3080万元，成功列入全国农村集体产权制度改革试点县，乡村振兴示范带投资完成率全市第一，经验做法被中央电视台专题报道、在浙江新闻联播之江播台头条播出，全省“消薄”现场会在我县召开。

（三）发展环境得到新改善。健全常态化工作推进机制，建立“一二五”联席会议制度，成立四大作战指挥部，实行“一对一”挂钩区块、“点对点”攻坚项目，真正形成一级带着一级干、一级干给一级看的浓厚氛围。深入开展“营商环境提升年”行动，持续深化“最多跑一次”改革，创新实施“组织保障聚合力”八条措施，全面推行政务服务“无差别受理”，359名营商专员帮助解决企业和项目难题86个，政务环境总指数排名全省第五、全市第一，“放管服”改革走在全省前列。坚持保护生态环境就是保护生产力，统筹打好“垃圾革命”“厕所革命”“污水革命”等组合拳，持续推进小城镇环境综合整治，铁腕抓好中央环保督察意见整改，完成污水处理厂（站）提标改造4座，新建农村垃圾分类村91个，生活垃圾无害化处理率达100%，获评美丽浙江建设工作考核优秀县。

（四）民生事业再上新台阶。深入推进“平安永嘉”建设，破获全省首例全链条生产销售假农药案件，创下连续46个月进京“零非访”全省纪录，“4+1”基层人民调解模式在全国现场会上推广，社会治安形势、安全生产形势总体平稳，成功夺取“平安银鼎”。扎实推进教育优质均衡发展，积极开展“县管校聘”改革试点，顺利完成41所小规模学校校网布局优化，高考成绩再创佳绩。全面启动医疗康养中心建设，县人民医院迁建、智慧健康等项目加快推进，沙头、金溪等3家中心卫生院改扩建顺利开工，成为全市唯一的县乡一体化基本药物采购改革试点县，家庭医生签约服务工作成为全省典型。大力推进文体事业发展，建成开放全市首家数字化城市书房，成功举办全国公路自行车锦标赛，永昆节目《孟姜女送寒衣》入选国家艺术基金资助项目，瓯窑小镇列入全省唐诗之路青瓷体验专线，文化礼堂建设得到省主要领导批示肯定，获评全省传承发展优秀传统文化重点县。全力开展“除险安居”“治危拆违”专项行动，地质灾害避让搬迁原房全部拆除，提前完成城乡危旧房年度治理任务。着力提高社会保障水平，全县基本医疗保险参保率达98.2%。

（五）党的建设取得新成效。严格落实全面从严治党要求，扎实推进“两学一做”学习教育常态化制度化，与中央党校合作举办党政领导干部能力研修班，党员干部理论武装不断加强。牢固树立大抓基层的鲜明导向，积极推进支部“标准化+”建设，深入开展红色领航“五百工程”行动，精心打造两条市级基层党建示范带，建成瓯窑小镇、楠溪源头田园综合体联合党委等一批区域党建品牌，农村、城市、国企、学校等各领域党建工作取得新成效。全力抓好高素质专业化干部队伍建设，深入实施“赛场练兵·实战比选”计划，干部公开“亮丑”做法被《浙江日报》头版报道。全面推进“清廉永嘉”建设，持续深入开展县委巡察，重拳整治“为官不为”“中梗阻”等作风顽疾，严肃查处了一批违纪违法案件。充分发挥县委总揽全局、协调各方的领导核心作用，支持人大、政府、政协和监察机关、审判机关、检察机关开展工作，加强同民主党派、无党派人士团结合作，高度重视党管武装、民族、宗教、对台、侨务、党史、档案等工作，工青妇、老干部、工商联、残联、社科联、科协、文联、红十字、慈善、关工委等工作富有成效，进一步形成了齐心谋发展、合力促发展的良好局面。

在肯定成绩的同时，我们也要清醒地看到，当前我县经济社会发展仍面临不少困难和挑战，工作中还存在许多问题和不足。主要是部分经济指标增速放缓、位次后移，一些重点工作没有达到时序进度要求，完成全年目标任务还需加倍努力。新旧动能转换任重道远，科技创新驱动作用不足，新兴产业培育速度不快，平台、产业、企业“低散乱”问题突出。城乡发展不平衡、农村发展不充分仍是最大短板，沿江城市形态对标温州主城区差距不小，山区教育、医疗等公共服务水平亟待提高。社会治理基层基础薄弱，安全隐患和矛盾纠纷仍然较多，网络舆情依然高发易发，维稳压力进一步加大。少数党员干部责任担当的意识不强、勇争一流的激情不足，引领转型、服务发展的能力还有待进一步提升。对此，我们必须高度重视，采取有效措施，切实加以解决。

二、勇于担当抓落实，全力推动永嘉走在前列

使命呼唤担当、使命引领未来。在改革开放40周年、“八八战略”实施15周年的重要时间节点，习近平总书记专门对浙江工作作出重要指示，提出“干在实处永无止境、走在前列要谋新篇、勇立潮头方显担当”的新期望，为我们指明了方向、提供了遵循、增添了动力。当前和今后一个时期，我们必须深入学习贯彻习近平新时代中国特色社会主义思想和中共十九大精神，全面落实习近平总书记对浙江工作的重要指示精神，紧扣省委“‘八八战略’再深化、改革开放再出发”工作主线，围绕市委“再造改革开放新优势、再创高质量发展新辉煌、打造坚实‘铁三角’”要求，以大抓落实的态度、以决战决胜的力度，全力打好重大风险防控、精准脱贫、污染防治“三大攻坚战”，深入推进“一带两城五组团”发展布局，奋力谱写“八八战略”再深化永嘉篇章。在具体工作中，主要锁定“一二五”发展布局取得突破性进展、年度考绩夺得“五连优”、营商环境实现全市领先“三大目标”，重点抓好五个方面：

（一）打造大产业，进一步加快新旧动能转换。全面深化供给侧结构性改革，着力打造标志性的平台载体、产业集群和龙头企业，加快推动经济发展质量变革、效率变革、动力变革。

一要全力推进平台建设。坚持以重大平台支撑新动能培育、引领高质量发展，按照特色发展、创新发展、集约发展的理念，加快推进永嘉工业园区升级迭代和园区配套建设，做精做专永嘉教玩具、金溪武医文化等一批特色小镇，全力抓好瓯北小微园、桥下教玩具孵化园等项目，确保建成小微园12万平方米、入驻企业31家，争取创成省级高新技术园区和省级经济技术开发区。进一步做强科技创新平台，充分发挥温州系统流程装备科学研究院的引领作用、智能泵阀联合创新实验室的示范作用、重点企业研究院的支撑作用，全方位推进创新服务综合体和行业云建设，力争R&D经费占GDP比重达到2.0%以上。紧盯“一带两城”服务业发展主战场，加快推进黄田商贸电子商务城、桥头商贸城等10个省市重大服务业项目建设，积极打造高端商业、金融服务、现代物流等一批特色街区，推动服务业布局优化、产业集聚、功能提升，巩固“三二一”产业发展格局。坚持“亩均论英雄”导向，完善资源要素市场化、差别化配置政策，实现所有工业项目“标准地”制度供给，逐步拓展到总部经济、文化旅游等领域项目，进一步提升单位土地产出率和平台空间利用率。

二要全力加速产业提升。深入实施新动能培育三年行动计划，主动顺应“互联网+”“大数据+”“标准化+”发展趋势，大力推广“私人定制”“智能工厂”等模式，加快推动传统产业信息化、智能化、时尚化改造，全年完成“机器换人”项目10个、打造“智能工厂”1家，创成“浙江制造”品牌培育示范县。全面实施数字经济“一号工程”，抓紧制定数字经济发展五年行动计划，谋划布局一批高附加值、高成长性、高技术含量的重量级未来产业，积极培育智慧旅游、智慧物流、共享医疗等新兴业态，加快推动“数字产业化、产业数字化”。精准对接温州西部生态休闲产业带建设，联动推进国家AAAAA级景区和全域旅游示范区创建，全力抓好省市田园综合体、国企合作旅游项目和百里楠溪特色民宿带建设，精心打造“楠溪嘉品”农产品区域公用品牌，加快推动森林康养、休闲农业、文化观光、时尚体育等业态融合，确保旅游业增加值占GDP比重达到8.8%以上，全面提升楠溪江旅游的综合竞争力和贡献度。扎实开展全国第四次经济普查，摸清经济底数和产业状况，提高产业政策的针对性和精准性。

三要全力抓好企业培育。坚持“抓大扶小”双管齐下，统筹推进企业上市“凤凰行动”、隐形冠军培育计划、中小企业成长工程，加快培育一批支撑区域发展的领军型、航母型企业，完成小升规40家、股改10家、辅导1家、报会1家、上市签约5家，新增省级隐形冠军1家，加快打造大中小企业协同发展、上中下游产业融合共生的企业生态。全面开展低产低效企业清理，全年完成企业整治提升100家，真正形成“良币驱逐劣币”的发展格局。严厉打击违法违规金融活动，全力防控新型金融风险隐患，积极拓宽企业融资渠道，逐步修复社会信用体系，坚决守住不发生区域性、系统性金融风险的底线。更加重视企业家队伍建设，弘扬新时代永商精神、劳模精神和工匠精神，营造安心、舒心、暖心的创新创业氛围，持续提升企业家、新生代企业家的创新意识、管理能力和创业热情。

（二）攻坚大项目，进一步增强县域发展支撑。牢固树立“项目为王”的理念，以项目建设的大突破、招商引资的大成效，推动永嘉经济的大转型、大跨越。

一要打好项目谋划提升战。紧盯永嘉经济转型方向、城市转型短板，主动对接“中国制造2025”十大重点领域、省八大万亿产业，全方位谋划、精细化包装一批事关永嘉长远发展的重大项目，全年新增10亿元重大项目10个、其中产业项目3个以上，确保省“152”工程项目入库4个。坚持“常年筛选、滚动储备、分步实施”，不断充实和优化重大项目储备库，确保全县重大项目计划总数稳定在80个以上，真正形成“谋划一批、储备一批、建设一批”的梯队格局。进一步健全重大项目评估体系，探索建立项目准入负面清单，精准算好政策平衡、环境影响、经济效益“三本账”，全面提高项目的可报批性和可实施性。

二要打好项目招引争夺战。瞄准央企国资、世界500强等重点企业和实力永商群体，主动出击、精准招引一批发展前景好、产业关联度高、带动能力强的大项目、好项目，争取全年盯引落实亿元以上项目8个，确保招商到位资金增长10%、民间投资比重保持在70%以上。全力抓好招商项目“回头看”，组织开展履约清理专项行动，坚决避免“只签约不落地、只圈地不投产”的现象，确保招一个成一个，成一个见效一个。探索建立招商项目县域统筹、收益分配等机制，加强跨区域合作、强化竞争性倒逼，努力掀起新一轮招商引资热潮。

三要打好项目建设攻坚战。深入开展“停缓慢”项目提速行动，全力推进书记县长工程“百日攻坚”和扩大有效投资“双月攻坚”，继续加大项目“清零清障”力度，确保完成固定资产投资217亿元以上。坚持全员上阵攻坚项目，按照“一个项目、一名领导、一个专班”模式，紧紧抓牢书记县长项目工程，加快推进43个县级以上重大项目建设，确保江心调味品生产基地项目、岩头楠溪小镇溪山庄园项目落地开工。坚持全心全意服务项目，实行重大项目审批绿色通道，全面推行即办制、模拟审批、多图联审等创新做法，确保企业投资项目审批“开工前100天、竣工验收30天”。坚持全力以赴保障项目，扎实做好耕地垦造、土地清理、指标争取等工作，加快推进地方融资平台市场化转型，重拳整治围标串标、村霸地霸、强买强卖等问题，努力为项目建设创造良好环境。

（三）聚焦大融合，进一步推动城乡一体发展。坚持沿江产城融合、山区绿色崛起主攻方向，全力推进区域协调发展，不断缩小城乡之间差距，加快形成城乡两极并进的发展格局。

一要健全融合发展机制。着眼构筑工农互促、城乡互补、全面融合、共同繁荣的新型工农城乡关系，建立健全财政倾斜性投入、服务均衡化供给等政策体系，主动引导基础设施、公共服务、人才资本向农村延伸、山区流动。继续加大中心镇、中心村建设力度，因地制宜推进村庄撤并和下山移民，全力打造一批“居住集中、产业集聚、功能完善”的新型城镇和新型社区，有序引导农村人口梯度转移。抢抓农村集体产权制度改革全国试点的契机，高质量完成农村土地承包经营权确权，加快推进土地规模化流转和产权规范化交易，更好地引导城市工商资本上山下乡。坚持以交通一体化带动城乡一体化，围绕杭温高铁温州北站、楠溪江站两大交通枢纽，深化104国道改道、北汉桥连接线等项目前期，加快上塘至瓯北公路、104国道西过境永嘉段、49省道桥下至桥头段改建等项目建设，全面推进城乡公交一体化改造，同步建成“四好农村路”71千米，全力构筑沿江与山区、大源与小源之间互通互联的大交通格局。

二要推进品质城市建设。高起点抓好规划设计，立足“一江两岸”协同发展，精准对接温州市中心城区总体规划，筛选引进一批国际化、领军型的专业团队，精心做好三江片区、高铁新城等11个专项规划和城市设计，加快完成县域总体规划修编，引领城市形象、功能、档次全面提升。高水平建设亮点区块，聚焦瓯江北岸城市核心区和温州北高铁新城两大千亿级平台，锁定上塘精致县城建设定位，全速推进温乡城、永嘉世贸中心、温商金融小镇等标志性项目，加快建成县公共文化活动中心、瓯江北岸景观带、三江道路网一期等品质提升工程，精心打造城市形象对外展示窗口。高效率推进旧城旧村改造，同步抓好拆后“大建大美”，科学植入产业功能、文化功能、旅游功能和公共服务功能，力争完成南城街道一期、东城街道二期1号区块、瓯北王家坞—前牌村等6个项目的签约和拆除，实现动态、可持续的城市有机更新。高标准完善城市配套设施，统筹抓好市政、水利、环保等基础设施建设，加快推进瓯北双塔路人防地下商业街、上塘中学停车场、县体育场停车场等地下空间利用项目，确保建成黄田、江东污水处理厂一期，新建污水管网50千米、新增公共停车位1500个、新建和改造城市道路4千米。

三要打响乡村振兴品牌。自觉践行“两山”重要理论，深入实施乡村振兴“五个双百”工程，争取列入省级乡村振兴示范区。坚持把生态环境作为最大本底，主动融入全省大花园建设，坚决打好碧水澄清、蓝天保卫、净土开拓等“六大战役”，加快推进省级生态文明建设示范县创建，积极推动楠溪江保护管理条例立法进程，继续深化小城镇环境综合整治，确保创成省级美丽乡村示范县，努力打造温州北部“后花园”。坚持以乡村振兴示范带建设为引领，统筹抓好沿线产业培育、文化振兴、环境整治，高水平打造示范带3条、示范带项目82个，全力办好全市首次乡村振兴现场会。全面实施村级集体经济“秋收行动”，全域推广资源整合、产业融合、异地置业三大模式，建成村级集体经济项目465个，带动村集体增收7300万元以上，确保年收入超百万村达到81个。

（四）立足大格局，进一步提升改革开放水平。永嘉是改革开放的先行地区，是温州模式的典型代表，“敢为人先”是永嘉发展的制胜法宝。在改革开放40周年的重要时间节点，更要坚决高举改革开放大旗，全面深化改革，扩大对外开放，为新时代永嘉高质量发展注入强大动力。

一要以更强决心攻坚改革。深入推进“改革攻坚突破年”行动，全力打造一批可复制、可推广的成功案例和改革品牌。围绕打造全市审批服务最优县，切实深化“最多跑一次”改革，在“清权、减权、放权、制权”上下功夫，在“一窗受理、一网通办、一证通办、一次办结”上求突破，全力打破信息孤岛、加快推进数据共享，继续抓好“最多跑一次”改革与基层治理体系“四个平台”融合建设，确保实现所有办理事项全覆盖、县乡村三级全联通、各类政务事项向行政服务中心全进驻。统筹抓好民营经济发展、招投标集中监管、机构改革等重点改革，加快推进农村集体“三资”清产核资等“8+9”市县改革攻坚项目，确保存量试点取得突破、更多试点落户永嘉，最大限度释放改革红利。

二要以更高层次扩大开放。抢抓杭温高铁建设的历史性机遇，以更主动的姿态融入“一带一路”、长三角一体化和全省“四大”建设。加快“走出去”步伐，深入实施外贸小微企业三年成长培育计划，积极搭建出口信用保险“政府联保”平台，引导和支持传统优势产业拓展国际市场、参与国际竞争与合作；全力抓好省级产业集群跨境电商发展试点，加快推进电商进万村服务网点建设，确保“农村淘宝”项目落地25个。做好“引进来”文章，提高人才政策的精准度和实用性，努力集聚一批“高精尖缺”人才和高水平创新团队。拓展“促合作”领域，继续深化山海协作、对口合作，进一步加强产业开放合作，形成区域协作、多方共赢的发展格局。

三要以更大力度保障落实。坚持把改革开放摆在更加突出的位置、作为“一把手”工程推进，切实加强统一领导、统筹协调和组织实施。健全完善改革开放责任体系、推进体系和督察体系，制定实施对外开放“1+X”系列政策，积极营造稳定公平透明的开放生态，确保各项改革开放措施推进有力、落地有声。精心办好“改革开放40周年”系列宣传活动，塑造各领域先进典型、弘扬新时代改革精神，讲好永嘉故事，发出永嘉声音，进一步激发全民参与改革开放的积极性和主动性。

（五）着眼大民生，进一步改善百姓生活品质。坚持以人民为中心的发展思想，全面落实惠民、利民、安民各项措施，以实际行动回应人民群众对美好生活的新期盼。

一要打造公共服务升级版。坚持教育优先发展，全面推进“管办评分离”“县管校聘”“校长职级制”等模式创新，统筹抓好薄弱学校改造、标准化学校建设和优质学校创建，持续深化社会资本办学和校网布局优化，力争开工温州弘图公学项目，加快实现教育基本现代化。牢固树立“大卫生”“大健康”理念，积极探索医养结合新模式，加快推进区域医疗康养中心建设，全面推行县域医共体建设模式，建成县级心理服务指导中心，完成敬老院“公办民营”改革，进一步提升基层医疗养老服务水平。稳步提升社会保障能力，继续推进各类保险扩面提质，加快完善社会救助和社会福利体系，实施更加积极的就业政策，确保创成“无欠薪”县。

二要筑牢社会治理硬基础。锁定平安建设“夺金”目标，持续开展扫黑除恶专项斗争，深入推进“雪亮工程”“警灯工程”和“视网通”管控平台建设，铁腕整治消防、安全生产、道路交通、食品药品安全等领域的风险隐患，确保人民群众生命财产安全。积极探索人民调解和信访对接的创新路径，进一步发挥“全科网格”的“防火”功能和“一三五”应急处置机制的“灭火”功能，全力推进信访突出问题专项整治“三大行动”，打造“枫桥经验”永嘉升级版。深入推进法治永嘉建设，全面落实司法体制改革，进一步加强法治教育和普法工作，努力形成办事依法、遇事找法、解决问题用法、化解矛盾靠法的良好氛围。全面推广“党建+治理”模式，充分发挥乡贤的力量、村规民约的权威、生活礼俗的教化作用，形成“三治融合”“三社联动”的基层治理体系。

三要提升永嘉文化软实力。深入实施文化发展“六大专项行动”，挖掘提炼永嘉昆剧、永嘉乱弹等优秀传统文化，做大做强永嘉木雕、楠溪舴艋舟等特色文化产业，进一步打响“文化永嘉”品牌。不断深化农村文化建设，积极开展“墨香永嘉”系列活动，建成农村文化礼堂109座、公共文化服务“十百千”重点村23个、城市书房3家，全力满足百姓高端化、多样化的精神文化需求。积极践行社会主义核心价值观，扎实推进文明建设“五大创建”，继续深化移风易俗工作，大力开展“最美系列”“最脏最差”等正反典型评选活动，加快培育社会文明新风尚。

三、旗帜鲜明讲政治，纵深推进全面从严治党

党政军民学，东西南北中，党是领导一切的。要牢牢把握全面从严主基调，严格落实管党治党主体责任，真正推动党的建设全面进步、全面过硬。

（一）坚定信念，打造过硬的政治品格。坚持把党的政治建设放在首位，组织开展“五看五是否”政治对标行动，引导全县党员干部进一步强化政治观念、把牢政治方向，牢固树立“四个意识”、坚定“四个自信”，坚决维护以习近平同志为核心的党中央权威和集中统一领导，坚定不移把党中央和省委、市委的各项决策部署落到实处。自觉用习近平新时代中国特色社会主义思想武装头脑、指导实践，高标准开展“不忘初心、牢记使命”主题教育，大力推行新提任干部“党性教育第一课”，切实引导广大党员干部筑牢信仰之基、补足精神之钙、把稳思想之舵。严格落实意识形态工作责任制，紧盯农村、网络、宗教等重点领域，全面加强社会舆论引导、网络舆情管控，牢牢把握意识形态工作主动权和话语权。

（二）严管厚爱，打造过硬的永嘉铁军。坚持“以结果论英雄、凭实绩用干部”，认真落实新时期好干部标准，注重在乡村振兴、项目建设、招商引资等赛场练兵中选用优秀干部，真正形成“优者上、庸者下、劣者汰”的用人导向。大力开展领导干部能力提升计划，全面加强年轻干部“三个一线”实战培训，组织开展结构性干部选拔培养行动，切实增强干部专业能力、专业精神。严格实行干部选拔任用工作全程纪实、“凡提四必”等措施，积极推行干部“政治巡访+专项巡访”，从严抓好领导干部兼职清理规范工作，构建全天候干部监管体系。坚持给干事者鼓劲、为担当者担当，健全完善容错免责机制，建立一站式“干部关心关爱服务中心”，常态化开展“向组织说说心里话”，真正让实干者实惠、吃苦者吃香，全力营造“担当免责、有为有位”的干事创业氛围。

（三）固本强基，打造过硬的战斗堡垒。坚持以提升组织力、强化政治功能为重点，深入实施红色领航“五百工程”行动，积极开展村社组织换届“回头看”，全力推进“四化”党支部创建和后进党组织集中整转，严格落实“三会一课”、支部主题党日“123”标准模式等制度，不断提升基层党组织标准化、规范化水平。切实加强农村“领头雁”队伍建设，健全完善村干部监管激励机制，加快培育一批思想素质高、管理水平好、带富能力强的基层组织带头人。牢固树立“大党建”融合发展理念，统筹抓好机关、学校、国企等各领域党建，积极探索新兴业态和互联网党建工作，深化开展街道“大工委”和社区“大党委”建设，高标准推进村改居党建综合体试点，加快实现基层党建全领域加强、全方位提升。

（四）清正廉洁，打造过硬的干部作风。大力推进新时代“清廉永嘉”建设，全面实施“六个清廉”培育计划，切实用优良的党风促政风带民风，全力打造永嘉政治生态的绿水青山。高标准落实中央八项规定及实施细则精神，深入开展“铁腕纠四风、重拳治怠政”专项整治行动，紧盯上级重大决策部署贯彻落实情况，聚焦营商环境、招投标市场、涉企执法等重点领域，密切关注“四风”问题的隐形变异，切实加强纪律建设，严肃整治慢作为、不作为、乱作为等问题。始终保持“无禁区、全覆盖、零容忍”的反腐高压态势，准确把握监督执纪“四种形态”，深化运用“第一种形态”，严肃查处群众身边的腐败问题和不正之风，让巡察“利剑”锋芒尽显、派驻“探头”持续生威。

（五）创先争优，打造过硬的发展业绩。始终保持“不进是退、慢进也是退”的危机意识，严格把好底线、标线、高线“三线”标准，敢于和最强的比、善于向最好的学，全面提振干部干事创业精气神。坚持以“功成不必在我”的伟大胸怀、以“功成必定有我”的使命担当，鼓起迎难而上的勇气、激发一往无前的锐气，扛最重的担子、啃最硬的骨头，在披荆斩棘中奋勇破难、建功立业。全力聚焦“大学习大调研大抓落实”活动，精心设计“互学互比互看”活动载体，开展全方位、分阶段、多层次的“擂台比武”，激励引导广大党员干部比着学、赛着干、拼着上。牢固树立全县“一盘棋”思想，坚持全域发动、全员上阵，加快形成党政军民团结共建、人大政协齐上一线、统战群团同舟共济的生动局面，全面汇聚起上下同欲谋发展、众志成城创辉煌的强大合力。

同志们，担当铸就梦想，实干创造未来！让我们更加紧密地团结在以习近平同志为核心的党中央周围，在省委和市委的坚强领导下，团结带领全县广大干部群众矢志不渝、砥砺前行，勇立潮头、再建新功，为谱写“八八战略”再深化永嘉篇章而努力奋斗！

永嘉县人民代表大会常务委员会工作报告

——在永嘉县第十六届人民代表大会第二次会议上

（2018年1月20日）

永嘉县人大常委会主任　谢崇福

一、2017年工作回顾

过去的一年，在中共永嘉县委的坚强领导下，新一届人大常委会围绕县委“一带两城五组团”发展布局，坚持依法履职、为民履职，敢于监督，善于建言，共召开常委会会议9次，听取和审议工作报告26个，作出决定决议12项，为全县经济社会发展发挥了积极作用。

（一）政治引领，服务大局，全力助推永嘉改革发展

新一届人大常委会切实增强政治意识、大局意识、核心意识、看齐意识，自觉把人大工作置于县委领导之下，建务实之言，献科学之策，助推经济社会持续发展。

1. 紧盯项目促经济转型升级。项目建设事关全县经济发展大局。常委会密切关注全县重大项目建设，修订《政府重大投资项目监督暂行办法》，对政府新增重大投资项目实行票决，专题督查2017年全县重点工程建设，跟踪问效2016年审议意见落实情况，要求县政府把好项目立项关、要素保障关、质量监管关、工程安全关，有保有压，及时解决项目建设遇到的难题。特别是旅游项目，要求县政府紧抓全域旅游机遇，坚持差异化深度开发，完善配套设施，串点成线，进一步提升楠溪江美誉度。持续关注企业“两链”风险化解，要求县政府完善分类处置机制，做好重点担保圈防范处置，优化企业发展环境，切实解决

小微企业融资难、融资贵问题。坚持科技是第一生产力，建议县政府重视县级综合创新平台的引领作用，构建以企业为主体的多元化科技创新投入体系，大力扶持企业研发平台，加强人才队伍建设，提升企业自主创新能力。重视农产品加工业发展，建议县政府做好农旅融合文章，加快培育上规模、有特色、强品牌的农产品深加工龙头企业，构建“线上+线下”农产品营销平台，助推传统农业向现代农业转型。

2. 加强监督促财政平稳运行。常委会紧盯政府“钱袋子”，督促县政府优化财政资金配置，规范财政资金支出，提高资金使用绩效。着力加强预决算监督，审议通过县政府财政收支、预算执行、审计整改落实等报告，审查批准财政决算和预算收支调整，建立部门预算专家、委办、代表联审制，推进预算审查提质扩面，提升政府精细化理财水平。督促县政府完善功能区、乡镇（街道）财政管理体制，调动各功能区、乡镇（街道）理财聚财的主动性、积极性。开展编外人员财政负担情况调研，要求县政府整合乡镇（街道）编外用工和村级各类财政负担人员，建立统一监管考核制度，坚决制止随意增加财政负担的做法，切实为财政“减负”。专题调研融资项目资金使用和建设进度情况，要求县政府充分考量财政承受和偿还能力，做大融资平台，适度举债，保障财政安全运行。

3. 围绕中心促重点工作落实。常委会自觉服从服务于全县工作大局，亲力亲为，尽职尽责，积极为县委分忧解难。深入开展“九联系”活动，帮助企业、农户解决实际困难。配合开展地质灾害综合防治督查行动，协助消除各类安全隐患。关心支持村级组织建设，严督实导促村两委换届。指导软弱落后村“集中整转”，助力基层党建提档升级。牵头协调上塘中后村拆迁、县电影公司改制、岩头坡地村镇征地等重点项目，助解难题，共促发展。

（二）把握导向，突出重点，着力聚焦城乡环境改善

新一届人大常委会牢固树立“绿水青山就是金山银山”的发展理念，把生态文明建设作为监督的重中之重，有的放矢，精准发力，助推山清水秀、生态宜居的城乡环境建设。

1. 全力以赴保生态环境。良好的生态环境，是最普惠的民生福祉，也是最可持续的竞争力。常委会高度重视生态环境保护，“学、研、督、治”，多管齐下，助力打好楠溪江水环境综合治理攻坚战。先后赴永康、开化、建德等地学习垃圾处理、农村生活污水治理及饮用水水源保护方面的先进做法和有益经验，取其精华，学以致用。开展《楠溪江水资源保护利用的议案》调研，深入楠溪江中上游各乡镇及沿江部分镇街明察暗访，重点查看乡镇所在地及楠溪江沿岸村污水治理和生活垃圾处理情况，深入了解水电站运行和山区饮用水安全等存在的问题，拍摄专题纪录片，形成翔实调研报告，提出对策建议交县政府办理。开展农家乐发展情况调研，针对污染严重、监管缺失等乱象，要求县政府认真开展专项整治，做到整改提升一批，依法取缔一批，规范农家乐有序发展。凝聚剿劣、治水合力，认真落实“河长制”，组织各级人大代表定期不定期开展剿劣治水督查活动，听取专项工作报告，督促县政府全力抓好城乡污水截污纳管，强化河道监管，完善保洁机制，着力推进“水岸同治”。

2. 多措并举督城乡建设。常委会把握导向，乘势而为，借力大拆大整，助力大建大美。围绕优化城市布局，听取和审议县政府旧城（城中村）改造报告，依法作出《关于批准县政府近5年（2017年至2021年）城中村（旧村）改造项目建设计划》的决议，要求县政府抓住机遇，集中精力，统筹谋划，全力推进。围绕美化城乡环境，开展小城镇环境综合整治督查，要求县政府做好“环境卫生、城镇秩序、乡容镇貌”三整治，打造洁净、有序、美丽城镇。听取美丽乡村建设报告，建议县政府突出重点，注重特色，打造精品样板。围绕提升城市能级，把脉我县交通建设，建议县政府立足长远，科学谋划杭温高铁温州北站和楠溪江站综合交通枢纽规划，构建永嘉大交通格局。开展精品街、城镇管道燃气、地下停车场等公共基础设施建设视察，助力精致、宜居县城建设。

（三）不忘初心，以民为本，竭力保障人民群众福祉

新一届人大常委会始终坚持把充分反映最广大人民的愿望，充分集中最广大人民的意志，充分保障最广大人民的利益作为一切工作的出发点，竭力为民谋福祉。

1. 重视民生实事。民生实事项目代表票决制是浙江省一项基层民主实践创新。县委高度重视，人大

积极主动，政府大力支持，成立民生实事项目人大代表票决制工作领导小组，学习借鉴兄弟县的经验和做法，研究出台相关文件。根据县委《关于实施民生实事项目人大代表票决制工作意见（试行）》的要求，召开专题动员大会，部署推进2018年县乡两级民生实事项目人大代表票决制工作。通过充分发动、广泛宣传、全面征集、反复筛选，最终确定12项县级民生实事候选项目提交本次人代会审议表决，真正让代表“下单点菜”，使民生工程由政府“为民做主”变成“由民作主”。

2. 关注民生热点。常委会把民生热点作为监督重点，努力满足人民群众的期盼。助力“最多跑一次”改革，要求县政府全面落实“两集中、两到位”改革，全力破解“一窗受理，集成服务”难题，加快信息化网络平台建设，变群众跑为数据跑，真正做到便民、利民、惠民。跟踪监督学前教育，督促县政府全面落实《浙江省学前教育条例》，编制专项规划，补齐学前教育短板。高度重视基层卫生院建设，建议县政府加大投入，合理配置医疗资源，注重人才培养，完善信息网络，创造高效、便捷、实惠的基层就医环境。高度重视养老服务业发展，建议县政府加快建设多层次、医养结合的养老服务体系，不断提高老龄人生活幸福指数。高度重视殡葬改革，要求县政府夯实殡改基础，持续抓好丧事简办等破陋习、树新风活动。高度关注“永昆”传承发展，听取专项报告，要求县政府加大扶持力度，重视后备人才培养，打造文化精品。关注民族宗教工作，听取基督教事务管理的报告，建议县政府加强引导，依法管理，维护民族宗教领域安全和稳定。

3. 回应民众诉求。常委会高度重视维护人民群众合法权益，把受理群众来信来访作为了解民意的重要渠道，助推群众合法合理诉求的解决。一年来，累计受理群众来信、市人大常委会批转的信件84件，接待群众来访120多人次，批转交办52件，有效化解了一批社会矛盾，维护了社会和谐稳定。

（四）尊崇宪法，以法为纲，奋力推进法治永嘉建设

新一届人大常委会认真履行法定职责，依法监督“一府一委两院”，勇立法治建设潮头，奋力推进法治永嘉进程。

1. 深入调查研究，助推地方立法。常委会抓住温州市获得地方立法权的历史机遇，协助开展楠溪江保护管理立法调研。先后赴广东、广西、贵州、福建等地借鉴立法经验，在前期调研的基础上，多次召集政府相关部门讨论、座谈，多层次征求意见，广泛听取“两代表一委员”、楠溪江沿岸居民、专家学者等社会各方面的建议，充分吸纳汇聚民智，努力做到科学立法、民主立法。通过深入调研、反复修改，《楠溪江保护管理条例（建议稿）》已上报温州市人大常委会，被列入立法预备项目。配合省、市人大开展《浙江省学前教育条例（草案）》《温州市城市绿化条例（草案）》《温州市D级危险住宅处置规定（草案）》等立法调研，提出的多条修改意见和建议被采纳。

2. 依法行使职权，维护全局利益。常委会依法行使重大事项决定权，坚持从维护全局利益出发，作出永嘉县生态文明建设规划、2017年新增政府重大投资计划、2017年财政收支预算调整等决议，保证事关全县长远发展和人民福祉的重大决策部署通过法定程序转变为全县人民的共同意志。依法行使监督权，紧扣“一府一委两院”工作重点、社会热点开展监督，在干中监督，在监督中支持。依法行使人事任免权，认真组织任前法律考试，严格落实宪法宣誓制度，依法任免国家机关工作人员103人次。

3. 强化法律监督，推进法治建设。加强对“一府一委两院”的监督和支持，积聚公平正义正能量。组织开展《中华人民共和国道路交通安全法》执法检查，查摆存在问题，要求县政府完善规划，加大“四小车”整治力度，加快道路交通配套设施建设，积极破解社会反响强烈的交通拥堵问题。专题调研执行难问题，要求县人民法院进一步强化执行保障，规范执行行为，优化执行环境，凝聚执行合力，努力提高案件实际执行率。专项审议县人民检察院侦查监督工作报告，督促县政府牵头推进“两法衔接”信息共享平台建设，要求县人民检察院加强与公安机关的沟通和衔接，实现行政处罚和刑事处罚的有效对接。认真开展规范性文件备案审查，全年共备案审查规范性文件43件，维护法治统一。

（五）强化指导，优化服务，努力激发代表履职活力

新一届人大常委会注重发挥代表主体作用，多平台、多渠道、多载体保障代表参政履职，激发各级人大代表履职热情和活力。

1．加强履职服务，提升代表履职能力。常委会高度重视代表学习培训，切实提高代表议政履职水平。抓学习促提升，统一为乡镇（街道）人大和人大代表联络站订阅人大刊物、代表培训学习系列工具书，通过微信群发送县人大常委会工作动态，推送人大工作资讯、履职工作通、人民代表报等公众号学习内容，提升代表履职能力。紧联系、强指导，建立常委会组成人员联系人大代表小组和基层一线人大代表制度，引导一线代表在听民声、解民忧、汇民智、聚民心上下功夫，做民众冷暖的贴心人，民众利益的代言人。树标杆促进步，开展2017年度优秀代表建议评选活动，确定3件优秀代表议案和11件优秀代表建议予以表彰，通过示范带动作用，提升代表代言议政整体水平。

2．丰富活动平台，拓展代表履职空间。常委会积极为代表履职创造条件，修订《关于加强和规范永嘉县人民代表大会闭会期间代表活动的意见》，邀请基层人大代表列席常委会会议、参加执法检查和视察调研等活动，增强代表开展监督、服务发展实效。开展县人大常委会组成人员、市人大代表进代表联络站活动，征集市、县民生实事建议项目、“剿灭劣V类水”和“最多跑一次”改革的意见，转交有关部门处理。加强“两站一平台”建设，借力互联网，更新完善人大代表履职服务平台数据库，实现乡镇（街道）人大代表联络站和网上联络站全覆盖。积极拓展代表“掌上活动平台”，制作人大代表网上联系牌（张贴二维码），组织代表安装、使用浙江新闻、温州河长通等APP，拓宽代表知情咨政渠道，提高信息化履职水平。

3．认真督办建议，转化代表履职成果。常委会狠抓代表建议务实办理，修订《永嘉县人民代表大会代表建议、批评和意见处理办法》，坚持“对口督办”“重点督办”“合议督办”相结合，凝聚常委会各委室、建议承办各单位、乡镇（街道）人大合力，共同推动建议有效办理。加强建议办理刚性监督，制定《永嘉县人民代表大会代表约见国家机关负责人暂行办法》，专门就部分代表建议办理情况约见相关部门负责人，增进理解，达成共识，切实提高建议办理效果。

（六）与时俱进，固本强基，致力提升人大工作水平

新一届人大常委会主动适应新时代新要求，始终把自身建设摆在首位，转作风、强担当、求实效，不断提升人大工作整体水平。

1．改进思想作风，增强政治定力。常委会深入学习贯彻中共十九大精神，用习近平新时代中国特色社会主义思想武装头脑，坚持党的领导、人民当家作主、依法治国的有机统一，牢固树立“四个意识”，坚定“四个信念”，自觉与县委在政治上同向、思想上同心、行动上同步。始终把纪律和规矩挺在前面，倡导务实、高效、担当的工作作风。围绕全面从严治党，紧密结合“两学一做”“五优五提”等主题实践活动，不断加强常委会党组自身建设，进一步压实主体责任，严明纪律要求，增强政治定力。

2．加强机关建设，强化服务保障。优化机构设置，增设法治内务司法委员会和财政经济委员会，充分发挥两个专委在地方立法、执法检查、财经监督等工作中的作用，切实增强人大监督实效。完善规章制度，制定宪法宣誓、法治内司委、财经委议事规则等7项，修订常委会、主任会议议事规则等8项制度，推动人大工作制度化、规范化。深化互动交流，组织机关党团、工会活动，举办机关干部讲坛，分享工作心得、生活感悟，营造良好氛围，进一步提高人大队伍的凝聚力和向心力。

3．注重上下联动，凝聚工作合力。常委会自觉接受上级人大的工作指导，全力配合上级人大开展剿劣治水、扩大有效投资、民宿经济、古村落保护、休闲农业发展等调研和督查，及时反映工作中遇到的困难和问题，争取理解支持。强化全县人大工作“一盘棋”思想，邀请乡镇、街道人大负责人列席常委会会议，定期召开基层人大主席（工委主任）联席会议，开展乡镇（街道）人大工作和建设情况对照自查，总结经验，交流做法。认真贯彻《浙江省乡镇人民代表大会工作条例》，支持基层人大积极探索，大胆创新，切实增强监督实效。

各位代表，常委会过去一年取得的成绩是县委正确领导、高度重视的结果，是县人民政府、监察委员会、人民法院、人民检察院密切配合、大力支持的结果，是县人大常委会组成人员务实创新、依法履职的结果，是全县各级人大代表和广大人民群众积极参与、充分信任的结果。在此，我谨代表永嘉县人大常委会，向所有关心支持人大工作的领导和同志们，表示衷心的感谢！

各位代表，在肯定成绩的同时，我们也清醒地认

识到，常委会的工作与县委对人大工作的要求和人民群众对人大的期盼尚有较大差距，主要表现为：监督工作方式方法还需进一步改进，监督实效还需进一步增强，同代表和人民群众的联系还需进一步加强等等。所有这些，我们将在今后的工作中认真加以整改。

二、2018年工作目标和主要任务

各位代表，2018年是贯彻中共十九大精神的开局之年，也是改革开放40周年。今年人大常委会工作的总体要求是：高举习近平新时代中国特色社会主义思想伟大旗帜，认真贯彻落实中共十九大精神，按照中央和省市县委决策部署，坚持围绕中心，服务大局，关注民生，奋力前行，忠实地履行宪法和法律赋予的职权，为推进“一带两城五组团”发展布局提供有力保障！

（一）坚持维护核心，在服务全县发展大局上有新作为

始终把坚持党的领导作为人大工作的第一原则，坚持维护县委核心，把贯彻党委意图与依法履职有机结合起来，努力做到主动作为不缺位、依法作为不越位。围绕改革、发展、稳定大局，协助推进县委重大决策部署和中心工作的落实，支持县政府深化改革，创新举措，改造提升传统制造业，培育壮大新动能，保障经济高质量发展。加强对“一带两城五组团”发展布局的实施、重大基础设施、全域旅游、招商引资、乡村振兴等工作的监督，促进城乡协调发展。围绕“最多跑一次”改革，督促县政府全力改善营商环境，激活企业家创业创新活力。围绕资金使用绩效，紧盯预算编制、公开、执行、决算四个环节，实施有效监督。支持县政府加强债务潜在风险和新增债务管控，保障财政安全。

（二）坚持凝心聚力，在推进生态文明建设上有新成果

始终把保护生态环境作为人大工作的第一要务，深入践行“绿水青山就是金山银山”的发展理念，切实推动全县生态文明建设，促进经济社会可持续发展。以楠溪江水环境治理为重点，开展农家乐整治，城镇、农村污水设施提标、改造、扩建，建筑废料消纳，环境卫生保洁和生活垃圾分类处理等专项监督，纵深推进环境综合整治，保护好母亲河——楠溪江。按照新《中华人民共和国环境保护法》要求，听取和审议县政府环境状况和环境保护目标任务完成情况专题报告，切实加强对大气、水、土壤污染防治、饮用水源保护等工作的监督，保障县域生态环境安全，全力打好碧水蓝天攻坚战。

（三）坚持顺应民心，在助力民生福祉改善上有新突破

始终把维护民权民利作为人大工作的第一追求，牢固树立以人民为中心的发展思想，坚持在发展中保障和改善民生，多谋民生之利，多解民生之忧，让全县人民拥有更多的获得感和幸福感。围绕民生实事项目建设，组织代表全过程、全方位监督，确保民生实事项目落到实处。围绕民众“医、食、住、行”基本需求，推进医疗卫生事业发展，努力让全民共享医疗改革发展成果；持续监督食品安全，全力维护群众舌尖上的安全；开展全县住房情况调研，督促加快建立多主体供应、多渠道保障、租购并举的住房制度；督促全县交通站场（点）及楠溪江景区公共交通系统建设，切实方便民众出行。围绕提升民众生活品质，开展县城功能完善和品位提升、森林康养产业发展调研，倡导绿色、健康、文明的生活方式。

（四）坚持恪守公心，在加快法治永嘉进程上有新进展

始终把推进依法治县作为人大工作的第一职责，牢固树立法治理念和法治思维，依法行使重大事项决定权、监督权和人事任免权，认真开展规范性文件备案审查，坚决捍卫社会主义法治的尊严和权威。坚持把宪法和法律法规的正确贯彻实施作为监督重点，开展《农产品质量安全法》《固体废物污染环境防治法》《浙江省学前教育条例》执法检查，调研户籍制度改革实施意见贯彻落实情况，继续推进《楠溪江保护管理条例》立法进程，跟踪监督法院执行工作，促进“一府一委两院”依法行政、公正司法，维护社会公平正义。重视来信来访，积极引导民众通过法律途径解决问题，为全县经济社会发展营造良好的法治环境。

（五）坚持上下同心，在加强人大自身建设上有新成效

始终把提高履职能力作为人大工作的第一需要，认真学习贯彻习近平新时代中国特色社会主义思想，用新理念新思想武装头脑、指导实践。加强思想政治、纪律作风、勤政廉政建设，打造一支信念坚定、

勤政务实、为民服务、敢于担当、清正廉洁的人大队伍。进一步健全完善常委会工作制度、议事规则和办事程序，加强人大信息化建设，提高人大工作效率；进一步改进代表工作，探索建立代表向选民述职制度，密切代表与选民联系，努力践行“人民代表为人民”；进一步加大代表建议督办力度，提高建议办理实效；进一步加强与乡镇、街道人大的联系指导，扎实推进全县人大工作与时俱进、创新发展。

各位代表，千川汇海阔，风好正扬帆。让我们紧密地团结在以习近平同志为核心的党中央周围，在中共永嘉县委的坚强领导下，牢记使命，砥砺前行，为实现永嘉转型发展而努力奋斗！

永嘉县人民政府工作报告

——在永嘉县第十六届人民代表大会第二次会议上

（2018年1月19日）

永嘉县人民政府县长　林万乐

一、2017年主要工作

2017年，是本届政府工作的开局之年，我们在中共永嘉县委的正确领导下，在县人大、县政协的监督支持下，坚持稳中求进工作总基调，全力实施“一带两城五组团”发展布局，攻坚克难、团结奋进，较好地完成县十六届人大一次会议确定的目标任务，全县经济社会发展呈现稳中有进、进中向好的良好态势。预计全年实现地区生产总值390亿元，同比增长9%；一般公共预算收入31.6亿元，同口径增长7.5%；全社会消费品零售总额176亿元，增长12%；外贸出口总额48亿元，增长11.3%；城镇、农村常住居民人均可支配收入达到41765元和20267元，分别增长9.2%和10.2%，综合考核位列全省26个加快发展县第三，成功跻身全省工业强县同类县前五、全省发展潜力30强县。我们主要做了以下六个方面工作：

（一）在精准发力中保持经济稳健增长。全面实施创新驱动发展战略，全力推进“两化”深度融合，实现企业上云1150家，创成全市首家国家级工业设计中心、全国首个泵阀知名品牌示范区，获批创建国家级玩具产品质量提升示范区，新增国家智能制造示范项目1个、高新技术企业7家、国家级知识产权优势企业2家、省科技型中小企业85家、“浙江制造”品牌认证企业2家，制修订国家行业标准10个、“浙江制造”团体标准3个，被评为省商标品牌示范县，连续第四年成为全国电商“百佳县”，连续第二年跻身全省“两化”融合第一梯队。推动企业成长，创新实施降本减负32条、扶工兴贸33条、企业上市20条、科技创新8条、“双百”助企服务等一揽子政策措施，为企业减负7亿元、落实奖补资金2.7亿元，完成工业供地527亩，开工桥头服装辅料、罗浮、塘头等小微园，建成工艺美术文化创意产业园、珠岙时尚轻工小微园，完成“个转企”223家、“小升规”48家、股改16家、上市签约2家、新三板挂牌1家。银行不良贷款和不良率实现“双下降”，金融生态继续保持良好。加快旅游全域发展，楠溪江进入5A创建预备名录前列，顺利通过世界地质公园中期评估，获评“中国十大最受欢迎旅游目的地”，百丈瀑成为国家级“体育旅游精品景区”，瓯窑小镇获评“中国乡村旅游创客示范基地”和省级“非遗”主题小镇。成功引进首旅、浙旅、杭商旅等旅游行业龙头，建立楠溪江文化旅游产业基金，签约楠溪江山地景区等12个总投资达130多亿元的旅游项目，屿北古村“整村置换、村企合作”保护开发模式开创全省先河，成功举办2017全国公路自行车冠军赛（永嘉站）、楠溪江·东海跨年音乐节等一批重大活动，全年游客数达984.49万人次、旅游总收入达109.29亿元，分别增长30.3%和33.9%。深入推进农业供给侧结构性改革，加快嘉纳庄园、珍溪养生农业园、楠溪云鼎等一批“农业+”项目建设，创成巽宅省级生态循环农业示范镇、桥头省级森林城镇、永嘉书院市级森林康养基地示范点，新增美丽生态牧场6家，楠溪源头田园综合体成为省级试点项目。

（二）在“拆整建美”中加快城乡建设步伐。强化规划引领，大力推进省级空间规划试点，基本划定“三区三线”，启动县域总体规划修编，高质量编制杭温高铁温州北站综合交通枢纽、海绵城市、绿色建筑等30个专项规划和城市设计。全力推动“大拆大整”向“大建大美”嬗变，三江13#、14#安置房等12个“大建大美”项目实现集中开工，裕锦国际大酒店等一批项目顺利建成。旧城旧村改造实现重大突破，谋划启动73个重点村（区块）五年改造计划，清水埠二期、上塘中后村和三江梅园村实现整村拆除，完成旧城旧村改造签约9174户、拆除9096户。加快重大基础设施建设，49省道桥下至桥头段改建、S218巽宅至桥下段、104国道温州西过境永嘉段主线连接线、水门路、岩表线等公路顺利开工，41省道福佑至沙头段改建工程建成通车，“五纵五横”县域交通网初具雏形。建成9条美丽经济交通走廊，提前实现建制村客车“村村通”，开通上塘经瓯越大桥至温州客运班线，打通上塘敦西路、瓯北罗浮大街花岙段、三江江东大道等断头路，新增公共停车位630个，开工建设110千伏乌牛变，建成投用110千伏中塘变，城乡基础设施配套进一步完善。

（三）在全域整治中推动生态环境改善。深入践行“两山”重要思想，成功列入省“两山”专项建设试点县，科学划定生态保护红线，顺利关停沙头北山铸造工业区，整治铸造、酸洗等重污染企业123家，圆满完成重污染行业整治三年行动计划。全力抓好中央环保督察各项工作，化解了32个历年来积累的突出环境矛盾纠纷。联动推进“五水共治”“三改一拆”“四边三化”，江东、黄田污水处理厂建设加快推进，基本完成上塘、桥下等4个污水处理厂提标改造工程，新建城镇污水管网132千米，3个县控劣V类水断面、147个小微水体全部实现验收销号，全年拆违564万平方米，成功创成“清三河”达标县，荣获省级“无违建创建先进县”、“四边三化”行动优秀县。高标准推进小城镇环境综合整治，建成精品街区14个，创成省级放心农贸市场2家、省级卫生乡镇8个，成功打造桥头、岩头两个典型样板，首批6个乡镇全部通过市级验收，创成国家卫生县城。全力打造美丽乡村升级版，加快推进农村生活垃圾分类处置，新建和改造提升公厕58座，创成美丽乡村精品线1条、精品村16个、省级示范镇2个，获评全国休闲农业和乡村旅游示范县。

（四）在全程攻坚中掀起项目建设热潮。强势推进有效投资“大会战”“双月攻坚战”，强化重大项目谋划盯引，杭温高铁永嘉段、乌牛溪治理等49个项目实现集中开工，上瓯公路等25个重点项目超额完成年度投资任务，永建路北段A区旧城改造等7个项目实现集中竣工，全年新增省级重点工程6个，完成有效投资354.35亿元，增长13.8%，重大基础设施、生态保护和环境治理、重大产业项目投资均实现15%以上增长。全力推进招商引资“生命线工程”，新签约招商项目19个、总投资322.39亿元，基金回归项目实现“零突破”，浙商回归到位资金73.1亿元，民间投资比重达到67.2%。多渠道破解资金、土地等要素瓶颈制约，新签约PPP项目5个、总投资54亿元，成功获批县停车场专项债10亿元，实现出让土地878亩、出让金35.01亿元；完成五等水田垦造382亩、“旱改水”1917亩，建成高标准农田9.29万亩，消化批而未供土地812亩、供而未用土地2260亩，盘活存量建设用地704亩，完成低效用地再开发3179亩，获得上级土地指标4785亩。

（五）在关切民生中提升群众幸福指数。圆满完成2017年十大民生实事，全县地方财政用于民生领域支出58.94亿元，增长21.7 %，占一般公共预算支出79.7%。在全市率先开展低收入农户补充保险，低收入农户收入达到12036元，同比增长18%。全方位、多途径激发村集体经济发展活力，转化薄弱村258个，实现三年任务一年完成。社会事业加快发展，在全省率先开展融合教育建设模式试点，改造农村薄弱学校10所，开工建设岩头镇中等7个教育项目，义务教育“三个满意度”高于全省平均水平，高考再创佳绩。全国基层中医药工作先进县通过国家验收，城乡医联体全覆盖，建立县外医疗公益基金，实现医保“家庭共济”、医疗费用跨省在线结算，县中医院新医疗综合大楼建成投用。完成5家敬老院“公建民营”改制，新建居家养老服务照料中心166个。新增农村文化礼堂17个、文体样板村22个，建成投用上塘、瓯北、岩头3家城市书房。平安护航十九大，在全市率先完成大部门大警种制改革，“4+1”基层人民调解模式在全市推广，全县刑事警情和治安警情创十年新低，连续39个月进京“零非访”，安全生产形势保持稳定，成功实现平安“八连创”，有望夺取“平安银鼎”。大力推进“除险安居”“治危拆违”，完成地质灾害隐患点工程治理26处、避让搬迁原房拆除56处，新建避灾安置场所128个，城乡危旧房、“四无”单位、居住出租房、合用场所、民宿等整治合格率均实现100%。同时，民族宗教、外事侨务、对台等工作不断加强，人防民防、统计、档案、地方志等工作取得新成绩，工青妇、老龄、慈善、红十字、关心下一代、残疾人等事业健康发展。

（六）在深化改革中加强政府自身建设。全面推进法治政府建设，成立县行政复议局，建立健全县政府议事规则，深化“互联网+政务督办”工作，“三会一批”等重点交办事项办结率达93.5%，人大代表议案建议和政协委员提案办结率均达100%。强力推进“最多跑一次”改革，深化与“四个平台”融合发展，公布了1167项“最多跑一次”事项，覆盖率达92.6%，成功打造社保“免填单”服务和12345“零”跑服务等一批改革亮点，实现基建项目全流程审批100天，“放管服”改革走在全省前列。出台优化营商环境“八条禁令”、行政执法人员“十条禁令”等政策措施，创新设立20个效能监测点，营商环境得到改善。支持监察体制改革，严格落实中央八项规定精神，启动国有资产清查和盘活工作，加强重点领域审计，核减政府投资7896万元，“三公”经费下降25.2%。启动实施新一轮乡镇（街道）财政管理体制，基层生财理财聚财意识明显增强，抓经济、抓增收、抓节支的成效初步显现。

这些成绩的取得来之不易，奋斗经验弥足珍贵，值得我们认真总结并运用到今后实践中去。一是必须坚持一张蓝图绘到底。就是要高举习近平新时代中国特色社会主义思想伟大旗帜，坚定实施中央、省市委及县第十三次党代会的战略部署，全力推进“一带两城五组团”发展布局，以“功成不必在我，功成必定有我”的理念，一以贯之、一抓到底，稳扎稳打、善作善成。二是必须始终聚焦转型赶超发展。就是要围绕县委“保持战略定力、创新发展路径”的决策部署，以协调发展优化城乡布局、以转型发展振兴实体经济、以创新发展加速动能转换、以均衡发展促进社会公平，推动永嘉迈向高质量发展。三是必须把握大势抢抓机遇。就是要立足于新时代、新任务，增强大局意识、机遇意识，主动借势借力，推动综合性、全局性、长远性的事项取得突破进展。四是必须保持敢担当善攻坚良好态势。就是要坚持问题导向、目标导向、效果导向，敢于担当、善于攻坚、勇于破难，以背水一战的信心决心，实施系列专项攻坚行动，打好一场场硬仗，攻下一个个堡垒，啃下一块块硬骨头。五是必须始终坚持一心为民。就是要牢固树立以人民为中心的发展思想，坚持民生导向和需求导向，既尽力而为，又量力而行，让群众共建共享改革发展成果。

各位代表，一年来，我们所取得的进步和成绩，是县委正确领导的结果，是全县上下齐心协力、顽强拼搏的结果。在此，我谨代表永嘉县人民政府，向全县人民，向全体人大代表、政协委员、民主党派、工商联和社会各界人士，向驻永部队、武警官兵，向所有关心和支持永嘉发展的海内外朋友，表示最衷心的感谢！

同时，我们也清醒地看到，永嘉经济社会发展的不平衡、不充分问题依然比较突出：一是县域综合实力仍然不强，产业升级任重道远，新旧动能转换接续不畅，工业企业“低小散”格局尚未根本改变。二是城乡区域发展还不平衡，城乡统筹水平还处于整体协调阶段，山区乡镇集聚功能不强，沿江城市化落后于工业化，半城市化问题突出，城市能级、形态与温州大都市区的建设要求还有较大差距。三是基本公共服务供给仍然不足，环境、教育、医疗等民生工作还有不少短板，社会治安、安全生产、食品安全等公共安全方面还有一些薄弱环节。四是政府作风和效能建设仍需加强，少数干部担当意识和服务观念还比较淡薄，“四风”问题呈现隐形变异等等。对此，我们一定高度重视，采取更加有力的措施认真加以解决。

二、2018年的主要目标和任务

2018年是贯彻中共十九大精神的开局之年，是改革开放40周年，是决胜全面建成小康社会、实施“十三五”规划承上启下的关键一年。中共十九大发出了决胜全面建成小康社会、开启全面建设社会主义现代化国家新征程的号召，省委提出“两个高水平”谱写浙江新篇章的奋斗目标，市委确定了“再造改革开放新优势、再创高质量发展新辉煌、打造坚实‘铁三角’”的总要求，我们永嘉也迎来了杭温高铁、瓯江沿线开发和温州西部生态休闲产业带建设等历史性机遇。我们必须进一步保持定力，坚定信心和决心，以更高的站位、更宽的视野、更大的格局、更强的力度，全面推进“一带两城五组团”发展布局，奋力续写好永嘉创业创新史，争当新时代温州改革开放的先行者、高质量发展的排头兵。

今年政府工作的总体要求是：高举习近平新时代中国特色社会主义思想伟大旗帜，认真贯彻落实中共十九大精神、中央经济工作会议精神和省、市、县委决策部署，坚持稳中求进工作总基调，坚持新发展理念，紧扣社会主要矛盾变化，按照高质量发展的要求，围绕“两个高水平”奋斗目标，以“一带两城五组团”发展布局为主线，大力实施“十大行动计划”，加快干成一批大事要事实事，努力解决发展不平衡不充分问题，奋力推进永嘉转型赶超发展，以优异的成绩向改革开放40周年献礼。

按照上述总体要求，建议今年全县经济社会发展主要预期目标为：地区生产总值增长8%左右，一般公共预算收入增长7.5%，全社会消费品零售总额增长10%，城镇和农村常住居民人均可支配收入分别增长8.5%和9%，完成省市下达的节能减排任务。

为实现上述目标任务，我们将重点做好十个方面工作：

（一）以传统制造业改造提升为突破，大力实施新动能培育行动计划。坚持“工业强县”不动摇，围绕打造现代产业集群的目标，积极培育新技术、新业态、新产品、新模式，加快实现新旧动能转换，让永嘉经济的“老底子”焕发新活力。

一是坚持创新驱动。把科技创新作为引领发展的第一动力，把数字经济作为“一号工程”来抓，联动推进“互联网+”“大数据+”“机器人+”，引导企业通过新一代信息技术、人工智能，实现网络化协同、个性化定制、柔性化生产、服务化延伸，推动生产、流通、消费模式变革，加快传统制造业高端化发展，全年新增高新技术企业5家、企业上云500家、机器换人项目10个、机器人应用100台、智能工厂1家，推动华为窄带物联网项目落地，力争战略性新兴产业增加值占规上工业比重提高2个百分点，创成省“两化”深度融合国家示范区，实现互联网、大数据、人工智能和实体经济融合发展。深入实施科技创新“三清零”行动计划，实现全社会R&D经费占比达2%以上、规上工业企业研发机构设置率60%以上，新增发明专利“零突破”规上企业74家。大力发展网络经济，深入实施电子商务进万村工程，改造提升农村电商服务点30个，力争全县网络零售额突破220亿元。

二是强化平台支撑。坚持存量挖潜与增量拓展并举，布局建设“1+5+N”先进制造业平台，清理闲置工业用地150亩，新增工业供地180亩，加快形成定位清晰、分工明确的制造业空间架构。永嘉工业园区要加快推进企业“退二优二”、配套设施改造和园区管理升级，打造生产服务集聚化、生活服务便利化、基础服务网络化的现代工业园区。桥头、桥下、乌牛、罗东、上塘等五个特色工业园区，要坚持集聚化、差异化、特色化发展，开工建设百强阀门、君品等20个工业项目，建成海星海事、罗浮阀门、正茂等20个工业项目。按照“微城市、新社区”的理念，开工建设桥下教玩具孵化园，全面推进罗浮、塘头等5个小微园建设，竣工面积12万平方米。推进块状特色产业与新经济模式融合发展，加快培育建设若干个省市级特色小镇，争取玩具智造小镇列入省级创建名单。加快规划建设产业创新服务综合体，发挥温州系统流程装备科学研究院等科研平台作用，积极打造“孵化—加速—放大”的创业创新生态链，新增众创空间10万平方米，入驻初创企业和创客团队200家。

三是深化企业主体培育。坚持打好“破”“立”“降”转型升级组合拳，大力推进“凤凰行动”、小巨人培育行动，谋划实施小微企业新三年成长计划，推动个转企150家、小升规20家、股改10家、辅导报会1家、新三板挂牌1家、上市签约5家，新增“隐形冠军”1家。大力降低实体经济成本，常态化开展助企服务活动，全力强化要素、人才等支撑服务工作。坚决打好防范化解重大风险攻坚战，健全“两链”风险防控长效机制，严厉打击非法集资和恶意逃废债等金融违法行为，继续保持良好的金融生态环境。大力弘扬企业家精神，重视新生代企业家培育，深入开展“青蓝接力”计划。崇尚精益求精的“工匠精神”，深入实施“标准化+”行动，联动推进“三强一制造”建设，制修订国家行业标准5个以上、“浙江制造”团体标准2个以上，深化国家级玩具产品质量提升示范区创建，创成“浙江制造”品牌培育示范县。

*（二）以重点区块改造开发为引领，大力实施“大拆大整”“大建大美”行动计划。*对标温州大都市区建设，确立“经营城市”理念，不断深化“大拆大整”专项行动，全面掀起“大建大美”热潮，着力打造形态美、品质优、功能强的现代都市区。

一是高品质建设“一带两城”。“一带”要抢抓瓯江沿线开发建设机遇，以瓯江北岸城市核心区“十大工程”为引领，开工建设世贸二期、立体城三期、中国教玩具之都商贸城、乌牛商住文化广场、阳光大道东向延伸二期及防洪堤、三江商务区基础设施道路网一期、桥头菇溪河道综合治理六期等项目，国庆节前建成瓯江北岸道路及景观提升改造工程一期和瓯江夜游项目，初步展现“小外滩”形象。上塘要坚持拉框架、强功能、提品质，开工建设沙门西路二期、环城北路二期等28个项目，加快建设上塘20#地块、临城南路等16个项目，建成投用县城体育两馆、商业步行街、置信公馆、美食城等项目，着力培育公共服务业和高端生活性服务业，加快打造生态宜居“精致县城”。精心谋划黄田核心区块建设，高标准完成城市设计和控规调整，并启动征地拆迁等前期工作，开工建设千东南路、千东北路，建成乐清湾港区铁路支线永嘉段，加快打造温州北高铁新城。

二是高强度推进旧城旧村改造。树立“城市双修”理念，加快实施城中村改造五年计划，联动谋划学校、医院等公共设施用地供给，做到“签、腾、拆、建”环环相扣、一气呵成、快出形象，完成瓯北、桥头、东城、南城等5个城中村改造项目“清零”“清场”，开工建设上塘中后村、清水埠02#地块、梅园等一批城中村改造项目，建成投用清水埠05#、06#地块和三江12#安置房，确保全年完成城中村改造签约、拆除2378户。

三是高标准提升城市功能。扎实做好省级空间规划试点，优化县域空间管理，让区块定位、功能更加科学合理。加快推进水电气等市政基础设施建设，开工建设天然气瓯北中心站，扎实推进天然气配套管网、220千伏三江变建设，建成投用三江至乌牛给排水工程。大力发展城市高端商务、总部经济、休闲娱乐、金融服务等产业，统筹推进瓯窑小镇2.0版、禅茶小镇、金融小镇等建设，加快打造桥头时尚特色商圈、瓯北置诚广场商圈等，不断增强城市活力。加强城市精细化管理，深化综合行政执法体制改革和“智慧城市”建设，深入开展治脏、治乱、治违、治堵专项行动，切实提升城市品质。

*（三）以农旅融合发展为重点，大力实施乡村振兴行动计划。*坚持农业农村优先发展，联动推进国家AAAAA级景区、全域旅游示范区创建，加快建设温州西部生态休闲产业带，争取省级乡村振兴示范区创建试点，全力打通“两山”转化通道，推动实现农业强、农村美、农民富。

一是加快旅游主业化发展。按照“旅游兴县”的思路，抢抓全省“大花园”建设机遇，推动旅游产业从量变向质变飞跃，从跟跑向领跑转型。加快景区品牌化建设，加大景区整治提升力度，建成石桅岩游客服务中心等10个国家AAAAA级景区创建项目，创成岩头和云岭省级旅游风情小镇。坚持以大项目带动大旅游，以省级森林休闲养生试点县创建为契机，深化与浙旅、首旅、杭商旅、北部湾旅等旅游品牌企业的合作，开工建设楠溪江绿道、陶弘景文化旅游区、红十三军红色教育基地、楠溪江省级湿地公园，推动旅游+林业、养生、体育、农业、文化等产业融合发展。全力建设“百里楠溪江畔精品民宿带”，新建改建乡村民宿30家，加快打造狮子岩、雁楠线、小源片等特色民宿群，努力创建国内一流民宿文化集聚区。进一步完善旅游管理体制机制，强化精准营销，精心谋划举办一批国内知名的节庆活动和品牌赛事，全年接待游客数超1200万人次，旅游总收入突破130亿元，旅游业增加值占GDP比重超过8%。

二是做优做强现代农业。深化农业供给侧结构性改革，坚持把增加绿色优质农产品供给放在突出位置，加快引进“名优特新”品种，打造精品水果、花卉、中药材等特色休闲农业基地30个以上。按照主导产业强、集聚程度高、产业融合深的要求，加快建设楠溪源头、南陈温泉小镇、珍溪生态养生农业产业带等田园综合体，促进一、二、三产业融合发展。加快提升沿江省级现代农业综合区，建成一条年产值2亿元以上的茶业全产业链，全力打造集产业园、科技园、创业园于一体的农业“两区”升级版。大力创建农产品区域品牌，突出抓好经营主体壮大提升，鼓励引导特色农产品精品化包装、网络化销售、社会化保险，建立健全农产品可追溯体系，拓宽农产品进城渠道。积极推广农业物联网应用，提升智慧农业服务平台，加快建设农业大数据。全面落实粮食安全责任制，切实保障粮食安全。

三是打好低收入百姓增收攻坚战。建立健全动态精准扶贫机制，坚持扶贫和扶志、扶智一起抓，统筹实施电商扶贫、旅游扶贫、科技扶贫、挂钩结对等帮扶举措，发展扶贫资金互助会50家以上，建成30个扶贫示范村，实现低收入农户人均可支配收入增长10%以上，切实巩固“消除人均年收入4600元以下家庭贫困现象”的成果。统筹推进农村土地制度和集体产权制度改革，加快形成资源要素城乡双向流动的体制机制，全面激发农村活力，不断增进农民权益。巩固发展村级集体经济，实施村级经营人才千人培育计划，开展“三资”管理示范村创建活动，确保全县村集体经济总收入增速达15%以上。

（四）以项目攻坚为支撑，大力实施扩大有效投资行动计划。充分发挥有效投资对提高供给体系质量的关键性作用，坚持用大项目推动大发展、用好项目引领新转型，全面掀起新一轮项目攻坚热潮，切实增强发展后劲。

一是全力攻坚重大项目。深入开展“项目建设突破年”活动，推进项目攻坚常态化、全年化，深化南岸水库、楠溪江河口大闸、瓯北双塔公园等41个重大项目前期，开工建设县职教中心、桥头坦头溪综合治理工程、粮食储备库二期等17个重点项目，加快三江标准堤、桥下教玩具展销中心等21个重点项目建设进度，建成县地下停车场等5个重点项目，同步推进426个总投资53.5亿元的一般政府投资项目建设，实现交通投资、生态环境和公共设施投资、高新技术产业投资、民间投资均增长10%以上，新增省级以上重点项目6个，实现全年固定资产投资增长10%。

二是着力破解要素制约。全方位增强地方可用财力，全面实施新一轮乡镇（街道）财政管理体制，坚持“税源培育、招商引资、国资盘活、适度举债、向上争取”五措并举，积极推进融资平台转型，用足用活产业基金、PPP、地方债等新型投融资方式，全面盘活上塘、三江、桥下等一批农房集聚项目，进一步强化资金保障能力。加快推进造地做地供地，完成土地垦造400亩、“旱改水”500亩、宅基地复垦300亩，消化批而未供土地800亩、供而未用土地1000亩，盘活存量建设用地600亩，低效用地再开发1000亩，实现土地出让金45亿元以上。

三是大力净化建设环境。深化重大项目挂钩、协调、督查、服务等工作机制，推行一个项目、一套方案、一名领导、一个团队、一抓到底“五个一”工作方法。深入开展征地拆迁“清零”行动，始终保持“拔钉清障”高压态势，确保拆迁“零上访”、施工“零障碍”。全面启动“蜗牛工程”提速行动，强势推进县社会福利中心、永临大道二期等一批“停缓慢”重点项目建设，实现优质资源有效利用。

（五）以落地见效为导向，大力实施精准招引行动计划。坚持把招商引资作为“生命线工程”来抓，着力引进和落地一批科技含量高、引领性强、能补齐产业发展和城市建设短板的项目，为永嘉转型发展、创新发展注入不竭动力。

一是突出招引重点。更加注重招商的针对性和有效性，以产业功能与城市功能双提升为目标，聚焦瓯江北岸沿江“大建大美”、高铁新城建设、西部生态休闲产业带建设等大平台，全方位推动产业、总部、资本、贸易、人才回归。创新推行委托招商、代理招商、以商招商，严格落实招商项目前置会商制度，真正让好企业、好项目落户永嘉，力争全年引进基金项目10个，贸易回归项目3个，亿元以上项目10个，10亿元以上重大产业项目2个。认真落实20亿元以上县委书记、县长项目，加快推进温乡城、溪山庄园、世贸中心二期、温商金融文化广场等4个重大盯引项目前期，确保落地2个以上。

二是优化招商服务。建立项目全过程可追溯的服务机制，推行一站式审批、全程式代管、跟踪式联系、保姆式服务，为项目无延时落地建设提供强有力保障，确保招商项目早投产、早见效，全年实现项目挂牌10个、开工12个、竣工5个，确保内资到位67亿元，台资到位300万元，外资到位2000万美元，民间投资占比达70%。

三是坚持内外兼顾。真心实意对待、一视同仁支持本地企业与招引企业发展。调整完善招商引资政策，对符合产业导向的本地企业投资项目，视同新引进项目，享受优惠政策，确保留住本地优质企业。强化契约精神，信守招商承诺，不折不扣地兑现、落实招商引资政策，不失信于民，不失信于企，真正做到亲商、安商、富商。

（六）以大通道建设为契机，大力实施综合交通网络行动计划。按照“直通高铁、加密路网、发展城轨、建设枢纽”的思路，深入实施交通投资倍增计划，加快构筑智能高效的现代综合交通网络。

一是加快融入全省“1小时交通圈”。坚持把杭温高铁永嘉段作为永嘉对接全省“大通道”的核心工程，完成楠溪江站综合交通枢纽规划，全力推进沿线9个镇街政策处理工作，开工建设西山隧道、户口隧道、陡门溪特大桥等控制性工程，确保6月杭温高铁永嘉段全线开工。深化市域轨道交通M1和S3线、乐永青高速、温州北站综合交通枢纽、七都北汊桥延伸线等工程前期，加快推进104国道西过境公路永嘉段、七都北汊桥建设，持续优化永嘉对外交通格局。

二是加快打造县域中心镇“半小时交通圈”。以“五纵五横”县域交通布局为引领，全面推进县内道路改建提升、连线成网，加快上瓯公路等6个重点交通项目建设，开工建设S323大若岩至巽宅段改建、溪下至界坑公路等工程，深化石埠至西垟公路沙头过境段、上塘至大若岩公路、S324张溪至岩坦段及大岙至应坑段、S326乌牛至桥下段、珍上线、雁楠公路南陈连接线、碧徐线改建，以及诸永高速县城出口、枫林出口建设工程等项目前期，加快实现大源片、小源片和沿江片三向快速互通。

三是加快建设城乡交通“微循环圈”。聚焦群众出行“最后一千米”，持续推进“四好”农村公路建设，新改建农村联网公路69千米，提升农村公路109千米、大中修105千米，打通瓯北罗浮大街北段延伸、永宁路、礁头路、林浦北路和乌牛镇东路等5条断头路。优化城乡公交网，加快推进岩头公路客运站场、上塘公交枢纽站等项目前期，开通沙头—大若岩—岩头环线班车，开工建设巽宅加油站，推进千石、永嘉工业区加油站前期，建成港湾式停靠站20个。全力提升景区通行能力，建成石桅岩—岭上人家等景区电瓶车专线4条、石桅岩—大若岩等景区旅游巴士专线3条，加快形成楠溪江景区慢行系统。

（七）以环境综合整治为主线，大力实施美丽永嘉建设行动计划。牢固树立“生态立县”理念，像对待生命一样对待生态环境，以中央环保督察整改为契机，坚持整体推进、系统修复、标本兼治，全力打造生态文明建设示范县。

一是加快打造美丽乡村升级版。全力推进农村全域景区化，以示范精品打造为核心，建成美丽经济交通走廊15条、美丽乡村精品村16个、精品线14千米、省AA级景区村庄41个，实现美丽乡村串点成线、连线成片，确保创成省级美丽乡村示范县。全民行动，坚决打赢垃圾治理攻坚战，强力推进“厕所革命”“垃圾革命”，加快建立城乡垃圾分类投放、分类收集、分类运输、分类处理系统，开工建设垃圾飞灰填埋场、垃圾焚烧发电厂改造提升工程、餐厨垃圾处理项目，新建农村公厕20个、旅游公厕20个，推动形成绿色生产生活方式。

二是纵深推进城乡环境整治。全面深化小城镇环境综合整治，突出“一加强三整治”，确保沙头、岩坦等9个乡镇顺利通过省级验收，着力打造一批望得见山、看得见水、记得住乡愁的楠溪风情小城镇。深入推进“洁化绿化序化”行动，新增停车位1500个、城区绿地12.5公顷、绿道20千米、彩色森林1.05万亩，完成农贸市场改造提升6家、高速公路桥下空间利用5处、私坟生态化改造500座，建成森林公园、滨水公园14个，全面扮靓城乡容颜。

三是打好污染防治攻坚战。坚决抓好中央环保督察组反馈意见的整改落实，持续改善生态环境质量不动摇。深化“五水共治”，开展“污水零直排区”创建，从严落实“河长制”，巩固提升“剿劣治污”成果，完成河道清淤70万立方米、农村生活污水治理工程提标改造26个，新建城镇污水管网35千米以上，建成江东和黄田污水处理厂站。严格保护楠溪江生态资源，深入开展非法采砂、开矿、筑坝、捕捞、排污专项整治，加快推进楠溪江保护立法，积极探索市场化、多元化生态补偿机制。持续强化大气、固废、土壤的污染治理和生态修复，全力打好蓝天保卫战。

（八）以民生改善为根本，大力实施社会事业优质均衡发展行动计划。把人民对美好生活的向往作为我们的奋斗目标，从解决群众普遍关心的新老问题入手，切实抓好保障和改善民生工作，不断提高群众的幸福感和获得感。

一是大力发展教育、健康、文化事业。坚持教育优先发展，深入实施教育人才培养计划，稳步推进“县管校聘”和校长职级制改革，完善教师队伍激励机制，优化教育资源配置，完成41所校区和小规模学校的优化调整，开工建设城西小学新校区、奥际学校等4个教育项目，建成朱涂小学扩建一期等4所学校，改造提升农村薄弱学校5所、危旧校舍3个，新建幼儿园9所，着力解决城镇“大班额”、中小学生课外负担重、托管难等问题，并不断规范提升民办教育，切实办好职业教育、特殊教育，力争创成省级教育基本现代化县。加快“健康永嘉”建设，大力实施医疗卫生服务能力提升三年行动计划，开工建设县人民医院迁建工程，全力抓好县二医和桥下、沙头、岩坦等中心卫生院建设，确保建制镇（街道）卫生院标准化率达到95%以上。倡导健康生活方式，广泛开展全民健身活动，有序推进学校文体场馆免费开放。深入实施文化惠民工程，开工建设桥头、界坑等乡镇综合文化中心，建成县图书馆、档案馆，投用县公共文化活动中心、县博物馆，加大“非遗”保护传承力度，支持“永昆”发展，不断满足群众精神文化需求。

二是织密社会保障网。坚持保基本、兜底线、促公平，着力推进社保扩面，完善城乡居民基本医疗保险制度和大病保险制度，全县基本养老保险、基本医疗保险参保率，分别达到85%和98%以上，适当提高县域医院就医报销比例。坚持积极就业政策，新增城镇就业人数8500人以上，城镇登记失业率低于2.8%，实现“零就业”家庭动态清零，确保创成“无欠薪县”。完善城乡社会救助体系，统一城镇与农村最低生活保障标准，健全农村留守儿童、妇女和老年人关爱服务体系。坚持房子是用来住的、不是用来炒的定位，加快建立多主体供应、多渠道保障、租购并举的住房制度，新增公租房实物配租800套，完成农村困难群众住房救助400户。

各位代表，增进民生福祉是发展的根本目的，是政府一切工作的出发点和落脚点。我们必须多谋民生之利、多解民生之忧，尽心竭力办好各项民生实事。今年我们按照“群众提、代表定、政府办”的理念，在广泛征询意见建议的基础上，梳理形成12件民生实事候选项目，提请本次大会票决选出其中10件。我们将逐项分解落实责任，主动接受社会监督，确保高质量完成。

（九）以“最多跑一次”改革为牵引，大力实施全面深化改革行动计划。今年是改革开放40周年，永嘉作为“温州模式”的重要发祥地，要坚定不移推动改革朝着领域更广、措施更多、力度更强的新阶段迈进，再创体制机制新优势。

一是纵深推进“最多跑一次”改革。紧紧围绕简政放权、放管结合、优化服务的工作主线，全面推进“最多跑一次”改革标准化、规范化建设，着力攻克“信息孤岛”、企业投资项目审批、商事制度审批“三大难关”，力争年底前覆盖100%的民生事项和审批事项，“一证通办”80%以上的民生事项，实现一般企业投资项目开工前全流程审批“最多跑一次”“最多100天”，商事登记“全程电子化”“零见面”。大力推行“双随机、一公开”监管，全面提高事中事后监管水平。加快与基层“四个平台”建设融合，规范提升乡镇便民服务平台，深化行政审批“代办制”，让群众办事不出村镇，积极打造“最多跑一次”向基层延伸的永嘉样板。

二是推进市场取向改革。深化产权制度改革，支持民营企业创新发展，实施民企司法护航行动，依法保护企业家财产权、创新权益和自主经营权。全面实施并不断完善市场准入负面清单制度，打造民营经济发展最优环境“金名片”。坚守金融发展的实体路线，创新信贷产品和金融服务，积极发展普惠金融，着力解决民营企业“融资难”“融资贵”问题。推进要素配置市场化改革，强化“亩均论英雄”导向，积极推进“标准地”制度，大力破除资源要素无效供给。深化招投标市场改革，全面推行招投标全流程电子化、招投标项目“综合最优价”，让招投标市场规范有序、高效运行。深化国资国企改革，健全国有企业监管体系，完善现代企业制度，推动国有资本做强做优做大。

三是推进公共服务体制改革。全力促进户籍制度改革落地见效，有序推动农业转移人口市民化，稳步推进城镇基本公共服务常住人口全覆盖。深化“双下沉、两提升”，加快综合医改先行先试，完善全科医生签约服务制度和分级诊疗制度，力促城乡医疗均衡发展。纵深推进养老服务改革，全面完成敬老院“公建民营”改制三年计划任务。鼓励社会资本进入民生领域，提高公共资源配置利用效率，全力满足群众多元化、品质化民生需求。

（十）以基层治理创新为抓手，大力实施“平安永嘉”行动计划。坚持不懈化矛盾、防风险、保平安，全力做好固本强基这篇大文章，打造共建共治共享的社会治理格局，让社会既充满活力又和谐有序。

一是健全基层治理体系。深化基层治理“四个平台”建设，充分发挥全科网格作用，全面提升基层市场监管、综合执法、便民服务和综治工作能力水平。实施“互联网+社会治理”行动，积极探索建立线上线下融合治理体系，加快推进镇街“一三五”应急处置规范化、部门平安风险系统化防控工程建设，增强预测预警预防风险能力。注重矛盾纠纷的源头防范和多元化解，畅通群众诉求反映渠道，严格落实初信初访工作责任制，全力化解信访积案，确保化解率达80%以上，延续进京“零非访”记录。深入推进“七五”普法，健全完善“4+1”基层人民调解模式，切实抓好基层民主法治村建设，全面增强全社会法治信仰。

二是狠抓重点领域安全。健全立体化社会治安防控体系，深入推进“雪亮工程”“警灯工程”和“视网通”管控平台建设，防范和打击各类违法犯罪活动。全面落实安全生产责任制，加快“智慧消防”建设步伐，持续加强“四类场所”“四大领域”消防安全专项治理，全力消除工矿、建筑、交通等重点领域安全隐患，坚决遏制各类重大安全生产事故。完善食品药品安全监测体系和机制，深入开展监管执法系列专项行动，新增省级餐饮放心消费示范单位23家、示范区1个，创成省级食品安全县。

三是强化“除险安居”“拆违治危”。加快推进地质灾害隐患综合防治，确保主汛期前实现原房全部拆除，年内完成避让搬迁40处、工程治理65处，全面实现除险安居三年任务两年完成。联动推进“三改一拆”和城乡危旧房治理，以“零容忍”的态度管控新增违建，全年处置违法建筑200万平方米以上，创成“基本无违建县”。健全防灾减灾救灾体系，统筹抓好应急管理、防汛防台抗旱、气象灾害预警防御、森林消防和动植物防疫工作。

同时，全力做好双拥优抚、人民防空、反走私、统计、移民、档案、地方志、民族宗教、外事侨务、对台等工作，推进工青妇、新居民、红十字、慈善、老龄、人口计生、关心下一代、残疾人等事业健康发展。

三、建设人民满意政府

各位代表，新时代对政府工作提出了新要求。我们将坚持以“两强三提高”为目标，围绕建设学习型、法治型、责任型、服务型、廉洁型政府，奋力开创政府工作新局面，加快建设人民满意政府。

（一）强化学习意识，提升科学施政能力。坚持用习近平新时代中国特色社会主义思想武装头脑，牢固树立“四个意识”，坚守“四个自信”，始终同以习近平同志为核心的党中央保持高度一致，不折不扣贯彻执行中央和省市县委各项决策部署。加快观念更新，顺应新一轮科技革命和产业变革浪潮，以学习型机关建设为载体，加快构建终身教育体系，促进公务人员拓展新视野、学习新知识、掌握新本领，提升专业思维和专业素养，不断增强推动高质量发展和建设现代化经济体系的本领。

（二）强化法治意识，提升依法履职能力。牢固树立职权法定观念，坚持法无授权不可为、法定职责必须为。自觉接受人大及其常委会的法律监督和工作监督、政协的民主监督，高质量办理建议和提案。完成行政复议体制改革，建立健全府院衔接工作机制，推进行政诉讼案件败诉率进一步下降。探索开展重大行政决策目录化管理，严格执行重大事项公众参与、专家论证、风险评估、合法审查、集体决定等制度。全面推进政务公开，深化电视问政，加快阳光政府建设。

（三）强化责任意识，提升担当执行能力。始终把提高执行力、落实力作为建设责任政府的重中之重。坚持重实干、讲实绩、求实效，实行重点工作项目化、清单式管理，做到政府各项工作有计划、有督查、有考核、有问责，确保工作落到实处、抓出实效。强化行政首长负责制，完善政府部门协同配合机制，切实克服本位主义，坚决杜绝推诿扯皮，确保政令畅通。加强正向激励、反向鞭策，健全严格的追责机制、合理的容错机制、及时的纠错机制，为担当者担当，为负责者负责。

（四）强化宗旨意识，提升为民服务能力。坚持把困难留给政府，把方便留给群众和企业，始终做到问政于民、问需于民、问计于民，让政府各项工作更加顺民意、暖民心。加快推动政府治理数字化转型，深入实施“互联网+政务服务”，进一步精简行政权力、优化办事流程，切实提高政策效率、服务效率、工作效率。大力提升政府公信力，以政务诚信建设引领全社会信用体系建设。全力构筑“亲”“清”新型政商关系，不断优化社会风气和营商环境。

（五）强化纪律意识，提升廉洁从政能力。始终把纪律和规矩挺在前面，高标准落实中央八项规定和新修订的实施细则、省委“28条办法”和“六个严禁”等正风肃纪要求，严控“三公”经费支出，继续整治“四风”突出问题，杜绝“四风”问题隐形变异、反弹回潮。严格落实党风廉政建设“一岗双责”，加强政府系统廉政风险防控，强化公共资金、公共资源、国资国企、机构编制等重点领域管理，扎紧织密制度笼子，进一步树立干净干事、清正廉洁的政府形象。

各位代表，新思想引领新发展，新时代要有新作为。让我们紧密团结在以习近平同志为核心的党中央周围，在中共永嘉县委的坚强领导下，紧紧依靠全县人民，上下同欲、振奋精神，不忘初心、牢记使命，以优异成绩献礼改革开放40周年，为谱写新时代永嘉发展新篇章而努力奋斗！

《政府工作报告》名词解释

1.田园综合体（P3）：指集现代农业、休闲旅游、田园社区为一体的乡村综合发展模式。

2.省级空间规划试点（P3）：指将国民经济和社会发展规划、城乡规划、土地利用规划、生态环境保护规划等多个规划融合到一个区域上，实现一个市县一本规划、一张蓝图。

3.“三区三线”（P3）：“三区”指城镇、农业、生态空间；“三线”指生态保护红线、永久基本农田控制线、城镇开发边界。

4.“五纵五横”（P4）：“五纵”指巽宅至桥下公路（规划省道S218缙云至瑞安公路）、大若岩至瓯北公路、41省道永嘉段、枫林至三江公路、诸永高速永嘉段；“五横”指张溪至巽宅公路（规划省道S324路桥至青田公路）、鹤盛至巽宅公路（规划省道S325温岭至永嘉公路）、乌牛至桥下公路（规划省道S326洞头至庆元公路）、温州绕城高速永嘉段、104国道至49省道永嘉段。

5.“四个平台”（P7）：指综治工作、市场监管、综合执法、便民服务四个功能性工作平台。

6.“两个高水平”（P9）：指省第十四次党代会提出的，确保到2020年高水平全面建成小康社会，并在此基础上，高水平推进社会主义现代化建设。

7. “三清零”行动计划（P11）：指规上工业企业R&D活动、研发机构、发明专利申请等清零攻坚行动。

8.产业创新服务综合体（P11）：指以产业创新公共服务平台为基础，坚持政府引导、企业主体，高校、科研院所、行业协会以及专业机构参与，聚焦新动能培育和传统动能修复，集聚各类创新资源，为企业创新发展提供全链条服务的新型载体。

9.“凤凰行动”（P12）：指省政府提出以企业上市和并购重组为核心的行动计划，通过4年（2017—2020年）努力，进一步巩固提升我省在资本市场上的全国领先地位，建设金融强省。

10.小巨人培育行动（P12）：指在规下工业企业、个体工业企业中培育“专精特新”企业，引导企业向专业化、精品化、特色化、创新型方向发展，成为细分市场“小巨人”。

11.“隐形冠军”（P12）：指在国内或国际细分市场上占据绝大部分份额，但社会知名度不高的中小企业。

12.“十大工程”（P12）：指瓯江北岸城市核心区十大项目，即清水埠城中村改造、楠溪江河口大闸、温乡城、世贸中心、三江城中村改造、三江总部经济园、瓯江北岸景观提升工程、双塔公园、瓯江两岸核心段亮化夜游工程、阳光大道东向延伸二期及防洪堤建设工程。

13.“城市双修”（P13）：指生态修复、城市修补。

14.“县管校聘”（P21）：“县管”指建立编制岗位总量控制、动态调整、统筹运用的新机制；“校聘”指建立中小学教员按岗聘用、竞争择优、强化考核的新机制。

15.“标准地”（P24）：指建设用地带着建设规划、能耗、环境、投资强度、亩产税收等标准，按照“事先做评价，事前定标准、事中做承诺，事后强监管”的要求进行“招拍挂”，建成投产后按照法定条件和既定标准进行验收。

16.“一三五”应急处置（P24）：“一”指一个预案（涉稳突发事件应急联动处置预案）；“三”指三项机制（信息收集研判机制、力量整合调度机制、后续化解稳控机制）；“五”指五类流程（非正常死亡、征地拆迁、劳资纠纷、公共安全、特定诉求群体）。

17.“四类场所”“四大领域”（P25）：“四类场所”指居住出租房和合用场所、人员密集场所、老旧小区和腾空房、拆迁房、易燃易爆场所；“四大领域”指高层建筑、电气线路、电动自行车、政府挂牌火灾隐患单位。

18.“两强三提高”（P26）：指省政府提出的政府系统建设要求，即强谋划、强执行，提高工作质量、提高工作效率和提高政府公信力。

政协永嘉县常委会工作报告

——在政协第十届永嘉县委员会第二次会议上

（2018年1月17日）

永嘉县政协主席　陈建良

2017年的工作回顾

2017年是我县全面实施“一带两城五组团”发展布局、阔步迈向全面小康社会的重要一年，全县人民在中共永嘉县委的坚强领导下，坚持以邓小平理论、“三个代表”重要思想、科学发展观、习近平新时代中国特色社会主义思想为指导，以“五优五提”为总抓手，协调打好系列组合拳，全县经济社会平稳健康发展。一年来，县政协常委会高举中国特色社会主义伟大旗帜，牢牢把握团结和民主两大主题，扎实履行政治协商、民主监督、参政议政三大职能，坚决维护核心，紧紧围绕中心，倾力服务大局，真情服务群众，为促进永嘉各项事业发展和社会和谐稳定做出了积极贡献。

一、围绕中心，服务大局有新作为

政治协商广泛多层。扎实践行人民政协协商民主，坚持重大问题协商于决策之前和决策实施之中。通过广泛协商，凝聚共识，形成合力。以全体会议协商为龙头，专题议政性常委会议、主席会议为重点，对口协商、界别协商、提案办理协商为常态，精心选择全县经济社会发展中具有综合性、战略性和前瞻性的问题开展协商议政。一年来，召开各类协商会议98次，其中专题协商13次，界别协商34次，对口协商16次，提案办理协商35次。围绕“一带两城五组团”发展布局、重点工程和政府投资项目建设、大拆大整、城中村改造、小城镇环境综合治理、交通事业发展、小微企业园建设、剿灭劣Ⅴ类水、“最多跑一次”改革、加强干部队伍建设等县委、县政府重大决策开展专题协商，提出了不少有价值可操作的意见建议。比如针对固定资产投资，我们提出了突出重点、优化结构、注重效益的建议；针对交通建设，我们提出处理好速度与质量、沿江与山区、发展与节约的建议；针对行政审批“最多跑一次”，我们提出了新建行政审批服务中心选址的建议；针对城中村改造，我们提出注重历史文化遗存保护、统一全县城中村改造政策等建议。县委、县政府主要领导对各类意见建议作出25次批示，一些意见建议为县委、县政府决策和相关政策的制订提供了重要参考。

民主监督精准有力。坚持低调务实的作风，真督实促，促进县委、县政府重大决策落地生效，促进人民群众关注的问题得到有效解决。突出剿灭劣Ⅴ类水，持续深入开展“五水共治”专项集体民主监督，把282名政协委员编入5大组32个小组，分别对70条河流、3个劣Ⅴ类水质断面和147个劣Ⅴ类水体的剿灭情况开展不间断跟踪。深入治水一线、走村入户、明察暗访，查问题、找短板、提建议、促落实。全年累计参与巡查监督的委员3000多人次，共发现问题150多个，提出意见建议30多条，有力推进了治水工作，扩大了民主监督影响力。围绕“最多跑一次”改革，由主席会议成员带队，分赴各部门及其窗口，查找审批环节存在的问题，提出了许多意见建议。比如我们报送的《查漏补缺 简政放权 破解山区群众“最多跑一次”难题》社情民意信息，得到了市县领导的高度重视，明确批示有关部门在山区乡镇“最多跑一次”改革实践中做积极探索，促成了《永嘉县推进“最多跑一次”与“四个平台”建设融合工作实施方案》的出台，在一定程度上解决了山区群众办事不方便的问题，并成为全市经验。此外，政协委员还配合纪检监察、法院等部门，参加中央八项规定精神、机关作风建设有关禁令执行情况以及“清房风暴”“基本解决执行难”等工作的明察暗访和政风行风评议，进一步推动有关部门转变作风、提高效能、改进工作。

投身一线当战士。根据县委工作部署，主动融入全县大局，积极参与重点工程、招商选资、城中村改造、四边三化、三改一拆、小城镇环境综合治理、村级组织换届、社会治安综合治理、信访积案化解、十九大安保、集体经济薄弱村消除等重点工作，担任6条县级河道“河长”、结对联系6个重点项目、12家企业、4个后进村支部、12户贫困户，深入开展“九联系”活动，经常深入联系点和挂钩村走访调研，帮助困难企业和群众解决实际问题。协同县委、县政府统筹抓好大拆大整工作，在城乡危旧房治理、违法建筑拆除、“四无企业”整治、城中村改造等四大战役上充分发挥作用。全力推进清水埠城中村改造，面对大规模复杂的征迁情况，配合县委、县政府每周召开例会、分析形势、研究对策、协调关系、攻克难点，取得了全面胜利，为瓯江两岸一体化发展书写了新的篇章。与有关方面一道在瓯北街道社会治安市级挂牌整治工作中做出积极努力，有效解决了社会管理突出问题，明显改善了瓯北街道的治安状况。

二、践行宗旨，履职为民有新担当

持续关注民生热点。始终坚持人民政协关注民生、履职为民的根本宗旨，积极组织各界别的政协委员，围绕人民群众关心关切的问题开展调查研究，积极为人民群众发声建言。着眼城乡人居环境的改善，组织委员开展大拆大整、城中村改造、“安雅上塘”建设、小城镇环境综合治理等重点工作的调研视察。重视教育事业发展，就校网撤并、教育资源合理利用、新高考制度改革、落实和完善学生营养餐政策、建立教师派遣中心等，加强同教育部门协商，传递群众呼声。聚焦医疗卫生事业发展，提出健全医疗卫生服务体系、做强做大本土医院、逐步在基层医疗机构开展“血透”诊疗、开展民间中医药偏方验方挖掘整理等建议。围绕社会化扶贫模式、环境执法规范化、黑律师乱象整治、推进农房抵押贷款等民生热点问题开展调查研究、建言献策，助推社会和谐、民生改善。

畅通渠道反映民意。充分发挥政协联系点多面广的优势，拓宽各界群众的权益诉求表达渠道。坚持“提案求精、立案求严、办案求实”的理念，强化提案工作。县政协十届一次会议以来，共收到以提案形式提出的意见建议327件，立案283件，全部按时协商办复，提案所提建议被采纳或部分采纳的占85.9%。坚持重点提案党政领导领衔办理、政协领导督办制度，20位县委常委、副县长领办的重点提案都得到了高效办理。一批民生建议在县委、县政府的政策文件、发展规划、部门工作中得到了体现。我们还向市政协提交了《关于建设大亨抽水蓄能电站的提案》《关于瓯江北岸规划编制和行政审批要求明确授权的提案》等21件提案，经市政协交办后，市级有关部门给予了认真办理或列入了工作计划。不定期召开信息工作研讨会，不断拓宽信息反映渠道，加强信息反映队伍建设。全年共编发社情民意专报67期，向市政协报送信息41期，被市政协采用23期，市领导批示5期，被省政协采用3期，省领导批示2期，被全国政协采用1篇，促成了相关政策的出台和一批热点问题的解决。县委、县政府主要领导高度重视社情民意信息工作，对22件信息进行批示交办。比如《建议出台我县道路挖掘管理办法 杜绝无序挖掘》《建议扶持本县建筑企业》《建议加强旧住宅区车库“出租住人”现象整治》《关于对我县河道和城乡道路实行统一保洁的建议》等信息直接进入县委、县政府决策程序，为党政领导了解民意、汇集舆情、科学决策提供了重要参考。

服务基层情暖民心。建立贫困山区挂钩联系制度，全年下基层蹲点5次，帮助贫困地区理清思路、筹集资金、办好实事。积极引导广大委员及委员所在企业投身慈善捐赠、扶贫结对等各种公益活动，帮助困难群众解忧纾困。组建县政协企业服务中心，召开宏观经济分析座谈会，走访企业87家，通过实地考察调研，对一些企业的管理和营销模式转变、盘活资产扩大融资规模等提出针对性建议，对一批困难企业的帮扶发挥了重要作用。精心组织开展送文化、卫生、科技、教育、法律、体育等“六下乡”活动，让政协委员更接地气，更贴民心。配合省政协送体育下乡活动，160名省级专业运动员、教练员以及省体育科学研究所的专家来到我县，为体育爱好者和广大群众献上一场体育盛宴。

三、增进团结，凝聚改革发展新合力

加强各界合作共事。充分发挥人民政协作为最广泛的爱国统一战线组织的作用，以政协例会为平台、调研视察为载体、界别活动为纽带，加强与各民主党派、工商联、人民团体和无党派人士的团结合作，努力营造民主协商、联合议政的良好氛围。坚持并完善定期走访各民主党派、工商联、无党派代表人士制度，主动征求他们的意见建议，共同研究政协履职工作。重点安排民主党派、工商联、无党派人士在政协例会上发表意见，优先组织他们参加调研、视察、座谈、民主监督等政协集体活动，认真交办、承办他们的提案，及时报送他们反映的社情民意，充分发挥他们在政协工作中的骨干作用。加强与工会、共青团、妇联、侨联、科协、残联等人民团体的联系沟通，密切与新经济组织、新社会组织和新社会阶层代表人士的联系，汇聚各方力量为中国特色社会主义添砖加瓦。

广泛开展联谊联络。充分利用人民政协点多面宽、亦官亦民的优势，广泛开展交流联谊。组织委员开展系列联谊活动，包括“三八”妇女委员楠溪江环保行、“五四”青年委员视察重点工程、“六一”儿童慰问、“七一”纪念建党96周年红色之旅、侨界委员关爱留守儿童夏令营等活动，增强了政协队伍的凝聚力和向心力。加强与上级政协的联动，一年来，协助省、市政协到永嘉县开展小城镇环境综合整治、古村落保护、“五水共治”“最多跑一次”、农业供给侧改革、民族乡村精准扶贫、全域旅游、外来人口管理等12批次的专题调研视察活动。密切与兄弟县（市、区）政协的交流，全年共接待省内外各地考察团组54批次，在交流中增进友谊、宣传永嘉，提高了永嘉的知名度和美誉度。注重与在外永商的联系，外出考察时经常走访慰问异地永商，积极开展招商引资活动，动员在外永商回乡投资创业。

致力传统文化传承发展。坚持把传统文化传承作为重点工作。扎实做好文史资料的征集、编辑和出版工作，征编出版《永嘉文史资料》第31辑，积极配合市政协做好史料永嘉部分的征集，积极传承永嘉地域文化，弘扬永嘉人精神。先后以瓯窑文化与永嘉人精神、东蒙山道教文化与养生、走进永昆等为主题举办政协论坛，在传承和发扬传统文化方面发挥了重要作用。

四、求真务实，展现人民政协新形象

加强理论学习研究。把加强理论学习摆在首要位置，夯实共同的思想政治基础。深入学习中共十九大精神，深刻理解习近平新时代中国特色社会主义思想，做到学深学透、入心入脑。通过理论中心组、主席读书会、界别活动、政协论坛、委员活动日等载体，深入学习协商民主理论，以最新理论成果引导履职实践，不断增强政治意识、大局意识、核心意识和看齐意识。鼓励政协委员和机关干部，围绕政协工作理论和实践中的重点、热点、难点问题开展专题理论研讨，发表理论文章9篇。

增强委员履职能力。坚持从教育培训和履职管理入手，不断提高委员的政治把握能力、调查研究能力、联系群众能力和合作共事能力。创新委员参政议政、建言立论平台，开办政协论坛，每月一期，每期一主题，由一名委员或专家、学者主讲，再开展交流讨论，提倡热烈而不对立的讨论，鼓励尖锐而不极端的批评。一年来，共举办以加快工业经济转型发展、污水处理与河道治理、“聚力一二五，助力铁三角”、城中村改造、宗教与文化、公民与法律、合理利用教育资源等为主题的政协论坛10期，参与委员达700多人次，取得了良好影响。在第四次政协论坛上，促成了原野农业集团与引进的“省千计划”专家陈昂领衔的温州哈德森科技研究院团队的合作，签订了全市首条城市建筑垃圾再利用生产线合作协议。制定五年轮训计划，争取全体政协委员在全国政协培训基地得到普遍轮训，首期在延安市委党校举办委员培训班。加强委员履职管理，建立委员走访制度，修订出台委员履职“十个一”制度和《永嘉县政协委员履职考核办法》，完善委员履职信息库，将委员参加政协会议、提交提案、报送社情民意信息等履职情况，累计计分，动态排名，并作为进退去留和评优评先的重要依据。

提升机关服务水平。深入开展“两学一做”专题教育实践活动，推进学习教育常态化制度化，狠抓机关作风建设。按照规范化、制度化、程序化的要求，修订完善《县政协领导联系常委、机关委室联系界别委员和县直单位办法》《关于进一步加强政协常委会作风建设的若干规定》《关于进一步加强政协委员管理的意见》《县政协委员密切联系群众的若干规定》《县政协常务委员会工作规则》《专门委员会工作通则》等10项制度，严格抓好各项规章制度的落实，使制度成为县政协机关履行职能、开展工作的规范和依据。以改革创新的精神加强专委会建设，明确专委会定位，完善专委会职责，调整专委会机构设置，新组建农业农村委员会、城乡建设资源环境委员会和科教文卫体委员会，专委会数量从5个增加到8个，增设主任副主任6名。注重机关干部的培训、考核、选拔和培养工作，着力提高机关干部的全局观念、敬业意识和服务协调能力，不断提升政协机关服务水平，切实把政协机关建成“委员之家”。

各位委员！过去一年我们取得的成绩，是中共永嘉县委正确领导的结果，是县政府和社会各界大力支持的结果，是政协各参加单位、广大政协委员和机关全体同志共同努力的结果。在这里，我谨代表县政协常委会，向支持、关心政协工作的各级领导和各界人士，向所有为政协工作辛勤耕耘的委员们、同志们、朋友们表示衷心的感谢和崇高的敬意！

在看到成绩的同时，我们也清醒地认识到工作中还存在一些差距和不足。主要有：民主协商的质量需要进一步提高，有待在建言献策的深度和广度上下功夫；参政议政的针对性和有效性需要进一步提升，有待加强对参政议政实际成效的关注和追踪落实；民主监督机制还不够完善，监督力度和效果还需要进一步增强；团结联谊功能需要进一步发挥，尚待探索与时俱进的新渠道和新方法。这些都需要我们在今后工作中加以重视、认真研究、逐项改进。真诚希望各位委员和列席同志提出宝贵意见，帮助我们共同把政协工作做得更好。

2018年的主要任务

2018年是全面贯彻中共十九大精神，决胜全面建成小康社会、夺取新时代中国特色社会主义伟大胜利新征程的重要一年。县政协工作的总体要求是：高举中国特色社会主义伟大旗帜，深入学习贯彻中共十九大精神和习近平新时代中国特色社会主义思想，紧紧围绕“五位一体”总体布局和“四个全面”战略布局，坚定贯彻落实中央和县委各项决策部署，以“拉高标杆、争先进位”的要求、“铁军”的素质和“一线”的作风履职尽责，努力做到政治协商有密度，民主监督有力度，参政议政有高度，调查研究有深度，联谊交流有广度，队伍建设有强度。为加快构筑我县“一带两城五组团”发展布局、高水平全面建成小康社会贡献更大的智慧和力量！

一、加强理论武装，把握正确的政治方向

加强思想理论建设是人民政协坚定正确政治方向的根本保证。要把学习宣传贯彻中共十九大精神作为头等政治任务，加强政治引领，不断夯实团结奋斗的共同思想政治基础。通过每月举办政协论坛、每季度召开党组学习会、每半年分界别举办学习会、每年举办全体委员学习会等形式，深入学习贯彻习近平新时代中国特色社会主义思想，进一步增强“四个意识”，坚定“四个自信”，更加自觉地坚持中国共产党的领导，更加紧密地团结在以习近平同志为核心的中共中央周围，更加坚定地贯彻落实党领导一切的政治原则。认真学习贯彻落实县委十三届三次全会精神和各项工作部署，精准对表，着力做好思想引导、协调关系、汇聚力量、建言献策、服务大局，切实把参加政协的各党派团体和各族各界人士的思想和行动统一到县委决策部署上来，把智慧和力量凝聚到中共永嘉县十三届三次全会确定的目标任务上来。

二、不辱职责使命，服务大局主动作为

围绕中心、服务大局是政协履行职能必须遵循的基本原则。我们要瞄准县委、县政府正在谋划的重大问题、正在实施的重大战略，抓住事关全局的大事要事，既议政又监督，既献计又出力。一要充分发挥政治协商的重要渠道作用。围绕高水平全面建成小康社会目标，按照“一带两城五组团”发展布局，突出瓯江两岸协同发展、高铁新城建设、乡村振兴战略、基础教育发展等重大问题广泛开展协商议政活动。进一步完善协商机制，规范协商程序，注重结果运用，提高协商实效。二要加大民主监督力度。围绕县委、县政府决策的落实和我县改革发展中的重点问题，特别是重点建设、招商选资、社会保障、教育医疗、“大拆大整”、“大建大美”、“五水共治”、“最多跑一次”、垃圾分类处理等重点工作，灵活运用专项集体民主监督、民主评议、委员视察、提案、社情民意等监督方式进行跟踪问效，规范政协监督意见整改反馈程序，不断提高民主监督的针对性和实效性，促进县委、县政府决策落地生根。三要主动履行参政议政职责。紧扣产业转型发展、新常态下资源要素保障、加快供给侧结构性改革、发展全域旅游、一二三产业融合发展、壮大村级集体经济、培育新型农业经营主体、加快小城镇培育和环境综合整治等建净言、献良策。

三、坚持开拓创新，建好资政建言的主阵地

创新是发展的不竭动力，也是引领政协工作开创新局面的时代要求。只有在继承中持续汲取创新智慧，政协工作才能充满活力，政协事业才能薪火相传、永续发展。一要深刻理解和正确把握坚持党的集中统一领导与充分发扬民主的关系。理念上人人开动脑筋，知无不言、言无不尽；思想上行动上服从党的绝对领导，步调一致，同向同行。二要在机制上创立新章法。不断总结政协协商民主实践的好传统、好做法和好经验，并加以提炼、完善，上升到制度层面，努力推进政协协商民主制度化、规范化、程序化。三要在方法上推出新招式。重点在提案收集办理、界别作用发挥、调研成果转化、委员履职考核等方面要有新思路、新方法、新举措，积极开展十佳提案承办单位、十佳提案积极分子、十佳优秀委员评选活动，不断提升政协工作科学化水平。四要在内容上谱写新篇章。充分认识新时期政协工作的政治优势、组织优势、人才优势和渠道优势，在参政议政形式、民主监督范围、政治协商内容上有新拓展。

四、突出民生实事，唱响履职为民主旋律

切实改善民生、增进人民福祉是政协履行职能、发挥作用、体现价值的根本取向。一要准确反映民意。把社情民意信息作为民心民愿的“晴雨表”，不断健全和完善社情民意信息收集机制，鼓励委员经常“身入”基层、“心入”群众，及时向党委政府反映群众最关注、急需解决的民生问题。二要尽心维护民利。围绕惠民利民政策落实、重大民生项目建设和农民增收、精准扶贫等涉及群众切身利益的重要问题，充分运用调研、视察、提案等形式建言献策，为增进人民福祉、促进公平正义发挥应有作用，让广大群众有更多获得感。三要尽力化解民困。进一步关注弱势群体，继续组织委员开展“六下乡”、扶贫济弱、捐资助学、法律援助等社会公益活动，既做锦上添花之事，更行雪中送炭之举。

五、凝聚各方力量，突出和谐发展主基调

坚持团结和民主两大主题，建净言、求真知，谋共识、聚合力，是人民政协的光荣传统。一要做谋划发展的“智囊团”。充分发挥政协队伍人才荟萃、智力密集的优势，通过调研视察、走访互动、联谊交友等途径，集纳真挚良言，提出有价值、有分量、有创意的意见建议，切实把智力优势转化为发展优势，把团结民主的活力转化为汇聚发展的合力。二要做增进和谐的“连心桥”。多做协调关系、理顺情绪、化解矛盾、排忧解难的工作， 使各方面意见在政协平台中得到充分表达，各种矛盾在政协渠道中得到化解，不断增进社会各阶层和不同利益群体间的和谐，努力营造和衷共济、协力发展的社会氛围。三要做推介永嘉的“宣传员”。要善于利用政协联系面广的优势，尽可能使每一次联谊交流活动都成为永嘉的“推介会”，每一位政协委员都成为永嘉的“宣传员”，大力宣传我县不断改善的发展环境和良好的发展前景，不断扩大永嘉的知名度和美誉度，吸引更多的人才资源来永嘉投资创业。

六、加强自身建设，全面提高履职能力

加强自身建设是政协事业不断发展的内在需要。要积极适应新形势新要求，以界别为纽带、专委会为基础、委员为主体，强化联系协调，加强内外联络，积极构建沟通顺畅、配合紧密、运转高效的政协工作新格局。一要深化委员履职能力建设。严格执行《关于健全县政协委员退出机制的若干规定》，完善委员学习培训、履职考评、表彰奖励、遴选退出等机制，改进委员服务与管理，突出委员能力建设，增强委员荣誉心和责任心，做到心中有大局、履职有成果、言行有风范。二要加强专委会履职能力建设。创新工作方法，丰富活动内容，为委员知情参政、发表意见提供更多平台；同时加强各专委会之间的协作，完善和落实专委会与党政职能部门的对口联系、基层委员走访、界别联系指导等工作制度。三要进一步凸显界别特色优势。鼓励和支持以界别为单位开展学习培训、座谈研讨、联谊交友等活动，扩大界别参政议政参与面，形成政协工作整体合力。四要进一步加强机关队伍建设。严格落实全面从严治党的政治责任，深入开展“两学一做”学习教育，按照打造“四铁干部”的要求，持之以恒强素质，驰而不息抓作风，努力造就一支政治坚定、作风优良、学识丰富、业务熟练的干部队伍，为开创我县人民政协事业新局面提供有力保障。

各位委员！新理念引领新发展，新使命召唤新作为。让我们紧密团结在以习近平同志为核心的中共中央周围，在中共永嘉县委的坚强领导下，高举中国特色社会主义伟大旗帜，不忘初心、牢记使命，用心谋事、踏实干事、尽力成事，努力在聚焦发展、助推落实中唱响政协声音、彰显政协作用，为建设县强民富、城乡协调、文明民主、和谐美丽的高水平全面小康社会而努力奋斗！

特 辑

“营商环境提升年”行动

概况 2018年，永嘉县把营商环境优化列为全县上下的首要任务，作为2018年县委、县政府三大目标之一来抓，认真落实党风廉政建设“一岗双责”。在全面优化营商环境各项工作中，不断创新机制，切实解决企业难题，坚决查处破坏营商环境案件，全县营商环境显著提升。

建章立制 2018年，永嘉县高度重视营商环境提升工作，2月26日（农历正月十一），县委、县政府组织召开全县营商环境提升年行动动员大会，县委书记姜景峰全面部署“营商环境提升年”工作，把营商环境优化作为全县上下首要任务。立刻成立“营商环境提升年”行动领导小组，出台文件组建永嘉县营商环境服务监督局（以下简称县营商局），抽调专门力量，实行实体运行，在县行政中心调剂出4个办公室和一个会议室，从有关单位抽调7名工作人员，其中包括2名专职副局长，实行集中办公，负责全县营商环境建设的政策制定、协调指导、服务管理和问题督办等工作。“县营商局”成立后，快速起草出台了《县直部门营商环境建设动态考评细则》《功能区、乡镇（街道）营商环境负面清单》，以及《关于以百名干部联百企为主抓手 深化开展营商专员（代办员）助企服务活动的通知》；还起草出台了一套职责明确、运转协调、务实管用的“7+1”工作制度，即《永嘉县营商环境服务监督局职责》《永嘉县营商环境服务监督局各工作组职责》《永嘉县营商环境建设研判处置联席会议制度（暂行）》等7个工作运行机制和《2018年永嘉县营商服务监督局工作要点》。

梳理研判 2018年5月中旬，在营商局人员尚未完全到位的情况下，永嘉县营商环境服务监督局建立永嘉县营商专员（代办员）助企服务数据库，收集营商专员（代办员）每月2次（15日、30日）报送的企业各方面问题及化解进度情况。对营商专员收集的123家企业需要县营商局协调解决的176个问题，以及县人大、政协对营商环境建设的意见建议等进行梳理分类。将责任单位明确的问题，直接形成交办单交办，并要求5个工作日内反馈。对于责任单位不明确且应协调多个单位合力解决的“疑难杂症”，作为召开联席会议的议题进行研判，将研判处置意见、建议以内参的形式专报给县有关领导参阅。自实施5个月来共召开10次联席会对126个难题进行研判，上报内参21期，均得到县主要领导批示，促成“疑难杂症”督办落实。同时，由县领导带队，对14家重点县直部门和4个滞后项目进行逐一走访督查，对发现的问题进行梳理，现场能解决的问题当场解决，不能直接解决的上报县政府协调解决。176个问题已全部办结。

七大行动 为着力整治当前损害营商环境的突出问题，进一步营造稳定公平透明、可预期的营商环境，更好地服务经济高质量发展，永嘉县“营商环境提升年”行动领导小组于2018年7月初启动优化营商环境七大专项整治行动。本项行动聚焦审批制度改革、企业降本减负、涉企执法检查、中介机构服务、违规投资、村级势力干扰企业、党员干部干预房地产等七大方面问题，强化监督管理，建立健全长效机制，着力解决执行不力、办事不畅、作风不实以及“为官不为”“中梗阻”等作风顽疾，努力构建“亲”“清”新型政商关系，为全面推进“一带两城五组团”发展布局提供坚强保证。

截至年底，已取得初步成效：县纪委查处县地税局瓯北分局工作人员周某某违规向管理服务对象借款问题，给予记大过处分；查处县住建局原办公室主任陈某某违规向管理服务对象借款问题，给予党内严重警告处分及免职处理等一批破坏营商环境的案件；县公安局共打掉黑社会性质组织2个，恶势力犯罪集团5个，恶势力团伙25个，抓获犯罪嫌疑人223人，其中镇街临时工作人员1人、村居干部4人，缴获枪支5支，冻结涉案财产309万元，破获刑事案件152起，打击十类涉黑恶案件犯罪嫌疑人318人（包括故意伤害罪）。

县审管办进一步规范投资项目审批中介服务比选，已有16家中介机构进驻“网上中介超市”平台，有13家业主单位在“网上中介超市”平台注册，成功发布8个项目公告，每个项目服务时间为3个工作日，比招投标缩短70%以上，总报费637681元，中标价395001元，平均下浮38.05%，初步实现中介服务“零门槛、零等待、零跑路”，业主能一站式选取中介服务，避免多方咨询中介资质、洽谈业务等烦琐程序，并为业主最大限度地节约时间和经济成本，达到中介服务经费和时间双下降目标；县减负办（县经信局）梳理涉企行政事业性收费、政府性基金和实行政府定价的经营服务性收费等三类涉企收费清单，公布“一张清单”，做到“一张清单”收费；县法治办顺利通过省、市两级法治办专项监督检查，在城乡建设和综合行政执法领域行政程序落实方面、行政处罚裁量基准和涉企行政执法“双随机、一公开”等方面，交出完美答卷，同时在温州市2018年行政执法案卷评查暨万人评议执法监督类案卷抽查工作中获全市第一。

案件查处 在2018年开展的“营商环境提升年”行动中，永嘉全力开展“铁腕纠四风、重拳治怠政”作风建设活动，尤其是开展优化营商环境七大专项整治行动和出台实施政商往来正负面清单，以铁的决心、铁的手腕、铁的纪律重拳整治消极怠政和“微腐败”等损害营商环境的突出问题，进一步营造稳定公平透明、可预期的营商环境，更好地服务永嘉经济高质量发展，为全面推进“一带两城五组团”发展布局提供坚强保证，也为护航温州市创建新时代“两个健康”先行区贡献永嘉力量和智慧。2018年，县纪委查处破坏营商环境问题32起、处理人数57人，其中，招投标领域违法违纪违规问题18个、处理人数35人，“最多跑一次”落实不到位问题9个、处理人数12人，招商引资项目审批服务难问题3个、处理人数8人，违反“三个一律”问题1个、处理人数1人，涉企优惠政策不落地问题1个、处理人数1人。

多维宣传 2018年，永嘉县在高速口、主要道路口、人员密集区域的8个大型电子显示屏上滚动播出营商环境宣传标语，在车站、码头、医院、办事窗口等100多个人员密集点以视频联播的方式滚动播出营商环境宣传等内容。发动全县社科工作者积极撰写和刊发营商环境时评文章，发挥理论引导实践的作用。充分发挥新闻媒体的宣传、引导和造势作用，在《今日永嘉》上开辟专栏、在永嘉电视台设置专题等多种形式，大力宣传营商环境建设的先进典型和工作成效，公开曝光负面案例，在全社会营造尊重企业、关心企业、支持企业的浓厚氛围。在省、市级媒体共发表4篇有关营商环境提升的时评文章，在省、市、县媒体上刊出80多篇有关营商环境的新闻报道，为永嘉县营商环境提升工作营造浓厚氛围。此外，编发简报15期，向温州市营商局报送信息30多条，市营商局至今共编发9期工作简报，每期都刊载永嘉报送的信息。

（邵剑锋）

世界永嘉人大会

2月24日，2018年世界永嘉人大会在永嘉裕锦大酒店隆重举行，400多名海内外乡贤和嘉宾齐聚现场。大会颁发新锐永商奖10个、先进商会奖11个、回归贡献奖12个、荣耀永商奖1个，并签约10个总投资59.6亿元的招商项目，涉及民办教育、先进制造、农业休闲、清洁能源等领域，还与3家在外永商企业签订贸易回归合作协议，掀起永商回归新热潮，助推民间投资再发力。大会还举行了永嘉县梦圆楠溪慈善基金会启动仪式。

此次会议所在的永嘉裕锦大酒店，也是永商回归项目，已于2017年10月1日试营业。该项目总占地约30.6亩，总建筑面积约7.18万平方米，总投资约4.9亿元。项目从2015年5月挂牌，10月进场施工，在相关部门大力支持下，原本900天的建设工期大大缩短，从进场施工到试营业，前后仅历时两年。

近年来，永嘉县全力打造一流营商环境，助力县域经济发展。2017年，全县温商回归到位资金73.1亿元，完成市定任务（57亿元）的128.24%，温商回归、重点攻坚行动（招商引资）两项考核排名均为全市第三、同组第一。全年新引进并开工项目81个，其中投资亿元以上项目23个，投资3到5亿元项目3个，投资10亿元以上项目3个，3亿元以上世界500强项目1个，全国房地产企业50强项目1个。永嘉还创新推出招商项目前置会商、专班专营、限时解难、政策兑现等四大机制，全年累计协调督促解决遗留问题、疑难问题50余个，项目签约后3个月内开工率从2016年的10%提高到44%。

（赵 训）

2018年永嘉县国民经济和社会发展统计公报

2018年，全县上下认真贯彻省、市决策部署，坚持稳中求进工作总基调，全力实施“一带两城五组团”发展布局，攻坚克难、团结奋进，全年经济运行稳走向好，社会发展和谐稳定，为十九大开局年奠定良好基础。

一、综合

初步核算，2018年全县生产总值（GDP）414.46亿元，比上年增长8.6%。其中，第一产业增加值14.61亿元，增长4.1%；第二产业增加值177.40亿元，增长8.4%；第三产业增加值222.45亿元，增长9.1%。按户籍人口计算，人均地区生产总值42244元，增长7.4%。国民经济三次产业结构优化为3.5:42.8:53.7，第三产业比重比上年提高0.2个百分点。

表1 2018年永嘉县主要国民经济指标情况表

指 标	单 位	2018年	同比增长%
生产总值	亿元	414.46	8.6
其中：第一产业	亿元	14.61	4.1
第二产业	亿元	177.40	8.4
第三产业	亿元	222.45	9.1
人均生产总值	元	42244	7.4
财政总收入	亿元	56.30	11.6
其中：一般预算收入	亿元	35.07	11.0
出口总额	亿元	52.93	17.0
社会消费品零售总额	亿元	186.13	10.6
金融机构人民币存款余额	亿元	689.71	14.7
金融机构人民币贷款余额	亿元	633.66	16.2
城镇常住居民人均可支配收入	元	45293	8.5
农村常住居民人均可支配收入	元	22190	9.5

年末全县户籍总户数29.75万户，总人口98.37万人，其中城镇人口30.08万人，乡村人口68.29万人。从性别看，男性人口52.29万人，女性人口46.08万人，分别占总人口的53.2%和46.8%。60岁及以上老年人口数为17.16万人，占比达17.4%。当年登记出生人口13570人，人口出生率为13.8‰；死亡人口5478人，死亡率为5.6‰；人口自然增长率为8.2‰。年末全县常住人口为82.9万人，比上年减少0.6万人；城镇化率为64.4%，比上年提高0.5个百分点。

全年居民消费价格（CPI）比上年上涨2.3%。其中：食品烟酒、医疗保健、居住、教育文化和娱乐、生活用品及服务、衣着、交通和通信类分别同比上涨4.0%、3.1%、2.2%、2.1%、1.3%、0.8%、0.7%；其他用品和服务类同比下降0.4%。工业生产者出厂价格（PPI）上涨2.0%，工业生产者购进价格上涨3.5%。

二、农业和新农村建设

农业生产平稳。农林牧渔业总产值21.61亿元，增长4.1%；农林牧渔业增加值15.06亿元，增长4.1%。其中：农业总产值14.92亿元，增长3.0%；林业总产值1.44亿元，增长15.3%；牧业总产值3.97亿元，增长4.9%；渔业总产值0.94亿元，增长2.8%；农林牧渔服务业总产值0.34亿元，增长8.1%。

全县粮食播种面积为21.21万亩，比上年下降3.2%；粮食总产量8.24万吨，比上年下降2.8%；粮食亩产389公斤，增长0.5%。在经济作物中，蔬菜播种面积9.75万亩，增长3.4%；油菜籽1.91万亩。

表2 2018年永嘉县主要农产品产量情况表

指 标	产量（万吨）	比上年增长（%）
粮食	8.24	−2.8
水果	11.36	7.2
蔬菜	9.75	3.4
油菜籽	1.91	−0.9
茶叶	0.06	8.0

全年肉类总产量1.40万吨，比上年增长6.9%。其中，猪肉产量0.86万吨，增长10.5%；牛肉产

量0.07万吨，增长21.7%；禽肉产量0.42万吨，下降2.7%；兔肉产量33吨，增长17.9%。全年水产品总产量0.41万吨，比上年增长2.8%。其中，淡水捕捞0.1万吨，增长19.8%；淡水养殖0.31万吨，下降1.5%。

全县累计建成粮食生产功能区8.6万亩；累计建成现代农业园区53个，总面积5.5万亩；拥有市级以上示范家庭农场4家、示范农民合作社20家、农业龙头企业84家；实现土地流转率63.05%，累计流转面积17.73万亩；投入美丽乡村建设资金10亿元，新提标农村生活污水治理村26个村，累计完成农村生活污水治理550个村；新开展农村垃圾减量化资源化处理181个村，累计开展630个村。全县在建省历史文化村落保护利用重点村2个、保护利用一般村5个，农家乐特色村9个、示范点（各类农庄、山庄、渔庄）24个，新创成省级美丽乡村示范乡镇2个，累计6个；新创成省级特色精品村5个村，累计16个村；新创成市级美丽乡村精品村17个村，累计85个村。全年异地生态搬迁336人，“千万农民素质提升工程”培训总人数为1993人。

三、工业和建筑业

全年实现规模以上工业总产值277.72亿元，增长13.8%，其中轻、重工业总产值分别为122.70和155.02亿元，分别增长6.1%和20.7%。规模以上工业销售产值266.07亿元，增长11.5%，其中出口交货值32.44亿元，同比增长4.4%。新产品产值87.84亿元，增长20.7%，新产品产值率为31.6%，比上年提高1.1个百分点。鞋业、服装、泵阀、纽扣拉链、教玩具五大产业产值196.68亿元，增长13.4%，占全部规上工业总产值比重70.8%。全年工业产值超亿元企业达57家，比上年减少23家。

实现工业增加值126.20亿元，比上年增长9.3%。规模以上工业企业361家，实现规模以上工业增加值61.87亿元，同比增长10.2%。规模以上工业中，高新技术产业增加值34.03亿元，增长10.6%，占规模以上工业的比重为55.0%；装备制造业增加值26.39亿元，增长17.3%，占规模以上工业的比重为42.7%；战略性新兴产业增加值6.11亿元，增长20.7%，占规模以上工业的比重为9.9%。

全年规模以上工业企业实现利润20.65亿元，比上年增长57.4%。其中，国有企业0.54亿元，下降20.1%；股份制企业10.81亿元，增长180.4%；私营企业5.54亿元，增长29.0%。规上工业全员劳动生产率为11.91万元/人，按可比价计算增长13.8%。

全年实现建筑业增加值51.28亿元，增长4.8%。具有总承包和专业承包资质的建筑企业56家，全年建筑业签订合同额186.30亿元，比上年增长3.8%，其中本年新签订合同额123.53亿元，增长7.0%，完成建筑业总产值134.72亿元，增长10.9%；利润总额3.96亿元，增长16.1%。

四、固定资产投资和房地产业

全年固定资产投资同比增长8.3%。全县民间投资同比增长10.1%，高新技术产业投资同比增长103.2%，工业投资和服务业投资分别增长26.1%和8.6%。

全年房地产开发投资124.06亿元，比上年增长7.4%；房屋施工面积362.40万平方米，减少29.2%，竣工面积81.35万平方米，减少31.7%；商品房销售面积118.81万平方米，增长7.3%。

五、国内贸易和旅游

全年社会消费品零售总额186.1亿元，比上年增长10.6%。其中，城镇消费品零售额152.4亿元，增长9.7%；乡村消费品零售额33.7亿元，增长14.0%。按行业分，其中批发业零售贸易业零售额156.0亿元，增长9.9%。住宿餐饮业零售额30.1亿元，增长13.2%。全县限上网络销售额10.84亿元，下降7.4%。

限额以上批发零售业零售额中，汽车类零售额15.94亿元，比上年增长1.1%，石油及制品类零售额2.07亿元，增长14.1%；粮油及食品类增长50.0%，日用品类增长25.2%，金银珠宝类增长51.3%，鞋服、针纺织品类增长24%，通信器材类下降0.5%。

全年接待海内外游客1208.69万人次，实现旅游总收入139.5238亿元，分别比上年增长22.77%和27.67%。其中接待国内旅游人数1205.14万人次（注：2018年永嘉县国民经济和社会发展统计公报原文为“1205.25”，经审核，改正为“1205.14”），增长23.22%，国内旅游收138.6041亿元，增长28.22%；接待入境游客3.5461万人次，国际旅游外汇收入1468.28万美元。

六、对外经济

全年进出口总额550280万元，比上年增长15%。其中进口总额21001万元，同比下降19.8%；出口总额529279万元，同比增长17%。从主要出口市场看，美国

111855万元，占21.1%，同比增长17.9%；欧盟79540万元，占15%，同比增长0.24%；东盟59903万元，占11.3%，同比增长18.36%，俄罗斯49884万元，占9.4%，同比增长26.1%。全年新批外资项目3个，全年实际利用外资2241万美元，比上年增长11.8%。

七、交通、邮电和电力

年末，全县境内公路总里程为2727千米，其中高速公路110千米。机动车保有量25.46万辆，比上年年末减少1.73万辆，其中载客汽车19.31万辆，载货汽车2.63万辆。私人汽车24.07万辆，减少1.79万辆。完成各种货物运输周转量129728万吨千米，其中：公路84661万吨千米；水路45067万吨千米。旅客运输周转量78372万人千米，其中：公路旅客运输周转量77267万人千米，水路旅客运输周转量1105万人千米。

全县邮政业务总收入（含快递）5.39亿元，比上年增长31.0%，其中快递业务收入5.99亿元，增长33.7%。

全年电信业务总收入8.80亿元，同比增长3.2%。年末固定电话用户数10.36万户，比上年减少1.20万户；移动电话用户数99.13万户，比上年增加5.32万户；固定互联网宽带接入用户32.30万户，比上年增加4.63万户。

八、财政、金融和保险

2018年，全县完成财政总收入56.30亿元，同比增长11.6%，一般公共预算收入35.07亿元，增长11.0%；其中：税收收入28.19亿元，增长11.9%。全县一般公共预算支出81.53亿元，增长10.2%。公共安全、教育、科技、文化体育与传媒、社保就业、医疗卫生、节能环保、城乡社区、农林水事务和住房保障等十项重点民生支出65.48亿元，增长11.1%。

年末金融机构本外币存贷款余额695.90亿元，比上年年末增长14.5%，其中人民币存款余额689.71亿元，增长14.7%。年末住户人民币存款余额449.93亿元，增长15.1%。年末金融机构本外币贷款余额633.73亿元，增长16.1%，其中人民币贷款余额633.66亿元，增长16.2%。

全年保险业保费收入18.28亿元，比上年增长7.9%。其中人身险保费收入11.83亿元，增长11.4%；财产险保费收入6.45亿元，同比增长2.1%。支付各类赔款及给付5.09亿元，比上年增长10.4%，其中人身险赔付1.76亿元，增长18.1%；财产险赔款3.33亿元，增长6.7%。

表3 2018年永嘉县金融机构人民币存贷款情况表

指 标	2018年年末数（亿元）	比上年年末增长（%）
各项存款余额	689.71	14.7
住户存款	449.93	15.1
非金融企业存款	137.18	17.7
各项贷款余额	633.66	16.2
住户贷款	388.50	20.5
非金融企业及机关团体贷款	245.12	10.0

九、教育、科学技术和人才

年末全县共有幼儿园169所，在园幼儿2.79万人；小学64所，在校生6.07万人，小学学龄人口入学率达100%；普通中学47所，在校生4.49万人，其中普通初中39所，在校生3.23万人，初中学龄人口入学率100%，初中毕业生升学率98.12%，比上年提高0.02个百分点。全县幼儿园教职工3182人，其中专任教师1699人；小学专任教师3825人；普通中学专任教师3797人。

小学体育运动场面积38.01万平方米，电脑13272台，其中教学用电脑12364台，各类图书194.15万册；初中体育运动场面积41.29万平方米，电脑11411台，其中教学用电脑9722台，各类图书169.10万册；高中体育运动场15.77万平方米，电脑4287台，其中教学用电脑4254台，各类图书72.31万册。

全县公共财政预算支出中，科学技术经费支出 9889 万元，同比增长 8.3 %。全年下达科技计划项目三批共67项，安排科技经费2300万元，其中工业项目6项，安排经费120万元；农业项目18项，安排经费102万元；社会项目9项，安排经费9万元（其中6项均属自筹）；专利技术产业化项目9项，安排经费100万元；科技创新奖励项目15项，安排经费1339.6万元；创新平台建设项目9项，安排经费531.7917万元；科技创新专项及配套项目1项，安排经费36万元。全年新增市级以上科技计划项目共87项，其中省级新产品试制计划项目67项、省级科技特派员项目14项，市级科技特派员项目6项，共争取上级补助经费529万元。

积极推进温州市人才新政40条和永嘉县人才新政50条落地生根。事业单位对口精准引进硕士研究生12名，共为7家企业申报引进国外技术、管理人才共11个项目。已建博士后工作站8家，其中国家级2家、省级5家、市级1家。

十、文化、卫生和体育

2018年，文化建设迈上了新台阶，取得了新成效。共完成文艺下乡423场，观众累计人数达到62万余人；开展培训讲座803场，受训人57775人次，开展文化走亲到县外27场，完成送书下乡87928册次。公共图书馆藏书657千册，比上年增加91千册。广播覆盖率为100%；电视覆盖率为99.0%。年末全县有线电视用户19.14万户，入户率为65.4%。世界、国家、省、市级非物质文化遗产分别为1项、2项、8项、76项。

年末，全县共有各类卫生机构548家，其中综合性医院5家，中医医院1家，公共卫生机构5所，卫生院16家，社区卫生服务中心7家，民营医院9家，门诊部43家，个体诊所116家，社区卫生服务站46家，村卫生室277家，医务室12家。卫生机构实有床位1971张，执业医师和执业助理医师有 2250人，每万人拥有医生数为27人，注册护士1600人。

全县竞技体育取得优异成绩。83位运动员在参加浙江省青少年锦标赛中共获得28枚金牌，26枚银牌，20枚铜牌；78人参加省第十六届运动会比赛共夺得11.2枚金牌、21枚银牌、16.5枚铜牌，总分483分的好成绩。全国性比赛获6枚金牌、6枚银牌、7枚铜牌，亚洲级比赛获1银、1铜。认真抓好省、市健身设施、民生实事工程的落实和建设，其中，省体育小康村提升工程10个，社区多功能公共运动场1个，拆装式游泳池2个，笼式足球场1个；市十大民生实事工程：登山步道4条，笼式足球场3个，百姓健身房1个。

十一、人民生活和社会保障

2018年城镇常住居民人均可支配收入45293元，比上年增长8.5%；城镇常住居民人均消费支出28890元，同比增长8.6%；恩格尔系数为33.0%。城镇常住居民每百户拥有家用汽车55.6辆，家用电脑86.3台，空调203.2台，移动电话245.8部。城镇常住居民人均住房建筑面积48.28平方米。

农村常住居民人均可支配收入22190元，比上年增长9.5%；人均消费支出为15999元，同比增长9.1%；恩格尔系数为34.9%。农村常住居民每百户拥有家用汽车23.1辆，家用电脑36.4台，空调98.2台，移动电话228.2部。农村人均住房居住面积58.56平方米。

年末，企业职工基本养老保险参保人数30.05万人，增加2.72万人；城乡居民基本养老保险参保人数36.46万人，减少0.71万人；城镇职工基本医疗保险参保人数14.01万人，增加1.77万人；城乡居民基本医疗保险参保人数75.96万人，减少3.39万人；失业保险参保人数8.48万人（注：2018年永嘉县国民经济和社会发展统计公报原文为“7.77”，经审核，改正为“8.48万”），增加0.71万人；工伤保险人数参保24.48万人，增加0.25万人；

年末，全县社会福利机构43家，床位数5829张。年末在册低保对象2.68万人，比上年减少5.96%，其中农村居民低保人数2.59万人。全年发放低保金13597.8万元，比上年增长25.14%；其中，城镇月人均低保金补助465元，增长13.14%；农村月人均低保金补助421元，增长35.37%。全年县慈善总会捐赠收入共3139.47万元，同比增加14.22%；累计专款支出2426.83万元，同比增长13.75%。建成9家示范型居家养老服务中心，提升创建助餐配送餐点150个。

十二、生态建设、环境保护和其他社会事业

截至2018年年底，县城建成区面积10.84平方千米，新建县城区供水管网16.69千米，其中改造管网5千米；供水综合生产能力4万立方米/日；公园绿地面积156公顷，建成区绿化覆盖面积402.73公顷。

全县PM2.5均值28μg/m^3，比上年同期下降9.7%，全县空气优良率98.6%。县级以上集中式饮用水源地水质达标率100%。

全县单位GDP能耗降低率为4.4%，规上工业单位增加值能耗降低率为10.2%。

全县发生各类生产安全事故14起，死亡13人。无较大以上生产安全事故。

注：

1.本公报所列部分数据为年度初步统计数据，部分数据因四舍五入的原因，存在着与分项合计不等的情况。

2.地区生产总值和各产业增加值绝对数按现行价格计算，增长速度按不变价格计算，三次产业划分执行国家统计局2012年制定的《三次产业划分规定》。

3.2018年涉及地区生产总值及三次产业相关指标已把R&D经费支出纳入核算。

（徐安妮）

大事记

1月

1日 2017年，永嘉县新增注册商标3269件，累计有效注册商标28974件，注册商标数居全市第三。新增驰名商标1件，驰名商标总量12件，总量居全市第二。拥有省著名商标70件，市知名商标65件，新增省商标品牌示范企业1家（育才控股集团有限公司），并被评为省商标品牌示范县。

2日 浙江省全面深化改革大会召开，动员全省广大干部群众高举改革大旗、扛起改革担当，以习近平新时代中国特色社会主义思想为指导，全面落实中共十九大精神和党中央作出的重大改革部署，深化“最多跑一次”改革，推动重点领域改革，当好新时代全面深化改革的排头兵，为奋力推进“两个高水平”建设提供强大动力和体制保障。

是日，县委书记姜景峰主持召开县委常委会，专题学习讨论“红船精神”、《习近平谈治国理政》第二卷、纠正“四风”。

是日，温州呑李生物科技有限公司知识产权商标资产“呑李AooLK”上线庆典在江苏省江阴市举行，并在华夏（中国）知识产权交易中心挂牌上市，意味着呑李生物科技有限公司实现旗下“呑李”知识产权商标资产的正式上市，成为温州市第一家知识产权商标上市企业。

3日 永嘉县委召开工作务虚会，回顾总结2017年工作成效，研究谋划新年工作思路。县委书记姜景峰主持会议并强调，全县上下要坚持“一带两城五组团”发展布局这条主线，形成上下之间互动、左右之间联动、前后之间呼应三种氛围，强化产业、项目、环境、干部四项支撑，全力推动各项工作再上新台阶，确保美好蓝图、既定目标如期高质量实现。

是日，永嘉县文明委授予岩坦镇岩龙村党支部书记季德寿、县公安局特巡警突击大队副大队长杨晓峰、三江街道办事处卫计办主任李笋“2017年度最美永嘉人”称号。

5日 县委书记姜景峰主持召开县委常委会，听取关于永嘉贯彻落实中央环境保护督察反馈意见整改方案的汇报。

6日 四川省人大常委会副主任、阿坝州委书记刘作明率四川省阿坝州党政考察团到永嘉县考察交流。

8日 浙江省农业厅、省旅游局公布2017年省休闲农业与乡村旅游示范县、示范乡镇、示范点名单，茗岙乡入选“省休闲农业与乡村旅游示范乡镇”，原野园林工程有限公司入选“省休闲农业与乡村旅游示范点”。

是日，浙江省林业厅公布第三批省级森林特色小镇创建名单和省级森林人家命名名单，岩头镇塆里村、岩坦镇岩龙村和暨家寨村被命名为省级森林人家。

9日 浙江省商务厅公示2017年度“浙江出口名牌”名单，有效期3年；永嘉县方正阀门集团有限公司、奇特乐集团有限公司两家企业获得殊荣。

是日，《永嘉年鉴（2017）》出版发行。该书共84.7万字，按类目、分目、条目三个层次框架编排，设县委、人民政府、工业经济、城乡建设、卫生等35个类目，收入条目1000余条，刊载彩色照片60余张。

是日，永嘉县首届校园文学奖经过专家评审，评选出各类奖项38个。永嘉中学摇篮文学社被评为高中级段最佳文学社奖，其指导师谷福林荣获校园文学指导师特殊贡献奖。

10日 永嘉县组织召开人感染H7N9禽流感联防联控工作会议，做好人感染H7N9禽流感联防联控工作，进一步强化部门间联防联控工作机制。

是日，永嘉县原野园林工程有限公司成功通过“国家高新技术企业”认定，正式迈进国家高新技术企业行列。

11日 住房城乡建设部函复浙江省住房城乡建设厅，原则同意《楠溪江风景名胜区渠口文化景观区详细规划》，并进行批复。

13日 经浙江省旅游局和省文化厅专家组实地评定验收，2017年度浙江文化旅游示范基地出炉，苍坡古村被列为25个浙江文化旅游示范基地之一。

16日 为加强两岸创新创业青年交流及促进台湾青年联盟相关项目落地，台湾青年创业联盟代表一行10人到永嘉县进行考察、交流活动。

17日 瓯北首家24小时城市书房落成并对外开放，城市书房作为全民阅读第三空间，正式走进瓯北人的阅读生活。

23日 浙江顺天传动科技股份有限公司在北京全国中小企业股份转让系统（新三板）正式挂牌敲钟，挂牌简称：顺天科技，证券代码：872421，成为县继群臻科技、华邦封条之后第三家新三板挂牌企业。

是日，2017年浙江省示范型放心景区建设单位公示名单出炉，楠溪江风景名胜区，荣获“省放心景区”称号。

24日 永嘉县2017年经济社会发展情况通报会召开，通报全县经济社会发展情况。

25日 国务院召开全国安全生产电视电话会议，总结中共十八大以来安全生产工作成效及2017年安全生产工作，部署2018年重点工作任务及春节、全国“两会”期间安全生产工作。

是日，永嘉县出台《永嘉县引进股权投资基金类企业落户的若干意见（试行）》，对处于初创期的县股权投资基金类企业，给予政策优，吸引更多股权投资基金类企业到县投资，激发金融创新活力，加快经济结构调整和产业升级。

26日 永嘉县召开十三届三次全会学习会暨全县宣传文化系统工作务虚会，贯彻落实中共十九大精神和县委十三届三次全会精神，认真谋划2018年宣传思想文化工作。

29日 2017年度全国十大考古新发现评选初评活动启动，浙江共有4个项目入围，其中包括永嘉唐代瓯窑遗址。

30日 永嘉县出台《永嘉县医疗卫生服务能力提升三年行动计划（2018—2020年）》，着力从实施基础设施建设、人才队伍建设、重点学科培育建设、智慧健康建设、公共卫生体系建设等五大行动，解决全县医疗卫生资源配置差、医疗卫生服务能力弱等突出问题，做大做强县级医院，充分发挥龙头带动作用，全面提升全县医疗卫生服务能力与水平。

是日，在法国巴黎举行的2017世界著名品牌大会（WFBA）第11届年度峰会，公布《2017中国最具投资潜力特色魅力示范县200强》入围名单，永嘉县再次成功入选。

2月

2日 永嘉县基层慈善分会（工作站）负责人会议召开，总结2017年工作。

3日 由永嘉县委宣传部、县文化广电新闻出版局主办，县图书馆、县新华书店、钱塘世纪大酒店承办的2018年“放歌新时代、文化进万家”系列文化活动分别在上塘鹅浦公园、钱塘世纪大酒店举行。

4日 国家艺术基金管理中心发布《国家艺术基金2018年度资助项目立项名单》公示名单，永嘉昆剧团编排的《孟姜女送寒衣》入选。这是此次入选项目中唯一一个县级国有昆剧院团，也是温州市在申报国家艺术基金大型舞台剧和作品项目上零的突破。

9日 县委副书记、县长林万乐率县有关部门负责人到桥下镇开展上市（拟上市）企业走访暨新春企业慰问活动，深入凯奇集团有限公司专题听取了解企业发展中面临的困难，帮助企业解决难题，鼓励企业坚定信心，加快推进上市步伐，助推企业做大做强。

11日 市委常委、统战部部长施艾珠和副市长殷志军率队到岩坦镇开展春节走访慰问活动，把党委、政府的新春问候和关怀送到最基层。

12日 浙江省政府召开全省安全生产工作电视电话会议，总结2017年安全生产工作，签订2018年安全生产目标管理责任书，部署下一步安全生产工作任务。

是日，第一批小城镇环境综合整治桥头镇、金溪镇、大若岩镇、巽宅镇、鹤盛镇、界坑乡全部通过省考核验收，永嘉荣获全省综合整治优秀县。

是日，永嘉县委宣传部、县文明办联合走访慰问新当选市级以上道德模范和生活困难道德模范邵忠飞、杨晓峰、章孝通、龙桂英等，为他们送去慰问金和新春祝福。

13日 由永嘉县委宣传部主办，永临书院承办的“名家题春联·祝福千万家”迎新春活动在桥头镇前庄村“永临书院前庄分院”举行，来自中国书协、省书协、市县书协的书法名家齐聚一堂，现场书写春联赠送给到场群众，以文化装点百姓的新年生活，用墨香点染永嘉书香意境，让市民过一个与众不同的“文化年”。

是日，永嘉县进一步加强县文物保护和管理工作，更好地传承历史文化，保留历史记忆，彰显地域特色，根据《浙江省住房和城乡建设厅转发住房城乡建设部办公厅关于进一步加强历史文化街区划定和历史建筑确定工作的通知》和《温州市规划局办公室关于进一步加强历史文化街区划定和历史建筑确定工作的通知》要求，全县公布第一批历史建筑名单。

14日 永嘉县委书记姜景峰到瓯北走访慰问在外永商家属，向他们及其家人致以诚挚的问候和新春的祝福，鼓励广大在外永商积极回乡投资兴业，为永嘉经济社会发展做出更大贡献。

17日 为深刻吸取事故教训，切实加强春节期间烟花爆竹消防安全管理工作，永嘉县消安委下发《关于切实加强春节期间烟花爆竹消防安全管理工作的通知》，要求各地和有关单位要加强烟花爆竹各个环节的消防安全监管，落实重点和不放心区域的管控措施，做好烟花爆竹安全燃放消防常识的宣传。

23日 温州市“营商环境提升年”行动动员大会召开，永嘉县获评2017年度县（市、区）考绩优秀单位、重点攻坚行动和重要经济指标专项考核优秀单位、全面从严治党主体责任落实情况考核优秀单位。

24日 浙江省委召开农村工作会议，要求各地各部门深入贯彻落实中共十九大精神和中央农村工作会议精神，全面实施乡村振兴战略，奋力推动乡村振兴走在前列，高水平推进农业农村现代化。

是日，2018年世界永嘉人大会举行重大招商选资项目签约仪式，10个项目成功签约落户永嘉，涉及民办教育、先进制造、休闲农业、清洁能源等领域，总投资达59.6亿元，同时还与3家在外永商企业签订贸易回归合作协议，掀起永商回归新热潮，助推民间投资再发力。

是日，世界永嘉人联谊总会理事会二届二次会议召开，通过举手表决方式选举产生世界永嘉人联谊总会第二届理事会增补常务副会长、副会长。

是日，2018年世界永嘉人大会永商回归项目在永嘉裕锦大酒店召开，近400名永嘉籍骄子相聚一堂，话乡音、叙乡情、谋发展。

26日 永嘉县委、县政府召开全县营商环境提升年行动动员大会，会议表彰一批先进，通报全县作风效能建设评议不满意单位、不满意科室、不满意基层站所等名单。

3月

1日 永嘉县召开除险安居、城乡危旧房排查治理工作会议暨城建重点工作部署会，县委副书记、县长林万乐要求，坚持把强化土地要素保障作为城市转型、经济转型的关键手段，坚持把治理危旧房和地质灾害点安全隐患作为最突出的民生实事，坚持把持续推进城乡环境综合整治作为生态文明建设的重要抓手，推动各项工作再上新台阶。

是日，永嘉县召开安全生产工作会议暨消防安全大巩固大规范大提升专项行动部署会，县委副书记、县长林万乐要求，时刻绷紧安全生产这根弦，始终以如履薄冰的危机感、重如泰山的责任感，持之以恒、一丝不苟地把安全生产工作抓紧、抓好、抓到位。

2日 温州市委农村工作会议

召开。会议通报一批荣誉称号，永嘉县荣获农业部授予的全国休闲农业和乡村旅游示范县称号和省委省政府授予的全省社会主义新农村建设优秀县市区称号；会议表彰一批先进，永嘉县为2017年度社会主义新农村建设考核优秀等次，岩坦镇为2017年度美丽乡村标杆乡镇。

是日，永嘉县召开争取省级示范文明县创建资格工作动员会议，动员全县上下迅速行动起来，坚定信心，克难攻坚，奋力拼搏，全力争创省级示范文明县城。

5日 温州市安全生产和消防安全工作电视电话会议召开，贯彻落实全国、全省安全生产工作会议和消防安全工作会议精神，总结2017年全市安全生产和消防安全工作，分析全市安全生产和消防安全工作形势，部署2018年全市安全生产和消防安全工作。

是日，“与美丽相伴携幸福同行”环城迷你马拉松活动在县体育馆开幕，来自全县800余名跑步爱好者参加此次比赛活动。

是日，“最美温州人——2017感动温州十大人物”评选举行颁奖典礼，“中国好人”季德寿和县红十三爱心社唱响“爱与奉献”的时代主旋律。

6日 商务部公示国家外贸转型升级基地名单，永嘉县教玩具制造基地成功入选。

是日，永嘉县召开拟上市（培育）企业座谈会。县委副书记、县长林万乐出席。他指出，广大企业家既要埋头苦干、专注实业，又要把握时机，积极转变思维，坚定迅速走上市之路，通过对接资本市场、借力资本市场，迅速实现企业做大做强，助力永嘉经济实现高质量发展。

7日 县委书记姜景峰到桥下镇调研基层党建工作。他强调，要牢固树立抓党建促发展理念，把发展村级集体经济作为抓基层、打基础的重要抓手，积极探索多元化发展模式，推动村级集体经济不断壮大。

是日，为打造省内一流、全市领先的营商环境高地，全面推进“一带两城五组团”发展布局，永嘉县检察院出台《关于优化提升营商环境“1+12”检察助力行动的意见》，为优化营商环境提供优质高效的法律服务和司法保障。

8日 永嘉县2017年工业“三名”、领军与高成长型企业和质量强县各类奖项等评选结果出炉，262家企业入围2017年工业“三名”、领军与高成长型企业和质量强县各类奖项名单。

10日 永嘉县委、县政府召开旅游产业招商选资项目推进会，就如何做好云崖溪谷项目协调服务、规划对接情况听取汇报，分析解决具体困难问题，安排部署项目推进工作。

是日，由县委、县政府主办，县委宣传部、县文联会、县文广新局承办的“墨香永嘉”书画名家作品邀请展在温州文化馆举行开幕仪式。

11日 2018年开始由永嘉县财政投入资金，为全县残疾人开展意外伤害保险，从此残疾人发生意外伤害就有了医疗、生活、护理等保障。

12日 永嘉县紧紧围绕“生态文明”和“美丽浙江”建设目标，借力“省森林休闲养生试点县建设”契机，推动森林休闲养生资源向经济效益转化。

13日 永嘉县举行2018年村级集体经济项目集中开工现场会，集中开工项目包括六大类型共481个，总投资45.02亿元，覆盖585个村，预计年内为村集体增收总额达9343万元。

14日 浙江制造品牌建设促进会发布2018年第一批“浙江制造”标准制订计划。永嘉县育才控股集团有限公司主导研制并申报立项的课桌椅“浙江制造”团体标准，获得2018年第一批“浙江制造”标准制订立项。这是全县获得立项的第6个“浙江制造”标准。

是日，浙江省2018年小城镇环境综合整治计划达标乡镇名单公布，岩头镇、沙头镇、枫林镇、岩坦镇、云岭乡、溪下乡6个乡镇名列其中。这标志着在小城镇创建过程中，该六个乡镇将更加注重整体发展和长远规划，最终驶上“美丽”升级快车道，实现环境质量全面改善，镇容镇貌焕然一新。

15日 2018第十一届中国消费经济高层论坛·峰会暨2018年“3·15中国消费市场行业影响力品牌”推广活动北京举行，永嘉楠溪江被中国消费经济高层论坛组委会、消费日报社授予“2018年美丽中国首选旅游目的地”称号。

是日，2018年永嘉县茶农参加低温气象指数保险投保量较2017年增加2901亩，进一步增强茶农抵御自然灾害风险能力，有效推进茶产业提质升档发展。

是日，教育部综合认定北京大学等4382所学校为“国防教育特色学校”，全省共有237所学校上榜，温州市共16所，其中永嘉中学、永嘉县职业中学、永嘉县实验中学3所学校上榜。

16日 浙江省召开第二次全国污染源普查工作动员电视电话会议，动员部署污染源普查工作，普查工作从2018年起全面开展。

是日，永嘉昆剧团参加的国家艺术基金2017年度艺术人才培养项目“南昆表演人才培训班”，在江苏省演艺集团昆剧院兰苑剧场举行永昆版《桃花扇》汇报演出。

19日 永嘉县召开“项目建设突破年”暨扩大有效投资行动动员大会，动员全县上下牢牢抓住项目建设这个“牛鼻子”，迅速形成“大干快上”的良好氛围，持续掀起扩大有效投资热潮，为实现经济发展“开门红”“半年红”“全年红”，深入实施“一带两城五组团”发展布局，推动永嘉迈向高质量发展注入强劲动力。

是日，“一二五”发展布局暨“项目建设突破年”重点项目集中开工仪式在永嘉县职业教育中心一期工程工地（位于三江街道箬隆村）举行，标志“项目建设突破年”行动正式拉开序幕。

20日 温州市委召开巡察工作动员部署会，正式拉开十二届市委巡察工作序幕。

是日，全市机关党建工作会议召开。县委书记姜景峰参加会议并作交流发言。

是日，县民政局（社工局）在县文化广场组织开展2018年国际社工日主题宣传活动，宣传社会工作理念，普及社会工作知识，使困难群体在困境和危难之时能得到及时帮助。

21日 市委宣传部副部长、市文明办主任吕朝晖一行到永嘉县调研省级示范文明县城申报（省级文明县城复评）、小城镇文明行动、乡风文明建设、五美乡村创建等工作情况，实地考察界坑乡界坑村、坑口村以及上塘综合农贸市场，并与有关人员进行座谈交流。

是日，永嘉县召开重点交通工程建设推进会，县委副书记、县长林万乐出席。他要求，从全局和长远发展高度，牢牢把握交通发展战略性机遇，强势推进重点交通项目建设，全面提升综合交通发展水平。

22日 2018温州国际时尚文化创意产业博览会正式开幕，教玩具、千年瓯瓷、工艺美术等永嘉元素亮相文博会。

23日 县委书记姜景峰主持召开“一带两城五组团”发展布局联席会议。县领导林万乐、谢崇福、陈建良、何莉平、项光夫、叶朝阳、林兴欢、林建波、王晓雄、王高博等汇报各自调研情况，对“一二五”发展布局各个区块发展思路、存在问题与困难情况进行分析，并就“一二五”发展布局工作推进落实进行研讨。

是日，县委召开全县领导干部会议，传达学习全国“两会”精神，研究部署全县贯彻落实意见。

是日，为期4天的“温州早茶”品牌展在市绿色优质农产品展示体验中心开幕，永嘉县14家知名茶企参展，主打产品乌牛早茶广受好评，其中浙江乌牛早实业股份有限公司获评品牌展“金奖”。

24日 市委副书记、代市长姚高员到县调研。他指出，要加强瓯江两岸协同发展，完善温州北高铁新城规划，加快乡村振兴战略落地见效，增强农民获得感和幸福感。

是日，第23个“世界防治结核病日”的宣传主题是“开展终结结核行动，共建共享健康中国”。永嘉县卫计局、县疾控中心、东城街道社区卫生服务中心联合在上塘中塘溪公园健康教育馆开展防治结核病宣传活动。

27日 永嘉县党建工作会议召开。县委书记姜景峰出席，他强调，2018年是全面贯彻中共十九大精神的开局之年，是改革开放40周年，也是新时代永嘉党建工作扬帆起航再出发之年，全县上下要进一步增强主动性、找准着力点、提高实效性，以更高标准、更优业绩、更好作风，全力服务改革发展稳定大局。

28日 永嘉县召开反走私工作例会暨“春雷”专项行动推进会，落实全国、省、市打击走私工作会议精神，部署反走私工作。

是日，县召开深化殡葬改革

推进移风易俗工作会议，对殡改工作进行再动员、再部署。

29日　浙江省召开建设平安浙江工作视频会议，表彰平安建设先进，永嘉县荣获2017年度“平安县”称号，连续第九年获得该称号，成功赢得“平安银鼎”。

4月

1日　浙江省环保厅网站公布《新建杭州至温州铁路义乌至温州段环境影响报告书（报批稿）》，杭州至温州铁路义乌至温州段计划在温设站3座，其中楠溪江站为新建站，永嘉站、温州南站为改建站，永嘉站改建后更名温州北站。

是日，中国侨联秘书长兼办公厅主任陈迈率调研组到三江街道瓯窑小镇调研侨联工作。

2日　永嘉县“深入贯彻十九大，全面推进‘一二五’”主题实践活动动员大会暨全面深化改革大会召开，以视频会议的形式开至村居。

3日　国务院召开全国国土绿化、森林防火和防汛抗旱工作电视电话会议，省、市相继召开续会贯彻落实全国春季农业生产工作会议和该次全国会议精神。副县长黄方雷在永嘉分会场参加会议。

是日，浙江省消薄办调研组到永嘉调研发展壮大村级集体经济工作。

8日　浙江省政府召开反走私工作电视电话会议，总结2017年全省反走私综合治理工作情况，分析形势和存在的问题，部署2018年反走私综合治理工作。

是日，2017年度全省跨行政区域河流交接断面水质考核结果出炉，永嘉入选66个设区市市区、县（市）优秀榜单。

是日，2017年度森林浙江建设目标责任制考核结果出炉，永嘉获得优秀单位称号。

9日　永嘉县召开2018年工业投资推进会，会议通报2018年第一季度县工业投资情况，部署工业投资项目攻坚行动确保各宗工业投资落地，促进经济稳定发展。

10日　浙江省人大召开固废污染防治“一法一条例”执法检查视频会议，就全省各级人大联动开展固废污染防治“一法一条例”执法检查工作进行部署。

11日　县联合省摄影家协会共同举办农行杯首届乡村振兴“秀美楠溪·美好永嘉”省级摄影大赛，让更多的人认识永嘉、了解永嘉，用镜头去领略山水永嘉的精髓，感受永嘉乡村振兴的发展步伐。

12日　永嘉县召开2018年全县文化暨“扫黄打非”工作会议。

是日，县昆剧团在县人民大会堂为中央电视台大型纪录片《中国影像方志》栏目排练昆曲《张协状元》。

是日，由台湾创业就业服务中心组织的台籍博研考察团一行18人到永嘉考察参观奥康集团。

是日，温州市危险化学品和烟花爆竹现场观摩会在永嘉县举行。温州各县（市、区）相关部门、有关企业负责人共60多人到沙头镇永嘉县日用杂品公司、温州国仕邦高分子材料有限公司进行现场观摩。

是日，永嘉县荣获全省小城镇环境综合整治优秀县。

13日　永嘉县召开“百名干部联百企”营商专员（代办员）动员大会。

是日，2018中国（温州）乡村文化旅游节在温州永嘉瓯窑小镇开幕。市县领导陈强、厉秀珍、黄寿龙、林万乐参加开幕式。

是日，在浙江省基层宣传文化工作暨农村文化礼堂建设工作推进会上，瓯北街道珠岙村、大若岩镇大元下村和水云村3家文化礼堂受到表彰，成为全省首批升为五星级的文化礼堂。

14日　省委组织部副部长、两新工委书记马小秋和省农业厅厅长林健东率省直部门调研组到县实地调研消除集体经济薄弱村工作。

是日，永嘉县委、县政府印发《关于促进全域旅游发展的实施意见》，努力把永嘉打造成国内一流、国际知名、独具魅力的田园山水休闲旅游度假目的地。

15日　第123届春季广交会在广州开幕，浙江九康电气有限公司、浙江麦得机器有限公司、温州市新蓝天电器有限公司等24家企业参展，涉及鞋类服装、玩具家具、通用机械、泵阀五金等主导行业。

16日　永嘉县委、县政府召开乡村振兴、全域旅游暨美丽乡村创建动员大会。县委书记姜景峰强调，要进一步审时度势、突出重点、强化措施，准确把握发展需求，全面打赢攻坚硬仗，全力保障任务落实，以乡村振兴、全域旅游和美丽乡村创建的工作实效助推“一带两城五组团”发展布局迈上新台阶。

17日　市委常委、组织部部长马永良到县调研消薄工作。他指出，各级党委政府要切实负起责任、扛起使命，进一步加强组织领导，完善落实扶持政策，严格开展督导考核，真正把消除集体经济薄弱村这件好事办好、实事办实，让人民群众有更多的幸福感和获得感。

是日，永嘉县决定设立企业上市风险共担基金，加快推进企业上市步伐，分担企业上市风险，减轻企业负担。

是日，2017年度浙江省县市区域报好新闻奖评选结果揭晓，《今日永嘉》选送的11件参评作品获奖，其中一等奖1件、二等奖3件、三等奖7件。《桥美，人更美》获通讯类一等奖，《从“零”到“超百万”的华丽转身》《我的女神我的姐》获通讯类二等奖，《CNN选出中国美炸了的40个地方，温州唯一入选的是这里！》获新媒体界面设计类二等奖，《“小板凳式”宣讲接地气》获消息类三等奖，《一株“网红柿树”给村民增收10万元》获通讯类三等奖，《贯彻十九大精神实施乡村振兴战略》获评论类三等奖，《永嘉县今日爱心工作室》和《中国好人：千里还债的守信者》获系列报道类三等奖，《他们用镜头捕捉最美的楠溪江冬色》获版面类三等奖，《银杏王披“金装”》获摄影作品类三等奖。

是日，永嘉县社会主义学校挂牌暨全县统战（民宗）干部培训班开班仪式在县委党校举行。

18日　永嘉县政府印发《关于开展第四次经济普查的通知》，标志着县第四次全国经济普查工作全面启动。普查标准时点为2018年12月31日。

是日，浙江省“千企结千村、消灭薄弱村”暨消除集体经济薄弱村现场推进会现场观摩活动在永嘉县举行，来自全省组织系统与省直相关部门的代表分成3个考察团，分赴三江街道坦头村、瓯北街道珠岙村、沙头镇珠岸村和豫章村，感受永嘉独特的自然生态、丰富的地域文化和富有特色的基层党建工作。

是日，全省“千企结千村、消灭薄弱村”暨消除集体经济薄弱村现场推进会在温召开。省委常委、组织部部长任振鹤出席会议并讲话。副省长彭佳学主持会议。

19日　永嘉县纪委印发《关于规范涉企执法检查行为的通知》，对全县各级行政执法单位及其行政执法人员涉企执法检查行为作出进一步规范，坚持凡查必备，行政执法人员对企业进行执法检查实行备案制度。

是日，浙江亚龙教育装备股份有限公司与澳大利亚浙江侨团联合会签约合作意向协议书，标志着双方建立战略合作伙伴关系，实现互利共赢，为亚龙在澳大利亚的发展布局奠定良好的基础。

20日　永嘉县举行“健康万里行·公益健行季”职工健行暨满天星义工社公益活动，来自全县的36支队伍1000多名公益爱好者共同挑战10千米徒步线路。

21日　中央电视台《中国影像方志》到岩坦镇取景舴艋舟。全手工制作的舴艋舟在岩坦镇溪口社区埠头村进行首次试航。

22日　县委书记姜景峰率永嘉党政考察团赴杭州考察调研，先后到浙江诺壹文化有限公司、开元酒店集团、浙旅集团等地，一方面考察学习企业在产业谋划、招商选资、科技创新等方面的先进经验，另一方面积极宣传推介永嘉良好的营商环境，为县经济转型升级发展招大引强、招才引智。

是日，温州市《文化用品及玩具制造业改造提升实施方案（2018—2020年）》出台。永嘉是教玩具之都，教玩具产业将在创新发展、智能发展、对外发展、特色发展，强化推进游乐设备、桌面玩具、教学仪器等重点领域得到提升。

25日　浙江省政府令第367号公布《浙江省农村住房建设管理办法》，对浙江省行政区域内农村村民新建、改建、扩建农村住房的建设活动及其监督管理作出规定，自2018年5月1日起施行。

26日　永嘉县召开扫黑除恶专项斗争领导小组第一次全体会议，传达上级领导有关批示及讲话精神，组织学习有关文件。

是日，县老年人协会在县人民大会堂举行成立三十周年纪念大会。

27日　浙江省委以视频会议的形式召开第三次县（市、区）委书记工作交流会。会上，桐庐、南湖、吴兴、黄岩、越城、武义、景宁、永嘉、宁海、江山等10个县（市、区）委书记围绕改革强省，交流深入推进“最多跑一次”改革等做法，畅谈下一步推进改革的思路。县委书记姜景峰在视频会议上代表永嘉县做典型发言，林万乐、谢崇福、陈建良、何莉平等县四套班子领导在永嘉分会场参加会议。

是日，永嘉县召开营商环境座谈会。

5月

3日　为深入贯彻中共十九大精神，推动林业科技创新，促进森林康养产业发展，助力乡村振兴战略，由省林学会主办，浙南（温州）林业科学研究院、市林学会、县林学会协办的“森林康养与乡村振兴”学术研讨暨全省林学会秘书长培训班在永嘉县举行，省林学会森林康养专业委员会同时成立。

是日，温州市政协副主席徐有平率市政协监督组到县，就“营商环境提升年”和“城乡生活垃圾分类处理”开展专项集体民主监督。

是日，永嘉县召开2018年度防汛防台和地质灾害综合治理工作会议，县委副书记、县长林万乐要求，各地各部门一定要以强烈的政治担当，切实增强防汛防台工作的责任感和使命感，把防台防汛和地质灾害综合治理作为重要政治任务来抓，加快推动各项防灾减灾措施落实，保障人民群众生命财产安全。

是日，团县委在大若岩百丈瀑景区举行“纪念改革开放40周年——你好，新时代！”之“唱响楠溪，永嘉青年永远跟党走”活动，用青春的歌喉唱响爱国的歌曲，以青春富有时代气息的歌曲唱出爱国之情。

是日，司法部基层司司长罗厚如率调研组到县调研基层人民调解工作。

4日　市政协主席余梅生率市政协医卫界委员和各大医院专家赴永嘉界坑乡开展送卫生下乡活动，标志着市政协“六送下乡”活动全面启动。

是日，永嘉县发布《关于开展安全生产“五大”专项治理攻坚战和消防安全“五大”整治行动的通知》，将于五月起开展安全生产“五大”专项治理攻坚战和消防安全“五大”整治行动，并在10月底基本完成隐患整改。

是日，全县基础教育发展暨健康永嘉和区域医疗康养中心建设动员大会召开，县委书记姜景峰强调，要进一步认清形势、突出重点、发挥优势，凝聚发展惠民共识，加快基础教育发展，推进健康永嘉建设，全面提高民生服务水平、增强县域发展竞争力，让群众更直接、更全面、更高效地共享发展成果。

是日，县委副书记、县长林万乐率县招商选资考察团到广东省广州市、深圳市走访考察部分在粤永商、并参观学习深圳前海等地成功经验，希望广大永商在企业越做越强、发展越来越好的同时，紧紧抓住家乡发展新优势和新机遇，积极在家乡投资兴业，实现永嘉经济与永嘉人经济融合发展。

7日　永嘉县召开学习和贯彻实施宪法座谈会，部署全县学习宣传和贯彻实施宪法各项工作，进一步普及宪法知识，弘扬宪法精神。

9日　浙江省委、省政府召开全省对外开放大会。会议强调，要坚定不移沿着“八八战略”指引的路子走下去，坚定战略自信，推进开放强省，以“一带一路”建设为统领、构建全面开放新格局，奋力书写同世界交融发展的美好画卷，为推进“两个高水平”建设提供强大动力和坚实支撑，向改革开放40周年、“八八战略”实施15周年献礼。

是日，在全县思廉日到来之际，全县以打造“清廉永嘉”品牌为目标，切实发挥好纪检监察工作的独特作用，坚定不移推进反腐败斗争，强化监督执纪问责和监督调查处置，以永远在路上的执着推动全面从严治党向纵深发展，成效明显。

10日　市委政法委副书记、综治办主任张毅率市督察组到县督察综治和扫黑除恶专项工作开展情况。

是日，县委书记姜景峰主持召开乡村振兴示范带建设设计方案讨论会。

11日　永嘉县委、县政府召开实施乡村振兴战略领导小组第一次会议，总结梳理工作情况，研究部署重点任务。县委书记姜景峰强调，要把握关键环节、高位推进乡村振兴，强化产业植入、有效支撑乡村振兴，抓好惠民富民、全民共享乡村振兴，注重内外兼修、全面助力乡村振兴。

是日，永嘉县召开县纪委、

县监委理论中心组（扩大）学习会暨全县纪检监察干部宪法监察法专题讲座，专题学习宪法、监察法，贯彻落实《中共浙江省纪委办公厅关于全省纪检监察系统认真学习宣传贯彻宪法和监察法的通知》和市纪委有关会议精神。

是日，永嘉县新的社会阶层人士联谊会召开二届一次全体会议，选举产生新一届理事会，温州市蛇类研究所所长陈俊标当选会长。

是日，全县召开全县营商环境领导小组座谈会，进一步提升和优化全县营商环境，打造“优惠、宽松、高效、规范、公平、诚信”的一流营商环境。

12日　永嘉县召开农村人居环境提升三年行动计划部署推进会暨小城镇综合整治工作推进会。

是日，为重温中国工农红十三军的战斗历程和艰苦岁月，缅怀革命先烈，弘扬红军精神，永嘉县举办第九届“重走红军路”活动。同时，恰逢改革开放40周年，“行军队伍”首次走进桥头镇，挖掘桥头镇作为中国改革开放“桥头堡”的深远意义。

13日　2018中法艺术家温州旅游写生市场推广——开笔仪式在石桅岩楠溪书院举行。

14日　温州市委副秘书长、市信访局局长瞿自杰到永嘉县调研信访工作。

是日，全国人民调解工作会议现场会观摩活动走进县调解中心，考察团成员们纷纷表示：永嘉“4+1”基层人民调解模式值得在全国推广，其经验做法值得学习借鉴。

是日，为期一天的“当巴黎遇上温州”——中国山水画与西方风景画理论研讨会在岩头镇丽水街琴山书院举行，20多位中法艺术家和专家学者与会。

15日　永嘉县委召开2018年度巡察工作动员部署会议，传达贯彻中共十九大精神、中央和上级党委关于巡视巡察工作的重要论述和指示精神，宣布2018年度县委巡察工作任务分工。

16日　省委统战部副部长、工商联党组书记徐旭到巽宅镇沙埠村调研“千企结千村、消灭薄弱村”工作。市政协副主席、工商联主席王振滔陪同。

是日，省委组织部副部长、老干部局局长鲍秀英到县调研指导老干部工作时指出，做好新时代老干部工作要紧扣中心工作，注重老干部工作的政治引领、正能量发挥，打造一支有活力的老干部工作队伍。

是日，市委常委、宣传部部长胡剑谨到县调研宣传思想文化工作。

是日，永嘉县召开燃气安全管理工作会议，总结2018年以来相关工作，分析安全问题和形势，部署燃气安全管理工作，进一步加大燃气安全监管力度。

17日　永嘉县召开2018年建设项目“清零清障”攻坚月动员大会暨扩大有效投资推进会。县委副书记、县长林万乐强调，各地各部门必须树立以“投资论英雄”“清零论成败”的理念，以更加务实的作风、更加有力的举措，聚焦重点，全面拉开攻坚架势，全力推进“清零清障”攻坚和扩大有效投资取得新成效。

19日　“诗吟楠溪江”全国著名散文诗人采风笔会在沙头镇泰石将军图书馆启动，沈阳军区原副政委、中将潘瑞吉，10位来自全国各地的著名散文诗人和6名温州本土诗人出席启动仪式。

21日　永嘉县印发《2018年度永嘉县“无违建县”创建工作实施方案》，提出2018年全面开展“无违建县”创建工作，确保所有乡镇（街道）创成“基本无违建乡镇（街道）”。

是日，永嘉旅游投资集团有限公司与北部湾旅游股份有限公司战略合作签约仪式暨楠溪江智慧旅游平台授牌仪式在上塘举行，双方联合成立温州楠兮文化旅游发展有限公司，全力打造楠溪江智慧旅游平台。

是日，雪花合唱团选送的曲目《在山顶》《青青世界》，在大咖云集的温州市第三十届中小学生艺术节合唱比赛中脱颖而出，荣获一等奖。

22日　县委副书记、县长林万乐督查2018年“比学赶超”活动项目筹备情况时强调，各地各部门要统一思想、落实责任、细化任务、形成合力、强化保障，全力做好“比学赶超”活动项目的各项筹备工作，确保永嘉城乡建设“拆整建美”选点项目出彩。

是日，全国省级墙办工作联席会议召开，永嘉县发展新型墙体材料办公室被国家墙委会授为“全国墙材革新工作突出贡献奖”。

是日，乌牛街道招商选资签约项目浙江东蒙智能科技有限公司年产2000台（套）智能化服装设备项目顺利进场。

23日 为严惩黑恶势力违法犯罪，根据党中央、国务院、省委省政府和市委市政府决策部署，永嘉县发布《关于征集涉黑涉恶违法犯罪线索的通告》，决定在全县范围内深入开展扫黑除恶专项斗争，向社会各界和广大人民群众宣传征集涉黑涉恶违法犯罪线索。

是日，永嘉县出台《关于进一步推进户籍制度改革的实施意见》，落实放宽户口迁移政策，统筹户籍制度改革和相关经济社会领域改革，合理引导农业人口有序向城镇转移，有序推进农业转移人口市民化。提出到2020年，基本建立与高水平全面建成小康社会相适应，有效支撑社会管理和公共服务，依法保障公民权利，以人为本、科学高效、规范有序的新型户籍制度，为全面提高全市新型城镇化水平提供有力保障。

是日，永嘉县发布《关于开展燃气安全管理专项整治工作的通知》，在全县组织开展燃气安全管理专项整治。

是日，永嘉县举行“学习十九大，助力一二五”微型党课比赛，来自全县各乡镇（街道）的20多名选手参加比赛。

是日，在中国旅游协会主办的“2018北京国际民宿产业合作发展论坛暨第二届京津冀民宿产业发展论坛”上，中国旅游协会正式授予永嘉“全国民宿产业发展示范区”称号。

是日，教育部举办2018年全国中小学师生书法篆刻展示交流活动。经各级教育部门层层筛选，永嘉县实验小学教师陈紫强和六（1）班同学叶子菀在众多代表中脱颖而出，其篆刻作品作为温州地区的唯一代表参加展示交流。

24日 温州市社会科学界联合会、温州市委农办、温州市瓯海区委宣传部、永嘉县委宣传部联合举办“庆祝改革开放40周年——温州农村改革发展实践与探索”征文活动暨高峰论坛，研究总结改革开放40年来温州农村改革发展的实践和经验，更好推动新时代温州新发展。

是日，县委副书记、县长林万乐主持召开会议，专题研究杭温高铁建设推进工作。他强调，各地各部门要深刻认识推进杭温铁路建设的重大意义，进一步增强责任感、使命感，按照时间节点任务责任分解表要求，以主人翁姿态投身攻坚，推动项目早日实现全线开工。

是日，温州市第六届中小学班主任基本功大赛在乐清实验小学落下帷幕。该次大赛全市共有75名班主任参赛。永嘉队9人出征全部获奖，拿下大赛12个一等奖中的4个。其中永嘉中学潘晓、上塘中学郑晓玲包揽高中组冠亚军，实验中学叶金德、东方外国语学校徐力雷获得初中组一等奖。

是日，由县奇特乐集团有限公司为主起草的《小型游乐设施儿童滑梯》“浙江制造”团体标准由省浙江制造品牌建设促进会批准正式发布实施，这是2018年全县企业第二个通过批准发布实施的“浙江制造”团体标准。

25日 浙江省发改委公布2018年省重点建设项目计划，833个项目总投资25485亿元，年度计划投资3823亿元。永嘉县新列入省重点项目6个，总投资达57亿元，年度计划投资8.6亿元，其中交通项目4个、工业项目1个、教育项目1个，主要涉及道路交通完善、工业结构升级、教育改革等领域，项目总数位列全市第一，分别为：S215安吉至洞头公路永嘉巽宅至桥下段工程，S333（49省道）永嘉桥下至桥头段改建工程，温岭至常山公路永嘉大若岩至巽宅段改建工程，上瓯公路至S223连接线（水门路）工程，海星海事年产60万只舰船及海洋工程配套产品项目，县职业教育中心一期工程。此外，全县省重点结转项目3个，分别为瓯北三江段标准堤工程、温州市（永乐河）治理工程、上塘至瓯北公路工程。

是日，浙旅规划设计研究院有关人员和乡村振兴战略规划建设决策咨询专家组，到岩坦考察乡村振兴示范带重点项目（村居）建设，通过进乡村、走现场、看项目，进一步统一思想、细化任务、明确责任、倒排时间，确保按时完成乡村振兴示范带建设任务，推动全县乡村振兴发展。

是日，县乡村振兴督察组赴鹤盛镇调研雁楠生态示范带建设情况，为全面推进乡村振兴示范带建设把脉问诊，助推永嘉“一带两城五组团”发展。

是日，县召开农村重点工作推进会，盘点2018年以来农业农村重点工作开展情况，全面部署推进农村生活污水治理、生活垃圾分类处理、土地确权颁证等重点工作。

是日，全县青少年“红船精神——初心与使命”主题教育活动启动仪式暨首场报告会在上塘城北小学启动。

是日，县政府与温州职业技术学院举行泵阀教玩具智造产教融合联盟框架协议签约仪式，双方签约共同建立“泵阀教玩具智造产教融合联盟”及“产、学、研、创”合作关系，共同培育泵阀、教玩具专业人才，推动全县泵阀和教玩具产业转型升级，助力永嘉高质量发展。

是日，县党政代表团到四川省阿坝州红原县，就对口支援工作进行考察，并送上帮扶资金510万元。

是日，永嘉县蓝天公益中心的志愿者分别到县邮政快递、物资托运部将价值300余万元的书包、文具、童装、衬衫、T恤、棉衣、皮鞋等爱心物资打包，发往青海玉树、云南怒江、湖北恩施、四川绵阳、贵州六盘水、河南驻马店、陕西榆林等地。

28日 永嘉县政府印发《2018年永嘉县国民经济和社会发展计划》，在培育经济动能、狠抓有效投资、优化人居环境、推进城乡建设、发展社会事业、紧抓改革重点等方面作出部署。

29日 浙江省政府召开全省深化“亩均论英雄”改革工作电视电话会议。

是日，温州市东欧微孔过滤有限公司总经理、中国民建温州第三总支委宋志骥到县体育运动学校开展爱心助学活动，以实际行动传递真情和温暖。

30日 永嘉县召开“纪念改革开放40周年”工作座谈会，县委办、县委组织部、县委宣传部、县委统战部等有关部门、单位参加会议。座谈会上，县委宣传部首先介绍全县将要开展的系列纪念活动。其中，纪念改革开放40周年“40人40事40图”征集活动，将于6月1日启动，面向社会各界，广泛征集在改革开放过程中具有典型性的先锋人物和代表事件，以及能够充分反映永嘉社会发展与时代变迁的摄影图片。此外，全县还将开展大型主题宣传报道活动；与温州社科联、瓯海社科联联合开展“温州改革发展”征文和主题论坛活动；举办全国“百家媒体看永嘉”活动。营造全面深化改革的浓厚氛围，全面展示永嘉改革开放40年来取得的辉煌成就。

是日，浙江省山海协作工程推进会在衢州举行，现场签订山海协作项目11个，县委副书记、县长林万乐代表县政府与浙旅集团有限责任公司签订总投资60亿元的楠溪江国际旅游度假区项目。该项目投资体量在现场签约项目中位居第三，也是全市唯一一家在现场签约的项目。

是日，全市县（处）级党外领导干部履职悦享会在翔宇中学举行，市委常委、统战部部长施艾珠出席会议，市委统战部常务副部长许若真主持会议。

31日 国务院安委会、省市相继召开贯彻落实《地方党政领导干部安全生产责任制规定》电视电话会议，永嘉县就贯彻落实会议精神进行再动员再部署。

是日，县委组织部、县考绩办、县村经办联合组成4支县委督查小组分赴各地，开展新一轮基层党建暨村级集体经济发展工作专项督查，进一步营造抓好党建引领发展的浓厚氛围。

是日，县委副书记、县长林万乐到枫林、岩头检查山塘水库和防汛工作，要求坚决克服一切麻痹思想和侥幸心理，强化细化防汛安全巡查，全力以赴做好防汛各项工作。

6月

1日 永嘉县召开2018年全县两新组织党建工作会议暨“千企结千村”助力乡村振兴专项行动部署会，回顾2017年全县两新组织党建工作，部署2018年工作任务，同时对“千企结千村”助力乡村振兴专项行动进行动员。

是日，县两新组织新建党组织集中授牌仪式在亚龙智能装备集团举行。市委两新工委书记、组织部副部长滕荣权参加。

是日，永嘉县人民政府与浙江省旅游集团在岩头镇楠溪江滩地音乐公园举行全域旅游合作启动仪式。这是继全域旅游战略合作协议签约、楠溪江国家旅游度假区项目签约后全县的又一件大事喜事，也是第一时间贯彻落实全省山海协作工程推进会精神的一次务实之举，更标志着永嘉县政府与浙旅集团全域旅游合作跨出具有实质性步伐。

3日 永嘉县政府决定即日起在全县范围内开展安全生产大排查大整治“百日攻坚”专项行动，贯彻落实全国、省、市《地方党政领导干部安全生产责任制规定》电视电话会议精神，深刻吸取“5月

30日岩头镇上烘头村木质廊亭倒塌事件”教训，切实做好安全生产工作，确保全县安全稳定。

是日，永嘉县开展建设项目“清零清障”攻坚月专项行动。此次专项行动的重点目标是：对计划于2018年开工和在建的建设项目进行征地拆迁“清零清障”，完成“清零清障”项目32个，交地3743.758亩，拆迁75户建筑面积20452.18平方米。其中重点工程15个，交地2134.931亩，拆迁21户建筑面积5873.03平方米；旧村改造项目3个，拆迁11户建筑面积2900平方米；工业项目2个，交地38.23亩；批而未供项目4个，交地326.94亩，拆迁33户建筑面积10999.15平方米；其他建设项目8个，交地1243.657亩，拆迁10户建筑面积680平方米。

4日　永嘉县出台《新动能培育三年行动计划（2018—2020年）》，深入落实新发展理念，推进“中国制造2025”，通过培育新动能，加快实体经济振兴，推动永嘉迈向高质量发展。

是日，永嘉县印发《永嘉县A级景区村庄创建三年行动方案》，提出从2018年到2020年，全县将打造AA级及以上景区村庄100个以上，其中2018年打造AA级及以上景区村庄41个，使乡村旅游成为旅游产业新的增长极、农业经济转型升级的新动力和惠民富民的新路径。

5日　省委农办副主任孙飞翔率队到永嘉县督查农村土地承包经营权确权登记颁证工作。

是日，省经信委副主任诸葛建率省特色小镇调研组，到桥下镇开展永嘉教玩具小镇创建初审，并召开省特色小镇初审座谈会。

是日，浙江省生态环境保护大会暨中央环保督察整改工作推进会以视频形式召开，一批美丽浙江建设和“五水共治”工作先进单位受到表彰，永嘉县喜获2017年美丽浙江建设工作考核优秀单位。

6日　永嘉县召开县政府第19次常务会议，讨论研究审议《关于企业投资项目审批“开工前100天、竣工验收30天”的改革实施意见》等相关事宜。会议还研究讨论通过《永嘉县文化发展三年行动计划（2018—2020年）》《永嘉县体育事业优质均衡发展三年行动计划（2018—2020年）》《永嘉县精准招引三年行动计划（2018—2020年）》《永嘉县民政事业发展三年行动计划（2018—2020年）》《关于加快基础教育发展推进教育现代化县创建三年行动计划（2018—2020年）》等。

是日，县召开文明县城复评百日攻坚行动动员会。

是日，县食安办等13个部门联合制定印发《永嘉县餐饮业质量安全提升三年行动方案（2018—2020年）》，着力提升餐饮业质量安全保障水平，促进餐饮业健康发展，维护人民群众饮食安全。

8日　永嘉县委召开理论中心组学习（扩大）会议，听取《地方党政领导干部安全生产责任制规定》和“弘扬红船精神走在时代前列”专题报告。

是日，南城街道西后村城中村改造举行集体签约仪式，共28户住户参加集体签约，为西后城中村改造搬迁腾空，建设美丽南城奠定坚实基础。

9日　“2018楠溪江国际桨板公开赛”正式拉开大幕，在楠溪江永嘉书院景区，124位参赛选手从国内外汇聚到一起，竞流楠溪，玩转2018的第一波“热浪”。

10日　省政府召开浙江省参与首届中国国际进口博览会工作电视电话会议，贯彻落实首届中国国际进口博览会交易团组织工作会议精神，部署省参与进口博览会的各项工作。

是日，县委书记姜景峰到瓯北、三江等地调研瓯江北岸城市带建设情况时强调，瓯江北岸开发建设正迎来千载难逢的大好发展机遇，要坚持新型城市化和产城融合发展双轮驱动，先进制造业与现代服务业互促并进，全力推动产业提质增效、城市提档升级，着力打造温州大都市区江北新城、温州都市型经济升级样本。

是日，永嘉县首届乡村振兴“秀美楠溪·美好永嘉”省级摄影大赛评选结果揭晓，共评出一等奖3名、二等奖4名、三等奖8名、优秀奖80名。

是日，体育让生活更美好——温州市第三届全民运动休闲大会暨2018年全国小金属地掷球普及推广宣传活动，在县体育运动学校举行。

11日　永嘉县举办2018年全县公共机构节能宣传周和低碳日活动，深入贯彻落实中共十九大精神，牢固树立创新、协调、绿色、开放、共享新发展理念，广泛宣传生态文明建设，培育和践行节约集约循环利用的资源观。

12日　永嘉县印发《“标准地”实施方案（试行）》，建立企业投资项目“标准地”制度，在永嘉工业园区及工业集聚区范围内全面推行工业类项目“标准地”供给制度（化危类等需特殊管理的项目除外）。

是日，县召开“污水零直排区”创建工作动员部署会。会议指出，到2018年年底，建成东城、南城、北城3个街道6个生活小区“污水零直排区”和枫林镇“污水零直排区”。

是日，市营商督查组到永嘉县督查营商环境建设情况，督查组一行先后到日泰集团有限公司、立信阀门集团有限公司、上塘峙口君品旺达创业园等地调研，详细听取企业负责人有关情况汇报，询问企业碰到的问题以及部门如何帮助解决等情况。

13日　永嘉县书法名家吕永生考取安徽师范大学文字学与书法博士研究生，师从当代文字学与书法研究专家詹绪左教授，这是继陈忠康、戴家妙、周延、叶素、郑瑞之后，永嘉产生的第六位书法博士。

14日　永嘉县召开农村土地确权登记颁证工作约谈会。对未完成合同签订的乡镇主要领导进行约谈，督促下一步工作开展。

15日　永嘉县举办庆祝改革开放40周年“永嘉故事”演讲大赛，来自全县各条战线上的28名选手参加比赛，经过激烈角逐，东方外国语学校的朱月嫦获得第一名。

19日　县委副书记、县长林万乐主持召开“一带两城五组团”发展布局联席会议。他强调，要充分认识到项目建设是“一二五”发展布局取得实质性进展的最大支撑，牢固树立“项目为王”理念，坚持“项目中心制”加快推进一批重点项目、建成投用一批富民项目。

是日，浙江省旅游局公布第三批省级旅游风情小镇培育创建名单，大若岩镇凭借悠久的历史、独特的文化、美丽的生态环境，列入省级旅游风情小镇培育名单。根据《浙江省旅游风情小镇认定办法（试行）》，旅游风情小镇指具有独特的民俗文化资源，丰富的旅游产品业态，完整的旅游公共服务，完善的旅游管理机制，良好的生态环境基础，制定有促进旅游发展的计划，旅游安全、资源保护、服务质量良好的乡镇（街道）。

是日，永嘉县钱塘世纪酒店城市书房正式对外开放。该城市书房系全市首个落地在酒店的城市书房、全市首家数字城市书房体验馆，该酒店也成了全省首家设置城市书房的星级酒店。

是日，永嘉县开展“悟初心、强党性、见行动”6月支部主题党日活动，深入学习贯彻习近平新时代中国特色社会主义思想，进一步加强党员党性锻炼，增强“四个自信”，树牢“四个意识”。

20日　县委农办（农业局）渔政执法人员在楠溪江、西溪、菇溪、乌牛溪等水域增殖放流鳙鱼、鲢鱼等鱼苗860多万尾，相关专业人员按照操作规程对放流鱼苗从质量检测、放流数量、放流规格、运输及放流等各个方面及细节全程监督。

是日，温州律证司法鉴定所进驻县公共法律服务中心，市民在县内即可享受司法鉴定法律服务。

21日　永嘉县召开半年度经济冲刺工作部署会，县委副书记、县长林万乐强调，全县上下要咬定目标、聚焦重点，全力以赴抓落实、补短板、挖潜力、强冲刺，努力把2018年以来特别是一季度“开门红”良好态势延续好。

是日，全国政协常委、省政协副主席吴晶到三江、岩头等地专题调研“激活乡土文化助力乡村振兴”工作开展情况。

是日，四川省阿坝州红原县委副书记、县长嘉央罗萨率红原县党政代表团到永嘉县交流考察。县委副书记、县长林万乐与代表团一行座谈交流，共叙情谊、共谋合作、共商发展。

是日，2018“温州（楠溪江）国际太极瑜伽盛会暨深山隐墅梵心中印太极瑜伽·古典音乐文化节”在楠溪江滩地音乐公园及永嘉书院拉开帷幕。

22日　永嘉县召开基层党建工作重点任务推进会，对进一步推进基层党建重点任务工作进行部署。县委副书记、县长林万乐要求，始终保持“基层党建工作永远在路上”的清醒认识，以高度的政治责任感、高昂的战斗激情、高效的工作状态，全力抓好基层党建工作重点任务落实，为全县转型发展提供坚强的组织保障。

是日，县召开建设平安永嘉

暨政法信访工作会议，回顾总结上年平安建设和政法信访工作，研究部署2018年各项重点任务。

是日，在杭州结束的2018年浙江省志愿服务项目大赛上，由永嘉县绿色环保志愿者协会组织实施的保护楠溪江环保公益行动项目获得铜牌，是县唯一一个获得奖项的项目。

是日，永嘉学子再创佳绩，全县达到浙江省高考第一批次分数线675人（不含体艺类），较上年增加54人，创县高考历史新高。其中，永嘉中学两名学生分别上清华、北大录取线。

24日 县委书记姜景峰到岩坦、大若岩等地调研乡村振兴示范带建设时强调，要高颜值、高质量、高效率推进示范带沿线整治和项目建设，深入挖掘本土元素和特色亮点，串点成线、连线成片，做好特色文章；要聚焦项目建设，紧扣时间节点，抓好项目推进，努力将全县乡村振兴示范带打造成全市一流的精品示范带。

25日 浙江省品牌建设联合会下达2018年第三批“浙江制造”标准制定计划（浙品联〔2018〕11号），浙江伯特利科技有限公司申报的《石油、石化、天然气及相关工业用钢制截止阀和升降式止回阀》《石油、石化、天然气及相关工业用钢制旋启式止回阀》《全焊接球阀》等“浙江制造”团体标准同时列入该计划。

是日，《永嘉县科技创新券实施管理办法》正式出台，全县将以科技创新券的形式，最大限度激发企业科技创新主体活力，降低创新创业成本。

26日 县委副书记、县长林万乐主持召开县政府第20次常务会议，讨论研究审议《永嘉高水平建设“四好农村路”助推乡村振兴战略三年行动计划（2018—2020年）》等相关事宜。

是日，永嘉县举行2018年“6·27”国际禁毒日暨创建“全国禁毒示范城市”主题宣传活动，进一步推进禁毒宣传工作，加大毒品预防教育工作力度。

是日，县政府第20次常务会议研究讨论《永嘉县事业单位公务用车制度改革实施意见》《永嘉县国有企业公务用车制度改革实施意见》，同时召开全县事业单位和国有企业公务用车制度改革动员部署会，确保全市事业单位和国有企业公务用车制度改革工作顺利展开。

是日，省海洋与渔业局副局长陈畅率省委省政府整改工作督导组，到瓯北街道开展中央环保督察反馈问题整改工作省级督导检查。

27日 市委副秘书长、市委农办（农业局）主任（局长）张亨利到县调研乡村振兴示范带建设情况，要求坚持项目为要，加大环境整治力度，加快推进精品线建设，因地制宜突出特色，高标准建设乡村振兴示范带。

是日，重庆市涪陵区委书记周少政率涪陵区党政代表团到县考察，重点围绕特色小镇建设、两化融合、智能制造等进行学习考察。

是日，由新华网主办的全国“2018休闲旅游发展与品质峰会”发布“首批国民休闲旅游胜地”名单，楠溪江荣膺“首批国民休闲旅游胜地”称号。

28日 国务院召开深化“放管服”改革转变政府职能电视电话会议，总结过去五年简政放权放管结合优化服务改革工作，深入分析面临的新形势新要求，研究部署今后五年深化“放管服”改革转变政府职能工作和2018年重点任务。

是日，永嘉县召开全市乡村振兴示范带建设现场会筹备工作会议。

29日 永嘉县召开高水平建设“四好农村路”推进会，县委副书记、县长林万乐要求，一定要紧紧抓住“四好农村路”建设的重大契机，全力打好农村公路建设翻身战，让老百姓有更多的获得感、幸福感。

是日，县廉政教育基地举行揭牌仪式，标志着县反腐倡廉教育基地正式启用。

30日 根据《永嘉县国民经济和社会发展第十三个五年规划》总体要求，永嘉县出台《体育事业优质均衡发展三年行动计划（2018—2020年）》，以满足居民群众日益增长的精神文化和健康需求，让群众共享社会事业发展成果，共同参与社会文明进步。

是日，由全美浙江总商会发起的2018年国际青少年科技创新论坛浙江访问团走进茗岙、碧莲等地，18位美国青少年开展为期一周的交流活动，进一步促进青少年们之间文化交流、学术交流。

7月

2日 “全县农村带头人能力提升轮训班”开班仪式在县委党校举行，来自全县部分村的131名支部书记参加培训课。

4日 超达阀门集团股份有限公司的石油、石化、天然气及相关工业用钢制球阀，顺利通过“品字标浙江制造”认证现场审核，是永嘉县首家通过“品字标浙江制造”认证现场审核的阀门企业。

5日 县委副书记、县长林万乐督查2018年“比学赶超”活动项目筹备情况时强调，各地各部门要进一步统一思想、高度重视，按照时间节点、任务要求，全力以赴加快推进“比学赶超”活动项目各项筹备工作，切实把永嘉高质量发展、高品质生活展示出来。

是日，永嘉县印发《永嘉县2018年国土资源节约集约模范县创建活动实施方案》，通过加强耕地资源保护和土地整治、严格执行土地利用总体规划、开展批而未供、供而未用土地清理专项行动、继续挖掘低效用地潜力、进一步强化做地储备出让联动机制、深入推动不动产统一登记、加强违法土地管控、实施矿山复绿三年专项行动、加强地质灾害防治与地质环境保护、加强土地利用管理体制机制创新等十大举措，创建国土资源节约集约模范县，逐步构建国土资源节约集约利用的长效机制和制度体系，促进发挥土地效益。

是日，永嘉县出台《民政事业发展三年行动计划（2018—2020年）》，推进民政事业稳步健康发展，构建制度更加完备、体系更加健全、覆盖更加广泛、功能更加强大，与经济社会发展水平相适应的现代化民政事业发展格局，使人民群众有更多获得感。

是日，比利时列日省政府代表在列日市政厅举行仪式，授予永嘉籍侨胞、比利时杰出华人国际中餐业联合会主席杨丐镜“列日省大使”称号，以表彰他对于促进列日省及比利时与中国之间的友好合作关系所做出的贡献。

是日，浙江工贸职业技术学院瓯窑小镇研究院揭牌仪式在三江瓯窑小镇举行，并进行传统的点彩和窑炉点火仪式。

是日，省发改委区域发展办主任韩海祥一行到县调研永嘉——瓯海山海协作生态旅游文化产业园核心区瓯窑小镇项目。韩海祥认为要引入投资运营模式，让创意点亮瓯窑小镇，使之成为一个山海合作的典范。

是日，浙江省经信委公布2018年省级制造业与互联网融合发展试点示范企业名单，网易（杭州）网络有限公司等115家企业上榜，其中浙江奥康鞋业股份有限公司、浙江红蜻蜓鞋业股份有限公司榜上有名。

6日 永嘉县出台《文化发展三年行动计划（2018—2020年）》，提升人民群众文化幸福感，弘扬优秀传统文化，构建现代文化市场体系，推动文化产业转型升级，进一步提升文化发展水平、创新文化发展路径、优化文化产品供给。

是日，司法部、国家网信办、全国普法办公布第十四届全国法治动漫微电影作品征集展播（映）活动获奖名单，永嘉县禁毒微电影《蜕茧》获全国法治动漫微电影作品征集展播（映）活动微电影类三等奖。

是日，永嘉籍射击选手卢恺曼在2018年射击世界杯德国站发挥出色，与队友李雪和、肖嘉芮萱合作拿到女子气手枪60发团体第一名，并创造新的世界青年纪录。个人在女子气手枪60发比赛中以569环获得第二名的好成绩。

是日，永嘉县召开区域医疗康养工作推进会。

7日 永嘉县首个社会主义学校教育实践基地暨统战“同心”红色教育基地在岩坦镇屿北村举行揭牌仪式，并开展纪念“七七事变”81周年活动。

8日 温州市印发《西部生态休闲产业带建设五年发展规划（2018—2022年）》，覆盖全市9个县（市、区）81个乡镇，永嘉北部山区列入规划范围，并将立足“重点区块带动型”经济发展路径，打造楠溪江生态休闲区块，规划期限为2018年—2022年。

9日 市委副书记陈浩到永嘉县调研司法行政和乡村振兴工作时强调，要进一步加强基层人民调解平台建设，继续深化完善永嘉特色的基层人民调解工作模式，筑牢基层社会稳定防线，助力乡村振兴发展。

11日 永嘉县文化广电新闻出版局公布10家县非物质文化遗产体验基地，是县评审认定的首批县级非物质文化遗产体验基地。

12日 县委副书记、县长林万乐主持召开县政府第21次常务会议，听取2018年上半年安全生产和消防安全工作专题汇报，研究下一步安全生产和消防安全工作。会议研究讨论并原则通过《永嘉县岩头历史文化名镇保护规划》《永嘉县苍坡历史文化名村保护规划》《永嘉公有住房管理暂行办法》。

是日，农业农村部发布2018年度农村集体产权制度改革试点单位名单，凭借县域经济实力不断增强、“三农”事业持续平稳发展和实施试点工作基础良好等优势，永嘉县成功入选2018年度农村集体产权制度改革试点县。

是日，2018“一鸣杯”全国公路自行车锦标赛暨全国青年公路自行车锦标赛在岩头镇小港村举行，全国19支代表队近400名自行车骑手参赛，国家队队员牛益逵获得冠军，甘肃队的祁俊山和山东的王美银分获二、三名。

13日 在浙江省环境执法工作会议暨环境执法大练兵推进会上，由省人力资源和社会保障厅、省环境保护厅、省公务员局联合发文，授予永嘉县环境监察大队等7家单位集体三等功。这是温州市唯一获得集体三等功的单位。

15日 县委书记姜景峰到瓯北、三江等地调研瓯江北岸城市核心区开发时强调，要对标温州大都市区建设，强化亮点项目攻坚，积极打造一批塑形象、提品质、强功能的示范性项目，着力打造形态美、品质优、功能强的现代都市区。

16日 2018年村集体经济发展专题培训班（永嘉班）在温州农民学院举行，来自全县各地的近百名农村带头人（村党支部书记或村委会主任）参加集中培训。培训班旨在提高农村基层干部发展村级集体经济的能力，增强农村基层党组织的凝聚力和战斗力，拓宽村民致富增收渠道，为全面实施乡村振兴战略奠定坚实的人才基础。

18日 市委书记陈伟俊赴永嘉县调研时强调，要深入学习贯彻习近平总书记对浙江工作的重要指示精神，全面融入全省大湾区大花园大通道大都市区建设，充分发挥自身特色优势，强化温州大都市区整体观，合力推进区域中心城市建设，为续写温州创新史、再创温州新辉煌作出新的更大贡献。

是日，永嘉县召开习近平总书记重要指示精神（“八八战略”）学习会，学习传达习近平总书记对浙江“八八战略”实施15周年的重要指示精神，以及省委、市委《关于认真学习习近平总书记重要指示精神的通知》有关精神，要求各地各部门迅速掀起学习贯彻习近平总书记重要指示精神的热潮。

是日，县人大常委会举行《中华人民共和国道路交通安全法》贯彻实施及审议意见落实情况专题询问会。

是日，县收到中国质量认证中心颁发的“2017年区域品牌价值评价证书”，依据《品牌评价品牌价值》（GB/T 29187）等评价办法，永嘉泵阀品牌价值评估为26.71亿元，较2015年的评估值5.73亿元提升366%。

19日 永嘉县举行“基本解决执行难”工作专题协调会。

是日，县第三届残疾人运动会在县体育运动学校开幕。

20日 永嘉县举行省级美丽乡村示范县分析会，就《浙江省美丽乡村示范县评价办法（修订）》有关情况和创建工作进展情况进行讨论分析。

是日，永嘉县召开农村土地确权登记颁证工作分析会，确保按期完成2018年农村土地确权登记颁证工作任务。

22日 《温州社会力量办体育试点2018年重点工作实施计划》公布，珍溪运动休闲小镇等8个项目纳入实施计划，为全面推动社会力量办体育改革试点工作提供可复制、可推广的改革经验。这8个项目具体包括：体育特色小镇——永嘉珍溪运动休闲小镇，运动休闲旅游基地——永嘉龙须潭休闲谷体育小镇、永嘉楠溪江百丈瀑峡谷穿越健身游步道、永嘉航空运动服务综合体、永嘉书院景区提升改造工程，运动休闲旅游线路——永嘉西部休闲养生线，重点培育品牌体育赛事——全国公路自行车锦标赛和2018楠溪江国际户外休闲嘉年华。

23日 瓯海区委书记娄绍光率瓯海区党政代表团到永嘉县开展山海协作高层互访活动。把山海协作工程推向一个全新的高度。自2007年瓯海和永嘉结成山海协作帮扶关系以来，两地建立长期、稳定的经济协作关系，在农村基础设施建设、村庄整治、旧村改造、美丽乡村建设和扶贫帮困等多领域开展合作，形成多方位的合作格局。

是日，中国合格评定国家认可委员会（CNAS）委派的专家组，对浙江省泵阀产品质量检验中心进行实验室认可现场评审，并顺利通过。这标志着该中心开展检验检测的阀门及相关产品、金属材料及制品、玩具及相关产品共419项标准获得国家（CNAS）实验室认可机构的认可。

是日，国家知识产权局颁发第2970726号发明专利证书，温州系统流程装备科学研究院下设机构省教玩具质检中心研发的“一种秋千座椅防撞击试验仪”，填补此项技术在国内的空白，喜获国家发明专利。

24日 浙江省政府以视频形式召开全省数字经济发展大会，要求各地各部门抢抓机遇、乘势而上，以习近平新时代中国特色社会主义思想为指导，深入贯彻落实全国全省网信工作会议精神，以“数字产业化、产业数字化”为主线，全面实施数字经济“一号工程”，持续加力推进数字经济发展，争创国家数字经济示范省。县领导林万乐、董庆标在永嘉分会场参加会议。

是日，永嘉县召开农村土地确权登记颁证工作约谈会。县委书记姜景峰指出，农村土地确权登记颁证是落实乡村振兴战略、深化农村集体产权制度改革的重要抓手，事关永嘉长远发展和广大农民群众的切身利益，务必要集中力量、鼓足干劲，咬定目标、奋力攻坚，全力以赴决战决胜土地确权登记颁证这场硬仗。

是日，县委书记姜景峰主持召开县委常委会，传达贯彻市委书记陈伟俊到永嘉县调研时的讲话精神。

是日，永嘉县举行2018（中国永嘉）跨境电商产业峰会，共谋跨境电商发展良策，挖掘新亮点、探索新模式、构建新生态。

25日 浙江省AAA级景区村庄评定结果公布，大若岩镇埭头村、鹤盛镇下岙村、岩头镇芙蓉村（芙蓉上村、芙蓉下村）、岩头镇河二村（河二村、河一村、河三村、岩头上村）、岩坦镇暨家寨村等5个村成功入选。

26日 永嘉县出台《关于企业投资项目审批“开工前100天、竣工验收30天”改革的实施意见》，通过全程代办等10多项有力举措，明确各方责任，强化监督机制，确保企业投资项目开工前审批“最多100天”，力争竣工验收“最多30天”。

是日，永嘉县召开温州市乡村振兴示范带建设现场会筹备工作会议。

27日 国务院召开全国安全生产电视电话会议，总结2018年上半年安全生产工作，分析面临的形势任务，安排部署下半年重点工作和汛期安全生产工作。县委副书记、县长林万乐在温州分会场，副县长董庆标在永嘉分会场参加会议。

是日，浙江省政府以视频形式召开省政府第二次全体（扩大）会议，要求认真落实习近平总书记对浙江工作的重要指示精神，深入贯彻省委十四届三次全会精神和省委常委会议精神，以勇立潮头的担当打好高质量发展组合拳，确保经济社会持续健康发展，确保完成全年目标任务。县领导林万乐、王高博、毛红杏、周俊武、陈继林在永嘉分会场参加会议。

是日，永嘉县出台《精准招引三年行动计划（2018—2020年）》，通过创新驱动与开放带动相结合、市场主导与政府引导相结合、招大引强与扶小众创相结合、招商引资与招才引智相结合、精准招商与联动招商相结合、统筹协调与分级负责相结合，实施精准招引行动，推进招商项目落地见效，推动永嘉迈向高质量发展。

是日，永嘉县垃圾焚烧发电厂改造提升项目场地平整工程动工，工程完工后将大幅度提升全县生活垃圾处理能力。

30日 根据《中华人民共和国文物保护法》《中华人民共和国城乡规划法》《浙江省文物保护管理条例》等有关规定，经县人民政府发文，永嘉县公布102处县级文物保护单位保护范围和建设控制地带。

是日，国家知识产权局发布2018年度国家知识产权示范企业和优势企业名单，永嘉县超达阀门集团股份有限公司、奇特乐集团有限公司名列其中，跻身国家知识产权优势企业行列。

是日，温州市第二届“红舞鞋”奖独双三舞蹈大赛决赛在温州大剧院进行，22强选手争夺温州市个人舞蹈最高奖——“红舞鞋”奖。永嘉2人进入决赛，其中郑子豪捧回温州市第二届“红舞鞋奖”。

31日 温州市召开生态环境保护大会暨中央环保督察整改工作视频推进会，通报表彰一批美丽温州建设和“五水共治”工作先进单位，永嘉获近三年美丽温州建设工作考核优秀单位、2017年市“清三河”达标县称号，瓯北、南城、岩头获2017年市“五水共治”考核优秀乡镇（街道）。

是日，永嘉县首宗坡地村镇项目——岩头镇“楠溪小镇溪山庄园”项目正式挂牌出让，总投资约20亿元。

是日，2018浙江省民营文艺表演团体折子戏精品展演在浙江胜利剧院落幕，省文化厅为57个参演民营剧团颁发金银铜奖。永嘉县永京京剧团在展演活动脱颖而出，以一曲京剧折子戏《贵妃醉酒》从121个剧团中脱颖而出荣获金奖。

8月

1日 永嘉县法学会召开第二届会员大会，听取并审议《永嘉县法学会第一届理事会工作报告》，选举产生第二届会长和理事会，县委副书记、政法委书记何莉平当选会长。

是日，岩头镇五漈村的红十三军红色教育基地正式破土动工。此基地共总投资近1亿元、目标定位为打造全省一流、并在全国具有影响力的红色教育基地项目，将构建永嘉党性教育、红色旅游的多元发展平台。

2日 温州市委市政府举行“温州擂台·六比竞赛”2018县（市、区）、产业集聚区第一次比看现场会，11个县市区、2个产业集聚区集中比看各地重大产业项目、“大建大美”亮点项目，亮晒上半年主要发展指标，营造比学赶超、奋勇争先氛围。

是日，永嘉县印发《永嘉县2018—2020年农业机械购置补贴实施意见》，进一步明确今后三年农机购置补贴范围、补贴对象、补贴标准和操作程序等内容。

是日，永嘉县开展优化营商环境七大专项整治行动，整治当前损害营商环境的突出问题，进一步营造稳定公平透明、可预期的营商环境，以更好地服务经济高质量发展。

是日，县人大常委会副主任胡明凯率县纪委、县委组织部、县委宣传部、县文明办等部门人员对永嘉县直属各单位开展移风易俗专项督查活动。

是日，永嘉县召开省市县民生实事项目落实情况汇报会，县委副书记、县长林万乐指出，民生实事项目是政府向人民群众作出的庄严承诺，各地各部门一定要有强烈的为民意识，确保承诺不落空，严格按照时间节点任务要求，按时保质完成各项目标任务。

3日 温州市召开深化“亩均论英雄”改革动员部署电视电话会议，会议强调，各地各部门要严格按照“底线、标线和高线”三条线要求，聚焦聚力进一步深化“亩均论英雄”改革，加快推动高质量发展，确保改革工作走在全省前列。县委副书记、县长林万乐在永嘉分会场参加。

是日，县委书记姜景峰主持召开省“152”工程清单项目和储备项目推进会，指出，各地各部门要努力奋斗，锁定目标，积极与省市对接，挖掘特色，争取将项目入库；要倒排时间计划，狠抓审批提效，争取项目早日开工建设。

4日 副市长林晓峰率队到永嘉县督查土地确权工作，要求高质量、高速度完成土地确权工作。

6日 市委、市政府以视频形式召开全市对外开放大会，深入学习贯彻习近平总书记对外开放重要思想，全面落实全省对外开放大会精神，进一步发挥优势、补齐短板，聚力推动进一步扩大对外开放的“十大举措”，加快构建新时代温州全面对外开放新格局，奋力谱写“八八战略”再深化、改革开放再出发的温州新篇。县委书记姜景峰在温州主会场参加会议，林万乐、谢崇福、陈建良、何莉平等县四套班子领导在永嘉分会场参加会议。

是日，温州市环保局决定在全市开展2018年“绿箭1号”专项执法行动，首仗在永嘉打响。

是日，浙江省文明办公布小城镇文明行动测评情况，岩头镇入选2017年度省小城镇文明行动样板小城镇。

7日 金华市委副书记、政法委书记陈玲玲率金华市考察团到永嘉县考察。

是日，吉林市丰满区委书记刘子军率吉林市丰满区党政考察团到永嘉县考察。

是日，县委副书记、县长林万乐率县党政考察团赴上海、重庆、成都等地，宣传推介永嘉，洽谈招商项目，上门对接服务，学习先进经验。

8日 永嘉县农村产权服务中心上塘办事处挂牌成立，成为继瓯北之后第二个挂牌营业的农村产权交易服务点，可为上塘区域提供农村产权政策咨询、信息发布、组织交易、交易鉴证、价款结算等“一站式”规范服务，助力全县全国农村集体产权制度改革试点工作。

是日，永嘉县行政审批服务中心综合窗口“无差别受理”改造提升工作基本完成，进入系统调试阶段，届时将在市场准入、项目投资、公共服务事项等方面率先实现政务服务集约化、标准化、信息化，进一步增强办事群众的获得感。

是日，市委副书记、市长姚高员到永嘉县督查地质灾害隐患综合治理工作。

10日 上海永嘉青年联会考察团到鹤盛镇岩上村考察，对接民宿合作项目，并为永嘉经济社会发展集思广益，建言献策。

11日 永嘉县召开进一步巩固提升火灾防控三年行动推进会，进一步做好各项工作，巩固提升火灾防控三年行动。

是日，以“赞颂改革开放，共享发展成就”为主题的第九次全国肢残人活动日在桥下镇举行，全县近200位肢残人参与活动。

12日 永嘉县委召开十三届四次全体（扩大）会议，深入贯彻习近平总书记对浙江工作的重要指示精神，全面落实省委全会和市委全会精神，回顾总结上半年工作，研究部署下半年任务，进一步动员全县上下凝心聚力、开拓创新，实干担当、奋勇争先，确保高质量完成全年各项目标任务。会议审议通过《中共永嘉县委关于新时代进一步扩大对外开放的决定》。

是日，温州市文明办公布7月“温州好人榜”名单，沙头镇岭下村专职网格员王贤强入选“温州好人——见义勇为榜”。

13日 永嘉县召开地质灾害治理安置、下山移民、灾后重建工作汇报会。

14日 温州市首个喜事新办网络服务平台在永嘉推出。县喜事新办网络服务平台是县文明办搭建的“移风易俗+互联网”服务平台，进一步推进喜事新办，更好的方便群众、服务于民，将移风易俗工作转化成实实在在的惠民措施。

15日 由永嘉县供销联社（农合联）主办的温州市首家供销惠农服务站在大若岩镇大元下村开业。

16日 根据《浙江省加快传统制造业改造提升行动计划（2018—2022年）的通知》部署和要求，全省在14个县（市）开展第二批传统制造业改造提升分行业省级试点，永嘉泵阀轴承制造业入选试点名单。

是日，平安温州市民监督团到永嘉县参观调研平安创建工作，并召开会议回顾总结平安温州市民监督团成立一周年来取得的成绩，分析2018年上半年全市平安工作形势，部署下一步工作。

17日 永嘉县召开首届“中国医师节”大会。

20日 浙江省经济体制改革工作领导小组办公室公布浙江26条改革典型经验，永嘉民营资本参与农村产权交易市场建设模式作为26条改革典型经验之一在全省推广。

是日，市委书记陈伟俊到永嘉县实地考察旅游资源开发、重点项目推进、乡村振兴示范带建设等情况。强调要把旅游业发展放到更加突出的位置，进一步统一思想，拉高标杆，创新举措，补齐短板，推动温州从旅游大市向旅游强市转变，加快把旅游产业培育成为国民经济支柱产业和强村富民活市的战略性新兴产业，奋力向千亿级增加值产业集群迈进。

21日 永嘉县召开城中村改造工作月督查例会，县委副书记、县长林万乐指出，各地各部门要高度重视城中村改造工作，严格按照时间节点任务要求，大抓落实、集中攻坚，确保圆满完成年度各项目标任务，进一步掀起城中村改造热潮。

是日，永嘉县召开平安建设工作分析会，分析当前平安建设面临的形势和存在的问题，并提出针对性措施。

是日，由浙江大学牵头主办的以“生态世界、绿色发展”为主题的“两山”理念与实践国际会议在“绿水青山就是金山银山”理念诞生地浙江安吉举行，浙江大学环资学院研究团队发布“两山”发展指数研究成果和“两山”发展百强县。永嘉名列国家“两山”建设和转化实践基地名单第27位。

22日 浙江省文明办副主任王先中到永嘉县调研移风易俗工作，先后到乌牛街道、岩坦镇，对丧葬礼俗、青山白化治理等工作进行调研。

是日，永嘉县印发《2018年扩大有效投资“双月攻坚”专项行动实施方案》，要求各地各部门围绕扩大有效投资总体部署，进一步突出投资重点和投资结构优化，更加重视重大项目带动，更加重视投资质量和效益，更加重视项目前期谋划和形象进度，确保“双月攻坚”行动为全年任务打下坚实基础。

是日，市政协主席余梅生到永嘉县调研四海山森林康养基地建设情况。

是日，永嘉县开展会前“纪律学习十分钟”教育活动。

是日，永嘉县法院联合县纪委、县委组织部开展涉执行案件公务员集中约谈行动，集中约谈县内20余名公务员被执行人，开展集中训诫教育，督促、震慑公务员被执行人主动履行债务。

是日，永嘉县成为全市“最优金融生态县”。截至2018年6月底，县银行不良贷款额和不良率分别下降7900万元和0.25个百分点，实现连续三年不良“双降”，不良率远低于全省全市平均水平。

23日　永嘉县纪委召开十三届四次全体（扩大）会议，认真学习贯彻习近平总书记重要指示精神和省市县委全会精神，以永不懈怠的精神状态和一往无前的奋斗姿态，坚定不移沿着“八八战略”指引的路子走下去，积极发挥政治和纪律保障作用，以正风肃纪的实际成效，为永嘉再造改革开放新优势、再创高质量发展新辉煌提供坚强保障。

是日，省委常委、统战部部长熊建平到永嘉县调研乡贤助力乡村振兴工作时指出，要把乡贤工作作为乡村振兴的重要抓手，充分发挥乡贤的资源优势和经济实力，助力乡村振兴。

是日，县委书记姜景峰调研乡村振兴和工业经济发展工作时强调，要以贯彻落实县委十三届四次全体（扩大）会议精神为指引，大力实施乡村振兴战略，以审美眼光提升乡村品质，加快新旧动能转换，全力加速产业提升，为深入推进“一带两城五组团”发展布局、奋力谱写“八八战略”再深化永嘉篇章而不懈努力。

是日，永嘉县召开省级文明县城复评工作第三次督查汇报会。

是日，温州市教玩具产品质量提升暨小微企业发展论坛在桥下镇举行，国家市监总局质量提升办公室专职副主任李本军、中国玩具和婴童用品协会会长梁梅，以及来自国内业界专家学者、教玩具相关企业代表欢聚一堂，表彰颁发“永嘉玩具十大名牌产品”证牌。

24日　温州市委、市政府以视频形式召开全市网络安全和信息化工作会议，会议强调，要深入贯彻落实习近平网络强国战略思想，把思想和行动统一到中央和省委的部署要求上来，以更高站位、更高标准、更实举措，统筹推进网络舆论引导、网络安全保障、数字经济赶超发展、网络便民惠民等重点工作，努力推动温州网信事业发展走在前列。县委书记姜景峰，县委副书记、县长林万乐，县委常委、宣传部长叶朝阳在温州主会场参加会议。县政协主席陈建良等县四套班子领导在永嘉分会场参加会议。

是日，2018浙江绿茶（银川）博览会在宁夏银川开幕，永嘉五井早茶喜获金奖。

25日　由国家发改委城市和小城镇改革发展中心科研管理部主任薛付东率领的国务院研究室、文化部、人民日报社等单位专家组成的调研组到永嘉县，就新型城镇化建设工作开展考察调研。

是日，温州市青少年篮球（女子乙组）比赛在永嘉县体育运动学校举行。

26日　永嘉县落实全面从严治党主体责任工作领导小组办公室出台《永嘉县“清廉细胞”培育行动实施方案》，在全县机关、村居、站所、医院、学校、企业等基层组织中广泛开展“清廉细胞”培育行动，深入推进“清廉永嘉”建设。

27日　县委人才办决定启动开展“走千家企业，访万名人才”活动，优化人才发展环境，加快建设人才强县，促进全县经济社会高质量发展。

是日，县委书记姜景峰主持召开全县经济、考绩形势分析会，分析当前工作形势，部署下一步重点任务，督促各地各部门找准发力点、突破口，全力以赴完成年度目标任务。

是日，永嘉县“新时代乡村讲习所”授牌仪式在岩坦镇屿北村举行，现场为22个乡镇（街道）授牌。

是日，2018年第一次温州市乡镇（街道）党（工）委书记工作交流会举行，开启“温州擂台·六比竞赛”活动“镇街亮绩赛场”大幕。

29日 永嘉县召开“走千家企业、访万名人才”活动动员部署会，贯彻落实全市万企“人才大走访、政策大宣讲、需求大调查”活动有关要求，进一步摸清全县企业人才底数和人才需求，发现并有效解决企业涉才方面的困难问题，构建政企互动的人才工作新模式。

是日，永嘉县督查省级文明县城复评迎检工作，先后到居民小区、菜市场、社区便民服务中心、车站、工地等处，对居民小区卫生和绿化、市场经营环境及秩序、宣传氛围营造等情况进行督查。

是日，共青团浙江省委发文推荐参加第四届中国青年志愿服务项目大赛名单，由永嘉县绿色环保志愿者协会实施的“保护楠溪江环保公益”项目名列其中，为温州市唯一参赛的护水节水类项目。

是日，2018中国民营企业500强峰会在沈阳举行，会议发布中国民营企业500强榜单、中国民营企业制造业500强榜单和中国民营企业服务业100强榜单，永嘉县奥康集团有限公司分别入围中国民营企业500强和中国民营企业制造业500强。

30日 温州市政府出台《加强瓯江两岸统筹规划管理实施办法》，对瓯江两岸统筹规划管理区域的规划编制和管理进行明确规定，瓯北、三江、黄田纳入统筹规划管理区域。

是日，永嘉县出台《永嘉县国有企业资产租赁管理办法》，对国有企业资产租赁管理和租赁行为进行规范，今后国有企业资产租赁都应该通过公开招租和协议租赁等方式进行。

是日，文化和旅游部公布第六次全国县级以上公共图书馆评估定级上等级图书馆名单，永嘉县图书馆达到国家一级公共图书馆标准。

是日，县首宗坡地村镇项目用地成功出让，最终由温州华墅置业公司以3.41亿元摘得。

9月

2日 永嘉县印发《“污水零直排区”建设总体方案》，计划利用5年时间，通过全面推进截污纳管，加强污水处理设施建设和运维管理，强化江河湖海排放口整治与监管，加大重点及敏感区域环境保护力度，推动污水处理厂尾水再生利用试点，完善长效巩固机制。

3日 浙江省委办公厅、省政府办公厅对2017年度26个县（市、区）发展实绩考核结果进行通报，永嘉县位居全省13个一类县（市、区）第一名，将获得省里资金补助超1亿元和200亩土地指标奖励。

是日，浙江省科技厅公布2018年度省高成长科技型中小企业名单，永嘉县新增9家企业，总数达到24家，为加速新旧动能转换再添新引擎。9家企业分别是：浙江佳龙电子有限公司、浙江西博思测控技术有限公司、浙江嘉松科技有限公司、立本集团温州玩具有限公司、温州中信科教设备有限公司、浙江希玛科技有限公司、浙江现代泵业有限公司、温州国仕邦高分子材料有限公司和浙江永球科技有限公司。

4日 县委书记姜景峰到岩坦镇和大若岩镇督查乡村振兴工作时指出，要深刻认识实施乡村振兴战略对永嘉推动高质量发展的重大意义，举全县之力把乡村振兴战略谋划好、实施好，走出一条具有永嘉特色的乡村振兴之路，在全市乃至全省乡村振兴中当好示范和表率。

是日，永嘉县召开省级美丽乡村示范县创建推进会，动员各地各部门进一步绷紧神经、加快进度、查漏补缺，更好更快、更高标准地完成各项创建任务，全力以赴抓好推进、实现赶超。

是日，永嘉县范围内的矿山、危险化学品、烟花爆竹、交通运输、建造施工、民用爆炸物品、金属冶炼、海洋渔业等八大高危行业领域全面实施安全生产责任保险制度，力争到2018年年底实现全覆盖。

是日，永嘉县召开“五水共治”满意度提升暨楠溪江流域环境保护工作会议，会议通报上半年全县“五水共治”和生态环境质量公众满意度调查结果，部署楠溪江流域环境整治工作。

是日，永嘉县首个文化产业基地——县工艺美术文化创意产业园已有6家工艺美术企业入驻投产。

5日 县委书记姜景峰主持召开县委全面深化改革领导小组第九次会议，分析当前改革工作形势，审议攻坚项目实施方案，部署下一步改革具体任务。姜景峰强调，要全力推进十大举措、攻坚八大项目、深化改革试点、落实改革责任，当好农村改革“排头兵”，争创改革考核“四连优”，下好先行先试“先手棋”，打好改革落地“组合拳”。

是日，申乐股份有限公司与浙商证券、中汇会计师事务所、德恒律师事务所三方签订IPO服务协议，正式启动上市工作，成为永嘉县正式签约的第七家拟上市企业。

6日　第三次全国国土调查电视电话会议召开，总结第三次全国国土调查工作前期进展情况，部署下一步重点工作。县委常委、副县长王高博在永嘉分会场参加会议。

是日，县委、县政府决定，在全县范围内开展移风易俗改革攻坚年行动，并推出《永嘉县移风易俗改革攻坚年行动实施方案》，围绕“简约婚礼进万家”“节俭办丧惠百姓”主题，在全县党员干部、公职人员中全面推行喜事新办“五项制度”、深化丧事简办“五项治理”，督促有关职能部门强化移风易俗“五项服务”，致力打造移风易俗“永嘉模式”，助推乡风文明建设和乡村振兴发展。

是日，省人大常委会副主任、党组书记梁黎明，全国人大常委会委员、全国人大社会建设委员会委员、中华全国妇联副主席、书记处书记邓丽率全国人大代表团考察团到永嘉县考察。

是日，温州市深化“千百工程”推进乡村振兴暨大花园建设现场会在永嘉县召开。市委书记陈伟俊出席会议并讲话。市委副书记、市长姚高员主持会议。

7日　永嘉县召开短板工作分析会，各相关部门就重点工作短板进行分析，并提出下一步工作思路。

是日，永嘉县召开重点工程、停缓慢工程项目工作汇报会，对全县重点工程和停缓慢工程项目建设进行再督促、再部署，确保全面完成2018年项目建设目标任务。

8日　由永嘉瓯窑小镇文化驿站举办的“易经文化——数字的能量”活动圆满落幕。这是全县重点打造的第二个文化驿站——永嘉县瓯窑小镇文化驿站的首场主题活动。

11日　温州市政协在永嘉县举行市政协委员（县、市）活动日活动，来自11个县（市、区）的120多位市政协委员前往大若岩陶公养生福地示范带视察乡村振兴示范带建设成果，并召开座谈会听取永嘉县乡村振兴战略实施情况通报。市政协主席余梅生在会上发言，市政协副主席陈作荣主持会议。

是日，浙江省旅游区（点）质量等级评定委员会公布全省第二批11家优质旅游经典景区名单，楠溪江景区入选。全市仅有乐清雁荡山、文成刘伯温故里和永嘉楠溪江入选。

12日　由省委政法委副巡视员、省综治办副主任张卫星为组长的省第九督查组到永嘉县督查“五水共治”“三改一拆”、小城镇环境综合整治、生活垃圾分类工作。

是日，永嘉县召开营商环境工作推进会，总结前阶段全县营商环境提升工作，谋划下一步工作，助推全县打造省内一流、全市领先的营商环境高地。

是日，浙江省品牌建设联合会发布“浙江制造”标准《课桌椅》的通知，由永嘉县育才控股集团有限公司主导起草的《课桌椅》标准成为“浙江制造”标准，于9月1日起实施。

13日　温州市级以上老干部考察团到永嘉县开展“走看促”活动，了解永嘉县乡村振兴开展情况。

是日，浙江省级特色小镇第四批创建名单和第三批培育名单公布，“永嘉教玩具小镇”成功入选省级特色小镇第四批创建名单，是全县首个省级特色小镇，也是一块沉甸甸的金字招牌。在这张“金名片”指引下，全县四大支柱产业之教玩具产业转型升级将增添更丰富的内涵。

是日，2018年省级现代农业园区和特色农业强镇创建对象出炉，罗东省级现代农业园区和鹤盛水果特色农业强镇入选全省24个省级现代农业园区和35个特色农业强镇创建名单。永嘉县系全市唯一一个获得“一区一镇”创建的县市。

是日，永嘉县委召开理论学习中心组学习（扩大）会，特邀省卫计委副主任徐润龙、农业农村部经管司司长张红宇分别作“共建共享健康浙江”“走中国特色社会主义乡村振兴道路”专题讲座。

14日　永嘉县举行2018年度新兵欢送会，228名新兵启程奔赴军营。

是日，永嘉县委、县政府以视频形式召开移风易俗攻坚行动动员大会，全面深化移风易俗工作，进一步革除陈规陋习、树立文明新风。

是日，县委宣传部、县社科联、红蜻蜓中国鞋文化博物馆联合举办的“2018年社科普及周活动开幕式暨中华鞋文化巡展”在上塘大自然广场举行。

15日　国家发改委城市和小城镇改革发展中心科研管理部主任薛付东率调研组到永嘉县，专题调研新型城镇化建设和特色小镇建设。

16日 浙江省第十六届运动会在湖州奥体中心体育场开幕，本届省运会共设置26个大项、32个分项、769个单项，决出912枚金牌，是历届省运会设项最多最全的一届。永嘉共78名运动健儿参加24个大项的比赛。

18日 温州市“12345”政务服务热线中心成立两周年，温州市“12345”政务服务热线“不忘初心与您同行”主题便民服务活动在永嘉县文化中心广场举行。

20日 上海永嘉商会举行第七届会员大会暨20周年大会，选举产生新一届理事会会长、常务副会长、副会长、理事、秘书长、名誉会长，上海飞科电器股份有限公司董事长李丐腾当选第七届理事会会长。

21日 2018年世界永嘉人中秋茶话会在岩坦镇嘉纳庄园举行，五湖四海而来的近200名永嘉籍骄子相聚故乡，共叙乡情、共谋发展。

22日 文旅融合激发新活力，2018年俄罗斯媒体看“美丽中国——全域旅游”诗画浙江篇走进楠溪江，采风团一行13人到楠溪江石桅岩、源头村等景区，领略奇峰异石，荡漾绿水之间，浸染深厚的文化。

25日 县委副书记、县长林万乐到桥下镇调研特色小镇创建工作时强调，各地特色小镇建设要严格按照“产业立镇、科技强镇、景色兴镇、文化传镇”的要求，高质量高标准加快进度推进特色小镇各项创建工作。

是日，由省农业厅、省旅游局联合开展的“最美田园”推选活动选出2018浙江省100个“最美田园”，茗岙长坦垄梯田成功入选“最美田园”。

26日 县委副书记、县长林万乐到枫林镇、鹤盛镇督查指导乡村振兴工作时，林万乐强调，乡村振兴工作要对标先进，严格按照时间节点、任务要求，倒排时间、挂图作战，切实加大攻坚力度，高标准完成各项目标任务。

是日，县委书记姜景峰到瓯北、枫林、岩头、上塘等地开展安全生产和环境整治检查时强调，要牢固树立“安全生产无小事”意识，克服麻痹大意和侥幸心理，严格落实安全生产主体责任，扎实开展节前安全生产大检查，全面排查整治安全生产隐患，确保隐患排查整治到位、安全防范措施落实到位。

27日 永嘉县开展2018年亩均税收万元以下企业整治“百日攻坚”行动，进一步深化“亩均论英雄”改革，扎实推进亩均税收万元以下企业整治提升，大力破除资源要素低效供给，切实优化发展环境。

是日，江苏省苏州市委副书记朱民率党政考察团到永嘉县考察。

28日 全国、省、市森林草原防灭火工作电视电话会议召开，研究分析当前森林防火工作面临的形势任务，全面部署2018年秋冬季森林防火工作。副县长黄方雷在永嘉分会场参加会议。

是日，温州市委、市政府以视频会议形式召开全市平安创建“百日攻坚”誓师大会。

29日 县委书记姜景峰到桥下镇调研党群服务中心建设时强调，党群服务中心是联系党和群众的重要桥梁和纽带，要坚持围绕“党建领航、阵地共建、功能共融、服务共享”工作目标，一手抓硬件建设，一手抓软件服务提升，打造县、乡、社区三级党群服务中心，使党群服务中心真正成为党员群众重要的学习活动阵地和精神家园。

是日，四川省阿坝州委副书记、州长杨克宁，州政协主席尼玛木率阿坝州党政代表团到永嘉县考察乡村振兴及“四好公路”。

30日 当天是“烈士纪念日”，县四套班子领导和社会各界人士代表在县烈士陵园举行向烈士敬献花篮活动，缅怀先辈的丰功伟绩，颂扬先烈的崇高精神，表达继承和发扬革命传统、建设美好家园的信念和决心。

是日，市委常委、组织部部长马永良到县调研民营经济发展情况。

是日，永嘉县平安创建“百日攻坚”大巡防启动仪式在报喜鸟集团广场举行，县公安局机关、特警队、交警队、消防队、瓯北防爆队、东瓯派出所、志愿者、民兵等260余人参加仪式。

10月

4日 县委书记姜景峰暗访村

级组织办公场所建设情况，强调，各地要高度重视村级组织办公场所建设工作，要有功成不必在我的决心和勇气，认真抓、扎实改，努力向省委市委交出一份满意的答卷。

9日 永嘉县召开省级美丽乡村示范县指标汇报会，分析创建形势与存在问题，加强综合协调、强化精准对接、督查面上环境，全力争创“省级美丽乡村示范县”。

10日 县委书记姜景峰主持召开县委常委会，传达贯彻《市委办公室市政府办公室关于3起影响营商环境典型问题的通报》有关精神。

是日，永嘉县召开2019年度党报党刊发行工作会议，部署2019年度全县党报党刊发行工作有关事宜。

是日，2018年第三批浙江省科技型中小企业名单公布，永嘉县45家企业晋级入选。截至9月底全县共新增省科技型中小企业110家，创历史新高，省科技型中小企业累计达300余家。

13日 县委副书记、县长林万乐督查2018年温州市“六比”竞赛活动项目筹备工作时要求，各地各部门要进一步统一思想、高度重视，按照时间节点、任务要求，全力以赴加快推进“六比”竞赛活动项目各项筹备工作，切实把永嘉高质量发展、永嘉特色展示出来。

15日 县委书记姜景峰主持召开书记县长工程项目推进会时强调，“152”工程项目是2018年考绩考核重点，项目推进要再提速，责任落实要再强化，千方百计提高工作效率，确保项目如期推进、全年目标任务顺利完成。

16日 永嘉县出台《关于推进安全生产领域改革发展的实施意见》，深化安全生产改革创新，破解安全生产体制机制性障碍和矛盾，强化安全基层基础建设，大力提升安全生产整体水平，为再造改革开放新优势、再创高质量发展新辉煌提供安全保障。

是日，县环保局在桥头镇政府举办第二次全国污染源普查技术培训班，100多名企业主参加培训，确保永嘉县污染源普查工作顺利开展。

17日 温州市创建新时代“两个健康”先行区大会举行，奥康集团有限公司成为全市第一批新时代“两个健康”先行区实践基地，将积极探索先行，力争成为“两个健康”创建的示范样本。

是日，第七届中国昆剧艺术节在苏州昆山举行，永昆原创大戏《孟姜女送寒衣》在苏州独墅湖高教区影剧院演出，获得圆满成功。

18日 县委书记姜景峰到乌牛岭下工业园区督查基础设施和入园项目建设情况时强调，抓好工业园区建设，对于转变经济增长方式，增强发展后劲，增加就业能力，提升县域经济综合实力具有十分重要的意义，要切实增强政治意识和大局意识，站在加快全县经济社会发展高度，进一步落实责任，铆足干劲，狠抓落实，全力以赴加快园区建设各项工作。

是日，由中国报纸副刊研究会、温州市委宣传部、永嘉县委、县政府、温州日报报业集团主办，县委宣传部、温州日报社联合承办的“东方风来——庆祝改革开放40周年中国百名文化记者温州永嘉行”大型采访活动拉开序幕，来自全国29个省、市、自治区百余家报社的150余位总编、主任及编辑记者齐聚永嘉，走进永嘉秀丽山水、体验永嘉深厚文化、聆听永嘉发展故事、感受永嘉改革巨变。

是日，浙江省经信委公布2018年省级制造业“双创”平台试点示范项目公示名单，永嘉县东蒙集团有限公司的服装个性化定制“双创”平台项目入选。

22日 县委副书记、县长林万乐到瓯北、黄田督查重大交通项目建设时强调，要深化重大交通项目前期谋划，围绕“大干交通、干大交通”聚焦聚力，强势推进重点交通项目建设，全面提升综合交通发展水平。

是日，副市长陈建明到永嘉县调研工贸经济运行情况及消防安全落实情况。

23日 县委书记姜景峰主持召开全县“5+2”课题落实情况汇报会时强调，各地各部门要勇于尝试、大胆创新、善于谋划，科学、精准、前瞻性围绕“5+2”课题做好调查研究，及时汇总调研成果，为全市制定政策提供永嘉经验和素材。

是日，浙江省委省政府以视频形式召开全省机构改革动员大会，对推进机构改革作动员部署，标志着全省机构改革进入全面实施阶段。会议强调，要深入贯彻落实习近平总书记关于深化党和国家机构改革的重要论述和对浙江工作的重要指示精神，把深化机构改革作为重大政治任务和重要政治责任，按照中央和省委的部署要求，把握政策标准、紧盯时间节点、抓住关键环节，周密安排、精心组织，有组织、有纪律、有步骤推进，确保高质量完成机构改革任务。姜景峰、林万乐、何莉平等县领导在永嘉分会场参加会议。

是日，永嘉县垃圾焚烧发电厂改造提升项目场地平整工程成功进行首次爆破作业。此次爆破综合采用降振、控制飞石的精确控制爆破技术。

是日，中央电视台中文国际频道《城市一对一》栏目组到永嘉县取景拍摄。此次节目聚焦永嘉的美景、人文艺术、传统美食三个主题进行拍摄。

25日　永嘉县举行“联动击赖专项执行行动”启动仪式。

是日，苍南县委书记黄荣定率党政考察团到永嘉县考察实施乡村振兴战略方面的成功经验先进做法。

26日　永嘉县取消在公共资源交易中心交易的建设工程项目交易服务费，进一步降低建设工程项目投标企业成本，减轻投标企业负担，优化营商环境，切实减轻到永嘉县参与招投标企业负担。

是日，2018第二届“中国泵阀之乡”专精特新泵阀产品博览会暨第十三届温州（金鹰）泵阀展览会在瓯北文化广场开幕。博览会吸引来自浙江、北京、上海等全国各地的257家企业参加。

28日　永嘉县举行红原县到永嘉县务工人员就业服务中心成立揭牌仪式。

29日　市委书记陈伟俊专题调研区域医疗康养中心城市和县域医共体建设，实地察看永嘉县中医院“双下沉、两推进”、永嘉碧莲镇卫生院特色医疗服务开展等情况，听取市卫计委相关情况汇报，指导部署下一步工作。

是日，第六届中国淘宝村高峰论坛在江苏睢宁举行，论坛首次以“淘宝村英雄会”的形式评选出十大“2018年淘宝村优秀带头人”，桥下镇西岙村党支部书记吴国算榜上有名。

是日，由人民网、环球时报主办，红螺书院、楠溪书院承办的“丝路寻踪——周建朋丝绸之路山水画展”暨“遇上”品牌发布会在北京建国国际会议中心举行，展出周建朋丝绸之路沿线的写生、创作精品40余件，其中26米长卷《五星出东方利中国图卷》也将首次亮相。

30日　第二届浙江省“十佳网格员”“优秀网格员”颁奖活动在杭州举行，黄田街道金胜勇、东城街道邵琳冰、沙头镇王贤强3名专职网格员被评为全省“优秀网格员”。

是日，由省政府主办的浙江省外国专家“西湖友谊奖”颁奖大会在杭州举行，报喜鸟控股有限公司高级定制量体师兼项目技术总监、温州市海外工程师保罗·维克亚多喜获“西湖友谊奖”。至此，永嘉县共有4名外国专家获得“西湖友谊奖”。

31日　县委书记姜景峰率县党政代表团赴瓯海区开展山海协作互访活动。

是日，根据温州市发布的《批发零售业改造提升重点项目表（2018—2022年）》，全市计划新建、续建27个商业综合体、大型商场、超市项目，其中县续建乌牛商贸中心、永嘉世界贸易中心、三江立体城二期、桥头商贸城改造、桥下商贸综合体和新建瓯北聚谷国际商贸城，数量居全市之首。

是日，永嘉早香柚推介会暨十大精品早香柚评比活动在碧莲镇文化礼堂开场。

是日，中国林业产业联合会公布第四批全国森林康养基地试点建设单位名单，永嘉书院森林康养基地和百丈瀑森林康养基地入选。全国共有141家单位入选，全省共入选4家，温州仅此2家。

11月

1日　永嘉工业园区公布实施《永嘉县工业厂房出租、转让管理实施意见（试行）》，帮助提高永嘉工业土地产出效益，改善企业生产经营环境，促进产业转型升级。

是日，永嘉县召开省级“基本无违建县”创建攻坚大会。会议强调，全县上下要统一思想，紧盯整改目标，集中攻坚，全力冲刺，坚决打赢“基本无违建县”创建攻坚战，提升城市建设品位，改善城乡发展环境。

是日，根据《浙江省农业科技企业认定工作的实施意见》，温州金牛农业科技有限公司、温州江枫铁皮石斛有限公司、永嘉楠溪新农业股份有限公司等3家企业为浙江省农业科技企业。

是日，浙江省民政厅公示首批

省级农村示范社区名单，304个村为首批省级农村示范社区，瓯北街道珠岙村、南城街道黄屿村、岩坦镇源头村、沙头镇渔田村榜上有名。

是日，永嘉县体育馆正式开业。

2日 浙江省召开预防和化解行政争议工作第九次联席会议暨全省法治政府建设推进会议，对全省法治政府建设进行再谋划、再部署、再落实，努力在加快法治政府建设中续写“八八战略”新篇章。县领导林建波、毛红杏、胡丕敢在永嘉分会场参加会议。

是日，永嘉县举行农村生活污水治理设施标准化运维培训会，邀请温州市综合行政执法局专家开展农污运维业务培训。

是日，由温州市决策咨询委员会、市委政策研究室、浙江日报集团温州分社和永嘉县委主办的第122期“温州·帕累托公共政策沙龙”活动之深化农村改革助推乡村振兴永嘉专题研讨会暨温州市农村产权改革专家咨询会在永嘉县举行，来自中国社科院财经战略研究院、国家发改委（中国）国际经济交流中心的中央部委专家，浙江大学、浙江工商大学的学者，市县相关部门、企业负责人、基层代表齐聚一堂，为永嘉深化农村改革助推乡村振兴把脉问诊、出谋划策。

是日，央视少儿频道的《动感特区》栏目组到永嘉县取景，节目聚焦永嘉的自然风光及人文艺术，深层次、多角度挖掘永嘉丰富的文化底蕴，带领观众走近传统文化，感受“非遗”魅力。

3日 香港浙江永嘉同乡会第三届会员大会暨第三届理事会在广东省东莞市举行，会议选举产生第三届理事会，周建云连任同乡会会长。

是日，高层次台湾博研人才参访团到永嘉县嘉县参访，在永嘉期间，参访团先后到原野园林、红蜻蜓和永嘉书院等优秀民营企业和人文景观进行参观考察，拓展视野，寻找创业就业机会。

是日，温州市文广新局公布首批共计22处2018年“温州市非物质文化遗产体验基地”名单，永嘉书院和瓯窑小镇两处基地入选。

是日，永嘉县党政考察团到广东省东莞市走访永商企业，考察松山湖科技产业园区，对接项目，拓展交流合作领域，共谋发展。

4日 浙江省非公有制经济人士新时代优秀中国特色社会主义事业建设者表彰大会表彰全省55名杰出的非公有制经济人士，浙江奥康鞋业股份有限公司董事长王振滔凭借多年来在企业经营、社会贡献、公益慈善等方面的优异成绩受到表彰。

是日，在北京举行的第三届中国质量奖颁奖大会上，浙江奥康鞋业股份有限公司喜获“中国质量奖提名奖”，这是中国皮鞋行业首次获得中国质量领域的最高荣誉。

5日 县委书记姜景峰主持召开全县城中村改造工作推进会时强调，推进城中村改造，政策正当其时、人心正当其时，各地各部门要统一思想、凝聚共识，紧盯目标、强化攻坚，真正推动城中村改造工作有实质性进展。

是日，永嘉县召开《永嘉县城市声环境功能区划分方案编制说明评审会》，进一步规范环境噪声管理、有效地控制噪声污染的程度和范围、促进噪声污染防治和声环境质量的提高、营造良好的人居环境。

是日，永嘉县鞋革行业协会四届一次会员大会暨2018中国鞋革产业创新发展高峰论坛在瓯北召开，大会以“完美转型智创未来”为主题，共同交流探讨鞋革行业发展的新思维、新视野、新触角、新模式和新格局，为中国鞋革产业转型与破局提供新的解决方案。

是日，为期10天的中国国际进口博览会在上海开幕，由县政府各单位和外向型企业代表组成的温州交易团永嘉分团正式进馆参观采购，现场达成初步意向成交金额近1000万美元。全县共有40多家企业报名观展此次进博会。

6日 县委常委、副县长陈继林带队，对永嘉县税务局、县资管办、县府办等单位开展营商环境建设工作进行专项督查。

是日，由浙江伯特利科技有限公司主导制定的《石油、石化、天然气及相关工业用钢制截止阀和升降式止回阀》《石油、石化、天然气及相关工业用钢制旋启式止回阀》《石油和天然气工业管线输送系统用全焊接球阀》3个“浙江制造”团体标准，顺利通过浙江省品牌建设联合会组织的省级专家审评。

7日 参加2018年中国联合国教科文组织世界地质公园年会的100余名全国各地专家到楠溪江考察。

是日，永嘉县纪委、监委组织清廉建设六大专班成员，分别到岩坦、岩头、桥下、瓯北等地调研“清廉细胞”示范点创建工作。

是日，浙江华滩新材料科技股份有限公司（杜白环保产业控股集团）和浙江绿化环境科技有限公司瓯北驻点，研究秸秆处理办法，控制秸秆禁烧产生的环境污染。

是日，2018世界温州人大会总部回归项目代表座谈会暨总部项目签约仪式、第十五届全国各地温州商会年会暨产业项目签约仪式先后在温州举行，永嘉县政府与杭州杰汇投资有限公司、省建设集团签约东蒙智能科技研发中心、浙建集团永嘉总部2个总部回归项目。

8日 县委书记姜景峰主持召开全县经济、考绩形势分析会，全面了解2018年各项重点工作完成情况，查摆分析存在问题，研究部署下一步工作。

是日，全国第19个记者节，县委书记姜景峰到永嘉传媒集团看望慰问全体新闻采编人员，向全县新闻工作者致以节日问候和良好祝愿，勉励大家始终坚持正确舆论导向、服务全县中心工作，用镜头和笔墨记录社会发展的每一刻，积极传递党和政府的声音，充分反映百姓心声。

是日，2018年全国职业院校技能大赛总结会在天津召开。永嘉县亚龙智能装备集团股份有限公司荣获“2018年全国职业院校技能大赛突出贡献奖”。

是日，2018年全国中等职业学校服装美容美发类专业教师信息化教学设计和说课比赛在成都市闭幕，永嘉县第二职业学校服装专业周芳老师代表浙江省参加比赛，凭借扎实的教学功底、创新的教学设计、灵活的应变能力在大赛中脱颖而出，荣获一等奖。

9日 国家市监总局质量监督司司长张文兵到永嘉县调研产品质量安全工作，深入桥头、桥下等地企业实地走访察看和座谈交流，就玩具产品质量安全状况倾听基层声音。

是日，新疆维吾尔自治区拜城县委书记彭刚率党政代表团到瓯北、岩坦等地，考察学习“古村文旅振兴、企业两化融合发展”等方面经验和做法。

是日，永嘉县在奥康鞋业股份有限公司举行2018年“119”消防宣传月暨火灾隐患集中排查整治“百日攻坚”大巡防活动启动仪式。2018年“11·9”全国消防宣传日的主题是“全民参与防治火灾”。

10日 2018年世界温州人大会永嘉县分会场活动在永举行，百名参加世界温州人大会的嘉宾齐聚，聚焦乡村振兴主题，把脉永嘉农村产业发展方向，推动相关人才、资本、产业资源回归。

11日 2018年世界温州人大会组委会发布温州改革开放40年重大影响力企业家名单，奥康集团董事长王振滔、红蜻蜓集团董事长钱金波和报喜鸟控股股份有限公司董事长吴志泽被评为温州改革开放40年重大影响力企业家。

12日 农业农村部、自然资源部联合召开全国“大棚房”问题专项清理整治行动推进落实视频会议，对“大棚房”问题专项清理整治行动进行再动员、再部署、再落实，要求各级各部门进一步提高思想认识、政治站位，压实属地责任，全力履职尽责，不折不扣打好“大棚房”问题专项清理整治行动攻坚战。县领导林万乐、黄方雷分别在温州和永嘉分会场参加会议。

是日，由浙江省委宣传部、省发改委、省文化和旅游厅、浙江日报报业集团主办，省文化产业促进会、浙江在线、省文化产业创新发展研究院等承办的“对话瓯江山水共谋产业发展”瓯江山水诗路文旅项目资本对接会在永嘉举行，旨在加快推进瓯江山水诗之路建设，共推沿线地区文化产业发展，共建“诗画浙江”大花园，共创高品质美好生活。

是日，中央电视台科教频道（CCTV—10）播出40分钟永嘉专题纪录片《中国影像方志·永嘉篇》，包含引言、诗歌记、戏曲记、英雄记、当代记等内容。

是日，第八届温州特色农业博览会在温州国际会展中心举行。副省长、市委书记陈伟俊到永嘉馆参观，对永嘉县农产品给予高度评价。全县22家参展企业3天销售额31.72万元，其中3个农产品获金奖，6个农产品获优质奖，为历届市农博会获奖数量最多。

13日 温州市召开火灾隐患集中排查整治“百日攻坚”行动推进会，部署今冬明春火灾防控工作，县委常委、常务副县长林建波在永嘉分会场参加会议。

是日，市人大常委会主任葛益平到永嘉县调研乡村振兴实施及楠溪江立法情况。

是日，省环保厅环境监测中心主任张胜军率环保厅水质自动监测中心相关人员，到永嘉县嘉黄坦水质自动监测站作运行情况调研指导工作。

是日，作为国家艺术基金2018

年度舞台艺术创作资助项目，永嘉昆剧团《孟姜女送寒衣》全国巡演首站走进内蒙古乌兰浩特市。这次巡演也是永嘉昆曲走向全国的一次有益尝试。

14日 全国冬春农田水利基本建设电视电话会议召开。会议传达李克强总理相关重要批示精神，全面部署当前和今后一个时期农田水利基本建设的重点任务。

是日，永嘉县首宗“标准地”在省网上交易系统成功出让，浙江东蒙智能科技有限公司以1038万元成功竞得，将用于建设总部回归项目东蒙智能科技研发中心。首宗“标准地”出让标志着永嘉县“最多跑一次”改革开始迭代升级，将有机衔接“亩均论英雄”改革，推动县域实体经济高质量发展。

是日，以“经济全球化下的新工业革命”为主题的第十四届中国工业论坛对改革开放40年，为推动中国工业经济发展做出突出贡献的企业进行表彰，浙江奥康鞋业股份有限公司荣膺“中国智能制造先锋企业”荣誉称号。

15日 永嘉县公布2018年度重大行政决策事项目录，共有10件行政决策事项需要走程序公开善纳民意，包括《新动能培育三年行动计划（2018—2020年）》《综合交通发展三年行动计划（2018—2020年）》《A级景区村庄创建实施方案》《推进温州区域医疗康养中心城市建设三年行动计划（2018—2020年）》《体育事业优质均衡发展三年行动计划（2018—2020年）》《苍坡历史文化名村保护规划》《岩头历史文化名村保护规划》《城乡公交一体化改造三年行动实施意见》《文物保护单位保护范围和建设控制地带双线划定》《高水平建设“四好农村路”助推乡村振兴战略三年行动计划（2018—2020）》等。

是日，四川省阿坝州红原县委书记廖敏，红原县委常委、副县长吕金记率考察团到永嘉县考察交流。

16日 永嘉县传统产业改造提升和新动能培育现场会在瓯北召开，贯彻落实《浙江省全面改造提升传统制造业行动计划》《浙江省培育发展战略性新兴产业行动计划》等精神，加快推动全县传统产业改造提升。

是日，永嘉县召开火灾隐患集中排查整治“百日攻坚”专项行动推进会暨今冬明春火灾防控会议，部署开展“厂中厂”消防整治。

是日，永嘉县召开扫黑除恶专项斗争推进会，对全县扫黑除恶专项斗争进行再动员、再部署，确保坚决打赢扫黑除恶专项斗争攻坚战。

18日 温州北站高铁新城投资建设有限公司揭牌仪式在黄田街道举行，标志着温州北站高铁新城核心区综合开发建设进入一个新的阶段。温州市铁办主任、铁投集团董事长丁建宇，县委副书记、县长林万乐等出席活动。

是日，浙江省科技特派员工作15周年总结表彰会议表彰省科技突出贡献特派员、科技特派员工作先进集体、成绩突出科技特派员等一批先进个人和集体，科技特派员叶明儿和吴永汉、吴建良分别荣获省科技突出贡献特派员和成绩突出科技特派员称号。

19日 工业和信息化部公布第三批绿色制造名单，经申报单位自评价、第三方评价机构评价、省级工业和信息化主管部门评估确认及专家论证、公示等环节，确定第三批绿色制造名单绿色工厂391家、绿色设计产品480种、绿色园区34家、绿色供应链管理示范企业21家，浙江红蜻蜓鞋业股份有限公司入选绿色工厂名单，成为永嘉县首家国家级绿色工厂企业。

是日，浙江省第九督查组到永嘉县督查“五水共治”、“三改一拆”、小城镇环境综合整治、生活垃圾分类等工作。

20日 市委常委、纪委书记、监委代主任方向到永嘉县调研清廉永嘉和“两个责任”落实等工作情况。

是日，县委副书记、县长林万乐在主持召开“152”工程项目推进会时强调，各地各有关部门要紧盯目标要求，齐心协力加快推进在库“152”工程项目建设速度，尽快让项目早落地、早出形象，确保完成年度目标任务。

是日，在温州（上海）投资环境说明会举行的项目签约仪式上，永嘉县政府与中国上市公司市值500强企业上海韵达货运有限公司签约韵达浙江（温州）电商总部基地项目。

21日 市委扫黑除恶专项斗争督导组进驻永嘉，正式启动对永嘉县扫黑除恶专项斗争的督导工作。市委政法委副书记、综治办主任张毅主持会议并讲话。

是日，市委宣传部副部长、市文明办主任吕朝晖率队到岩坦镇源头村、屿北村和小舟垟村调研乡风文明示范带建设情况。

是日，县委书记姜景峰主持召开第15次县委常委会，传达贯彻市人大常委会主任葛益平到永嘉县调研乡村振兴和楠溪江保护管理立法工作时的讲话精神和市创建新时代“两个健康”先行区大会、2018世界温州人大会主旨大会有关精神，研究审议《健康永嘉2030行动纲要（送审稿）》等。

是日，“2018第八届中国上市公司口碑榜”揭晓，奥康国际荣获最具社会责任上市公司奖。

22日 县委副书记、县长林万乐到县税务局、市监局、招商局（经合办）等调研时指出，税务、市监、招商等工作是永嘉县打造全市营商环境高地的一个窗口，要紧紧围绕全县中心工作，立足职责职能，强化精准招商与助企服务，全力推进“最多跑一次”改革，进一步优化营商环境，努力为全县经济社会发展做出新贡献。

是日，永嘉县举行金融支持民营企业发展座谈会暨银企（项）对接签约会，政银企三方联手奏响金融支持民营企业发展的“协奏曲”，助力民营经济高质量稳健发展。

是日，永嘉县举行金融机构支持民营企业和民间投资制造业项目融资授信签约会，13家银行分别与18家企业和1个产业园（10家企业）签约，总授信额度23.377亿元。

是日，浙江省见义勇为先进人物表彰暨见义勇为工作电视电话会议召开。会议回顾总结2018年度全省见义勇为工作，并对下阶段工作进行研究部署。县委常委、公安局长林志佩，县委常委、常务副县长林建波参加会议。

是日，永嘉县宣传思想文化工作业务培训班在县委党校举行，中央党校教授陈中浙应邀授课。

23日 永嘉县举行2018年全民终身学习活动周暨“幸福乡里”讲坛启动仪式，学习贯彻习近平新时代中国特色社会主义思想和中共十九大精神，落实中共十九大提出的“办好继续教育，加快建设学习型社会，大力提高国民素质”新要求，主动对接乡村振兴战略部署。

是日，永嘉县召开“万名干部进万企”专项行动动员会议，正式吹响以“两个健康”为主题的专项行动集结号。从2018年11月至2019年12月，在全县选派千名干部与千家企业“一对一”结对，开展“五问五帮”助企服务，全面激发民营经济内生动力，推动全县民营经济高质量发展。

是日，2018省农博会在杭州开幕，共有1600多家企业参展，永嘉共11家农企亮相省农博会，并摘得1金3优的荣誉。

24日 “诗吟楠溪江”全国著名散文诗人采风笔会暨山水散文诗创作与打造楠溪江山水诗地标高峰论坛在楠溪江耕读小院举行，本次活动由中国散文诗研究中心、永嘉县委宣传部、温州市楠溪江风景旅游管委会联合主办，县文学艺术界联合会、泰石将军图书馆承办。原沈阳军区副政委潘瑞吉中将、中国散文诗研究中心主任箫风出席会议。

是日，第五届楠溪江国际户外休闲嘉年华暨楠溪江越野场地赛在沙头镇福利村开赛，来自全国各车队的100余位车手展开激烈角逐，给现场观众带来一场充满激情的视觉盛宴。

25日 为期3天的永嘉县第40届中小学生田径运动会落下帷幕，县实验小学同学高迈克以106分的成绩，打破小学甲组三项全能的105分原永嘉县纪录。

是日，2018年王振滔慈善基金会“爱心接力计划”在温州医科大学正式启动。

是日，永嘉县列入2019年度扶持村级集体经济发展试点县。

26日 市委市政府以视频形式召开2018年第二次全市乡镇（街道）党（工）委书记工作交流会，集中亮晒乡镇（街道）2018年以来主要发展指标，10名乡镇（街道）党（工）委书记分别围绕乡村振兴、基层基础等方面交流发言。县委书记姜景峰，县委副书记、县长林万乐在温州主会场参加会议，县领导陈建良、何莉平等在永嘉分会场参加会议。

27日 县委书记姜景峰，县委副书记、县长林万东在温州主会场参加会议，县领导陈建良、何莉平等在永嘉分会场参加会议。

是日，县委书记姜景峰先后到乌牛、桥头等地走访企业，通过实地查看、现场听取汇报，详细了解企业发展过程中的问题困难，并进行现场办公，以优质服务帮助企业排忧解难，为企业发展出谋划策开“良方”。

28日 永嘉县召开强化微权力监督、共建清廉永嘉推进会，深入贯彻落实省委关于强化基层公权力监督、社会共建清廉浙江的决策部署，凝聚各方智慧和力量共建清廉永嘉。

是日，由永嘉质检院（省教玩具质检中心）参与的《小型游乐设施标准体系研究及重要标准研制》项目喜获中国特种设备检验协会科学技术奖二等奖。

29日 省商务厅厅长盛秋平到永嘉县调研商务工作，先后考察了解桥头纽扣市场、维多利广场建设情况及育才集团发展情况。

是日，海星海事电气集团有限公司与中信证券、立信会计师事务所、国浩律师事务所三方签订IPO服务协议，正式启动上市工作。

是日，由沪苏浙皖三省一市党委宣传部共同主办的首届长三角文博会在上海举办。展会期间，召开以“科技赋能新文旅，融合创造新机遇”为主题的长三角文化装备赋能新文旅产业发展大会。大会由国家对外文化贸易基地（上海）、国际高科技文化装备产业基地发起，长三角6个重要城市携手创建的“长三角文旅产业联盟”在论坛上宣告设立，会上举行授牌仪式，楠溪江与上海大世界、常州嬉戏谷、南浔古镇等32个景区成为首批联盟成员。

30日 县委书记姜景峰主持召开县委常委会，研究审议《2018年扩大有效投资“冲刺全年红”攻坚活动方案（送审稿）》等。

是日，永嘉县召开省级美丽乡村示范县创建工作推进会，总结交流前阶段工作，动员相关部门进一步加快进度、查漏补缺，确保完成各项创建任务。

是日，永嘉县开展部门亮绩赛场——攻坚考核比拼活动。活动中，集中亮晒1—10月全县经济社会发展主要指标，27个部门负责人围绕市对县攻坚考核重点项目的完成情况、存在问题、下步措施及冲刺目标，晒成效、比项目、亮承诺。

是日，永嘉县举行2018年干部职工广播体操比赛，县教育局代表队获得第一名。

是日，在推进智慧式用电安全隐患监管服务系统建设新闻发布会上，永嘉县计划通过三年时间的推广建设，全县“智慧用电”安装数达到6000套以上。

是日，诺贝尔文学奖得主、著名作家莫言到永嘉县参观考察，品永昆、读古村、游楠溪。

12月

1日 “飞跃楠溪江，HIGH动永嘉城”2018中国·温州首届热气球美食嘉年华在岩头滩地音乐公园举行开场仪式。这是永嘉县首次举办热气球嘉年华活动，填补楠溪江低空旅游产品的空白。

是日，由桥下镇政府主办，永嘉县农业局（农办）、县民政局、县林业局、县科协、永嘉传媒集团协办，县兰花协会承办的县（桥下）第十八届“清香园”杯寒兰博览会在桥下文化礼堂举行。

2日 2018年温州市第三届全民运动休闲大会暨“米高杯”温州市轮滑冰球锦标赛在永嘉体育馆举行，共有来自全市各县（市区）的10支队伍参加。

3日 永嘉县启动扩大有效投资“冲刺全年红”攻坚活动，结合2018年“项目建设突破年”、扩大有效投资“双月攻坚”、全市“六比竞赛”和争夺全市考绩“五连优”目标任务，围绕项目开工、提速、竣工、谋划等重点工作，抓关键、破难题、重谋划、强保障，全力“冲刺全年红”，确保完成年度目标任务。

4日 县委书记姜景峰到瓯北街道走访浙江嘉隆机械有限公司等5家民营企业，宣传永嘉县创建新时代“两个健康”先行区系列政策和相关扶持措施，让企业切身感受到党和政府关心支持民营企业发展的决心和力度，帮助企业提振发展信心、把握发展态势、化解发展难题、增强发展后劲。

是日，县委书记姜景峰以“河长”身份到瓯北街道督查“河长制”落实情况时强调，各级各相关部门要严格按照中央、省、市、县相关要求部署，不折不扣让“河长制”落地生根，牢固树立“绿水青山就是金山银山”的理念，将城市河道打造成为群众驻足休闲的景点。

是日，市委副秘书长、市委农办（农业局）主任（局长）张亨利到永嘉县调研乡村振兴示范带提升工作时要求，切实增强责任感和紧迫感，结合实际，坚定不移落实雁楠公路乡村振兴示范带提升工作。

是日，中国教玩具国际城开工奠基仪式在桥下举行，依托桥下教玩具产业资源，打造“一站式”服务新平台，把永嘉教玩具推向世界舞台，实现小产品“玩”出全球大市场梦想。这个占地69亩、总投资近10亿元的省重点产业项目，是县教玩具产业发展史上浓墨重彩的一笔，将成为永嘉教玩具产业推向世界的舞台。

5日 备受关注的民生福祉实事项目——永嘉县人民医院迁建工程开工奠基，该工程选址南城街道西前村和仁堂村，预计工期3年。

是日，中国社会科学院财经战略研究院发布《中国县域经济发展报告（2018）》暨全国百强县案例报告，永嘉入选全国县域经济投资潜力100强。

7日 永嘉县第三届职工职业技能运动会在县体育馆举行，来自全县各行各业的10支代表队共300名技术能手在14个项目中开展“绝活”竞技。

9日 2018年度浙江省第十三届大众跆拳道公开赛分区赛暨温州市大众跆拳道公开赛在永嘉县体育馆落幕。

是日，以“悠悠桑梓与君共美”为主题的中国·永嘉2018乡贤助力乡村振兴高峰论坛在永举行，论坛邀请原全国工商联副主席桓玉珊、国务院参事室参事忽培元、联合国世界旅游组织专家贾云峰等国内相关领域专家、市直有关部门负责人、温州籍乡贤代表、11个县（市、区）委统战部部长参加。

10日 浙江省关注森林组委会公布2018年度“省森林城镇”名单，温州市共有7个乡镇入选，永嘉县鹤盛镇榜上有名。

11日 永嘉县政府召开全县质量大会，研究部署开展质量提升行动。

是日，台北市商业总会秘书长陈四郎率台北市商业总会参访团到永嘉，就现代休闲观光农业进行参观考察，寻找创业、合作机会。

是日，住建部网站公示第五批拟列入中国传统村落名录的村落基本情况，岩坦镇岩龙村和黄南林坑村入选。该名单经由住建部、文旅部、国家文物局、财政部、自然资源部、农业农村部在各省（区、市）推荐基础上，经专家委员会审查产生。

是日，永嘉县召开食品安全委员会全体成员（扩大）会议暨省级食品安全县创建工作推进会，确保2019年顺利创成省级食品安全县。

是日，2018中国体育文化、体育旅游博览会在广州保利世贸博览馆举行，博览会上，由永嘉县体育局选送的“温州楠溪江国际户外休闲嘉年华赛事”“温州楠溪江百丈瀑景区”分别入围2018年中国体育旅游精品赛事、精品景区评选名单。

12日 县委副书记、县长林万乐到三江、乌牛等地督查重大水利项目及第四季度“河长制”落实情况时指出，各级河长、警长一定要高度重视河道治水和生态环境保护工作，严格按照省市县相关要求部署，加快重大水利项目建设进度，确保“河长制”落到实处，巩固提升治水成效。

是日，永嘉县召开平安建设工作考绩分析会。

是日，浙江省十三届人大代表温州中心组第一小组20余名人大代表，到永嘉县嘉县开展乡村振兴战略实施情况视察调研活动。

是日，由瓯海区委、永嘉县委、市委农办（市农业局）、市社科联联合主办的“庆祝改革开放40周年——温州农村改革发展实践与探索”主题论坛在温州市人民大会堂举行。

13日 县委书记姜景峰主持召开功能区、乡镇（街道）党（工）委书记工作交流会暨“一带两城五组团”发展布局联席会议时强调，2019年是永嘉转型发展奋起直追、砥砺奋进的关键之年，要把2018年落后指标、短板工作作为2019年突破的重点、努力的方向，围绕“一带两城五组团”发展布局，紧扣新时代经济社会高质量发展的新要求、大形势，精准提出2019年目标、谋划实施路径、制定具体措施，为美好蓝图变为现实做出新的更大贡献。

是日，永嘉县反走私工作指挥部开展巡江行动，在瓯江水域林福村段查获一艘“凹”形改装的涉嫌走私油船，扣留涉嫌走私成品油300余吨。

是日，两岸（永嘉）少数民族合作发展交流会举行，20多名台湾少数民族同胞与永嘉干部群众齐聚一堂，共叙交流合作发展前景。

14日 县委书记姜景峰主持召开温州北站高铁新城城市设计及控规调整和楠溪江站综合交通规划汇报会时强调，要瞄准把高铁新城打造成温州北部综合交通枢纽、温州都市旅游集散中心、瓯江北岸中央生活区的目标，把楠溪江打造成长三角地区旅游目的地的定位，全盘考虑城市发展、产业融合等方面因素，真正把杭温高铁带来的交通优势，转化为永嘉今后坚不可摧、牢不可破的发展优势。

是日，黄田街道办事处召开杭温高铁永嘉黄田段征迁工作情况新闻发布会，已完成杭温高铁征地所有土地组件报批手续，同步解决复杂历史遗留问题21个，其中大浦垟自然村拆迁从11月1日召开动迁大会到12月9日完成100%签约。

是日，2018“温州读书会联盟年度盛典”在温州市图书馆二楼小剧场举行，永嘉县读书学会荣获2018年“温州读书会联盟优秀读书会”称号，副会长兼秘书长郑建兴被评为2018年“温州读书会联盟优秀领读人”。

17日 浙江省政府召开全省农村饮用水达标提标行动电视电话会议，动员部署全省农村饮用水达标提标行动，为高质量实施乡村振兴战略、实现“两个高水平”目标提供强有力的基础支撑。

是日，县委副书记、县长林万乐到沙头、枫林督查小城镇环境综合整治工作时指出，要把小城镇环境综合整治作为改善城乡环境的重要抓手，始终坚持高标准，凸显各地特色，坚决打赢打好小城镇环境综合整治攻坚战，不断提升人民群众获得感幸福感。

是日，县委书记姜景峰先后到三江、黄田和瓯北调研基层党建工作时强调，加强基层党组织建设是实施乡村振兴战略、全面建成小康社会的重要保障，要进一步强化党建引领，充分激发基层党组织活力，更好地助力经济社会高质量发展，促进乡村振兴等各项工作顺利开展。

18日 全国举行庆祝改革开放40周年大会，回顾改革开放40年光辉历程，深刻总结改革开放宝贵经验。姜景峰、谢崇福、陈建良等县四套班子领导以及各地各单位分别组织人员集中收看大会直播，深入学习领会大会精神，共同回顾改革开放光辉历程，共同畅想祖国美好明天。

是日，根据《浙江省湿地保护条例》《永嘉县湿地保护规划（2015—2020年）》等有关规定，永嘉县公布第二批湿地名录，分别是鹅浦湿地、瓯江湿地、北溪水库和金溪水库。

是日，永嘉县召开健康永嘉建设和推进区域医疗康养工作新闻发布会，宣布永嘉将深入实施医疗康养医疗服务提升工程、康养融合发展工程、产业链群培育工程和改革创新保障工程。计划通过三年努力，打造以沿瓯江经济为重点的南部医疗康养产业制造带，和以生态休闲为重点的北部医疗康养产业服务带。

是日，浙江省风景名胜区协会四届二次理事会暨第五届国家级风景名胜区联席会议在大若岩镇举行，为风景名胜区未来更好发展进行沟通与交流，碰撞出精彩的创意火花。中国风景名胜区协会会长王凤武、省风景名胜区协会会长王水法出席会议。

19日 县委书记姜景峰到县人大机关调研人大常委会工作时强调，县人大常委会是永嘉最大的“人才库”和“智囊团”，近年来人大工作奋发有为、人大团队善作善为，给全县领导干部树立样板标杆，县委将更加关心、更加支持县人大的各项工作，共同营造良好的干事创业氛围，期待永嘉县人大在今后发展中有更大作为。

是日，温州市林业局公布2018年度森林康养基地评定结果。全市共有14家基地通过考核，成为温州第二批森林康养基地。百丈漈、南陈温泉小镇两处森林康养基地入选。此前，永嘉书院已入选温州市首批康养基地。

是日，全国农业产业化联席会议八部门联合开展第八次国家重点龙头企业监测工作，并发布《关于递补148家企业为农业产业化国家重点龙头企业的通知》，永嘉县原野园林工程有限公司上榜，成为全县第一家农业产业化国家重点龙头企业。

是日，温州市人社局举行温州市级高校毕业生就业见习基地授牌仪式，为13家市级就业见习基地授牌，其中永嘉4家：亚龙智能装备集团股份有限公司、奥康鞋业股份有限公司、报喜鸟控股股份有限公司、红蜻蜓鞋业股份有限公司。

是日，永嘉县四套班子领导集中参加军事日活动，带头接受国防教育，学习军事技能，增强国防意识和忧患意识，推动军地融合发展。

20日 温州市人大农村和资源保护工作座谈会在永嘉召开，全面推进全市“三农”与资源保护工作，突出监督重点，关注民生热点。

是日，上海市嘉定区委副书记周金林率党政考察团到岩坦镇考察乡村振兴示范带建设等情况。

是日，温州市中小学“四品八德”教育现场推进会在永嘉举行，来自温州市及各县（市）区的教育部门相关负责人共200余人参加会议。

21日 永嘉县“厂中厂”整治工作现场会在瓯北街道召开，县委副书记、县长林万乐强调，要全力以赴开展“厂中厂”整治，严格按照时间节点任务要求、狠抓隐患排查整治，确保“厂中厂”安全条件得到本质提升。

是日，杭温高铁控制性工程建设推进动员大会在岩坦镇举行，该工程的开工使杭温铁路项目建设加快推进，助力温州全面融入全省“1小时交通圈”。

是日，由国务院参事室社会调查中心、北京大学社会学系主办，中共永嘉县委、永嘉县人民政府承办的“改革开放中的农民与农村”研讨会暨第二届“费孝通田野调查奖”颁奖仪式在瓯北街道举行。

24日 温州市公布第二批地名文化遗产重点保护名录，茗岙梯田、太平岩、上塘街等3个地名榜上有名。至此永嘉县共有18处纳入市地名文化遗产重点保护名录。

25日 浙江省农业农村厅等三部门公布第三批省级农产品质量安全放心县名单，全省24个县（市、区）均达到考核要求，永嘉县成功列入。

是日，浙江省经济和信息化厅公示第二批上云标杆企业名单，全省共88家企业入选，红蜻蜓鞋业股份有限公司榜上有名。

是日，第二十届中国专利奖在北京颁奖，温州市7家民营企业斩获7项中国专利优秀奖。浙江迦南科技股份有限公司、浙江亚龙教育装备股份有限公司榜上有名。

是日，永嘉县公布第二批共102处历史建筑名单，加上第一批公布的158处，至此，全县已公布历史建筑260处。

26日 浙江省级生态文明建设示范县创建验收组到永嘉县嘉县开展验收工作。

是日，县委副书记何莉平率县党政考察团到广州市走访广州温州商会面辅料分会，联系在粤创业发展的永嘉企业家，欢迎广大企业家在引资引智方面发挥作用，支持家乡建设，推动两地共赢发展。

是日，第四届粤港澳温州人大会在广州举行。来自粤港澳等地和海外的1000余名乡贤欢聚一堂，畅叙乡情，同贺新春，共话发展。永嘉县委副书记何莉平、县委常委孔永红、县政协副主席汪金琰等领导出席会议。

是日，由温州市楠溪江风景旅游管委会、永嘉县文化广电新闻出版局主办，溪下乡人民政府承办，永嘉县旅投集团协办的“楠溪江首届溪下马灯戏文化旅游节”在溪下乡热闹上演。

是日，杭州市永嘉商会举行第七届一次会员大会，大会审议通过《杭州市永嘉商会第六届工作报告》，会议选举产生第七届商会理事会和领导班子，杭州楠溪生态环境科技有限公司董事长徐坚连任会长。

27日 县委副书记、县长林万乐率队到上塘、瓯北等地金融机构开展2018年度年终慰问活动。

是日，浙江省品牌建设联合会发布《2018年第五批“浙江制造”标准制定计划》，县保一集团有限公司、纽顿流体科技有限公司、浙江迎日阀门制造有限公司等申报的《先导式安全泄压阀》《弹簧载荷式安全泄压阀》《液化天然气阀门》《波纹管密封钢制截止阀》《氧气用阀门》5项阀门标准获准立项制定。这也是永嘉县作为“品字标浙江制造”品牌集中培育试点县以来在阀门产业中集中培育获准立项产品标准制定最多的一次。

是日，县委书记姜景峰到安吉县天使小镇开展招商选资考察活动。

是日，浙江省林业局公布2018年度省级森林特色小镇和森林人家名单，鹤盛森林休闲养生小镇入选浙江省首批森林特色小镇名单，鹤盛镇下岙村、岩上村、桥下镇郑山村、岩坦镇张溪村、大若岩镇大元下村入选第四批森林人家名单。

是日，浙江省精神文明建设委员会办公室发布2018年浙江省文明城市复评成绩结果，永嘉以总得分84.21分的成绩成功通过省级文明城市（县城）复评。

28日 永嘉县农村产权服务中心在瓯北街道国土资源大楼举行新址揭牌仪式，进一步提升永嘉县农村产权服务中心办公条件和经营环境，向群众提供更加便利和优质的交易服务。

29日 副省长、省公安厅厅长王双全到溪下乡走访慰问困难群众，调研加快推进精准扶贫工作。市委常委、市公安局局长罗杰，市委农办（农业局）副主任（副局长）林志保等陪同。

30日 红原旅游推介会在岩头镇举行，推进全域旅游发展东西部协作，积极响应中央和省市县委号召，进一步扩大扶贫协作覆盖面，深化旅游产业帮扶，有效促进红原县全域旅游经济发展，助力当地脱贫攻坚。

（胡孜宪）

世界永嘉人大会（县投资促进服务中心　供图）

县情概况

人文永嘉

人口　2018年年末，永嘉县户籍总户数29.75万户，总人口98.37万人，其中城镇人口30.08万人、乡村人口68.29万人。从性别看，男性人口52.29万人，女性人口46.08万人，分别占总人口的53.2%和46.8%。60岁及以上老年人口数为17.16万人，占比达17.4%。当年登记出生人口13570人，人口出生率为13.8‰；死亡人口5478人，死亡率为5.6‰；人口自然增长率为8.2‰。年末全县常住人口为82.9万人，比上年减少0.6万人；城镇化率为64.4%，比上年提高0.5个百分点。

民族　永嘉县内共有永嘉户籍少数民族居民3103人，较上年增长7.4%，共有34个少数民族（不计穿青、革家）；其中主要有畲族315人、土家族625人、苗族419人、壮族374人、侗族221人、布依族172人、彝族170人、满族127人。永嘉有一个民族村——岩坦镇小长坑民族村（2007年批准成立），该村有村民506人，畲族156人。外来流动少数民族共47160人，较上年减少12.8%，共有40个少数民族（不计穿青、革家），数量较多的有：土家族17561人，苗族9450人、侗族8849人、布依族3503人、彝族1747人、壮族1156人、畲族724人，主要来源地：湖南、湖北、贵州、江西、云南等地，主要分布在瓯北、乌牛、桥头、桥下等沿江镇街。

宗教　永嘉县是宗教大县，有佛教、道教、天主教、基督教等四大宗教，宗教历史悠久，信徒量大面广，情况复杂多样，是浙江省宗教工作重点县。2018年，全县已登记宗教活动场所528处，其中佛教场所82处，道教场所120处，天主教场所31处，基督教场所295处，民间信仰场所1052处，其中甲类场所386处、乙类场所335处，共有教职人员900多人。

县树　永嘉县县树为红楠。红楠属樟科、润楠属，别称楠仔木、楠柴、乌樟、钓樟。因在翠绿色的树冠上挺立着红色的芽苞而得名。常绿乔木或小乔木，树干挺直，高可达20米，树冠整齐，枝叶茂盛，层次明显，形态优美。幼株耐荫，成株日照需充足，性喜温暖至高温，排水需良好。其木材坚韧，结构致密，具光泽和香气，是楠木类中材质较优的一种。适合风景树或行道树，在中国古代，庙宇、宫观附近栽楠之风很盛。红楠是永嘉县久负盛名的乡土树种，曾遍布楠溪江两岸，是制香的原料。

县花　永嘉县的县花为寒兰。寒兰属兰科兰属。单子叶植物，多年生草本，高20—40厘米，叶片较细，尤以基部为甚，叶姿潇洒，显得幽雅高尚。野生寒兰叶3—7片，叶面较平展，叶脉明显并向叶背凸出，丛生2—5苗，叶长40—70厘米，宽1—1.7厘米，叶片全绿略带光泽。10—12月开花，花期30—60天。寒兰喜阴喜湿，生长在浓密的阔叶林下，常年湿度偏高，主要分布在浙江、福建、江西等地，日本亦有分布。寒兰以其独特的神韵博得众多兰友的珍爱，被日本、韩国兰界尊为“兰花之王”，在兰花市场上，身价较高。永嘉是寒兰主产区之一，其品位在寒兰中居首，是中国兰花界公认的事实，历届永嘉寒兰博览会都是中国兰界最大的盛会之一，均吸引大批日本、韩国及中国港澳台地区的兰友前来聚会。至2018年年底，国内还没有以寒兰为市花的市县。

非物质文化遗产　2018年，永嘉县有世界级“非遗”名录1

项，为永嘉昆曲（与全国六大昆曲被世界联合国教科文组织命名为“人类口头遗产和非物质遗产代表作”）；国家级“非遗”名录2项，分别为永嘉昆曲、温州莲花；省级“非遗”名录8项，分别为永嘉昆剧、乱弹、定位、温州莲花、踏八卦、溪下马灯戏、永嘉花鼓和永嘉瓯渠上新屋南拳。市级与县级“非遗”名录分别为76项和152项。2001年5月，永嘉昆曲。现共有国家级“非遗”项目代表性传承人2人，省级11人，市级54人，县级104人。温州市“非遗”项目代表性传承团体2个，代表性传承群体3个。市级“非遗”传承基地13个，县级18个。永嘉县传统戏剧资源丰富、较有特色。有永嘉乱弹省级戏剧特色乡1个（巽宅镇），特色村1个（应界坑村），溪下马灯戏省级特色乡1个（溪下乡），永嘉县被评为永嘉昆曲省级戏剧特色县。2017年12月，三江街道瓯窑小镇被列入第二批省级“非遗”主题小镇。

表4　永嘉县非物质文化遗产一览表

级别 / 序号	类　别	名　称	批　次
级别	人类口述和非物质遗产代表作（1项）		
序号	类　别	名　称	批　次
1	传统戏剧	昆曲	2001年第一批
级别	国家级非物质遗产代表作（2项）		
序号	类　别	名　称	批　次
1	传统戏剧	昆曲	2006年6月第一批
2	曲艺	温州莲花	2008年6月第二批
级别	省级非物质遗产代表作（8项）		
序号	类　别	名　称	批　次
1	民间戏曲	永嘉昆剧	2005年5月第一批
2	传统戏剧	乱弹（处州乱弹、应界坑乱弹）	2009年6月第一批（扩展）
3	民间舞蹈	定位	2007年6月第二批
4	曲艺	温州莲花	2007年6月第二批
5	传统舞蹈	踏八卦	2009年6月第三批
6	传统戏剧	马灯戏（南湖马灯戏、溪下马灯戏、衢江马灯戏）	2009年6月第三批
7	曲艺	永嘉花鼓	2009年6月第三批
8	传统体育、游艺与杂技	南拳（永嘉瓯渠上新屋南拳、天台皇都南拳、乐清南拳、平阳白鹤拳）	2009年6月第三批
级别	市级非物质遗产代表作（76项）		
序号	类　别	名　称	批　次
1	民间舞蹈	定位舞	2007年1月第一批
2	传统戏剧	永嘉昆曲	2007年1月第一批
3	曲艺	莲花（道情）	2007年1月第一批
4	传统舞蹈	枫林布袋龙舞	2008年12月第二批
5	传统舞蹈	永嘉八卦舞	2008年12月第二批
6	传统戏剧	温州乱弹	2008年12月第二批
7	传统戏剧	马灯戏（永嘉溪下马灯戏、平阳南湖马灯戏）	2008年12月第二批
8	曲艺	温州参龙	2008年12月第二批
9	曲艺	温州花鼓（永嘉花鼓）	2008年12月第二批
10	传统体育、游艺与杂技	温州南拳	2008年12月第二批
11	传统美术	温州漆画（龙湾民间壁画、镶嵌漆画、瓯海门神画、永嘉油漆画、苍南门神画）	2008年12月第二批
12	传统美术	温州彩泥塑（鹿城佛雕彩塑、龙湾彩塑、乐清泥塑、永嘉泥塑）	2008年12月第二批
13	传统美术	温州木雕（永嘉木雕）	2008年12月第二批

续表4

级别 序号	市级非物质遗产代表作（76项）		
	类　别	名　称	批　次
14	传统技艺	温州绿茶制作技艺（乐清雁荡毛峰、永嘉乌牛早、泰顺三杯香）	2008年12月第二批
15	传统技艺	温州素面手工制作技艺（楠溪素面）	2008年12月第二批
16	传统技艺	温州粉干手工制作技艺（永嘉沙岗粉干）	2008年12月第二批
17	传统技艺	温州蓝夹缬技艺（包括蓝夹缬染料炼制、花版雕刻、印染）	2008年12月第二批
18	民俗	陈十四信俗	2008年12月第二批
19	民俗	永嘉孝女信俗	2008年12月第二批
20 21	传统音乐	温州吹打（龙湾吹打、永兴鼓板亭、永嘉唢呐艺术、楠溪锣鼓）	2008年12月第一批（扩展）
22	传统美术	竹雕	2009年6月第三批
23	传统医药	永嘉陈氏蛇伤疗法	2009年6月第三批
24	传统医药	苏同德堂中医药文化	2009年6月第三批
25	传统医药	瓯渠上新屋吴氏骨伤疗法	2009年6月第三批
26	传统戏剧	木偶戏（永嘉木偶戏）	2010年6月第一批（扩展）
27	民俗	梅坦拔马	2011年12月第五批
28	传统美术	绸塑	2011年12月第一批（扩展）
29	民间文学	陈虞之传说	2012年12月第六批
30	传统美术	龙档（永嘉龙档）	2012年12月第六批
31	传统技艺	弹棉花技艺	2012年12月第六批
32	民间文学	徐定超传说	2014年1月第七批
33	曲艺	温州鼓词	2014年1月第七批
34	传统美术	十字绣	2014年1月第七批
35	传统美术	永嘉彩扎	2014年1月第七批
36	传统美术	永嘉剪纸	2014年1月第七批
37	传统美术	永嘉米塑	2014年1月第七批
38	传统技艺	永嘉白酒烧制技艺	2014年1月第七批
39	传统技艺	永嘉麦饼制作技艺	2014年1月第七批
40	民俗	古庙拦街福	2014年1月第七批
41	民俗	茗岙牛市	2014年1月第七批
42	民俗	永嘉武术节	2014年1月第七批
43	民间文学	陶弘景传说	2014年11月第八批
44	民间文学	谢灵运传说	2014年11月第八批
45	民间文学	永嘉谚语	2014年11月第八批
46	传统舞蹈	永嘉花棍舞	2014年11月第八批
47	传统技艺	传统铸造技艺	2014年11月第八批
48	传统技艺	黄屿乌沙船制造技艺	2014年11月第八批
49	传统技艺	永嘉算盘制作技艺	2014年11月第八批
50	传统技艺	永嘉圆木制作技艺	2014年11月第八批
51	传统技艺	稻草扎编技艺	2014年11月第八批
52 53	传统技艺	温州小吃（黄华“鲻鱼”烧制技艺、麦头梳制作技艺、米豆腐制作技艺；高长发“茯苓糕”制作技艺；发格糕制作技艺、千层糕制作技艺；平阳炒粉干、腾蛟五香干制作技艺、平阳九层糕制作技艺、钱仓糕点制作技艺；泰顺棉曲糍制作技艺）	2014年11月第八批

续表4

级别 / 序号	市级非物质遗产代表作（76项）		
	类　别	名　称	批　次
54	传统美术	青石雕刻	2014年11月第八批
55	传统美术	糖塑（糖画）	2014年11月第八批
56	传统美术	永嘉竹编	2014年11月第八批
57	传统美术	永嘉堆塑	2014年11月第八批
58	传统美术	门神画	2014年11月第八批
59	民间文学	陈太保传说	2015年12月第九批
60	民间文学	永嘉民间谜语	2015年12月第九批
61	民间文学	温州歌谣（永嘉歌谣、蛮话歌谣）	2015年12月第九批
62	传统舞蹈	大矼鱼龙灯舞	2015年12月第九批
63	传统技艺	永嘉舴艋舟制造技艺	2015年12月第九批
64	传统技艺	仙桂月子酒	2015年12月第九批
65	传统技艺	蓬溪糕干制作技艺	2015年12月第九批
66	传统技艺	传统铁器打造技艺	2015年12月第九批
67	传统技艺	中蜂养殖技艺	2015年12月第九批
68	传统技艺	古建筑营造技艺	2015年12月第九批
69	传统美术	永嘉首饰龙	2015年12月第九批
70	传统美术	永嘉戚氏拓印术	2015年12月第九批
71	传统医药	徐氏中医疗法	2015年12月第九批
72	传统舞蹈	永嘉虾蛄龙舞	2016年第十批
73	传统技艺	永嘉钉秤技艺	2016年第十批
74	传统技艺	永嘉锡器制作技艺	2016年第十批
75	传统美术	温州彩扎（永嘉花灯）	2016年第十批
76	民俗	永嘉杨府侯王信俗	2016年第十批
级别 / 序号	县级非物质遗产代表作（152项）		
	类　别	名　称	批　次
1	民间表演艺术（曲艺）	永嘉花鼓	2006年第一批
2	民间表演艺术（传统戏剧）	马灯舞	2006年第一批
3	民间表演艺术（传统舞蹈）	定位舞	2006年第一批
4	民间表演艺术（曲艺）	道情莲花	2006年第一批
5	民间造型艺术（传统美术）	剪纸	2006年第一批
6	民间表演艺术（传统戏剧）	乱弹	2007年第二批
7	民间表演艺术（曲艺）	鼓词	2007年第二批
8	民间造型艺术（传统美术）	油漆画	2007年第二批
9	民间造型艺术（传统美术）	泥塑	2007年第二批
10	民间造型艺术（传统美术）	木雕	2007年第二批
11	民俗	上塘殿庙会	2007年第二批
12	民俗	武术节	2007年第二批
13	民间文学	苍山尖周氏娘娘传说	2008年第三批

续表4

级别 序号	县级非物质遗产代表作（152项）		
	类 别	名 称	批 次
14	民间文学	胡公大帝传说	2008年第三批
15	民间文学	李驸马传说	2008年第三批
16	传统音乐	唢呐吹奏	2008年第三批
17	传统音乐	楠溪锣鼓	2008年第三批
18	传统音乐	吟诗	2008年第三批
19	传统音乐	湖山村民歌	2008年第三批
20	传统音乐	工尺谱	2008年第三批
21	传统舞蹈	枫林布袋龙	2008年第三批
22	传统舞蹈	八卦舞	2008年第三批
23	传统戏剧	永嘉木偶	2008年第三批
24	曲艺	参龙	2008年第三批
25	传统体育、游艺与杂技	口技	2008年第三批
26	传统体育、游艺与杂技	瓯渠上新屋吴氏拳棍	2008年第三批
27	传统美术	瓯绣	2008年第三批
28	传统美术	民俗画	2008年第三批
29	传统美术	米塑	2008年第三批
30	传统美术	竹编	2008年第三批
31	传统技艺	沙岗粉干	2008年第三批
32	传统技艺	永嘉夹缬	2008年第三批
33	传统技艺	楠溪素面	2008年第三批
34	传统技艺	永嘉豆腐	2008年第三批
35	传统技艺	永嘉老酒	2008年第三批
36	传统技艺	乌牛早茶	2008年第三批
37	传统技艺	制缸	2008年第三批
38	传统技艺	弹棉	2008年第三批
39	传统技艺	搓金粉面	2008年第三批
40	传统技艺	制渔网	2008年第三批
41	传统技艺	织布	2008年第三批
42	传统技艺	楠溪麦饼	2008年第三批
43	传统技艺	车栾	2008年第三批
44	传统技艺	制米糖	2008年第三批
45	传统技艺	训牛	2008年第三批
46	传统医药	陈氏蛇伤草药	2008年第三批
47	传统医药	瓯渠上新屋吴氏骨伤科	2008年第三批
48	民俗	珠岸陈氏珠囤习俗	2008年第三批
49	民俗	陈十四信俗	2008年第三批
50	民俗	圆谱拜祠堂	2008年第三批
51	民俗	占卦	2008年第三批
52	民俗	古庙拦街福	2008年第三批
53	民间文学	陈虞之传说	2009年第四批
54	民间文学	徐定超传说	2009年第四批
55	传统美术	永嘉竹雕	2009年第四批
56	传统医药	永嘉县吴氏刘宠膏制作工艺	2009年第四批
57	传统医药	永嘉苏同德医药	2009年第四批

续表4

级别 / 序号	县级非物质遗产代表作（152项）		
	类　别	名　称	批　次
58	民俗	永嘉姓氏修谱习俗	2009年第四批
59	民俗	永嘉茗岙牛市	2009年第四批
60	民俗	梅坦拔马	2011年第五批
61	传统技艺	蓬溪糕干制作技艺	2011年第五批
62	传统美术	永嘉绸塑	2011年第五批
63	传统技艺	永嘉瓦当制作技艺	2011年第五批
64	传统美术	永嘉龙档	2013年第六批
65	传统美术	美术彩扎	2013年第六批
66	传统美术	十字绣	2013年第六批
67	传统医药	徐氏中医疗法	2013年第六批
68	传统技艺	永嘉白酒烧制技艺	2013年第六批
69	民俗	永嘉杨府侯王信俗	2013年第六批
70	传统舞蹈	永嘉板凳龙舞	2013年第六批
71	民间文学	谢灵运传说	2014年第七批
72	民间文学	陶弘景传说	2014年第七批
73	民间文学	永嘉谚语	2014年第七批
74	传统舞蹈	永嘉花棍舞	2014年第七批
75	传统体育、游艺与杂技	永嘉南太极	2014年第七批
76	传统美术	永嘉民间门神画	2014年第七批
77	传统美术	永嘉糖塑	2014年第七批
78	传统美术	永嘉石雕	2014年第七批
79	传统美术	永嘉稻草扎编艺术	2014年第七批
80	传统美术	永嘉家具堆塑	2014年第七批
81	传统技艺	永嘉圆木制作技艺	2014年第七批
82	传统技艺	番薯枣制作技艺	2014年第七批
83	传统技艺	铁器打制技艺	2014年第七批
84	传统技艺	千层糕制作技艺	2014年第七批
85	传统技艺	传统烟草制作技艺	2014年第七批
86	传统技艺	制砖技艺	2014年第七批
87	传统技艺	番薯淀粉制作技艺	2014年第七批
88	传统技艺	发格糕制作技艺	2014年第七批
89	传统技艺	黄屿乌沙船制造技艺	2014年第七批
90	传统技艺	铁器铸造技艺	2014年第七批
91	传统技艺	永嘉算盘制作技艺	2014年第七批
92	民间文学	龚埠泥王传说	2015年第八批
93	民间文学	朱墨癯传说	2015年第八批
94	民间文学	枫林圣旨门传说	2015年第八批
95	民间文学	望兄亭送弟阁传说	2015年第八批
96	民间文学	罗浮双塔传说	2015年第八批
97	民间文学	永嘉谜语	2015年第八批
98	民间文学	永嘉歌谣	2015年第八批
99	民间文学	陈太保传说	2015年第八批
100	民间文学	麻天官传说	2015年第八批
101	传统舞蹈	大矼鱼龙灯舞	2015年第八批
102	传统舞蹈	狮子龙舞	2015年第八批
103	传统舞蹈	虾蛄龙舞	2015年第八批
104	传统美术	永嘉灶头画	2015年第八批
105	传统美术	乌牛年画	2015年第八批
106	传统美术	永嘉戚氏拓印术	2015年第八批

续表4

级别 序号	县级非物质遗产代表作（152项）		
	类　别	名　称	批　次
107	传统美术	永嘉首饰龙	2015年第八批
108	传统美术	永嘉花灯	2015年第八批
109	传统美术	永嘉花带编制技艺	2015年第八批
110	传统美术	永嘉根雕	2015年第八批
111	传统美术	刻脸	2015年第八批
112	传统美术	永嘉书法	2015年第八批
113	传统美术	桥头糖金杏	2015年第八批
114	传统美术	永嘉古建文化艺术	2015年第八批
115	传统技艺	永嘉石磨打制技艺	2015年第八批
116	传统技艺	桥下钉秤制作技艺	2015年第八批
117	传统技艺	永嘉米釉	2015年第八批
118	传统技艺	桥下水铳制作技艺	2015年第八批
119	传统技艺	麦秆扇编制技艺	2015年第八批
120	传统技艺	永嘉锡器	2015年第八批
121	传统技艺	金银饰品加工技艺	2015年第八批
122	传统技艺	永嘉打小铁	2015年第八批
123	传统技艺	永嘉染布技艺	2015年第八批
124	传统技艺	草毯编制技艺	2015年第八批
125	传统技艺	岩坦制香技艺	2015年第八批
126	传统技艺	沙头舴艋舟制作技艺	2015年第八批
127	传统技艺	传统民居营造技艺	2015年第八批
128	传统技艺	中蜂养殖技艺	2015年第八批
129	传统技艺	永嘉炒素面	2015年第八批
130	传统技艺	端午粽制作技艺	2015年第八批
131	传统技艺	清明饼制作技艺	2015年第八批
132	传统技艺	松糕制作技艺	2015年第八批
133	传统技艺	菜头糖腌制技艺	2015年第八批
134	传统技艺	永嘉苦槠豆腐	2015年第八批
135	传统技艺	仙桂月子酒	2015年第八批
136	传统技艺	蓑衣编制技艺	2015年第八批
137	传统技艺	鞋楦制作技艺	2015年第八批
138	传统音乐	三里宅山歌	2015年第八批
139	传统音乐	永嘉道教音乐	2015年第八批
140	民俗	闹洞房习俗	2015年第八批
141	民俗	平水圣王殿庙会	2015年第八批
142	民俗	双尖宫庙会	2015年第八批
143	民俗	永嘉打灶习俗	2015年第八批
144	民俗	永嘉上梁习俗	2015年第八批
145	曲艺	唱龙船儿	2017年第九批
146	传统体育、游艺与杂技	中栏门	2017年第九批
147	传统美术	永嘉灰塑	2017年第九批
148	传统美术	永嘉篆刻	2017年第九批
149	传统技艺	永嘉瓯瓷手工烧制技艺	2017年第九批
150	传统技艺	牛草鞋编制技艺	2017年第九批
151	传统技艺	林秀阁鲍氏养生茶	2017年第九批
152	传统医药	一济堂中医药文化	2017年第九批

说明：加“_____”为永嘉非物质文化遗产

（徐安妮　李安乐　县民宗局　供稿）

自然环境

地理位置 永嘉县位于浙江省南部，瓯江下游北岸。东邻乐清市，南与鹿城区、瓯海区、龙湾区隔江相望，西接青田县、缙云县，北连仙居县和黄岩区。县境位于北纬28° 0′ 54"—28° 36′ 54"，东经120° 19′ 37"—120° 58′ 58"之间。最长直线距离，南北69.5千米，东西61.3千米，总面积2674.3平方千米。

地形地貌 永嘉县属中国东南沿海丘陵地形区，境内有山地丘陵2308.5平方千米，占全县面积86.32%，平原265.0平方千米，占全县面积9.91%，河流湖泊100.8平方千米，占全县面积3.77%。

山地山脉 永嘉县北部、西部括苍山脉盘踞，东部北雁荡山脉延伸，地势自北向南倾斜。北部山地属括苍山脉，起自溪下乡和仙居县交界的鸭坑岭，逶迤向东至岩坦镇和黄岩区接壤的大寺尖与北雁荡山脉相接，构成县境北部天然屏障，成为楠溪江与灵江上游永安溪的分水岭。东部山地属北雁荡山脉，起自云岭乡高尖岩，逶迤向南至乌牛街道境内破岩以南，成为楠溪江与乐清市境内诸溪流的分水岭。西部山地属括苍山脉，起自溪下乡大青岗，逶迤向南至瓯北街道大坟山，成为楠溪江与缙云县、青田县境内诸溪流的分水岭。县境内海拔1000米以上的山峰有123座，1271米的大青岗为最高。楠溪江自北向南纵贯，注入瓯江。

平原 永嘉县境南部和楠溪江两岸为低丘宽谷、盆地、冲积平原，其中岩头、枫林河谷平原为最大，平原东西长10千米，南北宽10.5千米，总面积27.0平方千米。东城街道、南城街道、北城街道、黄田街道、瓯北街道、乌牛街道、桥下镇、桥头镇、三江街道等平原为沿江工业经济带，是永嘉县经济发达地区。

江河水网 永嘉县地势自北向南倾斜，随着括苍山脉、北雁荡山脉的延伸，形成楠溪江、西溪、菇溪、乌牛溪四大水系。大小溪流百余条，呈南北—东南、东北—西南走向，“两山四水汇瓯江”是永嘉县山川大势。楠溪江最大，干流长139.8千米。发源于溪下乡罗垟岭西侧，东流至溪口乡溪口村纳岩坦溪后蜿蜒南下。沿途纳张溪、东皋溪、五溪、孤山溪、花坦溪、小楠溪、古庙溪、陡门溪、路口溪、中塘溪、横溪诸溪流，在瓯北街道清水埠注入瓯江。支流呈扇形分布，东岸支流河短流急，西岸支流河长湾多。流域面积2489.97平方千米（包括县境外的212.3平方千米），平均比降7.41‰，中、上游平均河宽50米，下游平均河宽375米。平均年径流量28.6亿立方米，根据石柱水文站实测，最大流量发生在1965年8月20日，为9430立方米/秒；最小流量发生在1967年10月7日，为1.03立方米/秒，属山溪性河流。西溪发源于巽宅镇外宕村西北，由西北向东南流经桥下镇，在垟塆附近入注瓯江。主流长32.5千米，平均比降29.90‰，流域面积166.05平方千米，上游源短流急，谷深滩险。下游从西岸村至河口是感潮河段，长5.9千米，可通小货轮至温州。流域境内有西溪景区，与楠溪江相类似，兼具岩奇、水秀、瀑多等特点。较具代表性的有红岩、吊坦、娄川、石柱岩、小天池等。菇溪发源于青田县峰山村东侧，流经青田县吴坑乡后进入永嘉县，由西北向东南，斜贯桥头镇，在朱涂村附近注入瓯江。主流长35.15千米，平均比降25.10‰，流域面积为153.29平方千米（包括县境外面积）。桥头镇驻地至河口，为感潮河段，可通小货轮至温州。乌牛溪发源于乌牛街道境内北部的乌岩村东北面，为永嘉、乐清两县市的界河，由北向南流，在乌牛街道码道村附近注入瓯江。主流长21.1千米，平均比降26.11‰，流域面积87.63平方千米（包括县境外面积）。

风景名胜 永嘉县流域境内“水秀、岩奇、瀑多、村古、滩林美”，1988年8月1日，被国务院列为第二批国家重点风景名胜区，划分为楠溪江及沿江农村文化景区、大若岩景区、石桅岩景区、北坑景区、水岩景区、陡门景区、四海山景区，共有800余个景点，其中价值较高，被列为一、二级景点的有70多个。2009年浙江省建设厅、永嘉县人民政府委托北京大学世界遗产研究中心和中国对外建设总公司城市规划设计院对《楠溪江风景名胜区总体规划（修编）》再次修编，以更好地促进风景资源和生态环境保护，适应旅游和社会经济发展需求，保护特色、挖掘潜力、发挥优势，实现风景区协调发展和综合效应。2011年5月23日经国务院批复通过。《楠溪江风景名胜总体规划（修编）》共分为规划文本、规划图集、规划说明书、专题考察报告、基础资料汇编五个部分。把楠溪江风景名胜区分为大楠溪、大若岩、石桅岩、四海山、太平岩、岩坦溪源头、珍溪等景区。

水资源 永嘉县山水奇丽，环境优美。楠溪江、西溪水质基本符合二类水标准，乌牛溪、菇溪水质有所下降，仍属良好。绝大多数的山涧溪流没有受到工业污染，80%以上地面水质属国家一、二类水质标准。

（陈振岳）

气候气象

概况 永嘉地处浙江省南部，瓯江下游北岸，属于亚热带季风气候，温暖湿润，四季分明，无霜期长，年温差较小，雨水充沛，热量丰富，十分利于农作物生长。根据常年历史记录，年平均气温18.5℃。一年中1月最冷，月平均气温8.2℃；7月最热，月平均气温28.6℃。极端最高气温42.1℃，出现在2003年7月15日；极端最低气温-4.8℃，出现在1999年12月23日。春季日平均气温稳定通过10℃的平均回暖初日在3月18日，平均终日出现在12月2日。平均无霜期281天，平均初霜日在12月5日，平均终霜日在2月22日。年平均降水量1743.9毫米，并且年际间差异特别显著，1973年最多达2592.7毫米，1986年最少仅有1193.6毫米。一年中8月平均降水量最多，高达278.0毫米，6月次之，主要是受台风和梅雨影响；12月最少，仅45.2毫米，其次是1月。年平均雨日171.1天。年平均日照1775.7小时，其中7月和8月最多，分别高达225.2小时和211.9小时；2月和3月最少，分别为92.0小时和103.9小时。年平均蒸发1421.9毫米。年平均相对湿度77%。全县大气环境质量稳定，一般达到国家二级标准。主要灾害性天气有暴雨、冰雹、干旱、台风、洪涝、雷电和大风等。

气候特点 2018年，永嘉县年平均气温偏高（历史同期第三），年降水量明显偏少，年日照偏少，年蒸发量明显偏少，年雨日与常年平均基本持平。2018年1月和2月多晴少雨，冷空气势力较强，出现明显冻害，不利于农作物生长；5月下旬出现高温连阴雨天气，使空气和土壤长期潮湿，日照严重不足，对农作物生长有不利影响；6月梅汛期入梅迟，梅期短，雨量明显偏少，有利于杨梅生产；7—8月多台风及强对流，一定程度上缓解了前期高温；9—11月多晴好天气，日照充足，利于大棚蔬菜生产；12月全县出现阴雨寡照天气，由于长时间阴雨天气，病虫害多发，不利于大棚蔬菜生产。总体来说，2018年气候对农业生产利弊参半，对农业无严重影响。

温度 2018年，永嘉县年平均温度19.4℃，比常年平均偏高0.9℃，与2007年同为三十年历史第三。近三十年年平均气温呈波动上升趋势，其中2010年至2012年年平均气温接近常年平均值，而2013年起各年均较常年值偏高。常年月平均最高温度一般出现在7月，8月次之；月平均最低温度一般出现在1月，2月次之。而2018年月平均气温最高出现在8月为28.7℃，最低出现在2月为8.4℃。全年各月平均气温基本呈现偏高趋势，仅2月和10月偏低。年最高气温38.6℃，出现在7月29日；年最低气温-3.1℃，出现在2月6日。

降水 2018年，永嘉县年降水量1921.7毫米，比常年平均（1743.9毫米）偏多177.8毫米。年降水日数168天，比常年平均（171.1天）偏少3.1天。常年降水量主要分布在3—9月，而2018年降水量主要集中在5—9月，主要受多台风影响，以及多次强对流天气影响，月降水总量较常年同期增加48%；11月冷空气活动频繁，降水量较常年同期增加81%，且年内降水变化幅度大，7月、8月、9月、11月降水量偏多，2月、3月、4月、6月降水量偏少。2018年月降水量最大值为361.2毫米（8月），最小值为40.6毫米（12月）；日降水量最大值为140毫米（7月11日）。

日照和蒸发 2018年，永嘉县日照1522.4小时，比常年平均（1775.7小时）减少14%。纵观全年，1月、6月、10月、11月、12月日照均较常年明显减少，其中12月居历史同期第二低值，11月居历史同期第三低值。2018年年蒸发量977.6毫米，较近5年平均（962.86毫米）增加14.74毫米。其中4月、5月、6月、9月明显增加，1月、2月、7月、8月明显减少，3月、10月、11月、12月接近平均值，7月、8月因多台风影响，致使多阴雨天气，导致月蒸发总量减少。

低温雨雪 受寒潮影响，1月

25—31日，永嘉县出现大范围雨雪和低温冰冻天气，北部山区普降中雪，部分地区出现大雪，高山路段产生道路结冰现象，给山区老百姓出行带来一定阻碍，对农业生产影响较大。

强对流 受强对流云团影响，5月29—31日，永嘉县大部分地区出现暴雨局部大暴雨过程。全县面雨量达106.1毫米，过程雨量最大出现在岩坦镇铁店垟村237.1毫米（全省排名第一）；最大1小时雨强出现在沙头镇古庙村达80.8毫米（30日15时至16时）。

梅汛期 2018年浙江省于6月20日入梅，7月9日出梅，梅汛期总体呈三个特点：一是入梅明显偏迟、出梅正常，梅期短，梅雨量偏少，梅汛期全县面雨量359.3毫米，县城累积降水量231.3毫米，比常年平均梅雨量（277.2毫米）减少2成；二是梅雨不典型，降水分两个阶段，第一阶段6月20日至24日出现两轮较强降水，第二阶段6月29日至7月7日多雷阵雨天气，其中7月2日至6日连续5日出现暴雨天气，导致小流域山洪、山体滑坡、城市内涝等气象次生灾害频发；三是梅雨分布不均，局地性短时强降水、雷雨大风等强对流天气多发，造成较大影响。

第8号台风“玛莉亚” 2018年第8号台风“玛莉亚”于7月11日9时10分在福建连江黄岐半岛登陆。受其影响，永嘉县出现暴雨到大暴雨，面雨量达132.8毫米。降水时段主要集中在10日夜里至12日，全县65个自动站中共有55个站点过程累积雨量超过100毫米，最大出现在三江街道行蝉村216.3毫米。大风影响主要集中于沿江和高山地区，近一半的站点出现8级以上大风，最大风力出现在南城街道乌岩山站（31.5米/秒）。

近海热带低压 8月25日9时40分前后，台湾海峡热带低压在福建省莆田市秀屿沿海登陆。该热带低压始终未加强为热带风暴（台风）等级，属于中心较弱的海上热带气旋，但对永嘉县影响不小。24—26日全县面雨量达95.5毫米，全县近1/3站点过程累积雨量超过100毫米，最大过程雨量为云岭乡九龙山茶园164.3毫米。沿江和高山地区出现6级以上大风，其中大寺基（与仙居交界处）出现8级大风（17.9米/秒）。

中秋连续暴雨 9月21—23日，受暖湿气流和弱冷空气共同影响，永嘉县连续出现3天暴雨天气，雨强大，总量多，损失重，多地出现小流域山洪和山体滑坡等灾害。全县面雨量达126.2毫米，3/5站点出现100毫米以上降水，最大为金溪镇茶一村272.1毫米。由于时值中秋节三天小长假，城市出行、乡村旅游人数较密集，“上午晴天、下午雷暴”的强对流天气，存在严重的安全隐患。

年平均气温历史第三 2018年永嘉年平均气温19.4℃，比常年偏高近1℃，位列历史第三（仅次于2016年、2017年）。根据国家气候中心统计，近50年以来我国强降水事件呈明显增加趋势，降水时间越来越短，且越来越强，城市百年一遇的短时强降雨重现时间显著缩短，城市内涝风险不断增大，防灾减灾形势日趋严峻。在全球气候持续变暖的大背景下，永嘉县极端天气气候事件发生频率也呈现逐年上升趋势，且未来走势与全国趋同。

（戴益斌）

历史沿革

永嘉县历史悠久。1953年，罗浮、上塘、永临等地陆续出土的石器、陶器、青铜器，证明县境内早在新石器时代晚期就有先民在这里生息繁衍。

夏、商、周三代属扬州之域。少康封庶子无余于会稽以奉禹祀。周敬王时，无余二十余世至勾践称王。显王三十五年（前334年），“楚威王兴兵而伐之，大败越，杀王无彊，尽取故吴地至浙江，北破齐于徐州。而越以此散，诸族子争立，或为王，或为君，滨于江南海上，服朝于楚。”秦始皇二十六年（前221年），置三十六郡，最后使尉屠睢平百越，废为君长，以期地置闽中郡，治东冶（今

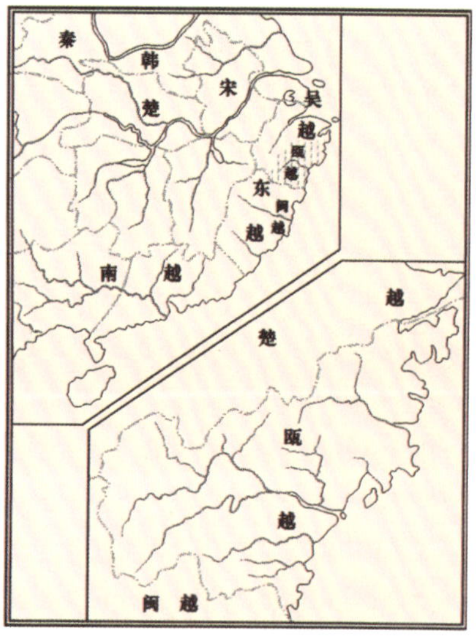

春秋时期的瓯越（示意图）

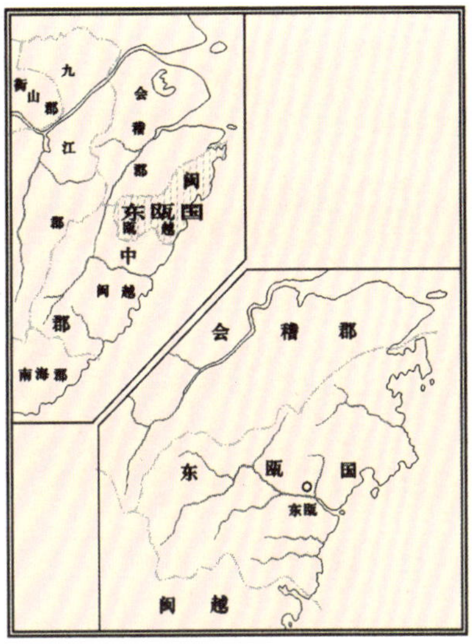

西汉时期的东瓯（示意图）

福建省福州市），属闽中郡。

汉初，越王勾践后裔驺摇佐汉有功，汉惠帝三年（前192年）封为东海王，建都东瓯（今永嘉县境内），俗称东瓯王。汉武帝建元三年（前138年）闽越王发兵攻东瓯，东瓯被围，派人向西汉中央求援，汉武帝遣庄助持节发会稽兵，取海道救援东瓯，但是援兵未至，闽越已引兵而去。东瓯解围后，请求迁居内地，武帝允其请，东瓯王驺望率族属吏卒4万余人内迁至江淮间庐江郡（今安徽省西南部地区），东瓯国除。其地为闽越控制。建元六年（前135年），闽越王郢被杀，闽越分越繇和东越两部，东瓯故地属东越。元封元年（前110年），汉王朝以越人经常互相攻击，冉诏东越闽越两地史民迁江淮间，东越地遂虚。汉昭帝始元二年（前85年），以东瓯地设回浦县，县治设回浦（今台州市椒江区章安镇）。辖地兼有今温州市、丽水市、台州市三个市的区域总面积，属扬州会稽郡。东汉初，回浦县并入鄞县。东汉章帝章和元年（87年）以回浦县地设章安县，治

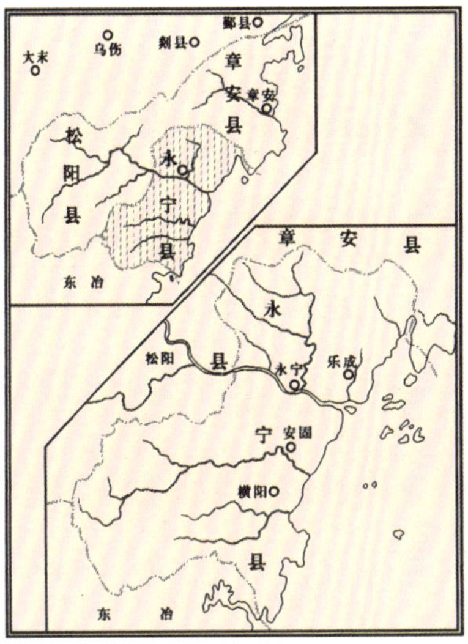

东汉时期的永宁县（示意图）

所不变。顺帝永和三年（138年）（一作顺帝永建四年），析章安县东瓯乡置永宁县，县治设在贤宰乡（今瓯北街道境内）。永宁县地兼有今温州市、丽水市两地，属扬州会稽郡。

三国吴大帝赤乌二年（239年），析永宁县大罗山以南地置罗阳县，是时永宁县地仅有今乐清市、永嘉县、鹿城区、瓯海区、龙湾区之地，会稽王太平二年（257年）以会稽郡东部地为临海郡，永宁县改属临海郡。

东晋明帝太宁元年（323年），析临海郡南部地永宁、安固、松阳、横阳置永嘉郡，永宁县属永嘉郡，“永嘉”作为郡名自此始。郭璞卜筑郡城，郡治设城中，永宁县治亦随之从瓯江下游北岸迁入城中。孝武帝宁康二年（374年），析永宁县地置乐成县，是时永宁县境与今永嘉县、鹿城区、瓯海区、龙湾区同。

隋文帝开皇九年（589年）平陈后，罢天下郡县制，以州统县，改永宁县为永嘉县，撤安固、横阳、乐成入永嘉，是时永嘉兼有今永嘉、乐清、瑞安、平阳、苍南、文成、泰顺、洞头、鹿城、龙湾、瓯海等二市、六县、三区之地。县治在今温州市鹿城区，县沿郡名，

东汉时期的章安县（示意图）

“永嘉”作为县名自此始，属处州，郡治括苍。十二年（592年）处州改称括州，属括州。隋炀帝大业三年（607年），改州为郡、恢复永嘉郡，郡统括苍、永嘉、松阳、临海四县，县境仍与文帝开皇九年同，属永嘉郡，永嘉郡治仍驻括苍。

唐高祖武德五年（622年），以永嘉县地置东嘉州，析辖永宁、安固、横阳、乐成四县，此时永嘉分为永嘉、永宁二县，今瓯北街道境内当时有地名新城，相传为唐初立县之所，属东嘉州，隶括州总管府。武德七年（624年），改永宁县为永嘉县，乐成县入永嘉县，属东嘉州、隶括州都督府。太宗贞观元年（627年）废东嘉州入括州，撤横阳、永宁二县，是时永嘉县境犹吴大帝时之永宁县境，以永嘉县属括州，隶江南道越州都督府。高宗上元二年（675年），析括州地永嘉、安固二县置温州，州治设永嘉县城区（今鹿城区），属温州，隶江南道都督府，“温州”得

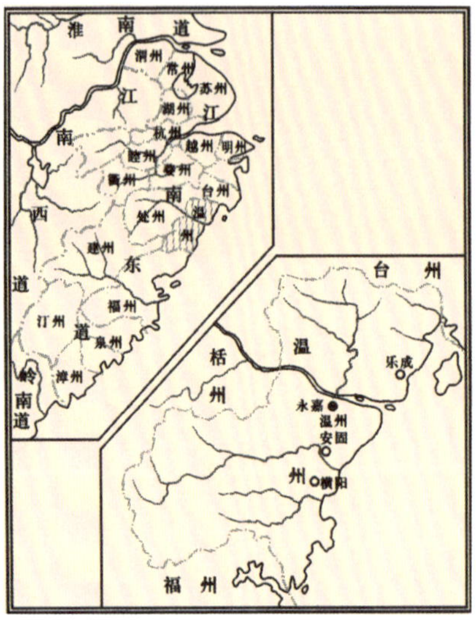

唐宋时期的温州（示意图）

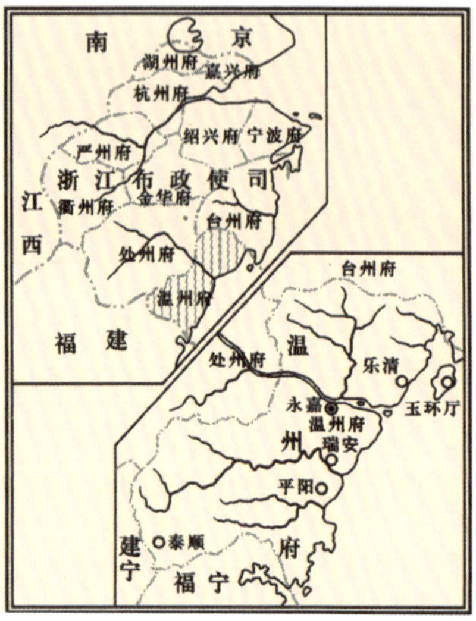

明清时期的温州府（示意图）

名自此始。唐武后载初元年（689年），复置乐成县，从此县境兼有今永嘉县、鹿城区、瓯海区、龙湾区一县三区之地，属温州、隶江南道都督府。玄宗天宝元年（742年），改温州为永嘉郡，改刺史为太守，永嘉县属永嘉郡，县境未变。肃宗乾元元年（758年），复为温州，永嘉县属温州，先后隶浙江东、西道。

唐末，温州先后为朱褒兄弟交替割据达22年，至哀帝天祐四年（907年）三月，钱镠命子元瓘率兵讨伐，四月攻占温州。于是，温州为吴越王地，设温州制置使，永嘉县属之，上隶东府。后晋天福四年（939年），升温州为静海军节度州，永嘉县属之。县境均同武后载初元年复置乐成县之后地同。

北宋太宗太平兴国三年（978年），吴越王钱俶纳土降宋，温州节度州降为温州军事州，属温州军事州，隶两浙路。徽宗政和七年（1117年）温州军额为应道军节度，升温州军事州为应道军节度州，永嘉县属之。南宋高宗建炎三年（1129年）罢应道军军额，温州由节度州又降为军事州，永嘉县属之，隶两浙东路。度宗咸淳元年（1265年），以度宗潜官邸升温州为瑞安府，永嘉县属之，县境仍前未有变动。

元世祖至元十三年（1276年）七月，在扬州设立行中书省，称江淮行省。同年，改瑞安府为温州路，隶江淮行省。二十一年（1284年）二月，江淮行省治迁杭州，称江浙行省。二十三年（1286年）

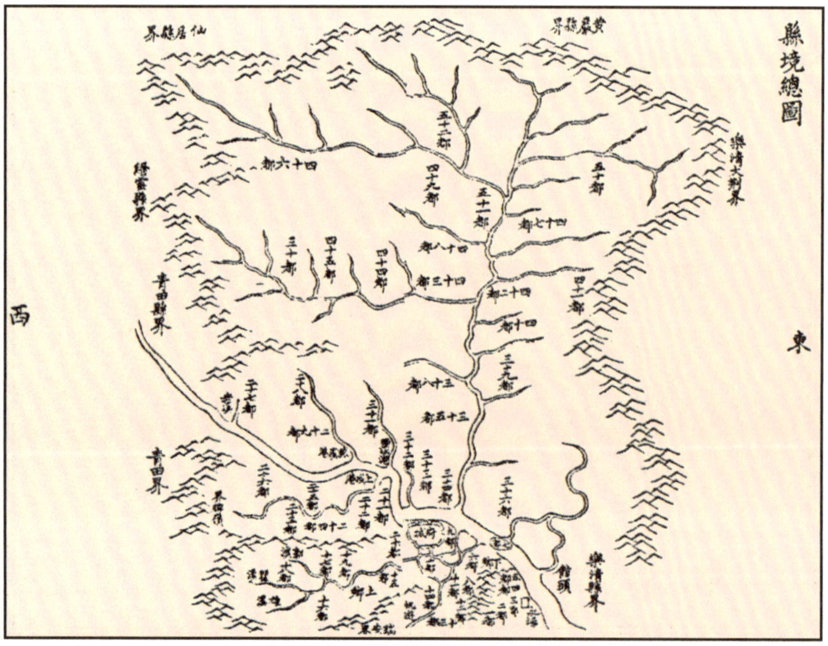

清永嘉县境总图（清光绪《永嘉县志》）（示意图）

七月，忽必烈同意江浙行省官员奏议，改江浙行省为江淮行省。二十八年（1291年）十二月，又改江淮行省为江浙行省，治仍在杭州。成宗大德三年（1299年）二月，置福建行省，以其地属江浙行省。永嘉县属温州路，隶江淮行省、江浙行省。县境与宋同。

明太祖洪武元年（1368年）废路置府，温州路改为温州府，永嘉县属温州府，隶浙江行省，洪武十五年（1382年）改隶浙江布政使司。成祖永乐年间（1403—1424年），布政使司下设道，永嘉县隶温处道。至明末，其名称隶属和县境无变。

清世祖顺治三年（1646年）春，清军入浙，七月下温州，入清版图。清沿明制，永嘉县属温州府，隶浙江布政使司分巡温处道，县境无变。

民国元年（1912年），实行省、县二级制，永嘉县直属浙江省。民国3年（1914年）5月23日，颁发《道官制》，归瓯海道管辖，隶浙江省，道尹行政公署设永嘉县城（今鹿城区）。民国16年（1927年）4月，南京国民政府成立，继而废除《道官制》，再实行省、县二级制，隶浙江省政府，先后归浙江省第十县政督察区、第四特区、第三特区、永嘉行政督察区、第八行政督察区、第五行政督察区管辖。专员公署设永嘉县城（今鹿城区）。民国37年（1948年）8月，石染、西岙、温溪3个乡划归青田县管辖。

1949年5月，永嘉县全境解放，瓯江以北地置双溪县，治设岩头镇。8月，永嘉县城区及城郊、梧埏、永强、三溪、藤桥、西岸5个区划出设立温州市，直属浙江省人民政府。双溪县属浙江省人民政府第五区专员公署，隶浙江省人民政府。9月21日，双溪县复称永嘉县，移治枫林镇，翌年6月迁治罗浮龙桥，12月21日迁治温州市九山。1950年5月，梧埏、永强、三溪、藤桥4个区复归永嘉县。1958年8月，永嘉县治由温州九山迁上塘。9月1日，经浙江省人民委员会批准，将永强、梧埏、三溪、藤桥4个区和永中、瞿溪2个镇划归温州市管辖。1961年，青田县的西岙、石染、上横3个公社划归永嘉县管辖（上横公社划归后并入石染公社）。2001年7月，七都镇划归温州市鹿城区管辖。

行政区划

2018年，永嘉县设11个中心镇（桥头镇、桥下镇、岩头镇、沙头镇、枫林镇、岩坦镇、大若岩镇、碧莲镇、巽宅镇、鹤盛镇、金溪镇），7个街道（瓯北街道、三江街道、东城街道、南城街道、北城街道、乌牛街道、黄田街道），4个乡（云岭乡、茗岙乡、溪下乡、界坑乡）。下辖83个社区（其中城市社区18个、农村社区65个），903个村民委员会（撤并岩坦镇庙下村）。

（潘修多）

明万历三年（1575年）温州府境（示意图）

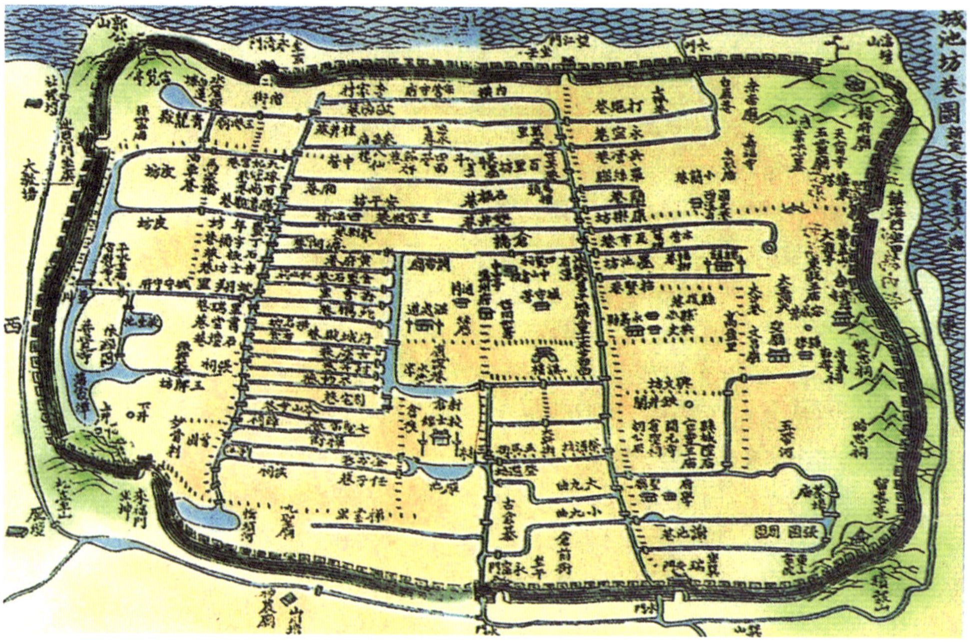

清光绪八年（1882年）城池坊巷（示意图）

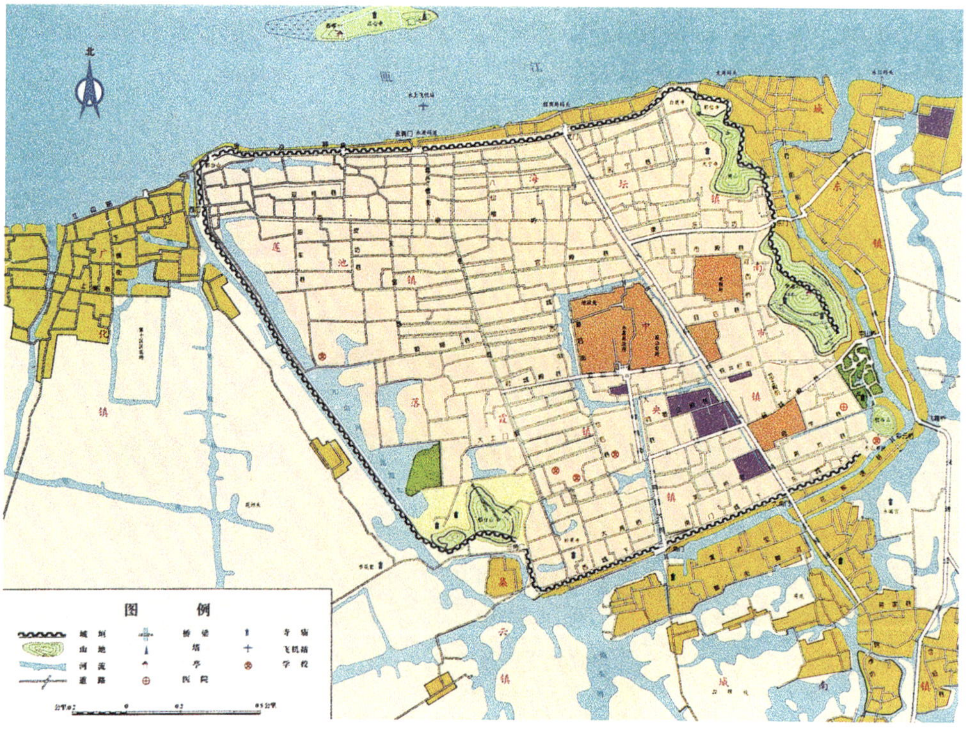

民国26年（1937年）城厢街巷（示意图）

永嘉县主要机构及负责人名录

县级机构及负责人名录

中共永嘉县委

中共永嘉县第十三届委员会

书　记　姜景峰（—2018.12）
　　　　王彩莲（女，2018.12—）
副书记　林万乐
　　　　何莉平（女）
常　委　林志佩
　　　　项光夫
　　　　叶朝阳
　　　　林兴欢
　　　　林建波
　　　　王晓雄
　　　　吴小英（女，挂职，—2018.07）
　　　　王高博
　　　　毛红杏（女，挂职，—2018.12）
　　　　来　涛（挂职）
　　　　赵德雄（2018.04—）
　　　　徐　新（挂职，2018.07—）
　　　　孔红永（挂职，2018.08—）
　　　　陈继林（挂职，2018.08—）
　　　　梁荣罡（挂职，2018.11—）

中共永嘉县纪委、县监察委

中共永嘉县纪律检查委员会

书　记　林兴欢
副书记　朱佩珍（女，2018.08明确为常务副书记）
　　　　陈智勇
常　委　胡朝曦
　　　　金志敏（—2018.10）
　　　　叶确健
　　　　徐建勇

中共永嘉县监察委员会

主　任　林兴欢
副主任　朱佩珍（女）
　　　　陈智勇
委　员　胡朝曦（2018.05）
　　　　金志敏（2018.10）
　　　　叶确健
　　　　徐同良（2018.05—）
　　　　李　聪（2018.05—）

纪委、监委机关

办公室主任　陈　泉
干部室主任　叶微蓉（女）
宣传教育室主任　邹姿化（女）
党风政风监督室主任　林孔强
信访室主任　戴海聪
案件监督管理室主任　麻炳彪（2018.07—）
第一纪检监察室主任　章贵平
第二纪检监察室主任　王建军
第三纪检监察室主任　章朝辉
第四纪检监察室主任　邵忠信
第五纪检监察室主任　徐同良（—2018.05）
第六纪检监察室主任　李　聪（—2018.05）
案件审理室主任　陈小丽（女）
申诉复查室主任　徐建静

巡察机构（2018.05—）

巡察办

主　任　　胡朝曦（2018.05—）

副主任　　胡约素（2018.05—）

第一巡察组

组　长　　张文广（2018.05—）

副组长　　汪远增（2018.05—）

巡察专员　郑立新（2018.05—）

第二巡察组

组　长　　全旭东（2018.05—）

副组长　　柯海璞（2018.05—）

第三巡察组

副组长　　刘　勇（2018.05—）

巡察专员　李　宇（2018.05—）

第四巡察组

组　长　　周娟娓（2018.07—）

副组长　　谷　利（2018.05—）

巡察专员　杨　光（2018.05—）

第五巡察组

组　长　　叶长河（2018.07—）

副组长　　徐飞平（2018.05—）

巡察专员　金新南（2018.05—）

永嘉县委工作部门及直属单位

办公室

主　任　　季洪海（—2018.11）

　　　　　陈立新（2018.11—）

副主任　　李月道（—2018.10）

　　　　　林久区（兼，—2018.07）

　　　　　应旭明（兼）

　　　　　应忠敏

　　　　　李　威（—2018.10）

　　　　　潘陈一（兼，2018.07—2018.10）

　　　　　金翎翼（2018.10—）

　　　　　金亦山（兼，2018.10—）

　　　　　金　海（2018.11—）

县纪委、县监委派驻第一纪检监察组

（驻县委办纪检监察组）

组　长　　卢银林

副组长　　潘微微（女）

机要局（密码管理局）

局　长　　邹增理

保密局

局　长　　王晓森

深改办

常务副主任　林久区

考绩委员会办公室

主　任　　应旭明

副主任　　金　海（—2018.11）

　　　　　徐娟娟（女，2018.07—）

政策研究室

主　任　　季洪海（—2018.11）

　　　　　陈立新（2018.11—）

副主任　　林久区

　　　　　杨庆棉

接待办

主　任　　金王建（2018.05—）

组织部

部　长　　项光夫

常务副部长　戴源涌

副部长　　缪士毅（—2018.10）

　　　　　吴中枢（兼，—2018.10）

　　　　　徐良明（兼）

　　　　　戴德明（兼）

　　　　　黄振才（兼，—2018.10）

　　　　　陈晓平（女，—2018.10）

　　　　　滕翀敏（兼）

　　　　　刘丐武（2018.10—）

　　　　　周望欣（兼，2018.10—）

　　　　　陈　忠（2018.10—）

非公有制经济组织和社会组织工作委员会

副书记　　滕翀敏
　　　　　郑　力（兼，—2018.07）
　　　　　胡建平（兼，—2018.07）
　　　　　周公理（兼）

人才工作办公室

主　任　　陈　忠

组织员管理办公室

主　任　　李丁俊

县纪委、县监委派驻第三纪检监察组（驻县委组织部纪检监察组）

组　长　　郑建南
副组长　　李益峰（—2018.07）

宣传部

部　长　　叶朝阳
常务副部长
　　　　　谢向东（—2018.10）
　　　　　林久区（2018.10—）
副部长　　吴荣贵（兼）
　　　　　单爱东（兼）
　　　　　谷铁荣（—2018.10）
　　　　　刘晓丽（女）

网信办

主　任　　单爱东
副主任　　郑　良

县纪委、县监委派驻第四纪检监察组（驻县委宣传部纪检监察组）

组　长　　金亦山（—2018.10）
副组长　　谢一蓬

统一战线工作部

部　长　　王晓雄
常务副部长　陈群锋
副部长　　谢承宇
　　　　　杜国平
　　　　　黄少林（—2018.10）
　　　　　郑　力（兼，—2018.07）
　　　　　戴章云
　　　　　陈晓平（女，2018.10—）
　　　　　徐时斌（兼，2018.10—）

台湾工作办公室

主　任　　谢承宇

民族宗教事务局

局　长　　杜国平
副局长　　朱立仁
　　　　　胡长友

外事侨务办公室

主　任　　黄少林（—2018.10）
　　　　　陈晓平（女，2018.10—）
副主任　　李光训

县纪委、县监委派驻第五纪检监察组（驻县委统战部纪检监察组）

组　长　　叶胜杰
副组长　　朱志坚

政法委员会

书　记　　何莉平
副书记　　林志佩
　　　　　林建波
　　　　　李成良（常务）
　　　　　刘大力
　　　　　张光辉
政治处主任　麻晓彬
专职委员　　张建国

社会治安综合治理委员会办公室

主　任　　刘大力
副主任　　郑光明

防范和处理邪教问题领导小组办公室

主　任　　徐　翔

维护稳定工作领导小组办公室

主　任　　张光辉
副主任　　邵连胜

县纪委、县监委派驻第六纪检监察组（驻县委政法委纪检监察组）

组　长　　周耀东
副组长　　朱书贤（女）

直属机关工作委员会

书　记　　吴中枢（—2018.10）
　　　　　李月道（2018.10—）
副书记　　李金杰
　　　　　高哲熙
纪工委书记　　朱立新

老干部局

局　长　　徐良明
副局长　　尤银平（女）
　　　　　陈忠德

农村工作办公室

主　任　　刘丐武（—2018.10）
　　　　　周俊晓（2018.10—）
副主任　　林建杭
　　　　　陈继平
　　　　　戴成新
　　　　　黄胜览

县纪委、县监委派驻第七纪检监察组（驻县委农办纪检监察组）

组　长　　麻荣庆

信访局

党组书记、局长
　　　　　潘陈一（—2018.10）
　　　　　金亦山（2018.10—）
党组副书记
　　　　　金京明（—2018.10）
副局长　　金京明（—2018.10）
　　　　　吴学龙
　　　　　胡建平（—2018.07）
　　　　　金　灿（挂职）

机构编制委员会办公室

主　任　　戴德明
副主任　　吴理俊
　　　　　刘　华

党校（行政学校）

党校校长　　项光夫
行政学校校长　　林建波
社会主义学校校长　　王晓雄
常务副校长　　陈贤立
副校长　　潘洁容（女）
　　　　　陈　剑

党史研究室

主　任　　谢向荣
副主任　　谢李忠

档案局（馆）

党组书记、局（馆）长　　郑寿侃
副局（馆）长　　郑　哲
　　　　　吴万洲

精神文明建设指导委员会办公室

主　任　　吴荣贵
副主任　　盛定海
　　　　　胡志杰

传媒集团（广播电视台）

党委书记、台长　　郑焕益
总　裁　　郑焕益
党委副书记、总编辑　　施建静
副总裁　　施建静
　　　　　徐胜勇
　　　　　王志书
　　　　　赵崇真
　　　　　谷小东
副台长　　徐胜勇
　　　　　王志书
　　　　　赵崇真

谷小东
总工程师　陈伯乐

永嘉县人大常委会

永嘉县第十六届人民代表大会常务委员会

党组书记、主任　谢崇福
党组副书记　胡宝锋
副主任　胡宝锋
潘统龙
胡明凯
季健中
傅朝宗
陈芝双

永嘉县人大常委会工作部门

2018年10月，建立中共永嘉县人大常委会机关党组，党组书记为戚永东。

法治内务司法委员会

主任委员　李炳建（—2018.10）
副主任委员　朱建平

财政经济委员会

主任委员　王林海（—2018.10）

办公室

主　任　潘长建（—2018.10）
戚永东（2018.10—）
副主任　汤志远
易　峰（女）
信访办主任　王　敏

代表工作委员会

主　任　谷胡坚
副主任　徐海国（2018.07—）

法治内务司法工作委员会

主　任　孙少峰（—2018.07）
胡寿旺（2018.07—）
副主任　李福华

财政经济工作委员会

主　任　李晓平（女，—2018.07）
副主任　林剑英

教科文卫工作委员会

主　任　麻久燎
副主任　孙小芬（女）

农村和资源保护工作委员会

主　任　郑顺益
副主任　朱海峰

城乡建设环境保护工作委员会

主　任　李　平（—2018.10）
王建新（2018.10—）
副主任　叶见克

预算工作委员会

主　任　金叶森
副主任　徐贤好

永嘉县人民政府

县　长　林万乐
党组副书记　林建波
副县长　林建波（常务）
吴小英（女，挂职，—2018.07）
王高博
毛红杏（女，挂职，—2018.12）
来　涛（挂职）
徐　新（挂职，2018.07—）
陈继林（挂职，2018.09—）
梁荣罡（挂职，2018.11—）
周俊武
黄方雷
董庆标
周旭丹（女）

永嘉县政府工作部门及直属单位

办公室（法治办、人防办）

主　任　麻伯崇
副主任　周凌力（—2018.07）

金绯宇（—2018.10）
邹淑龙（兼）
林雪艳（女，—2018.10）
汪庆珍
朱建权
徐建光
梅银富
麻海涌（挂职）
李奕普（兼）
叶　武（2018.10—）

县纪委、县监委派驻第二纪检监察组（驻县府办纪检监察组）

组　长　　李庆孟
副组长　　陈继铁

法治办

主　任　　麻伯崇
副主任　　邹淑龙
　　　　　周智发

人民防空办公室（民防局）

主　任　　周凌力（—2018.07）

应急办

主　任　　全　达

县“三改一拆”行动领导小组办公室

主　任　　麻海涌

发展和改革局（粮食局）

党委书记、局长
　　　　　黄大善（—2018.10）
　　　　　张家强（2018.10—）
党委副书记
　　　　　徐时斌（—2018.10）
副局长　　王　健（女）
　　　　　林淡秋
　　　　　林　操
　　　　　金　一（挂职，2018.06—）

县纪委、县监委派驻第八纪检监察组（驻县发改局纪检监察组）

组　长　　胡约素（—2018.05）
　　　　　潘　怡（女，2018.05—）

重大项目建设稽查特派员办公室

特派员　　徐时斌（—2018.10）

重大项目前期工作办公室

主　任　　徐宗钦

服务业发展办公室

主　任　　吴彬文

农村能源办公室

主　任　　李　飞

粮食局

局　长　　黄大善（—2018.10）
副局长　　叶欣灿

经济商务和信息化局（网络经济局）

党委书记、局长　　金翎翼（—2018.10）
　　　　　　　　　谢向东（2018.10—）
党委副书记　　叶长志
副局长　　叶长志
　　　　　周望佐
　　　　　陈建夫
　　　　　林铁群
总经济师　　金　影（女）
中国国际贸易促进会永嘉县委员会专职副会长
　　　　　厉进荣

网络经济服务局

局　长　　叶长志（兼）

教育局（政府教育督导室）

党委书记、局长　　李永绍
党委副书记　　朱旭东
副局长　　朱旭东
　　　　　瞿晓敏

余承宽
钱建山

县纪委、县监委驻县教育局纪检监察组

组　长　郑志雄

县政府教育督导室

主　任　周俊武（兼）
副主任　李永绍（兼）
　　　　季建波

永嘉中学

校　长　金家道

科学技术局

党组书记、局长　潘宏雷（—2018.07）
　　　　　　　　周凌力（2018.07—）
党组副书记　陈典妮（女）
副局长　陈典妮（女）
　　　　陈三豹
　　　　郑有龙

公安局

党委书记、局长　林志佩
政　委　谢黎明
党委副书记　谢黎明
　　　　　　何　磊
常务副局长　何　磊
副局长　陈久辉
　　　　陈时巨
　　　　林　光（兼）
　　　　王　羽（挂职）
　　　　木兆隆
　　　　倪维调（挂职，2018.06—）
政治处主任　叶国赛
指挥中心主任　李建巧
国内安全保卫大队大队长　汪春锦
经济犯罪侦察大队大队长　陈兴旺
教导员　胡永伟
治安大队大队长　林　义（2018.05—）
教导员　周　浩
流动人口治安管理大队大队长
　　　　潘月燕（女）
教导员　吴长友
刑事侦察大队大队长　汪海潮
有组织犯罪侦查大队大队长
　　　　林　杰
教导员　夏剑锋
特侦大队大队长　林　义（—2018.05）
教导员　叶不凋
禁毒大队大队长　徐旭平（—2018.07）
　　　　金新宇（2018.07—）
教导员　陈小纯
出入境管理大队大队长　林华东
特巡警大队大队长　陈建凯
网络警察大队教导员　金新宇（—2018.07）
法治监察指导大队大队长　徐顺海
警务保障室主任　徐　靖
看守监管大队大队长兼县看守所所长　郑　建
教导员　余继波

县纪委、县监委驻县公安局纪检监察组

组　长　金一洋

交通警察大队

大队长　毛秀星
教导员　戴建林

民政局（老龄委办、社工局）

党组书记、局长　刘招贤
副局长　周崛华
　　　　朱清东
　　　　潘永胜

老龄委办

主　任　刘招贤
副主任　戴光辉

社工委办

主　任　刘招贤（兼）
副主任　李旭林

社工局

局　长　　刘招贤
副局长　　李旭林

司法局

党组书记、局长　　周宁国（2017.04—）
副局长　　侯国省
刘伟都
潘珊瑚（女）
金成龙
政治处主任　　邵飞跃（女）

财政局

党委书记、局长　　冯学夫
党委副书记　　柯温临
财政局副局长　　徐忠诚
叶显勇
吕金满
潘来毅
财政局总会计师　　叶强忠
预算局局长　　林文胜
预算执行局局长　　戚显义（—2018.07）
地税局局长　　冯学夫（—2018.07）
地税局副局长　　柯温临（—2018.07）
林贤武（—2018.07）
地税局总会计师　　叶加瑜（—2018.07）
地税稽查局局长　　戴晓明（—2018.07）
地税局瓯北税务分局局长
徐建斌（—2018.07）
地税局上塘税务分局局长
叶加春（—2018.07）
地税规费管理局局长
叶长达（—2018.07）

县纪委、县监委派驻第九纪检监察组（驻县财政局纪检监察组）

组　长　　谢选年

人力资源和社会保障局

党组书记、局长　　黄振才（—2018.10）
周望欣（2018.10—）
党组副书记　　张文广（—2018.05）
副局长　　张文广（—2018.05）
陈晓明
虞秀建
吴　昊

国土资源局

党委书记、局长　　肖晓锵
党委副书记　　陈亚忠
副局长　　陈亚忠
王志煦
郑依群
纪委书记　　金国飞
总规划师　　周杰斌
瓯北分局局长　　周杰斌
不动产登记服务中心　　戴立真
执法监察局局长　　朱晓东

住房和城乡规划建设局（测绘与地理信息局）

党委书记、局长　　李圣积
党委副书记　　金卓民
副局长　　金卓民
胡兴旺
周　涛（女）
叶光顺
陈　琰（挂职，2018.05—）
总工程师　　金　亮

县纪委、县监委驻县住建局纪检监察组

组　长　　汤　淮

交通运输局

党委书记、局长　　刘超军
党委副书记　　叶圣敏
副局长　　叶圣敏
郑　锋（兼）
徐李喜（兼）
胡志衡
总工程师　　戴春敏

县纪委、县监委驻县交通运输局纪检监察组
组　长　　周建飞

县公路管理局
局长、党支部书记　　徐椒聊

县港航管理局
局长、党支部书记　　徐李喜

县长运公司
经理、党支部书记　　黄孙亮

水利局
党组书记、局长　　戴本石（—2018.07）
　　黄金锡（2018.07—）
党组副书记　　李世鹏
副局长　　李世鹏
　　胡国凑
　　陈　北
　　谢　静
　　徐　朝（挂职，2018.05—）
县政府防汛防旱办公室主任　　叶宗欧

农业局
党委书记、局长　　刘丐武（—2018.10）
　　周俊晓（2018.10—）
党委副书记　　林建杭
副局长　　林建杭
　　陈继平
　　戴成新
　　黄胜览
　　黄建东（挂职，2018.05—）

林业局
党委书记、局长　　陈洪恩（—2018.10）
　　李金星（2018.10—）
党委副书记　　李　埃
副局长　　徐贤喜
　　戴普查
　　邹寿锡
总工程师　　叶银强

县人民政府处理山林纠纷办公室
主　任　　陈洪恩（兼，—2018.10）
　　李金星（兼，2018.10—）

四海山林场
场长、党支部书记　　周庆欢（2018.07—）

正江山林场
场长、党支部书记　　郑文杰

文化广电新闻出版局
党组书记、局长　　王柏青（—2018.10）
副局长　　戴华章
　　陈凤娇（女）
　　虞振卯
　　郑　阳（—2018.02）

卫生和计划生育局
党委书记、局长　　陈立新（—2018.11）
党委副书记　　应海龙
副局长　　林长寿
　　施秀跃
　　黄贤琴

县纪委、县监委驻县卫计局纪检监察组
组　长　　陈迪光
县计生协会专职副会长　　刘　建

审计局
党组书记、局长　　汪显华
副局长　　夏尧来
　　周小巧（女）
总审计师　　戴晓宇
经济责任审计局局长　　吴　勇

统计局
党组书记、局长　　谢小和
副局长　　吴进光
　　金　凡（女）
　　李奕普
总统计师　　胡　强

环境保护局

党组书记、局长　　周功巨
党组副书记　　　　戴元兴
副局长　　　　　　戴元兴
　　　　　　　　　虞金定
　　　　　　　　　王银海
总工程师　　　　　阮泽永
县环境监察大队大队长（副科长级）　　李　腾

安全生产监督管理局

党组书记、局长　　汤森海
副局长　　　　　　叶长河（—2018.07）
　　　　　　　　　周淑苗（女）
总工程师　　　　　章常泽

市场监督管理局（工商行政管理局、食品药品监督管理局、质量技术监督局、食品安全委员会办公室）

党委书记　　王　云
局　长　　　郑利雨
党委副书记　徐柏东
副局长　　　徐柏东
　　　　　　叶兆荣
　　　　　　李飞云
总工程师　　周忠明

县纪委、县监委驻县市场监督管理局纪检监察组

组　长　　张维员

食品安全委员会办公室

主　任　　　郑利雨
专职副主任　邵　展

综合行政执法局

党委书记、局长　　李金星（—2018.10）
　　　　　　　　　潘陈一（2018.10—）
党委副书记　　　　杨春谱
副局长　　　　　　杨春谱
　　　　　　　　　厉建兴
　　　　　　　　　麻海涌
　　　　　　　　　吴　坚
总工程师　　　　　叶劲彤

县纪委、县监委派驻第十纪检监察组（驻县综合行政执法局纪检监察组）

组　长　　谢　琼（女）

市楠溪江风景旅游管理委员会

主任、党委书记　　戴春光
副主任　　　　　　陈献锋
　　　　　　　　　汪国勇
　　　　　　　　　胡培春
　　　　　　　　　史元媛（女，挂职）
纪委书记　　　　　邹光远
纪委副书记　　　　谷明陆

体育事业发展局

党组书记、局长　　潘教勤
副局长　　　　　　陈苍良
　　　　　　　　　陈建光
　　　　　　　　　陈益珍

招商局（经济合作交流办公室）

党组书记、局长（主任）　　李　敏（女）
党组副书记　　　　　　　　周俊晓（—2018.10）
副主任　　　　　　　　　　陈定洲
副局长（副主任）　　　　　周俊晓（—2018.10）
　　　　　　　　　　　　　李春敏
　　　　　　　　　　　　　潘统才
永嘉商会党工委专职副书记　　周公理

机关事务管理所

党组书记、局长　　徐贤博（—2018.10）
党组副书记　　　　张建荣
副局长　　　　　　张建荣
　　　　　　　　　王中林
　　　　　　　　　汪益新
　　　　　　　　　郑洪勇

移民安置办公室

党组书记、主任　　赵利国
副主任　　　　　　陈志尧
　　　　　　　　　徐　聪

供销合作社联合社

党委书记、主任　　徐学多
党委副书记　　胡文聪
副主任　　胡文聪
　　朱贤泽
　　吴祖党
总经济师　　周索奇（女）

行政审批管理办公室

党组书记　　林建波（兼）
主　任　　张家强（—2018.10）
　　金绯宇（2018.10—）
党组副书记　　张家强（—2018.10）
　　金绯宇（2018.10—）
副主任　　季东升
　　周　健
　　胡陈义

浙江永嘉工业园区管理委员会

党委书记　　潘剑永（兼）
党委副书记　　陈海州（兼）
　　葛志武
主　任　　葛志武
副主任　　陈东勇
　　汤裕铨
　　叶晓孝（—2018.05）
　　戴建光
　　胡　琼（2018.07—）
总工程师　　谷中旭

金融工作办公室

党组书记　　金家彪
主　任　　金晓波
党组副书记　　吴凤菇（女）
副主任　　吴凤菇（女）
　　王小强（挂职，—2018.09）
总经济师　　陈胜前

科技开发服务中心

党组书记、主任　　李国算
副主任　　施春凤（女）

地方志编纂委员会办公室

党组书记、主任　　胡寿旺（—2018.07）
副主任　　李河海

公共资源交易管理委员会办公室

党组书记、主任　　潘康容（—2018.05）
　　李乐峰（2018.07—）
副主任　　陈文勇（—2018.07）
　　徐顺兴

公共资源交易中心

主　任　　陈风雷

新居民服务管理局

党组书记　　叶卫周
局　长　　陈丐良
党组副书记　　林　光
副局长　　林　光
　　余承宽（兼）
　　虞秀建（兼）

南岸水库工程建设办公室

主　任　　林万乐（兼）
党组书记、常务副主任　　徐霖森
副主任　　潘康容（2018.05—）
　　陈晓友

温州系统流程装备科学研究院

党委书记、院长　　胡宋孝
副院长　　柯一杭
纪委书记　　李乐峰（—2018.07）
　　王建新（2018.07—2018.10）
纪委副书记　　赵伯村（2018.07—）
办公室主任　　金建荣
检验检测中心主任　　陈敬秒
教育培训中心主任　　胡　静（女）

工务局

党组书记、局长　　汤光漫
副局长　　陈　斌
　　周国栋

周成标
陈　谦
总工程师　胡旭明

温州北站高铁新城综合开发管委会
党组书记、主任　季益良
副主任　杨　臻
叶福祥（2018.05—）

政协永嘉县委员会
政协永嘉县第十届委员会
主　席　陈建良
副主席　金　盾
钱金波（兼）
黄天集
汪金琰
郑碧碧（女）
秘书长　施宏光（—2018.10）
黄大善（2018.10—）

永嘉县政协工作部门
2018年10月，县委决定，建立中共政协永嘉县委员会机关党组，党组书记为黄大善，党组副书记为李小攀。

办公室
主　任　汪少超（—2018.10）
李小攀（2018.10—）
副主任　章　图

提案（港澳台侨）委员会
主　任　王澄荣（—2018.07）
郑　力（2018.07—）
副主任　陈文若

文史（学习）委员会
主　任　徐崇统

经济建设委员会
主　任　谢永青（—2018.10）
吴中枢（2018.10—）
副主任　杨胜运

社会和法治委员会
主　任　周万青（—2018.10）
谷铁荣（2018.10—）

委员工作委员会
主　任　刘一春

城乡建设和资源环境委员会
主　任　徐青青（女）
副主任　夏益平

科教文卫体委员会
主　任　徐朝新（—2018.07）
潘宏雷（2018.07—）

农业和农村工作委员会
主　任　郑文荣（—2018.07）
徐朝新（2018.07—）

永嘉县法院、检察院
永嘉县人民法院
党组书记、院长　胡丕敢
党组副书记　吴孙程
常务副院长　吴孙程
副院长　徐建宇
徐晓琳
徐蓬勇
曹启东（挂职）
县纪委、县监委驻县人民法院纪检监察组组长
胡忠杰
政治处主任　徐立众
执行局局长　陈小成
审判委员会专职委员　蒋忠克
陈群雾
陈俏云（女）
城郊人民法庭庭长　季章期
瓯北人民法庭庭长　谢玉平（女）
桥头人民法庭庭长　刘光亭
碧莲人民法庭庭长　蒋庄平

岩头人民法庭庭长　　潘志尧

永嘉县人民检察院

党组书记、检察长　　黄通荣
党组副书记　　叶朝勇
常务副检察长　　叶朝勇
副检察长　　单振乐
　　陈　哲
　　李　俊
县纪委驻县人民检察院纪检监察组组长
　　叶确健（—2018.05）
　　张华满（2018.05—）
政治处主任　　祁胜道
反贪污贿赂局局　　徐同良（—2018.05）
反渎职侵权局局长　　李　聪（—2018.05）
检察委员会专职委员　　戴德华
　　张华满（—2018.01）
瓯北检察室主任　　李鹏飞

永嘉县人民团体及其他

总工会

党组书记、主席　　王晓峰
副主席　　邹爱妙（女）
　　汤志远
　　陈泽子深（挂职）
　　麻鹏巍（挂职）
　　黄渊翔（兼职）
　　孙　亮（兼职）

共青团永嘉县委员会

党组书记、书记　　邹姗珊（女）
副书记　　沙　静（女）
　　谢周鹏
　　张　范（挂职）
　　刘　彭（兼职）
　　吴开拓（兼职）

妇女联合会

党组书记、主席　　陈晓芬（女，—2018.10）
　　林雪艳（女，2018.10—）
副主席　　卢玲玲（女）
　　王和静（女）
　　叶洁琼（女，挂职）
　　马文隽（女，兼职）
　　陈然艳（女，兼职）
　　戴秀成（女，兼职）

科学技术协会

党组书记、主席　　叶太琴
副主席　　罗一相
　　黄浩然（挂职）

归国华侨联合会

党组书记、主席　　王萍萍（女）
副主席　　吕裕通
　　叶显东（兼）
　　叶正平（兼）
　　朱海云（兼）
　　彭建辉（兼）
　　翁进东（兼）
　　陈孝宗（兼）

工商业联合会（总商会）

主席（会长）　　钱金波（兼）
党组书记　　郑　力（—2018.07）
　　徐时斌（2018.10—）
副主席（副会长）　　郑　力（—2018.07）
　　徐时斌（2018.10—）
　　邵玉平（女）
　　金清恩（2018.11—）
　　章常义（兼）
　　陈时满（兼）
　　李星涛（兼）
　　王成德（兼）
　　戴德利（兼）
　　叶荣虎（兼）
　　王进权（兼）
　　金哲新（兼）
　　卢汉炎（兼）
　　苏尚州（兼）
　　叶会林（兼）
　　方　正（兼）

王汉洲（兼）
陈继权（兼）
池慧杰（兼）
陈日蕾（兼）
徐建国（兼）

副会长　王月雅（女，兼）
王玲珑（女，兼）
金世迪（兼）

文学艺术界联合会

党组书记　杨大力
主　席　吴晓仙（女）

残疾人联合会

党组书记、理事长　郑文杰
副理事长　陈雪明
虞道存
陈量涵
郑恩强（挂职，—2018.05）
李凌鹏（挂职）

红十字会

党组书记、常务副会长　金贤贵（—2018.10）
副会长　徐　俊

社会科学界联合会

党组书记、主席　徐建强
副主席　叶圣义

关心下一代工作委员会

主　任　项光夫
专职副主任　虞建远
办公室主任　虞建远
办公室副主任　胡　冬

永嘉县民主党派

农工民主党永嘉县委员会

主委　傅朝宗
副主委　杨　丕
陈丐良
徐　俊

永嘉县属企业单位

永嘉县国有资产经营有限公司（2018.07—）

2018年7月，县委决定，建立永嘉县国有资产经营有限公司，并建立中共永嘉县国有资产经营有限公司党组。

党组书记、董事长　戚显义（2018.07—）
总经理　戚显义（2018.07—）
副总经理　袁建丰（2018.08—）

永嘉投资集团有限公司

2018年7月，县委决定，建立中共永嘉投资集团有限公司党组。

党组书记、董事长　陈文勇（2018.07—）
党组副书记　徐晓红（女，2018.07—）
总经理　徐晓红（女）

县水务集团有限公司

党委书记、董事长　王建新（—2018.07）
钱建文（2018.08—）
党委副书记、总经理　徐　晓

永嘉旅游投资集团有限公司

2018年7月，县委决定，建立中共永嘉旅游投资集团有限公司党组。

党组书记　戴锦鸥（2018.07—）
党组副书记　陈雷振
董事长　戴锦鸥
总经理　陈雷振（2018.07—）
副总经理　陈志强（2018.07—）

县建设投资集团有限公司

2018年7月，县委决定，建立中共永嘉县建设投资集团有限公司党组。

党组书记、董事长　卓丐岭（2018.07—）
副总经理　高敏速
朱良潘

县管道燃气经营有限公司

党组书记、董事长　胡崇武
总经理　李　强（2018.08—）
副总经理　潘海熊

董培杰

永嘉县铁路投资集团有限公司（2018.08—）

2018年8月，县委决定，永嘉县铁路投资集团有限公司，并建立中共永嘉县铁投集团有限公司党组。

党组书记、董事长　谢选仲（2018.08—）
党组副书记、总经理　张仁谦（2018.08—）
副总经理　陈益新（2018.08—）

垂直管理单位

国家税务局（—2018.07）

党组书记、局长　徐郑克（—2018.07）
副局长　朱　斌（—2018.07）
　孙宏光（—2018.07）
　吴永志（—2018.07）
纪检组组长　谢　俊（—2018.07）
桥头分局局长　林宝寿（—2018.07）
瓯北分局局长　李敏鑫（—2018.07）
乌牛分局局长　郑志建（女，—2018.07）

2018年征管体制改革，原地方税务局、国家税务局合并成立国家税务总局永嘉税务局。

国家税务总局永嘉税务局（2018.07—）

党委书记、局长　徐郑克（2018.07—）
党委委员、副局长　柯温临（2018.07—）
　林贤武（2018.07—）
　朱　斌（2018.07—）
　孙宏光（2018.07—）
　吴永志（2018.07—）
党委委员、纪检组组长　谢　俊（2018.07—）
党委委员、总会计师　叶加瑜
党委委员　戴晓明（2018.07—2018.10）
瓯北分局局长　李敏鑫（2018.07—）
第二税务所所长　徐建斌（2018.07—）
上塘税务所所长　叶加春（2018.07—）
桥头税务分局局长　叶长达（2018.07—）
乌牛分局局长　郑志建（女，2018.07—）

国家统计局永嘉调查队

党组书记、队长　金建华
副队长　孙宏豪
　徐　俊（挂职，—2018.07）

气象局

局　长　王海东（2018.05—）
副局长　金锦辉（2018.05—）
　王忠东（2018.05—）
　程　瀛（—2018.05）
纪检组组长　金锦辉（2018.05—）

市住房公积金管理中心永嘉分中心

主　任　潘丽川（女）
副主任　胡永暖

中国邮政永嘉县分公司

总经理　孙建东
副总经理　陈正灵
　徐金强（2018.09—）
　叶　卿（2018.01—）

中国电信永嘉分公司

总经理　缪新飞（—2018.02）
　卢杰慧（2018.02—）
副总经理　王晓峰
　林金阳
　厉凯惠
纪委书记　王晓峰

中国移动永嘉县分公司

总经理　何　俊
副总经理　陈玉伦（—2018.04）
　赵晓亮（2018.04—2018.11）

中国联通永嘉县分公司

总经理　王　智
副总经理　汪　银（—2018.06）
　施舒琰（女，2018.05—）
总经理助理　戚万里

国网浙江永嘉县供电公司

党委书记、执行董事　李建宇
党委副书记、总经理　戴贤棋
党委副书记、纪委书记　徐青青（女）
副总经理　金维灶（—2018.01）
陈建胜
陈　峰
董伟俊
林海泉（2018.01—）

市烟草公司永嘉分公司（烟草专卖局）

经理（局长）　邢加平
副经理　潘　明（—2018.09）
范陈泽（2018.09—）
副局长　滕珍建

中国石化永嘉石油分公司

总经理　陈继光（—2018.05）
胡加宁（2018.05—）
副总经理　张　慧

盐务管理局

浙江省盐业集团温州市盐业有限公司永嘉分公司（因机构改革，不再挂盐务管理局牌子）

局长（经理）　马利民
经　理　马利民

永嘉华数广电网络有限公司

董事长、总经理　吕银显
副总经理（常务）　马荣邦
副总经理　谢忠浩
陈新浙

中国铁塔温州市分公司永嘉县办事处

主　任　吴月文

金融系统

中国人民银行永嘉县支行

行　长　陈明玉

温州银监分局永嘉办事处

主　任　陆　平

中国工商银行永嘉支行

行　长　林建华

中国农业银行永嘉县支行

行　长　陈延德

中国建设银行永嘉支行

副行长　诸　昕（主持工作）

中国银行永嘉县支行

行　长　王炬原

交通银行永嘉支行

行　长　章　科

中国邮政储蓄银行永嘉县支行

行　长　周志良

永嘉农村商业银行

董事长　苏加标
行　长　徐剑杰

中国农业发展银行永嘉县信贷组

主　任　方崇伟

浦发银行永嘉支行

行　长　潘晓微（女）

温州银行永嘉支行

行　长　王　义（—2018.03）
陈斯丹（女，2018.08—）

兴业银行永嘉支行

行　长　钱春苗（女）

招商银行永嘉支行

行　长　叶志杰

华夏银行永嘉支行
行　长　　朱晓明

浙商银行永嘉支行
行　长　　陈建华（—2018.03）
副行长　　何瑞义（主持工作，2018.03—）

永嘉恒升村镇银行
董事长　　朱爱萍（女）

民生银行永嘉支行
行　长　　金晨更（—2018.09）

广发银行永嘉支行
行　长　　朱伟坚（—2018.06）
　　　　　沈　宇（女，2018.06—）

宁波银行永嘉支行
行　长　　胡跃坚（—2018.06）
　　　　　陈　特（2018.08—）

恒丰银行永嘉支行
行　长　　孙　回（—2018.08）
副行长　　孙丽丽（女，主持工作，2018.08—）

中国人民财产保险公司永嘉支公司
总经理　　郑林海

中国人寿保险公司永嘉县支公司
经　理　　程　碧（女）

中国太平洋财产保险公司永嘉县支公司
总经理　　徐胜武

中国人民人寿保险公司永嘉支公司
总经理　　林　聪

中国人寿财产保险公司永嘉县支公司
总经理　　金建满（—2018.08）
　　　　　李国荣（2018.12—）

中国太平洋人寿保险公司永嘉支公司
总经理　　胡征图（2018.11—）
　　　　　王晓梅（女，—2018.11）

（胡　锋）

功能区、乡镇（街道）及负责人名录

上塘中心城区
书　记　　胡克祥
纪委书记　胡永樟
党委委员　胡永樟
　　　　　陈炳华
　　　　　季巧云（女）
　　　　　麻永铭
　　　　　徐华东（派出所所长）
　　　　　谷明陆（挂职）
主　任　　胡克祥（2018.07—）
副主任　　陈炳华
　　　　　季巧云（女）（—2018.10）
　　　　　谷明陆（挂职）
　　　　　徐　俊（挂职）
总工程师　麻永铭

瓯北城市新区（瓯北街道）
书　记　　潘剑永
副书记　　陈海州
　　　　　潘朝阳
　　　　　徐贤友
　　　　　邵旭升（市下派农村指导员）
纪（工）委书记　全正超
党（工）委委员　全正超
　　　　　陈　超
　　　　　汪远增（—2018.05）
　　　　　叶晓孝（2018.05—）
　　　　　孙晓芬（女）
　　　　　余澄宇
　　　　　李　坤
　　　　　叶　葱（派出所所长）
人大工委主任　谷胡方
人大工委副主任　谢品东
　　　　　戴顺德

主　任　　　　陈海州
常务副主任　　陈　超
副主任　　　　郑乐海
　　　　　　　葛志武
　　　　　　　金建敏
“两新”工委书记　潘剑永

三江商务区（三江街道）

书　记　潘　健
副书记　汪长新
　　　　周　智
　　　　周姗珊（女）（挂职，2018.10—）
　　　　邱　克（市下派农村指导员）
纪（工）委书记
　　　　周娟娓（女）（—2018.07）
　　　　滕玲玲（女）（2018.07—）
党（工）委委员　周娟娓（女）（—2018.07）
　　　　　　　　滕玲玲（女）（2018.07—）
　　　　　　　　陈　晓
　　　　　　　　金　灿
　　　　　　　　余钢梁
　　　　　　　　陈海国
　　　　　　　　吴介甫
　　　　　　　　戴建波
　　　　　　　　林　利（派出所所长）
人大工委主任　　傅道碎
人大工委副主任　郑建良
　　　　　　　　郑爱聪（女）
主　任　　　　　汪长新
常务副主任　　　陈　晓
副主任　　　　　廖远新
　　　　　　　　陈　凯
　　　　　　　　黄　鸟（女）
“两新”工委书记　潘　健

桥头镇

书　记　　尤建夏
副书记　　陈贤锋
　　　　　谢云多
　　　　　王利友
　　　　　吴长友（县下派农村指导员）
纪委书记　　徐大林
党委委员　　徐大林
　　　　　　黄品辉
　　　　　　徐胜飞
　　　　　　叶丽华（女）
　　　　　　胡黎民
　　　　　　潘崇相
　　　　　　黄红光（派出所所长）
人大主席　　施正文
人大副主席　周秀杰
　　　　　　施秀顺
镇　长　　　陈贤锋
常务副镇长　黄品辉
副镇长　　　林正茂
　　　　　　郑志勇
　　　　　　胡建伟
“两新”工委书记　尤建夏

桥下镇

书　记　　　周望欣（—2018.10）
　　　　　　唐红专（2018.10—）
副书记　　　唐红专（—2018.10）
　　　　　　李　威（2018.10—）
　　　　　　廖海东
　　　　　　陈　剑（2018.10—）
纪委书记　　王天强
党委委员　　王天强
　　　　　　吴振生
　　　　　　吴若平（女）
　　　　　　徐　昶
　　　　　　丁晓平
　　　　　　谷　利（—2018.05）
　　　　　　杨大超（市下派农村指导员）
人大主席　　徐浙忠
人大副主席　朱众和
　　　　　　厉　化
镇　长　　　唐红专（—2018.10）
　　　　　　李　威（2018.10—）
常务副镇长　吴振生
副镇长　　　李　淼
　　　　　　金成有

陈　斌
“两新”工委书记　周望欣（—2018.10）
唐红专（2018.10—）

岩头镇

书　记　黄金锡（—2018.07）
周旭亮（2018.10—）
副书记　周旭亮（—2018.10）
章海鸥（2018.10—）
单飞杰
金一方（市下派农村指导员）
纪委书记　朱陈敏（女）
党委委员　朱陈敏（女）
吕巧锋
汤向阳
潘洪武
林　燕（女）
郑　洌（—2018.07）
周庆利
人大主席　章海鸥（—2018.10）
人大副主席　金国勇
卢苍忠
镇　长　周旭亮（—2018.10）
章海鸥（2018.10—）
常务副镇长　吕巧锋
副镇长　陈　义
潘森鹏
余东海（2018.07—）

沙头镇

书　记　金哲旺
副书记　李新聪（—2018.10）
金志敏（2018.10—）
吴志远
纪委书记　杨立勇
党委委员　杨立勇
包　雷
李乐乐（女）
叶宝益
陈国忠
潘理民
潘海闯
林　玺（女）（市下派农村指导员）
人大主席　朱文广
人大副主席　金爽爽
潘嘉韬
镇　长　李新聪（—2018.10）
金志敏（2018.10—）
常务副镇长　包　雷
副镇长　金云平
刘志铙
胡明高
“两新”工委书记　金哲旺

枫林镇

书　记　戚永东（—2018.10）
金世炊（2018.10—）
副书记　金世炊（—2018.10）
李理明
章　滔（省下派农村指导员）
陈三豹（县下派农村指导员）
纪委书记　廖朝阳
党委委员　廖朝阳
吴　敏
潘　怡（女）（—2018.05）
李玉环（女）（2018.07—）
陈鲜庭
谢益浩
周红权
金雄浩
人大主席　苏　勇
人大副主席　周　标
镇　长　金世炊
常务副镇长　吴　敏
副镇长　谷建坤
刘三相
章剑海

岩坦镇

书　记　徐　翔
副书记　张德周
胡高丰

戴成新（县下派农村指导员）
纪委书记　谢殿忠
党委委员　谢殿忠
金雷波
胡朝辉
麻希滕
戴建方
邵建军
胡云帆
朱晓彤（派出所所长）
潘俊朴（挂职，不确定职级）
人大主席　郑建国
人大副主席　俞剑仝
徐　斌
镇　长　张德周
常务副镇长　金雷波
副镇长　叶益林
陈伯华
陈　瑜（女）

大若岩镇

书　记　胡程远
副书记　徐文渊
卢徐伟
金剑锋（省下派农村指导员）
黄世业（市下派农村指导员）
纪委书记　麻炳彪（—2018.07）
郑　洌（2018.07—）
党委委员　麻炳彪
谢选仲（—2018.08）
刘碧芳（女）
何海静
陈武鹤
程忠义
刘昌东
人大主席　滕建辉（—2018.10）
人大副主席　吕伯相
潘跃忠（—2018.07）
杨方赶（2018.07—）
镇　长　徐文渊
常务副镇长　谢选仲（—2018.08）
副镇长　吕克腾
林光益
孙　睿

碧莲镇

书　记　戴晓智
副书记　朱　捷（2018.07—）
邵胜进
陈迪光（县下派农村指导员）
纪委书记　麻永丰
党委委员　麻永丰
陈光旭
刘建群
陈益丰
谷常有
李志旭
潘　书
人大主席　周耀明
人大副主席　汪海敏
何海钰
镇　长　戴晓智（—2018.07）
朱　捷（2018.07—）
常务副镇长　陈光旭
副镇长　董　益
陈文达
胡军勇

巽宅镇

书　记　肖良建
副书记　麻永锋
叶　俊
王小强（省下派农村指导员）
滕翀敏（县下派农村指导员）
纪委书记　杨　义
党委委员　杨　义
吴佰友
陈　静（—2018.07）
金耀旭（2018.10—）
王　琼（女）
邵剑锋
邵锦闹

金海坚
人大主席　麻云平
人大副主席　金锡矿
谷明宝（—2018.07）
叶雪省（2018.07—）
镇　长　麻永锋
常务副镇长　吴佰友
副镇长　吕长平（—2018.07）
谷明宝（2018.07—）
卢伯成
朱国敏

鹤盛镇

书　记　王长江
副书记　全旭东（—2018.05）
滕建辉（2018.10—）
郑　岳
徐建静（县下派农村指导员）
纪委书记　李志正
党委委员　李志正
董建新
胡　琼（女）（—2018.07）
陈信德（2018.10—）
陈文波
蒋建聪
汪　帆
麻富晓
金衍孟（派出所所长）
人大主席　朱　捷（女）（—2018.07）
李益峰（2018.07—）
人大副主席　胡贤都
周旭养
镇　长　全旭东（—2018.05）
滕建辉（2018.10—）
常务副镇长　董建新
副镇长　卢金海
谢国强
朱海兵

金溪镇

书　记　徐志勇
副书记　潘齐忠
郑钟南
盛定海（县下派农村指导员）
纪委书记　胡永相
党委委员　胡永相
张仁谦（—2018.08）
谢韦斌
吕包琬
潘海峰
刘晓勇
潘琛琼（女）
人大主席　沙定锚
人大副主席　李秀嫦（女）
周晓治
镇　长　潘齐忠
常务副镇长　张仁谦（—2018.08）
副镇长　陈锦琰
董丽荷（女）
徐可瑜

东城街道

书　记　朱晨霞（女）
副书记　陈双义
陈建章（—2018.10）
周红光（2018.10—）
金　海（县下派农村指导员）
纪工委书记　陈光荣
党工委委员　陈光荣
汪　扬
王贤芬（女）
金艳艳（女）
谢永长
王海欧
人大工委主任　刘聪雷
人大工委副主任　李秀华
王建光
主　任　陈双义
常务副主任　周红光（—2018.10）
副主任　林圣洁
戴建武
郑玉乾（—2018.07）

吕长平（2018.07—）
“两新”工委书记　朱晨霞（女）

南城街道

书　记　周　陈
副书记　叶　武（—2018.10）
金京明（2018.10—）
叶少军
郑照明（市下派农村指导员）
全　达（县下派农村指导员）
纪工委书记　王　铁
党工委委员　王　铁
张晓松
金巧娇（女）
金郑献
陈光仲
李晓明
陈列重
人大工委主任　陈继楼
人大工委副主任　麻益领
周灵芬（女）
主　任　叶　武（—2018.10）
金京明（2018.10—）
常务副主任　张晓松
副主任　郑华乾
叶升川
孙　苗（女）
“两新”工委书记　周　陈

北城街道

书　记　麻智慧（—2018.10）
胡益智（2018.10—）
副书记　王富强
金文达
胡志衡（县下派农村指导员）
纪工委书记　徐建胜
党工委委员　徐建胜
朱清化
王建忠
陈伯聪
张海鸥（女）
全海驰
袁守谦
人大工委主任　李小攀（—2018.10）
季巧云（2018.10—）
人大工委副主任　麻菊棉（女）
叶集成
主　任　王富强
常务副主任　朱清化
副主任　邵益华
邵方仕
汪西敏
“两新”工委书记　麻智慧（—2018.10）
胡益智（2018.10—）

乌牛街道

书　记　林　杰
副书记　胡益智（—2018.10）
李新聪（2018.10—）
夏岳良
胡约素（县下派农村指导员）
纪工委书记　徐飞平（女）（—2018.05）
陈　浩（2018.07—）
党工委委员　徐飞平（女）（—2018.05）
陈　浩（2018.07—）
滕玲玲（女）（—2018.07）
陈忠平（女）（2018.07—）
邹显义
郑寒虎
谢秀杰
谢清华
王　俊
人大工委主任　孙　锋
人大工委副主任　刘文表
陈吕好
主　任　胡益智（—2018.10）
李新聪（2018.10—）
常务副主任　谢清华
副主任　陈苍环
陈忠平（女）（—2018.07）
陈　雷
“两新”工委书记　林　杰

黄田街道

书　记　　黄鹤楼
副书记　　徐建斌
　　　　　戴国光
　　　　　郑　雷（市下派农村指导员）
纪工委书记　邵海鸥（女）
党工委委员　邵海鸥（女）
　　　　　吴活机
　　　　　卓成春（女）
　　　　　陈苍国
　　　　　王天龙
　　　　　陈敏坚
　　　　　潘良民
人大工委主任　戴建波
人大工委副主任　吴臣浩
　　　　　陈岩斌
主　任　　徐建斌
常务副主任　吴活机
副主任　　麻向华（女）
　　　　　厉建森
　　　　　张　克
“两新”工委书记　黄鹤楼

云岭乡

书　记　　周俊雅
副书记　　朱琳哲（女）
　　　　　陈　剑（—2018.10）
纪委书记　吴飞舟
党委委员　吴飞舟
　　　　　徐象俊
　　　　　周　觉（—2018.05）
　　　　　徐　兴（2018.07—）
　　　　　朱晓亮
　　　　　厉金荣
　　　　　胡志斌
人大主席　池兴荣
人大副主席　邵晓达
乡　长　　朱琳哲（女）
常务副乡长　周　觉（—2018.05）
　　　　　徐　兴（2018.07—）
副乡长　　虞志远
　　　　　汪圣道

茗岙乡

书　记　　钱建文（—2018.08）
　　　　　滕显峰（2018.10—）
副书记　　滕显峰（—2018.10）
　　　　　陈建章（2018.10—）
　　　　　卓丐岭（—2018.07）
纪委书记　周　平
党委委员　周　平
　　　　　陈　逊
　　　　　金传克
　　　　　朱家豹
　　　　　廖臣锋
人大主席　汤晓雅（女）（—2018.07）
人大副主席　潘文滔
乡　长　　滕显峰（—2018.10）
　　　　　陈建章（2018.10—）
常务副乡长　陈　逊
副乡长　　徐齐有
　　　　　李素洁（女）
　　　　　郑明辉（2018.05—）

溪下乡

书　记　　朱海兵
副书记　　谷舜斌
　　　　　陈建静
　　　　　詹有斌（省下派农村指导员）
纪委书记　陈瓯鹏
党委委员　陈瓯鹏
　　　　　郑翔译
　　　　　陈信德（—2018.10）
　　　　　盛　建（2018.05—）
　　　　　汪春豪
人大主席　胡永存
乡　长　　谷舜斌
常务副乡长　郑翔译
副乡长　　龚拯民
　　　　　金建秋（女）

界坑乡

书　记　胡月珍（女）
副书记　谢纯武
　　金　磊
纪委书记　戴鹏程
党委委员　戴鹏程
　　鲍凌云
　　金耀旭（—2018.10）
　　戚胜宇（2018.05—）
　　邵建妙（2018.05—）
　　金晓波

人大主席　汤小巧
人大副主席　吕小龙
乡　长　谢纯武
常务副乡长　鲍凌云
副乡长　叶洁琼（女）
　　戚胜宇（—2018.05）
　　邵建妙（—2018.05）
　　郑恩强（2018.05—）
　　汤琛琛（2018.05—）

（高天佑）

中共永嘉县委员会

综 述

概况 2018年，中共永嘉县委认真贯彻中央和省、市的各项决策部署，坚持稳中求进总基调，围绕高质量发展总要求，全力推进"一带两城五组团"发展布局，形成经济社会持续向好的发展态势。2018年，永嘉县实现地区生产总值414.46亿元，同比增长8.6%；财政总收入56.3亿元，增长11.6%；一般公共预算收入35.07亿元，增长11.0%；全社会消费品零售总额186.13亿元，增长10.6%；外贸出口总额52.93亿元，增长17%；全社会消费品零售总额186.13亿元，增长10.6%；城镇、农村常住居民人均可支配收入达到45293元和22190元，分别增长8.5%和9.5%。

实体经济 2018年，永嘉县大力推进传统产业改造提升与新兴产业培育发展，教玩具小镇成功列入浙江省级特色小镇创建名单，泵阀产业入选传统制造业改造提升省级试点，高新技术产业、战略性新兴产业增加值增速稳居温州市前三，规上工业总产值连续20个月保持两位数增长。深入实施数字经济"一号工程"，制定数字经济五年倍增计划，成立全国首个NB—IoT智能泵阀产业联盟和联合创新实验室，创成省级制造业与互联网融合发展试点示范企业2家，产业创新服务综合体创建数量全市最多，网络经济销售额达到230.8亿元，获评"国家外贸转型升级基地"称号。大力培育市场主体，开工建设小微园288亩，竣工32.3万平方米，入驻优质企业88家，整治亩均税收万元以下企业166家、"厂中厂"445家，规上工业亩均税收排名浙江省各县市第8，新增"专精特新"企业261家、"隐形冠军"培育企业6家。全力打好防范化解金融风险攻坚战，联动开展"营商环境提升年""万名干部进万企"等专项行动，累计帮助企业解决发展难题330个、化解率100%，降本减负6.57亿元、应急转贷4.95亿元，营商环境负面清单考核温州市第一，银行不良贷款率降至0.94%，金融生态继续保持全市最优。

有效投资 2018年，永嘉县深入实施招商引资"生命线工程"，成功签约重大项目21个、总投资105.4亿元，其中10亿元以上项目5个，新引进亿元以上项目20个，温商回归到位资金66.71亿元、完成率162.7%，招商引资工作考核获温州市一等奖。高标准推进"项目建设突破年"行动，开工建设重大项目89个、投资体量创历年之最，顺利建成清水埠城中村改造一期、桥头商贸城等6个重大项目，实现省"152"工程项目入库4个、开工2个，2018年完成固定资产投资216.64亿元、同比增长8.3%，其中民间投资159.68亿元、占比73.7%、高于全市10.9个百分点。常态化推进项目"清零清障"攻坚行动，完成项目"清零"53个，拆迁19.68万平方米、交地4645亩，杭温高铁控制性工程、中国教玩具之都商贸城等13个重点项目顺利开工，桥头商贸城、永临大道、110千伏胜美变等9个重点项目竣工投用，乌牛溪治理工程、桥下教玩具孵化园等19个重点项目超额完成年度投资任务。全力破解要素瓶颈制约，新签约县职教中心等5个总投资60亿元的PPP项目，获批土地储备专项债2亿元、棚改融资额度38.9亿元，实现土地出让929.45亩、出让金46.5亿元；完成土地垦造808亩、"旱改水"1149亩，消化处置"批而未供"土地1925亩、"供而未用"土地2162亩，完成低效用地再开发2185亩，额外争取新增建设用地指标1720亩、全市最多，有力保障重大项目建设用地需求。

城市建设 2018年，永嘉县加快推进省级“空间规划”试点，全面完成县域总体规划纲要修编，高标准编制温州北综合交通、高铁新城等11个专项规划和城市设计，基本实现“一带两城”重点区块规划全覆盖。深入推进“大拆大整”专项行动，全面启动14个旧村（区块）改造，基本拆除东城二期改造项目，实现上塘永建路C区块、瓯北王家坞—前牌、桥头桥一村等三个项目100%签约，高铁新城核心区块提前22天完成市定签约任务，全年签约4794户、开工棚改安置住房7548套，数量均为历年最多。全力推进“大建大美”专项行动，瓯江北岸景观靓丽工程等11个市级“大建大美”项目超额完成年度任务，三江三路EPC项目、瓯江北岸道路及景观提升改造工程一期、上塘商业步行街等项目顺利建成，成功打造全球最大的山体灯光秀，新增停车位1643个、城市绿地13公顷、绿道10千米，云岭、茗岙、溪下等9个乡镇全部通过小城镇环境综合整治验收，在全市率先实现“三年任务两年完成”，桥下、岩头、岩坦获评省级样板镇，瓯江北岸“小外滩”形象初具雏形。

乡村振兴 2018年，永嘉县大力实施乡村振兴“五大双百”行动，高标准建成2条乡村振兴示范带，在温州市率先创建农业“一区一镇一体”，原野园林新增为国家级农业龙头企业，创成省级农产品质量安全放心县。深化农业农村改革，成功列入全国农村集体产权制度改革试点县，市场化农村产权交易模式纳入26条改革典型经验在浙江省推广，农村改革经验在全省县委书记工作例会上交流。全力推动农旅融合发展，全力打造“百里楠溪特色民宿带”，国家AAA级旅游景区村创成数量全市第一，获评全国首批民宿产业发展示范区、浙江省优质旅游典型景区，创成浙江省全域旅游示范县，2018年接待游客数突破1200万人、实现旅游总收入139.5亿元，分别增长22.8%和27.7%，旅游业增加值占GDP比重9.8%。改善人居环境，创新推出“鹅卵石墓碑+二维码扫墓”私坟生态化改造模式，岩头、鹤盛分别入选省级旅游风情小镇、省级森林特色小镇，全县环境空气质量优良率持续保持98%以上，获评省级生态文明建设示范县、美丽浙江建设工作考核优秀县、全省美丽经济交通走廊建设达标县。推动强村富民，创新推出集体经济发展“金八条”，建立“百名会长结百村”“千企结千村”机制，带动村集体增收8500万元，村集体经济收入和低收入农户人均收入分别增长24.8%和15.6%，成功列入省部共建乡村振兴示范县、全省扶持村级集体经济发展试点县，浙江省“消薄”现场会、温州市乡村振兴现场会在永嘉县召开，全国乡贤助力乡村振兴永久论坛落户永嘉，乡村振兴做法登上浙江新闻联播第一期《之江擂台》，得到省委车俊书记多次点赞。

平安建设 2018年，永嘉县深入推进“雪亮工程”“警灯工程”和“视网通”管控平台建设，铁腕整治消防、安全生产、道路交通、食品药品安全等领域的风险隐患，有力维护永嘉县大局和谐稳定。2018年度永嘉县刑事治安类警情下降11.4%，“两抢”案件连续8年实现大幅下降，连续4年命案全破，成功破获全省首例全链条生产销售假农药案件，扫黑除恶专项斗争得到中央督导组充分肯定，群众安全感连续两年排名温州市前二。不断创新基层治理模式，全面推广“党建+治理”模式，扎实推进全科网格建设，圆满完成全国“两会”等重大敏感时期的安保维稳工作，妥善处置一批信访突出问题，“三治融合”善治示范村新建数量全市第一，“4+1”基层人民调解模式在全国性会议上推广交流，创下连续51个月进京“零非访”全省纪录，成功夺得“平安银鼎”。

民生和谐 2018年，永嘉县圆满完成2018年十大民生实事项目。坚定不移推进“最多跑一次”改革，在温州市率先开展自助终端“瓯e办”政务服务，80%以上的民生事项和企业事项实现网上办理，“最多跑一次”审批事项100%全覆盖，6个“最多100天”试点项目平均审批时间压缩至65天，“12345”政务热线效能指数全市第二。成功引进温州慧中公学等5个高端民办教育项目，顺利完成43所小规模学校校网布局优化，新改建枫林中学二期、乌牛第二小学等29所学校，成立全省首个山海协作助学基金，高考成绩连续九年刷新历史纪录。加快“健康永嘉”建设，在全市率先实现县乡村一体化药品联合采购配送结算，县域医院就医报销比例最高档提高10%，县人民医院、康宁医院开工建设，乡镇卫生院标准化率100%，家庭医生签约服务持续走在全市前列。深入实施文体惠民工程，成功承办全国公路自行车锦标赛等大型品牌赛事，投用县公共文化活动中心、县体育“两馆”，建成上塘、桥头、沙头3家城市书房和109个文化礼堂，新增永嘉书院、瓯窑小镇等12个非物质文化遗产体验基地，永昆节目《孟姜女送寒衣》入选国家艺术基金资助项目，永嘉县获评全省传承发展优秀传统文化重点县，省级文明县城顺利通过复评。不断健全社会保障体系，新增城镇就业人口1.17万人，城乡居民最低生活保障提高到每人每月664元，敬老院“公建民营”改革全部完成。

党的建设 2018年，永嘉县深入学习贯彻中共十九大精神和习近平新时代中国特色社会主义思想，扎实推进“两学一做”学习教育常态化制度化，组织开展“五看五是否”政治对标行动，严格落实意识形态工作责任制，全县党员干部政治素养进一步提高。全力开展红色领航“五百工程”行动，高规格推进“1+22+X”（1个县级、22个镇级、若干个社区）党群服务中心建设，整合提升各类党群服务场所187处，建成瓯窑小镇、德胜嘉园联合党委等一批区域党建品牌，全市“瓯江红”党群服务中心现场推进会在永嘉县召开。高标准推进村社组织换届“回头看”，创新实施后进基层党组织“两回一检”工作法，清理不合格村社干部114名，完成48个后进村整转任务。深入推进“清廉永嘉”建设，扎实开展县委巡察工作，坚决查处各类违法案件，监察留置场所成为全市唯一的市级分所，监督执纪做法得到《中国纪检监察报》点赞。

（李忠录）

县委重要会议

县委工作务虚会 2018年1月3日召开。会议主要内容：对2017年以来的工作做个基本的评估，对2018年全县的工作思路进行研究谋划。县委书记姜景峰出席会议并讲话。县四套班子领导，县人武部政委、部长，县法院院长、县检察院检察长，温州系统流程装备科学研究院主要负责人，南岸水库工程建设办公室常务副主任，温州市楠溪江风景旅游管委会主任，各功能区、乡镇（街道）党（工）委主要负责人，县直有关单位主要负责人参加会议。

全面从严治党主体责任和意识形态工作主体责任落实情况汇报会 2018年1月11日上午召开。会议主要内容：总结2017年度永嘉县全面从严治党主体责任和意识形态工作主体责任落实情况。县委书记姜景峰出席会议并讲话。市委常委、统战部部长施艾珠及市考核组全体人员，县四套班子主要领导，县委常委、副县长，县纪委、县委宣传部班子成员参加会议。

县委十三届三次全体（扩大）会议 2018年1月15日上午召开。会议主要内容：高举习近平新时代中国特色社会主义思想伟大旗帜，贯彻落实中共十九大和省委、市委全会精神，回顾总结2017年工作，研究部署2018年任务，审议通过《中共永嘉县委关于深入学习贯彻中共十九大精神全面推进“一带两城五组团”发展布局的决定》，动员全县上下不忘初心、牢记使命，创新实干、克难奋进，全力开创新时代永嘉发展新业绩。县委书记姜景峰出席会议并作报告。县委委员、候补委员，县纪委委员，县人大常委会主任、副主任，县政府副县长，县政协主席、副主席，县人武部政委、部长，县法院院长、县检察院检察长，温州系统流程装备科学研究院主要负责人、南岸水库工程建设办公室常务副主任、温州市楠溪江风景旅游管委会主任，担任过副县级实职以上的党员老干部，县人大办各委（办、室）主任，县政协秘书长、各委（办）主任，县直属各单位党委（党组）主要负责人，各功能区党委书记、管委会主任，各乡镇（街道）党（工）委书记、乡镇长（主任），重点工程建设指挥部负责人，部分县第十三次党代会代表参加会议。

基层党建和人才工作述职评议会 2018年1月16日下午召开。会议主要内容：贯彻落实上级各项部署要求，回顾总结2017年的工作情况，对基层党建和人才工作现场问诊、把脉开方和对症下药。县委书记姜景峰出席会议并讲话。市委组织部联系副部长，县委常委，各乡镇（街道）党（工）委书记，县委党建工作领导小组成员，县委人才工作领导小组成员，县委组织部部务会议成员，部分县党代表，部分人才代表，各乡镇（街道）组织委员参加会议。

领导干部会议 2018年2月1日下午召开。会议主要内容：传达学习中共十九届二中全会精神和刚刚闭幕的浙江省“两会”精神，研究部署永嘉县贯彻落实意见。县委书记姜景峰出席会议并讲话。县四套班子领导，县人武部政委、人武部部长，县法院院长、县检察院检察长，温州系统流程装备科学研究院主要负责人、南岸水库工程建设办公室常务副主任、温州市楠溪江风景旅游管委会主任，担任过副县实职以上老同志（请老干部局负责通知），各功能区党委书记、管委会主任，各乡镇（街道）党（工）委书记、乡镇长（主任），县人大常委会、县政协各委室主任、专职常委，县直属各单位党委（党组）主要负责人参加会议。

中共永嘉县第十三届纪律检查委员会第三次全体（扩大）会议 2018年2月13日下午召开。会议主要内容：深入学习贯彻习近平新时代中国特色社会主义思想，全面贯彻落实中共十九大精神，按照十九届中央纪委二次全会、省纪委十四届二次全会、市纪委十二届二次全会和县委十三届三次全会的部署，回顾总结2017年工作，研究部署2018年任务。县委书记姜景峰出席会议并讲话。县四套班子主要领导、县委常委，县纪委委员、县监委委员，各功能区、乡镇（街道）党（工）委书记，纪（工）委书记、副书记，县直属有关单位主要负责人，市楠溪江风景旅游管委会、温州系统流程装备科学研究院、县国土资源局、县国税局、县供电局、永嘉农商行等单位纪委书记，县纪委、县监委派驻（出）机构负责人、派驻第一组至第六组纪检监察组副组长；县纪委、县监委机关各室（中心）、片区纪工委负责人，部分县第十三次党代会代表参加会议。

营商环境提升年动员大会 2018年2月26日上午召开。会议主要内容：贯彻落实温州市营商环境提升年行动动员大会精神，进一步深化作风建设、优化营商环境，动员永嘉县上下全面进入状态、提振精神、奋力拼搏，为2018年工作开好头、起好步。县委书记姜景峰出席会议并讲话。县四套班子领导，县人武部政委、部长，县法院院长、县检察院检察长，温州系统流程装备科学研究院主要负责人、南岸水库工程建设办公室常务副主任、温州市楠溪江风景旅游管委会主任，担任过副县级（实职）以上离退休老干部，各功能区、乡镇（街道）班子成员，县直属各单位中层以上干部，金融系统主要负责人，县属投资公司主要负责人，重点工程建设指挥部负责人，重点企业负责人，部分重点村（居）党支部书记和村委会主任，先进代表参加会议。

“项目建设突破年”暨扩大有效投资行动动员大会 2018年3月16日下午召开。会议主要内容：贯彻落实温州市扩大有效投资推进会精神，总结回顾2017年工作成效，研究部署2018年工作任务，动员永嘉县上下集中力量、集聚资源，全力推进项目建设和扩大有效投资。县委书记姜景峰出席会议并讲话。县四套班子领导，县人武部政委、部长，县法院院长、县检察院检察长，温州系统流程装备科学研究院主要负责人、南岸水库工程建设办公室常务副主任、温州市楠溪江风景旅游管委会主任，各功能区、乡镇（街道）党（工）委书记、分管投资领导，县直属有关单位主要负责人，县府办相关副主任，县发改局、县经信局、县科技局、县国土资源局、县住建局、县交通运输局、县环保局相关科室负责人，各重点工程指挥部主要负责人参加会议。

领导干部会议 2018年3月23日上午召开。会议主要内容：传达学习全国“两会”精神，研究部署永嘉县贯彻意见。县委书记姜景峰出席会议并讲话。县四套班子领导，县人武部政委、人武部部长，县法院院长、县检察院检察长，温州系统流程装备科学研究院主要负责人、南岸水库工程建设办公室常务副主任、温州市楠溪江风景旅游管委会主任，担任过副县实职以上老同志，各功能区党委书记、管委会主任，各乡镇（街道）党（工）委书记、乡镇长（主任），县人大常委会、县政协各委室主任、专职常委，县直属各单位党委（党组）主要负责人参加会议。

党建工作会议 2018年3月27日上午召开。会议主要内容：深入贯彻上级系列党建工作会议精神，总结分析党建工作形势，研究部署2018年重点任务。县委书记姜景峰出席会议并讲话。县四套班子主要领导，县委常委、副县长，县法院院长、县检察院检察长，温州系统流程装备科学研究院主要负责人、南岸水库工程建设办公室常务副主任、温州市楠溪江风景旅游管委会主任，各功能区党委书记、分管领导，各乡镇（街道）党（工）委书记、组织委员、宣传委员、统战委员，县直有关单位党委（党组）主要负责人，县委组织部、县委宣传部、县委统战部部务会议成员，县直机关工委党委成员参加会议。

“学习贯彻十九大、全面推进‘一二五’”主题实践活动动员大会暨全面深化改革大会 2018年4月2日上午召开。会议主要内容：深入贯彻中共十九大精神和温州市委、市政府决策部署及永嘉县委全会、县“两会”精神，进一步动员全县上下鼓舞斗志、提振精神，全面推进“一带两城五组团”发展布局，推动永嘉高质量发展。县委书记姜景峰出席会议并讲话。县四套班子领导，县人武部政委、部长，县法院院长、县检察院检察长，温州系统流程装备科学研究院主要负责人、南岸水库工程建设办公室常务副主任、温州市楠溪江风景旅游管委会主任，各功能区、乡镇（街道）党委和政府主要负责人，县直属各单位主要负责人，重点工程建设指挥部负责人参加会议。

乡村振兴、全域旅游暨美丽乡村创建动员大会 2018年4月16日上午召开。会议主要内容：贯彻落实中央、省委、市委农村工作会议和温州西部生态休闲产业带建设暨全市旅游发展大会精神，全面部署永嘉县乡村振兴、西部生态休闲产业带、全域旅游、美丽乡村等方面工作，进一步推进“一带两城五组团”发展布局。县委书记姜景峰出席会议并讲话。省、市旅游局领导，县四套班子领导，县法院院长、县检察院检察长，温州系统流程装备科学研究院主要负责人、南岸水库工程建设办公室常务副主任、温州市楠溪江风景旅游管委会主任，各功能区、乡镇（街道）党委和政府主要负责人，县直属有关单位主要负责人，重点工程建设指挥部负责人，省市派农村指导员和村第一书记、县派村第一书记片区组长参加会议。

基础教育发展暨健康永嘉和区域医疗康养中心建设动员大会 2018年5月4日上午召开。会议主要内容：认真贯彻落实中央、省市相关部署要求，动员全县上下加快推进基础教育发展、健康永嘉和区域医疗康养中心建设，进一步提高民生服务水平、增强县域发展竞争力，让老百姓更直接、更全面、更高效地共享发展成果。县委书记姜景峰出席会议并讲话。县四套班子有关领导，各功能区、乡镇（街道）党（工）委主要负责人，分管教育、卫生负责人，县直有关单位主要负责人，县教育局、县卫计局班子成员及重点科室负责人，各医疗卫生计生单位主要负责人，各学区、相关学校负责人，县教育系统部分党代表、人大代表、政协委员，康养区域中心建设项目业主参加会议。

建设平安永嘉暨政法信访工作会议 2018年6月22日下午召开。会议主要内容：坚持以习近平新时代中国特色社会主义思想为指导，全面贯彻落实省市平安和政法信访工作会议精神，回顾总结2017年以来的平安和政法信访工作，研究部署2018年各项重点任务。县委书记姜景峰出席会议并讲话。县四套班子领导，县人武部政委、部长，县人民法院院长、县人民检察院检察长，温州系统流程装备科学研究院主要负责人、南岸水库工程建设办公室常务副主任、市楠溪江风景旅游管委会主任，各功能区、乡镇（街道）党委、政府主要负责人、分管政法副书记，县直属有关单位主要负责人，县反恐办主要负责人、县公安局各派出所主要负责人，受表彰的先进代表参加会议。

县委十三届四次全体（扩大）会议 2018年8月12日下午召开。会议主要内容：深入贯彻习近平总书记对浙江工作的重要指示精神，全面落实省委全会和市委全会精神，回顾总结上半年工作，研究部署下半年任务，进一步动员全县上下凝心聚力、开拓创新，实干担当、奋勇争先，确保高质量完成2018年各项目标任务。审议通过《中共永嘉县委关于新时代进一步扩大对外开放的决定》。县委书记姜景峰出席会议并作报告。县委委员、候补委员，县纪委委员，县四套班子领导，县人武部政委、县法院院长、县检察院检察长，温州系统流程装备科学研究院主要负责人，南岸水库工程建设办公室常务副主任、温州市楠溪江风景旅游管委会主任，县人大常委会、县政协各委室主任、专职常委，担任过副县实职以上老同志，各功能区党委书记、管委会主任，各乡镇（街道）党（工）委书记、乡镇长（主任），县直属各单位党委（党组）主要负责人，重点工程建设指挥部负责人，部分县第十三次党代会代表参加会议。

县委常委（扩大）会议 2018年8月31日下午召开。会议主要内容：传达前阶段省里重要会议以及省市领导到永嘉调研的讲话精神，特别是学习省委车俊书记到永嘉考察工作时的重要讲话精神，研究部署贯彻落实意见，动员永嘉县各级领导干部进一步统一思想、明确方向、加大力度、狠抓落实，奋力开创新时代永嘉改革发展新局面。县委书记姜景峰出席会议并讲话。县四套班子领导，县人武部部长，县法院院长、县检察院检察长，温州系统流程装备科学研究院主要负责人、南岸水库工程建设办公室常务副主任、温州市楠溪江风景旅游管委会主任，各功能区、乡镇（街道）党委、政府主要负责人，县直属有关单位主要负责人参加会议。

移风易俗攻坚行动动员大会 2018年9月14日上午召开。会议主要内容：贯彻落实省市决策部署，全面深化移风易俗工作，进一步革除陈规陋习、树立文明新风。县委书记姜景峰出席会议并讲话。县有关领导，市文明办领导，县直属各单位主要负责人和分管负责人，各功能区、乡镇（街道）党委主要负责人，各大酒店法人代表，县文明办全体人员参加会议。

经济、考绩形势分析会 2018年11月8日下午召开。会议主要内容：全面了解2018年各项重点工作的完成情况，查摆分析存在的问题，研究部署下阶段工作，决战决胜四季度、确保实现“全年红”。县委书记姜景峰出席会议并讲话。县四套班子领导，县法院院长、县检察院检察长，温州系统流程装备科学研究院主要负责人、南岸水库工程建设办公室常务副主任、温州市楠溪江风景旅游管委会主任，各功能区、乡镇（街道）党委和政府主要负责人，县直属有关单位主要负责人参加会议。

强化微权力监督共建清廉永嘉推进会 2018年11月28日下午召开。会议主要内容：认真贯彻落实省委和市委清廉建设的决策部署，进一步总结前阶段成效，分析工作中问题，明确下一步重点，加快推动全面从严治党向基层延伸，全力推进“强化微权力监督、共建清廉永嘉”工作再上新台阶。县委书记姜景峰出席会议并讲话。县四套班子领导，县法院院长、县检察院检察长，温州系统流程装备科学研究院主要负责人、南岸水库工程建设办公室常务副主任、温州市楠溪江风景旅游管委会主任，县纪委委员、县监委委员，县直属有关单位主要负责人，各功能区、乡镇（街道）党（工）委书记，纪（工）委书记，市楠溪江风景旅游管委会、温州系统流程装备科学研究院、县国土资源局、县税务局、县供电局、永嘉农商行等单位纪委书记，县纪委、县监委派驻（出）机构负责人，县委巡察组组长，基层站所代表，村（居）代表，企业代表，学校校长代表，医院院长代表参加会议。

“部门亮绩赛场——攻坚考核比拼”活动 2018年11月30日下午召开。会议主要内容：永嘉县上下营造“比着学、赛着干、争着上”浓厚氛围，激励广大干部迎难而上、奋发有为，全力冲刺年度各项工作任务，确保实现“全年红”目标。县四套班子领导，县人武部部长，县法院院长、县检察院检察长，温州系统流程装备科学研究院主要负责人，南岸水库工程建设办公室常务副主任，温州市楠溪江风景旅游管委会主任，各功能区党委书记、管委会主任，各乡镇（街道）党（工）委书记、乡镇长（主任），县直属有关单位主要负责人参加会议。

（汤益梁）

政策研究与全面深化改革

概况 2018年，永嘉县委政研室（改革办）紧紧围绕县委纵深推进“一带两城五组团”发展布局，充分发挥决策参谋助手作用，统筹推进全面深化改革工作，取得良好的工作成效。温州市决咨课题《瓯江北岸沿线开发建设的思考与建议》获温州市一等奖。2018年，共获得1个国家级试点牌子（全国农村集体产权制度改革试点县）、4个省级试点牌子（第二批传统制造业改造提升分行业省级试点、省级基层商会改革发展试点、2019年度扶持村级集体经济发展试点、“品字标浙江制造”集中培育县），民营资本参与农村产权交易市场建设模式在全省复制推广。

课题研究 2018年，永嘉县委政研室（改革办）深入开展课题研究，充分发挥“智囊团”和“参谋部”作用，围绕“‘八八战略’再深化、改革开放再出发”大调研活动的任务要求，深入开展“大学习、大调研、大抓落实”行动，协助县领导谋划重点调研课题18项。开展市决策咨询与政策研究课题调研，编制完成《永嘉县深入实施“八八战略”的实践与思考》《瓯江北岸沿线开发建设的思考与建议》等2篇调研报告并顺利通过市级评审，其中，《瓯江北岸沿线开发建设的思考与建议》获全市一等奖。认真配合省市，完成传统产业提升、营商环境打造、降本减负、乡村振兴等方面的专题调研，增强上级领导对永嘉县经济社会发展情况的全面了解。

政策文件　2018年，永嘉县委政研室（改革办）牵头编写《关于以“最多跑一次”改革为统领推动重点领域改革争当新时代高质量发展排头兵的意见》《中共永嘉县委关于新时代进一步扩大对外开放的决定》《全面实施乡村振兴战略高水平推进农业农村现代化的实施意见（2018—2022年）》等政策文件，为加快构建新时代永嘉新发展格局，进一步推动永嘉高质量发展注入新活力。

辅政平台　2018年，永嘉县委政研室（改革办）紧贴党委政府中心工作，高标准办好《永嘉通讯》《永嘉政研》《永嘉改革》和《调查与思考》等辅政平台，为县领导决策提供参谋服务。全年刊发《永嘉政研》《永嘉改革》17期，获得县委主要领导批示3次，编印《永嘉通讯》2期，编辑出版《调查与思考——2017年度党政系统优秀调研成果文集》。成功举办深化农村改革助推乡村振兴永嘉专题研讨会暨温州市农村产权改革专家咨询会。

经济发展　2018年，永嘉县聚焦经济发展，激发转型升级新动能。经济体制改革方面，泵阀产业列入浙江省传统制造业改造提升分行业试点；永嘉教玩具小镇成功列入浙江省省级特色小镇创建名单；深入推进“两化融合”和“浙江制造”两大浙江省省级试点，奥康、红蜻蜓被评为2018年浙江省省级制造业与互联网融合发展试点示范企业，亚龙集团成立温州市首个国家级电气数字化基地，东蒙集团列入工信部“两化”融合贯标企业名单，永嘉县被列为“品字标浙江制造”品牌集中培育县。金融综合改革方面，全面加强金融风险防控，金融生态继续保持优良水平，相关做法获温州市委书记陈伟俊批示肯定。农村综合改革方面，成功列入全国农村集体产权制度改革试点县；民营资本参与农村产权交易市场建设模式被浙江省经济体制改革工作领导小组列入26条改革典型经验在全省推广；推进农村改革八大举措获得温州市委书记陈伟俊批示肯定。

社会转型　2018年，永嘉县聚焦社会转型，开创民生发展新局面。民主法治改革方面，着力推进楠溪江立法工作，《温州市楠溪江保护管理条例》被列为2018年温州立法计划预备项目；创新基层治理模式，全国人民调解工作会议现场会、全省“大数据+人民调解”现场推进会在永嘉县设置观摩点，“4+1”基层人民调解模式（“4”个基层调解阵地：镇街联调中心、村级联片调委会、重点村调委会、个人品牌调解室；“1”个专家咨询指导组）在全国推广。文化体制改革方面，在浙江省率先实体化运作县级网络举报中心；高质量建设文化礼堂，浙江省农村文化礼堂建设工作现场会在永嘉县设观摩点，农村文化礼堂“民建民办民享”经验做法获浙江省主要领导批示肯定。社会体制改革方面，成为温州市县乡一体化基本药物采购改革试点县，家庭医生签约服务工作成为浙江省典型。深入推进雪亮工程，实现重点公共区域视频监控覆盖率100%、联网率100%、高清率100%。全面推行“一三五”应急处置机制，实现乡镇街道应急处置指挥中心全覆盖。生态文明体制改革方面，统筹打好“垃圾革命”“厕所革命”“污水革命”等组合拳，持续推进小城镇环境综合整治，获评美丽浙江建设工作考核优秀县。

环境优化　2018年，永嘉县聚焦环境优化，跑出助推发展新速度。行政体制改革方面，持续深化“最多跑一次”改革，政务环境总指数排名浙江省前列。党的建设制度改革方面，建成瓯窑小镇、楠溪源头田园综合体联合党委等一批区域党建品牌；深入实施“赛场练兵·实战比选”计划，干部公开“亮丑”做法被《浙江日报》头版报道；实行“飞地”引才，成为温州市唯一完成省千任务的县（市、区）；全县所有集体经济薄弱村提前脱帽，实现“三年任务一年完成”，浙江省“千企结千村、消灭薄弱村”暨消除集体经济薄弱村现场会在永嘉县召开。纪律检查体制改革方面，创新组建6大协作联合体，相关做法获中国纪检监察报点赞；持续深入开展县委巡察，创新实行“巡察+审计”“巡察+片区纪工委”模式，创新推行县纪委纪检监察室派员驻组制度、巡察办和巡察组问题线索会诊制度。

（麻沧原）

组织工作

概况 2018年，永嘉县委组织部全面落实新时代党的建设总要求，以党的政治建设为统领，以“质量提升年”为主抓手，聚焦主责主业，服务中心大局，基层组织建设、干部队伍建设、人才队伍建设均取得新成效、新进展，为加速推进永嘉经济社会高质量发展提供坚强组织保证。

村级集体经济 2018年，永嘉县坚持以组织力提升为重点，扎实推进抓基层打基础工作。稳步推进村级集体经济发展，在全面巩固提升“消薄”成果基础上，坚持“项目为王、抱团发展、村企合作”发展主基调，总结推广集体物业、农旅融合、村企合作、农特品牌、特色产业、劳务合作6条项目路径，探索实施异地置业抱团、资源整合抱团、产业融合抱团3大抱团发展模式，推行村级项目三级联审机制，深入开展村集体“三资”专项整治，突出整改老协规范提升、“白条入账”、非生产性支出过多等问题，全县903个村全部完成省定任务，258个省定薄弱村集体经济总收入同比增长21.4%，市定集体经济总收入、经营性收入10万元以上及总收入100万元、300万元、500万元以上等5项重点指标全部超额完成，成功召开全省“千企结千村、消灭薄弱村”暨消除集体经济薄弱村现场推进会，“以组织振兴带动乡村振兴”做法得到省委车俊书记高度点赞。

党员管理 2018年，永嘉县有效规范党员队伍教育管理，积极推行党支部“B（标准）+T（特色）+N（若干任务）”内容体系建设，制定出台10个领域党支部标准化工作清单及3个领域个性清单，不断增强支部建设的规范性、有效性。进一步加强党员发展，不断加大高知识群体、非党村主任等群体党员发展力度，严格党员发展预审把关，全县共发展党员342名，退回拟发展对象13名。高标准开展党员“六类问题”清零行动，264名未满18周岁入党对象、285个预备期满超6个月未转正党员和其余问题全部稳妥处置到位。创推“两回一检”工作法，建立乡镇（街道）党性整改支部，“回炉”37名党员。建立“ISO 9001”党建质量管理体系，通过县级督查季覆盖、乡镇督查月覆盖，共开展12轮无告知督查，约谈镇村干部115名。

阵地建设 2018年，永嘉县高标准推进红色阵地建设，组织实施“五百工程”行动，创成市县乡级党建示范点633个、示范带22条，重点打造楠溪源头田园综合体党建联盟、桥下德盛家园党建综合体等一批区域党建品牌。集中开展村级办公场所整治，紧盯村级办公场所面积小于100平方米和在祠堂办公两大短板，采用临时租用等措施解决170处办公场所不达标问题。推进“1+22+X”党群服务中心建设，成功举办全市“瓯江红”党群服务中心现场推进会，打造党群服务中心永嘉样板。扎实推进村社换届“回头看”，坚持把政治标准放在第一位，通过乡镇（街道）班子成员带队考察和镇、村两级评议打分，共“下”了村社干部104名，其中村主职干部46名。

“两新”工作 2018年，永嘉县全面聚焦“两新”工作，开展“两新”组织“双覆盖集中攻坚月”专项行动，非公有制企业党组织单建率水平从10.7%提升到13.0%，社会组织党组织单建率水平从14.2%提升到15.7%。实施样板提升“助力计划”，成功打造玩具智造小镇、瓯窑小镇、翔宇中学、海鹰救援队等两新党建示范点19个。

干部考评与培训 2018年，永嘉县坚持以高素质专业化为要求，着力锻造忠诚干净担当的永嘉铁军。进一步优化领导干部考核评价体系，完善《领导干部综合考评激励办法》，将全县科级领导干部按区域、职级、工作条块进行分类考评，采取“共性内容”与“个性内容”相结合的方式，设置涵盖6类对象、7项内容的考评机制，有效增强考评精准度。强化干部党性教育，全年举办各类培训班19期，培训干部2500多人次，首次赴中央党校举办政治能力提升培训班，并成功启动红十三军红色教育基地建设。

干部队伍优化 2018年，永嘉县加强年轻干部源头储备，建立“双一流”院校毕业年轻干部库、中高职称专业干部人才库、30周岁以下年轻干部库，并深入实施“紧缺专业人才引进工程”，招录浙江大学硕士研究生和复旦大学博士生各1名。持续优化干部队伍结构，开展竞争性选拔副乡科级领导干部有关工作，2位“85后”和2位“90后”被提拔到副科领导岗位。实战淬炼干部担当，继续推行“项目试金”计划，组织党员干部奔赴“大拆大整”“大建大美”“五水共治”等中心工作进行攻坚任务，共选派22名优秀干部到6个攻坚组历练，14人到重点岗位挂职；深化年轻干部“三个一线”培养模式，将第22期中青班的69名学员分配到城中村改造等岗位“孵化”培育；开展“千名干部助千企”活动，选优配强涉企涉商关键岗位干部，为1000家企业和项目选派近千名干部，深入企业一线宣传政策、排摸问题，帮助解决问题，助力营商环境提升。积极探索空缺岗位预告制度，先后3次对国有企业等9个专控岗位进行空缺预告，通过“定期盘点+综合研判”“分层发布+多方推荐”“考场问政+适岗考察”等方式，择优选拔6名科级领导干部，较好点燃基层干部实干热情。

“政治体检” 2018年，永嘉县创新推行“政治巡访”，探索制定《“政治标准”细节问题清单17条》和《政治表现反向测评18项具体情形》，从正反双向对全县领导班子和领导干部开展“政治体检”，全年共巡访单位28家，指导整改问题178个，约谈领导干部17名。升级“大数据”干部管理平台，定期维护、全方位采集干部政治表现等数据，对全县3000多名干部“一人一档”信息进行“多维度”轨迹记录，基本实现“人在干、数在转、云在算”。

干部关心关爱工程 2018年，永嘉县积极打造干部关心关爱工程，进一步提高体检标准、落实职工工会疗休养等权益，通过美丽乡镇机关创建，全面优化改善19个乡镇（街道）干部工作生活条件，采取“向组织说说心里话”“请上门与走下去”“日常谈与节点谈”方式，全年累计谈话1500余人次，实现领导干部谈心谈话全覆盖。

党管人才 2018年，永嘉县坚持以人才引领发展为导向，加快集聚创新创业人才。出台高含金量“人才新政50条”，就人才专项奖励、创业项目扶持、人才平台建设、人才生态环境等10个方面进行强化提升，在引才、用才、育才、留才等方面进行大胆改革和创新，建立健全不唯地域、不求所有、不拘一格的引才用才政策体系。全力抓好重点人才工程，聚焦省千等“高精尖缺”人才引进、省市高水平创新团队和本土人才培育工作，全年新增C类以上高端人才7名，其中“省千”人才1名，是全市唯一完成省千任务的县市区，新增市重大人才工程人员16名。持续推进重点人才平台建设，成立全市首家电气数字化设计技术国家地方联合工程实验室——亚龙科研基地，全面推进NB—IoT智慧泵阀实验室投入实际运营，全年新增和建成产业级大平台7个，“平台聚才”典型做法多次被《人民日报》《浙江日报》刊发，以人才驱动泵阀传统产业转型升级相关做法得到市委书记陈伟俊批示肯定。着力改善人才发展环境，集中开展“走千家企业，访万名人才”活动，累计走访企业973家，排摸企业需求833条，并将企业反映的引才、用才、留才等多方面困难纳入“问题清单”，综合施策、精准发力。实施人才“暖心工程”，帮助解决企业人才或优秀员工子女入学问题96例，审核发放住房补贴136例，完成201名相关人才政策享受对象的审核和奖励发放工作。

（戴挺耀）

宣传工作

概况 2018年，永嘉县委宣传部认真贯彻中央和省委、市委、县委关于意识形态工作的具体部署，以习近平新时代中国特色社会主义思想和中共十九大精神为指引，牢牢把握正确的政治方向、舆论导向和价值取向，创新工作方法、狠抓工作落实、取得不俗成绩。2018年共获市级以上各类荣誉35项，获各级领导批示肯定14次，意识形态考核取得全市第二名的历史最好成绩，连续7年夺得全市意识形态考核同组第一名。

思想引领 2018年，永嘉县把学习宣传贯彻习近平总书记系列重要讲话精神，特别是习近平新时代中国特色社会主义思想和中共十九大精神作为重中之重，以2018年8月21日的全国宣传思想工作会议精神为新起点，深入开展中共十九大精神、红船精神、“八八战略”批示精神、全国宣传思想会议精神等专题学习，广大干部群众“四个自信”进一步增强。同时，以县委理论中心组专题学习为重点，充分发挥县委中心组龙头带动作用，打造“一月一主题”学习品牌，全面实施领导干部述学考学评学制度，联动推出解放思想大讨论、党员微党课比赛、网络宣讲、下基层巡讲等理论学习载体，切实把上级精神传递给每一位党员干部和基层群众。2018年，县委理论学习中心组共组织集中学习12次，带动全县各地掀起理论学习热潮。特别是在中共十九大之后，永嘉县第一时间成立县四套班子领导宣讲团，深入基层开展宣传；创新方式，采取“道情”、方言快板、电影等老百姓喜闻乐见的文艺方式，将宣讲阵地建设普及到庭院村口、田间地头，取得良好宣传效果。这些做法也得到省委宣传部的批示肯定。

主题宣传 2018年，永嘉县充分发挥传媒集团作用，打造“一体策划、一次采集、多种生成、多元传播、全天滚动”工作格局，进一步增强新闻发布时效性、可看性和传播力，充分发挥党媒喉舌、旗帜和阵地作用。积极对接中央和省市级主流媒体，讲好永嘉好故事、传播永嘉好声音；健全“6+X”联席会议制度，深入挖掘提炼永嘉重点、亮点、特色工作，精心策划在《人民日报》、《光明日报》、《经济日报》、央视、《中国经济时报》等中央级核心主流媒体上刊播报道150多篇，在《浙江日报》、浙江卫视等省级媒体刊播报道866篇，在《温州日报》、温州电视台等市级媒体刊播报道1217篇，业绩在全省、全市名列前茅，为助力永嘉科学发展创造良好舆论环境。策划组织全国知名作家“再识楠溪江”采风、“当巴黎遇上温州”中法画家温州写生与展览、“温州（楠溪江）国际太极瑜伽盛会暨中印太极瑜伽·古典音乐文化节”、改革开放四十周年40人40事40图等活动，成为全国媒体报道的焦点。特别是在中国百名文化记者走进永嘉大型采访等系列活动中，《人民日报》《光明日报》《经济日报》《工人日报》等来自全国29个省、市、自治区的104家报社的150余位总编、主任及编辑记者齐聚永嘉，走进永嘉秀丽山水，体验永嘉深厚文化，聆听永嘉发展故事，感受永嘉改革巨变，传播永嘉好声音。同时，倾力参与打造的岩坦镇屿北村“永嘉农村改革展馆”受到省委书记车俊、省委统战部部长熊建平、温州市委书记陈伟俊等省市领导的充分肯定。自展馆开放以来，超过2万名干部群众参观展馆，为全面了解40年来永嘉改革成就、激励深化永嘉改革起到重要的推动作用。

价值引领 2018年，永嘉县深入开展中国特色社会主义宣传教育活动，加强社会主义核心价值体系建设，全面提高全县公民道德素质，培育良好风尚。围绕庆祝中华人民共和国成立69周年、中国共产党成立97周年、长征胜利82周年、改革开放40周年等重大节庆，组织开展“重走红军路”、图片展览等主题宣传活动；开展“礼敬最美——寻访身边好人，讲述永嘉故事”系列活动，不断完善最美人物选树机制，2018年，全县累计获评省级最美人物3人、获评市级最美荣誉28人，“最美”现象蔚然成风；指导各乡镇街道广泛发动开设民间道德奖，全县已设立796个奖项，2687人次获奖，累计奖金达372余万元，设奖范围覆盖全县903个村居。当前，永嘉县共建成爱国主义教育基地31所，通过加强基地建设、挖掘文化资源、创新教育载体、开展主题活动等方式加强爱国主义教育，各教育基地参观人数达50多万人次。2018年，永嘉县不断推动移风易俗工作，先后出台移风易俗方面的10个政策性文件，组织开展122个村“百村传立家规家训”活动，全面启动903个村移风易俗工作，2万多名党员干部带头签订移风易俗承诺书，开通的“喜事新办网络服务平台”、公益性殡葬服务网站、电子殡葬服务地图都走在全市乃至全省前列，墓碑二维码的生态化墓葬做法更是全国首创，“互联网+移风易俗”逐渐成为“永嘉模式”，得到市领导和社会各界点赞。在岩头镇苍坡村成功打造首个县级家风馆，《楠溪族规家训》广泛传播，全县各地家风、民风明显改善。同时，积极开展文明创建系列活动，全县打造乡风文明示范带2条，创成县级以上文明村554个，创成数量全市第一。“五美乡村”12个，共评出“十星文明户”8482户，县级“十星文明示范户”328户。

“40人40事40图”征集活动 2018年5月至8月，永嘉县开展纪念改革开放40周年“40人40事40图”征集活动，面向广大市民、在外永嘉人征集突出贡献“40人”、重大典型“40事”及定格瞬间“40图”，全面回顾40年来永嘉县改革开放的发展历程。活动共征集到报名材料400多份，通过永嘉网、永嘉发布微信公众号进行网络投票，参与投票4万余人，投票数达51万余票。经过最终评审，桥头纽扣市场代表人物王碎奶、永嘉首位奥运冠军朱启南、永嘉籍中将潘瑞吉等入选改革开放40周年“40人”名单；永嘉打击假冒伪劣走上品牌复兴之路、楠溪江风景名胜区入选国务院第二批国家重点风景名胜区、温州市首家村镇银行——永嘉恒升村镇银行成立等入选改革开放40周年“40事”；温家宝来永嘉视察、奥康“三把火”重塑“诚信温州”（组图）、永嘉成为全省首个长寿之乡等入选改革开放40周年“40图”。

文化建设 2018年，永嘉县坚持民办民建民享机制，引导各地建设文化礼堂，新建农村文化礼堂109所。县委宣传部结合工作实际，撰写文化礼堂建设工作信息《永嘉县“三力齐发”筹集民间资金7000多万干出农村文化礼堂建设加速度》获得省政协主席、宣传部部长葛慧君批示肯定并要求全省各地学习。全年继续开展农村文化体育建设深化年活动，引导成立乡村艺术团500多个，举办各类文体活动2500多场次。在文艺精品创作方面，永昆《孟姜女送寒衣》荣获2018国家艺术基金扶持，为温州地区唯一，永昆《罗浮梦》列入市级文艺精品扶持项目。2018年，县委宣传部大力推进“墨香温州”建设，在全县村社开展“墨香村社”建设行动，开展培育“墨香家庭”，指导全县开展“墨香校园”创建，成功在市展览馆举办永嘉书画名家邀请展；文化产业方面，成功举办瓯江山水诗文旅项目资本对接会和“让瓯江山水诗路旺在实景里”圆桌对话，编写《永嘉县文化

表5 永嘉县纪念改革开放40周年“40人”名单一览表

序号	姓名	序号	姓名
1	王汉洲	21	陈　飞
2	王永铮	22	陈　坚
3	王振滔	23	陈中浙
4	王碎奶	24	陈光中
5	方亨志	25	陈继权
6	叶克连	26	邵若珍
7	叶康松	27	林凯文
8	叶新人	28	林媚媚
9	叶黎明	29	林曦明
10	朱启南	30	周丐亮
11	朱炳新	31	周吉楼
12	孙小飞	32	周建云
13	苏尚洲	33	周星建
14	李大鹏	34	钱金波
15	李丐腾	35	黄建南
16	李焱然	36	蒋　川
17	吴志泽	37	蒋贤云
18	邱晓来	38	滕理送
19	邹招斌	39	滕锦光
20	张彩华	40	潘瑞吉

说明：人物按姓氏笔画排序

表6 永嘉县纪念改革开放40周年“40事”一览表

序号	事件
1	桥头纽扣市场：用一粒纽扣缔造改革传奇
2	永嘉打击假冒伪劣走上品牌复兴之路
3	费孝通题词、撰文肯定桥头市场和温州模式
4	永嘉县创办全国第一所预备军人职业学校
5	楠溪江风景名胜区入选国务院第二批国家重点风景名胜区
6	“初识楠溪江”——全国著名作家、诗人、书画家组团采风
7	瓯北客运轮渡码头竣工通航
8	红十三军军部旧址群被命名为省级爱国主义教育基地
9	永嘉成为全省首批脱贫县
10	楠溪江引水工程泽被永嘉人民
11	桥头人率先代理、收购国际品牌
12	永嘉工业园区成立
13	红蜻蜓集团成立全国第一家鞋文化研究中心
14	超达阀门打响我国民营企业起草制定阀门标准的第一炮
15	中国通用机械工业协会授予永嘉“中国泵阀之乡”
16	永嘉进入全国财政收入和县域经济基本竞争力“双百强县”行列
17	“中国纽扣之都”“中国拉链之乡”区域品牌落户桥头
18	奥康集团成立永嘉第一个民营企业党委
19	中国教玩具协会授予永嘉“中国教玩具之都”称号
20	永嘉县获评“中国超市文化示范县”
21	楠溪江古村落被授予中国景观村落群称号
22	温州市首家村镇银行——永嘉恒升村镇银行成立
23	甬台温铁路永嘉站启用

产业发展三年行动实施方案》，新增省级成长型企业1家，市级重点文化创意街区培育对象1家，温州市级重点文化企业11家，温州市级成长型文化企业10家，在永平苍三地中名列第一。

舆论引导　2018年，永嘉县不断突破基层网络空间难点，注重机制建设和部门协调，不断完善基层网络综合治理体系建设。在舆情机制建设上，出台网络突发舆情四级响应、“三色”预警抄告机制和属地网络“四单一网”机制建设，实现线上线下快速协调处置。强化阵地建设，创建8个网络文化传播基地和2个阳光传播家园。在创新试点上，完善属地互联网违法不良信息协同处置体系建设，增设永嘉县互联网违法不良信息举报中心。

（郑胜勇　吕洲）

统战工作

概况　2018年，永嘉统一战线认真学习贯彻中共十九大精神，紧紧围绕“一带两城五组团”空间布局，充分发挥统一战线独特优势，广泛凝聚共识，积极汇聚力量，各领域统战工作取得新成绩。2018年，提交县政协提案201件，人大议案92件，向县委提交5个“直通车”建议，全年打造48个“同心服务基地”，举办首届中国·永嘉2018年乡村振兴高峰论坛。全年共得到省市领导批示肯定2次、省市部门通报表彰9次，温州市对永嘉县统战工作的考核得分全市第一。

民主党派与党外知识分子　2018年1月17日至21日，永嘉县委

续表6

序　号	事　件
24	诸永高速建成通车
25	中国五金制品协会授予永嘉“中国五金饰扣之都”称号
26	永嘉包产到户事件被写入《中国共产党历史》第二卷
27	奥康历时六年打赢欧盟反倾销案
28	永嘉县获评浙江省第一个“中国长寿之乡”
29	永嘉桥下西岙村入选全国首批“淘宝村”
30	永嘉民办教育改革开启破冰之旅
31	全省美丽乡村现场会在永嘉举行
32	永嘉建成国家阀门质量监督检验中心
33	瓯越大桥试通车——温州永嘉新添第九座大桥
34	新医改永嘉样板——“人才柔性引进”工程
35	瓯窑小镇：打造特色文化村
36	永嘉成功入选浙江省第二批“浙江制造”试点县名单
37	温州首个省级田园综合体落户永嘉岩坦
38	永嘉获评全国休闲农业与乡村旅游示范县
39	屿北古村：开创全省“整村置换”开发模式先河
40	永嘉泵阀产业成功创建“全国知名品牌创建示范区”

说明：事件按时间排序

表7　永嘉县纪念改革开放40周年“40图”

序　号	图片主题
1	乔石视察桥头纽扣市场
2	“泥腿子”吹出国门
3	桥头纽扣市场蓬勃发展（组图）
4	华东地区实现村村通电
5	万人兴修水利
6	土地二轮承包激发三农建设新热情
7	电话进农家（组图）
8	温州大桥、东瓯大桥通车（组图）
9	永嘉举办首届农民运动会
10	永昆《张协状元》荣获中国戏曲学会奖（组图）
11	首届中国（永嘉）泵阀博览会开幕
12	温家宝来永嘉视察
13	世界地质公园楠溪江园区揭仪式
14	奥康“三把火”重塑“诚信温州”（组图）
15	报喜鸟上市
16	美丽乡村（组图）
17	特奥会火炬接力（组图）
18	贾庆林参观鞋文化博物馆
19	中国（温州）森林旅游节开幕式
20	第一届全国山地户外运动技能挑战赛（组图）
21	永嘉成为全省首个长寿之乡
22	操场的变迁（永嘉县职业中学操场）（组图）
23	扶残助残的“扁担精神”
24	路的变迁
25	三江国际商务区奠基暨三江农房集聚和瓯北大桥动工仪式（组图）
26	醉美菇溪（组图）

续表7

序号	图片主题
27	永嘉高速掠影（组图）
28	永嘉县三塘隧洞分洪应急工程（组图）
29	文化礼堂 精神家园（组图）
30	清水埠城中村改造（组图）
31	瓯北新貌（组图）
32	沙头供水工程建设前后（组图）
33	“最多跑一次”——跑出改革加速度（组图）
34	编织幸福之路——乡村康庄工程
35	杭温高铁开工仪式（组图）
36	乌牛早茶抢占茶市（组图）
37	三江的崛起（组图）
38	桥头蜕变（组图）
39	舴艋舟复活（组图）
40	永嘉县打造红色品牌活动——重走红军路

说明：图片按拍摄时间排序

统战部在县十六届人大二次会议、县政协十届二次会议中党外人大提交县政协提案201件、占65%，人大议案建议92件、占35%。完善党外人士向县委建言“直通车”制度，共提交5个“直通车”建议，全部得到县委书记的批示办理。4月，出台《关于举办纪念“五一口号”发布70周年系列活动的通知》，开展“五一口号”发布70周年9大系列纪念活动。全年落实特约人员工作和对口联系制度活动81次，答复特约人员来信2次。2018年永嘉县委农工党新进7名新党员，全部参加2018年浙江省专职干部培训班为期4天的培训学习。2018年农工党县委会原办公室主任周索奇得到组织提任，调任县供销联社任工程师（副科级领导）。2018年县农工党、民建联合开展“送医、送药、送科技、送农资、送法律、送康养、送书、送教”等支持“乡村振兴”战略公益活动18次。

同心服务基地 2018年，永嘉县打造48个“同心服务基地”，成功打造屿北同心红色教育基地、翔宇同心嘉园、瓯窑同心苑等6个标杆同心基地，挂牌市级“乡贤助力乡村振兴实践基地”2个、“新的社会阶层人士实践创新基地”2个。

乡贤助力乡村振兴 2018年，永嘉县推出“乡乡兴·永嘉兴”工作品牌，于12月9—11日成功举办首届中国·永嘉2018年乡村振兴高峰论坛，授予永嘉县“乡贤助力乡村振兴理论研究基地”“乡贤助力乡村振兴永久论坛”称号；编制《乡乡兴·永嘉兴》永嘉乡贤助力乡村振兴实例选编，全面展示永嘉乡贤风采；在永嘉统战微信公众号中设立乡贤论坛，让乡贤积极为家乡发展出谋划策，献策进言。浙江省委熊建平部长和温州市委施艾珠部长亲自到永嘉调研并点赞永嘉乡贤助力乡村振兴工作。

民族工作 2018年10月，浙江华潍新材料科技股份有限公司成功创建省级第一批民族团结进步重点培育单位。10月底永嘉县组团参加第六届浙江省少数民族传统体育运动会，喜获7银4铜的佳绩，创历史最好成绩。

宗教管理宣传 2018年8月，下发《中共永嘉县委统战部永嘉县社会治安综合治理委员会办公室永嘉县民族宗教事务局关于将宗教和民间信仰有关事务均纳入全科网格管理的通知》，全县529处宗教活动场所和1052处民间信仰活动场所均纳入全科网格化管理，纳入率100%。同时根据中共中央工作安排，全力加强各级党组织对宗教工作的领导，开展全县各级党组织落实宗教工作的自查、督查和整改工作。2018年印发《宗教事务条例》《宗教工作应知应会》6000多份，组织基层干部参加宗教知识测试2000多人，使宗教工作知晓度大大提高。

非公有制经济领域 2018年，永嘉县委统战部加强非公有制经济人士统战工作，构建亲清政商关系，营造良好营商环境。截至2018年年底，县工商联有会员4115名，新增会员423名，同比增长10.3%。2018年县工商联所属镇街商会（联谊会）19个，除枫林商会无党员不符合组建条件外，其余均已建立党支部。所属经济类行业协会14个，均已建立党支部。出台《关于以百名干部联百企为主抓手深化开展营商专员（代办员）助企服务活动的通知》《关于优化提升营商环境检察助力行动的意见》《关于规范信用“红黑名单”管理工作的实施方案》《永嘉县新动能培育三年行动计划（2018—2020年）》《营商环境提升年实施方案》《关于企业投资项目审批“开工前100天、竣工验收30天”改革的实施意见》等16个政策文件，推动新时代民营经济“两个健康”发展。推进基层商会改革发展试点工作，2018年11月14日，浙江省委统战部同意在永嘉县开展基层商会改革发展试点工作。

港澳台事务　11月3日，香港同乡会成功换届，联络同乡会新生代青年33人，成立香港永嘉同乡会新生代联谊组织。联络组织46名港澳台海外代表出席永嘉县政协十届二次会议，共提交提案18个。举办或协办涉台港澳引资引智活动25场，签约涉侨项目4个，投资额21.2亿元。利用台资300万美元（温州睿迪电子科技有限公司，公司注册资本600万美元，台方股份占50%）。

海外事务　2018年，永嘉县委统战部办理因公出国（境）11批31人次；开展国际交流活动7场，接待外宾7批265人次，主要接待印度驻沪总领事、爱尔兰驻沪总领事，意大利拉齐奥大区教育厅厅长等重要外宾。10月，永嘉县政府与美国彼得堡市签订建立友好交流关系意向书。

党外代表人士　2018年，7个政府工作部门配备党外领导干部，分别是县发改局、县市场监督管理局、县统计局、县环保局、县教育局、县综合执法局、县经信局。县直属单位配备4名党外正职，分别是县市场监督管理局局长、县文联主席、县金融办主任和县新居民服务管理局局长。县3个群团组织配备党外领导干部，分别是文联主席、妇联副主席、红十字会副会长。县管后备干部442人，其中县管党外后备干部65人，占比14.7%。2018年县人大代表中，党外人士104名，占比34.44%，县人大常委中，党外人士8名，占比34.78%；县人大常委会副主任（党外）1名，县人大机关办公室副主任（党外）1名。2018年在县政协委员中，党外人士186名，占比61%，县政协常委中，党外人士32名，占比65.31%；配备党外政协副主席3名，县政协机关经济建设委副主任（党外）1名。2018年有2名党外副科干部挂职市职单位锻炼，溪下乡副乡长到市委统战部挂职，妇联副主席到市环保局挂职；全县2018年共选派挂职领导干部72人，其中党外干部14名，占比19.44%；接受到永嘉挂职党外干部1名。

（章　辉）

涉侨事务

概况　2018年，永嘉县外侨办在县委、县政府的正确领导下，在省、市外侨办的精心指导下，围绕中心、服务大局、凝聚侨心、汇聚侨力，坚持为大局服务和为侨服务相统一，各项工作取得新成绩。

因公出国（境）管理　2018年，永嘉县外侨办按“有事出去、因事定人、完事即回”工作原则，科学安排出访计划。年初制定县四套班子年度出访计划，全年办理因公出国（境）11批31人次，其中自行组团5批22人次。严格把好出访审批关。9月，配合县纪委对2015年以来的17个因公出国（境）自组团组进行公款旅游问题排查，对不符合要求、没有实质性任务的2个团组给予不予报批的决定。

国际友城平台　通过在外永嘉籍美国侨领搭桥牵线，永嘉县外侨办与美国彼得堡市积极对接。2017年10月，永嘉县政府与美国彼得堡市签订建立友好交流关系意向书。2018年4月，邀请法国巴黎友城团组到永嘉交流；5月，举办“当巴黎遇上温州”中法艺术家交流活动，进一步推进友城实质性交流合作。

国际交流合作　2018年，永嘉县外侨办开展国际交流活动7场，接待外宾7批265人次，主要接待印度驻沪总领事、爱尔兰驻沪总领事，意大利拉齐奥大区教育厅厅长等重要外宾。5月，承办为期14天的“当巴黎遇上温州”——中法艺术家温州写生与展览大型活动，6月，承办“温州（楠溪江）国际太极瑜伽盛会暨深山隐墅梵心中印太极瑜伽&古典音乐文化节”活动，获得印度总理莫迪发推特点赞。

涉侨引资　2018年，永嘉县外侨办继续实施“永商回归工程”，积极组织开展各类涉侨经贸活动。举办或协办涉侨引资引智活动，加拿大侨领陈时满签约弘图学校项目，签约额10亿元；智利侨领周万煊签约年产5000万瓶红酒生产包装、电子板生产和销售项目，签约额3.2亿元。

涉侨引智 2018年，永嘉县外侨办继续加强与国内外高层次人才接触，举办智力返乡系列活动，引导在外永嘉人为家乡建设贡献智慧和力量。促成美国原商务部助理部长黄建南、香港理工大学建设及地政学院院长滕锦光等高层次人才到永嘉县交流，积极加强与海外高层次人才的联系和对接，推荐上报3名海外高层次人才角逐省“千人计划”。

侨企服务活动 2018年，永嘉县外侨办采取深入调研和跟踪服务相结合的形式，努力帮助侨资企业解决困难，助力侨资企业转型发展。5月，集中开展侨资企业服务月活动，走访调研侨资、外资企业32家，为侨商提供暖心服务54次，排忧解难32起。9月，深入企业开展“人才大走访”活动，走访重点企业12家，访谈企业人才骨干52人。

慈善公益事业 2018年，永嘉县外侨办开展“百侨助百村”“助学圆梦”等公益活动，积极引导侨胞支持永嘉县地方建设。全年华侨捐赠累计300余万元（财物），“百侨助百村”结对11个村，结对资金201万元，“助学圆梦”捐赠帮扶学生700余人。

综合交流平台 在2017年永嘉书院、瓯窑小镇挂牌设立“世界温州人乡情驿站”的基础上，2018年5月，温州市委统战部授予永嘉楠溪书院“世界温州人乡情驿站”称号。3处乡情驿站多次承接省市县重要活动，积极展示永嘉良好形象，有效拓宽聚才引智引资渠道，进一步推进世界温州人总部回归、资本回归和人才回归，成为对外交流的重要窗口。

海外联络联谊 2018年，永嘉县外侨办开展联络联谊活动，加强与海外侨（社）团及侨胞沟通联系，提升海外侨胞归属感和认同感。全年共主办或协办“世界永嘉人大会”“侨界新春联欢会”等涉侨活动35次，邀请法国法华工商联合会、澳大利亚浙江侨团联合会等20多个海外侨团到永嘉省亲寻根。

内外文化交流 2018年，永嘉县外侨办坚持以侨为桥，“走出去、引进来”，把中华文化推向世界，增强文化凝聚力和国际影响力。举办“月满中秋·福满永嘉”世界永嘉人中秋茶话会，承办“新时代·新征程”温州市侨界新春联欢会，浙籍、温籍海外乡贤故乡行等文化交流活动22次，吸引海外侨胞近距离感受永嘉山水和耕读文化。

侨务外宣 2018年，永嘉县外侨办积极服务国家总体外交，树立并维护良好国家形象，开展对外侨务文化宣传。2018年开展外宣活动18次，举办《国学与人生智慧》、温州“侨之家”学堂国学知识讲座等主题讲座2次，邀请侨界人士代表200余人参加，举办外事侨务知识专题培训班，组织侨务工作者和侨界人士60余人参加；承接海外华裔“中国寻根之旅”夏令营瓯越文化营走进永嘉活动；承接温州侨界红色之旅主题教育活动，来自26个国家的海外侨领赴红十三军军部旧址参观。在各网站和媒体上撰写各类新闻信息100余篇，其中被国家级媒体录用14条，设立“一带一路永嘉人”微信公众号专栏，推出作品5期，有效宣传永嘉县外侨工作。

涉侨审批 根据“最多跑一次”改革要求，2018年，永嘉县外侨办深入贯彻、大力推进行政审批改革工作。开展行政审批事项梳理工作，对照省指导目录和“八统一”样表，开展行政审批事项梳理工作2次，简化审批流程，提高行政审批时效。将5项审批事项办理时间由原来的220天压缩为13个工作日，大大缩减群众办事时间。推进跨部门联合办理工作，在华侨回国定居事项和三侨生事项上，实现外侨与公安、教育业务数据共享，由外侨办统一收件办理，办理材料、数据在相关部门间流转，真正实现“让数据多跑路，群众少跑腿”。巩固与公安系统协调机制，成功解决华侨出入境记录代为查询问题，减少办事人员去各部门窗口次数。率先推出为侨服务新政工作，对接县教育局，联合出台《永嘉县华侨华人子女回国就读中小学管理办法》，进一步规范永嘉县华侨华人子女回国就读中小学工作。2018年，共办理涉侨审批212件，其中华侨回国定居98件，三侨生加分48人，三侨生入学54人。

依法护侨 2018年，永嘉县外侨办深入学习、宣传、贯彻《浙江省华侨权益保护条例》，开展侨法“六进”活动。全年组织各镇街开展侨法宣传活动20余次，举办“亲侨、爱侨、护侨”侨法知识竞赛，全县共1000余人参加。认真做好外侨来信来访工作，办结来信来访求助12件，办结率100%。

海外领保 2018年，永嘉县外

侨办积极推进基层海外领事保护联络处建设工作，更好保障华人华侨在外权益。新建基层海外领事保护联络处5处，实现乡镇领保联络处全覆盖，在海外侨团中设立领保联络处1处。对海外领保工作加强组织领导、创新联动机制、强化宣传培训，组织25人参加市海外领事保护业务培训班，举办永嘉县海外领事保护工作培训班2场，在瓯北街道、三江街道等10余个镇街开展基层领事保护专题宣传，构建完善内外联动高效、护侨维权及时的基层海外领保工作新格局。积极协助处理海外领事保护事件1起，有效保障华侨海外权益。

构建和谐侨社 2018年，永嘉县外侨办积极推进海外侨团建设，探索海外功能区工作，构筑海外大统战格局。与海外34个以永嘉人为主要负责人的侨团建立长期联系，积极推进海外侨团“四化”建设，指导和引导海外侨团之间开展互动交流活动。海外侨团在重要传统节日积极开展联络联谊，成功举办第二届旅欧永嘉人乡情聚会（法国巴黎）、首届塞维利亚及周边永嘉乡亲重阳节聚会和“迎新春·庆元宵”“中秋茶话会”等系列活动，有力推进海外大统战新格局形成。

关爱工程 2018年，永嘉县外侨办健全侨务救助体系，做好困难归侨侨眷社会救助和保障工作。积极实施“归侨侨眷关爱工程”和“暖巢行动”，努力构建幸福侨乡。建立永嘉县困难归侨侨眷数据库，库内人员33人。走访慰问在温老侨领、困难归侨侨眷164户，落实金额10万余元。

港澳事务

涉港澳事务 2018年，永嘉县外侨办深化对港联谊交流，增进两地情感纽带。2018年与旅港同胞方面开展联谊交流活动8次，其中重要联谊交流活动3次，邀请香港屯门区议会主席等18名乡贤到永嘉参访交流，邀请香港永嘉同乡会组团回乡联谊，受邀参加“缘聚香江·情系永嘉”香港永嘉同乡会第三届理事会就职典礼。积极推进同乡会建设，提升旅港同乡凝聚力。加强队伍建设，全力协助完成同乡会换届工作，香港同乡会于11月3日成功换届；联络同乡会新生代青年33人，成立香港永嘉同乡会新生代联谊组织，为同乡会储备后备力量；安排同乡会骨干参加世界永嘉人高级研修班、统战系统培训班培训。支持参政议政，推荐安排多名永嘉籍香港、深圳各界人士担任政协委员。联络组织46名港澳台海外代表出席永嘉县政协十届二次会议，围绕永嘉县经济社会发展各抒己见，建言献策，提交提案18个。

涉港澳引资 2018年，永嘉县外侨办积极组织开展各类涉港澳经贸活动，举办或协办涉港澳引资引智活动。旅港乡贤胡忠华签约梅赛德斯·奔驰4S中心项目，签约额2.5亿元；旅港乡贤林大忠签约永嘉丰源文博园项目，签约额5.5亿元。

（胡立勇）

台湾事务

概况 2018年，永嘉县对台事务工作紧紧围绕县委、县政府中心工作，按照海峡西岸经济区战略部署和海峡两岸（温州）民营经济创新示范区建设要求，搭建服务平台，积极东引台资，迎难而上，锐意进取，永台两地基层人员交流密切、对台招商引资成果显著、涉台项目建设有序推进，对台开放各项工作进一步落实落细。2018年，永嘉县荣获温州市对台开放工作优秀单位，永嘉县台办被中央台湾工作办公室宣传局评为先进单位。

人员交流 2018年，台湾到永嘉交流团组活跃。全年台湾到永嘉参访交流团组共19个批次，到永嘉参观交流考察计约367人，特别是台湾青年学生来永交流人员明显增多。较大团组有台湾青创投资联盟、台湾少数民族代表团、台籍博研考察团、台湾南投县小学生参访团、两岸青年创客工作坊团、筑梦温州台湾青年创业团队等，先后到永嘉参观考察交流。成功举办2018年两岸青少年国学夏令营交流活动，邀请台湾社区营造专家团组到永嘉开展乡村振兴座谈交流。部署落实台青到永嘉实习岗位安排，协调永嘉原野园林有限公司和亚龙教育装备集团，安排5个优质岗位供台青到永嘉学习交流锻炼。

对台招商 年初，根据永嘉县委、县政府决策部署，将永嘉县对台招商项目与温商回归外资利用任务进行打包，下发相关乡镇（街道）进行任务部署，着重围绕组团赴台招商和2018浙台合作周开展对台招商活动。9月7日至13日，董庆标副县长带领经贸考察团赴台湾招商交流，先后考察台湾绿阳光电集团、台湾泛讯公司、台湾薰衣草·森林集团有限公司等企业，展开第三代半导体碳化硅、硅晶圆片制造，晶圆检测和民宿合作等项目对接，宣传和推介永嘉，邀请台商到永嘉投资考察，有力推动永台两地产业对接合作共享。9月12日至15日，2018浙江·台湾合作周第五届海峡两岸（温州）民营经济创新发展论坛在温州举行。利用此次盛会，永嘉县积极参与两岸青年创享论坛和展开对台招商和经贸合作活动。活动中，达成4个项目合作意向，其中芯片测试项目和清场农项目在浙台合作周活动启动仪式上参与签约，完成实际利用台资310万美元，历史首次超额完成对台招商任务。

经贸合作 2018年，永嘉县积极发挥永嘉民营经营优势，引荐民营企业与台胞台商台企展开对接交流合作。组织开展杜白环保产业招商推介会，推荐原野农业集团参与上海台商来温投资对接会。3月16日，利用“海峡两岸情，中华一家亲”台湾少数民族代表团到永嘉考察交流契机，组织杜白集团向来访台湾参访团宣扬杜白理念和推介杜白产业，邀请台商开展产业合作。9月6日，推荐原野农业集团负责人参加上海台商来温投资对接会，达成花卉产业园和观光农场等项目交流合作与对接。全年共组织开展对台招商推介活动4次，新签约台资项目4个，新批落地台资项目2个，赴台商集聚区招商2次。建立嘉兴永嘉商会与当地台协会联系机制。

涉台服务 2018年，永嘉县积极做好服务台胞申领台湾居民居住证、深入台企送服务解难题、服务台湾省籍学生身份确认。按照温州市台办工作部署，积极动员宣导在辖区内定居的台胞，根据尊重本人意愿的原则，积极申领台湾居民居住证，做到应领尽领，全年共有6位台胞办理台湾居民居住证。深入开展“营商环境提升年”行动，为台商到永嘉投资创业，积极衔接相关职能部门，为来永创业台企提供房租补助，网络宽带费用补助、租房装修补助等系列优惠政策，为芯片测试项目提供“一事一议”优惠政策服务。根据“最多跑一次”行政审批改革要求，梳理台湾省籍考生身份确认事项，制作公共服务指南，并将该项权限进驻行政审批中心窗口，方便群众办事“最多跑一次”。

对台宣传 2018年，永嘉县精确施策，大力拓宽涉台宣传教育。推广和利用“海峡两岸民营经济示范区”微信号平台，宣传中央和省市对台工作方针政策、涉台法律法规、台湾问题历史和现状等，增强全社会关心关注对台工作意识。围绕“台元素”积极撰写报道，全年被温州市台办网站刊用信息17条，被浙台微讯刊用3条，被浙江省台办浙江对台工作杂志录用4条。2018年共有2篇稿件在台北市温州同乡会温州会刊杂志上发表。面对两岸关系新形势、新任务、新要求，加强涉台课题调查研究，调研完成《开展两岸体验式交流，推动两地交融式发展》和《新形势下利用网络媒体开展对台宣传工作研究》等2个课题，分获温州市台办调研课题二、三等奖。

（杨国扬）

县直机关党建

概况 截至2018年年底，中共永嘉县直机关工委现有编制7人，下辖部门机关党委25个、党总支9个，党支部622个，党员11250人。2018年，永嘉机关工委深入贯彻落实温州市委《实施意见》精神，凝心聚力再创佳绩：连续四年年终考绩全县优秀、荣获全市机关党建工作品牌一等奖，荣获机关党建理论研究成果全省二等奖、全市一等奖，县委书记姜景峰作为11个县（市、区）唯一代表在全市机关党建工作会议上做典型发言，经验做法在《温州机关党建》《浙江机关党建》《中直党建》等杂志发表，提供“永嘉素材”。

党建制度建设 2018年，中共永嘉县直机关工委对照市委《关于深入贯彻全面从严治党要求 推进新时代机关党的建设的实施意见》，认真做好全县机关党建制度“废改立”工作。在严肃党内政治生活、构建“四位一体”服务体系、党委（党组）书记抓党建责任清单等机关党建“6+2”文件基础上，印发深化“四化”党支部创建、加强党员档案规范化建设、进一步规范发展党员工作、机关党建三级联述联评联考、清廉机关建设等文件，为全县机关党建工作提供制度遵循。召开全县党建工作会议，县委组织部部长部署机关党建工作，县委书记讲话。12月，组建由永嘉县纪委、县委组织部、县委宣传部、县委统战部等单位分管负责人，县直机关工委、县编办、县财政局、县总工会、团县委、县妇联等单位主要负责人组成的“县直机关党建工作领导小组”，不断加强对机关党建工作的领导。

基层组织建设 2018年，中共永嘉县直机关工委坚持一切工作到支部，深入开展以工作规范化、活动制度化、服务常态化、保障精准化为主要内容的“四化”党支部创建，实现机关部门、教育、卫生和国企系统全覆盖，努力打造“一支部一特色一品牌”。11月，创成41个党建示范点、400多个“四化”达标支部，30多个落后支部完成整改提升。大部分党支部按照“六有”标准（有党旗、有入党誓词、有党员权利和义务、有党支部工作制度、有党员形象栏、有党务公开栏）建设党员活动室，示范点打造红色文化阵地、党建走廊文化和庭院文化，营造党建浓厚氛围。调整明确党费留存比例，党费20%上缴县委组织部、30%留存机关工委、50%返还给机关党组织。

党员学习教育管理 2018年8月和9月，中共永嘉县直机关工委统一组织中共十九大精神和党的应知应会知识两次闭卷测试，全县机关“两委”书记、党员代表共300多人参加，对测试结果进行全县通报，并发送《警示整改函》给18个成绩差的单位，该项工作得到县委书记批示。年初，编制印发《机关党建工作记事本》，完善“三会一课”、主题党日、民主评议等日常工作的文字、音像、图片等资料，强化全程动态痕迹化管理。4月，举办为期3天的入党积极分子培训班；5月，举办为期3天的全县机关党务干部培训班；8月至11月，举办3期的全县机关发展对象培训班。5月，编印《入党积极分子考察表》和《入党志愿书》填写范本、发展党员24项材料清单给机关党组织学习参考，逐个审核把关2018年发展的137名新党员材料，从程序、制度上把牢“入口”关。7月，开展党员档案专项审查、清理工作，共补正107名党员档案材料。7月，开展“双百结对·扶残助残”活动，机关单位100支党员志愿者与镇街100户低保残疾家庭结对，送上10多万元慰问金和大米、棉被等生活用品。8月，启动党费云平台收缴党费，进一步规范和改进党费收缴、使用和管理工作。7月、12月，深化“机关党内关爱基金”走访慰问活动。全年慰问98人，慰问金34.2万元。

党建责任落实 2018年9月，中共永嘉县直机关工委领导班子成员带队、抽调机关党务干部，组成5个督导组，对80个机关单位进行全覆盖督查，突出对机关部门内设机构、下属单位和基层站所党支部的督查。10月，对教育局、卫计局、公安局等15个党建重点单位进行调研督导，对存在的突出问题进行现场办公解决，帮助厘清工作思路。11月，全面开展机关党建“三级联述联评联考”，部门机关党委书记向县直机关工委述职评议、党（总）支部书记向部门机关党委述职评议，按“优秀”档25%以内、“差”档10%以上的标准，强制拉开差距、刚性排名。通过述职评议，述出部门党委（党组）书记、党组织书记的压力，强化抓党建的“主角主业主责”意识，将机关党建工作任务压实到支部，取得机关党建你追我赶、齐头并进、百花齐放的效果。配合县委巡察办对县发改局、人社局等18个机关单位近五年党建工作进行巡察。

创新党群活动 2018年，中共永嘉县直机关工委坚持每月举办一期机关党务干部“明德·读书会”集中读书活动，邀请专家学者或党务干部授课，顺利举办12期读书会，尽量将党员干部从“两局一场所”拉回到读书修身养性中来。4月至6月，举办永嘉县机关干部职工业余网球双打联赛，进一步丰富机关干部职工业余文体生活，增进身心健康。6月，联合县委宣传部开展“全县‘迎七一’微型党课活动”，加强机关党员学习贯彻习近平新时代中国特色社会主义思想活动氛围，进一步增强党性意识。7月至8月，开展党员志愿服务助推文明县城复评活动，充分发挥全县机关党员在推进文明县城复评工作中的先锋模范作用。12月，顺利完成县直机关部门工会代表候选人推荐、选举等工作，共选出代表29名。

党风廉政建设 2018年，中共永嘉县直机关工委在元旦、清明、“五一”、国庆和“510”思廉日活动月期间，定期向全县1400多名中层以上干部发送“清风寄语”廉政短信。6月，联合永嘉县纪委举办永嘉县“不忘初心嘉音廉韵”廉政作品朗诵大赛，以无声的文字、有声的倾诉畅读美文背后的价值，热情讴歌“崇廉、敬廉、守廉”主题思想。2月22日、3月12日、5月21日、7月23日、11月19日分别召开党风廉政建设专题会议，做到每季度至少研究部署一次、半年度专题分析一次，党风廉政建设与机关党建工作同部署、同推进、同落实。10月，在全县开展以“清廉思想、清廉组织、清廉作风、清廉纪律、清廉文化”为主要内容的清廉机关建设，努力通过抓思想引领、促清源正本，抓组织保障、促清流不息，抓作风转变、促清净有为，抓纪律自觉、促清风劲节，抓文化养成、促清身洁己等“五抓五促”工作载体，切实推动全面从严治党向纵深发展。5月至12月，开展正风肃纪督查，共发送三级问责函（问责函、警示函、提醒函）15件，发现问题11处，查处相关人员12人次，通报批评1人，约谈3人，提醒谈话3人，留党察看2人，内部整改3人，其他处理1人，坚决遏制“四风”反弹。2018年年末，牵头负责全县机关部门的政风行风民主评议工作，对55家部门单位实现全覆盖评议，不断完善社会问卷评议、领导干部评议、行政相对人满意度评议、政务督办评议、综合检查评议等“五位一体”评议办法，全面融入全县效能建设大评议活动中。

（王　军）

老干部工作

概况　2018年，永嘉县委老干部局突出精准化、信息化、规范化，老干部工作取得新成绩、展现新形象、实现新发展。

老干部党建　2018年，永嘉县突出政治统领，把学习贯彻习近平新时代中国特色社会主义思想作为老干部工作头等大事，引导老干部树牢“四个意识”，坚定“四个自信”，坚决做到“两个维护”。全面落实老干部各项政治待遇，坚持定期情况通报和意见征询制度，全年安排老干部参加县级各类重要会议15次。突出思想引领，围绕改革开放40周年、“八八战略”15周年和省委车俊书记对离休干部郭口顺先进事迹批示精神等主题，精心组织“两学一做”常态化学习教育，举办离退休支部书记培训班2期，为老干部征订各类报刊2000多份。依托县老年大学成立县老干部党校，同步建立14个基层分校，组建一支由10名老干部组成的讲师团，开展经常性送课下基层活动。按照市局统一部署，打造13个各具特色的离退休干部党员教育活动共享基地，通过教育培训、阅读研讨、心得分享等，抓好党性教育和理论学习，切实增强广大老同志学习贯彻习近平新时代中国特色社会主义思想的政治自觉和行动自觉。夯实党建基础，出台《关于加强和改进新形势下离退休干部党组织建设工作的实施意见》，从完善组织体系、明确主要功能、强化组织保障等3个方面10个要点入手对全县离退休干部党组织建设提出要求、作出规范，2018年全县共有离退休党组织89个，当年新增党支部15个。积极开展“五好”党支部星级创建活动，2018年评定“五星”党支部11个、“四星”党支部17个，其中获市级“五星”党支部7个、“四星”党支部3个，离退休干部党支部规范化、标准化建设进一步加强。完善离退休干部党组织建设保障机制，落实支部书记工作补贴，全年共发放支部书记补贴21.26万元。

正能量活动　2018年，永嘉县委老干部局围绕县委、县政府中心工作，引导广大老干部发挥优势和作用，为永嘉跨越发展提供满满正能量。坚持老干部工作与县委中心工作同频共振，组织副县实职以上老干部考察岩坦屿北古村和田园综合体项目、桥头小城市培育和瓯窑小镇建设情况，为发展献策，为成就点赞。开展“充分发挥正能量，移风易俗我先行——老干部助力移风易俗专项行动”，发放倡议书和宣传资料6000多份，首批500多名老干部签名承诺践行婚事新办、丧事简办新风尚。深化“银色人才志愿”活动，组织“一月一礼堂银辉耀楠溪”“红色星期天”志愿活动，以服务基层群众、助力农村文化礼堂建设为目标，开展思政宣讲、医疗义诊、健康讲座、公益拍摄、书画交流、文艺联谊、唱红歌等活动累计40场，赠送日常用药价值近2万元，受益群众8000余人次。县退教协动员老教师与1300名贫困学生结对助学，在全县中小学开展“红船精神”主题报告会139场次，受教育青少年9.3万余人次。老卫协组织专技人员对全县八所民办学校5444名学生进行免费体检，开展健康知识讲座39场。开展“最美老干部”评选，聚焦“最美力量”，唱响“最美声音”，传递“最美精神”，共评选出“最美老干部”10名、离退休干部老有所为先进集体10个、先进个人75名，用榜样力量引领社会良好风尚。

用心用情服务　2018年，永嘉县委老干部局充分发挥老干部领导小组成员单位职能作用，为老干部办实事、做好事、解难事，更好形成老干部局牵头抓总、职能部门齐抓共管的工作格局。建立离休干部责任医师制度，联合县卫计局出台《关于开展离休干部责任医生服务工作的通知》，为县域范围内36位离休干部配备责任签约医生，通过“一月一问诊、一季一巡诊”进行健康服务。调整离退休干部体检组织方式，改变原来集中统一的组织方式，让老干部就近就便体检，受到老干部的普遍点赞和肯定。完善亲情关爱制度，继续秉持“五心”服务理念，加密走访慰问老干部频次，坚持重大节假日和平时走访慰问相结合，及时把组织的关怀和温暖送到老同志心坎上，全年共慰问离休干部322人次，慰问副县实职以上老干部36人次，看望住院老干部36人，为17位离休干部处理丧葬事宜，发放155名退休干部房屋修缮补助费89.53万元。设立退休干部红色关爱基金，率全省之先设立永嘉县退休干部红色关爱基金，出台《永嘉县退休干部关爱帮扶资金管理暂行办法》，对遭受重大疾病、重大变故、重大自然灾害等特殊情况导致生活特别困难的退休干部进行帮扶，全年慰问走访特困退休干部26人，“建立红色关爱基金·情暖特困退休干部”入选全省老干部工作优秀创新案例。

“两个阵地”建设 2018年，永嘉县委老干部局以改革开放40周年为主题，依托老年大学、活动中心等活动阵地，寻找适合老干部活动的新思路、新办法，不断丰富老干部的精神文化生活，使“两个阵地”成为老干部的幸福家园和精神乐园。县老年大学坚持“教、学、乐、为”办学方针，加强硬件设施与安全保障制度建设，进一步丰富“三个课堂”教学，在原有办学规模基础上，新增音乐和舞蹈各一个班级，全年学员达1000多人次。县老干部活动中心坚持常年提前开放为老干部提供便利服务，组织老干部开展钓鱼、象棋、门球、摄影等全县性大型比赛5次，开展主题书画摄影展、送春联、文化下乡等主题活动40场次，积极组织参加省市各类比赛和联展，取得良好成绩。

（潘修鹏）

信访工作

概况 2018年，永嘉县信访工作总体形势较好，从2014年11月到2018年12月，保持50个月进京“零扰序”纪录，为温州市唯一。全县信访来信1956件次，同比上升28%；来访783批1219人次，同比分别下降4%和14%；集体访25批239人次，同比分别下降32%和38%；去市越级访183批次327人次，同比分别下降12%和39%；赴省越级访98批次187人次，同比分别下降2%和上升15%；进京越级访45批次51人次，同比分别下降2%和41%。网上信访5617件次。

接待信访工作 2018年，永嘉县领导坐班接访186人次，接待群众418批682人次，信访接待窗口累计接待群众783批1219人次。12345热线中心接收来电来件83028件，人工受理65797件，重点交办问题12033件，其中来电10819件，网络问政1214件。按期办理率100%，按期办结率100%，回访核实率100%，群众满意率99.29%。2018年共开展10期“部门一把手”接听活动，10位“部门一把手”现场受理市民诉求112起；共编发《回访核实周通报》43期；发布永嘉县“12345”办理效能指数10期。2018年效能指数温州市第二，市优秀办理件在温州市排名第一。

规范信访秩序 2018年，永嘉县信访局坚持处理群众合理诉求与依法严厉打击“两手抓”的办法，狠抓“三访”事件发生，全力推动“事要解决”，把群众信访问题放在心上，落实在行动上，做到“案案有着落，事事有回音”，非访、闹访、恶访等恶性事件持续下降，保持50个月进京“零扰序”纪录。联合公检法等有关部门依法打击违法信访行为，2018年累计行政拘留11人，刑事判决1人，强烈震慑非访对象，正风肃气，营造依法文明有序上访的良好氛围。

解信访积案 2018年，国家局交办督办10件信访件，现办结率100%，已事实息访6件，其中完成国家局督办的重点领域（农村农业）信访件1件；省级交办积案2件，办结率100%，事实息访；市级交办积案年度任务24件，已超额完成。争创“无信访积案”县的五项指标全部完成，有望实现“无信访积案”县建设目标。根据《关于开展信访突出问题专项整治“三大行动”》通知精神，共梳理交办信访件415件，累计化解286件，在此基础上，根据《关于开展县级领导化解疑难信访件包案督办工作的通知》精神，共梳理出78件疑难复杂信访件，被县领导包案督办，化解58件。

信访宣传工作 2018年，永

嘉县信访局印发《浙江省信访条例》、信访知识宣传手册等宣传资料1万余册，在文化大礼堂等人口集中的地方发放宣传资料，设立宣传咨询点，现场解释群众提出的信访问题。被浙江省信访头条录取信息4篇，微信创作大赛被浙江省信访公众号刊登1篇，信访涉军信息被浙江省委书记王昌荣批示1篇。县委办永嘉信息专报录用2篇，分别被县委书记姜景峰、县长林万乐批示。县府办一周要情录取7条，专报录用1篇并被县长林万乐批示。

服务中心工作 2018年，永嘉县信访局累计开展重点人员大排查6次，顺利完成全国“两会”、上海进博会、互联网大会等重大政治活动期间的信访工作，实现重大政治活动期间零扰序等目标。

（李玛丽）

机构编制管理

概况 2018年，永嘉县委编办以“优编精政，服务发展”为工作理念，紧紧围绕省市重点改革任务和县委、县政府中心工作，深化机构改革，推进“最多跑一次”改革和“基层治理四平台”建设，加强机构编制管理工作，较好完成各项工作任务。

机构改革 2018年，永嘉县深化机构改革工作，吃透改革精神，把握政策标准。加强对习近平总书记关于深化党和国家机构改革的重要论述、《深化党和国家机构改革方案》、全省机构改革动员大会以及上级有关机构改革的文件和会议精神的学习，通过专题研讨、集中学习、调研座谈等形式，准确把握改革的指导思想、目标、原则、内在要求、具体内容、重点和难点，明确改革思路，做到政策理解不偏差，政策执行不走样。紧盯“2019年3月底前基本完成”这一关键时间要求，周密组织，精心安排，全面开展机构改革工作。充分利用机构编制实名制管理系统，对全县党委、政府、人大、政协、群团等机构编制信息进行全面梳理核查，摸清改革底数。强化分工协作，成立党政机构改革工作领导小组，抽调县委组织部、县改革办、县编办业务骨干建立机构改革工作专班，开展集中办公；分组开展调研工作，加强对涉改重点领域工作的调查研究，广泛了解各部门对机构改革的意见建议，为科学制定方案、顺利推进改革奠定基础。把深化党政机构改革与推进“最多跑一次”改革、“基层治理四平台”建设、事业单位分类改革、综合行政执法改革等改革工作紧密结合，做到通盘考虑，突出重点领域，进一步统筹各类机构设置，统筹机构编制资源配置，理顺机构之间的权责关系，实现机构和职能配置科学合理、权责一致。第一时间组织学习《中共中央办公厅关于严明纪律切实保证党和国家机构改革顺利进行的通知》，严明改革纪律红线，严格遵守深化机构改革的政治纪律、组织纪律、机构编制纪律、干部人事纪律等。

“最多跑一次”改革 2018年，永嘉县持续推进“最多跑一次”改革工作，在上年度“最多跑一次”事项基础上，再次对群众和企业到政府办事“最多跑一次”事项进行梳理比对，“最多跑一次”事项从92.6%提高到100%。按照“减层级、减事项、减材料、减环节”要求，对各部门线上、线下办事指南进行调整编制，共精简材料48%左右，尽可能让群众易懂好记办事指南。推进“一窗受理、集成服务”改革，对现有六大综合板块进行整合，前期深入调研摸底，以群众需求为导向、以提升政务环境为根本，谋划起草《永嘉县综合窗口“无差别受理”实施方案》。同时，制定综合窗口工作人员的业务培训计划，抽调个别业务精兵到各综合窗口试岗练兵。以“一网、一窗、一号、四端、五化”为载体，加快推进“互联网+政务”建设，拟定《永嘉县“互联网＋政务”平台建设工作方案》。推进投资项目流程优化，起草《关于企业投资项目审批“开工前100天、竣工验收30天”的改革实施意见》，在全市率先试行浙江政务服务网3.0及投资项目全流程审批监管平台2.0+。将投资项目监管平台和“一窗受理”平台有效整合，将投资项目开工前十几个审批环节整合成四个阶段，变线上“多窗”受理为“一窗”受理，变网上“串联”审批为“并联”审批，变“信息孤岛”为“数据共享”，确保投资项目开工前审批全流程100天内完成。推进“最多跑一次”改革与基层治理体系“四个平台”相融合。在原3个先行先试乡镇基础上，一季度对全县剩余19个乡镇街道从平台提升规范化、审批服务一窗化、事权下沉集中化、事项梳理标准化、权力运行流程电子化、代办服务多元化等六个方面进行融合，将“最多跑一次”延伸到基层，方便当地群众办事。以群众要求为出发点，率全国之先推出农房审批“最多跑一次”，通过“一窗登记、联合上门踏勘、同步受理、同步审查、联合公示、同步送达许可”等方式将农房审批全程进行整合，实现农房审批“最多跑一次”，并将审批时限压缩至8个工作日内。推进线上办理机制，开发个人建房审批运行平台，群众足不出户通过PC端、移动端、自助机三种渠道自主选择办理方式，实现线上受理、办理、监管一条龙服务。充分利用银行网点分布多与全的优势，与县农商行开展政银合作，将银行网点纳入政务服务体系，拟定《政银合作协议》，将80余项政务事项和公共服务事项委托农商行各网点代办。

“基层治理四平台”建设 2018年，永嘉县上下合力，积极推进“基层治理四平台”建设。县委、县政府主要领导多次就“四个平台”建设、全科网格工作、“最多跑一次”和“四个平台”融合工作专题召开会议进行研究部署。乡镇层面，各镇街积极推进。所有乡镇（街道）均成立以党委书记、乡镇长为主要召集人的联席会议，强化工作指导。按照“全科网格、一网覆盖”要求，对乡镇（街道）网格资源进行规范整合，全县共整合形成网格1210个，其中A类275个、B类935个，将原先分散在其他条线上的流动人口协管员、计生员、村邮员、农家书屋管理员、业余文保员等整合成统一的网格员，建立“多元合一、一员多用”全科型网格体系，实现“一张网”全覆盖。同时，通过把派驻执法力量和乡镇干部配置到网格中，延伸基层执法力量，加强乡镇街道管理服务功能，基层基础更加扎实。在强化乡镇一级对纳入“四个平台”的部门派驻人员的管理基础上，细化“四个平台”人员工作职责，建立信息收集—分流交办—执行处置—日常督办—信息反馈—督查考核的运行机制，实现“受理、执行、督办、考核”闭环管理，实现权责统一、任务明确、责任到人，管理机制更加规范化。县编办狠抓落实，开展常态化的督查指导，每周下乡指导督查，及时掌握各乡镇（街道）“四个平台”建设进度和水平。联合考绩办、政法委、审管办等部门成立督查组，不定期开展县级督查，并将督查情况汇报县领导。

机构编制监督检查 2018年，永嘉县加强机构编制实名制系统管理，将机构编制实名制管理系统作为各部门办理人员出入编、核编、人员变更职务职级等机构编制事项的唯一渠道，并利用实名制系统对全县机构编制和人员信息进行专项检查。建立联络机制，建立与纪检监察机关、组织、巡视、人力社保、财政等部门外联机制，同时建立编办内部分工和配合约束机制。制定事业编制报备员额管理制度，对报备员额实有人员实行分库管理、单列统计。认真学习贯彻2018年正式颁布实施的《浙江省机构编制监督检查办法》，推进机构编制法定化。

（黄孙添）

党校工作

概况 2018年，永嘉县委党校以更高的目标为引领，以更新的理念来谋划，以更实的举措抓落实，各项工作取得新进展。举办各类培训班次39期，培训6948人次，宣讲33场次，受众3500余人次。打造永嘉县廉政教育基地，共接待200批1.5万余人次参观。获得浙江省党校系统办学质量创优评估优秀，全省党校系统先进集体的荣誉。

创优评估 永嘉县委党校作为温州市县党校第一梯队，申报参加2018年度浙江省党校系统办学质量创优评估。2018年9月，浙江省委党校评估组到永嘉县，通过听取汇报、现场参观、查阅台账、个别谈话、走访基地等方式，对党校进行办学质量创优评估，最后确定为优秀等级。

干部培训 2018年，永嘉县委党校举办班次39期、6948人次、其中，主体班次21期、5052人次，举办部门班次18期、1896人次。县四套班子领导到校主持动员、讲课授课、开展座谈等31人次，其中县委常委23人次。举办乡科级领导干部学习贯彻中共十九大精神轮训班3期800多人次，开设2018年全县公务员学法用法轮训班4期1174人次。首次组织永嘉县党政领导干部政治能力培训班赴中共中央党校学习，带领第22期中青班学员到嘉兴红船干部学院开展党性教育，组织初任公务员等主体班次学员到岩头红十三军军部旧址、屿山革命烈士纪念馆等现场教学基地加强党性锻炼，首次邀请中共中央党校陈中浙教授到校讲学，社会反响非常好。

科研资政 2018年，永嘉县委党校围绕乡村振兴战略等主题，全年发表论文5篇，立项校级、县社科联以及省市各类课题20余项；结项全市党校系统第四批协作课题2项、省第十九批规划课题1项，完成领导课题2项；调研文章入选全市党校系统“三个命题”征文3篇；入选“庆祝改革开放40周年——温州农村改革发展实践与探索”征文2篇；获县级奖励6篇，其中一等奖和二等奖各1篇。聚焦特色小镇建设、田园综合体打造等中心工作，及时开展对策性、前瞻性研究。全年编发《决策参阅》2期，《探索与思考》4期。同时，充分发挥省、市党校系统理论研讨会等平台作用，推动全校科研再提质，多篇文章入选参加学术研讨会并获得奖项。

基层宣讲 2018年，永嘉县委党校成立县委党校宣讲团，采取集体备课、开展试讲、异地教学等方式，积极组织党校骨干到全县基层单位、农村文化礼堂等场所，运用微党课、方言课等手段，全年宣讲33场次，受众3500余人次。

信息化建设 2018年，永嘉县委党校加强校园网站和微信公众号建设，门户网站整体迁往省政府网站集约化平台，由省政府统一对网站进行安全防护，参与全省党校（行院）系统特色资源库建设和省情数据库共建共享，智慧党校建设有序推进。采购计算机、打印机、存储服务器，更新完善信息化设施，完成省委党校网、市委党校网、县政务网、电信外网的“四网合一”；升级读卡机、安装加密狗等，实现参训学员从入学到离校、从学习到生活、从考勤到住宿“一卡通”管理；购置人脸识别、指纹验证两用考勤机，实现教职工考勤留痕管理。

基建后勤保障 2018年，永嘉县委党校健全完善系列“制度上墙”工作，切实为推进教研咨一体化筑实“保障网”。对接财政部门做好办班经费足额保障，确保各类干训班次正常开展；持续改善办学条件，建设篮球场、健身房等文体设施，制作校园花箱式围墙；联动永嘉宾馆、锦衣物业，实现后勤管理服务专业化运转，为学员提供温馨、优质的后勤服务，保证干部教育培训任务的有效落实。全年提供39期参训学员食宿服务6000人次，来校参训学员对全校的硬件设施、食宿条件、管理服务等方面满意率保持在95%以上。

校园文化建设 2018年，永嘉县委党校努力打造红色校园文化、廉政文化、诗词文化、“非遗”文化，推动书香校园、墨香机关建设。建成图书馆、篮球场、健身房、乒乓球室、微电影室、书画创作室、清廉企业研究中心等文体活动场所；在会议室、教室、讨论室、宿舍和走廊等公共场所布置200多幅书画；购入《习近平谈治国理政》等书籍500余册，征订报纸杂志60余种，分发到学员宿舍供学员阅读学习。

队伍建设 2018年，永嘉县委党校选聘一批政治素质强、专业水平高、授课质量好的领导干部、专家学者、企业家等担任兼职教授，充实党校师资力量；组织教职工到温州市委党校、杭州市委党校、浙江省生态文明干部学院、中共中央党校等进行锻炼、提升，把师资队伍建设摆在战略位置，全年组织全员培训69人次。

廉政教育基地 2018年6月29日，永嘉县廉政教育基地举办揭牌仪式，县四套班子主要领导出席仪式。永嘉县廉政教育基地由县纪委县监委、县委组织部、县委党校共同打造，实现“党性教育”办学资源的共建共享，是强化“党校姓党”根本原则的要求，也是推进全面从严治党、传播习近平新时代中国特色社会主义思想的现实需要，这在全省党校系统是首次尝试。基地以“全面建设清廉永嘉，打造永嘉政治生态的山清水秀”为主题，挖掘楠溪廉政文化资源，展厅面积1000余平方米，主展厅分为“固本”“弘扬”“镜鉴”“践行”等4大部分，设有宣誓厅、演示厅、报告厅、清风书画创作室等，集思想性、艺术性、教育性和观赏性于一体。2018年，累计接待200批1.5万余人次，基地的创新做法先后被《浙江日报》、温州新闻网等主流媒体报道。

（林雪川）

党史工作

概况 2018年，永嘉县委党史研究室坚持“一突出两跟进”要求和“以史鉴今、资政育人”职责，围绕中心、服务大局，统筹推进党史基本著作编撰、专题编写和宣传教育等各项工作，取得较好成效。

《中国共产党永嘉历史》编写 2018年，永嘉县组织人员力量，分步骤开展《中国共产党永嘉历史》第三卷（1978—2002）编写工作。完成《中国共产党永嘉历史》第三卷（1978—2002）编写纲目的定稿。3月，组织编写组成员到苍南县委党史研究室交流学习三卷编写经验。认真学习编写规范，大力搜集有关史料与参考资料。4月，召开有历任永嘉县副县级以上离退休领导参加的三卷纲目编写征求意见座谈会。6月，完成《中国共产党永嘉历史》第三卷（1978—2002）纲目的定稿。启动《中国共产党永嘉历史》第三卷（1978—2002）试写工作。截至11月底，已完成5章初稿的编纂工作。

专题研究 2018年，永嘉县积极推进党史专题研究工作。6月，《永嘉县改革开放新时期党史专题集（一）》内部出版发行；完成2.5万字的《紧扣新时代、践行新思想，全面推进“一带两城五组团”发展布局——2017年县委、县政府科学决策、推进发展纪事》编写工作；《永嘉革命老区发展史》《红色印记——永嘉县革命老区村斗争史选编》等形成征求意见稿；《金贯真传》完成初稿。

文献编研 2018年，永嘉县委党史研究室文献编研工作成果显著。10月，《中共永嘉县委文件选编（第三辑）》（1986—1987）出版发行；《中共永嘉县委文件选编（第四辑）》（1988—1989）完成文字录入工作，形成初稿；11月，与浙江理工大学合作的《媒体上的永嘉》形成70余万字的初稿。

革命历史纪念馆数字展馆建设 2018年4月，在温州市革命历史纪念馆指导下，永嘉县委党史研究室组织有关技术人员对永嘉革命历史纪念馆进行360度全景摄影，利用计算机技术将展馆及其陈列品移植到互联网上进行展示、宣传与教育活动，更好发挥永嘉革命历史纪念馆主阵地作用。

纪念改革开放40周年系列活动 2018年，永嘉县委党史研究室开展纪念改革开放40周年系列活动。5月，联合县委宣传部、县体育局和桥头镇等单位开展“重走红军路改革再出发”大型徒步活动，来自全国各地的80支队伍逾2000人完成全长11.8千米的徒步征程，在美丽的永嘉大地共觅红色精神。开展纪念永嘉改革开放40周年征文活动，征集到优秀文章20余篇。积极参与县委、县政府举办的纪念改革开放40周年“40人40事40图”征集活动等，营造全面深化改革的浓厚氛围。联合县委宣传部，发动全县39个县直单位和乡镇（街道）共计2548人次参加温州市委宣传部、中共温州市委党史研究室联合举办的“温州市庆祝改革开放40周年知识竞赛”，获得组织奖，19人荣获个人奖。编辑出版《永嘉党史》通讯刊物纪念改革开放40周年专刊。

党史宣教 2018年，永嘉县全面深化党史宣传教育工作。清明节期间，与县新四军历史研究会一起赴乐清市大荆镇开展悼念“隘门岭事件死难红军将士”活动。狠抓信息宣传，截至11月，共编写工作动态信息38条，被各级刊物和网站刊发45条次。《谢文锦：为革命我们不怕牺牲》一文被新华社刊发，被《人民日报》《经济日报》等各大媒体转载。《为了民族复兴·英雄烈士谱》——谢文锦：为革命我们不怕牺牲，8月11日晚在中央电视台《新闻联播》单条播出。

党史胜迹保护 2018年，永嘉县委党史研究室加强工作指导，深入五濊、罗川、屿北、东皋等地，了解掌握党史遗址保护利用有关情况；推进教育基地布展提升工作，3月，完成永乐边区革命陈列馆资料搜集、布展方案策划和学术文本的编写工作；5月，完成苍基寺革命活动旧址布展项目的文案策划工作；7月，完成屿北抗日武装起义纪念馆资料搜集、布展方案策划和学术文本的编写和布展工作，成为永嘉北部地区重要党性教育基地；8月，永嘉县红十三军红色教育基地正式破土动工，党史研究室积极参与红十三军军部旧址红色教育基地建设，指导做好五濊浙南红军小镇建设。帮助完成全国文明单位永嘉县法院的永嘉革命史主题文化墙的资料搜集和文本编写工作；积极参与位于屿北的永嘉农村改革馆的布展工作；8月，指导完成金贯真烈士纪念碑修缮工作等。

手绘红色地图 2018年6月，永嘉县委党史研究室与浙江理工大学国际教育学院合作，开展《永嘉县红色手绘地图》课题研究，整理搜集包括中国工农红军第十三军军部旧址、永嘉县革命历史纪念馆、永嘉县革命烈士陵园、《浙南周报》（括苍版）创刊纪念碑等20个红色景点资料，手绘永嘉红色地图，制作成H5网络电子地图推广应用。

（胡程炜）

精神文明建设

概况　2018年，永嘉县文明办开拓创新、真抓实干，群众性精神文明创建活动广泛开展，省级文明县城复评顺利通过、移风易俗工作成效明显、未成年人思想道德建设有了新跨越，较好完成全年工作目标。

省级文明县城创建　2018年，永嘉县围绕文明城市创建工作，开展一系列行动，顺利通过省级文明县城复评。2月，县委常委、宣传部部长带领相关街道和部门到丽水莲都考察学习文明城市创建工作经验做法，10月，县文明办主任带考察组到泰顺县学习省级示范文明县城创建工作经验做法。

永嘉县全面动员部署省级文明县城复评工作，出台《关于印发〈永嘉县省级文明县城复评工作实施方案〉的通知》《关于印发省级文明县城复评工作任务清单的通知》《关于开展“治顽疾破六难”行动提升城市文明形象的实施方案》等相关文件，推进省级文明县城复评和省级示范文明县城争创工作。3月至9月，先后召开争取省级示范文明县城创建资格工作动员会、省级文明县城复评百日攻坚动员会、省级文明县城复评工作督查汇报会、省级文明县城复评迎检工作推进会、省级文明县城复评反馈问题整改落实会等7场重要会议，动员部署省级文明县城复评各项工作和省级示范文明县城争创工作，研究解决创建工作中的问题难点，动员全县上下克难攻坚，全力投入到省级文明县城复评和省级示范文明县城争创工作中。

永嘉县专门成立文明监督志愿服务队，对农贸市场环境、市容环境、路口交通秩序、车辆停放秩序、校园周边环境与秩序、窗口服务水平、烟花爆竹禁燃等情况进行日常监督、曝光；成立文明县城复评工作专项督查组，开展督查活动20多次，其中县领导带队督查5次，发送督查通报18期，全面整治督查中发现的问题。

组织相关部门，发动大学生志愿者、巾帼志愿者、社区志愿者等500余人，采取入户和定点宣传相结合，通过发放宣传折页、讲解示范、上街劝导、发放宣传品等方式，在县城宣传文明县城创建有关知识，引导广大市民积极参与文明出行、文明旅游、文明餐桌、垃圾分类，争做文明形象使者。发动机关党员志愿者、夕阳红志愿者、驾校学员志愿者开展文明交通劝导服务。参与志愿者达6000余人次，发放宣传折页2.2万余份，宣传水杯1.7万个，移车号码牌1000个。

2018年，新增望江路、永兴路、嘉宁街等围墙画公益宣传3处，社会主义核心价值观小品宣传3处，公益广告24幅，更新道旗公益广告698幅，更换灯箱公益广告156幅，新设核心价值观和诚信等公益广告20多幅，在11所中小学校门口设立社会主义核心价值观公益广告。在望江路公安大楼路口、永兴路与环城北路路口、文化广场设立大型网架，宣传文明县城创建工作，宣传中国梦、社会主义核心价值观、爱党爱国、传统美德、文明礼仪、道德模范和环境保护等公益广告，在潜移默化中提升公民文明素质。

开展最脏城中村评选活动，评选出“最脏村”150个村次、“最脏城中村”15个村次、“最脏居住小区”25个次，进行有效整改，有力推进县城城中村、小区保洁工作。

移风易俗　2018年，永嘉县开展移风易俗改革攻坚年行动，创新开通全市首个“喜事新办网络服务平台”。全年共有2万多人次浏览访问，60多例新人通过平台了解信息预订或操办简约婚礼套餐。2018年引入二维码技术，在改造后的坟墓墓碑上设置墓主二维码，通过手机扫码即可登录天堂网网上纪念馆了解墓主生平，留言寄托哀思，实现网上文明祭拜，为全国首创。

强化“青山白化”和烟花爆竹燃放等“两项治理”。通过购买殡改巡查服务、组建专业巡查队、建立GPS监管平台、购置无人机等措施，实现“青山白化”治理监管数字化和空间可视化，消除“青山白化”监测盲区和死角。2016年9月至2018年，全县已累计整治新建、翻新、刷白私坟2290座，完成私坟生态化改造3100多座。强化县城区烟花爆竹燃放治理，文明办牵头组建联合行动组，基本实现禁放烟花爆竹政策宣传全覆盖，将县城区划成47个网格，183名工作人员纳入网格，实施捆绑式管理和追责。查处8起违规燃放烟花爆竹行为，制止违规燃放苗头20多起。

培育婚丧礼俗“三个样板”，培育严管区、示范带和新风户。指导桥头镇、岩头镇、大若岩镇和乌牛街道推行严管措施，引领和带动全域文明。尤其丧葬礼俗治理工作因半年节省丧事开支逾亿元的显著成绩，被省长熊建平副批示要求省民政厅认真落实。将乡村振兴楠溪古韵示范带沿线的岩坦镇5个重点村（林坑村、源头村、屿北村、小舟垟村、前溪村）作为永嘉县移风易俗示范带进行培育，组织4家文明单位与源头村开展“双百结对共建文明”活动。结对双方联合举办“文明共建移风易俗”主题文艺晚会，共同打造村民家宴中心、“楠溪婚俗文化馆”等场所，推动移风易俗进农村文化礼堂。指导各地开展星级文明户、最美家庭等评选活动，积极挖掘和宣传在喜事新办、丧事简办、厚养薄葬、革除陋俗等方面的新风家庭（户）。共评出“十星文明户”8482户、最美家庭612户、县级“十星文明示范户”328户。

明确操办婚丧事宜“四项标准”。永嘉县召开3000多人参加的动员大会，部署移风易俗工作，要求全县党员干部和公职人员操办丧事或本人及子女婚事，带头执行四项标准。明确宴席简餐标准，结婚喜宴标准控制在3000元/桌以内，丧事酒席标准控制在1000元/桌以内，单方宴请人数标准在20桌200人以内；明确人情封顶标准，推行婚礼人情不超过1000元，丧事人情标准在300元以内；明确婚庆简约标准，永嘉县在全市范围内率先对婚庆礼仪费用标准作出1万元以内/场、婚车不超6辆的标准。指导2家婚庆公司推出3个1万元以内的婚庆礼仪简约套餐；明确丧事简办标准，出殡花圈（包括花篮、横匾）标准在10个以内；丧事乐队、唱班人数标准在20人以内；治丧时间在72小时以内，特殊情况控制在5天以内（死亡之日起计算）。

推行移风易俗“五项制度”。承诺制度：全县党员干部《移风易俗承诺书》签订率达到100%。报告制度：明确操办婚庆等喜庆事宜应在10日前向所在单位党委（党组）报告；丧事可按规定先行办理，但须在事后10日内报告。公示制度：各单位每季度在政务公开栏或局域网上公示公职人员婚丧事宜操办情况，自觉接受干部群众的监督。警示制度：召开婚事俭办集体学习谈话会，组织2019年2月以前举办婚礼的182名准新人集中学习党纪条规和喜事俭办新规。2018年国庆前夕，县委常委、宣传部部长率10个部门的人员，走访县城4家酒店，深入了解和核查13位公职人员婚宴预订情况。县移风易俗工作领导小组办公室向国庆期间举办婚礼的53名新人发出《移风易俗温馨提示和纪律提醒函》，确保国庆婚礼密集期不发生违规操办问题。督查问责制度：县四套班子领导率相关部门同志，分5个专项组开展移风易俗工作“四督查”活动。永嘉县自2016年在全市率先推出殡葬改革干部问责制度以来，全县已累计问责各类党员干部34人，约谈县管干部12人次，其中通报批评县管干部2人，党纪处分党员1人。

公民思想道德建设 2018年，永嘉县推进公民思想道德建设。不断发现好人，共发现永嘉好人25人、温州好人10人、浙江好人3人。2018年是永嘉县寻访第四届道德模范之年，推选产生10名永嘉道德模范，累计达到40名（不含集体）。及时礼遇好人，县文明办专门建立永嘉好人表彰机制，经核实，第一时间送上永嘉好人证书和鲜花，并给予500—1000元的表彰，县领导叶朝阳部长亲自上门慰问，共慰问20余人。善于传播好人，利用传播6月永嘉好人陈益福事迹，及时在卫生院和乌牛街道推出“小爱大善，关键时刻站出来”活动。围绕中国好人季德寿的行为，计划把岩龙村打造成诚信村，在该村举行“诚信从我做起乡村我来助力——‘8·8’诚信日”主题活动。

基层文明创建 2018年，永嘉县深化文明单位创建五项活动，制定下发《关于开展文明单位创建质量提升年活动的通知》，强化“五项制度”、深化“五项活动”，强化创建意识，提升文明单位创建水平和质量。组织乡镇（街道）、文明单位分管领导和联络员学习观摩全国文明单位永嘉县法院的文明创建工作经验、道德环境建设、文明创建氛围和文化建设成果。划分A、B、C三类文明单位，进行分类管理，并做好结果运用，永嘉法院创成永嘉县第一个全国文明单位。梳理全县215家文明单位“双百结对”工作，调整和优化共建对子，确保100%结对共建率和结对共建实效。开展“文明交通全民共创”主题实践活动，重点整治“乱行车、乱停车、乱过路”等交通违法行为，新增8处“礼让斑马线”抓拍点，平均每天抓拍200多辆；开展“文明骑行，助力文明县城创建”活动，200余人参加；加强停车位管理，新施划县城3条小巷停车位，规范小巷车辆停放秩序，加强县城主次干道非机动车位施划，新增非动车位260余处。开展“文明旅游·出行有礼”主题教育实践活动，组织开展以“垃圾不落地楠溪更美丽”为主题的文明旅游宣传活动，通过朋友圈推广等新方式，让游客参与进来，宣传文明旅游。深化文明餐桌宣传教育活动，县文明办新制作“文明餐桌”宣传贴纸1000张、宣传提示牌800个，联合市场监督管理局对县城各大餐馆、酒店进行“文明餐桌”宣传全覆盖。

未成年人思想道德建设 2018年，永嘉县广泛开展未成年人思想道德教育实践活动。开展“永嘉县新时代好少年”评选活动，评选产生105位“新时代好少年”。开展“传承红色基因”系列教育活动，清明期间，15万多名未成年人积极参加爱国主义活动，22969余人次参与网上祭扫。国庆期间，全县中小学校广泛开展“传承红色基因·向国旗敬礼”主题教育系列活动近300场。开展学雷锋志愿服务活动，组织未成年人广泛参与“日行一善·争做四品八德好少年”主题教育活动。做好中华优秀传统文化传承活动，开展永嘉县传统经典文化知识竞赛和暑假读好书活动，2018年参加读书节学生人数达9.7万人次；开展“品味经典，传承美德”主题教育活动513场。开展“阳光成长”心理健康教育活动，县文明办将未成年心理健康工作列入2018年重点工作，提出“永嘉康健少年培育计划”。召开全县未成年人心理健康座谈会、研究制定未成年人心理健康十大实事、新成立未成年人心理健康辅导站（职业中学站）、部门调研等一系列举措，做实做细未成年人心理健康保障工作。联合卫计、教育等部门积极推进乡镇街道、社区及学校心理辅导站建设，开展未成年人心理健康知识培训超百场，覆盖全县22个乡镇街道，864个村社区，所有中小学校，培训对象超2000人，有效提升持证心理教师，人民调解员、社会工作者等群体在心理疏导、心理治疗方面的专业认知。其中，县妇联、县文化局开展针对如何更好处理亲子关系的家庭教育讲座50场。开展“成长护航”关爱行动，“六一”期间，慰问14所山区中小学共6000余名小朋友。各级妇联联合相关部门筹措资金60万余元，慰问贫困、留守、孤残儿童1000多名。连续四年开展“情暖童心”关爱行动，每年结对帮扶100名困境儿童，为留守儿童提供权益保护、心理咨询、生活扶助、学习辅导等服务。成立永嘉县妇女儿童维权律师团，聘请专业律师，为未成年合法权益维护提供免费、优质、高效的法律服务。成立救助庇护所，为乞讨孩童等特殊群体构建一个温暖的港湾，2018年施救未成年人1次。

巩固两大阵地，不断深化未成年人思想道德建设内涵。加强乡村学校少年宫建设，2018年全县乡村（城市）学校少年宫开设活动项目317个，惠及未成年人24510人。4月在巽宅镇小开展永嘉县乡村学校少年宫项目互比互学活动，35所乡村学校少年宫的校长及辅导员参加活动。5月组织开展永嘉县第二届乡村（城市）少年宫作品成果展，收到参赛作品1227幅，为全县乡村学校少年宫提供展示自己建设成果的有利平台。积极为乡村学校少年宫引进社会资源，对接温州知名礼仪公司送课到碧莲镇小、巽宅镇小等少年宫，丰富乡村学校少年宫的课程内容。由市文明办和温州日报联合开展的“滴灌书屋”项目首选枫林镇福和希望小学作为试点学校，深受孩子们欢迎。在全县现有的37个校外公益培训点基础上，在鹤盛、枫林、沙头及三江新增6个公益培训点。提升春泥计划阵地建设，推进春泥计划“1+X”布局，新增瓯窑书院春泥乡村少年宫，春泥道德讲坛，春泥法治园地、5个留守儿童之家等春泥阵地。寒暑假期间，以“缤纷夏日”“缤纷冬日”为主题，开展春泥计划行动，活动覆盖全县22个乡镇街道，受益未成年人12.7万次。注重春泥计划的形式探索与创新，复制提升永嘉西岸村留守儿童之家——爱心屋的成功模式。2018年，永嘉女人帮义工队在九九腾讯公益上发起永嘉留守儿童之家项目众筹，筹得25万余元，全部用于新增的5所留守儿童之家的建设。

优化三个环境，全面呵护未成年人成长阵地。加大对校园周边环境的整治，以省级文明县城复评为契机，卫生、市监、交警等部门开展常态化联合执法活动，坚决取缔无照、无证经营商店和摊点，确保学校周边食品质量安全。加强治安联防、落实治安巡逻措施，基层派出所同辖内学校开展警校共建活动，在学校门口树立醒目交通警示牌、治安岗等，加强上学放学期间交通疏导和保护工作，确保学生人身安全。2018年共清查校园周边场所177家，核查2139人。加大对文化活动场所整治力度，以网吧、彩票投注站点、电子游艺厅、出版物市场等场所为重点，开展专项整治活动。强化网吧、歌舞厅、电子游戏厅等场所“未成年人禁止入内”禁令，继续实行稽查队员与各网吧、电子游戏室等“一对一”挂钩、定人定点的网格化管理措施。进一步加强文化娱乐市场群防群治，充分发挥105名“五老护苗”基层眼线的作用，劝说、制止、举报网吧等场所的违法经营行为。结合“平安永嘉”创建工作，深入持久开展“扫黄”“打非”活动，2018年共清查非法音像制品753盒、非法书刊247本，净化文化市场，为未成年人营造一个洁净、文明的社会文化环境。积极开展“童画新时代”“童心向党歌咏比赛”、文明礼仪进乡村学校少年宫、优秀童谣征集等活动，提升未成年人对社会主义核心价值观的认知，增加爱国情怀。结合文明村镇创建工作，通过墙绘、公益广告等形式，融入未成年人元素，为广大未成年人成长营造健康向上的社会文化环境。

表8　2018年度永嘉县群众性精神文明创建成果一览表

序号	项目类别	数量	创建单位
1	省级文明村	3	永嘉县北城街道路口村、永嘉县北城街道芬星村、永嘉县乌牛街道西垟村
2	省级文明单位	4	永嘉县公路管理局、温州市住房公积金管理中心永嘉分中心、国网浙江省电力公司永嘉县供电公司岩头供电所、温州银行股份有限公司永嘉支行
3	第十批县级文明乡镇	2	沙头镇、溪下乡
4	第二十六批县级文明村	30	瓯北城市新区（瓯北街道）（3个）：浦西村、和三村、龙桥村；桥头镇（1个）：林福村；岩头镇（4个）：八沸垟村、张公平村、西川村、上岙山村；枫林镇（1个）：湖西村；岩坦镇（5个）：垟村、桧染村、张溪村、铁坑村、岩门村；大若岩镇（4个）：龙垟村、李大屋村、水云村、大若村；碧莲镇（1个）：炉熊村；巽宅镇（3个）：巽一村、上横村、茅山村；鹤盛镇（2个）：东皋村、鹤垟村；金溪镇（2个）：陈岙村、双联村；茗岙乡（2个）：石坑村、乾口村；云岭乡（1个）：富源村；界坑乡（1个）：界岛村
5	第二十五批县级文明单位	6	桥头镇（2家）：育才控股集团有限公司、浙江省交通投资集团实业发展有限公司桥头服务区；岩头镇（1家）：浙江永嘉恒升村镇银行股份有限公司岩头支行；岩坦镇（1家）：国网浙江永嘉县供电公司岩坦供电所；南城街道（1家）：永嘉县公安局交警大队上塘中队；界坑乡（1家）：永嘉县界坑乡卫生院
6	四星级幸福社区	2	碧莲镇：应坑社区；南城街道：城南社区
7	三星级幸福社区	1	岩头镇：五澜社区
8	2018年永嘉县“墨香村社”名单	14	瓯北街道珠岙村、桥头镇溪心村、岩头镇芙蓉上村、岩头镇芙蓉下村、枫林镇枫二村、大若岩镇水云村、巽宅镇沿溪村、鹤盛镇下岙村、东城街道全安村、南城街道黄屿村、乌牛街道码道村、黄田街道雅林村、茗岙乡剩庄村、界坑乡上董村

（叶经奇）

永嘉县人民代表大会

县人民代表大会及其常委会会议

县十六届人大二次会议 2018年1月19日至1月21日在县城上塘举行，应出席代表302人，列席人员202人。会议共举行4次全体会议、5次主席团会议、1次计划预算审查委员会会议、1次代表议案审查委员会会议。会议听取和审查永嘉县人民政府工作报告；审查永嘉县2017年国民经济和社会发展计划执行情况与2018年国民经济和社会发展计划草案的报告，批准永嘉县2017年国民经济和社会发展计划执行情况的报告、2018年国民经济和社会发展计划；审查永嘉县2017年预算执行情况和2018年预算草案的报告，批准永嘉县2017年预算执行情况的报告和2018年预算；听取和审查永嘉县人民代表大会常务委员会工作报告、永嘉县人民法院工作报告、永嘉县人民检察院工作报告；该次大会收到代表10人以上联名提出的议案20件，其中：工交财贸方面6件，农林水方面1件，教科文卫体方面7件，城建环资方面6件；收到代表建议、批评和意见（以下简称代表建议）196件，其中：政治法治方面22件，工交财贸方面70件，农林水方面14件，教科文卫体方面42件，城建环资方面48件。

根据《中华人民共和国地方组织法》《中华人民共和国代表法》和《永嘉县人民代表大会代表议案处理办法》有关规定，经代表议案审查委员会审查讨论，建议将《关于优化校网布局的议案》（由周耀明等12位代表提出的第10801号《关于推进校网布局优化，加强管理保障工作的议案》、王哲闾等11位代表提出的第11802号《关于改善我县农村教育的议案》合并），交由县人大常委会审议，审议结果报告印发下一次县人民代表大会会议。其他18件代表议案，拟转作代表建议，连同大会期间收到的代表建议，由县人大常委会办事机构交有关机关、组织研究处理并负责答复代表。

会议在2018年1月21日的第三次全体会议上补选出麻久燎、章海鸥、戴源涌为县第十六届人民代表大会常务委员会委员；票决确定2018年县政府民生实事项目为10项，如下：1.学校优化改造提升项目：启动优化教育资源配置三年行动计划，2018年整合小规模学校41所，改造提升薄弱学校5所，完成幼儿园扩容工程2所。2. 城乡妇女健康关爱项目：对符合永嘉县计划生育政策怀孕对象（约4000名）享受免费产前筛查服务，其高风险孕妇增加定额补助产前诊断服务，5000名妇女享受一次更年期健康筛查。为城乡妇女免费开展妇女“两癌”检查，宫颈癌1.6万人和乳腺癌1.6万人。3. “村庄景区化”富民项目：创建AA级景区村41个。4. 地质灾害综合防治项目：完成地质灾害隐患点治理105处，其中工程治理65处、避让搬迁40处，实现三年任务两年完成。5. 交通畅通项目：打通瓯北街道罗浮大街北段延伸工程3期、永宁路、礁头路、林浦北路和乌牛街道镇东路等5条断头路；建成停车位1500个，包括6个地下停车场，具体为滨江公园地下停车场、瓯北第一中学地下停车场、桥头镇政府大院地下停车场、上塘中学地下停车场、永嘉县体育场地下停车场、桥下镇人民广场地下停车场；增设一批旅游交通线路，增开岩头—石桅岩（雁楠公路）、岩头—耕读小院（经下日川、西岸）、大若岩—岩头（经九黄线、41省道南复线）客运班车。6. 文体惠民项目：新建文化礼堂15所；建成城市书房（百姓书屋）2家（上塘、桥头）；提升学校体育设施向公众开放水平，总数达到50所，2018年新增18所。7. 饮用水提升项目：解决和改善农村1.5万人饮用水问题；完成三江—乌牛给水干管工程，解决乌牛、三江饮水难问题。8. 农村公厕建设项目：新建农村公厕20个，其中AAA级以上5个；消除露天坑350个。9. 学校食堂在线阳光智慧监管项目：在三年来永嘉县学校食堂智慧监管（50家学校食堂）的工程基础上，将21家阳光厨房公办学校食堂纳入智慧监管平台，县财政予以全额保障；引导12家民办学校食堂纳入智慧监管平台，予以一定比例的财政补助。对全县100名学生以上就餐学校食堂全部进行在线智慧监管，通过网络实时监控学校食堂食品安全状况，全面建立向广大群众开放的查询服务平台，引入社会力量进行监督。10. 低收入农户补充保险项目：对全县新认定的39710名低收入农户实施精准扶贫补充保险，以进一步解决因病因意外伤害返贫致贫问题。县委书记姜景峰致闭幕词。

县第十六届人大常委会第九次会议 2018年1月8日举行。主要议题是：1.审议县人大常委会工作报告及“一府两院”、计划、预算等报告；2.听取和审议县政府民生实事候选项目汇报；3.听取县监察委员会通报永嘉县2017年党风廉政建设情况；4.审议通过代表资格变动情况报告；5.审议通过关于召开县十六届人大二次会议有关事项；6.人事任免；7.宪法宣誓。会议经过审议、表决，决定委托谢崇福主任在县十六届人大二次会议上作县人大常委会工作报告；通过了代表变动情况的报告；通过关于召开永嘉县第十六届人民代表大会第二次会议有关事项；任命王建光为永嘉县人民代表大会常务委员会东城街道工作委员会副主任，麻益领为永嘉县人民代表大会常务委员会南城街道工作委员会副主任，周灵芬为永嘉县人民代表大会常务委员会南城街道工作委员会副主任，刘文表为永嘉县人民代表大会常务委员会乌牛街道工作委员会副主任，陈吕好为永嘉县人民代表大会常务委员会乌牛街道工作委员会副主任，刘光亭为永嘉县人民法院桥头人民法庭庭长，蒋庄平为永嘉县人民法院碧莲人民法庭庭长；免去戴凌云的永嘉县人民代表大会常务委员会东城街道工作委员会副主任职务，王新育的永嘉县人民代表大会常务委员会南城街道工作委员会副主任职务，金教育的永嘉县人民代表大会常务委员会乌牛街道工作委员会副主任职务，麻光胜的永嘉县人民代表大会常务委员会乌牛街道工作委员会副主任职务。

县第十六届人大常委会第十次会议 2018年3月21日举行。主要议题是：1.听取和审议县政府关于2017年《政府工作报告》中涉及的重点任务未完成情况报告；2.听取和审议县政府关于群众体育事业发展情况的报告；3.审议关于对县第十六届人大代表孙某某采取强制措施的请示，并表决相关决定；4.人事任免。会议经过审议、表决，通过了关于许可对县第十六届人大代表孙某某采取取保候审刑事强制措施的决定，决定任命李盈盈、厉利君、胡林洁、胡晓秋、郑丽丽、郑赛娇、谷作鹏为永嘉县人民法院人民陪审员；决定免去戴新建、葛海宣、郑佩晓、胡丽丹的永嘉县人民法院人民陪审员职务。

县第十六届人大常委会第十一次会议 2018年5月22日举行。主要议题是：1.听取和审议县政府关于民生实事项目进展情况的报告；2.听取和审议县政府关于户籍制度改革工作情况的报告；3.听取和审议县人大常委会调研组关于优化校网布局议案的调研报告；4.人事任免；5.宪法宣誓。会议经过审议、表决，通过了关于接受袁燕伟辞去永嘉县第十六届人民代表大会代表职务的决定；决定任命陈继林为永嘉县人民政府副县长（挂职）；任命徐同良为永嘉县监察委员会委员，李聪为永嘉县监察委员会委员；免去徐同良的永嘉县人民检察院检察委员会委员职务，李聪的永嘉县人民检察院检察委员会委员职务，胡朝曦的永嘉县监察委员会委员职务。

县第十六届人大常委会第十二次会议 2018年7月17日举行。主要议题是：1.听取和审议县政府关于2018年上半年全县经济社会发展任务完成情况和下半年政府工作的报告；2.听取和审议县政府关于2018年上半年县财政预算执行情况的报告；3.听取和审议县政府关于2017年县级财政预算执行及其他财政收支的审计报告，并批准县政府关于2017年县级财政决算的报告；4.听取和审议县政府关于固体废物污染环境防治“一法一条例”贯彻实施情况的报告及县人大常委会执法检查组关于固体废物污染环境防治“一法一条例”在永嘉县贯彻实施情况的执法检查报告；5. 审议通过《永嘉县岩头历史文化名镇保护规划》《永嘉县苍坡历史文化名村保护规划》；6. 审议县公安局关于提请许可对县第十六届人大代表陈某行政拘留的请示，并表决相关决定（草案）；7.人事任免；8.宪法宣誓。会议经过审议、表决，通过了永嘉县人大常委会关于批准永嘉县2017年财政决算的决议，永嘉县人大常委会关于批准永嘉县岩头历史文化名镇保护规划的决议，永嘉县人大常委会关于批准永嘉县苍坡历史文化名村保护规划的决议；通过了永嘉县人大常委会关于许可对县第十六届人大代表陈某行政拘留的决定；决定任命徐新为永嘉县人民政府副县长（挂职）；任命胡寿旺为永嘉县人大常委会法治内务司法工作委员会主任，徐海国为永嘉县人大常委会代表工作委员会副主任；决定任命周凌力为永嘉县科技局局长，黄金锡为永嘉县水利局局长。决定免去吴小英的永嘉县人民政府副县长职务，潘宏雷的永嘉县科技局局长职务，戴本石的永嘉县水利局局长职务；免去李晓平的永嘉县人大常委会财政经济工作委员会主任职务，孙少峰的永嘉县人大常委会法治内务司法工作委员会主任职务。

县第十六届人大常委会第十三次会议 2018年9月26日举行。上午主要议题是：1.听取和审议县政府关于永嘉县国民经济和社会发展第十三个五年规划纲要中期评估的报告；2.听取和审议县政府关于2018年全县重点工程建设情况的报告；3.听取和审议县政府关于农村土地制度改革情况的报告；4.听取和审议县政府关于基层卫生院建设审议意见落实情况的报告；5.审议表决关于确定人民陪审员名额事项；6.人事任免。会议经过审议、表决，通过永嘉县人大常委会关于批准永嘉县国民经济和社会发展第十三个五年规划纲要部分目标调整的决议，永嘉县人大常委会关于确定人民陪审员名额的决定；任命许肖月、包建兄、李世伟为永嘉县人民法院审判员，金婷婷、黄疆南、周健丰为永嘉县人民检察院检察员；免去戴琴苹的永嘉县人民检察院检察员职务。宪法宣誓根据规定由县法院、县检察院自行组织。

下午，召开楠溪江水资源环境保护专题询问会，11位委员和代表分别提出11个问题，县政府及相关部门一一作答。副县长董庆标代表县政府作表态发言，县人大常委会主任谢崇福最后作讲话。

县第十六届人大常委会第十四次会议 2018年11月29日举行。主要议题是：1.听取和审议县政府关于2018年财政预算调整方案的报告；2.听取和审议县政府关于2017财政预算执行及其他财政收支情况审计工作报告整改意见落实情况的报告；3. 听取和审议县政府关于全县招商选资工作情况的报告；4.听取和审议关于《中华人民共和国农产品质量安全法》在永嘉县贯彻实施情况的执法检查报告；5.听取和审议县政府关于《浙江省学前教育条例》在永嘉县贯彻实施情况的执法检查报告；6.审议表决关于对县十六届人大代表胡某某采取刑事拘留措施的批复给予确认的决定；7.听取和审议永嘉县第十六届人大部分代表辞增补方案；8.审议表决关于调整部分选区永嘉县第十六届人民代表大会代表名额的决定；9.人事任免；10.宪法宣誓。会议经过审议、表决，通过《关于批准2018年财政收支预算调整的决议》《关于调整部分选区永嘉县第十六届人民代表大会代表名额的决定》《关于许可对县第十六届人大代表胡某某采取刑事拘留强制措施的批复给予确认的决定》《永嘉县人大常委会关于接受李炳建等人辞去永嘉县第十六届人民代表大会代表职务的决定》；任命戚永东为永嘉县人民代表大会常务委员会办公室主任，王建新为永嘉县人民代表大会常务委员会城乡建设环境保护工作委员会主任，季巧云为永嘉县人民代表大会常务委员会北城街道工作委员会主任；决定任命梁荣罡为永嘉县人民政府副县长，张家强为永嘉县发展和改革局（粮食局）局长，谢向东为永嘉县经济商务和信息化局局长，周望欣为永嘉县人力资源和社会保障局局长，周俊晓为永嘉县农业局局长，李金星为永嘉县林业局局长，陈晓平为永嘉县人民政府外事侨务办公室主任，潘陈一为永嘉县综合行政执法局局长；免去潘长建的永嘉县人民代表大会常务委员会办公室主任职务，李平的永嘉县人民代表大会常务委员会城乡建设环境保护工作委员会主任职务，李小攀的永嘉县人民代表大会常务委员会北城街道工作委员会主任职务；决定免去黄大善的永嘉县发展和改革局（粮食局）局长职务，金翎翼的永嘉县经济商务和信息化局局长职务，黄振才的永嘉县人力资源和社会保障局局长职务，刘丐武的永嘉县农业局局长职务，陈洪恩的永嘉县林业局局长职务，王柏青的永嘉县文化广电新闻出版局局长职务，陈立新的永嘉县卫生和计划生育局局长职务，黄少林的永嘉县人民政府外事侨务办公室主任职务，李金星的永嘉县综合行政执法局局长职务。

县第十六届人大常委会第十五次会议 2018年12月27日举行。主要议题是：1.听取和审议县政府关于环境状况和环境保护目标任务完成情况的报告；2.听取和审议县政府关于优化校网布局议案审议意见落实情况的报告；3.听取和审议县政府关于代表建议办理情况的报告；4.审议县公安局关于对县人大代表董某某采取刑事强制措施的议案，并表决相关决定；5.人事免职。会议经过审议、表决，通过了关于许可对县第十六届人大代表董某某采取刑事强制措施的决定；免去金志敏的永嘉县监察委员会委员职务。

监督工作

法治监督 2018年，永嘉县人民代表大会常务委员会围绕宪法法律实施，召开学习和贯彻实施宪法座谈会，开展“七五”普法中期调研，修订《永嘉县人民代表大会及其常务委员会宪法宣誓办法》，自觉当好弘扬宪法精神、推动宪法实施、维护宪法权威的践行者；召开道路交通安全法贯彻实施审议意见落实情况专题询问会，督促永嘉县政府解决社会反响强烈的“四小车”整治、公共停车场建设、县城交通枢纽、枫林机动车驾驶员考试服务中心迁移及交通拥堵等问题，切实保障道路交通安全。围绕公平正义，连续两年对法院执行难开展监督，要求永嘉县法院穷尽执行措施，采取专项行动，全面提高执行率和执行标的到位率，切实维护当事人合法权益。依法作出《永嘉县岩头历史文化名镇保护规划》《永嘉县苍坡历史文化名村保护规划》、2018年县财政收支预算调整等决议；积极与市人大农资委、法治委、市政府法治办沟通对接，持续推进楠溪江保护管理立法前期工作；坚持全面备案与重点审查相结合，扎实开展规范性文件备案审查，全年共备案审查规范性文件23件。

工作监督 2018年，永嘉县人民代表大会常务委员会关注经济持续发展，听取和审议永嘉县国民经济和社会发展第十三个五年规划纲要中期评估报告、半年度全县经济社会发展报告，批准“十三五”规划纲要部分指标调整。聚焦重大项目谋划和重点工程建设，坚持日常监督与集中监督相结合，全程跟踪，要求县政府做深做细项目前期，把好项目立项关、要素保障关、质量监管关、工程和人员安全关，及时解决工程建设遇到的难题，确保有序推进。聚焦经济高质量发展，深入调研剖析工业经济发展状况，建议永嘉县政府进一步强化“工业兴县”理念，盘活工业存量土地，解决历史遗留问题，加快新旧动能转换，增强实体经济发展后劲；听取招商选资、营商环境改善和“最多跑一次”改革专项报告，跟踪问效投资项目审批改革落实情况，建议永嘉县政府深化审批改革，优化服务，提高效率，做到招商和安商并重、外引和内扶并举，着力构建亲清政商关系，营造良好营商环境，切实为企业排忧解难。

2018年，永嘉县人民代表大会常务委员会加强财政预算审查监督。常委会坚持监督与支持并重，注重程序性和实质性审查监督相结合，预算执行和决算审查监督相衔接，听取审议预算执行、决算、审计、审计查出问题整改等报告，审查批准财政决算和预算方案调整，推进县政府及职能部门完善预算管理体系，促进财政资金的安排和使用更加合理，提升资金使用绩效。深化部门预算审查，组织开展专委审查、专家审查，梳理提出初审意见，督促整改落实，涉及调整资金913.93万元，核减293.93万元，促进预算编制不断完善。听取国有资产管理专项报告，要求永嘉县政府摸清家底，规范管理，分类处置，盘活资产，确保国有资产保值增值。永嘉县政府高度重视，先后出台《永嘉县国有资产清查和盘活工作实施方案》《永嘉县行政事业单位国有资产管理暂行办法》等文件，建章立制，全面加强国有资产管理。

2018年，永嘉县人民代表大会常务委员会关心民生事业，高度关注教育均衡发展，开展优化校网布局议案调研和《浙江省学前教育条例》执法检查。永嘉县政府积极行动，分类施策，力补短板，新增幼儿园9所，创成省一、二级幼儿园10所，撤并中小学校43所，优化校网布局。高度关注食品安全，开展农产品质量安全法执法检查，要求县政府加强宣传引导，强化日常监管，着力保障人民群众餐桌安全。高度关注基层卫生院建设，督促县政府继续加大投入，注重人才培养，完善信息网络，创造高效、便捷、实惠的基层就医环境。高度关注事关千家万户的户籍制度改革，督促政府出台《关于进一步推进户籍制度改革的实施意见》，有序剥离依附在户籍制度上的利益链条，释放改革红利。高度关注农村土地制度改革，建议县政府精心组织，周密安排，反复核对，精准确权，切实维护农民合法权益。高度关注百姓出行难题，开展交通站场规划与建设专题调研，县政府高度重视，出台综合交通发展三年行动计划和城乡公交一体化改造三年攻坚行动计划，争取三年基本实现城乡公共交通服务一体化。高度关注殡葬改革，支持县政府开展移风易俗攻坚年行动，深化丧事简办“五项治理”，打造移风易俗“永嘉模式”，助推乡风文明和乡村振兴。

2018年，永嘉县人民代表大会常务委员会紧盯楠溪江水环境保护，连续两年跟踪《楠溪江水资源环境保护利用议案》的落实情况，持续督促楠溪江流域污水治理和生活垃圾处理，实行水质一月一监测，及时掌握楠溪江水质变化。同时，召开专题询问会，坚持问题导向，紧扣法律规定，抓住楠溪江水质变化的主要矛盾，深入剖析问题成因，研究对策措施，回应人民关切。永嘉县政府积极行动，召开楠溪江饮用水水源地保护专题会议，组织近300人持续对楠溪江无序摆摊、烧烤、漂流和沿江农家乐进行整治，体现对党和人民高度负责的精神和行动自觉。省市县乡（镇）四级联动开展固废污染防治“一法一条例”执法检查，建议县政府要坚持依法治污，强化刚性约束，把各项法律制度变为实际行动，把各项法律责任落实到位，形成政府统筹、企业主导、群众参与、齐抓共管的综合防治体系，筑牢不可触碰的法律高压线。专题听取和审议县政府环境质量状况和环保目标完成情况的报告，要求县政府实行最严格的环境保护制度，让“蓝天、碧水、青山、绿地”成为永嘉常态。

人事任免及日常工作

人事任免 2018年，永嘉县人民代表大会常务委员会坚持党管干部和人大依法任免相结合的原则，认真落实任前法律知识考试、任前承诺，任后宪法宣誓和工作监督，任免国家机关工作人员87人次，组织宪法宣誓34人次。

信访工作 2018年，永嘉县人民代表大会常务委员会听取全县信访工作报告，建议县政府加强源头管控、注重积案化解、强化打击惩治，积极引导信访群众走司法途径，真正实现疏堵结合、标本兼治。重视群众来信来访，累计受理群众来信、市人大常委会批转的信件109件，接待群众来访300多人次，批转交办98件，促进社会和谐稳定。

代表工作

学习培训 2018年，永嘉县人民代表大会常务委员会坚持把学习培训作为提高代表履职能力的关键环节来抓。5月在县委党校举办全体县人大代表培训班，8月在青岛市人大代表培训基地举办由47名基层一线代表参加的第三期代表培训班，10月组织全县代表联络站站长参加温州市人大举办的培训班。利用人大工作交流微信群、人大工作资讯、浙江人大APP、永嘉人大网等，及时推送、交流相关文件资料、人大知识，通过“线上+线下”相结合的方式，切实提高代表理论水平。坚持把评优、竞赛作为激励代表履职的有效手段，开展履职优秀人大代表评选和人大制度知识竞赛活动。发挥先进表率作用，增强代表履职荣誉感，提升整体履职能力。

平台建设 2018年，永嘉县人民代表大会常务委员会高度重视代表履职平台建设，在实现全县22个乡镇（街道）实体代表联络站和网上代表联络站“全覆盖”基础上，重点推进代表联络站规范化建设。制定出台《永嘉县人大代表联络站规范化建设的实施意见》，明确代表联络站规范化建设的标准和要求，省、市、县、乡（镇）四级代表全员进站，初步实现代表联络站工作制度化和代表进站全员化。各代表联络站每周固定一天为代表轮值接待活动日，听取群众意见建议，收集群众诉求，回应群众关切。同时，结合网上联络站、代表微联络站等平台，开展各类接待群众活动，实现代表接待群众“全天候”，群众反映问题“零距离”，代表反馈答复“加速度”，着力提升代表履职效率。

群众联系 2018年，永嘉县人民代表大会常务委员会不断深化“双联系”工作机制，一方面，着力密切常委会组成人员与代表的联系，积极开展县人大常委会组成人员走访人大代表活动，听取代表意见建议，征求代表参与常委会工作监督意向，实现常委会工作重点与代表专长的精准匹配，激发代表履职积极性。全年邀请代表列席常委会会议40余人次、参加专题调研300多人次、执法检查250多人次、集中视察700多人次。另一方面，着力密切代表与群众的联系，开展县人大代表向原选区选民述职、人大代表进村居等活动，让代表与选民面对面、心连心，全县53名县人大代表向所在选区选民述职，接受选民满意度测评，让选民监督代表，让代表更好地服务选民，真正做到人民代表为人民。

督办建议　2018年，永嘉县人民代表大会常务委员会始终把代表满意、群众认可作为督办建议第一标准，在建议“提得好、交得准、办得成”上下功夫。会前预征建议文本，年终评选优秀代表建议，推进代表建议整体质量提升；会后认真梳理预交代表建议，会商确定承办单位；规范报送建议办理工作计划、会办意见、后续办理情况；积极参与集体面商会，联动督办重点督办件、不满意办理件，全程掌握建议办理进度，从严把好建议交办关、督办关、答复关，进一步提高建议办理水平和办理实效。县十六届人大二次会议期间收到的214件代表建议全部办结。

自身建设

加强学习　2018年，永嘉县人民代表大会常务委员会坚持常委会党组理论中心组学习和机关学习制度，认真组织学习宪法、监督法以及与监督议题相关的法律法规，学习习近平总书记关于坚持和完善人民代表大会制度的重要思想，着力提高机关干部服务大局意识和依法推动解决问题的能力。举办人大机关干部讲堂，支持机关干部参加全国、省、市人大组织的各类业务培训，提升人大干部队伍履职能力。

党建引领　2018年，永嘉县人民代表大会常务委员会认真贯彻中央、省、市、县有关党风廉政建设会议精神，全面落实从严治党主体责任，严守政治纪律和政治规矩，严格执行中央八项规定精神和省、市、县委党风廉政建设各项规定，持之以恒推进正风肃纪。设立人大机关党组，负责机关党的建设和政治思想工作，依托党建打造务实、高效、清廉的人大机关。专题学习新修订的《中国共产党纪律处分条例》和《中国共产党支部工作条例（试行）》，切实增强常委会组成人员和机关干部廉洁从政和反腐倡廉意识，营造风清气正的政治生态。

注重创新　2018年，永嘉县人民代表大会常务委员会始终秉持与时俱进的精神，着力构建便捷、高效的办公系统，提高办事办文办会效率。全面推进OA系统、手机钉钉APP的应用，使用平板电脑阅读主任会议、常委会会议资料，全面开启“无纸化”办公新时代。加强人大信息员队伍建设，完善奖励办法，建立健全乡镇人大信息报送制度，全年向省、市人大报送信息150多条，人大信息宣传工作再上新台阶。

上下联动　2018年，永嘉县人民代表大会常务委员会认真贯彻落实上级人大工作部署，积极配合做好调研、视察和执法检查，加强上下联动、横向交流，借鉴学习兄弟县好做法好经验。坚持全县人大工作“一盘棋”思想，组织乡镇（街道）人大主席（工委主任）赴福建古田培训学习，健全乡镇（街道）人大主席（工委主任）联席会议制度，指导乡镇、街道推行民生实事项目票决制和《合议制》，认真落实乡镇人大“2131”会议制度，全面推行乡镇（街道）生态环境状况报告制度，支持乡镇（街道）人大行权履职，担当作为，努力提高全县人大整体工作水平。

（陈赛群）

永嘉县人民政府

县政府常务会议

概况 2018年，永嘉县人民政府共召开13次政府常务会议，形成13份常务会议纪要，讨论研究135个重要议题，主要涉及产业发展、重点工程建设、城乡建设、新农村建设、计划生育、社会保障、教育卫生等关系全县经济社会发展以及民生福祉方面的重要问题。

县人民政府第13次常务会议 2018年1月5日召开。会议审议《关于永嘉贯彻落实中央环境保护督察反馈意见整改方案》。审议《政府工作报告》。审议《2017年国民经济和社会发展计划执行情况及2018年国民经济和社会发展计划（草案）的报告》。审议《2017年财政预算执行情况和2018年财政预算（草案）的报告》。审议《2018年度永嘉县民生实事候选项目建议方案》。讨论研究《永嘉县医疗卫生服务能力提升三年行动计划（2018—2020年）》。听取关于与北部湾旅股份有限公司合作有关事宜的汇报。

县人民政府第14次常务会议 2018年1月15日召开。会议听取安全生产和消防安全工作的专题汇报。审议《关于推进永嘉县建筑工业化发展的实施意见（试行）》。审议《关于整合组建永嘉县国有资产经营有限公司实施方案》。

县人民政府第15次常务会议 2018年1月30日召开。会议审议《2018年政府工作报告各项任务责任分解表》《“十大行动计划”总牵头人明细表》。审议《2018年县政府民生实事项目任务分解表》。讨论研究给予县公安局记集体三等功有关事宜。听取南城街道龙翔村、桥头村、西前村、西后村4个城中村改造项目国有和集体土地房屋征收与补偿安置有关事宜的汇报。审议《永嘉县瓯北三江标准堤工程PPP项目实施方案》。

县人民政府第16次常务会议 2018年3月7日召开。会议传达学习全国、全省、全市安全生产电视电话会议精神，对全县安全生产工作进行研究部署。传达学习人民银行上级行工作会议精神。听取关于部分从事投资咨询业务的合伙企业个税核定征收有关事宜的汇报。听取瓯北街道王家坞—前牌村城中村改造项目国有和集体土地上房屋征收与补偿安置有关事宜的汇报。听取桥头镇桥一村、壬田村、沿溪村3个城中村改造项目征收集体土地涉及房屋补偿安置有关事宜的汇报。

县人民政府第17次常务会议 2018年4月4日召开。会议审议《深入实施乡村振兴战略全面推进“一带两城五组团”发展布局五年行动计划》。审议《关于促进全域旅游发展的实施意见》。听取关于永嘉县与浙江省旅游集团有限责任公司旅游项目投资开发合作有关事宜的汇报。

县人民政府第18次常务会议 2018年4月28日召开。会议审议《永嘉县城乡非居民生活垃圾处理费收费标准方案》。听取关于2018年资金需求情况及融资工作有关情况的汇报。审议《永嘉县2018年度政府集中采购目录及标准》。审议《永嘉县综合交通发展三年行动计划（2018—2020年）》。审议《永嘉县义务教育阶段校网布局优化提升三年行动计划（2018—2020年）》。审议《永嘉县推进温州区域医疗康养中心城市建设三年行动计划（2018—2020年）》《永嘉县推进区域医疗康养工作2018年度实施计划》。审议《永嘉县A级景区村庄创建三年行动方案（2018—2020年）》。听取关于永嘉县与浙江省旅游集团有限责任公司旅游项目投资开发合作有关事宜的汇报。审议《永嘉县新动能培育三年行动计划（2018—2020年）》。审议《永嘉县“标准地”实施方案》。审议《永嘉县（东瓯）人才公寓处置和盘活方案》。审议《温州市监管中心工程征收集体土地涉及房屋补偿安置方案》。听取关于调整困境儿童和特困人员生活待遇标准有关情况的汇报。

县人民政府第19次常务会议

2018年6月6日召开。会议审议《永嘉县文化发展三年行动计划（2018—2020年）》。审议《永嘉县体育事业优质均衡发展三年行动计划（2018—2020年）》。审议《永嘉县体育馆运营管理暂行方案》。审议《永嘉县精准招引三年行动计划（2018—2020年）》。审议《永嘉县民政事业发展三年行动计划（2018—2020年）》。审议《永嘉县人民政府关于废止部分行政规范性文件的决定》。审议《关于加快基础教育发展推进教育现代化县创建三年行动计划（2018—2020年）》。审议《永嘉县事业单位引进人才工作的实施意见》。审议《永嘉县深化“最多跑一次”改革工作实施方案》。审议《关于企业投资项目审批“开工前100天、竣工验收30天”的改革实施意见》。审议《永嘉县农村人居环境提升三年行动方案（2018—2020年）》。

县人民政府第20次常务会议

2018年6月26日召开。会议听取关于调整2018年度社会保险缴费标准有关情况的汇报。审议《永嘉县事业单位公务用车制度改革实施意见》《永嘉县国有企业公务用车制度改革实施意见》。审议《浙江江心调味食品有限公司——年产30万吨调味品生产基地项目投资协议书》。审议《永嘉县高水平建设“四好农村路”实施意见》《永嘉高水平建设“四好农村路”助推乡村振兴战略三年行动计划（2018—2020年）》《永嘉县农村公路管理办法》。审议《永嘉县关于深化“亩均论英雄”改革推进工业企业综合评价实施意见》。审议《高水平建设平安永嘉高质量夺取平安金鼎三年行动计划（2018—2020年）》。

县人民政府第21次常务会议

2018年7月12日召开。会议传达省“两办”《关于转发省统计局开展防范和惩治统计造假弄虚作假专项行动工作方案的通知》精神。听取2018年上半年全县安全生产和消防安全工作情况的汇报，并对下步工作做了具体部署。审议《永嘉县2017年财政决算报告（草案）》。审议《永嘉县本级2017年度财政预算执行和其他财政收支的审计工作报告》。审议《永嘉县岩头历史文化名镇保护规划》《永嘉县苍坡历史文化名村保护规划》。审议《永嘉县文物保护单位保护范围和建设控制地带双线划定》。审议《杭温高铁一期永嘉段工程征收国有土地上房屋征收与补偿安置方案》《杭温高铁一期永嘉段工程征收集体土地涉及房屋补偿安置方案》。审议《永嘉县建立健全违法建设防控治理长效机制的若干意见》。审议《永嘉公有住房管理暂行办法》。听取修改永嘉县地质灾害避让搬迁补助实施暂行办法的汇报。听取教育卫生项目建设体制有关情况的汇报。讨论研究嘉奖永嘉中学有关事宜。听取永嘉县2017年基准地价更新成果的汇报。

县人民政府第22次常务会议

2018年8月23日召开。会议听取永嘉县近五年财政收入情况的汇报。审议《永嘉县城镇生活垃圾分类工作实施方案》。审议《永嘉县“污水零直排区”建设总体方案》。审议《永嘉县2018年上海督察局土地例行督察问题整改方案》。听取关于永嘉县土地清理中涉及村集体安置留地处置有关政策的汇报。审议《2019年永嘉县部门预算编制工作实施方案》。审议《永嘉县行政事业单位国有资产管理暂行办法》。审议《永嘉县发展学前教育第三轮行动三年行动计划（2018—2020年）》。审议《永嘉县普惠性民办幼儿园认定和管理办法》。听取关于进一步完善基础教育管理体制有关情况的汇报。审议《永嘉县工业厂房出租、转让实施意见（试行）》。审议《永嘉县政策性融资担保机构组建方案》。听取关于永嘉县2017年度工业亩均效益综合评价结果的汇报。审议《永嘉县东城街道城中村改造一期项目国有土地上房屋征收与补偿安置方案》《永嘉县东城街道城中村改造一期项目征收集体土地涉及房屋补偿安置方案》《永嘉县东城街道城中村改造二期1号区块项目国有土地上房屋征收与补偿安置方案》《永嘉县东城街道城中村改造二期1号区块项目征收集体土地涉及房屋补偿安置方案》。审议《永嘉县安全生产和消防安全三色预警制度》。审议

《永嘉县安全生产和消防安全网格管理工作问责办法》。审议《永嘉县人民医院迁建工程PPP项目实施方案》。听取关于永嘉县公有住房房改价格有关情况的汇报。听取温州市永嘉县吉林市丰满区建立友好县区有关事宜的汇报。

县人民政府第23次常务会议 2018年9月25日召开。会议听取永嘉县非洲猪瘟防控工作有关情况的汇报。听取楠溪江饮用水水源地保护有关情况的汇报。听取2017年度考绩奖金有关事宜的汇报。审议《高水平建设人才强县50条意见》。审议《关于推进安全生产领域改革发展的实施意见》。审议《永嘉县工程建设项目审批制度改革试点方案》。听取永嘉国信实业有限公司瓯北花岙村地块收回有关政策处理及后续挂牌出让有关事宜的汇报。审议《永嘉县上瓯公路工程国有土地上房屋征收与补偿安置方案》《永嘉县上瓯公路工程征收集体土地涉及房屋补偿安置方案》。听取启动县公交客运中心项目建设有关事宜的汇报。审议《永嘉县城乡公交一体化改造三年行动实施意见》。审议《永嘉县政府购买公共交通服务实施方案》。审议《关于2017年退役士兵安置工作方案》。审议《永嘉县国民经济和社会发展第十三个五年规划纲要中期评估报告》。

县人民政府第24次常务会议 2018年11月13日召开。会议听取东西部扶贫协作工作有关情况的汇报。审议《永嘉县进一步加强东西部扶贫协作工作实施方案》。传达市委常委会和市政府常务会关于禁毒工作会议精神并听取全县禁毒工作情况的汇报。听取卫生和医共体建设有关情况的汇报。听取文物保护工作情况的汇报。听取第四次经济普查单位清查工作情况的汇报。听取永嘉县P2p网络借贷风险应对有关情况汇报。听取2018年1—10月消防安全形势分析研判的汇报。审议《健康永嘉2030行动纲要》。听取2019年度城乡居民基本医疗保险工作有关事宜的汇报。审议《永嘉县中低收入住房困难家庭申请公共租赁住房保障实施细则》。审议《永嘉县2018年财政预算调整草案》。听取104国道温州西过境永嘉段工程土地和房屋征收补偿办法补充规定的汇报。审议《永嘉县阳光大道东向延伸二期及防洪堤建设工程PPP项目资格预审方案》。

县人民政府第25次常务会议 2018年12月28日召开。会议听取2018年食品安全工作有关情况的汇报。审议《永嘉县食品安全党政同责实施细则》。听取关于进一步规范设施农用地备案管理工作有关事宜的汇报。审议《永嘉县农村饮用水安全巩固提升三年行动计划》。审议《永嘉县高标准打好污染防治攻坚战 高质量推进生态文明示范创建行动实施意见》。审议《永嘉县制鞋等六类行业整治提升行动方案（2018—2020年）》。听取关于进一步推进企业上市工作补充意见有关事宜的汇报。听取关于2018年永嘉县县长质量奖有关事宜的汇报。审议《永嘉县数字经济发展五年倍增实施方案》。审议《永嘉县医疗卫生服务共同体建设工作实施方案》。审议《关于推行中小学校长职级制改革实施意见（试行）》。听取调整被征地农民基本生活保障缴费标准和享受保障金待遇有关事宜的汇报。审议《永嘉县机动车停放服务收费管理暂行办法》。听取永嘉县与美国弗吉尼亚州彼得堡市建立友好交流关系城市有关事宜的汇报。讨论研究给予戴进勇见义勇为行为奖励的有关事宜。听取关于调整规范永嘉县政府投资项目工程款预结算操作办法有关事宜的汇报。审议《永嘉县临时救助实施细则》。

（池　玲）

重要政事

NB-IoT智能泵阀产业联盟和联合创新实验室 2018年1月19日，NB-IoT智能泵阀产业联盟和联合创新实验室在永嘉成立。NB-IoT智能泵阀产业联盟和联合创新实验室由中国通用机械工业协会牵头发起，实验室由浙江大学工业自动化国家工程研究中心单位牵头，共建单位包括华为技术有限公司、福州物联网开放实验室、温州系统流程装备科学研究院、永嘉县经信局。实验室的成立，将进一步推动泵阀产业产品升级、服务升级和商业模式升级，有效提升永嘉泵阀行业与信息化深度融合水平。

连续三年跻身全省“两化”融合发展第一梯队 2018年2月8日，浙江省经信委发布《2017年浙江省区域两化融合发展水平评估报告》，评估结果显示，2017年永嘉县两化融合发展指数达到79.29，基础环境、工业应用、应用效益三项主要指数得分分别为18.43、35.70、25.16，总分比上年度提高

1.21，位列全市第四，连续三年跻身全省“两化”融合发展第一梯队。近年来，永嘉充分利用省两化深度融合国家示范区建设、省级传统制造业改造提升分行业试点等政策机遇，鼓励引导企业实施“零土地”技改，全力推动传统制造业数字化转型。2016年至2018年，全县新增上云企业2900家、机器人应用305台、数字车间8个。

召开浙江省“千企结千村、消灭薄弱村”暨消除集体经济薄弱村现场推进会 2018年4月18—19日，浙江省“千企结千村、消灭薄弱村”暨消除集体经济薄弱村现场推进会在永嘉县召开，时任省委常委、组织部部长任振鹤出席会议并讲话，副省长彭佳学主持会议。近年来，永嘉县通过资源流转、飞地置业、项目开发、物业经营、业态集聚、基金分红6条路径，实现村集体经济发展从“单纯性输血”到“多元化造血”，着力构建山区集体经济薄弱村批量转化的“永嘉模式”。2018年，永嘉县开工建设683个村级集体经济发展项目，总投资45亿元，带动村集体增收8500万元。

获首批“全国民宿产业发展示范区”称号 2018年4月21日，在2018北京国际民宿产业合作发展论坛暨第二届京津冀民宿产业发展论坛上，中国旅游协会正式授予永嘉“全国民宿产业发展示范区”称号。这是该协会首次开展民宿发展评选活动，全国首批获评单位共9个，永嘉县是温州市唯一获评地区。近年来，永嘉县借政策之力、资源优势和发展所需，率全市之先发展民宿产业，成功将民宿产业打造成楠溪江旅游的一大亮点。截至2018年年底，全县共有民宿239家，床位约3500张，年平均出租率40%以上，墟里贰号获评“中国最佳民宿”称号。

“4+1”基层人民调解模式在全国现场会推广 2018年5月10日，全国人民调解工作现场会在温州召开，永嘉县“4+1”基层人民调解工作模式在现场会上被推广，并获得司法部副部长刘振宇的充分肯定和高度评价。“4+1”基层人民调解工作模式，是指四道防线加一个专业支撑平台，包括重点村调委会、村级联片调委会、镇街联调中心、个人品牌调解室和由一批专家组成的业务支撑平台。近年来，永嘉县创新发展新时代“枫桥经验”，推出“4+1”基层人民调解工作模式，引导纠纷化解重心下移。2018年，全县化解矛盾纠纷6329件，其中镇、村两级调解组织调处案件占全县调解总量的83.9%，村级人民调解组织规范化建设达标率87%。

“瓯e办”便民服务终端覆盖全县各地 2018年年6月29日，永嘉县“瓯e办”便民服务终端平台启动仪式在岩头镇行政服务中心举行，率温州市之先开始布局。“瓯e办”是永嘉县为深入推进“最多跑一次”所推出的便民服务终端，群众仅凭身份证或“刷脸”认证即可在终端上办理相关业务。截至2018年底，全县已完成103台“瓯e办”便民服务终端投放，实现所有乡镇（街道）、社区全覆盖，推出审批、证明、缴费、公共服务四大类共142项常用功能，其中审批99项、证明12项、缴费5项、公共服务26项，可为群众提供“一站式、全天候、零距离”的便民服务。

入选2018年度农村集体产权制度改革试点县 2018年7月12日，农业农村部发布2018年度农村集体产权制度改革试点单位名单，永嘉县成功入选。按照试点先行、稳步推进原则，永嘉县研究制定《永嘉县农村集体产权制度改革试点方案》，确定三个乡镇（街道）为试点乡镇，其余乡镇（街道）各选择1—2个村同步开展试点，计划2018年年底前完成试点，2019年年初在全县铺开，2019年10月底前全面完成。改革完成后，将有效破解农村集体资产产权归属不清晰、权责不明确、保护不严格等难题，进一步增加农民财产性收入，让农民共同分享集体经济发展成果。

泵阀轴承制造业列入省级第二批传统制造业改造提升分行业试点 2018年7月30日，浙江省人民政府办公厅公布省级第二批传统制造业改造提升分行业省级试点名单，永嘉县泵阀轴承制造业成功入选，获得资金补助1000万元。永嘉县是全国最大、最集中的泵阀产业基地，其泵阀行业始于20世纪60年代末，经过多年发展，已成为全县重要支柱产业之一。2018年，永嘉县实现泵阀工业总产值257.89亿元，规上工业泵阀行业产值87.49亿元，增速23.7%，利润总额增长43.2%，科技活动经费支出增长43.7%，规上全员劳动生产率增长21.2%，规上工业企业上云率65%。

教玩具小镇成功入选省级特色小镇创建名单 2018年8月10日，浙江省特色小镇规划建设工作联席会议办公室发布省级特色小镇第四批创建名单，永嘉教玩具小镇成功入选。永嘉教玩具小镇秉承“童玩、童学、童趣、童世界”发展理念，计划打造集教玩具体验引领、研发设计、交易营销、智能制造、大数据等五位一体的全国教玩具中心，旨在建设成为全国乃至全球独树一帜的教玩具特色小镇。2018年，小镇完成固定资产投资6.41亿元，新增各类专利296项，新增国家高新技术企业5家、浙江“隐形冠军”企业1家，成功举办温州市教玩具质量提升暨小微企业发展论坛。

入选全国“两山”发展百强县 2018年8月15日，“两山”理念与实践国际会议在浙江安吉举行，浙江大学环资学院研究团队发布“两山”发展指数研究成果和全国“两山”发展百强县，永嘉名列第27位，在生态环境、特色经济、民生发展和保障体系四项一级指标中，有2项获得“A+”评价。永嘉县依托得天独厚的生态资源，大力发展旅游产业，走出一条具有永嘉特色的“两山”之路。近年来，全县环境空气质量优良率持续保持98%以上，楠溪江中上游长期保持在国家I、II类水质，2018年接待游客数突破1200万人，实现旅游总收入139.5亿元，分别增长22.8%和27.7%。

召开温州市深化“千百工程”推进乡村振兴暨大花园建设现场会 2018年9月6—7日，温州市深化“千百工程”推进乡村振兴暨大花园建设现场会在永嘉召开。2018年，永嘉县坚持绿色发展理念，按照“产业兴旺、生态宜居、乡风文明、治理有效、生活富裕”总要求，大力实施乡村振兴“五大双百”行动，全力推进岩坦楠溪古韵示范带，陶公养生福地示范带、鹤盛山水诗画示范带等3条乡村振兴示范带建设，乡村振兴行动（西部生态休闲产业带建设）和全省乡村振兴实绩考核排名全市第一，成功入选部省共建乡村振兴示范省先行创建单位名单，全国乡贤助力乡村振兴永久论坛落户永嘉，乡村振兴工作得到省委书记车俊多次点赞。

成功列入全市唯一的省级基层商会改革发展试点单位 2018年11月14日，浙江省委统战部、省工商联同意永嘉县作为省级基层商会改革发展试点单位。作为温州市唯一的试点县，永嘉县通过做好“提质扩容”服务工作，完善内外永商交互、非行政性服务等平台建设，为在外永商回乡创业、本地会员创新发展提供有效服务，积极引导商会成员投身于全县经济社会发展。截至2018年年底，全县已成立18个基层商会组织，共有会员1923人，其中17个基层商会成立党组织。

获评全省首批万里美丽经济交通走廊达标县 2018年11月23日，浙江省交通运输厅公布全省首批万里美丽经济交通走廊示范县、达标县建议名单，永嘉成功列入全省首批万里美丽经济交通走廊达标县。近年来，永嘉以美丽经济交通走廊创建活动为抓手，结合楠溪江独特山水风光，立足“公路+特色产业”“公路+旅游”“公路+快递”等新业态、新模式，全力推进景区沿线公路的旅游化改造，让农村公路真正成为“特色致富路”。2018年，永嘉县完成美丽经济交通走廊建设投资1.9亿元，建成美丽经济交通走廊523千米，打造精品示范线路100千米，完成雁楠公路、九黄线、41省道3条线路的旅游化改造。

入选全国县域经济投资潜力100强 2018年12月4日，中国社会科学院财经战略研究院发布《中国县域经济发展报告（2018）暨全国百强县案例报告》，永嘉县入选全国县域经济投资潜力100强，位列第43名。2018年，永嘉县深入开展“营商环境提升年”活动，通过“万名干部进万企”、降本减负等专项行动，全力化解企业发展难题，着力构建亲清新型政商关系，投资环境不断优化，招商引资工作取得新成效。全年温商回归到位资金66.71亿元，以162.7%的完成率排名温州市第一，新引进亿元以上项目20个，新签约招商项目21个，总投资105.4亿元，连续3年获得全市温商回归工作一等奖。

永嘉县人民医院迁建工程开工建设 2018年12月5日，永嘉县人民医院迁建工程开工仪式在南城街道仁堂村举行。项目投资估算10.1亿元，总用地面积172亩，总建筑面积约18.1万平方米（含地下室），其中规划建设用地10.76万平方米。项目采用PPP模式筹资，按三级乙等标准设计和建设，主要建筑物有门诊综合大楼、急诊、医技楼、住院大楼、传染楼、行政教学楼、值班公寓楼等，共有床位1200张，停车位1800个。建成后将成为永嘉县规模最大、功能最全的现代化医院，更好地满足群众就医需求，有力提升永嘉县康养医疗服务水平。

入选首批浙江省全域旅游示范县 2018年12月21日，浙江省文化和旅游厅发布浙江省全域旅游示范县（市、区）验收单位名单，永嘉县名列其中。近年来，永嘉县坚持把旅游作为战略性主导产业培育，先后出台《关于促进全域旅游发展的实施意见》《永嘉县促进全域旅游发展扶持办法（试行）》等文件，着力构建“国家AAAAA级旅游景区、国家级旅游度假区——旅游风情小镇（特色小镇）——省A级景区村庄（美丽乡村精品村、民宿特色村）”三大层级全域旅游目的地体系。2018年，全县接待游客1208.69万人次，同比增长22.77%；实现旅游收入139.52亿元，同比增长27.67%；景区接待游客1017.57万人次，同比增长19.77%；门票收入6549.69万元，同比增长15.64%。

杭温高铁控制性工程正式开工建设 2018年12月21日，杭温高铁沿线首个控制性工程“一桥两隧”项目在永嘉县岩坦镇正式开工建设。控制性工程线路全长17206.45米，其中仙居县境内（上张乡）1353米，永嘉县境内（岩坦镇）15853.45米。设计范围内桥隧相连，包含西山隧道、黄山溪大桥及户口隧道，其中隧道总长度17095.85米，桥梁总长度119.62米，无路基工程。控制性工程的开工，意味着杭温高铁永嘉段工程进入实质性施工阶段，将为2022年杭温高铁全面建成通车打下坚实基础。

（胡添挺）

十大民生实事

概况 2017年9月永嘉县人民政府办公室发布《关于征集永嘉县2018年为民办实事项目的通告》向全县各界征集2018年为民办实事项目，民生实事项目建议涵盖食品安全、医疗卫生、教育均衡、公共交通等民生领域。经遴选，形成12个候选民生实事项目，提请永嘉县十六届人民代表大会二次会议票决。2018年1月21日，永嘉县人民大会在县十六届人大二次会议第三次全体上，确定2018年永嘉县十大民生实事为学校优化改造提升项目、城乡妇女健康关爱项目、“村庄景区化”富民项目、地质灾害综合防治项目、交通畅通项目、文体惠民项目、饮用水提升项目、农村公厕建设项目、学校食堂在线阳光智慧监管项目和低收入农户补充保险项目。截至年底，2018年政府民生实事项目圆满完成，集中解决一批群众最关心、最直接、最现实的利益问题。

学校优化改造提升项目 启动优化教育资源配置三年行动计划，2018年整合小规模学校41所，改造提升薄弱学校5所，完成幼儿园扩容工程2所。

城乡妇女健康关爱项目 对符合永嘉县计划生育政策怀孕对象（约4000名）享受免费产前筛查服务，其高风险孕妇增加定额补助产前诊断服务，5000名妇女享受一次更年期健康筛查。为城乡妇女免费开展妇女“两癌”检查，宫颈癌1.6万人和乳腺癌1.6万人。

“村庄景区化”富民项目 创建AA级景区村41个。

地质灾害综合防治项目 完成地质灾害隐患点治理105处，其中工程治理65处、避让搬迁40处，实现三年任务两年完成。

交通畅通项目 打通瓯北街道罗浮大街北段延伸工程3期、永宁路、礁头路、林浦北路和乌牛街道镇东路5条断头路；建成停车位1500个，包括6个地下停车场，具体为滨江公园地下停车场、瓯北第一中学地下停车场、桥头镇政府大院地下停车场、上塘中学地下停车场、永嘉县体育场地下停车场、桥下镇人民广场地下停车场；增设一批旅游交通线路，增开岩头—石桅岩（雁楠公路）、岩头—耕读小院（经下日川、西岸）、大若岩—岩头（经九黄线、41省道南复线）客运班车。

文体惠民项目 新建文化礼堂15所；建成城市书房（百姓书屋）2家（上塘、桥头）；提升学校体育设施向公众开放水平，总数达到50所，2018年新增18所。

饮用水提升项目 解决和改善农村1.5万人饮用水问题；完成三江—乌牛给水干管工程，解决乌牛、三江饮水难问题。

表9　2018年十大民生实事项目一览表

序　号	项目名称	完成情况及成效
1	学校优化改造提升项目	2018年9月，提前超额完成整合小规模学校43所，提供交通、住宿、营养餐等关爱，实施一校一策动态管理；完成桥头镇中学、枫林镇中学、岩头镇五鹅小学、乌牛仁溪小学和黄田小学等5所薄弱学校改造提升工作；投用花坦、古庙等2所幼儿园。让6632名学生直接获得更优质的软硬件教育资源，让325名教师进入中心校等规模较大学校工作
2	城乡妇女健康关爱项目	2018年10月，提前超额完成，其中免费产前筛查4568名，筛查出高风险总例数314例，更年期健康筛查5052人，宫颈癌、乳腺癌检查人数各2.5万人。适龄妇女疾病得到早诊断、早发现、早预防和早治疗，有效提高治愈率，提升城乡妇女健康水平
3	“村庄景区化”富民项目	2018年10月，提前超额完成，共创建AA级以上景区村55个，其中AAA级景区村22个、数量全市最多，有效提升了村庄环境品质，促进了旅游产业发展，增加了当地村集体经济和村民收入
4	地质灾害综合防治项目	经浙江省第3地质大队、浙江省第11地质大队和市国土资源局勘察确认，永嘉县地质灾害隐患点从原来的105处调整为95处，其中工程治理59处、避让搬迁36处。2018年已全面完成地质灾害避让搬迁和工程治理工作，改善村民居住环境和地质环境，从源头上保障6243人的生命财产安全
5	交通畅通项目	已打通5条断头路，有效缓解城市交通压力，提高通行能力；建成停车位1643个，有效缓解居民停车难问题；景区内客运班车于2018年9月开通运营，进一步畅通景区微循环圈
6	文体惠民项目	超额完成新建文化礼堂109所，完成率727%，为全县16万余名村民创建精神家园；成功投用上塘钱塘世纪、桥头城市书房，深受广大读书爱好者青睐，经常座无虚席，上塘钱塘世纪城市书房日均人流量达200多人；50所学校体育设施向公众开放项目已于2018年9月提前完成，深受群众欢迎
7	饮用水提升项目	提前超额完成农村饮用水提升工作，惠及人口2.83万人，完成率189%，全县供水普及率达99%以上；三江—乌牛给水干管工程成功实现试通水，解决乌牛片区4万左右居民吃水难问题
8	农村公厕建设项目	超额完成农村公厕1492个，其中补缺新建187个、改造提升1305个，AAA级5个，消除露天坑350个
9	学校食堂在线阳光智慧监管项目	该项工程已全部完成，有效保障2.14万名学生“舌尖上的安全”，让家长更放心
10	低收入农户补充保险项目	超额完成4.17万名低收入农户精准扶贫补充保险工作，进一步完善低收入农户的社会保障

农村公厕建设项目 新建农村公厕20个，其中AAA级以上5个；消除露天坑350个。

学校食堂在线阳光智慧监管项目 在三年来永嘉县学校食堂智慧监管（50家学校食堂）的工程基础上，将21家阳光厨房公办学校食堂纳入智慧监管平台，县财政予以全额保障；引导12家民办学校食堂纳入智慧监管平台，予以一定比例的财政补助。对全县100名学生以上就餐学校食堂全部进行在线智慧监管，通过网络实时监控学校食堂食品安全状况，全面建立向广大群众开放的查询服务平台，引入社会力量进行监督。

低收入农户补充保险项目 对全县新认定的39710名低收入农户实施精准扶贫补充保险，以进一步解决因病因意外伤害返贫致贫问题。

国民经济和社会发展

概况 2018年，永嘉县实现生产总值414.46亿元，同比增长8.6%，三次产业结构优化为3.5：42.8：53.7；一般公共预算收入35.07亿元，增长11%；全社会消费品零售总额186.13亿元，增长10.6%；城镇常住居民人均可支配收入45293元，增长8.5%；农村常住居民人均可支配收入16938元，增长10.0%；城乡居民收入比调整为2.04。全县金融机构本外币存贷款余额为695.90亿元和633.73亿元，比上年年末增长14.5%和增长16.1%。

产业提升 2018年，永嘉县农林牧渔业实现产值21.61亿元，同比增长4.1%，粮食播种面积合计39.79万亩，罗东省级现代农业园区和鹤盛水果特色农业强镇列入省级农业平台。全年数字经济核心产业制造业增加值增长16.1%。企业上云数1750家，培育云平台服务商2家、行业云应用平台3个。与华为、浙大合作成立全国首个NB-IoT智能联合创新实验室，新增省科技型中小企业156家、省级企业研究院3家、省级研发中心1家、省级众创空间1个。

有效投资 2018年，永嘉县完成固定资产投资216.64亿元，同比增长8.3%。其中，完成项目投资92.6亿元，房地产投资124亿元，工业投资21.6亿元，服务业投资194.2亿元，交通投资28.9亿元，高新技术产业投资3.1亿元，生态环境和公共设施投资17.6亿元；民间投资159.68亿元，占比73.7%。43个重点工程年度计划投资88.66亿元，完成投资102.79亿元，完成率115.94%；谋划重大前期项目48个，20个项目已具备开工条件；列入省“152”项目清单4个。

综合改革 2018年，永嘉县发改局继续深化“最多跑一次”改革，在全省率先推行个人建房审批“最多跑一次”网上审批服务，在全市率先开展“瓯e办”便民服务终端试点。教玩具小镇列入省级特色小镇创建名单。金融风险精准化解，不良贷款余额和不良贷款率实现“双下降”，金融生态水平保持全市最优。列入全国农村集体产权制度改革试点规范信用“红黑名单”管理，“信易贷”试点列为全市首批守信激励创新试点。推进县域医共体建设，启动温州市县乡村一体化药品联合采购配送结算试点工作。

对外开放 2018年，永嘉县不断扩大对外开放区域合作，促进外贸转型升级，永嘉县教玩具制造基地入选国家外贸转型升级基地，出口信用保险“政府联保”业务出台实施，全县进出口贸易总额达到54.2亿元，同比增长11.8%。加强山海协作、东西部扶贫协作、对口支援和对口合作，楠溪江国际旅游度假区项目列入省山海协作旅游示范项目，东西部产业合作、劳务协作取得突破，与吉林市丰满区建立对口合作关系。

城乡融合 2018年，永嘉县全力构建全省1小时、中心镇半小时、城乡（景区）微循环三大“交通圈”。杭温高铁永嘉段工程开工建设，乐清湾铁路具备通车条件；县内“六纵七横”交通骨干工程加快推进，启动城乡公交一体化改造；建成美丽经济交通走廊523千米，创成全省美丽经济交通走廊建设达标县。谋划12条乡村振兴示范带。加快三江立体城、世贸中心等瓯江北岸建设。累计创成“基本无违建乡镇（街道）”12个，城乡危房治理率100%，启动14个城中村（区块）改造项目拆迁工作，签约率95%以上。

生态环境 2018年，永嘉县环境空气质量优良率为98.5%，PM2.5平均浓度为28ug/m^3。完成46家电镀企业深化整治提升，完成污水、雨水、供水等各类管网建设改造提升100.5千米，建设屋顶集雨系统14处，实现6个生活小区“污水零直排”，完成河湖库塘清淤74万立方米、河道综合治理4.7千米，创成县级“无违建河道”155.6千米、市级美丽河道2条；累计建成农村生活垃圾分类村447个。新增26家市节水型企业，红蜻蜓集团被评为国家级“绿色工厂”营商环境整治提升，全县企业和项目难题化解率100%。

社会事业 2018年永嘉县推进教育基本现代化县创建，优化小规模学校43所，新（扩）建幼儿园9所，新增体育设施向公众开放学校18所。公共文化服务薄弱村完成对标建设23个，新建文化礼堂109所、城市书房3家，新增文化驿站1家，送戏下乡271场，送书下乡5.65万册。推进区域医疗康养中心城市建设，完成县人民医院门诊工程改造和县中医院综合楼搬迁，推进3个国家卫生乡镇、5个省级卫生乡镇创建；创办首家“医养结合”模式养老院，完成敬老院公建民营改制3家，新增养老床位2338张；户籍人口出生性别比为110.99∶100。工青妇、慈善、红十字、关心下一代等事业健康发展。

（胡博杰）

体制改革

经济体制改革 永嘉县普适性农业保险提质增效。2018年早稻承保31户，承保面积2890亩，保费83232元；油菜承保6998.32亩，保费67183元；小麦承保7707亩，保费110987元；生猪承保29520头，保费765158元，母猪承保1386头，保费53222元。小麦出险4次，赔付15302元；油菜出险3次，赔付1840元。茶叶气象指数保险承保大户（包括企业机构）、散户二类投保者，共计投保5742亩，保费收入885906元，总保额8613000元；因低温触发理赔83次，理赔金额1406430元，赔付率158.76%。参保枇杷2042亩，参保农户73户，实际保费60.258万元。杨梅气象指数保险承保14830亩，保险保费310.73万元；赔款总计607.19万元，赔付率195.41%。

以空间规划改革为契机，促进“多规合一”。进一步完善空间规划文本，多次召集部门讨论研究，并通过专家审查论证。结合各方意见，对规划的内容进行修改完善，进一步规范规划成果，优化总体定位和主要目标，深化三区三线管控要求，加强协调对接，调整县域人口数据，与新编县域总规口径相一致。

深化“亩均论英雄”改革，推进工业企业综合评价，完成全县356家规上企业和248家规下企业的综合评价工作。其中规上A类企业92家，规上B类企业188家，规上C类企业63家，规上D类企业13家，规下A类企业8家，规下B类企业43家，规下C类企业49家，规下D类企业148家。

特色小镇创建 2018年，永嘉县加快县域小镇梯队培育，特色小镇投资不断扩大，产业加快转型升级。玩具智造小镇成功列入省级特色小镇第四批创建名单，完成固定资产投资6.40亿元；投资700万元，启动建设瓯窑小镇古玩文化街，引入鹿城古玩商会入驻经营；福地养生小镇依托陶公洞“天下第十二福地”区域特色品牌优势，完成固定资产投资3.52亿元；截至2018年，休闲旅游小镇以中高端养生度假为核心，累计完成固定资产投资3亿元。

桥头小城市培育试点 2018年，桥头镇实现地区生产总值33.6亿元，同比增长11.48%；社会消费品零售总额同比增长10.56%；城镇和农村居民人均可支配收入分别增长8.5%和9.5%。获得浙江省剿灭劣V类水工作突出贡献集体等省级以上荣誉3项，市级以上荣誉3项。

（陈胜金）

招商选资与经济技术协作

概况 2018年，永嘉县招商局（经合办）把谋大招强作为核心着力点，坚持“产业大招商”与“营商环境大提升”两手齐抓，坚持永嘉人经济和永嘉经济深度融合发展，高质量完成各项目标任务，招商引资工作呈现稳中有进、稳中向好发展态势，为全县经济社会发展提供强有力支撑。全年温商回归招商引资累计到位资金66.71亿元，成立“营商环境提升年”行动领导小组，组建县营商环境服务监督局，组织359名营商专员（代办员）深入挂钩企业开展“一对一”精准服务。永嘉县人民政府连续三年荣获温商回归工作一等奖，县招商局连续三年被县委、县政府评为考绩优秀单位。

温商回归工程 2018年，温商回归招商引资累计到位资金66.71亿元，完成市定全年目标任务（41亿元）162.71%，其中产业项目到位资金53.70亿元、占比80.50%。全年共签约招商项目21个、计划总投资105.4亿元。坚持抓重大产业项目就是抓发展生命线的理念，编制永嘉工业园区招商地图，开展产业链精准招商，紧盯500强企业、行业龙头企业和在外永商上市企业，招大引强成效创历史新高。2018年新引进亿元以上产业项目20个，10亿元以上项目落地开工3个。

招商数据库建设 2018年，永嘉县招商局（经合办）建立高新技术、新兴产业、贸易总部、新型业态回归的招商项目库，包装入库重点招商项目31个。通过有关部门、功能区、乡镇（街道）对符合条件的人员进行全面收集，升级世界永嘉人信息库。入库人员分12大类5967人，信息网络基本覆盖在外永嘉籍党政、商界、侨界、科技、文化等各领域人员。其中党政 340 人、政法 54 人、文化教育 255 人、新闻出版 36 人、医疗 173 人、 金融和国企 57 人、律师和会计 27 人、华侨 581 人、留学生 135 人；在外重点企业家 1650 人、新生代 63 人、异地商会（永嘉籍）副会长以上人员2596人。

亲商安商活动 2018年春节、重阳节等中国传统节日，县四套班子领导走访慰问异地商会会长、永嘉籍知名人士家属180余名。2018年2月，召开世界永嘉人大会，邀请国内外近400名永商、知名人士参加，现场签约10个重点项目、总投资59.6亿元，颁发新锐永商奖10个、先进商会奖11个、回归贡献奖12个、荣耀永商奖1个，并举行永嘉县梦圆楠溪慈善基金会启动仪式。2018年9月，召开“月伴嘉人福满楠溪”中秋茶话会，200名永嘉籍骄子相聚故乡，现场签约10个项目、总投资36.1亿元，并启动“百名会长结百村助力脱贫奔小康”精准扶贫行动，在外永嘉籍商会会长及知名人士分别与4个重点帮扶村签订结对协议书。

营商环境建设 2018年，永嘉县深入开展“营商环境提升年”行动，成立“营商环境提升年”行动领导小组，组建县营商环境服务监督局，建立营商专员（代办员）助企服务数据库，组织359名营商专员（代办员）深入挂钩企业开展“一对一”精准服务。对全县118个重点招商项目进行系统梳理，实行项目问题“一月一梳理”，“一把手”领办、销号式办结，全年办结各类问题176个、办结率100%。在温州市对永嘉营商环境负面清单考核中获并列第一名。

（赵　训）

行政审批

“最多跑一次”改革 2018年，永嘉县深化“最多跑一次”改革，全力推进简政放权。加快推进“一窗受理、集成服务”改革，将审批部门窗口整合成投资建设、商事登记、不动产登记、公安事务、人力社保、社会事务六大综合区块，实行“受办分离”和“全科无差别受理”，将审批部门内部业务管理“碎片化”服务变成“抱团式”服务，群众从原来的跑部门转变为跑政府。全面梳理群众和企业到政府办事的所有事项，公布“最多跑一次”审批事项1367项，实现“最多跑一次”事项100%全覆盖。按照“减层级、减事项、减材料、减环节”要求，全面开展审批服务事项“八统一”清理和办事指南标准化建设。进一步创新拓宽服务深度，强化审批服务即办制，拓展群众到窗口办事“即来即办”模式；优化“网上预约、快递送达”模式，开展“政府买单”服务实现群众少跑路；完善“最多跑一次”与“12345”政务热线联动服务，通过热线咨询、预约事权单位上门服务，变群众跑为信息数据跑和部门人员跑。

审批服务 2018年，永嘉县创新审批服务方式，大力提升办事效能。推进投资项目审批“双提速”，制定实施《一般企业投资项目开工前审批“最多100天”、联合验收“最多30天”实施意见》《工程建设项目审批制度改革试点实施方案》，通过事项“前改后”、环节“串改并”、审查与验收“单改综”、中介服务“多变少”、技术审查与行政审批“相分离”，审批时间提速60%以上。在全市率先推行投资项目全流程审批监管平台2.0版试点工作，全力做到投资项目在线审批4个100%。规范开展“六联审批”，2018年年度共组织各类会审200余次。推进商事制度改革，由“条块分割”变“全要素协同”，围绕办结“一件事”，实施商事登记“证照联办”。截至2018年年底，全县文化娱乐场所、副食品行业等近260多个事项采用“一件事”办理，涵盖文广、卫计、环保等10个审批职能部门的事项。特别是企业注册登记，从原先跑5个部门办5证变成现在跑1个部门办1个证。推进不动产登记改革，整合现有基层不动产分中心，按“1+5”设点，即县审批服务中心和瓯北、桥头、桥下、岩头、碧莲分中心。将地税（契税）、住建（网签）职责纳入不动产综合窗口，实行“一体化”办公，不动产交易登记由原来跑3个部门改为只需跑1个窗口。推进农村建房审批改革，将住建所、国土资源所的受理职能进行整合，由房屋建设综合窗口受理实行“三证联办”，实现建房审批“最多跑一次”，审批时间缩短至15个工作日内，整个审批流程比原来提速70%以上。该项创新做法被市改革办推为省“最多跑一次”改革地方最佳实践案例评选项目。

“三级联动”体系 2018年，永嘉县政务服务中心完善“三级联动”体系建设，强化基层服务拓展延伸。全力推进“最多跑一次”改革与“四个平台”融合。按照省市县部署要求，打造“沿江镇街、山区集镇、小型乡镇”三类样板，统一提升全县22个乡镇（街道）办事环境，优化办事窗口设置，规范办事指南和服务流程，实施“最多跑一次”向乡镇（街道）延伸。大力推进“最多跑一次”向村居、社区延伸。结合乡村振兴示范带建设，打造一批村居、社区示范便民服务中心，形成“1+22+X”三级政务服务体系，让群众在家门口办成事。

“互联网+政务服务” 2018年，永嘉县积极推进“互联网+政务服务”改革，加快审批服务便利化建设。开展全县数据家底大普查、数据资源大归集、系统平台大整合工作，完善政务服务数据库，打破信息孤岛，实现数据共享及运用。截至2018年年底，200余项民生事项实现“一证通办”。在全市率先开展自助服务终端试点，运用互联网、大数据，开展“机器换人”工程，打造家门口的政务服务便利店。截至2018年12月，全县已布局“瓯e办”自助服务终端100台，可办理业务147项。全力推进县、乡镇（街道）、村（社区）“政务服务网”延伸工作，依托浙江政务服务网平台建设，积极推进政务服务网统一行政权力运行系统向基层延伸工作，加快线上线下平台融合发展。

中介市场化 2018年，永嘉县深化中介市场化改革，全面启用“网上中介超市”。4月组织召开“网上中介超市”平台建设工作会议，部署开展中介服务事项清理和信息采集工作，筹划“网上中介超市”建设工作。5月拟定中介服务市场化改革工作方案，8月发文实施，为行政服务中介市场化改革工作的推进有文可依。截至12月底，梳理核定涉批中介服务事项53项，收集县域中介机构58家（其中本地中介机构40家，外地驻永分支机构18家）。开展宣传推广和应用培训，会同县大数据中心在浙江政务网永嘉版面植入“温州市网上中介超市”平台链接，组织近50家涉批中介机构和80多家业主部门集中学习相关文件精神和“网上中介超市”平台操作，推广应用“网上中介超市”。全面开展网上公开比选，截至12月底，已入驻“网上中介超市”平台本地中介机构20家，业主单位注册17个，平台比选项目13个。从服务报价看，预算总价128.3888万元，中选总价73.6280万元，总体下浮率42.65%。从服务效率看，正常情况下3个工作日完成网上公开比选。会同发改、经信、国土、住建、环保等部门积极探索调研，努力推进施工图“电子审查”和“联合审查”、建设项目“联合测绘”和“测验合一”“多本合一”“多评合一”等改革创新工作。

（娄蒙蒙）

公务接待

概况 2018年，永嘉县接待办以“接待就是生产力”为导向、打造永嘉窗口为引领、高质量发展为目标，不断提升公务接待服务能力，推动永嘉经济赶超发展。

接待工作 2018年，永嘉县接待办全力履行部门职能，坚持强优势、补短板并举，推进接待工作再上新台阶，再上新水平。截至12月中上旬，县接待办完成全年公务接待任务950余批次。顺利完成原外交部部长唐家璇，省委书记车俊，省委常委、常务副省长冯飞，省委常委、统战部部长熊建平，省委常委、杭州市委书记周江勇，省政协副主席陈艳华、吴晶，市委、市政府主要领导，首位中国籍诺贝尔文学奖获得者莫言等重要公务接待。

协助完成4月全省消除集体经济薄弱村现场推进会，9月全市深化“千百工程”推进乡村振兴暨大花园建设现场会、世界永嘉人中秋茶话会，10月“庆祝改革开放40周年”中国百名文化记者永嘉行大型采访活动，11月深化农村改革助推乡村振兴永嘉专题研讨会暨温州市农村产权改革专家咨询会、世界温州人大会永嘉分会等大型活动的后勤保障工作。

积极参与大建大美、乡村振兴行动、小城镇环境综合整治、五水共治、安全生产、招商引资等县重点工作，着力安排跟进相关重点工作线上的督察组在永嘉期间的公务接待，助力永嘉转型发展。

制度改革 2018年，永嘉县接待办推进基础建设制度化、体系化，进一步加强规章制度建设，严格贯彻执行各项规定，严把报单审批关口，从严控制公务接待用餐标准及陪同人数，严把财务管理关口，强化接待经费报销结算管控，通过内控管理机制，强化制度执行力，做到接待工作科学化、精细化和规范化。扎实做好文字基础工作，分类建立各类档案库，积累实践案例，充实调度资料。2018年，建立接待报告单归档库、餐饮菜品库、接待基地资料库以及考察线路库，能够根据来宾和领导的需求，迅速反应、及时反馈，为其提供多种个性化方案。

服务能力 2018年，永嘉县接待办持续提高服务能力。优化工作流程，规范操作实施。实行扁平化管理和工作流程模块化，提高工作质量。细化服务保障，实现精准对接。坚持将细节拆得开、钻得深、抓得住、处得妥、持得久原则，谨慎将任务拆分，钻深细节，主动请示，精准对接，顺利完成任务。整合接待资源，实现配合联动。2018年，县接待办以开展各项重要接待公务活动为契机，初步形成和相关部门、单位协同配合的大接待格局，形成统一指挥、上下贯通、左右协调的接待工作运行体系，加强和平行各单位之间的团结协作。依托乡村振兴活动的开展，2018年新增大源方向岩坦镇嘉纳庄园和小源方向大若岩镇翰景酒店这两个公务接待点，有效缓解楠溪江优质接待点资源紧缺问题。2018年新开业完善的楠溪云岚民宿、君兰系列民宿、楠溪花开民宿、青箬山房民宿等各方面都较成熟，有效拓宽公务接待点资源库。提升综合素质，打造一流团队，打开人员进出通道，接待队伍有序的人才输出和输入不仅保证整个队伍的工作活力，也有效激励工作人员的快速成长。持续进行队伍建设，实时掌握接待现状，全面整合、灵活调配接待资源，夯实接待基础，以饱满的激情和更优的方法来完成日复一日的任务，善作善成，常做常新。扩大格局加强学习，定期组织学习公务接待桌景设计、公务接待菜肴安排、公务接待礼仪规范及工作流程、公文写作等专业知识，并悉知全县工作重点和亮点，探寻永嘉文化感悟和文脉，充分发挥接待工作推介永嘉、招商引资、助力永嘉经济发展的职能。

（曾展展）

机关事务管理

概况 2018年，永嘉县机关事务管理局举旗定向、不忘初心、牢记使命，集中精力强保障、优服务，敢担当，不断推动各项工作取得新进展，为县委、县政府和各单位高效有序运转做出积极贡献。

基建项目 2018年，永嘉县机关事务管理局坚持实作风快速度强担当，加快实施基建项目，基本完成县公共文化活动中心建设项目。2018年是县公共文化活动中心主楼建设工程收官之年，3月，县机关事务管理局将工作重心转入县公共文化活动中心，做好现场管理和施工督查。8月，县公共文化活动中心主楼和地下室完工，人社局、环保局、卫计局等11家单位开始陆续搬迁，主楼预计入驻工作人员约770人，9月17日各入驻单位正式办公。同时，县文化中心办公用房分配坚持不突破“正科级18平方米、副科级12平方米、科级以下9平方米”，服务用房坚持适用、节约的原则予以分配，从根本上解决永嘉县办公用房分配不合理、面积超标等问题。建成永嘉县纪委党风廉政教育基地，在建设规模、设计内容、科技运用上均达到全市一流水平，已有2万余人次参观。用7天时间完成人民调解中心1200平方米的改造，助力全国人民调解工作会议顺利召开，全体与会人员对硬件设施、功能配置等给予充分肯定。2018年，共完成10个办公用房维修改造项目，全年总投资约900万元。

办公用房管理 2018年，永嘉县提升办公用房管理水平，“五统一”管理取得新突破。建立公房统一管理制度，县机关事务管理局起草出台《永嘉县县级机关行政事业单位办公用房管理暂行办法》，全文共6章30条，分为总则、权属管理、调配管理及处置、使用管理、项目审批和维修管理、监督管理六方面内容，特别是在办公用房权属登记、统一调配、占用使用、项目审批及维修、日常监督等方面进行具有明确性和可操作性的规定。深化办公用房改革成效，开展办公用房清理整改“回头看”行动，全年共开展办公用房检查12次，有效防止办公用房面积使用超标现象反弹。为反走私工作指挥部、巽宅镇政府等15个单位进行调配，续新签房屋租赁合同17处，完成25家出租店面的租金收缴工作，收缴租金375万元。强化办公用房集中管理，对40家县直机关部门报送的400处办公用房信息进行分类汇总，合计建筑面积52万平方米、土地面积41.5万平方米。其中，可盘活、调剂、收储房产51处。根据汇总结果，可盘活处置的房产移交县财政局组织资产评估及处置，可调剂用于办公使用的房产由县机关事务管理局负责统筹，可收储的房产和土地由土地储备中心收储，剩余房产则按房屋具体情形分类后统一转移登记，在此基础上形成处置方案。此外，妥善解决原农办（农业局）宿舍历史遗留问题，在限期之前全部腾空18套公住房。

“精细化”服务　2018年，永嘉县机关事务管理局践行服务“精细化”理念，干部职工满意度不断提升。全体干部职工树立大局意识，做好县公共文化活动中心搬迁前各项准备工作，加班加点筹备办公室分配、卫生清洁、设备移交及调试、通行证审核办理等搬迁前准备工作，采取“统一安排、分批入驻”的方式确保搬迁工作有序进行，努力打造文化中心“拎包入住”后勤服务体验，运行至今情况良好。2018年，县行政中心对223辆违规车辆进行登记、提醒、张贴温馨提示，并对56辆长期违规停放车辆给予限制通行的处罚，确保停放有序。每周开展2次卫生检查，每半月开展1次消防检查，发现问题及时处理、不留任何死角，县行政中心被评为“温州市物业管理示范项目”。2018年，完成各类报修3000余项，高质量保障“两会”等大小会议1426场，共接待参会人员75339人次；处置群体和个人信访事件299起，涉访人员1499人，打击闹访18起；处理火灾报警23次，全年无安全事故。增加食堂菜品，关注成本控制，计口下粮、减少浪费，推行全区域监控透明运作，积极参加“文明餐桌”示范食堂评比活动，派厨师赴市行政中心食堂交流学习，提高机关食堂业务水平。开通县行政中心饭卡退款通道，调离及退休人员可将饭卡剩余餐费全额取回，规范饭卡管理与使用。

公务出行　2018年，永嘉县机关事务管理局扎实提升公车管理和服务水平。实行2名驾驶员全天候在岗的应急待命制度，确保应急公务活动及时出车，共提供公务出行用车1.12万辆次，安全行驶里程144万多千米。全年共开展3次公务车辆GPS增装检修和标识喷涂工作，增装检修115车次。同时，配合纪委在节假日开展公车私用检查工作，正风肃纪，打造清廉作风。平稳有序推进公车制度改革，全县事业单位和国有企业涉改公务用车647辆，取消公务用车165辆，保留482辆，取消车辆委托处置机构评估后，进行处置并注销相应的加油卡。7月1日起停止发放事业人员过渡性公务交通补贴，各单位改革后公务出行原则上不再另行安排经费，决不扩大公务交通支出，坚决守住节支底线。实现社会效益、经济效益、工作效益同步推进。全力推进公务出行全省“一张网”建设，完成办公场所和办公设备落实，对原有公务用车平台软件进行优化升级，公务出行实现省市县同步、异地派车、统一结算的新型出行模式。

资产管理　2018年，永嘉县机关事务管理局立足本职常学常做常新，构建资产管理全新格局。优化资产配置供给，为县反走私工作、县安全生产和消防安全专项行动、县教育校网优化工作、县司法调解全国现场观摩会、县乡村振兴工作、县系列重大活动维稳安保工作攻坚战、县扫黑除恶专项工作等重要工作开展提供办公设备保障，共投入113万余元，确保活动顺利进行。坚持“闲置资产调配优先利用”原则，对长期闲置和搬迁遗留的办公设备进行合理调配，全年共计为县反走私办公室、县农业局、县教育局、县乡村振兴办公室等28个部门调剂各类办公设备396件，节约购置资金62.7万余元，提高闲置资源利用率。9月，对县人社局、县环保局、县民宗局3家单位搬迁后所遗留的空调设备进行拆卸回收，共计回收空调160台，杜绝遗留办公资产处置的盲目性与随意性。

公共机构节能　2018年，永嘉县机关事务管理局常抓公共机构节能工作，多措并举形成节能常态。

圆满完成省、市级两家节约型公共机构示范单位创建工作，达成人均综合能耗、单位建筑面积能耗、人均水耗分别下降2.3%，2.1%，3.5%的目标任务。开展节能督查4次，抽查县级单位10家。同时，以“世界节水宣传周”“世界地球日”和“节能降耗，保卫蓝天”为主题开展节能宣传活动，发放环保袋、节能灯等低碳礼品，营造节能环保良好氛围。

队伍建设 2018年，永嘉县机关事务管理局切实加强干部队伍建设，助推后勤服务不断延伸。狠抓教育培训，提升思想素质。制定谈心提醒教育计划，明确谈心时间、丰富谈心内容，对重点岗位、关键环节的廉政风险进行排查，累计开展谈心提醒教育28次。组织中心组学习11次，参加支部主题党日学习11次，外出参观学习1次，“迎七一”微型党课、礼仪培训等培训测试活动9次。转变发展观念，强化服务延伸。服务中心，以“增强服务理念、精细服务举措、规范服务制度”为主要内容，积极创新车辆、供餐、会务等服务管理新模式，改变工作作风，主动作为，进一步提升后勤工作满意度。服务社会，结合实际，开展“我送营养餐”“喜迎元宵送汤圆”等志愿者活动12次，做到“常联系、常慰问、常帮扶”，确保“爱心帮扶”活动常态化。加强教育巡查，持续改进作风。同时，完善“效能和作风巡查制度”，全年开展检查22次，涵盖纪律、效能、文明卫生、节能以及大院环境等多个方面，发现问题及时督促整改，严肃整治“慵懒散”现象。

（周　乔）

政协永嘉县委员会

综　述

2018年是永嘉县加快实施“一带两城五组团”发展布局、决胜高水平全面建成小康社会的重要一年。在中共永嘉县委的坚强领导下，县政协常委会精诚团结各党派团体和社会各界人士，始终不忘初心、时刻牢记使命，高举中国特色社会主义伟大旗帜，坚持团结和民主两大主题，围绕中心、服务大局，扎实履行政治协商、民主监督、参政议政职能，顺利完成县政协十届二次全会确定的目标任务，各项工作有担当、有特色、有亮点，为全县经济社会发展做出积极贡献。

县政协十届二次会议及常委会议

县政协十届二次会议　2018年1月16日至20日在上塘召开，会期5天，应到委员306人，列席人员211人，实到委员295人。会议听取县委书记姜景峰所作的重要讲话；审议通过陈建良主席所作的常务委员会工作报告和政协第十届永嘉县委员会常务委员会关于十届一次会议以来提案工作情况的报告；会议选举政协第十届永嘉县委员会常务委员9名；列席永嘉县第十六届人大二次会议，听取并讨论林万乐县长所作的政府工作报告和其他报告。大会共有12位委员代表各自界别，在第二次全体会议中围绕县委、县政府中心工作，就永嘉县经济、政治、文化和社会建设等各方面问题提出意见建议，另外有7位委员作即席发言。大会共收到提案333件，经提案委员会审查，立案264件，未立案的69件作为委员来信转交相关部门或作撤案处理。

县政协十届五次常委会议

2018年1月4日召开。副主席金盾、黄天集、汪金琰、郑碧碧，秘书长施宏光及县政协常委出席会议，县政府有关领导，在永省市政协委员，县政协相关委办正副主任，县纪委、县府办、县组织部、县统战部、县发改局、县财政局有关负责人，受表彰委员，受表彰单位主要负责人等列席会议。会议听取县纪委、监委2018年以来的工作情况通报；听取县政府关于县政协建议案和提案办理情况的通报；协商讨论《县政府工作报告》（征求意见稿）、《关于2017年永嘉县国民经济和社会发展计划执行情况和2018年国民经济和社会发展计划草案的报告》（讨论稿）、《永嘉县2017年财政预算执行情况和2018年财政预算草案的报告》（讨论稿）；讨论政协第十届永嘉县委员会常务委员会工作报告（讨论稿）和政协第十届永嘉县委员会常务委员会关于十届一次会议以来提案工作情况的报告（讨论稿）；表彰优秀委员、提案积极分子、优秀提案和提案承办先进单位；审议关于召开政协第十届永嘉县委员会第二次会议有关事项；审议有关人事任免事项。

县政协十届六次常委会议

2018年1月19日召开。会议由陈建良主席主持；副主席金盾、黄天集、汪金琰、郑碧碧，秘书长施宏光及县政协常委出席会议，县政协各相关委办正副主任和各组组长列席会议。会议听取各组讨论情况汇报；审议通过增补选举政协第十届永嘉县委员会常务委员候选人名单；审议讨论《选举办法（草案）》；审议通过总监票人、副总监票人建议名单；审议通过监票人名单；审议讨论政协第十届永嘉县委员会第二次会议决议（草案）；审议讨论政协第十届永嘉县委员会提案委员会关于十届二次会议提案审查情况的报告（草案）。

县政协十届七次常委会议 2018年6月8日召开。会议由陈建良主席主持；副主席金盾、黄天集、汪金琰、郑碧碧，秘书长施宏光及县政协常委出席会议；邀请县委副书记何莉平，在永省市政协委员，县政协相关委办正副主任，县纪委、县委办、县府办、县委政法委、县农业局、县发改局、县经信局、县公安局、县国土局、县住建局、县执法局、县招商局、县审管办、县金融办、县国税局有关负责人列席会议。会议听取何莉平书记关于营商环境和垃圾分类处理工作情况的通报；听取关于开展营商环境调研情况的报告；听取垃圾分类处理专项督查工作情况的报告。

县政协十届八次常委会议 2018年7月27日召开。会议由陈建良主席主持；副主席金盾、黄天集、汪金琰、郑碧碧，秘书长施宏光及县政协常委出席会议，邀请在永省市政协委员列席会议。会议认真学习贯彻习近平总书记重要指示精神；审议通过有关人事任免事项。

县政协十届九次常委会议 2018年10月31日召开。会议由陈建良主席主持；副主席金盾、黄天集、汪金琰、郑碧碧，秘书长施宏光及县政协常委出席会议，邀请在永省市政协委员、县政协相关委办正副主任列席会议。会议审议通过有关人事任免事项。

县政协十届十次常委会议 2018年12月28日上午，在县会议中心7楼会议室召开。会议由陈建良主席主持；副主席金盾、黄天集、汪金琰、郑碧碧，秘书长黄大善及县政协常委出席会议，邀请县纪委、监委领导，审计局领导，在永省市政协委员列席会议。会议听取县纪委、监委2018年以来的工作情况通报；听取审计局2018年以来的工作情况通报；开展提案办理评议。

政协工作

政治方向 2018年，永嘉县政协常委会深入学习贯彻中共十九大精神，进一步巩固共同思想政治基础，动员广大政协委员为全面建成小康社会、全面深化改革、全面依法治县、全面从严治党献计出力。认真学习贯彻习近平总书记系列重要讲话精神，深刻理解中共中央治国理政新思想新要求，牢固树立“四个意识”、坚定“四个自信”、做到“两个维护”，进一步明确政协工作前进方向。先后召开主席读书会、常委务虚会、理论研讨会、座谈交流会、委员活动日，集中学习“八八战略”、县委“一二五”发展布局及相关战略举措，切实增强同永嘉县委保持高度一致的思想自觉、政治自觉和行动自觉，在人民政协形成学理论、抓落实、促工作的良好氛围。举办政协论坛16次，举办延安精神研修班，建立委员工作室10个，帮助委员把握政治方向，提高履职水平，进一步发挥委员主体作用。

协商民主 2018年，永嘉县政协常委会坚持把协商民主贯穿履职全过程，充分发挥作为协商民主重要渠道和专门协商机构的作用。形成以全体会议为龙头，以专题议政性常委会和专题协商会为重点，以协商座谈会、对口协商会、提案办理协商会等为常态的协商议政格局。全年共召开各类协商会议78次，其中专题协商12次，界别协商24次，对口协商16次，提案办理协商26次。先后围绕“一带两城五组团”发展布局、乡村振兴战略实施、工业经济发展、重点工程和政府投资项目安排、城镇产业用地规划、招商选资、营商环境提升、进一步扩大对外开放、“最多跑一次”改革、县级媒体融合发展等县委、县政府重大决策开展专题协商，提出不少有价值、可操作的意见建议。比如为助推“两个健康”发展先行区创建，提出设立“温州企业家日”，大力弘扬企业家精神，营造尊重企业家和崇尚创业创新环境的建议，得到市委书记陈伟俊的重视并作批示肯定，最终确定每年的11月1日为“温州民营企业家节”；针对培育经济增长新动能，建言依托永嘉县生态优势、大力发展康养产业；针对工业经济转型发展，提出强化工业空间谋划、推进“退二优二”、建立永嘉籍学子人才库等建议。各类意见建议得到县委、县政府主要领导批示25件次，为领导决策和相关政策的制订提供重要参考。

民主监督 2018年，永嘉县政协常委会充分发挥协商式监督的特色优势，运用委员视察、提案、社情民意信息等多种形式，助推经济与社会发展。开展“城乡生活垃圾分类处理”专项集体民主监督，建立监督小组20个，累计明察暗访76次，参与委员500多人次。针对营商环境建设，普遍走访全县规上企业，了解情况，听取意见，共梳理问题56个，整合提出建议31条，相关部门已基本落实。

选择重大项目推进、“五水共治”、小城镇环境综合整治、农村危旧房改造、乡村振兴、土地确权等重点难点工作，扎实开展视察监督。选派政协委员配合纪检监察机关开展中央八项规定精神、机关作风建设、移风易俗有关禁令执行情况的监督，参与政风行风评议、中层干部督考等工作，为永嘉县政治生态的不断净化、发展环境的不断改善贡献力量。

资政建言 2018年，永嘉县政协常委会按照专精深实要求，深入调查研究，努力提出针对性强、可操作的意见建议。围绕乡村振兴、产业转型、新动能培育、西部生态休闲产业带建设、文旅融合、康养产业发展、中美贸易战应对、“最多跑一次”改革、闲置教育资源利用等课题建言献策，形成一系列调研成果。提交《营商环境提升的问题及对策》《城乡生活垃圾分类处理的调研思考》《推进产城融合加快瓯北城市现代化》《西部生态休闲产业带建设情况调研报告》《加快推进“最多跑一次”改革向乡镇延伸的调研与思考》《岩头镇旅游发展情况的调研报告》《永嘉教育闲置资源调查及利用研究》《县域医共体建设的“永嘉解法”研究》等14篇调研报告，得到县委、县政府主要领导重视，一些意见建议已经被吸纳到有关的发展规划、政策措施和具体工作中。有关改善营商环境的建议得到市委书记陈伟俊的批示肯定。

一线工作 2018年，永嘉县政协常委会牢固树立一线意识，积极融入中心，服务大局，做到县委、县政府工作部署到哪里，政协工作就跟进到哪里。认真落实“九联系”“河长制”工作职责，经常深入挂钩乡镇（街道）、部门、企业、社区、村居指导工作，分析存在的困难和问题，出谋划策帮助解决。参与重点工程推进、招商选资、营商环境提升、乡村振兴战略实施、城中村改造、小城镇环境综合治理、集体经济薄弱村消除、土地确权、瓯江北岸沿线开发建设、安全生产检查与隐患整治、防汛抗台、信访维稳等重点工作。全力推进清水埠城中村改造，完成一期收尾、二期开工、三期准备工作。通过专班攻坚，促成2所民办学校的征地、巽宅度假酒店的开工、狮子岩景区的环境整治与改造提升。

社会民生 2018年，永嘉县政协常委会自觉践行以人民为中心的发展思想，坚持人民政协为人民理念，积极为群众办实事、做好事、解难事。高度关注相对欠发达地区群众的生产生活，深入山区体察民情、开展调研，累计走访村居48个、访问农户200多户，收集不少问题，帮助当地出点子、解难题。组织有专业技能的委员和相关单位在继续开展送科技、教育、文化、卫生、体育、法律等“六下乡”的基础上，新增送农资下乡活动，给12个乡镇无偿派送农业生产资料80多吨。派出2名政协机关专业干部赴企业任驻企服务员，开展帮扶指导；与市政协联动，整合政协委员及其所在单位，为企业与部门之间搭建交流平台，帮助企业协调解决经营发展难题。全年累计帮助38家企业解决一系列具体问题，得到广泛好评。发动委员开展公益慈善、捐资助学、扶贫济困及各种帮扶活动，每逢节日走访慰问老红军、老党员、抗日老兵、孤寡老人和留守儿童，为困难群众送温暖。

联谊交流 2018年，永嘉县政协常委会牢牢把握人民政协大团结大联合的独特优势，密切加强同各民主党派、工商联、人民团体和无党派人士的沟通与联系，经常走访民族宗教界人士。加密界别活动，在“三八”“五四”“六一”“七一”等节日，安排丰富多彩的委员活动，凝聚正能量。加强与上级政协的联系，承办市政协委员活动日，配合省市政协到永嘉就乡村振兴、村级基层组织建设、青瓷文化产业传承发展、“双下沉、两提升”、青山白化治理、西部生态休闲产业带发展、民间信仰事务管理、康养基地建设等课题开展调研视察。加强与外地政协的交流，先后接待省内外各地政协考察团（组）87批次，在接待中积极宣传永嘉，扩大永嘉县对外影响力。

经常性工作 2018年，永嘉县政协常委会着力提高提案质量，严格立案标准，加大审查督办力度，健全主席办公会议研究重点提案和县领导领办、督办重点提案制度，强化提案办理协商，完善提案答复和反馈工作机制。全年经立案的提案264件，办结率和满意率100%。加大视察调研工作统筹力度，注重与重要协商活动相衔接。运用好社情民意信息及时反映主流民意和群众诉求，全年编发社情民意信息48期，向上级政协报送35篇，被省政协采用4篇，被市政协采用18篇，多数信息获得市县主要领导批示采用。如报送的开通城乡居民医疗保险多元化缴费模式、减免贫困户子女落户过程中的亲子鉴定费用、增设看守所律师会见室、实施垃圾分类分拣员与保洁员兼职制度等建议，被县委、县政府及相关部门采用，助推民生改善和社会进步。扎实做好文史资料的征集、编辑和出版工作，征编出版《永嘉文史》第32辑，为温州市政协提供关于人民公社的稿件8篇；参与岩坦源头村舴艋舟船工文化博物馆的修建，为博物馆提供实物、图片与影像展览方案，具体负责舴艋舟图片展览的版面设计、照片选择和文字撰写工作；举办以文化为主题的专题讲座3期。在传承和发扬传统文化方面发挥重要作用。

党的建设　2018年，永嘉县政协常委会在县委的领导和支持下，全面贯彻落实中央和省委关于加强新时代人民政协党的建设若干意见，深入专题调研和学习研讨，务实推进政协党建工作。建立县政协机关党组，配备领导班子成员，负责机关党的思想、政治、组织、作风、纪律建设，健全和完善“政协党组负总责，班子领导齐抓共管，委办各负其责，机关干部积极参与”的工作机制，构建一级抓一级、层层抓落实的党建工作体系。严格按照《中国共产党支部工作条例（试行）》有关要求，完善固定党日活动、党员管理台账等机制，推动机关党支部规范化建设。严肃党内政治生活，认真落实“三会一课”、民主生活会、民主评议党员等组织生活制度。坚持把执行党的政治纪律、政治规矩放在首位，教育党员委员把对党忠诚、为党分忧、为党尽职、为民造福作为根本政治担当，严禁在任何场合发表任何与党中央大政方针相悖的言论，提倡热烈而不对立的讨论，鼓励尖锐而不极端的批评，努力营造既畅所欲言，又理性有度的良好氛围。制订完善《县政协党组议事规则》《县政协领导联系常委、机关委室联系界别委员和县直单位办法》《进一步加强政协常委会作风建设的若干规定》等制度，健全公文运转、印章管理、档案管理、财务管理等工作制度，进一步推进机关工作规范化。

（高晓敏）

纪检·监察

重要会议

县纪委十三届三次全体（扩大）会议 2018年2月13日召开。县委书记姜景峰在会上强调，要深刻领会中共十九大精神和中央、省市纪委全会精神，切实增强全面从严治党的政治定力和坚强决心，加快推进新时代“清廉永嘉”建设，全面营造风清气正的良好政治生态，坚定扛起管党治党的政治责任，全力推动全面从严治党落地生根。林万乐、谢崇福、陈建良、何莉平等四套班子领导参加会议。县委常委、县纪委书记、县监委主任林兴欢主持会议并传达第十九届中央纪委二次全会、省纪委十四届二次全会、市纪委十二届二次全会精神，并在会上作题为《全面贯彻落实中共十九大精神奋力谱写新时代全面从严治党的永嘉篇章》的工作报告。

县领导班子成员履行“一岗双责”情况汇报会 2018年5月7日下午召开。县级领导逐一汇报2017年度领导班子成员履行“一岗双责”情况，并结合各自职责分工，总结2017年以来履行全面从严治党“一岗双责”情况，分析履职方面存在的问题，提出下步工作思路。县委书记姜景峰指出，作风建设永远在路上，全面从严治党是一项长期而艰巨的任务，必须持之以恒、久久为功抓下去，才能取得实效，县级领导要进一步提高站位、履职尽责、以上率下，增强行动自觉，把握工作重点，强化责任落实。

县委巡察工作动员部署会议 2018年5月15日下午召开，县委常委、县纪委书记、县监委主任林兴欢出席会议并讲话。林兴欢指出，要深刻认识和把握巡察工作重要意义，切实增强做好县委巡察工作的思想自觉和行动自觉；要始终保持战略定力和政治定力，突出六个聚焦，坚定不移深化政治巡察；要在坚持中深化，在深化中坚持，发挥巡察标本兼治作用，推动取得更大成效；要加强组织领导，确保各项巡察工作有序开展、稳步推进。

党委（党组）履行全面从严治党主体责任评议会 2018年5月22—23日，永嘉县召开党委（党组）履行全面从严治党主体责任评议会，县纪委县监委班子成员逐个听取各功能区、乡镇（街道）党（工）委主要负责人及部分县直属单位党委（党组）主要负责人报告党委（党组）履行主体责任情况，并面对面开展评议。县委常委、县纪委书记、县监委主任林兴欢在听取各单位汇报后指出，一些党组在全面从严治党的认识上还有一定偏差；一些领导干部主体责任意识不够强；一些干部工作和担当不负责乱作为现象时有发生；对“四种形态”的运用还不够积极，效果不理想。林兴欢要求各地各单位党委要结合“向微腐败开刀、让老百姓微笑”专项整治活动，进一步整治群众身边的腐败问题，让群众切身感受到全面从严治党成效。

县纪委十三届四次全体（扩大）会议 2018年8月24日召开。本次会议的主要目的是深入学习贯彻习近平总书记对浙江工作的重要指示精神和省纪委十四届三次全会、市纪委十二届三次全会、县委十三届四次全会精神，总结回顾上半年工作，研究部署下一阶段任务，审议通过《中共永嘉县纪委关于深入落实三大护航工程为建设清廉永嘉提供坚强政治和纪律保证的意见》。县委常委、县纪委书记、县监委主任林兴欢代表县纪委常委会作工作报告。

县政风行风监督员聘任会 2018年9月27日下午，永嘉县政风行风监督员聘任会在县会议中心举行，县纪委副书记、县监委副主任朱佩珍出席会议并讲话。会上，王于长等56位同志获颁政风行风监督员聘任证书，他们将在两年聘期内对全县政风行风建设工作进行监督、检查。葛向阳、徐胜等两位同志分别代表新、老监督员作表态发言。会后，县纪委还对新聘监督员进行政风行风监督业务培训。

十三届县委2018年第二轮巡察工作动员部署会 2018年11月13日上午，永嘉县召开十三届县委2018年第二轮巡察工作动员部署会，动员部署第二轮巡察工作，进一步推动全面从严治党向纵深发展、向基层延伸。根据县委统一部署，县委各巡察组将在2018年11月中旬起至2019年1月底，对三江商务区（三江街道）、大若岩镇、县委老干部局、县委党校、县档案局、县教育局、县财政局、县新居民服务管理局、县工务局、市住房公积金管理中心永嘉分中心等10家单位党委（党组）开展巡察。

强化微权力监督 共建清廉永嘉推进会 2018年11月28日召开。县委书记姜景峰出席会议并讲话，县委副书记、县长林万乐主持会议，县领导谢崇福、陈建良、何莉平等参加会议。会上，与会人员观看《清廉永嘉 你我同行》清廉细胞培育专题片，县法院、碧莲镇、岩坦镇、县供电局、县卫计局、县教育局、红蜻蜓集团7个单位就“清廉细胞”创建作典型发言。县委常委、县纪委书记、县监委主任林兴欢作推进清廉永嘉建设工作部署。县委书记姜景峰强调，要站在讲政治、抓落实的高度，充分认识“清廉永嘉”蕴含的深刻意义。要清醒坚定，对标看齐再加力。要聚焦重点，精准施策求突破。要齐抓共管，凝聚合力促落实。

重要活动

市委常委、统战部部长施艾珠到永嘉检查全面从严治党和意识形态主体责任落实情况 2018年1月11日上午，市委常委、统战部部长施艾珠带队到永嘉，检查2017年县委落实全面从严治党和意识形态主体责任情况。姜景峰、谢崇福、陈建良、何莉平等县四套班子领导参加汇报会。

市纪委书记宋志恒到永嘉调研纪检监察工作 2018年5月4日，市委常委、市纪委书记、市监委主任宋志恒到永嘉调研纪检监察工作。宋志恒强调，纪检监察工作要为党委政府重大决策部署贯彻落实到位提供坚强的纪律保障；要抓主责主业，重视纪律审查和监察调查工作，保持威慑力；要重视队伍建设，严防“灯下黑”，努力建设一支忠诚干净担当的执纪铁军。

“初心守廉·510思廉日”主题教育活动 2018年5月10日前后，全县组织开展“我观我悟·我要廉”“我学我考·我要廉”“我读我诵·我要廉”“我书我创·我要廉”“我宣我讲·我要廉”“我歌我颂·我要廉”“510”系列主题教育活动，促进各级党员领导干部增强廉洁自律意识，筑牢思想堤坝，推动全面从严治党向纵深发展。

县廉政教育基地正式揭牌启用 2018年6月29日，永嘉县廉政教育基地举行揭牌仪式，标志着永嘉县反腐倡廉教育基地正式启用。县领导林万乐、谢崇福、陈建良、林志佩、项光夫、林兴欢及县检察院检察长黄通荣出席揭牌仪式并参观考察廉政教育基地。该基地位于永嘉县委党校19楼，展厅面积1000余平方米，以“全面建设清廉永嘉，打造永嘉政治生态的山清水秀”为主题，主展厅分为“固本”“弘扬”“镜鉴”“践行”等四大部分，着眼于党性党风党纪教育，紧跟全面从严治党新形势，挖掘楠溪廉政文化资源，整个展厅以生动翔实的图文资料和先进的声光电技术，追溯廉洁之源，警示贪腐之害，弘扬清风正气。

县监委向乡镇（街道）派出监察办公室 2018年7月，永嘉县完成监察体制改革向乡镇延伸工作，向全县23个乡镇（街道）全部派出监察办公室，各乡镇（街道）监察办公室与乡镇（街道）纪（工）委合署办公，共任命23位监察办公室主任，15位监察办公室副主任，配备65名监察员。

市纪委书记方向到永嘉调研“清廉永嘉”建设和“两个责任”落实等工作情况 2018年11月20日下午，市委常委、市纪委书记、市监委代主任方向到永嘉调研“清廉永嘉”和“两个责任”落实等工作情况。县委书记姜景峰，县委常委、县纪委书记、县监委主任林兴欢陪同。调研中，方向认为永嘉县“清廉村居”示范点建设有思路有氛围有成效，在实施乡村振兴战略中，点面结合、层层递进，推进清廉村居示范点建设，起到相互促进、同步协调作用，为全市提供可借鉴的经验和素材。在随后举行的座谈会上，姜景峰汇报永嘉县基本情况和县委落实全面从严治党主体责任情况，林兴欢汇报落实全面从严治党监督责任情况。听取有关情况汇报后，方向充分肯定永嘉县纪委近年来取得的工作成绩，并就下步工作指出，要深刻领会和准确把握新时代全面从严治党要求，推动全面从严治党向基层纵深发展。

全县清廉医院建设现场推进会 2018年12月6日召开。与会人员现场观摩瓯北城市新区医院清廉医院示范点建设情况。该院以“我尽心，你放心”的“两心医院”创建为主线，坚持以解决群众身边“四风”问题为导向，紧扣医疗卫生行风建设“九不准”规定，紧盯医疗服务重点领域、医务人员教育管理，编印《廉政风险防控“处方”》，进一步规范权力运行，有力推动医德医风持续向好向善。在随后的推进会上，县人民医院、瓯北城市新区医院、碧莲中心卫生院等单位就开展清廉医院建设情况作典型发言。会议提出，各医疗部门要深刻认识清廉永嘉建设的重要性，切实增强清廉医院建设的责任感；要充分发挥试点单位的引领作用，加快实现清廉医院建设全覆盖；要全面落实工作推进的牵头责任、主体责任、监督责任，全力保障清廉医院建设见成效。

全县“清廉学校”建设工作现场推进会 2018年12月28日下午在桥下镇中心小学召开。县纪委常务副书记、县监委副主任朱佩珍，县委第五巡察组组长叶长河应邀出席会议；县教育局党委书记、局长李永绍出席会议并讲话。驻局纪检组组长郑志雄、局机关相关科室负责人，各学区主任、校长（园长）参加。全体与会人员参观该校三大清廉（莲）文化阵地、三大清廉教育平台、三大和美活动乐园。在推进会上，李永绍总结前阶段清廉学校建设成效并作全面部署。桥下中心小学、永嘉中学和岩头学区等3个试点单位就创建工作及成效作交流发言。朱佩珍充分肯定县教育局在清廉学校建设试点工作中显著的成效，并就下步清廉学校建设提出明确要求。

主要工作

政治监督 2018年，永嘉县纪委提高政治站位和政治自觉，坚决扛起“两个维护”重大使命，强化政治监督和纪律保障。主动护航中心大局，以扎实举措保障新时代“两个健康”先行区建设，深入开展“最多跑一次”、城中村改造专项督查等一系列行动。深入推进政治巡察，全县共巡察部门（单位）18个、乡镇（街道）6个、基层站所32个、村（居）87个，发现问题976个。开展重点领域专项巡察，有力推动政治建设和工程建设双增效。出台政治生态建设状态评估报告工作制度，定期开展分析研判。推行项目化责任清单机制，健全完善“三清单一平台”责任落实体系，制定个性化县班子领导主体责任落实“白皮书”，进一步明确责任和任务，推动全面从严治党向纵深发展。创新“会前十分钟”纪律学习模式，通过强化政治纪律和组织纪律教育，有效增强全体党员干部纪律意识、筑牢拒腐防变思想防线。加大问责力度，全县共对36起落实“两个责任”不力问题实施“一案双查”，追责47人，失责必问、问责必严成为常态。

清廉建设 2018年，永嘉县纪委协助县委出台《关于加快推进新时代“清廉永嘉”建设的实施意见》，明确任务责任分工及2018年重点举措，与全面从严治党主体责任同部署、同考核。开展“三提三争”三大行动，高质量落实市纪委护航清廉建设文件精神，充分发挥“清廉永嘉”建设主力军作用。高度重视基层单位清廉创建模范带头作用，率全市之先实施六位一体“清廉细胞”培育工程，督促有关部门牵头开展清廉机关、清廉站所、清廉村居、清廉学校、清廉医院、清廉企业建设，推动形成合力共建的良好氛围。全力推进清廉细胞示范点打造，组建六大清廉细胞培育专班，通过调研、制定方案、组织实施、结果评价、现场推广五个阶段培育，成功打造以“双白”村居、“两心”医院为代表的六大清廉细胞品牌，孵化出样板单位28家，形成“四个一”培育理念，高质量完成“可看可学可带走”的示范点培育目标。有关“清廉永嘉”建设做法被中纪委研究之窗和省纪委累计刊载5次。

作风建设 2018年，永嘉县以永远在路上的恒心和韧劲，驰而不息正风肃纪。把日常监督与集中督查、补短板和防反弹结合起来，紧盯隐形变异的新问题新动向，抓住重要节点，强化正风肃纪，全县共查处违反中央八项规定精神31起，处理51人，其中党纪政务处分42人。站在讲政治的高度，将查纠形式主义、官僚主义摆在更加突出位置，第一时间出台专项整治方案，全年共查处问题28起，处理47人，其中党纪政务处分46人，通报曝光4批17起45人。结合“营商环境提升年”行动，开展“铁腕纠四风、重拳治怠政”作风建设活动和营商环境优化七大行动，完成全县规上企业效能监测点全覆盖，率全市之先推出正风肃纪交叉检查机制和政商往来正负面清单，全年查处破坏营商环境问题46起，问责84人，营商环境优化取得阶段性成果。成功建成永嘉县廉政教育基地，有效扩大廉政文化教育辐射面，2018年接待人数2万余人。部署开展领导干部违规房产交易、违规借贷专项治理，坚决查纠违规行为。持续深化“三位一体”作风评议，严格落实作风效能评议落后惩戒措施，有效提高部门抓作风建设的主动性。

高压态势 2018年，永嘉县纪委坚持不减力度、不变节奏、不松尺度，坚定不移惩治腐败。全县各级纪检监察组织共受理信访举报1065件，处置问题线索1058件；立案357件，其中党纪政务处分379人。坚决维护群众利益，深入开展“向微腐败开刀，让老百姓微笑”专项整治活动，全县共查处扶贫领域腐败和作风问题17起，处理47人，其中党纪政务处分31人、移送司法机关3人；查处党员干部和公职人员涉黑涉恶腐败和“保护伞”问题9起，处理9人，其中党纪政务处分7人、移送司法机关2人。深化运用监督执纪“四种形态”，2018年共运用第一、第二种形态1032人，其中乡科级干部60人次，通报批评316人。加强案件审理工作，开展案件质量专项检查，严把事实关、证据关、程序关和法律适用关。认真做好申诉复查工作，切实保障申诉对象权利。做好案件查办“后半篇文章”，组织干部参加王某某受贿案、徐某挪用公款案等人员的审判旁听、收看违纪干部忏悔录，有效提高党员干部政治、法治和底线意识。

体制改革 2018年，永嘉县继续发挥先行试点优势，坚定不移巩固、深化、拓展改革成果。完成全县23个乡镇（街道）、功能区监察办公室设置工作，推动监察工作向基层延伸。进一步规范问题线索管理处置，完善与检察、公安、审计等部门的问题线索集体会商机制，出台查办职务犯罪案件加强协作配合等制度，健全纪法贯通、法法衔接机制。高标准打造市级监察留置分所，审慎合理使用各类监察措施，2018年共对6人实施留置。推动县委巡察机构设置，协助出台县委巡察工作实施办法、巡察工作规划等制度规定，建立多部门协作机制和巡察人才库，率先推行县领导“五个双”机制，进一步加强巡察工作严肃性。在完善“巡察+片区”模式的基础上，创新巡察工作方式方法，实现小规模村居一体“打包”巡察、普通村居跨镇交叉巡察、复杂村居重点精准巡察。高质量打造办案联合体，统筹融合6个纪检室和19个派驻机构纪检的监察力量，提升监督实效。

自身建设 2018年，永嘉县扎实推进“两学一做”学习教育常态化制度化，深入开展“锻钢铸魂大练兵”行动。强化思想教育，依托“树新形象做好榜样”专项活动和“周一夜学”两大载体，持续深入学习贯彻习近平新时代中国特色社会主义思想和中共十九大精神。大力推进专业化建设，开展宪法、监察法、党纪处分条例、监督执纪工作规则等专题学习培训，全县共组织培训4期486人次。深化纪检监察工作“传帮带”青年干部培养机制，全力提升纪检监察干部队伍政治能力、业务能力和综合能力。严抓内部监督，深入开展队伍建设“四查四严四清”专项行动，完善纪检监察干部廉政档案，开展廉政风险排查，加大个人报告事项抽查核实力度，探索建立干部思想动态及工作表现评价机制，常态化开展家访和分层分级谈心谈话。完善定期走访县四套班子领导和机关部门工作机制，深入发挥特邀监察员队伍作用，把自我约束同接受党内监督、法律监督、民主监督、群众监督和舆论监督结合起来，形成监督合力，坚决防止“灯下黑”，全力打造忠诚干净担当的纪检监察铁军。

（柳龙章）

县委巡察

概况 2018年，永嘉县委巡察领导小组贯穿全面从严治党主线，聚焦“六个围绕、一个加强”，坚定不移深化政治巡察；形成“以党内法规为核心、规范性文件为配套、相关规定办法为支撑”的制度体系，为大力推进巡察工作规范有序开展提供有效遵循；有序开展常规巡察、农村基层巡察、重点领域专项三位一体巡察工作，动真碰硬亮剑群众身边的不正之风，巡察领域突出问题得到有效整治；从全县各条线上筛选推荐105人进入巡察人才库，为巡察工作提供有力的人才支撑，为在2021年实现全覆盖提供有力保障。

机构建设　2018年，对标省、市巡察机构建设要求，永嘉县建立一办五组，率全市之先出台巡察机构主要职责内设机构和人员编制方案，一次性落实36个职数，配备专兼职人员，15名副科长级以上巡察干部已到岗到位，保证每个组6名以上巡察干部。根据农村基层巡察全覆盖需要，临时设立4个农村巡察组，负责重点领域巡察和农村基层党组织巡察。特别抽调4名退二线的老同志担任农村基层巡察组常务副组长，有关乡镇街道纪委书记、组织委员兼任副组长，抽调一般干部31人。同时按照市县巡察联动，从住建、农办、财政等部门抽调专业干部10人，成立1个重点领域专项巡察组，由派驻第四纪检组组长担任专项巡察组组长。率全市之先实现巡察机构统一办公、集中管理，划配20个办公室和2个会议室用于机构建设，统一后勤保障和服务管理。

制度建设　2018年，永嘉县委巡察办相继出台《十三届县委巡察规划》《县委巡察工作实施办法》《县委巡察机构主任组长办公例会制度》《县委巡察办工作规则》等9项规章制度，明确巡察的职能定位、工作原则、组织领导和工作机构、巡察对象和内容、巡察工作程序和方式、巡察成果运用、工作机制、纪律和责任等，搭建起巡察机构工作运行的制度架构。制定《2018年县委巡察工作要点》《县委巡察实施方案》《农村基层巡察实施方案》系列文件，制定巡察计划表和路线图，编印《巡察工作手册》，为巡察工作提供操作指南，逐步形成“以党内法规为核心、规范性文件为配套、相关规定办法为支撑”制度体系，为大力推进巡察工作规范有序开展提供有效遵循。

三位一体巡察工作　2018年，永嘉县委巡察办以高度的政治自觉，聚焦关键环节和重点问题，严格落实责任，巡察工作持续向纵深发展、向基层延伸。常规巡察、农村基层巡察、重点领域专项巡察三位一体扎实开展，有力推进，完成19个县管单位、81个村居、19个基层站所党组织的巡察工作，以及22个交通、工业重点领域的专项巡察，突出“两个维护”，聚焦全面从严治党，全面落实“六个围绕、一个加强”要求，着力发挥巡视政治“显微镜”和政治“探照灯”作用。重点选择县委五大提升年行动相关部门、机构改革涉及部门、项目建设有关单位作为巡察重点。先后实地巡察了解380余次，谈话了解900余人次，召开座谈会168次，形成巡察报告104份，反馈意见报告102份，取得首战告捷，累计发现问题1067个，移交问题线索165条，党政纪处分48人。

（金城君）

上图　廉政教育主题活动（县委党校　供图）

下图　2018年5月10日，永嘉县检察院开展“510”主题系列活动之“我书我创”清廉作品书法展（县纪委监委　供图）

民主党派·社会团体

农工民主党永嘉县委员会

概况 2018年，农工党永嘉县委会在中共永嘉县委、农工党温州市委会领导下，在中共永嘉县委统战部的指导和帮助下，坚持以习近平新时代中国特色社会主义思想为指导，深入学习贯彻中共十九大和中共十九届二中、三中全会精神，紧紧围绕县委、县政府中心工作，切实履行参政党职能，大力推进自身建设，积极开展社会服务，各项工作取得良好成绩。

参政议政 2018年，农工党永嘉县委会借助“两会”，认真履职。全党31名市县人大代表、政协委员，围绕经济社会热点、难点问题，积极建言献策，提交建议、提案36件。徐俊代表农工党作《关于发展智慧康养产业的建议》县政协大会发言；章剑海在政协提出《关于做好拆建平衡，有序推进城中村改造的建议》；金孙策《关于开通楠溪江景区旅游客车的建议》提案被采纳并落实开通三条旅游专线，方便旅客及百姓出行；陈卫东《关于适度调整我县普高招生方案的建议》、施春花《关于解决县城北小学上学高峰拥堵的建议》、卢彤《关于治理上塘城区交通噪音污染的建议》等均得到相应采用；李建森《关于加强闲置厂房出租管理的建议》、张贤莉《进一步加强我市生活垃圾分类建议》、周建良《关于将永嘉昆曲引入中、小学艺术课堂的建议》、潘练《关于“大拆大整大建大美”中关注基层社会治理的建议》、邵康益《关于建立农村健康小屋的建议》等得到相关部门积极回应，参政议政效果良好。农工党永嘉县委会紧紧围绕乡村振兴、产业发展等方面问题，深入基层调研，形成一批优秀报告。《推动乡村高质量振兴打造可复制可借鉴浙江大花园》被农工党省委会采用；《发展康养产业，培育经济引擎》被列入农工党省委会调研课题计划，形成调研报告，得到县委书记姜景峰批示肯定；《加快制造业转型升级，培育温州经济新动能》获温州市委统战部“诤友建言”二等奖。

民主监督 2018年，农工党永嘉县委会多次派部分党员参加中共永嘉县委召开的党外代表人士意见座谈会，围绕《县委十三届四次全会报告》等报告提出中肯意见和建议。先后派人参加温州市委组织召开的党外人士座谈会、“最多跑一次”改革工作座谈会，均提出建设性意见和建议。积极参与县委、县政府及有关部门“五水共治”“大建大美”“最多跑一次”等专项检查及招商引资项目视察等督查活动，全力服务好县委、县政府中心工作。20余名党员被有关政府部门聘为“特约监督员”。

社会服务 2018年，农工党永嘉县委会组织开展各类同心惠民服务活动14次，其中送医下乡5次，诊治病人1600余人次，赠送药品价值2万余元，送教下乡5次，慈善扶贫慰问4次，全年用于社会服务的金额及捐助的各类扶贫款、慈善款10余万元。2018年农工党永嘉县委会先后联合中国卒中学会“红手环”志愿服务团在永嘉县碧莲镇澄田村开展以脑血管病防治为主题的义诊活动；联合附一医支部在永嘉县枫林镇包岙村开展大型义诊活动；与县委统战部一起赴枫林镇慰问百岁老人，给予他们健康指导。参加永嘉县委宣传部、县委老干部局发起的“奋进新时代银辉楠溪”一月一礼堂2018志愿活动启动仪式。多次组织人民医院支部、医药卫生支部、教育支部、瓯北支部等与永嘉县人社局、县新居民服务管理局、县老干部局、县药业协会等单位在全县多地联合开展义诊慰问以及送教、送医、送文化、送科技等活动。农工党永嘉县委会充分发挥党派优势，在瓯北持续开展送医送教等社会服务活动，深入泵阀行业开展专题调研，撰写调研报告，提出具体建议，为瓯北中小企业开展专题讲座2次，为20多家企业提供咨询服务，初步打响永嘉农工党服务品牌。永嘉中学支部先后到实验小学开展“文体进校园公益活动”和到岩坦镇溪口小学开展“助学山区学校公益活动”。在党员服务社会方面，许多党员积极参加扶贫、助学结对、义教、义诊等公益活动，服务社会奉献爱心。党员陈丽的“名师工作室”为永嘉县中学语文教师的成长做出重大贡献；党员周东欣积极响应国家号召，于2018年8月赴新疆开展援疆教学工作。

思想建设 2018年，农工党永嘉县委会坚持把政治思想建设摆在首位。在第六届四次党员大会上，邀请农工党温州市委会陈伟峰专职副主委、市委党校缪来顺教授作“五一口号”和中共十九大专题知识讲座；组织党员参加农工党温州市第十二届三次、四次全委会议，学习中共十九大和习近平总书记系列讲话精神；组织党员参加农工党中央和省委会在温州市人民大会堂召开的“弘扬爱国奋斗精神、建功立业新时代”主题宣讲活动；组织广大党员学习习近平新时代生态文明建设思想、“八八战略”等方面内容；积极参加永嘉县委统战部组织的统战工作座谈会，进一步提升全体党员政治理论水平。先后组织支部党员赴平阳县革命烈士纪念馆和泰顺县中国工农红军挺进师纪念馆开展“缅怀先烈，不忘初心”活动，更加坚定中国共产党领导多党合作的初心。

组织建设 2018年，农工党永嘉县委会及各支部多次召开组织生活会，交流工作，增进感情，不断增强组织吸引力与凝聚力。人民医院支部、医药卫生支部获“2017—2018年度农工党温州市先进支部”。同时，农工党永嘉县委会严格按照党组织发展规定，吸纳一批政治素养高、业务能力强的人员入党，增强组织生命和活力，2018年新入党员7名，其中3人拥有高级职称。

风采荣誉 2018年，农工党永嘉县委会党员获省级荣誉3人，市级荣誉7人，县级荣誉5人。党员李建森被评为2018年度“农工党浙江省社会服务工作先进个人”；叶艳、余晗、瞿华芬被评为“温州市2017—2018年度先进党员”；戴淑华被评为“温州市2017—2018年度宣传先进个人”；胡宝元获2018年全国第五届现代好诗词评选大赛优秀奖；夏崇雷在浙江省委宣传部主办的“最美浙江人”大型公益活动中被百姓评为身边的“活雷锋”；周锋获“全省好家风”优秀指导师、温州市初中语文期末考试命题一等奖；孙跃若获2018年温州市高中政治论文二等奖；戴光辉获永嘉县体育工作先进个人；黄本笃获永嘉县“最美老干部”荣誉称号；瞿华芬在永嘉县初中历史与社会新常规作业设计中获一等奖；余晗《良性发作性位置性眩晕的手法复位治疗》获永嘉县医学新技术新项目二等奖；洪翠华《改良式子宫缝合法联合安列克在产科大出血中的应用》获永嘉县医学新技术新项目三等奖。

（谷军先）

永嘉县总工会

概况 2018年，永嘉县总工会紧紧围绕县委中心工作和市总工会五大体系建设，全力推进工会“工作清单化、管理网格化、服务项目化、活动社团化和创建品牌化”，全力打造创新特色项目，努力探索“五大体系建设”的永嘉实践，新时代工会工作全面推进。

乡村振兴 2018年，永嘉县总工会打好助力乡村振兴主动战，精准对接乡村振兴主战场，启动四大行动，助力乡村振兴。启动强基行动，夯实基层基础，推动工会工作向农村延伸，凝聚引领广大农民工参与乡村振兴，不断夯实乡镇、村（社区）、企业“小三级”工会组织架构。成立楠溪源头综合体联合工会委员会，涵盖14个村居。持续深化农民工集中入会行动，加大农村工匠、乡村清洁工人、乡村民宿（农家乐）等农民工入会工作，最广泛地把农民工吸收到工会中来。加大工会联合会的标准化示范性建设，打造一批充满活力、功能完善的乡村示范性工会。启动职工志愿服务行动，围绕乡村振兴，积极开展职工志愿服务活动，发挥职工志愿者示范带头作用。在岩坦镇成立助力乡村振兴职工志愿服务队，2018年有队员40名。开展助力乡村振兴道路大清洁活动，组织志愿者到村居开展乡村振兴、垃圾分类宣讲、发放助力乡村振兴倡议书等资料，收到很好效果。启动民宿管家技能培训行动，助推乡村振兴和民宿（农家乐）产业发展，提升民宿（农家乐）技能和服务水平。县总工会在林坑古村举办民宿管家技能培训讲座，邀请浙江省餐厅（客房）服务专家委员会委员、温州市餐饮服务高级技师马津光为40多名民宿（农家乐）业主和从业人员进行培训，受到他们热烈欢迎，促进农民工队伍素质的提高。启动乡村振兴大开讲行动，县总工会在岩坦镇举办乡村振兴大开讲启动仪式，全镇80多名乡村振兴宣讲员、志愿者、保洁人员聆听由县总工会麻鹏巍副主席主讲的《实施乡村振兴战略共推合作经济》专题讲座，讲座互动气氛热烈，调动广大农民工群众参与乡村振兴的积极性和主动性。积极引导农民工成为乡村振兴的主力军，在乡村振兴中发出工会真声音，讲好乡村振兴好故事，永嘉县总工会助力乡村振兴行动被浙江工人日报报道肯定。

建功立业　2018年，永嘉县总工会打好建功立业主动战，响应全总号召，在上瓯公路、乌牛溪治理等重点工程深入开展“当好主人翁，建功新时代”主题劳动和技能竞赛活动，举办立功竞赛现场观摩会。在三个方面有所提升，一是扩大劳动竞赛覆盖面和参与面；二是找准劳动竞赛切入点——转型升级是重点、“三美建设”是热点、社会治理是难点；三是劳动竞赛的实效性体现永嘉经济的转型升级、职工素质的全面提升以及经济的高质量发展。开展首届“永嘉工匠”评选活动，选出30名“永嘉工匠”。组织开展劳模工匠健康休养活动，提高劳模工匠身心健康。加大邵若珍、邱晓来等高技能人才（劳模）创新工作室创建力度，充分发挥劳模先进群体在职工创业创新中的示范引领作用。建设职工创业加油站3个，参加职工1200多人，成果转化71项。加大职工创新案例征集活动力度，下发《关于在职工开展创新案例征集通知》，共收到职工创新案例320多份，在职工中形成大众创业、万众创新的生动局面。

安全生产　2018年，永嘉县总工会打好安全生产主动战，举办永嘉县安康杯安全生产知识竞赛，同步实现电视录播，扩大安全生产宣传面。开展“三送进企业活动”，启动安全生产百千万计划，开展“百场电影进工地安全生产宣传活动”“千名工会主席兼职安全生产宣传员”“万名一线职工安全教育”等活动。“百千万”计划深受党委政府职工欢迎，取得非常良好的效果。开展安全生产摄影比赛、“安全在我心中”演讲比赛等各类活动20余场，发放安全生产宣传手册1万余份，发动职工参加全省“创文明交通、促安全畅通”职工道路交通安全知识竞赛，参赛总人次居全市第三名。

服务职工　2018年，永嘉县总工会精准服务职工做到“三个着力”。在权益维护上着力，让职工有安全感，以创建无欠薪县为契机，大力推进工资集体协商和集体合同签订工作，加快推进工资集体协商指导员队伍建设，做实工资协商数据库。到2018年年底，新增集体合同工资集体协商497家，续签436家。大力开展工资集体协商“要约行动”，重点明确200家企业、11个行业、10个区域性工会的工资集体协商提质示范工作。加大与司法、劳动的联合工作力度，完成职工法律援助76件。积极开展“尊法守法·携手筑梦”服务农民工公益法律服务行动，为农民工提供法律咨询和法律援助等服务。积极开展高温慰问活动，全县高温慰问职工2000人、金额16万元。加大劳动监督工作，建立劳动监督委员会152家，培训劳动监督员91人。加大工会公益律师团队建设，2018年已有13名律师加入公益团队，开展公益援助86件。工会来访来电165人次。加大工会法人登记工作力度，全县共办理工会法人登记25家，变更15家。在共享发展上着力，让职工有获得感，通过“民间探索引领公益行动、公益项目试点推动社会问题解决”模式，完成春雨基金项目创新和政策完善，举办春雨基金启动仪式，扩大春雨基金影响力，让“春雨基金”能及时回应困难职工需求，真正做到春雨滋养心田。募集资金100余万元，向困难职工发放助困、助医、助学、反哺、应急、慰问等各类救助金46万元。永嘉县总工会职业化工作者领衔的春雨基金公益团队和瓯北兼职副主席王志丽领衔的满天星义工社团队，创新推出更多、更具参与性和传播性的新公益项目，策划运作“阳光助学行动”“免费伏茶”“职工爱心日”等公益活动10余个。关注职工身心健康，继续开展相恋·2018机关事业单位专场和青年职工交友大型联谊活动，加强“心灵咖啡”建设。在瓯北工业园区开展“温暖回家路·工会伴您行”活动，送出春联和宣传品2300

多份。会同县旅游主管部门，研究提出全域职工疗休养基地创建目标，建议打造康养特色小镇，进一步丰富疗休养特色线路和产品。组队参加浙江省和温州市职工疗休养产品设计大赛，永嘉县选送周泽苗的设计作品分别获得浙江省二等奖和温州市一等奖的良好成绩。完善职工医疗互助保障统筹工作，积极加大非公有制企业参加职工互助保障的优惠举措，不断扩大参保对象。2018年，完成参保职工89296人（次），参保金额1888680元。理赔942人次，金额1617010元，切实减轻困难职工家庭经济负担，让职工群众得到实惠。分别在学校、长运公司、置诚商务圈等人员集聚场所建设“妈咪暖心小屋”32家，组织开展“情系山区学校　关爱留守儿童”活动，举办3期女职工《中华韵》舞蹈培训班，首期魅力女人培训班，提高女职工幸福感和满意度。

在文化引领上着力，让职工有成就感，加强职工文艺小分队建设，推进中共十九大精神进车间宣讲活动。举办健康万里行·大型公益健行季活动，永嘉县1000多名职工踊跃参加健行活动。组队参加温州市首届职工运动会龙舟、拔河、网球等三个赛事，承办温州市首届职工运动会象棋赛事，全市26支代表队126人参加比赛。举办温暖回家路随手拍和纪念改革开放40周年摄影比赛，参赛作品分别达到106和218件。开展文润同心·争做网上好职工主题系列活动，分发宣传材料1000多份，开展职工签名、举班培训等活动，扩大争做网上好职工宣传面。举办永嘉县干部职工网球赛、县干部职工广播体操比赛、县干部职工足球赛等101场职工体育赛事，丰富职工业余生活。组队参加温州市总工会举办的力量脚步职工演讲比赛、第五届劳动美职工摄影展、纪念改革开放40周年职工摄影展等活动，提升职工对艺术的追求。县职工文化中心的建设是县总工会重点工作之一，该项目于2017年12月正式开工，基础建设已经完成。整个项目建筑楼高12层、总面积1.5万平方米，造价约1亿元，20118年年底建成地面6层。县职工文化中心建成之后，对于推动工会阵地建设转型升级，丰富职工精神文化生活，提升工会服务能力和水平，具有十分重要的作用，必将成为服务全县各级工会、服务全县广大职工的重要平台和窗口。

工会改革　2018年，永嘉县总工会持续推进基层工会改革。根据温州市总工会改革部署，完成永嘉县总工会一室一部一中心职能科室设置，完成永嘉县22个乡镇街道总工会换届选举工作，按照一比一配备兼职工会副主席，选举产生专职工会主席、副主席39名，兼职副主席39名。完成县机关工会工作委员会、教育工会、发改系统、卫计系统、旅游系统等五个产业工会的人员配备和选举工作，拉开产业工会改革步伐。推广“工会组织+社工+志愿者”工作模式，采取购买社工服务、组建职工志愿者服务队伍等多种方式，充实社区（村）等基层工会工作力量。建立“明星”工会干部库，完成30名明星工会干部入库工作。加快推进县总工会换届工作，初步完成工作报告的初稿和工会代表大会代表的初步方案，完成向永嘉县委和温州市总工会关于召开永嘉县工会第十次代表大会的请示事项和代表选举工作。前期工作已全部完成。

工作创新　2018年，永嘉县总工会持续推进工作创新。完成职工社团矩阵的制度设计，下发实施意见和征集通知，召开座谈会，强烈感受到智慧出自实践、高手藏在民间，不断提高职工信心。在矩阵管理中，始终坚持“自助自治自理”“互信互学互赢”两个前提，紧紧抓住“需求、兴趣、快乐”“情怀、温度、故事”两组关键词，突出职工参与、为职工服务两个方面，县总工会通过做大“朋友圈”当起“排头兵”，职工达人、意见领袖通过纵横联合形成工作正能量。满天星义工社、知行读书会、职工艺术团、春雨基金爱心大使团、红十三、律师直通车、51众创空间等8个焦点单元和88个职工社团已初步筛选完成。同时，永嘉县职工社会组织服务中心正在紧锣密鼓筹办中，章程、理事会架构、运行机制等已完成。2018年正在实体化运作，如发掘的养正心理咨询工作室进驻县总工会大楼，联合共建职工心理关爱服务中心，团县委志愿者协会、县妇联女人帮都加入总工会的职工社团矩阵。打造完成“创想家”品牌瓯北置诚广场示范点，启动创想家项目向乡镇街道（工业园区）、机关事业单位、企业工会、片区工会和行业工会五大领域扩面工作。启动“永工创想家”微信服务号，把创想家搬到网上来，主要分为职工生活部落、职工创新园地、职工文化空间、职工公益平台四大版块，设置“职工来点单”“职工来积分”“职工来评价”等功能，实施线上线下全方位服务，让工会服务更加贴近实际，贴近基层，贴近职工群众，改革效应日益凸显。浙江工人日报曾刊文宣传创想家品牌活动。实现“职工合伙人”“工会创想家”联合互动，许多职工社团主动认领项目，如瓯北读书学会认领“知行读书会”，一月一主题，开展职工诗歌朗诵、职工国学教育、职工创作培训等活动。

工会创建 2018年，永嘉县基层工会标准化示范性创建持续推进。召开关于开展工会组建月活动的动员会议，出台永嘉县工会组建月活动实施意见，围绕“因变而建、因时而建”，针对新经济、新业态、新群体和新领域中的小微企业，组建区域化、行业化、扁平化的工会组织。深化工会网格化管理项目化服务工作，组建社区和片区工会联合会3个，独建基层工会138家，发展会员1.2万人，永嘉县工会建会率和职工入会率动态保持在90%以上。截至12月底，实名录入基层工会3318家、会员约22万人。基层工会上报县总工会示范单位创建单位1126家，亚龙教玩具、宣达阀门集团、浙东高中压阀门有限公司等30家工会标准化示范性试点打造完成。围绕温州市总工会标准化示范性创建要求，分类制定不同领域、不同行业的具体工作清单，制订《永嘉县工会工作手册》，明确9个工作制度清单、3个会议清单、5个服务项目清单、12个主题活动清单、6个工作台账清单、1个评价体系清单，通过工作清单化，让工作干有规则、行有方向。

自身建设 2018年，永嘉县总工会坚持自身建设做到“三个聚力”。聚力责任落实到基层党建，认真贯彻落实《中国共产党基层组织工作条例》，加强党的基层组织建设，发挥党支部的战斗堡垒作用和党员先锋模范作用，为推进永嘉县工会各项事业全面发展提供坚强后盾。加强移风易俗专题教育，确定专人紧盯移风易俗，签订移风易俗责任书，确保移风易俗全面落实。开展以阵地标准化、活动制度化、工作规范化、服务常态化为主要内容的“四化”党支部创建活动，进一步提升党员活动的保障性、党内生活的严肃性、党建工作的实效性。严格党内政治生活，严格落实“三会一课”、组织生活会、主题党日、谈心谈话等制度，组织开展民主评议党员活动，认真进行批评和自我批评，强化党员党性观念。聚力正风肃纪改进作风建设，开展“强责任敢担当，治顽疾优环境”作风建设活动，建立问题清单，抓好整改落实。举办置诚职工运动会暨助力营商环境提升活动，不断提升营商环境。积极响应“最多跑一次”改革要求，窗口实行“弹性工作制”，优化调整工会法律援助、职工医疗互助保障等服务项目办事流程，有效提升服务效能。严格落实中央八项规定精神，做好节前廉洁教育、明察暗访，关口前移、防微杜渐。严格执行财经纪律制度，严控“三公”经费支出。严把重大项目采购关，加强对办公设备、慰问物资、场地租赁、购买服务等项目的公开招投标工作，提高采购、验收的监督检查力度。认真做好信访举报和案件查处工作，严肃查处违规违纪党员干部，确保全面从严治党落到实处。聚力工会内审和工作统筹工作，充分认识加强和做好工会经审工作，是促进工会系统党风廉政建设和反腐败工作的重要手段。坚持把工会经审工作作为工会增“三性”、去“四化”的重要方面来抓。审查审计监督工作有效推进，审计覆盖面不断扩大，工会经费稳步增长、工会财务、资产管理不断规范，工会女职工、与四川红原、西藏嘉黎县的对口支援、老干部、信访、信息、统计和档案工作均取得积极进展。

（陈鸣旭）

共青团永嘉县委员会

概况 2018年，共青团永嘉县委员会（以下简称永嘉团县委）以“从严治团、当好桥梁、服务大局、凝聚青年”为工作格局，团结带领全县广大青年团员开创永嘉共青团工作新局面。青年助力乡村振兴工作获县委书记、县长批示肯定，得到人民网、《浙江日报》等主流媒体专题报道。获得团市委2018年度考核优秀单位。

青年思想引领 2018年，永嘉团县委持续开展青春领航行动，全面宣传新内容，以“新时代新青年”宣讲团为主力，在全县各级青年之家、文化礼堂、企业、学校，组织开展中共十九大及中共十九届二中、三中全会精神、习近平新时代中国特色社会主义思想、团的十八大精神学习宣传活动60余场，覆盖青年3000余人。积极打造新形式，以纪念改革开放40周年为契机，举办“你好，新时代”爱国主义拉歌会，同步网络直播；开展“奋斗的青春最美丽”分享会，邀请改革开放以来四个年代不同行业的优秀代表，与百位青年分享奋斗经历，大力传播青春正能量。全力打造新阵地，按照“一体双翼四轮驱动”模式，打造永嘉县红领巾学院，借少先队建队日69周年之际，重点围绕“星星火炬指方向·新时代好少年展风采”“红领巾相约中国梦”“少先队活动课实验联盟校”等各类主题活动，进一步提升少先队员组织归属感。全力打造团属新媒体，以“永嘉青年”微信公众号为平台，做优、做大“青”字号专栏，全年推出“青悦读”讲述青年感悟、“青公益”分享公益风采、“青学”推送时政热点等50多期，进一步增强网络文化产品供给能力。打造共青团青年“网军”，组建青年网评员队伍，在各乡镇街道建立由共青团主导的百人网络正能量传播微信群。动员青年团干制作“新时代青年说”作品30多份，其中2份作品获温州新闻APP转载，6份作品获温州市优秀作品奖、组织奖。营造积极向上的网络环境，建成永嘉书院、原野农庄、置诚广场等三处“亲青恋”活动基地，结合县委移风易俗新规理念，开展“今夕何夕　在此邂逅”“青春与民俗的约会”等5场大型户外相亲活动，引导广大适龄青年男女树立简约节俭 、文明健康的婚恋新风尚、新观念。

青年志愿服务　2018年，永嘉团县委积极打造志愿特色品牌，引导志愿力量参与社会治理。组建8支助力县委“一带两城五组团”志愿服务队伍，确定每月5日为志愿服务集中日，开展“3·5”学雷锋日暨“全民参与垃圾分类，携手共创精致县城”“开学第一课，垃圾分类进课堂活动”“志愿导游”“绿色资源回收”等300多场活动。下派乡村公益特派员，着力推出“美丽乡村1小时”“1小时志愿联盟”等志愿服务品牌，动员广大志愿者用“碎片时间”投身志愿服务活动。开展“青春志愿行奉献新时代”暖冬服务系列活动，以动车站、客运中心为重点，常态入驻志愿服务队伍，累计为5万名返乡旅客提供“春运不打烊”服务。围绕“文明旅游”建设，上线首批楠溪江志愿讲解员，在苍坡古村、芙蓉古村、丽水街等景区，为来往游客讲解楠溪江人文历史。打造瓯窑小镇、黄田动车站、永嘉中学等多家幸福志愿站，提供文明宣传、助力高考等志愿活动80余场，服务惠及3万多人次。依托志愿汇APP平台，落实志愿激励制度，以“志愿汇”信用时数为依据，每月至少推出一个兑换项目，激发志愿者服务积极性，每万人拥有注册志愿者2387.85人，其中活跃志愿者数占比9.71%。

青春创业建功　2018年，永嘉团县委适应经济发展新需求，激励青年建功立业。积极探索内外永青沟通交流新机制，建立浙江省首个以青年组织为主体的团总支部，广邀在外青年企业家回乡创业、项目合作、技术交流，开展家乡行、连心桥、“相约永嘉，楠溪江之旅”等活动2场，引导在沪青年回乡投资。开展助力营商环境提升专项行动，以青年“号手岗队”联评验收为契机，评出县级青年文明号7家、青年安全生产示范岗1家，斩获温州市市级青年文明号8家；成立“跑小青”志愿服务队，重点开展“跑小青”代办服务，提供上门服务700多次，群众办事办件效率由4.5次缩短到1次；开展第四届“农商杯”青年创业创新大赛，为优质项目提供优先入驻青创空间、100万元的优惠利率贷款等政策扶持。开展助力乡村振兴专项行动，举办首届“楠溪嘉品”农产品包装设计大赛，面向全省征集原创农产品包装作品；打造一处“平台型”青创农场、扶持培育10个农创项目；强化“人才库”建设，挖掘农村致富带头人16名，提供定制化培训，打造特色人才品牌，进一步吸引在外青年回农村创业；以“新青年下乡”为契机，举办乡村文化创意节，组织浙江省7所高校近200名大学生，沿乡村振兴示范带村落，设计古村落建筑模型、美丽乡村墙绘、古村手绘地图等文创作品。成立县级生态宣讲团，重点围绕环境整治、治水剿劣、垃圾分类等内容，在楠溪江畔和各风景区开展水环境保护和生态文明旅游宣讲活动79场，引导广大居民树立生态文明理念、环境保护意识。

青年成长成才　2018年，永嘉团县委对标青年需求，做好资源整合，全面提升服务青年能力。推出“青年来点单”小程序，以“青年网上点单、青年之家派单、青年随手点评”模式，实现服务青年更精准，下送公益朗诵、模特培训、心理辅导等活动35场，服务1383人次。联合上海永嘉商会共同发起成立600万元的“青少年大病救治医疗基金”“圆梦大学助学基金”，开展“2018希望工程·乡村助学”“爱心结对手拉手”“情暖冬日·新春助学”“爱心连线微心愿”“亲青筹网络募捐”等系列公益活动，成功结对贫困大学生215名、发放助学金212.92万元，圆梦微心愿500余个。建立永嘉未成年人保护基地，开展有针对性的思想引导和法治宣传教育12场，开展法治进社区、进校园、模拟法庭观摩、法治电影观看等活动20多场，引导青少年树立积极健康的生活态度。依托浙江省基层治理综合信息平台，全面完成5类青少年群体的摸底调查工作，共排查到五类重点青少年1564人，其中留守儿童1488人、闲散青少年51人、不良青少年45人、服刑在教未成年人子女青少年26人、流浪乞讨儿童0人，帮扶率100%。

基层组织格局建设 2018年，永嘉团县委以固本强基为目标，积极开创基层团建工作新局面。在2017年“1+6”群团改革的基础上确立“4+3+X”改革试点，探索打造以特色小镇、楼宇商圈、志愿驿站为主要形式的升级版改革试点。以“团情大调研”为契机，深入推进“智慧团建”录入工作，确保做到永嘉团情底数清、情况明。智慧团建系统已经录入团员17276人，团干1802人。先后上报两批“双百双提升”点，其中三江街道、大若岩镇、楠江中学等第一批已基本完成建设，等待省里验收，桥头镇、罗浮中学等第二批正加紧建设中。青年之家云平台新入驻2家，2018年发布活动56场，1446人签到参加。加强基层团属阵地建设为目标，制定下发《全县基层团建工作重点任务清单》，确定每月5日为支部学习日、15日为支部活动日、25日为支部团干部调研日，在组织建设、队伍建设、工作开展方面明确要求，通过互查互比强化督查，进一步激发基层组织活力。强化团干队伍建设，建立团县委机关干部“4+1”工作机制，走访团组织45个，帮助青年解决实际问题50个，发掘排摸优秀青年28名，成功推荐亚龙集团吕洋当选全国十八大团代会团代表。强化团员队伍建设，严把团员发展关，制定年度团员发展计划，保证入团质量、控制增量，实现初中毕业班团青比5.06%，高中毕业班团青比68.27%。结合“不忘初心跟党走”主题活动，深入落实“两课一会”制度，提升团员使命感、责任感。

（包克瓯）

永嘉县妇女联合会

概况 2018年，永嘉县妇女联合会（以下简称永嘉县妇联）紧密结合永嘉县发展大局，团结带领广大妇女群众攻坚克难，在新时代永嘉建设历程中奏响一曲曲巾帼赞歌。组建17支巾帼文明志愿服务队，创建9000户美丽庭院，美丽庭院工作获得县委领导书面批示肯定。组织“三八”环城迷你马拉松活动，被央视新闻联播报道点赞。

服务中心工作 2018年，永嘉县妇联把“服务大局”作为重要工作，在各项中心工作中贡献突出。在17个相关的村（社区）组建17支巾帼文明志愿服务队，开展文明志愿宣传活动。志愿者们走街串巷开展入户宣传，在各大路口、公园边持续设摊宣传，发放宣传册、纪念品1.2万套。组织“三八”环城迷你马拉松、低碳文明绕城骑、亲子百米绘画等趣味低碳活动，寓教于乐；以家庭建设为切入点创建美丽庭院，召开美丽庭院创建“百日攻坚”推进会，制定下发2018美丽庭院创建方案，连续2个月派出督导专员蹲点创建一线，全员走访4次，密切督促美丽庭院创建进度。8月底全面完成乡村振兴示范带内美丽庭院创建任务，全县共创建9000户，该项目得到县委主要领导批示和肯定；开展助力红色星期天活动，组织巾帼志愿者积极参与到乡村振兴、小城镇综合治理、平安宣传、暖心服务等系列公益活动中，共开展各类活动400余场，参与人数达2000人次，妇女群众社会管理参与度明显提高；以改革开放40周年为契机，开展寻访“她”力量活动，共寻访、征集88名杰出永籍女性。发动妇女代表、优秀妇联干部在妇女群众中开展大宣讲活动，宣传党的先进理论、全国妇女十二大及省十四次妇代会精神，共开展宣教活动86场次，服务妇女群众4000余人。

基层组织 2018年，永嘉县妇联通过优化组织架构和运营模式，不断提升基层妇联组织战斗力，组织工作得到全国妇联领导充分肯定。落实“党日共学”制度，村级妇联列席参加村支部党日活动，切实提升基层妇联组织政治理论水平，以妇女干部培训班为抓手，进一步提升妇联干部政治素养和服务水平；推进云上妇联建设，出台“云上妇联”运行制度，逐步形成妇女工作线上线下有机融合、相互促进的良好工作局面，开展“争做巾帼好网民”系列网络征文活动，呼吁广大妇女群众文明上网；提升两新组织建设，完善基层妇联组织规范化建设方案，确定育才集团、长城拉链、教玩具协会、德盛嘉园、伯特利、科福龙为“两新”组织规范化建设试点单位。建立婚姻家庭志愿者队伍，成立创客妇联、4个非公有制企业妇联，提升红蜻蜓、置诚广场等妇女之家的功能。

家庭建设 2018年，永嘉县妇联积极培育和践行社会主义核心价值观，动员广大妇女在建设好家庭、传播好家教、弘扬好家风中发挥独特作用。办好“双节”活动，举办“三八”妇女节庆典，表彰2017年最美家庭、巾帼文明岗等112个先进集体和个人，宣传典型力量。以“六一”儿童节为契机，举办家庭文化节，通过系列亲子活动汇聚浓浓的“家味儿”。邀请知名家庭教育专家到各乡镇开展家庭教育专题讲座，进一步营造良好的未成年人成长环境；立足家风主战场，深入推进“最美家庭”“家风家训”征寻活动，寻访各类最美家庭100户，征集好家风好家训60条，不断推动社会主义核心价值观构建；通过“五个一”活动（聆听一场廉政党课、参观一次廉政教育基地、寻找一批‘最美家庭’、赠送一本廉政书籍、推送一期廉政夜读），引导广大妇女干部树立廉政思维，廉政之风吹进千家万户。

素质提升 2018年，永嘉县妇联以女性综合素质提升为抓手，引导妇女在创业创新中建功立业。3月，县妇联举办第三届“金牌月嫂”母婴护理技能大赛，评出“金牌月嫂”；组织“楠溪月嫂”公益培训班8期，培训人员700人，考试通过率96%；以“楠溪缘”创业品牌为引导，利用楠溪自然资源禀赋优势，带领广大妇女自食其力，妇字号精品民宿发展至100余家，床位1700多个，带动永嘉城乡妇女就业7000人，营业收入保守估计2000万元；制定美丽课堂全年计划，定期开展瑜伽、插花、朗诵、彩妆、摄影等主题活动，面向全社会征集课堂学员，无偿提供教学服务，共举办各类美丽课堂系列课程18期，瑜伽班25期，培训学员540人。

维权服务 2018年，永嘉县妇联切实履行基本职能，改进工作方法、创新服务方式，为全县妇儿保驾护航。开展“情暖六月”慰问活动，走访全县各个镇街13所小学、幼儿园，送出有益书籍4000册，发放慰问金6万元；开展“百名贫困母亲救助”活动，逐一走访慰问永嘉县贫困母亲100名，发放慰问金10万元；开展“七五”普法周活动，召开“幸福婚姻 与法同行”普法讲座7场，并在各个节点开展平安禁毒宣传，共发放禁毒手册4000余份，提高群众禁毒、防毒、拒毒意识；开办家事调解培训班，召开家事调解员会培训会3场、婚姻家庭调解员培训1场、成立婚姻家庭志愿服务队1支，进一步促进婚姻家庭幸福稳定；做好妇女儿童维权接待工作，综合运用法律、行政等手段，努力化解矛盾，维护社会稳定。权益部2018年接待来信来访18 件次，处理结案18件次，结案率100%。

（施永坤）

永嘉县科学技术协会

院士工作站建设 2018年，永嘉县新建两家院士工作站，中国工程院院士、湖南大学电气与信息工程学院副院长罗安院士在温州智龙智能科技有限公司设立院士工作站，中国工程院院士薛禹胜与温州显扬信息技术有限公司建立院士工作站，总数达到5家。亚龙院士工作站智能制造项目被列入中国科协创新先锋行动项目，智能制造人才院产教培养战略咨询项目被认定为省科协院士行业科技战略咨询项目，获得20万元资助。6月初，全市院士工作站会议在永嘉红蜻蜓集团举办，温州市人民政府副市长殷志军到会并讲话。

创新工程 7月初，中国工程院薛禹胜、杨华勇、罗安三位院士和俄罗斯瓦吉姆院士汇聚永嘉，参加在永嘉举办的2018电气数字化技术国际论坛暨电气数字化设计技术国家地方联合工程实验室第二届学术委员会会议，共话电气数字化技术，共商“世界能源结构格局下电气数字化技术面临的调整和机遇”。11月5日，鞋革产业创新发展高峰论坛在永嘉举办，中国工程院院士石碧、俞建勇两位院士和中国皮革协会理事长李玉中、韩国设计企业协会会长金成泉等多位行业顶尖专家及制鞋行业企业家等300余人应邀出席论坛。

人才培训 2018年，永嘉县科学技术协会共培训农函大一年制学员1691名，班级37个。5月，邀请浙江农林大学教授蔡建国和亚作所副所长陈秋夏开展楠溪江彩叶健康林营建技术培训；9月在杭州省农科院举办“永嘉县科协高级农民技术人员素质提升培训班”；10

月，全市第84期农民技术人员培训（油菜专业）在永嘉举办。结合乡村振兴战略，提炼农函大典型经验，《创新服务体系，助力乡村振兴》于6月在《新农村商报》和中国商务新闻网刊登。共评定农职称121名，其中被省市评为高级技师5人、技师16人。

科普服务“三农” 2018年，永嘉县科学技术协会开展科普进文化礼堂活动11场次，组织市老卫协专家、农业科技人员开展医疗义诊、科技咨询服务等活动，现场发放各类宣传手册1万余份，服务村民3000多人次，为每村赠送药品和优良种子8000元。5月和9月组织开展科普活动周、科普日活动。11月，在南城街道黄屿村举办“科技引领生活”科普文艺演出，300多名村民观看文艺演出。以“五水共治”为主题，开展环保科普宣传进社区、进村庄活动25场次，不断提升广大农村群众的环保意识。

青少年科学素质提升 2018年，永嘉县科学技术协会举办全县青少年科技创新大赛，推荐优秀科技创新项目参加全国、省市科协组织的各级科技创新大赛，永嘉县共获得省一等奖2个、三等奖2个，其中上塘峙口小学的潘亚琪《地震救援机》获得全国科技创新大赛科幻画一等奖。每月组织开展1次青少年科普公益活动，6月9日在县文化广场举办“玩转科技、点燃梦想”大型青少年科普广场活动，1000多名孩子参与活动。5月和9月邀请中科院老科学家科普报告团6位教授到永嘉，为实验小学等18所学校4000多名学生开展《地震知识》等科普报告巡讲。

（陈胜利）

永嘉县归国华侨联合会

概况 2018年，永嘉县归国华侨联合会（以下简称永嘉县侨联）全面深化改革，改革重点项目——“侨智谷”受到省、市、县领导考察肯定。县侨联上报的专报信息《永嘉发挥公安职能、保驾护航侨企创业发展》，得到浙江省政协副主席、中国侨联副主席批示“人民公安为人民、依法服务聚侨心、警侨共画同心圈”。荣获2018年度市级考核第一名，2018年度县级B类单位考核优秀单位。

群团侨联改革 4月4日，永嘉县委常委会会议审议并通过县侨联改革计划，在县委的领导下扎实有序推进。全县乡镇侨联实现全覆盖；新建197个村级侨联组织，首创全市第一家非公有制经济侨联组织（浪潮集团首届侨联委员会），镇街侨联“一镇一品”建设有序。获得永嘉县编委办核准的5个侨联专干编外人员的编制，通过社会公开招录的5位专干于4月正式签约、培训赴平台和重点侨乡上岗。

“侨智谷” 2018年，永嘉县侨联首创浙江省“侨智谷”文化经济综合体，囊括侨联帮扶企业发展中心、侨界法律顾问委员会、“侨智”讲坛和海归创客中心四个平台，整合和发挥海内外侨界人才资源，为永嘉本地企业发展和海外人才回归创业提供良好平台。县侨联帮扶企业发展中心成立7周年，聘请4名海外顾问和8名侨界专家，凝聚侨界力量精准帮扶结对10家企业，组织专家组入企调研、现场诊断、案例分析及个性指导，从4大专业问企业难、察企业情、解企业忧，累计解决企业问题60多个。“侨智”讲坛发出海外人才“聚贤令”，吸纳18位侨界“大咖”回乡讲课并登上“侨智榜”，邀请永籍海外专家回乡讲学3场。县侨联组织留学人才交流活动5场次、100余人。吸纳5家海归企业入驻孵化；全县3家海归企业项目落地永嘉，实际到位资金约15亿元。

引资引智 2018年，永嘉县侨联组织7场项目考察活动，组织约100人次华侨参加世界永嘉人中秋茶话会、世界温州人大会永嘉分会场等活动。接待侨团到永嘉考察13场次人员约200人次；接待华侨来访约500人次；组织侨界名媛会、留联会、侨联界别政协委员成员考察活动等约20次。2018年全县侨资回归项目5个，签约资金22.3亿元，到位资金11.5亿元。

乡村振兴 2018年，永嘉县侨联定期开展“侨智讲坛”活动5场，邀请原美国商务部部长助理黄建南等高层次人士回乡讲课。组织侨联界别政协委员赴乡村调研，为乡村发展建言献策。

海外文化交流 2018年，永嘉县侨联接待文化交流团队8个，100多人次。对接黄建南、克里斯卡莫雷斯特高中校长罗伯特一行，比利时侨团侨领一行，法国永嘉华侨联合总会会长陈建斌一行，欧洲青年企业家协会会长黄勤海一行等到永嘉开展“一带一路”文化交流活动。邀请侨界人士参加《国学与人生智慧》论坛，传播中国传统文化。命名楠溪书院为市级华侨国际文化交流基地；组织海内外侨界名媛开展旗袍秀活动；通过侨联天下等平台传播中华文化。协助做好"一带一路永嘉人"人物编纂工作8期，通过传统媒体、新闻网站、微信公众号等形式做好宣传工作，讲好永嘉故事。

慈善帮扶 2018年，永嘉县侨联捐赠约500多万元人民币和物资。县侨界名媛会通过侨界美丽妈妈爱心基金捐助重度残疾人士、侨界困难留守儿童；温州市叶康松慈善基金会"永嘉树人计划"结对105名学生并开展第一学年集训和每月写生等活动；全美浙江总商会带队30名国际优秀学生到永嘉开展碧莲中学支教活动；永嘉县侨联第八期侨界留守儿童快乐营开营，50位侨界留守儿童开展为期21天的夏令营。全年侨界结对、走访慰问侨界留守儿童、侨界空巢老人、贫困学生等500人次以上。

履行侨联职能 2018年，永嘉县侨联参政议政能力、依法维护侨益意识加强。侨联界别17位正式委员，23位列席人员参加政协会议，收到提案16件，发出侨界声音。引导侨界人大代表、政协委员积极参与县委、县政府中心工作，积极为永嘉发展建言献策，开展活动10次。加强与永嘉公安的合作，依法维护侨商合法权益，发挥公安职能。为侨企创业发展保驾护航。举办《浙江省华侨权益保护条例》施行新闻发布会。做好侨界依法维权工作和来信来访办理工作，全年协助解决信访案件50余件，处置率100%。

（詹苗芳）

永嘉县工商业联合会

概况 2018年，永嘉县工商业联合会（以下简称永嘉县工商联）把握"两个健康"工作主题，拓宽服务渠道，加大对企业家培育力度，加强商会规范化建设，有效推进"两个健康"发展。协同永嘉县营商环境服务监督局推进县委、县政府开展营商专员（代办员）助企服务活动，走访企业120余家，办结企业需要解决的问题158个。

基层商会建设 2018年，永嘉县工商联坚持"一会一品 改革强会"，推动基层商会建设。夯实基层商会基础，召开2018年度永嘉县商会协会秘书长培训会议和基层商会会长交流会，抓好关键少数的指导，为商会工作提供重要的组织保障。指导黄田街道商会、岩坦镇商会、巽宅镇商会、乌牛商会、县演出行业协会党支部、桥头纽扣商会做好换届选举工作，指导成立金溪镇商会，持续探索商会工作新途径。深入调研谋划，先后带领18个基层商会会长、秘书长前往苍南县龙港商会、乐清市虹桥商会和宁波市骆驼商会等浙江省、温州市优秀商会学习，积极借鉴先进地区的经验，探索基层商会的改革发展方向、具体举措。积极征求基层商会对于基层商会改革工作的意见建议，召开座谈会、专家咨询会10多次，通过走访企业、商会等方法，了解基层商会工作存在的问题和薄弱环节。确定瓯北街道、桥头镇、桥下镇、乌牛街道和岩头镇作为基层商会改革发展县级试点单位。践行社会责任，永嘉县工商联与县演出行业协会联合主办"冬日环卫工人送温暖"大型公益活动；巽宅镇商会慰问6岁白血病患儿并资助永嘉县高考状元4年，每年资助2万元；应界坑商会筹集资金128万元用于解决应界坑困难群众的日常生活以及资助寒门学子的未竟学业；金溪镇商会募集6500万元发展基金用于扶持会员企业发展、助推家乡经济建设。探索创新做法，在政治建会上，加强商会党建工作，新建党支部8个，实现党组织在基层商会全覆盖，进一步发挥党支部的政治引领作用，确保商会改革的正确方向；在服务兴会上，联合金融、银行、经信等部门，积极化解企业金融风险，2018年新化解5件案件；在改革兴会上，对政府职能承接、化解矛盾纠纷、建立会员诚信评价指标、建立考核监督体系和承接政府非行政性职能等方面进行初步探讨。

助力中心工作 2018年，永嘉县工商联坚持"围绕中心 服务大局"，助力县委中心工作。做好领导调研工作，工商联作为全省发展村级集体经济暨千企结千村现场会筹备组成员单位积极配合县委完成有关工作。陪同全国工商联法律部部长白莲湘到瓯窑小镇调研乡村振兴相关工作及省委统战部副部长、省工商联党组书记徐旭率队到巽宅镇沙埠村调研消薄工作，主动做好后勤服务保障工作。助力营商环境优化，联合相关部门出台《关于优化提升营商环境"1+12"检察助力行动的意见》《关于深入开展服务保障营商环境提升行动的实施方案》等文件，联合县委统战部召开非公有制经济人士“营商环境提升”解放思想讨论会，30余名非公有制经济代表人士参加会议，就营商环境文件进行解读并开展大讨论。协同永嘉县营商环境服务监督局推进县委、县政府开展营商专员（代办员）助企服务活动。2018年走访企业120余家，商会协会40余家，收集企业需要解决的问题175个，办结158个。贯彻千企结千村行动，积极响应省、市、县“千企结千村、助力乡村振兴”专项行动部署会议精神，抓好县经济薄弱村和企业的结对工作，共落实50余家工商联主席、副主席、执委企业，基层商会与县内经济薄弱村的结对工作。配合做好“山海协作”工作，协助落实瓯海区4家企业与永嘉县内经济薄弱村的结对工作。援助东西部协作，加快推进永嘉县与四川红原县的东西部扶贫协作工作，助力对口地区实现脱贫目标，按照县政府要求，2018年全县扶助红原县资金要达到340万元，县工商联联系10家县内企业与红原县5个村进行结对帮扶，落实50万元的帮扶资金，并筹集70万元的鞋服类物资支援红原县。

新生代企业家培养 2018年，永嘉县工商联坚持“青蓝接力 再创辉煌”，打造新生代培育工程。聚焦传承发展，递好“接力棒”，持续开展“向父辈学习”主题系列活动，邀请超达阀门集团股份有限公司董事长王汉洲、浙江亚龙教育装备股份有限公司董事长陈继权、迦南科技集团董事长方亨志等老一辈企业家通过座谈会、面对面访谈等形式为年轻企业家们传授经营经验和如何保持基业长青的方法，帮助年轻一代企业家传承长辈企业家精神、传承财富、传承梦想。聚焦学习成长，做好“接班人”。创新开展5次新生代学习主题沙龙活动，针对会员企业特点与现状，每次确定不同的主题，最大程度扩大会员的受众面，每期邀请管理咨询专家、大学学者等人士为会员们释疑解惑，指导会员企业转型发展。此外，推荐20余名学员参加浙江省、温州市委统战部、工商联等上级单位组织的培训课程，以课程的形式加大培育力度。积极向省、市及其他地区新生代企业家学习、交流，取长补短，提升联谊会成员整体素质。聚焦责任担当，传递“正能量”，先后慰问3名百岁老人和6名困难党员，在慰问中弘扬新时代永商义利并举、扶贫帮困的传统美德，践行好社会主义核心价值观。联合永嘉县利民医院医护人员前往岩坦镇岩龙村开展“送医下乡，健康扶贫”活动，帮助解决该村落后的医疗问题。

（朱安鹊）

永嘉县文学艺术联合会

概况 2018年，永嘉县文学艺术联合会（以下简称永嘉县文联）团结带领广大文艺会员，扎实有序地推进各项重点工作，新闻宣传、以文促旅、惠民服务、群团改革和党的建设等各方面都取得明显进展和成效，为永嘉经济和社会事业发展，创新和优化文化发展环境等方面发挥积极作用。

墨香永嘉书画名家邀请展 3月10日，由永嘉县委、县政府主办，县委宣传部、县文联、县文广新局承办的“墨香永嘉”书画名家作品邀请展在温州文化馆举行开幕仪式。展览共展示包括林曦明、陈忠康、戴家妙、陈中浙等全国知名书画家在内的80多位永嘉籍书画名家的110幅精彩作品，展现永嘉山水之殊胜，人文之丰茂，传承和弘扬优秀传统文化，增强文化自信。本次活动积极响应温州市委打造“书香社会　墨香城市”的号召，进一步展示永嘉文化，加快文化强县建设步伐。

楠溪江游记大赛 2018年，永嘉县以文促旅、文旅融合，扎实推进“旅游+文艺”行动。县文联联合中国游记名家联盟、温州市作家协会、楠溪江风景旅游委员会、浙报集团《江南游报》社、县作协联合举办“楠溪江是很美的”全国有奖征文活动。邀请中国游记名家联盟和温州部分作协会员，在楠溪江开展为期3天的采风创作，创作成果在江南游、悦生活微信、浙江新闻APP、浙江在线等浙报集团和旅游全媒体上刊登系列专版。助推楠溪江旅游品牌，解读楠溪江山水之美，展示楠溪江古韵文化的真实内涵和独特风韵，促进永嘉地域文化进一步繁荣。

“墨香永嘉 节水护水”书法艺术展赛 2018年，永嘉县文联与永嘉县水利局联合主办“墨香永嘉 节水护水”书法艺术展赛活动，作品题材紧扣县委、县政府中心工作，参与人数众多，宣传和教育意义重大，拓宽文艺展示空间，让文艺资源更好地服务社会经济发展。

文艺交流 2018年，永嘉县文联承办全国散文诗人采风笔会，来自全国各地的散文诗人齐聚永嘉，诗吟楠溪山水，共襄文学盛举；与县委统战部联合举办“当巴黎遇上温州”中法艺术家交流活动，20余位中法艺术家在永嘉楠溪书院举行以“‘一带一路’与人类艺术共同体”为主题的交流活动，就人类艺术的共通点、中法艺术的异同性等方面开展对话与交流，碰撞出许多思想火花；邀请省美协“沿着改革之路”艺术采风团到永嘉桥头开展采风等交流创作活动，搭建永嘉文艺界与外界的交流平台，扩宽永嘉文艺家视野，为永嘉文艺持续发展注入新动力。

文艺刊物 2018年，永嘉县文联继续编辑出版《楠溪江》半年刊，出版《楠溪江文丛（第四辑）》《墨香永嘉书画名家邀请展作品集》《醉美楠溪. 美术家走进永嘉写生作品集》与《再识楠溪江文学作品集》，宣传永嘉文化，提高楠溪江知名度和美誉度。

文艺宣传 2018年，永嘉县文联通过创办微信公众号，拓宽永嘉文艺宣传新途径。3月正式上线微信公众号“永嘉文艺”，发布消息近40条，关注人数500余人，单篇最高阅读量过万。通过公众号打造永嘉文学艺术繁荣发展的新阵地，让其成为宣传文联工作，展示永嘉文艺成果新的重要窗口。

文艺惠民 2018年，永嘉县文联系统因势利导，举办书法、朗诵、摄影等方面的公益培训班，对永嘉文艺爱好者进行正确的指导和引导，效果良好；积极组织县书法家协会、老干部书画协会等，于春节前开展送春联下乡活动，满足百姓对年节的精神需求；持续开展送戏下乡系列活动，在岩头、沙头、上塘等乡镇的村文化礼堂等场所开展多场文艺演出，得到群众欢迎和好评。

文艺创作 2018年，永嘉文联系统各专业协会坚持正确的文艺创作方向，紧紧围绕精品战略，创作优秀作品，展现永嘉文艺实力。例如，永嘉县作家协会，出版《楠溪江文丛（第四辑）》；《浙江杂文》刊出永嘉作家作品专辑，其中金永熙等作者获得全国性奖项，书法家协会会员金友桐入展中书协举办的全国第二届大字书法作品展，陈炀、厉建林、周益华等25人入展省级展览，其他协会作品也获得各类奖项百余项。温州市少儿文艺大奖赛中永嘉选手获小金鹿奖30人，小银鹿奖64人、小铜鹿奖90人，分别比上年增加11人、22人和8人，获奖人数大幅增长。

群团党建 2018年，永嘉县文联不断推进群团党建各项工作，积极开展党员志愿工作。县文联每月都与社科联、侨联、工商联等单位联合开展送法律、送文艺、送讲座等形式的机关党员志愿者服务活动，受到广大群众欢迎；在永嘉文化中心广场举办“冬日环卫工人送温暖”活动；组织下属协会各支部书记进行“不忘初心 继续前进”党员教育活动，由文联党组书记亲自主持为期两周的主题教育培训，安排各支部书记到慈溪革命烈士纪念馆、嘉兴南湖等红色教育基地进行重温入党誓词、重习革命历程的主题教育。

（金谢剑）

永嘉县红十字会

概况 2018年，永嘉县红十字会大力弘扬“人道、博爱、奉献”的红十字精神，深入贯彻《中华人民共和国红十字会法》，加强红十字会组织建设，积极开展救灾备灾工作，较好履行红十字会各项工作职责。

宣传传播 2018年，永嘉县红十字会积极做好节日宣传、志愿服务、典型宣传报道等宣传工作。春节期间，县红十字会特邀请县委副书记、副县长走访慰问永嘉县器官捐献者家属以及造血干细胞捐献者，助力红十字宣传。利用“5·8”世界红十字日、“5·12”防震减灾、“6·14”国际献血日等重大节日积极宣传红十字运动知识，发放宣传资料3000多份。2018年，县红十字会主动联合县相关单位开展第九届重走红军路暨世界红十字日宣传活动，积极组织安排应急救护培训师及救援队人员为永嘉县各项活动做好后勤保障，借力县级平台进一步宣传红十字文化精神。桥头镇红十字志愿服务中心结合中国传统节日，开展二月二芥菜饭、端午节送粽、中秋献月饼，扶残助残日等活动。红十字海鹰救援服务中心开展春节节前慰问、下乡送温暖等志愿服务活动。做大典型宣传报道，温州公务员伍斌斌推迟二胎为一位女孩送去“生命火种”的事迹被《温州日报》、今日永嘉等媒体报道，弘扬红十字“人道、博爱、奉献”的精神。

人道救助 2018年，永嘉县红十字会广泛开展人道救助工作，累计收到捐赠款物19.06万元。积极开展慰问救助活动，累计救助对象184人。先后发放范西尼助学金、“红十字博爱送万家”慰问金、大病救助金等各类救助金36万余元。积极协助7名白血病和先天性心脏病患儿成功申请中国红十字小天使基金资助金21万余元，帮助困难家庭缓解困难。

应急救援 2018年，永嘉县红十字批复成立永嘉县红十字飞龙应急救援中心，进一步完善永嘉县红十字应急救援体系。原有应急救援力量持续发力，海鹰、山地等两支救援力量共开展参与应急救援活动20次，成功救援近25人，挽回经济损失30余万元。红十字海鹰救援服务中心应邀参加2018年浙江省军地联合抢险救灾演练和2018年浙江省红十字应急救援演练，表现出色。

救护培训 2018年，永嘉县红十字在紧抓重点行业、人群培训工作的同时，努力扩大培训受众范围，开展进文化礼堂救护技能下乡进户活动16余场。全年累计完成普及培训22686人，其中救护员4049人。应急救护技能运用突显成效，曾接受过红十字会急救技能培训的泰石村巡逻员潘秀飞、岭下村网格员王贤强运用心肺复苏技能成功挽救溺水者生命。

关爱生命 根据《永嘉县红十字事业“十三五”发展规划》每年造干入库不少于100例的要求，永嘉县2018年完成造血干细胞采样130例，接受初筛流程单42例。成功实现造血干细胞捐献2例，器官捐献1例。

（章燕芬）

永嘉县台属台胞联谊会

概况 2018年，永嘉县台属台胞联谊会（以下简称永嘉县台联）认真贯彻落实对台工作方针政策，紧紧围绕县委、县政府工作部署，服务大局，开拓进取，加强联谊联络、积极开展对台基层交流、对台招商引资工作，推进涉台宣传教育，取得一定成绩。

招商引资 2018年，永嘉县台联围绕浙台合作周开展对台招商引资工作。9月12日至15日，2018浙江·台湾合作周第五届海峡两岸（温州）民营经济创新发展论坛在温州举行。利用此次盛会，永嘉县积极参与两岸青年创享论坛和展开对台招商和经贸合作活动，推荐乌牛街道西岙灰库山水康养小镇项目和南城街道新民村诗花田园小镇参与招商。活动中，达成四个项目合作意向，其中芯片测试项目和清场农项目在浙台合作周活动启动仪式上参与签约。永嘉县台联组团赴台开展招商交流，9月7日至13日，董庆标副县长带领经贸考察团赴台湾招商交流，先后考察台湾绿阳光电集团、台湾泛讯公司、台湾薰衣草·森林集团有限公司等企业，展开第三代半导体碳化硅、硅晶圆片制造、晶圆检测和民宿合作等项目对接工作，宣传和推介永嘉，邀请台商来永嘉投资考察，有力推动永台两地产业对接合作共享。永嘉县台联牵线搭桥组织民营企业开展对台招商，积极发挥永嘉民营经营优势，引荐民营企业与台胞台商台企展开对接交流合作。组织开展杜白环保产业招商推介会，推荐原野农业集团参与上海台商来温投资对接会。2018年，共组织开展对台招商推介活动4次，新签约台资项目4个，新批落地台资项目2个，赴台商集聚区招商2次，到位涉台资金利用193万美元。

涉台项目建设 2018年，永嘉县台联有序推进涉台项目建设，其中云岭清境农场涉台项目是由台商个人和永嘉县静心谷生态农业发展有限公司联合投资，项目主要建设一个以现代农业、休闲旅游、田园社区为一体的田园综合体；涉台农业科技项目主要是由2017年在永嘉枫林注册落地的温州真的好农业科技公司投资，2018年，公司正在衔接县直相关部门，争取政策支持，力争获得财政资金补贴。下一步，永嘉县台联将引导项目增加投资扩大再生产。芯片测试项目由台湾利懋投资有限公司和永嘉跑酷智能科技有限公司联合投资，公司注册资本600万美元，双方各占股份50%，主要从事芯片底层设计、晶圆检测和半导体模组生产等业务。现项目已完成工商登记和项目报备，其他涉外手续正在办理中。下一步，永嘉县台联将协调部门继续服务企业，督促企业做好实际台资利用。

台青实习岗位 2018年，永嘉县台联积极联系落实台湾青年到永嘉实习岗位安排，协调原野农业集团和浙江亚龙教育装备集团安排5个岗位供台青到永嘉学习交流锻炼。下一步，永嘉县台联将衔接奥康集团、浙江亚龙教育装备研究院、伯特利阀门集团有限公司等，加大力度拓宽台湾青年学生到永嘉实习锻炼交流渠道。

交流团组接待 永嘉县台联精心细致地做好台湾到永嘉交流团组的服务接待。2018年，共有17个团组计约311人到永嘉参观交流考察，特别是台湾青年学生到永嘉交流人员明显增多。较大团组有台湾青创投资联盟、台湾少数民族代表团、台籍博研考察团、台湾南投县小学生参访团、两岸青年创客工作坊团、筑梦温州台湾青年创业团队等。成功举办2018年两岸青少年国学夏令营交流活动。邀请台湾社区营造专家团组到永嘉开展乡村振兴座谈交流。

送服务解难题 2018年，永嘉县台联积极为涉台企业送服务解难题，倾听台胞台企诉求，深入开展“营商环境提升年”行动，为台青台商到永嘉学习工作、投资创业提供条件。

台湾居民身份证申领 2018年，永嘉县台联积极动员做好台胞申领台湾居民居住证工作，动员宣导在辖区内定居的台胞，按照尊重本人意愿原则，积极申领台湾居民居住证，做到应领尽领。

涉台宣教 2018年年初和年中，在全县统战干部培训班上，永嘉县台联积极推进各乡镇（街道）开展对台宣传教育工作。做好“海峡两岸民营经济示范区”微信号推广工作。深化LED显示屏为载体的示范区宣传工作，持续滚动播放30多条对台宣传标语。以举办春节、中秋茶话会为契机，宣扬党委政府对台工作方针政策，走访慰问重点台胞台属及台资企业，了解他们的生活、生产状况，送去党和政府的温暖。举办报告会专题宣传教育，组织指导举办台海形势报告会以及“惠台31条”宣传各1场，听众400多人次。加强入台宣传教育引导，紧紧抓住台胞到永嘉交流、经贸考察、观光旅游等时机，积极向他们推介永嘉的风土人情、历史风貌、经济发展环境以及永嘉的资源优势；发放宣传折页、招商项目资料、光盘等500余份，全方位、多角度地展示和推介永嘉，增进台商台胞对永嘉的认知。围绕“台元素”宣传，积极向台湾媒体杂志投稿宣传，全年共有2篇稿件在台北市温州同乡会温州会刊杂志上发表。

（叶晓铟）

永嘉县社会科学界联合会

概况 2018年，永嘉县社会科学界联合会（永嘉县社科联）通过建阵地、搭平台、树品牌，积极构建社科普及大格局，增强社科普及内力、活力、张力，有效推动永嘉社科普及工作的繁荣和发展。

课题研究管理 2018年，永嘉县社科联第一时间推出“课题指南”，明确课题研究要密切围绕县委、县政府工作大局，要紧扣永嘉实际，突出区域特色。课题立项申报量持续增加，共立项课题113项。针对项目预算连年下调的实际，社科联创新办法，注重过程管理和指导，重完成轻奖励，全年分两次对立项课题进行结题鉴定，结题课题107项；同时，县社科联积极参与省社科联“四个强省实践的基层典型案例”专题课题的申报和调研工作。徐建强主席牵头申报的《楠溪江流域耕读文化的保护和利用》获省社科联立项；叶圣义副主席负责的《创新社会组织党建工作模式研究》通过省社科联审核结题。

社科理论宣传 2018年，永嘉县社科联创新性地开展“学习十九大，聚力‘一二五’”笔谈活动，连天线接地气，将中央精神和永嘉实际高度融合。活动中克服理论写手少、笔谈奖金低、参与面不广的困难，在发布文件的同时，积极通过媒体、电话等方式动员全县优秀评论员和社科人才库成员撰写笔谈文章。截至征集日期，收到笔谈文章40余篇。评出一等奖2篇，二等奖4篇，三等奖6篇，优秀奖6篇。获奖作品在《今日永嘉》“永嘉社科”栏目上陆续刊发。同时，继续与温州报业集团旗下的《温州人》杂志合作，出刊《永嘉社会科学》刊物2期，刊出较高质量文章39篇。借用《温州人》杂志的刊号，提高刊物发行面，提升刊物权威性，提振投稿积极性。

人文大讲堂 2018年，永嘉县社科联采取“联手办好大讲堂”和“大讲堂与小讲堂相结合”的形式来满足广大干部群众多层次、多样化的精神文化需求。全年举办“乡村振兴战略”“昆曲艺术的传承和发展”等4场较大规模的主题讲座。同时将人文大讲堂重心“搬”到社区、“搬”到文化礼堂，打响

"人文大讲堂，乡村巡回讲"牌子，组织下属社团举办小讲堂每月平均不少于2场。

社科普及周 2018年，按照省、市宣传部、社科联的统一部署，永嘉县社科联连续6年与县委宣传部联合发文组织相关单位开展为时2个月的主题社科普及周活动，每次活动均突出永嘉县特色，注重体验性与互动性，参加单位均在50家以上。2018年将红蜻蜓鞋文化巡演嫁接到科普周的开幕式上，现场气氛热烈、古风扑面。活动中，县社科联还组织"人文社科志愿者服务队"、社科团体和有关单位，深入社区、农村文化礼堂、学校开展讲座、咨询服务和送书下乡等活动；组织以永嘉历史文化、人文社科等为主题的社科图片全县巡回展出等活动。活动中将知识性、实用性、趣味性相结合，增强公众参与热情，达到有效传播人文社科知识的目的。

社科下基层 2018年，永嘉县社科联积极配合全县农村文化体育建设提升年、深化年活动，制定服务活动项目菜单，采取"你点题，我开讲"形式，组织社科专家进农村文化礼堂开展移风易俗、礼仪文化、生态文明、"五水共治"、社保法律等社科知识宣讲以及志愿服务活动300多场，受众一万人以上，有力助推乡风文明建设，为乡村振兴贡献社科普及效用。

"永嘉故事"演讲大赛 2018年正值改革开放40周年，永嘉县社科联联合宣传部组织开展"永嘉故事"演讲大赛，本次大赛分故事征集、故事演讲、编辑出版和综合利用四个阶段，时间跨度6个月。本次活动共收到原创"永嘉故事"35个，28名选手参加现场演讲比赛，评出一等奖1名、二等奖2名、三等奖5名。推荐上报的"永嘉故事"作品，5篇入选《温州市乡愁故事演讲作品选集》，5篇入选《"温州故事"演讲大赛作品选集》。

社团品牌培育 2018年，永嘉县社科联推出社科联干部联系重点学会制度，蹲点打造博文学会"博文沙龙"、溪山人文志愿者队伍"爱我溪山"和礼仪文化研究会"永嘉礼仪"等富有县域特色的品牌项目。指导县博文学会坚持每月举办"博文沙龙"和每年的"世界读书日"主题活动，打造一个属于永嘉人民的读书文化圈；引导县溪山人文社科志愿者服务队到基层开展移风易俗宣讲、进校园经典诵读等活动和参与全市县大型活动的志愿工作，引起较好的社会反响；组织县礼仪文化研究会每年面向机关干部开展定期培训，全年共开展"永嘉礼仪"12期，好评如潮。

社科基地创建 2018年，永嘉县社科联在全县社科基地组织开展"互学互比"、分档定级等创先争优活动，培育精品社科基地。通过合力创建，2018年永嘉书院被命名为省级示范基地，芙蓉古村获得省级优秀基地，水云村文化礼堂被命名为市级示范基地，省、市级社科基地数居全市之首。积极指导基地广泛开展特色活动，充分发挥省市级基地的示范辐射功能。帮助永嘉书院打造"永嘉学馆"，在永嘉学馆国学讲堂开展以永嘉学派为重要内容的国学课教育，在水上大舞台开展传统成长礼活动，深受教育机构和社会各界欢迎，受到省委书记车俊点赞；帮助红蜻蜓鞋文化博物馆拓展渠道，将科普活动拓展到社区、学校、公共广场中，开展"5·18"世界博物日、科普进社区、暑期进留守儿童校园等活动，参与人数5000余人，得到媒体及群众广泛好评。

（陈　群）

永嘉县关心下一代工作委员会

概况 2018年，永嘉县各级关工委和广大五老以习近平总书记对关心下一代工作的系列重要指示和论述为指引，以培养符合新时代要求的社会主义建设者和接班人为工作目标，强化青少年思想政治和思想道德教育，各项工作取得新发展。

组织建设 2018年，永嘉县关心下一代工作委员会（以下简称永嘉县关工委）持续深化组织建设、班子建设、队伍建设，进一步深化组织网络建设，夯实"横向到边，纵向到底"的组织网络。县直属部门、功能区、乡镇（街道）因人事变动的，及时调整关工委班子。进一步配齐配强关工委班子，各级关工委班子达到"321"［县级班子30人，镇（街道）20人，部门、村、学校、医院、企业10人］配备要求。全县已建立关工委组织1268家、各级志愿队938支，"五老"志愿队员12636人。

"五好"关工委创建 2018年，永嘉县关工委认真贯彻上级部署要求，按照年度工作计划，进一步加强组织领导，持续深化“五好”关工委创建工作。一年来，县关工委深入宣传，发动“五好”争先创优活动，进一步规范细化“五好”标准，落实目标责任，分解创建任务，严把创建复评质量关，经过各级关工委的争优创先活动，创建验收第六批县级“五好”基层关工委85家，全县已有625家“五好”基层关工委，占全县关工委组织数的49.3%，补齐基层短板，激发基层活力，夯实基层基础。

主题教育 2018年，永嘉县各级关工委以“五老”为主体，通过宣讲报告、参观学习、综合实践等形式，广泛开展主题教育活动，积极引导青少年当好“红船精神”的忠实守护者、坚定传承者和自觉践行者。5月，县关工委联合县委宣传部、县教育局，在上塘城北小学举行“弘扬红船精神、争当时代新人”主题教育启动仪式，对全县百场报告会活动进行精心部署。2018年，全县共有“五老”3070人次参与主题教育活动，作“红船精神—初心与使命”主题报告188场，受教育青少年11.3万多人次。各级关工委联合相关部门，搭建载体，主题教育活动开展得有声有色。县教育局“五老”讲师团进学校宣讲130多场，发挥教育主阵地作用。桥头镇率先在6月底完成主题教育活动。瓯北街道、东城街道、三江街道、乌牛街道、黄田街道利用社区文化礼堂、假日学校宣讲红船精神。桥下镇、岩头镇、沙头镇、岩坦镇、云岭乡组织学生就近到革命旧址、革命纪念馆参观。枫林镇、大若岩镇、鹤盛镇、金溪镇、南城街道、北城街道利用家庭、学校、社区平台，开展传统节日教育。碧莲镇、巽宅镇举办“红船领航”主题演讲比赛。

关爱帮扶 2018年，永嘉县各级关工委积极发挥“五老”政治、威望、经验优势，广泛发动和组织“五老”调查摸底，掌握失学类、失管类、失亲类、失足类、失范类、失能类等六类困境青少年儿童基本情况，建立动态管理数据库，积极开展关爱帮扶活动，助力健康成长。精心组织实施树人计划，2018年叶康松慈善基金会永嘉“树人计划”项目发放资助金21万元，在永嘉中学组织“树人计划在我心中”主题培训，参加活动学生105名；组织学员参加温州文化考察活动5批次101人；学生获得综合、单项奖励176项。动态管理“六困”数据库，继续发动全县“五老”，入户调查摸底，核实“六类”困境青少年儿童情况，把脱困对象退出数据库，新增“六困”对象录入数据库，现数据库共有2463名六困对象。多渠道关爱帮扶困境青少年，县关工委利用财政预算专项资金和“五老”慈善一日，捐善款共计25万元，资助贫困青少年学生500名。县公安局、县卫健局“五老”慈善一日捐率97%以上，分别捐资1万多元和8万多元。县教育局老教师结对学生1252对，资助金12万多元。碧莲镇、巽宅镇“五老”各资助学生40多名，资助金各2万多元。鹤盛镇利用楠溪情基金会，助学奖教50多万元。瓯北街道、桥头镇、东城街道、乌牛街道等镇街于“六一”儿童节走访小学、幼儿园，为孩子们送去节日慰问金和礼物。全县“五老”结对关爱农村未成年人3700余对。各地各部门关工委利用地方基金会、各类社会资源，积极帮扶资助贫困青少年，通过牵线搭桥结对，一对多、一对一资助“六困”青少年。

品牌建设 2018年，永嘉县关工委根据上级有关要求，紧密结合县情实际，按照青少年需求，积极搭建工作载体，树立工作品牌，努力推进一地一品工作，形成百花齐放良好格局。县关工委按照《温州市少年航校三年行动计划（2017—2019）》要求，扎实推进“少年航校”提质扩量工作，为全县共9所少年航校配置航模器材。瓯北五小等4所学校被命名为2018年度温州市少年航空运动特色学校，全县市级少年航校增加到18所。积极开展女童保护工作，县女童保护公益服务联合会组织多名讲师到各中小学、幼儿园授课23场，受教育学生2500多人。积极帮教“两失”青少年，县五老护苗志愿大队牵头举办“两失”青少年集中团辅、个别咨询、上门服务、心理讲座等活动10余场。着力推进各类阵地建设，推进法治阵地建设，县关工委挂牌或共建“法在我心中”教育基地、“绿文新起点”未成年观护基地、“青少年法治文创基地”和“青少年法治教育基地”等多家法治教育基地；推进教育阵地建设，各地各部门深入挖掘教育资源，创办假日学校、“四点半学校”等阵地，解决“留守儿童”假期无人管问题。开展新居民子女免费体检活动，县卫健局系统组织70多名老医生，为全县8所新居民子女学校6000多名学生进行免费体检，建立学生健康档案。

（朱郑孝）

法 治

政法综治

概况 2018年，永嘉县政法综治工作以“平安十连创”为目标，以综治领导责任制为抓手，狠抓平安综治建设领导责任制，创新发展“枫桥经验”，打造基层社会稳定“一体两翼”工作体系，全力以赴抓好政法平安各项工作，推进综治工作中心建设，创新推出全科网格“三三机制”。圆满完成全国“两会”等重大节点维稳安保任务，成功实现平安“十连创”，平安考核排名浙江省第13位、温州市第2位。瓯北街道被温州市委政法委列为全市4个全科网格升级版试点镇街之一，总结推广“枫桥经验”六大工程等各项工作，建成一批“三治融合”善治示范村，打造三江街道瓯窑小镇、沙头镇渔田村等示范点，得到中央政法委、省市领导赞誉，基层社会治理水平不断提高，有效维护永嘉县社会和谐稳定。

维护社会政治稳定 2018年，永嘉县委政法委完善“六人研判小组”处置机制，不断细化“警情、信情、舆情”三情日报制度，完善一日一碰头、一周一研判和重大突发问题，实时即时研判机制，实现风险防控快速精准，确保在“青岛峰会”“世界温州人大会”“第五届互联网大会”“枫桥经验大会”“世界地理信息大会”“上海进博会”等重大活动期间永嘉县社会稳定。深入开展大走访大排查大化解活动，落实“五个一”和“六个包”源头化解机制，确保把不稳定因素化解在萌芽状态。深化稳评扩面提质工作，完成稳评72件（重大工程或重大决策），经稳评项目，均未发生涉稳事件。全面推进“一三五”应急处置规范化建设，22个乡镇（街道）实现全覆盖。

护航社会经济发展 2018年，永嘉县委政法委坚持政治高位，健全“5+X”会商、线索排摸移送等工作机制，加大打击力度，扫黑除恶专项斗争工作取得实效。精准服务营商环境，强化对政法各部门的执法思想协调，认真做好开展最佳营商环境法律服务专项行动，成立助企服务活动政法服务组，协调企业主管部门并积极引导企业参与案件调解，促进矛盾化解，牵头政法部门打击恶意逃废债行为，主动履行助企职责，依法维护永嘉县金融市场秩序，为市场主体营造良好发展环境。

推进常态平安创建 2018年，永嘉县委政法委深化系统化防控工程体系建设，以实施风险清单、措施清单、目标清单等三张清单为基本内容，全面落实部门“条”上责任，着重依托示范点，全面明晰并逐步推进工作点，切实深化行业系统创安。针对平安建设几大重点领域开展平安专项检查，检查项目涵盖出租屋、高层小区、大型商场、学校、教育培训机构、建筑工地、餐饮店、娱乐场所、劳动密集型企业、村（社区）等浙江省平安检查清单各个方面，发现的问题隐患要求及时整改。深入开展平安宣传，通过向全县电信固定电话用户推送平安语音彩铃1次、向60余万移动手机用户发送平安“三率”短信，向20万微信用户朋友圈推送平安宣传广告，发放小黄帽以及开展“小手拉大手”、文艺演出等活动，宣传平安建设的具体内容和知识要领，使人人皆知，入脑入心，全面提升平安建设知晓率和参与率。

完善社会治理体系 2018年，永嘉县委政法委坚持整合资源优化机制、坚持务实创新科技支撑、坚持依法办事优质服务“三大基本原则”，全面加强基层综治工作阵地建设，不断提高基层社会治理社会化、法治化、智能化、专业化。全县22个乡镇街综治工作中心全部按照标准化建设完成。紧紧围绕加强基层建设、优化基层服务、完善基层治理这条主线，创新推出全科网格建设“三三”工作机制，全力开展全科网格建设集中攻坚行动，设立全科网格专项奖励资金，全力推进全科网格建设，筑牢基层社会治理底座。全力推进“枫桥经验”提升工程建设，“三治融合”创建、社会心理服务体系建设、社会组织参与社会治理规范提升工作、“一体化办案”系统应用等工作取得实效。深入推进“雪亮工程”建设，重点公共区域视频监控覆盖率、联网率、高清率100%；重点行业领域涉及公共区域视频监控覆盖率、联网率、高清率100%。

维护公安领域安全 2018年，永嘉县委政法委深入开展燃气领域专项整治，利用二维码技术严格落实实名制登记，实行燃气钢瓶流转全过程追溯，全面落实瓶装燃气信息化监管。深入开展安全生产、消防安全领域专项整治，全县发生各类生产安全事故起数和死亡人数同比下降41.7%和45.8%。

深化法治建设 2018年，永嘉县委政法委进一步推进法治政府建设，深入实施“七五”普法规划，强化司法体制机制改革，不断改善执法司法环境。综合运用法律、政策、经济等手段，采取领导包案、协商调解、案件评查、司法救助、依法处置等方法，切实解决涉法涉诉信访群众合理合法诉求，让人民群众在每一个司法案件中感受到公平正义。

深化政法队伍建设 2018年，永嘉县委政法委坚持学习教育常态化，领导干部带头学，精心组织开展“不忘初心、牢记使命”主题教育，严格执行“三会一课”、民主生活会、组织生活会等党内生活制度，切实增强政法干部政治定力。聚焦纪律不严、为政不廉、执法不公、担当不够等四大作风问题，开展作风常态化巡查。紧扣物质文化、精神文化、行为文化三大重点，充分挖掘永嘉“千年古县”的文化底蕴，积极营造融合现代司法文明与传统乡土特色的政法文化氛围，坚持以文化培育精神、以文化塑造形象、以文化提升质效，把政法文化建设打造成永嘉政法工作的一大品牌、一面旗帜。

贯彻落实综治领导责任制 2018年，永嘉县综治办根据《永嘉县平安建设和社会治安综合治理领导责任制实施细则》，层层签订目标管理责任书，做到任务明确、人员到位、责任清晰，全面推动综治领导责任制落实落小落细。县综治委与成员单位、乡镇（街道）全部签订平安综治目标管理责任制协议书。实行“枫桥经验”六大工程进展情况周报制度，对工作推进不力或问题整改不到位的单位按照平安综治领导责任制管理办法进行追责。对瓯北街道实行挂牌整治，约谈11个乡镇（街道）主要领导和分管领导，1个单位和3名领导干部受到评优评先“一票否决”。

乡村两级综治工作中心建设 2018年，永嘉县综治办按照浙江省综治委《关于加强乡镇（街道）综治工作中心标准化建设的指导意见》和温州市综治办关于品牌综治工作中心建设的部署要求，坚持整合资源优化机制、坚持务实创新科技支撑、坚持依法办事优质服务“三大基本原则”，全面加强基层综治工作阵地建设，不断提高基层社会治理社会化、法治化、智能化、专业化水平。重点突出“三个结合”：面上标准化创建和点上品牌化建设相结合，面上，全县22个乡镇街综治工作中心全部按照标准化建设完成；同时，将综治工作中心标准化建设向村级延伸，建成一批村级综治工作中心。点上，根据温州市综治办品牌综治工作中心创建要求，重点建设瓯北、岩头、桥头等镇街综治工作中心和瓯窑小镇、渔田村、城北社区、城南社区、滨江社区等村级综治工作中心，全部实现大屏幕、多功能、实战化。综治工作中心和“心防工程”建设相结合，根据省、市总结提升推广新时代“枫桥经验”六大工程部署要求和《浙江省社会心理服务三级平台建设的指导意见》，将乡镇（街道）综治工作中心和社会心理服务站建设紧密结合起来，实行同规划设计、同推进实施、同考核验收，22个乡镇（街道）社会心理服务站全部建成。村级综治中心和善治示范村建设相结合。严格按照温州市综治办关于打造“善治示范村”行动部署要求，将村综治工作中心建设作为“善治示范村”创建的基础性工程；在党建引领下实施“善治示范村”综治工作中心提升工程，高要求建设群众接待室、矛盾纠纷调解室、视频监控室、心理咨询室等基础设施。

高铁护路、群防群治 2018

年，永嘉县综治办制定下发《关于开展“爱生命、防危行、保畅通”铁路安全宣传活动的通知》，围绕“白天防危行、夜间防破坏”要求，积极统筹整合路地各方专群安保资源，实行“人防+技防”巡防模式，形成24小时全天候防范，确保铁路运输安全畅通、铁路沿线治安稳定。重点维稳安保期间，排查出一批高铁沿线信访稳控重点人员、易肇事肇祸精神障碍患者和刑满释放人员，实行分级管控、落实定期回访，防止漏管失控。同时，将高铁护路工作站与高铁沿线村居的综治工作中心整合，提高工作效率。认真开展全县群防群治规范化建设优胜队伍考核评比活动，评选出优胜队伍64支。

全科网格建设 2018年，永嘉县综治办按照温州市委政法委关于全科网格建设意见，将全县网格优化调整为1208个；实行“网格长+网格指导员+专职网格员+X名兼职网格员”的人员配置模式，做到网格长、网格指导员和专职网格员配备率100%。针对永嘉县B类网格量大面广（933个，占全市22.61%）的基础薄弱现状，创新推出全科网格“三三机制”，制定“任务清单、问题清单、责任清单”三张清单，实行“日督查、周通报、月排名”三项制度，开展全科网格建设集中攻坚行动，取得阶段性成效。专职网格员在线率、巡查时长达标率、巡查里程达标率等指标均达98%以上；重点人员和重点场所走访服务率100%；月动态事件新增量和“平安浙江”APP爆料信息量在温州市名列前茅。涌现出一批优秀网格员和网格故事，荣获浙江省级优秀网格员3人、市级优秀网格员1人；共有142篇网格故事被县级以上报刊采用，其中，《浙江法治报》刊登9篇。瓯北街道被温州市委政法委列为全市4个全科网格升级版试点镇街之一。

“枫桥经验”总结提升工程

2018年，永嘉县综治办牵头组织开展“三治融合”、社会组织参与社会治理、“雪亮工程”、互联网+社会治理、社会心理服务体系建设、流动人口管理等“枫桥经验”总结提升推广工程。尤其是借力乡村振兴战略扎实推进乡村“法治、自治、德治”融合发展，建成一批“三治融合”善治示范村，初步构建永嘉县乡村治理体系，激发乡村“内动力”。打造三江街道瓯窑小镇、沙头镇渔田村等示范点，得到中央政法委、省市领导赞誉，陕西省榆林市、吉林省吉林市等地相继慕名前来参观学习。瓯窑小镇“三治融合”善治工作和海鹰救援队参与社会治理工作被浙江省委政法委列为全国纪念枫桥经验55周年现场会备选观摩点。

（董建群　李长生）

法治政府建设

概况 2018年，永嘉县政府在市委、市政府的正确领导下，以“最多跑一次”改革为牵引，把政府工作全面纳入法治轨道，全力推进依法行政工作，不断开创政府法治工作新局面。

队伍建设 2018年，永嘉县全面提升领导干部法治能力建设。积极落实领导干部集体学法治度，把法治培训列入中长期培训规划，以政府主要负责人履行推进法治建设第一责任人为抓手，通过举办领导干部法治专题培训班、政府领导班子会前学法，提升全县领导干部法治能力，像抓信念教育、党性教育、作风教育那样真正抓细抓实。全年县政府领导班子集体学法6次，领导干部法治专题培训班2期。强化政府法治机构履职及能力建设，全县主要执法部门均已设置法治科室，乡镇（街道）法治机构与办公室实现合署办公。各单位法治机构总体运作良好，全年未发生重大失误、造成严重并被问责的情况。全面推进依法行政工作领导小组及时部署法治政府建设年度重点工作并听取进程汇报。打造“精”且“全”法治队伍，严格执行《浙江省行政执法证件管理办法》，贯彻落实执法人员综合法律知识培训制度，鼓励执法单位人员积极申领浙江省行政执法证，打造“精”锐执法队伍。2018年全县浙江省行政执法证件持证率稳步提升，达到85.4%，较上年同期提高6.3%。进一步深化法律顾问制度，实现县、乡、村三级法律顾问“全”覆盖，为全县依法行政工作及乡、村两级日常管理事务提供有效的法律服务。充分发挥特邀行政执法监督员作用，促进行政执法公开。2018年，永嘉县政府特邀行政执法监督员参与行政执法专项监督3次，案卷评查1次，共计参与18人次，为法治队伍注入新力量，提供新思路、新视角。

法治审查 2018年，永嘉县加强行政规范性文件管理。在程序上，严格落实“统一登记、统一编号、统一印发，征求公众意见，法治审查，集体讨论”制度；内容上，确保行政决策合法、合理。2018年全县行政规范性文件立项41件，出具审查意见53份，向县人大常委会和市政府法治办分别报备行政规范性文件30件，被县人大常委会及市政府法治办零纠错。把好备案审查关，推进乡镇（街道）和部门行政规范性文件管理规范化。全年乡镇（街道）及部门行政规范性文件备案35件，“三统一”程序基本到位，其中2件存在合法性问题，已纠错到位。做好行政规范性文件专项清理工作。根据省市部署，全县积极开展涉及著名商标制度的地方政府规章和行政规范性文件、招投标和市场准入规范性文件、涉及产权保护的地方政府规章和行政规范性文件、涉及生态环境保护的地方政府规章和行政规范性文件等专项清理工作，做到应改尽改、应废尽废，共梳理不符合、不衔接、不适应的行政规范性文件14件。全面推进民主决策，以完善重大行政决策程序为中心，严格落实公众参与、专家论证、风险评估、合法性审查、集体讨论决定等法定程序。全县于8月印发《永嘉县人民政府重大行政决策程序暂行规定》，11月公布《永嘉县2018年度重大行政决策事项目录》。全年县政府集体讨论议题126件，县政府重大行政决策（不含规范性文件）10件，法定程序均履行到位。严控合同风险，做好合同审查、备案工作，充分发挥政府法治机构及法律顾问在合同审查中的参谋、助手作用，继续保持县级行政合同零纠纷。全年，县级行政机关合同立项审查38件，签订8件，重大合同0件。乡镇（街道）行政合同590件，重大合同3件，部门行政合同881件，重大合同12件，重大合同均已在县法治办进行备案。

执法监督 2018年，永嘉县认真贯彻实施《浙江省行政程序办法》。全县以职权法定为支撑点，规范行政执法主体、完善执法程序、依法细化量化自由裁量权，坚持在法治轨道上推动各项工作。有效开展专项执法监督检查，及时发现问题并进行研究指导，推动行政机关及执法人员程序意识，严明程序规范。上半年出台《永嘉县行政执法监督实施方案》《2018年永嘉县行政执法监督计划》，进一步推进《浙江省行政程序办法》落实。根据省市部署，永嘉县在综合行政执法和城乡建设两个重点领域开展专项监督检查，顺利通过省、市两级法治办检查。推动行政执法全过程记录制度的贯彻落实，保证行政执法全程留痕、可追溯。自2016年永嘉县印发《关于推进永嘉县行政执法全过程记录工作的指导意见》《永嘉县人民政府办公室关于贯彻落实浙政办发〔2016〕103号文件的通知》后，51家执法单位均建立行政执法全过程记录制度，全县配备执法记录仪1319台，2018年利用行政执法记录仪办案6611件。推进行政执法公示制度落实，永嘉县于2017年印发《永嘉县行政执法信息公示办法》，并于2018年6月至7月开展行政执法信息公示制度监督检查活动，各执法单位按照活动要求开展自查自纠并报送本单位的公示制度落实情况相关材料，同时永嘉县法治办抽查县国土、县住建、县综合执法局的行政执法公示制度落实情况，总体情况良好。全县于7月启动行政执法案卷评查工作，29家行政执法单位共提交67卷执法案卷，经评查，总体情况良好，较往年，执法程序不断规范，案卷质量稳步提升，有效提升执法水平。全县农业、林业、水利、安监、市监5个领域共计报送15卷行政执法案卷参与温州市2018年行政执法案卷评查暨万人评议执法监督类案卷抽查，案卷质量名列全市前茅。有效开展行政执法监督检查专项行动。有针对性地开展营商环境问题涉企行政执法专项整治行动，2018年第一轮巡察发现共性问题之行政执法专项行动、永嘉县综合行政执法和城乡建设领域专项监督检查活动。明确各行政执法单位必须以坚持依法履职、公开公正为原则，严格落实行政处罚裁量基准制度、行政执法全过程记录和公示制度，全面推行“双随机、一公开”制度，进一步深入贯彻落实《浙江省行政程序办法》。经过三次专项行动，大大强化全县行政执法事前、事中、事后监督，有力促进行政执法公开透明、合法规范。加强行政执法主体和执法人员管理，开展行政执法主体资格确认公告工作（第二批），新确认行政执法主体84个，进一步推进行政执法机构职能法定化。及时做好上、下半年浙江省行政执法证申领审核工作并积极开展乡、镇（街道）专业法律知识考核工作，2018年全县浙江省行政执法证审核1791人次，其中证件申请审核997人次、换证审核671人次、注销120人次。永嘉县司法局与组织部、普法办一起组织开展2016年以前非人大任命领导干部任前法律知识考试，全县71名领导干部参加任前考试，有效促进行政机关负责人执法证件申领工作。

纠纷化解 2018年，永嘉县进一步推进行政复议体制改革。通过行政复议规范行政权力运行，构建多元化矛盾纠纷化解机制，将行政争议化解在基层、化解在初发阶段、化解在系统内部，减少行政争议流向信访、流向诉讼。2018年，全县较好完成行政复议工作，行政复议申请69件，其中不予受理4件，移送信访部门受理11件，审结59件，维持33件，驳回复议申请4件，申请人撤回申请及行政调解等手段终止11件，撤销9件，行政复议案件纠错率15.25%，基本做到定纷止争，案结事了。做好行政应诉、调解工作，有效降低行政诉讼案件败诉率，全县高度重视行政诉讼案件败诉率问题，有针对性地整改工作方式，强化责任倒查，多途径多手段降低全县行政诉讼案件败诉率。2018年全县行政诉讼案件184件，败诉20件，败诉率10.87%，低于全市平均水平。落实出庭应诉制度，贯彻落实新《行政诉讼法》行政机关负责人出庭应诉有关规定，并将行政机关负责人出庭应诉工作纳入年度依法行政考核重点，进一步提高行政机关负责人出庭应诉率。2018年全县行政诉讼一审案件行政机关负责人应出庭应诉139件，实际出庭139件，出庭应诉率100%。有效开展行政调解工作。全县积极完善行政调解工作机制，建立人民调解、行政调解、司法调解的协调联动机制，推动信息互通、工作联动、矛盾联调、优势互补，形成化解争议纠纷合力，有效引导分流行政争议当事人通过诉前调解协商途径维护自己的合法权益。2018年，全县行政调解案件5938件，涉案金额7466.5万元，成功调解4601件，调解成功率77.48%，调解履行4479件，履行率97.35%。

《楠溪江保护管理条例》 对楠溪江进行立法保护不仅是对楠溪江生态环境保护的基础需要，也是永嘉乃至全温州人民的迫切要求。2016年温州市“两会”上市人大代表提出要求对楠溪江进行立法保护，市政府将市人大议案批转永嘉县落实。永嘉县高度重视，立即成立以县委、县政府重要领导为组长的调研组，委托温州大学专家课题组负责立法基础研究和立法起草工作，有序推进立法各项前期工作。《楠溪江保护管理条例》先后列入2017年温州市人大立法调研项目库，2018年温州市人大和市政府立法预备项目。2018年，在市、县两级人大、政府的共同努力和社会各界的广泛参与下，楠溪江立法工作取得突破性进展。《温州市楠溪江保护管理条例（草案）》已经永嘉县委、县政府审议通过，并于8月完成公众意见征集，列入温州市2019年立法工作计划。

（李小华）

公　安

概况 2018年，永嘉县公安机关以维稳安保为主线，以“春雷”和“夺标”系列行动为抓手，统筹推进扫黑除恶、打击通信网络诈骗犯罪、打击整治枪爆违法犯罪等11大专项行动，持续加大违法犯罪打击力度，积极强化防控体系建设，社会治安总体保持平稳，各项工作进展态势良好。截至11月20日，查处各类交通违法行为612269起，同比提高7.4%，其中查处现场违法行为96437起，同比提高50.9%；查处无证驾驶1026起，同比提高30.7%；查处饮酒后驾驶1131起，同比提高18.4%；查处不礼让斑马线41429起，同比提高927.8%；查处非机动车违法58754起，同比提高195.7%。发生交通死亡事故58起，死亡58人，在上年度同比减少33人、下降31.13%的基础上，同比减少4人，下降6.45%，未发生一次死亡2人以上的道路交通死亡事故。全年全县公安机关荣立三等功10人，嘉奖57人；荣立集体三等功2个，集体嘉奖11个。

维稳安保 2018年，永嘉县公安机关坚持把安保维稳作为压倒一切的政治任务，围绕“三个确保”“六个坚决防止”目标，固化延续G20峰会、中共十九大安保经验，构建“党政引领、公安主抓、部门协同、齐抓共管”的“大安保”格局，形成“专班主导、情报先行、指挥前移、快速反应”的安保机制，圆满完成中共十九届三中全会、各级“两会”、上合组织青岛峰会、进博会、互联网大会、联合国世界地理信息大会、“枫桥经验”纪念大会等系列重大活动和各敏感时间节点的安保任务，继中共十九大安保之后再次实现社会治安空前稳定。尤其是在10月25日省厅召开视频会议，部署系列重大活动安保维稳工作后，县公安局立即召开全县公安机关维稳安保工作会议贯彻落实上级公安机关总体要求，全面进入战时工作状态，启动战时队伍管理模式，执行战时纪律规定，县委常委、公安局局长林志佩全勤坐镇，在执行24小时值班备勤制度和重大情况请示报告等制度基础上，各派出所实行班子成员一律不得离开辖区的制度。同时，启动“一办八专班”工作机制和“7+X”情报会商研判机制，以最高标准、最硬措施、最严要求统筹推进工作落地。加大信访积案专项治理力度，通过强化监督格局、接访制度、内导程序等措施，控源、减存、提水平。

扫黑除恶 2018年“扫黑除恶”专项斗争部署开展以来，永嘉县公安局严格按照上级公安机关统一部署，结合“营商环境提升年”活动要求，紧紧围绕永嘉县情警情实际，高度重视，精心组织，迅速行动，通过强化分析研判、线索经营、专案打击等有力措施，坚决铲除黑恶势力滋生蔓延土壤，取得阶段性成效。截至11月，全县共打掉黑社会性质组织2个，恶势力犯罪集团5个，恶势力团伙25个，抓获涉黑涉恶犯罪嫌疑人223人，其中镇街临时工作人员1人、村居干部4人，缴获枪支5支，冻结涉案财产309万元，破刑事案件152起，有效保障全县46个重点工程建设不因治安问题受阻。

侵财违法犯罪 2018年，永嘉县公安局着力在“打流窜、挖团伙、破系列、重追赃”上下功夫，在“多破案、快破案、破难案、破大案”上做文章，迅速形成严打高压态势，充分发挥县反诈联席办作用，举行全县“反诈，我们一直在行动”大型公益宣传活动启动仪式，自导自演反诈宣传短片，切实强化群众防范意识，取得传统侵财刑事警情下降、打击侵财对象人数上升、通信网络诈骗控案全市最好的阶段性成效。截至11月，打击侵财对象674名，同比上升14.04%；受理通信网络诈骗案件979起，同比下降0.81%，打击新型侵财对象205名，同比上升69.42%，止损、冻结610万元，返还93.7万元。尤其是在市局刑侦支队牵头下，破获省厅督办“7·20”特大盗销团伙案，共抓获犯罪嫌疑人21人，破获入户盗窃、扒窃案件100多起，查获并扣押涉案手机500余部、手机配件上千件，涉案金额超百万元，已向公安部申报挂牌督办案件。

民生类违法犯罪 2018年，永嘉县公安局以打击整治枪爆违法犯罪、“禁毒2018两打两控”等专项行动为契机，以服务保障民生为立足点，重点围绕黄赌毒、食药环、危爆物品等突出民生类违法犯罪，集中精力、集中警力，追根溯源、循线深挖，快侦快破一批大案要案，成效明显。截至11月，在黄赌案件打处方面，采取强制措施344人，已移诉251人，3月14日，破获网络介绍卖淫案件，共采取强制措施49人，创该类案件数量之最。在涉毒案件打处方面，共抓获毒品犯罪嫌疑人175人，已移诉163人，破获3—5人贩毒团伙案件9起，破获6人以上贩毒团伙案件3起，破获省目标案件1起，查处吸毒人员667人次。在食药环案件打处方面，共采取强制措施121人，已移诉118人，破获公安部挂牌督办2起、省厅挂牌督办2起。在缉枪治爆打处方面，共破涉枪涉爆刑事案件20起，涉危行政案件39起，采取刑事强制措施51人，缴获易制爆物品4582公斤、烟花爆竹5692箱，压减民用猎枪38支，收缴各类枪支51支、管制刀具118把。6月4日，永嘉县公安局破获全市首例特大非涉税走私案件，查获禁止进口固体废物300余吨，成功摧毁该大规模走私洋垃圾犯罪团体，被《人民日报》、央视《新闻直播间》、CCTV-2、中国经济网等30余家媒体集中报道，取得良好社会反响。相关工作经验做法得到市委、市政府领导批示肯定。

出入境管理 2018年，永嘉县公安局以深化公安改革为契机，积极响应广大群众对出入境新需求，不断提升服务和管理水平，全力打造形象鲜明、环境舒适、管理有序、服务优质、监督有力、内涵丰富的出入境满意品牌。1—11月共受理因私出国（境）申请56655件次，比上年同期59289件下降4.4%，其中因私出国申请21929件次，因私港澳台申请34726件次。办理《浙江省单位申办港澳签注资格确认书》29家，制作港澳签注9905人次、14961地次，新增国家工作人员1469人次，撤销245人次，没有一起有效投诉。为加快推进“最多跑一次”改革决策部署，结合本地实际，创新推出“1+2”工作模式，微警务平台等改革举措，通过“加减乘除”效应，实现网上信息数据多跑腿，网下“两集中、两到位”一次全办结。为方便群众办事，在岩头、碧莲派出所开设2个出入境受理点，在桥头派出所放置一台港澳台签注机。群众对窗口服务满意率提升至99.7%，同比上升3.1%。实现率提升至96.3%，同比上升3.2%。网上办结率52.1%，同比上升45.8%。践行“云上公安、智能防控”第一战略部署，积极探索“互联网+移动警务服务”，将公安服务向互联网全时空拓展，实现公安办事服务效率倍增效应。升级改造“永嘉公安出入境网上办事大厅”，梳理公布公安出入境办事服务清单，办事指南和流程图，全面推广“在线咨询、网上申请、快递送达”的“零上门”办理模式，不让群众反复填表，重复提交有关资料，多次跑腿，“让数据代替群众跑腿”，力争公安出入境办事服务事项网上办理全覆盖。优化工作模式，集中办事窗口。理顺审管分离办事事项，多次对接县审管办，将出入境作为分中心窗口纳入“一窗受理、集成服务”公安服务综合窗口，实行“1+2”模式。在大厅门口设置24小时自助签注机，提高办事效率，实行电话预约、网上预约、微博预约、微信预约等“四约”服务，缩短群众等候时间，实现向科技要警力，用科技提升效率、为民服务出实效。利用多种方式深入宣传出入境法律法规。根据申请人提交的申请和联络方式，跟踪办理进度，第一时间以电话和短信方式通知申请人领取证件。

外管工作 2018年，永嘉县公安局牢牢把握维护国家安全和社会稳定总任务，始终把出入境工作基点放在有效防范和应对各类安全风险上，强化源头防范和应急处置，着力提升工作前瞻性、预见性、主动性和针对性，切实做好风险挑战。针对安保工作，每天排查国外重点人员，分别建立档案台账，逐一见人、见证、见住所，落实每天双人至少一次以上见面的管控措施。本着不放过任何一个疑点，不放过任何一处隐患，不放过任何一个漏洞的理念，全方位立体化构筑涉外安保铜墙铁壁。发挥职能优势，及时掌握涉外涉恐情报信息，切实做到预警在前，防范在先。全年共侦破刑事案件1起，刑拘4人；办理涉外行政案件42起47人次，其中，打击毗邻重点国家“三非”案件17起17人次，非毗邻重点国家25起30人次。9月15日在瓯北中亚宾馆登记时，发现4名菲律宾对象非法入境，继续强化将外国人纳入实有人口管理工作，进一步提高外国人住宿登记信息采集率、及时率和准确率，按照堵疏结合，依法管理原则，及时掌握他们在永嘉的动态，预防涉外案（事）件发生，使“三非”外国人在永嘉不能留，不敢留。

消防基础管理 2018年，永嘉县公安局针对各派出所消防监督管理重点和消防监督管理薄弱环节，结合消防安全“五大”整治行动，推动全警联动，借力发挥消防监督管理作用，落实消防监督常抓严管措施，强化火灾防控，有力护航平安永嘉。年初，按照派出所消防安全重点列管对象界定标准，重新梳理辖区消防列管单位1180家，首次明确将300多家30人以上出租房纳入派出所重点列管对象范围，同时加大对10人以上出租房的消防检查和整治力度。永嘉县公安局消防基础管理大队借力县消防局、县消安委每月开展暗访检查，发布多期督查通报，推进各派出所对存在消防隐患的群居房进行整治。积极开展消防安全大巩固大规范大提升活动、消防安全“五大”整治专项行动和冬春、春夏火灾防控工作，着力解决合用场所、出租房、电动车、高层建筑等重点领域存在的突出消防隐患，组织开展“谐和”系列集中统一行动，6月27日，县局与各派出所所长签订消防工作责任书，重点针对30人以上出租房集中人力、物力开展为期两个月的整治，有效消除大量严重消防隐患。截至11月20日，共检查单位7645家，发现整改火灾隐患4192处，下发责令整改通知书3083份，行政处罚780家，临时查封173家，治安拘留69人。各派出所在消防监督检查过程中，在村居、学校、社会团体中开展50多场消防安全宣讲，张贴电动车规范停放充电宣传标语1万多张，不定期发送消防安全温馨提示6万多条，及时开展智慧消防安全宣传并大力推广应用。

基础工作 针对派出所社区民警大幅增加和业务不熟悉等情况，2018年，永嘉县公安局持续深化自主研发的基层基础和治安防控系统平台及手机APP应用，并配备移动警务通。经过本地实践应用以及市局基础支队指导优化，该平台不断完善调试，充分发挥任务清单化、指挥扁平化、采集实时化、工作标准化、基础信息化等优势，以简单易懂的“傻瓜式”操作换取最大效益，有效破解基础工作时紧时松、管控空白等问题，切实解决社区民警“做什么，怎么做、做得怎么样”这一难题。自平台启用以来，县公安局一标三实基础信息采集工作始终排名全市前列。该平台已被温州市公安局全面应用推广，并成为2018年竞牌培优和改革创新项目。以“治安样板区”建设为抓手，大力培育具有时代特征、区域特点、警务特色的派出所警务品牌，瓯北、东瓯、岩头派出所已参与全市治安样板区建设。

行政审批 2018年，永嘉县公安局按照“增强服务意识、规范办事程序、提高办事效率、创新服务举措”要求，以开展“优化营商环境”“固本强基”“提升推广新时代枫桥经验”和全面从严治党主体责任等活动为载体，始终围绕“最多跑一次”改革这一中心工作狠抓各项工作推进，全力打造“服务型”公安综合审批窗口。截至11月25日，共办理身份证69006个、临时证14440个，审批户口14811件（其中迁移1652件，变更更正726件，5周岁以上小孩申报户口686人，补登落实户口102件，华侨回国定居103人，华侨身份认定108人，亲子鉴定材料8件，百万申请网上办11426件），出具户口查询证明1824余份；审批民爆作业项目许可14家、合同备案6件、购买证931件、运输证932件、人员许可18件，剧毒品购买许可951件，烟花爆竹运输证58件，大型群众活动许可2件，易制毒化学品购买备案10801件，印章备案查询42余件，金融机构许可36家，审批网吧1家、旅馆89家（其中民宿84家）；办理保安员证360个。在办理过程中最大限度地做到“减事项、减次数、减材料、减时间”，实现零投诉目标，收到锦旗42枚，办结率和服务对象满意率均保持较高水平。

“最多跑一次”改革 2018年，永嘉县公安局紧紧围绕党委政府和上级公安机关总体部署，扎实全面深化“最多跑一次”改革牵头工作。截至11月25日，全局通过“八个统一”梳理和“四减”举措，共有办事事项195项（包括温州市公安局委托永嘉县公安局的13项），能实现一次办事项192项，“跑一次”占98%。其中即办项目118项，占61%；预约上门服务项目17项，“零跑趟”项目72项（其中移动端实现60项），占37%；民生事项137项，能实现“一证办”82项，达59%；一网办事项147项（其中5星事项34项，四星30项，三星事项93项），占94%（除涉密涉敏事项38项不能上网办理外）。在公安综合窗口设立“服务企业发展工作台”，面向规上企业和重点招引企业及所属高管、员工办证开辟绿色通道，规范流程、明确标准、精简环节、缩短时间，优化服务方式，让企业和群众跑一次或零跑次，实行“一个窗口受理、一站式审批、一条龙服务”。延伸服务内涵和外延，在偏远乡镇开通“警邮”服务点（共13个点，已开通9个点），在岩头、碧莲派出所设置出入境受理点，真正实现群众“就近跑、跑一次”。民宿是永嘉县旅游发展重要组成部分，截至年底全县已批出民宿185家，但在现有法规政策下，民宿审批瓶颈无法突破，县公安局敢作敢为，结合永嘉县民宿特点和条件，制定《永嘉县公安局关于规范特种行业（民宿）审批许可工作的规定》，有效破解民宿审批难题。

农村警务 2018年，永嘉县公安局践行“防控优先”理念，出台派出所城乡社区警务工作规范，明确农村派出所“二队一室”“一队一室”勤务模式，落实社区民警专职化建设，规定派出所社区民警比例必须占派出所总警力30%以上，责任区社区民警必须占社区民警总警力50%以上；推行界坑、茗岙、溪下、云岭4个山区边远社区警务室实体化运作，切实推动警务工作前移；取消专职社区民警和山区派出所打击任务指标，给予派出所更多自主权，促使更多的精力投入到基础防控上来。坚持关口前移，主动融入基层治理“四个平台”建设，常态开展矛盾纠纷大排查大化解，建立以“党政牵头、公安主导、部门联动”为格局的土地矛盾纠纷综合排查化解机制，落实伤害案件“取证不过夜”举措，最大限度减少和预防纠纷警情、信访案件发生。截至11月，全县公安初信初访同比下降13.5%。

平安永嘉建设 2018年，永嘉县公安局建立健全命案防控机制，落实命案防控主体责任，严防发生“民转刑”命案和严重刑事治安案事件；全力推进“城市大脑·智慧交通”体系建设，借助华数、海康和大华等科技公司，融合“百度”数据资源，打造“情指勤”一体化、智能高效的交通管理模式，并结合“平安1号”交通管理专项行动，科学部署警力，加强路面管控，确保交通事故人员伤亡、经济损失和负面影响降至最低限度，截至11月，全县交通亡人事故58起58人，在2017年全年同比下降31.13%的基础上再降6.45%，未发生一次死亡2人以上的道路交通死亡事故；突出整治消防安全问题，以安全生产大排查大整治为重点，及时预防和消除安全隐患，确保安全生产、消防安全领域“少出事、不出大事”。同时，县公安局以“雪亮工程”建设为依托，在17个派出所推行“一所一街”视频建设，扩大视频监控覆盖面，力争实现繁华街道视频全覆盖，启动人脸抓拍系统建设，推动视频监控平台数据共享。其中，东瓯派出所积极动员村居、企业出资自建，对辖区治安复杂的5个村居小巷全部安装“视网通”监控设备，实现辖区无监控盲区、无死角，切实打造视频密封圈。全县共有监控点位4500个、社会资源6000个，民安九期已完成新建、改建监控点位750个，重点公共区域视频监控覆盖率100%、联网率100%、高清率88.62%；全县共安装“视网通”832个，利用“视网通”语音实时提醒1万余次，发现违规现象283起，处罚场所79家。

政治建警 2018年，永嘉县公安局坚持把全面从严治党工作与公安中心工作同谋划、同部署、同落实，成立由永嘉县委常委、公安局局长林志佩为组长的党风建设领导小组，明确党委班子分工，构建全覆盖主体责任体系，党委班子更加坚强有力，以“两学一做”“三严三铁”等主题教育为依托，强化全警廉政意识，开展“清廉所队”创建活动，组织2017年以来新提任的50余名干部到县廉政教育基地开展廉政教育；坚持精细、分类化管理，在全市率先推出《辅警十不准》，为121名新招录辅警人员开展岗前培训工作；创新推行民警与辅警管理责任捆绑“多对一、多对多”新模式，并对在同一单位工作满8年和存在亲属回避情况的82名辅警人员进行跨单位跨岗位交流，这一做法被省公安厅政治部编入辅警管理文件选编，在全省推广学习；组织全局2000余名民警、职工、辅警参加护航“营商环境提升年”知识过关测试活动；出台《公安网信息查询管理规定》，进一步规范信息查询，确保集中、方便、安全，扎实筑牢保密防线。坚持奖惩分明，全县荣立三等功10人，嘉奖57人；荣立集体三等功2个，集体嘉奖11个。全局民警受到行政记大过处分1人，提醒谈话12人，诫勉谈话4人，通报批评1人，辞退辅警10人，局规计分1028人次共976.5分。完善干部选拔模式，交流9批次50人，提任6批次52人。

科学管警 2018年，永嘉县公安局推行内部“最多跑一次”工作，上线运行“在线警务实战平台”，实现追逃、话单、情报等8项日常请求服务“一次也不用跑”；持续深化“三位一体”、政法“一体化”建设，推进相对集中办案、办审分离、统一出口和刑事快办机制，实现对执法办案全程可回溯式管理；创新推行执法“一日清”制度，从事前、事中做好警情、案件的调处取证把关工作。针对办案民警，出台执法积分制度，量化办案积分排名；针对129名执法勤务类干部，开展执法素质测试，设置中层干部、民警转任重要岗位和提任的执法能力门槛，1名干部因测试未达要求而被暂缓提任；出台《中层领导执法办案规范（试行）》，明确中层办案以要案、难案为先，数量不少于单位案件总数的35%。组建法治应急服务队和基层办案单位派驻法治员队伍，实施逢案必评制度；与检察院对接在局内设立“检察官办公室”，加强案件沟通。

宣传工作 2018年，永嘉县公安局拓展媒体交流新渠道，全年在各级新闻媒体刊发稿件1453篇，其中在中央电视台、《人民公安报》、人民警察网等国家级媒体刊发稿件142篇，浙江电视台、《平安时报》、《浙江日报》等省级媒体刊发稿件461篇；“六杯奶茶”和“雪中火盆”等民生类新闻刷爆朋友圈，助推搭建和谐警民关系。增强营警新活力，组织开展“七一”“不忘初心、牢记使命”系列活动、新春特辑、永嘉公安首届荣休仪式、新警入警仪式、女警“三八”快闪活动及“感恩有您，警营同行”等系列活动，其中女警三八快闪活动宣传点击量高达2亿。同时，开展全县公安机关“践行民生警务·争创满意警队”百日冲刺行动，通过特邀监督员座谈会、统战特邀人员会议、警营开放日活动，向社会各界人士汇报公安成效，展现公安队伍良好形象。

（徐东旭）

检 察

概况 2018年，永嘉县人民检察院全面履行检察职能，积极推进改革创新，着力打造过硬检察队伍，各项工作取得新进展。全年共受理审查逮捕案件730件1056人，批捕576件796人；受理审查起诉案件1152件1701人，起诉948件1497

人，其中故意杀人、强奸、绑架等严重危害人身安全刑事犯罪82件106人，“盗抢骗”和“黄赌毒”犯罪483件791人。

服务经济发展 2018年，永嘉县人民检察院开展优化提升营商环境“1+12”检察助力行动，着力营造法治化营商环境。严厉打击破坏市场经济秩序的犯罪行为，共批捕50件80人，起诉81件140人。依法严惩侵害民营企业和企业家合法权益的犯罪，共批捕13件28人，起诉14件28人。改进办案方式方法，对涉企犯罪人员慎用强制措施，依法不批捕9人，不起诉5人，其中对“8·11”专案中永嘉县涉嫌虚开增值税专用发票罪的51家企业经营者，建议公安机关采取取保候审强制措施，保障企业正常生产经营。不断延伸检察职能，深入企业走访调研，开展法治宣讲、警示教育庭、法律咨询等活动19次，发放《服务非公有制经济白皮书》1200册，努力做到企业有需求、检察有回应。

维护民生民利 2018年，永嘉县人民检察院依法严厉打击危害食品药品安全犯罪，共批捕12件20人，起诉30件44人。开展“保障千家万户舌尖上的安全”专项监督活动，针对“美团”等网络订餐平台商户经营许可证过期、部分农家乐食品原材料采购不规范以及基层医疗机构滥用抗生素等问题，向相关行政部门发出检察建议，推动开展食品药品安全专项整治。积极回应群众对网络和信息安全的关切，依法起诉网络诈骗犯罪和侵犯公民个人信息犯罪12件53人。开展“深入推进国家司法救助”专项行动，对4名刑事被害人及其家属提供司法救助，发放救助金7.5万元，彰显司法人文关怀。

推进生态检察 2018年，永嘉县人民检察院依托楠溪江巡回检察室，积极履行检察监督职能，不断强化生态环境司法保护。共起诉破坏环境资源犯罪33件55人，立案监督4件7人，监督立案的“张某某非法捕捞水产品”案被评为浙江省“两个专项立案监督”优秀案例，楠溪江巡回检察工作被评为温州市践行“枫桥经验”优秀事例。完善环境保护联动执法监督工作机制，在永嘉县环保局成立检察官办公室，联合县公安局、县农业局出台《楠溪江渔业资源保护联动执法实施意见》，进一步强化楠溪江流域生态保护合力。践行恢复性司法理念，对2起破坏环境资源犯罪提起刑事附带民事公益诉讼，引导被告人增殖放流，有效修复生态环境。

“扫黑除恶”专项斗争 2018年，永嘉县人民检察院扫黑除恶专项斗争开展以来，精心谋划、严密组织、快速行动，采取过硬措施，扎扎实实开展扫黑除恶专项斗争工作。加强与政法各部门协作，聚焦重点问题和关键环节，实施精准打击，依法起诉胡某等人对瓯北街道娱乐场所收取保护费等涉黑涉恶案件7件42人，团伙犯罪案件19件81人。

“枫桥经验”检察版 2018年，永嘉县人民检察院开展涉法涉诉信访问题专项化解行动，共受理群众来信来访233件，依法办理涉法涉诉信访案件33件，刑事申诉案件6件，国家赔偿案件1件，办理的“李某某刑事申诉案”被评为浙江省刑事申诉优秀案件。按照“枫桥经验”抓早抓小抓源头理念，建立轻微刑事案件赔偿保证金、诉前评估等制度，推动矛盾纠纷化解，对情节轻微的刑事案件不批捕252人，不起诉191人，促成刑事和解8件20人，引导36名犯罪嫌疑人参加扶老助残、禁毒宣传等社会公益服务。全面落实“谁执法谁普法”普法责任制，每月开展“农村文化礼堂巡回宣讲”活动。永嘉检察院践行“枫桥经验”的做法，作为温州市唯一事例在浙江省检察长会议上作典型发言。

未成年人检察监督 2018年，永嘉县人民检察院严厉打击侵害未成年人合法权益的犯罪，共批捕33件41人，起诉25件41人。坚持教育、感化、挽救方针，对未成年人犯罪中的初犯、偶犯或犯罪情节轻微的，不批捕10人、不起诉17人，不诉率52%。加强与公益组织协作配合，通过司法救助、心理矫治等措施，帮助23名涉案未成年人回归正常生活。积极参与“校园欺凌”“校园暴力”防治工作，落实检察长担任法治副校长制度，组织开展各类“法治进校园”活动39场，推送《未检嘉音》普法广播栏目10期，不断增强青少年法治观念和自我保护意识。

刑事诉讼监督 2018年，永嘉县人民检察院对公安机关有案不立、有罪不究、漏捕漏诉等问题，加强立案和侦查活动监督；对重大敏感案件提前介入，共同提升办案质量和效率，共提前介入案件126

件，监督立案28件37人，监督撤案5件5人，纠正漏捕漏诉23人，发出纠正违法通知书9份。认真开展刑事审判监督，出台《抗诉工作实施意见》，建立承办人逐案审查及专人审查等工作制度，对6起案件提出或提请抗诉，其中3件已改判，1件抗诉案件被评为浙江省诉讼监督优秀案例。

民事行政检察监督 2018年，永嘉县人民检察院严厉打击虚假诉讼，共发出再审检察建议或提请抗诉30件，建议法院启动再审程序，现已改判10件，涉案金额779万元，有效维护正常诉讼秩序和司法权威，金某某等人虚假诉讼系列案件被评为温州市践行“枫桥经验”优秀案例。加强行政违法检察监督， 联合县教育局出台《关于长效整治校园周边环境的协作意见》，着力整治校园周边环境污染、食品安全等隐患问题，共发出督促履职检察建议6份，经验做法被最高人民检察院发文推广。

刑事执行活动监督 2018年，永嘉县人民检察院注重维护被监管人合法权益，办理犯罪嫌疑人、被告人羁押必要性审查案件49件，提出变更强制措施建议并被采纳42人。开展“判实未执”专项监督活动，推进刑事执行活动规范有序。针对犯罪嫌疑人“吞食异物”逃避刑事处罚问题，在永嘉县开展专项检察，监督纠正公安机关对4名新疆籍犯罪嫌疑人指定居所不当、执行强制措施落实不到位问题，该案被评为温州市“刑事执行检察”精品案件。

公益诉讼 2018年，永嘉县人民检察院在县委、县政府高度重视和支持下，推动出台《永嘉县委关于支持检察机关依法开展公益诉讼工作的意见》，与县信访局、审计局等行政机关建立配合协作机制，进一步凝聚共识，形成公益保护合力。着眼群众关注的热点难点问题，加强公益诉讼办案力度，共受理线索118条，决定立案调查74件，发出诉前检察建议49件，1起案件被最高人民检察院列为全国典型案例并入选“全省检察机关十大法律监督案例”。

司法体制综合配套改革 2018年，永嘉县人民检察院深化司法责任制改革，坚持择优标准，完成第三批员额检察官遴选，招聘司法雇员12名，司法办案一线力量不断增强。严格落实入额院领导办案制度，6名入额院领导一线办案成为常态，办理的案件中48%为重大疑难复杂案件，充分发挥入额院领导办案示范引领作用。落实检察长列席法院审委会制度，联合法院出台《检察长列席审委会实施细则》，依法履行法律监督职责，促进司法公正。

刑事诉讼制度改革 2018年，永嘉县人民检察院发挥检察机关诉前主导和过滤作用，完善员额检察官分片区联系公安派出所机制，建立驻公安局检察官办公室，实现检警良性互动。构建以客观性证据为主导的刑事指控体系，对36起重大刑事案件开展讯问合法性核查，对4起案件开展自行补充侦查，进一步提升案件质量。适应庭审实质化要求，推动“四类人员”出庭规范化、常态化，共申请“四类人员”出庭63人。注重保障律师执业权利，依法听取和采纳律师辩护意见，为律师提供电子阅卷、案件流程信息等服务301次。

与监察委的衔接配合 2018年，永嘉县人民检察院与县监察委建立关于办理职务犯罪案件的工作衔接机制，明确线索移送、案件受理、退回补充调查及监察留置与刑事强制措施的衔接等问题，实现监察委调查与检察机关刑事诉讼程序无缝对接，案件提前介入率100%，共受理滥用职权、受贿等职务犯罪案件5件8人，决定逮捕3人，取保候审5人，提起公诉5件8人。

智慧检务 2018年，永嘉县人民检察院建成12309检察服务中心，整合检务公开、公益损害与诉讼违法举报等功能，为群众提供网上网下一体化服务。启用远程视频提审系统，探索对羁押在看守所的犯罪嫌疑人开展远程视频提审，进一步缩短办案周期、节约司法成本。牵头推广“政法机关一体化办案系统”，刑事案件电子卷宗、法律文书全程网上流转，实现公检法之间诉讼数据信息共享。

队伍建设 2018年，永嘉县人民检察院落实全面从严治检要求，认真学习贯彻习近平新时代中国特色社会主义思想，牢固树立“四个意识”，不折不扣落实党中央战略部署和各项要求。坚持党对检察工作的绝对领导，主动向党委报告重要案事件。抓牢意识形态工作，深入开展“两学一做”学习教育活动，教育引导全院干警“旗帜鲜明讲政治”。全面加强“四化”党支部建设，定期开展党员志愿活动，基层党组织战斗堡垒作用不断强化。加强日常廉政教育和监督管理，持续开展正风肃纪，运用好监督执纪“四种形态”，开展司法办案、检风检纪督查28次，纠正问题9类，通报批评8人。进一步强化司法办案监督，对235起案件开展案件质量评查，一些司法不规范行为和程序瑕疵问题得到有效解决。突出业务素能培养，始终坚持人才兴检，持之以恒抓队伍素能建设，打造学习型检察院。开展“永检学·习”系列活动，通过道德讲堂、周三夜学等多种形式，在全院营造浓厚学习氛围。开展“永检学·问”系列活动，创新教育培训机制，通过出庭技能提升、法务论辩专训等5类主题活动+岗位技能竞赛等5项成果检验机制，筑牢司法办案业务基础。开展“永检学·鸣”系列活动，大力鼓励和培育干警在检察文艺创作上百花齐放、百家争鸣，定期开展书法培训、文化沙龙等各类活动40余次，以文化引领干警素能提升。2018年，永嘉县人民检察院共获得省市级荣誉28项。

（章献策）

法　院

概况　2018年，永嘉县人民法院紧紧围绕“努力让人民群众在每一个司法案件中感受到公平正义”的目标，坚持司法为民、公正司法主线，忠实履行宪法法律赋予的职责，各项工作取得新进展。新收各类案件17689件，办结17443件，同比分别上升18.9%和21.8%，解决诉讼标的额54.5亿元，办案质量、效率、效果综合考核排名居全市基层法院第二位。

刑事审判　2018年，永嘉县人民法院新收刑事案件1036件，审结1034件，同比分别下降13.5%和13.6%，判处被告人1397人。其中，判处五年以上有期徒刑44人，适用缓刑、管制等非监禁刑259人。严惩危害社会治安犯罪，审结故意伤害、寻衅滋事、“两抢一盗”、贩卖毒品等犯罪案件658件890人，切实维护社会和谐安定。深入开展扫黑除恶专项斗争，审结涉黑涉恶犯罪案件4件21人，判处七年以上有期徒刑4人，向公安机关移送“保护伞”线索2条，有力打击黑恶势力的嚣张气焰。审结制售有毒有害食品药品等犯罪案件25件30人，保障人民群众“舌尖上的安全”。依法审结永嘉县首例组织、领导传销犯罪案件，及电信网络诈骗、非法吸收公众存款、集资诈骗等涉众型经济犯罪案件15件41人，维护市场经济秩序。积极配合监察体制改革，保持严惩腐败高压态势，审结贪污贿赂犯罪案件4件5人。

民商事审判　2018年，永嘉县人民法院新收民商事案件8771件，审结8648件，同比分别上升25.7%和25.5%。畅通涉民生案件绿色通道，妥善审结交通事故损赔、工伤、追索劳动报酬等案件785件，先后5次开展涉民生案件专项执行，执结案件466件，执行到位标的额1093.1万元。审结房屋买卖、租赁、建设工程等涉不动产纠纷案件381件，促进房地产市场健康发展。出台规范民间借贷行为若干意见，严格审查职业放贷、高利放贷等行为，审结民间借贷纠纷案件3122件；依法打击民间违法借贷行为，对6名不诚信诉讼的当事人罚款23万元，主动向公安机关移送虚假诉讼等犯罪线索7例，促使290件案件撤诉或按撤诉处理。发布首份家事审判白皮书，制定家事审理规程，建立健全子女抚养探望承诺等机制，化解婚姻家庭纠纷案件1222件，调撤率82.6%。会同县妇联开设“家事学堂”，聘任家事纠纷调处及志愿服务团队138人，积极推行特邀调解、心理干预及家事调查、观察、回访等制度，保护好老人、妇女、儿童的合法权益。

行政审判　2018年，永嘉县人民法院新收行政诉讼案件218件，审结171件，同比分别上升47.3%和16.3%。积极推进行政争议调解试点改革，聘任特邀行政调解员11名，全年经调解撤诉案件84件，占结案数49.4%。认真落实行政诉讼案件异地交叉管辖制度，支持当事人自主选择本地或异地法院提起诉讼。全年判决行政机关败诉案件19件，其中永嘉县行政败诉案件17件，败诉率11.2%。推动落实行政机关负责人出庭应诉制度，出庭应诉率92.6%。强化府院良性互动，会同县政府召开预防和化解行政争议等联席会议，与县纪委监察委、法治办开展行政败诉案件追责工作，并发布行政审判白皮书，发送司法建议25条，开展行政执法培训4次，有效提升依法行政的能力水平。

执行工作　2018年，永嘉县人民法院新收执行案件6859件，执结6785件，同比分别上升21.7%和31.1%，执行到位标的额7.1亿元。

推动全县30家单位会签决胜执行难纪要，进一步完善执行联动大格局。狠抓百日攻坚、清产处置、终本达标等七类专项行动，开展集中执行活动12次，全年有财产可供执行案件执结率98.6%。会同县纪委监察委、县委组织部清理涉公职人员案件305件，执行到位标的额6153.7万元。强化执行指挥中心实体化运作，充分运用“总对总”“点对点”系统，在线冻结存款4.5亿元、查封房产630处、车辆2560辆。加大执行悬赏力度，创新房产询价、公安协助查控等机制，率先开通新浪“执行天眼”，依托网络技术精准定位部分被执行人及其车辆行动轨迹，全年布控被执行人2723人次，成功控制741人次。加大失信联合惩戒力度，将4009人纳入失信黑名单，限制高消费6157人、罚款780人、拘留428人，并向公安机关移送拒执犯罪线索33件，追究刑事责任10人，2435人慑于惩戒主动履行义务。严格规范执行行为，主动开展执行案件专项检查，全年终本案件合格率99.9%。坚持每月第一个工作日开展执行集中接待活动，共接待当事人361名，当场解答问题179个。积极借助《普法面对面》及各类媒体平台，大力宣传基本解决执行难相关情况，并通过网易直播“联动击赖”等开展专项执行行动2次，吸引72万网友同步观看，努力营造理解与支持执行工作的社会氛围。

服务大局 2018年，永嘉县人民法院依法支持“大拆大整”“大建大美”等中心工作，妥善审理中后村改造、东瓯工业园区及绕城高速建设过程中的涉案纠纷，对128起申请拆迁、拆违及环保处罚案件裁定准予执行。依法惩处破坏生态环境犯罪，审结污染环境、破坏资源等犯罪案件35件61人；加强生态环境司法修复，在两起环境公益诉讼案件中责令被告人到楠溪江增殖放流香鱼苗；联合环保执法部门开展涉环保案件专项执行4次，执结案件62件，对44家企业予以停产停业处罚。深入开展服务保障营商环境提升行动，落实好服务保障意见19条，努力为企业家创新创业提供优质司法服务。发布首份涉企商事审判白皮书，选派法官走访联系企业，帮助防范法律风险。全年审结涉企案件2492件，切实维护企业合法权益，并通过动态查封等手段，有效避免对企业正常生产经营活动产生的影响。加强金融债权司法保护，审结金融借款纠纷案件429件，执结案件667件，执行到位标的额4.5亿元。稳妥推进“僵尸企业”司法处置，新收破产案件30件，审结33件，妥善审理正益集团、县旅游公司等重大破产清算案件，协调促成东岸混凝土公司案件破产和解；通过破产程序清理企业债权债务2.7亿元，盘活企业存量资产1.3亿元，释放闲置土地44482.1平方米、厂房20253.9平方米。

社会综治 2018年，永嘉县人民法院完善多元化纠纷解决机制，大力推广在线矛盾纠纷多元化解平台，上线调解组织54个，吸纳调解员354名，成功调解案件2589件，被浙江省委、省政府授予“全省指导人民调解工作先进集体”称号。全面推进社区矫正信息化联网试点，有效提升刑罚执行及时性。强化未成年犯帮教工作，对13名未成年犯予以教育和挽救。出台信访工作规定，专项清理信访积案33件。全年召开新闻发布会13场，举办公众开放日活动22次，开展法治宣传活动68次，为3500余人提供普法宣教、法律咨询等服务，帮助提升群众法治意识。

司法为民 2018年，永嘉县人民法院落实“最多跑一次”在立案领域的全覆盖，对符合起诉条件的案件，当场予以登记立案。全年当场登记立案率99.9%，网上立案率75.2%，跨庭室受理案件1694件，切实方便山区群众诉讼。完善诉讼服务中心运行，首创诉讼程序辅导机制，为群众讲解审判执行流程及注意事项；组建法院义工队，帮助当事人代写文书、引导路线和联系法官。打造“当事人之家”升级版，让午休阅览、旁听庭审、儿童托管等功能区更加温馨舒适。会同县司法局建立律师调解工作机制，开展公证参与司法辅助事务，规范人民调解协议司法确认程序，不断优化诉讼服务。加大对困难当事人的司法救助力度，为140人缓减免交诉讼费66.5万元，为22人提供司法救助金53.3万元。积极推广“移动微法院”，微信注册即可在线完成立案、庭审、调解、执行等事务，有1123名当事人在线查看案件、提交证据及配合法官调处纠纷，有效减少办案用时。上线智能送达平台，方便当事人通过手机端即时接收法律文书和证据材料。全面推行“零佣金”网络司法拍卖，成交房屋、车辆等标的物213件，总额3.1亿元，为当事人节省佣金681万元。

司法改革 2018年，永嘉县人民法院严格法官入额标准，择优遴选第三批员额法官，不断优化审判团队搭配、运行，扎实推进司法体制综合配套改革。出台审判委员会工作规则，规范议事流程，限缩案件讨论范围，审委会讨论案件数减少至98件，裁判文书法官独立签发率提升至99.4%，实现“由审理者裁判、让裁判者负责”。坚持“入额必办案”，修订院庭长办案指引，大力推进院庭长办案常态化，全年办结各类案件8803件，占总结案数50.5%。稳步推进内设机构改革，促进管理扁平化、审判专业化。注重激励与约束并举，合理调整办案工作量权重系数，科学考评法官办案业绩，充分调动一线干警办案积极性。认真贯彻新《中华人民共和国刑事诉讼法》规定，扎实推进“三项规程”改革试点及认罪认罚从宽机制改革，充分发挥庭审决定性作用。落实好证据裁判原则，在58起刑事案件中通知157名证人及侦查、鉴定人员出庭作证，到庭率100%；会同公安、检察机关建立强制证人出庭及保护机制，为20名证人提供法警护送等特殊保护措施；针对疑难案件召开庭前会议85次，强化庭前会议约束力，庭审实质化改革综合考核排名居温州市基层法院首位。推进刑事案件律师辩护全覆盖，为566名经济困难被告人指派辩护律师，并推行律师调查令制度，充分保障律师调查取证、代理辩护等权利。深度应用政法一体化办案系统，公检法司线上流转刑事案卷材料，提升办案效率。

队伍建设 2018年，永嘉县人民法院突出政治引领，推进“两学一做”学习教育常态化、制度化，不断强化“四个意识”，坚定“四个自信”，坚决做到“两个维护”。建立健全党建工作责任制及支部书记述职评议考核机制，实施“四化”党支部提升工程，改造红色教育走廊，规范开展“三会一课”、主题党日等活动，以党建带队建促审判。深化“清廉法院”建设，落实纪检监察部门函告制度，编印“以案释纪，以防促廉”图册，全面梳理廉政风险点101项，逐项提出防控意见。深入开展“清廉司法、清正风纪”专项队伍建设活动，组织全院干警查补短板，通过建立健全院风院貌院纪巡查等机制，巩固提升活动成果。积极推广“六微”平台，开展违规经商清理、过问案件留痕检查等活动，主动督查司法作风效能问题，分层约谈干警350人次，运用“四种形态”函询9人，提醒谈话1人，批评教育3人，谈话诫勉3人。改造升级“干警之家”“法官书屋”和“清风书吧”，精心举办第八届“法院文化周”活动，全年开展读书交流、“道德讲堂”宣讲、院校合作培训及庭审能手评选、法警技能竞赛等活动19次，教育培训干警390余人次，不断提升法官正规化、专业化、职业化水平。在《人民司法》《人民法院报》等国家级刊物上发表调研文章、案例分析12篇，其中5篇案例入选最高法院2018年度典型案例。巩固提升全国文明单位创建成果，建立健全“一社三队五计划”工作机制，到村居社区开展志愿服务活动50次，努力向基层延伸司法服务。

（施加俊）

司法行政

概况 2018年，永嘉县司法局紧跟省市司法行政工作部署，围绕“六个司法”建设目标，结合全县中心大局，以重点项目带动业务发展，以作风建设促进队伍成长，扎实推进“六大工程”“一大行动”，努力打造全县司法行政工作新局面。

“营商环境提升”专项行动 2018年，永嘉县司法局紧跟市县“营商环境提升年专项行动”工作部署，制定《永嘉县司法局关于开展法律服务“营商环境提升年”专项行动实施方案》，围绕律师、公证员队伍构建助企服务合力，与企业建立常态交流机制，深入了解企业在经营管理、融资引资、知识产权保护、债权债务关系处理等方面的法律需求，聚焦企业发展难点，辅助化解经营风险，确保惠企举措落到实处。2018年，全县法律服务队伍累计完成企业走访200余家，进企业开展法律风险防范讲座近30场，接受企业及员工法律咨询200余人次。公证和律师服务助企力度和成效均大幅提升。如浙南公证处针对有需要的企业，采用VPN远程办公系统，设立便民服务点，极大提高公证处提供公证服务的灵活性和便利性。

人民调解 2018年，永嘉县聚焦“大项目”实现“大发展”，以全省和全国人民调解工作会议为契机，升级调解工作软硬件设施，以规范促成效、以成效造品牌，推进人民调解工作迈上规范化、规模化新台阶。2018年，永嘉县司法局相继召开全省“大数据+人民调解现场会”和全国人民调解工作会议，并在全国司法行政电视电话会议上，作调解工作经验交流，被省委省政府评为全省人民调解工作先进集体，获得副省长王双全、副市长殷志军、县长林万乐等各级领导批示肯定。首创的“4+1”基层人民调解工作模式，获司法部领导点赞。2018年，全县化解矛盾纠纷6329件，其中镇、村两级调解组织调处案件占全县调解总量83.9%，村级人民调解组织规范化建设达标率87%。

特殊人员管控 2018年，永嘉县扎实贯彻治本安全观，通过人防技防相结合，依法规范开展社区矫正执法活动，突出抓好重大活动维稳安保工作。圆满完成中共十九届三中全会、全国“两会”等重大活动安保工作，实现“六个没有”。扎实推进社区矫正改革试点工作，涉毒类社区服刑人员分类矫正工作在全市领先。自该项工作启动以来，实现涉毒矫正人员零犯罪、零收监。矫正帮扶工作力度进一步提升，通过彩虹桥项目累计帮扶对象17人，全年发放扶助款6万余元，创下新高。

普法宣传 2018年，永嘉县抓住领导干部这个“关键少数”以上率下，厚植全县尊法、学法土壤。上年举办领导干部任前法律知识考试12次，共计100人参加。围绕“大拆大整”“营商环境提升”“扫黑除恶”等中心工作开展专题法治宣讲活动，累计编印各类法治宣传册7.8万份，组织各类法治讲座180余场，为推进中心工作营造良好氛围。尤其是全县“以案释法”工作成绩突出，在全市第二届“以案释法”微课比赛中，永嘉县3部作品获奖，县司法局张诗晗作品《“共享单车”那些事儿》获得一等奖。基层民主法治建设大步前进，结合永嘉实际，制定出台民主法治村创建“三年行动计划”，上年建成市级以上民主法治村40个。首创的“青少年法治文创基地”成为全市“七五”普法示范基地，并被命名为全省法治宣传教育基地，获得省、市领导一致肯定。

公共法律服务 2018年，永嘉县政府部门和乡镇法律顾问均实现全覆盖，公共法律服务护航中心工作力度继续增强，全县法律服务队伍为“剿灭劣Ⅴ类水”“大拆大整”等中心工作提供咨询、调解服务210余次，出具相关公证500余件。刑事案件律师援助全覆盖试点工作有序推进，通过加强法律援助站点建设，进一步提高援助便捷性。累计办理法律援助案件1572件，案件总量同比增长66.2%，其中刑事775件，民事794件，行政3件，刑事援助案件同比增长69%，全县刑事案件律师辩护顺利实现全覆盖。公证和律师服务助企力度和成效均大幅提升，共办理各类公证10461件。进企业开展法律风险防范讲座32场，研发营商环境法律服务产品2个。永嘉县中辛律师事务所、嘉瑞成（永嘉）律师事务所承办参与9家僵尸企业和不良资产处置工作，涉案金额达2亿多元。

荣誉 2018年，永嘉县司法局被司法部评为坚持发展“枫桥经验”实现矛盾不上交试点工作表现突出先进集体；被省委、省政府评选为全省指导人民调解工作先进集体；全省“七五”普法中期成绩突出县；被市委、市政府评为平安建设先进集体；被温州市司法局授予集体三等功1次；全县作风效能建设优秀单位；县人民调解中心获县直部门中层满意科室；瓯北司法所被评为温州市十大满意基层站所。获瓯北司法所获平安永嘉建设工作中做出突出贡献先进集体；县人民调解中心主任潘练获2018年全省优秀人民调解员称号；瓯北司法所所长季守浩获全省万名好党员称号。

（李陈鹏）

上图　永嘉县开展“百日会战”秋季大巡防（县公安局　供图）
下图　楠溪江溪滩上的一次特殊庭审（县法院　供图）

军 事

人民武装

概况 2018年，永嘉县人武部紧紧围绕党在新时代的强军目标，坚持党管武装原则制度，坚决贯彻上级决策部署，着眼大局、把握大势、抢抓机遇、乘势而上，突出立根固本、狠抓备战转型、聚力创新突破、持续正风肃纪，国防后备力量建设保持良好发展态势。

思想政治建设 2018年，永嘉县人武部始终把习近平强军思想作为统领建设的“魂”和“纲”，确保坚定正确的政治方向。深化理论武装，认真学习中共十九大精神，突出学深悟透习近平主席关于改革强军战略思想和国防动员系列重要论述，推进“两学一做”学习教育常态化制度化，不断强化“四个意识”。注重把理论武装向基层武装部延伸，抓好专武干部和民兵骨干“军事篇”“国动篇”普及学习，确保习近平强军思想在后备力量建设中落地生根；深化铸魂育人，广泛开展“传承红色基因、担当强军重任”主题教育，围绕“不忘初心、牢记宗旨”开展主题党日活动，组织干部职工和专武干部到红十三军旧址重走红军路、重温入党誓词，植根红色优良传统，不断汇聚强军兴军正能量；深化国防教育，调整健全国防教育领导机构，落实军地合署办公，广泛开展国防教育“六进”活动，举办第18个全民国防教育日、全省国防教育宣传周系列活动，以“我和钢枪有个约定”为主题举办特殊“成人礼”仪式，构建学校有课堂、广电有频道、报纸有专栏、网络有站点、手机有推送、移动传媒有广告的“六位一体”全方位宣教平台，完成永嘉中学、碧莲中学、永嘉电大3所高中3030名学生军训任务，全民国防意识不断强化。

战备训练 2018年，永嘉县人武部紧贴担负使命任务，以临战姿态练兵备战，把各项工作往前赶、往实里抓。树牢打仗意识，深入开展“新体制新职能新使命”大讨论，组织“和平积弊大起底大扫除”活动，切实推动战斗力思想立起来、战斗力标准落下去；着力抓实军事训练，以民兵军事训练规范化试点为契机，制定全县民兵训练任务总体方案计划，分层次、分类别、分阶段组织民兵共同科目和联合防空分队、道桥保障分队、情报网队伍等进行专业训练，积极参加省市民兵干部骨干跨区联训，不断提升遂行任务能力。2018年年初，按照省军区民兵训练规范化集训活动部署要求，规范设置2个观摩现场、8个成果展示区，接受省军区首长和全省武装系统200余人观摩团参观指导；强化行动准备，着眼形势任务变化，进一步对接完善作战方案和专项行动计划，修订完善的应急行动预案，配套完善战备物资器材，开展指挥机构常态化演练和重难点问题研究攻关，随时做好应急应战准备。落实国动委“八办”合署办公，准确摸清辖区动员潜力底数。按照上级总体部署，组织参加某战役演习，应急应战能力进一步提升；升级基地建设，深入贯彻落实《民兵军事训练大纲》和省军区民兵训练规范化现场会精神，按照军分区部署要求，依托基地资源，组织开展民兵训练基地社会化运作试点，县财政整体预算投入资金，升级打造设施齐全、功能完备、军地共享的训练基地，引进相应资质承训机构，制定《社会化运作暂行规定》，探索展开社会化运作。

国防后备力量 2018年，永嘉县人武部瞄准新职能定位，围绕主责主业整体谋划、聚焦突破、创新发展。高标准做好兵员征集工作，召开全县征兵工作会议，坚持以征集高素质兵员为核心，以完善配套政策为支撑，以“五率”量化考评为抓手，全县公安、宣传、教育、民政等部门通力协作，严密组织应征青年初审初检、走访调查、体格检查、政治考核、审批定兵、起运输送等环节，圆满完成全县新兵征集任务，入伍大学生比例达到77%；高标准推进民兵调整改革，制定《永嘉县“十三五”时期民兵调整改革实施意见》，召开全县民兵整组任务部署会，结合任务要求和辖区实际，优化编组全县普通民兵、基干民兵的民兵力量体系，迎接省、市民兵调整改革检查考评，受到上级好评；高标准打造专武干部队伍，认真学习贯彻《关于加强全市乡镇（街道）专职人民武装干部队伍建设的实施意见》，着眼专武干部队伍年龄结构相对老化、任职时间相对较长的实际问题，研究制定针对性措施，加大转岗交流力度、定期开展招录工作，并适时选送地方优秀年轻公务员到人民武装学院培训，切实做好专武人才储备工作，形成每年转岗交流不少于2名、补充进入不少于2名的专武干部人才队伍建设新格局。

双拥共建 2018年，永嘉县坚持把军民融合深度发展作为一项战略举措，纳入全县经济社会建设发展规划，扎实做好双拥工作，真正“让军人成为全社会尊崇的职业”。县委、县政府坚持把武装工作摆在建设全局统筹考虑，摆上重要议事日程大力推进，纳入经济社会发展总体规划，纳入党政部门工作职责，纳入党政领导绩效考评体系，纳入财政经费预算，真正做到爱武、管武、兴武。每逢“八一”、春节等时机，县主要领导坚持对驻永嘉部队进行走访慰问，在军人转业退役安置、随军家属就业、军人子女教育优待等方面，一如既往给予极大的支持照顾；积极发挥民兵后备力量参建助建作用，出动民兵参加防汛抗台、扑灭山火、搜寻救援等急难险重任务，先后组织民兵参与“五水共治”、治安巡逻、乡村风俗节日志愿服务等社会行动，为维护全县社会稳定、支援辖区经济建设贡献积极力量；广泛开展“军属大走访”、“八一光荣榜”、“军人荣誉墙”、退役士兵返乡欢迎仪式等活动，在医院、银行、车站等公共场所设置“军人依法优先”标示，全面落实大学生义务兵一次性奖励金、义务兵家属优待金、艰苦地区服役优待金和现役军人家属基本医疗保险等优抚政策，有效增强军人荣誉感、军属归属感和社会认同感。7月，岩头镇人武部联合永嘉农商银行岩头支行推出“拥军贷”，支持退伍军人和军属创业，赢得广泛好评，《中国国防报》《浙江日报》等军内外主流媒体均予以专题报道，县委书记对此专门作出重要批示。

作风建设 2018年，永嘉县人武部抓好中共十八大以来新规禁令的系统学习，把纪律规矩挺在前面，压实“两个责任”，前移监督关口，作风建设形势持续向上向好。持续深化党内法规学习，巩固深化党内法规系列专题学习教育成果，常态开展“学法规、知法规、用法规、守法规”活动，真正做到入脑入心、知行合一。吸取“张某案”“房某某案”教训，人人对照“六个必须”“五个必然”“六个务必”进行剖析整改，全面彻底肃清流毒影响；纵深开展专项清理整治政治，以问题归零的标准扎实抓好“五个领域”整治规范，着力纠治发生在身边的“微腐败”“暗腐败”。紧紧盯住经费使用这个敏感事项，反复进行自查自纠，多次接受并通过上级检查，财经秩序更加规范。严格按政策依据、时间节点、标准要求，有序推进戍城山庄等有偿服务项目停止工作。扎实做好清退地方考评奖金工作；突出抓好廉洁征兵工作，把做好廉洁征兵工作作为一项严肃的政治任务，加强组织领导，严格政策规定，强化监督执纪。严肃执行廉洁征兵“十个严禁”，落实征兵工作人员上岗考核，实行廉洁征兵“零报告”制度，及时公开上站体检人员名单、双合格人员名单、定兵人员名单，广泛聘用71名廉洁征兵监督员，进一步增强征兵工作透明度和社会公信力，做到廉洁征兵“零举报”。

安全建设 2018年，永嘉县人武部不断夯实安全发展基础，认真组织学习上级有关安全工作的指示要求，严格落实安全教育、“四反”保密教育，定期组织观看警示教育录像片，结合重大活动、重要节日组织营区反恐警卫、消防等安全防范技能训练，不断筑牢思想防线。及时调整安全领导小组，明确安全责任分工，坚持每日交班安全讲评、每周安全排查、每月定期安全形势分析制度，大项工作任务、急难险重活动严格落实安全风险评估制度，明确责任措施，始终保持安全工作的高压态势。以迎接上级安全工作检查为契机，先后9次组织安全隐患自查自纠，定人、定标准、定时限对发现的安全问题、隐患苗头进行挂账整改，有力确保人武部自身安全稳定。

（麻太顺）

预备役炮兵

概况 2018年，永嘉预备役炮兵营扎实推进“两学一做”学习教育常态化制度化，组织“传承红色基因、担当强军重任”专题教育和“习近平主席著作引领我成长”集体读书会，不断增强官兵“四个意识”、坚定“四个自信”、做到“两个维护”，贯彻军委主席负责制。严实组织兵员整组，高标准完成“两实”课目训练考核、成建制快速动员演练，开展“和平积弊大起底大扫除”活动，聚力深纠和平积习。坚持依法从严治军，以“贯彻落实新条令，塑造部队好样子”活动为抓手，组织开展“行法治、抓从严”安全责任大讨论、“网上暴露军人身份、网上赌博、网上乱交往”专项清理整治和安全警示月等活动，抓好新条令和安全法规学习，确保部队安全稳定。

兵员整组 2018年，永嘉预备役炮兵营围绕“平时服务、急时应急、战时应战”总要求，采取规范整组工作秩序、创新整组工作方法、落实“三个现地”要求等措施，高标准完成预编士兵出入队调整、整组点验、入队训练、档案整理及通用装备“四定一签”等工作。

应急分队 2018年，永嘉预备役炮兵营注重加强应急分队建设，按照标准要求抓好应急分队人员编配和训练工作，7月上旬，组织30余名现预编官兵完成为期15天的应急分队训练，落实抗洪抢险、防抗台风、森林灭火和事故救援等训练内容，有效增强参训官兵遂行任务能力，圆满完成防抗8号台风“玛莉亚”等备勤任务。

党的建设 2018年，永嘉预备役炮兵营坚持贯彻新时代党的建设总要求，持续抓好党的建设各项工作。学习贯彻《中国共产党章程》《党委工作条例》，传达中央军委党的建设会议和各级部署会、推进会精神，制定贯彻落实措施。开展正风肃纪工作，全员观看《铁纪强军》等专题片，组织预备役部队开展反腐倡廉警示教育，推进“正风肃纪减存量遏增量百日攻坚”活动，营造风清气正好环境。

拥政爱民 2018年，永嘉预备役炮兵营持续做好拥政爱民工作，推进军民融合发展，结合学雷锋日，为群众组织医疗服务、卫生打扫和日常维修等便民服务活动。充分发挥预任军官与预任士兵的主体作用，同时引导预任官兵形成任务就是使命的军人意识和守土尽责的责任意识，时刻在任务活动中锤炼塑造军人品格，磨炼部队铁血气质，走一路红一片，在老百姓心目中树立“文明之师”的良好形象。

（徐王伟）

公安消防

概况 2018年，永嘉县公安消防局坚决贯彻执行上级党委决策部署，团结带领全体指战员及文武职人员，坚定改革信心、抓牢主责主业，同心同德、同向同行，全县消防工作和队伍建设呈现出奋发赶超、进位争先的良好态势。

火灾主要特点 2018年，永嘉县共发生火灾534起，死亡2人，受伤1人，直接经济损失900余万元，同比上年火灾起数下降24.1%，伤亡人数上升100%，直接财产损失下降10%，未发生较大以上火灾事故。分析火灾原因，主要呈现以下特点：从火灾发生区域看，沿江镇街火灾多发，且易造成亡人火灾，瓯北（196起）、桥下（51起）、桥头（50起）、南城（37起）、黄田（30起）、乌牛（26起）、岩头（24起）、沙头（19起）、枫林（17起），这9个镇街的火灾事故起数占全县84.3%。从火灾发生场所看，民房和厂房火灾集中。发生民房（含居住出租房）火灾137起、厂房火灾48起，分别占全县总量25.7%、9%。从火灾发生原因看，电气线路和设备故障、老化、超负荷、私拉乱接或用电不慎是引发火灾的主要原因，因电气原因引发火灾73起、死亡2人，占全县13.7%、100%。

责任体系格局 2018年，永嘉县党委、政府高度重视消防工作，共召开4次县政府常务会议和10余次全县性大会，专题部署推进重点时期的消防安全重点工作。永嘉县消安委每季度组织召开消安委工作例会，协调解决工作中存在的具体问题。党政领导多次专题研究消防安全工作、带队开展消防安全检查，形成副书记和常务副县长“双线主抓”、党政两办“双线部署”、党委政法口和政府安全口

“双督双考”的常态化工作格局。调整消防安全委员会，建立健全情况通报、会商研判、联合检查等机制，实施“每周督查、每月通报、每季研判”，督促指导乡镇（街道）、行业部门因地制宜开展消防安全专项治理。选择消防安全监管任务相对较重的行业领域设置居住出租房、合用场所、老旧小区、高层建筑、危险化学品、燃气钢瓶、文化娱乐场所等11个检查小组，由牵头部门（单位）分管负责人担任组长，有关部门（单位）科室人员担任成员，开展分管行业领域督查，督促分管行业领域履行消防安全职责。

隐患治理 2018年，永嘉县公安消防局以消防安全大巩固大规范大提升专项行动和进一步巩固提升火灾防控体系三年行动，作为全县消防工作主方案、主基调，围绕消防安全“五大”整治、火灾隐患集中排查整治“百日攻坚”等专项行动和冬春、春夏火灾防控工作，集中攻坚居住出租房、合用场所、高层建筑、电动自行车、老旧小区等重点领域隐患治理，严格落实居住出租房及合用场所“十个一律”“五项改造提升”、高层建筑“八个一律”、监督执法十二条刚性严管措施等刚性措施，形成对火灾隐患的围追堵截之势。配齐配强乡镇（街道）消防管理工作站，并将居住出租房、合用场所11种处罚和3种查封权限委托乡镇（街道）执行，将临时查封等执法权限下放公安派出所，2018年，全县共检查单位13.7万余家，发现火灾隐患9.6万余处，整改火灾隐患9.2万余处，行政处罚2236家，责令“三停”单位198家，临时查封277家，拘留164人，七项执法数据同比均有所提升。

管理机制 2018年，永嘉县公安消防局在温州市率先实行安消联合实体化办公，启动“出门一把抓、回来再分家”模式，切实强化常态化督查、定期通报、动态考核、联合督办等日常工作。紧盯火灾和消防安全重点领域隐患治理两大中心，创新建立安全生产和消防安全三色预警机制，每月通报重大隐患或火灾突出、工作推进不力的乡镇（街道），依据“三色预警”落实约谈、挂牌制度。将消防安全工作纳入县委考绩重点内容，实现安消联合办、消安委办、县委考绩办“三办联动”和督查、通报、考核“三个统一”。

责任落实 2018年，永嘉县公安消防局借势“全科网格”建设，出台安全生产和消防安全网格管理工作问责办法，每月对网格员工作落实情况进行排名，选出前10名和后10名进行正反两方面典型通报，以严肃问责和正向激励推动全县消防安全工作落到实处。依托县政府，对火灾高发频发、责任不落实、工作不到位等情况，及时采取约谈、问责等措施，切实压实工作责任。按照《永嘉县贯彻落实消防安全责任制实施办法的意见》要求，永嘉县安消联合办每半月对沿江镇街开展1次督查，山区乡镇实行交叉检查，及时对督查结果汇编形成“半月一排名”“一月一通报”的报告，对达不到整治要求的乡镇（街道）予以相应的年终考绩扣分。同时，以居住出租房、合用场所领域为重点，每季度将问题突出的村（居）列为火灾隐患集中区域，实施挂牌督办。

宣传教育 2018年，永嘉县公安消防局在强化日常宣传的基础上，不断拓展宣传渠道、丰富宣传平台、提升消防宣传覆盖面，全面推进开展消防安全进文化礼堂、消防宣传“七进”、消防安全进军训、沿街店铺与电动车宣传、消防安全百日大巡防等各项工作，为全县消防安全形势稳定打下坚实基础。各乡镇（街道）建立消防安全进文化礼堂试点，组织召开全县消防安全进文化礼堂试点建设现场会，通过文化礼堂点单系统开展消防宣传进文化礼堂活动，共开展消防安全进文化礼堂活动60余场。结合消防安全百日大巡防活动，为全县18个社区微型消防站配备小型消防安全宣传车，定期开展消防宣传“七进”活动和消防站开放活动。2018年共开展各类宣传活动180余场，发放各类宣传资料9万余份，发送消防安全提示短信40余条，在全县范围内营造出浓厚的消防安全宣传氛围。

主要火灾事故 岩坦镇潘坑村老房子着火致一人死亡：2018年2月11日00时51分，温州市消防支队永嘉大队接到报警：岩坦镇潘坑村老房子发生火灾。接警后，永嘉大队立即调派永嘉中队、岩坦专职队3车共16名消防官兵赶赴现场扑救。01时50分，岩坦专职队到达现场，02时02分，火势控制，03时50分火势已扑灭，永嘉中队中途返回。起火建筑为二层木质结构老房子，总建筑面积约为10间老房子，

300平方米左右，过火面积约为300平方米，燃烧物质为木质老房子。9时30分许，经现场清理，发现一名村民死亡。

该起火灾经调查：起火时间为2018年2月11日0时30分许；起火部位为起火建筑靠北边，由东向西数第二间；起火点距房间东墙0.5米、距房间西墙5.5米、距北墙1.5米、距房间南墙1.9米、高1.5米一定范围内；起火原因为不排除电气线路故障引燃周边可燃物所致；不排除遗留火源引燃周边可燃物所致。

瓯北街道新区医院旁简易棚着火致一人死亡：2018年5月2日03时27分，瓯北街道新区医院旁简易棚着火。接到报警后，永嘉消防大队分指挥中心立即调派瓯北中队3辆消防车15名官兵赶赴现场扑救。03时33分，瓯北中队到达现场。03时37分，火势得到控制。03时55分，明火被扑灭。着火建筑为一层简易棚，布局为中间隔断分为两小间，其中一间为自住，另一间放置生活用品，建筑日期为2016年9月，总建筑面积约为80平方米，过火面积约10平方米，燃烧物质为家具，在该起火建筑外部北面发现1名死者。1名家属在救火过程中受伤。

该起火灾经调查：起火时间为2018年5月2日3时19分许；起火部位为距离移动板房西侧窗户0.6米、南侧边沿1.2米的柴油储存桶附近；起火点为该柴油储存桶距离移动板房西侧窗户0.45米、距离移动板房南侧边沿1.05米，且在此一定高度范围内；起火原因为加油泵电气线路故障引燃周边可燃物。

（潘柏松）

武警永嘉中队

概况 武警永嘉中队初创于1949年，名称、隶属关系历经9次变更调整，1983年重新组建，2018年1月1日根据中央军委规模力量改革要求，改编为中国人民武装警察部队浙江省总队温州支队执勤二大队永嘉中队。

2018年，武警永嘉中队坚持以习近平主席建军治军重要思想为统领，紧紧围绕迎接保卫学习贯彻中共十九大这条主线，坚决贯彻落实三级党委（扩大）会议精神，始终坚持以《纲要》为统揽，按照中队“致力打基础，全力保稳定，聚力补短板，合力创精品”年度工作思路，扎实推进年度工作落实，中队建设保持稳步发展的良好势头。荣获一季度按纲建队红旗单位，支队北片区军事会操第一名，政工“四会”比武团体第四名，“我是高手”比武干部组第三名，圆满完成支队正规化管理试点任务。

班子建设 2018年，武警永嘉中队支部成员进行调整，支部班子重新组建，新班子磨合过渡，凝聚力、向心力不断增强。中队一直把班子团结作为搞好中队建设的基础工程来抓。支部成员心往一处想，劲往一处使，紧紧拧成一股绳，在工作中始终坚持做到有事常通气，遇事常商量，以战友团结促进支部团结，以支部团结带动部队内部关系融洽，进而推动中队的全面建设。坚持民主落实制度，始终把热点、敏感问题透明化，制度严格化，作为育兵、带兵、励兵“法宝”。秋季士官选改中5名留队士官和4名优秀士兵均按公平竞争、公正选拔、公开透明的原则实施，不仅班子决策时意见一致，战士也心服口服。逐步强化组织功能，中队党支部以抓好“两学一做”制度化常态化和肃清郭徐流毒专项活动为契机，通过教育和会议，增强党员党性观念。在各项建设中，党员同志事事冲在前、处处站排头，时刻喊着“看我的，跟我来”口号，较好发挥党员模范带头作用。

思想教育 2018年，武警永嘉中队坚持按纲施教，思想教育成效明显。抓实政治教育，严格落实每周二、四上午教育日制度，主题教育中，按照“1+3+1”教育模式，在支队大课授课辅导基础上，认真进行小课串讲，活用“六小阵地”载体，广泛开展“维护核心、听从指挥”大讨论，确保教育效果深入人心。提倡记“体会式笔记”，每堂课结束后，鼓励战士用自己的话写出听课体会。为培养教育骨干，组织开展“人人上讲台”活动，骨干党员能够主动走上讲台，结合自身实际开展教育，鼓励战士讲自己的话，评自己的理，让大家在思想交流中碰出火花，解决现实问题。盯紧动态思想，2018年各类集训多，人员变化频繁，支队及时完善思想骨干队伍和“三互”小组建设，坚持每天思想沟通、每周思想排查、每月思想分析，充分利用“三互”“双四一”“双向”教育等有效载体，广泛开展交心谈心活动，及时做好一人一事思想工作和心理疏导工作，确保官兵思想稳定，安心服役，2018年未出现思想有问题的个别人。用活教育载体，在常规教育基础上，注重在教育载体上做文章，立足现有，充分发挥警营广播、饭前小演讲、板报橱窗等媒体作用，同时积极发动官兵开展“传承书上结新枝”“传承树下话忠诚”等学习习近平总书记系列讲话精神的文化文艺活动，通过学唱强军战歌、士官组歌，观看《建军大业》《战狼2》等优秀影片活动，让官兵在轻松愉悦的氛围中感悟道理，增长知识。

执勤工作 2018年，武警永嘉中队坚持中心居中，圆满完成中心任务。坚持中心议勤，每日勤务交班，总结一天的执勤工作，并对好人好事进行表扬；每周组织观看执勤录像，发现并解决执勤中的“常见病、多发病”；每月召开军人大会，组织全体官兵共同分析执勤形势、探讨执勤中存在的问题、隐患。坚持以训强勤，立足实际扎实做好专勤专训，结合哨位练执勤设施操作、练情况处置、练协同配合，有效提高哨兵执勤能力。坚持立足实战搞好方案演练，及时组织中队官兵对新修订的执勤方案进行学习，每周不定情况、不定时间进行方案演练，提高官兵应急处置能力。根治执勤隐患，暑期百日安全期间，结合实际大力开展“送清凉”活动，扎实开展暑期执勤教育，在组勤和管勤上严格落实各项执勤制度，进一步杜绝执勤“常见病”发生，实现无执勤违纪通报目标。同时以落实“台州会议”精神要求为抓手，以隐患治理为突破口，先后维修更换巡逻道照明灯5盏，更换热成像仪2台，购买执勤设施14件，查找治理执勤隐患2处。

精准施训 2018年，武警永嘉中队坚持严格施训，逐步提升训练质量，坚持从提高干部骨干素质和战士参训热情入手，根据任务实际，有针对性地开展训练，各项训练任务完成出色。提高干部骨干任教能力，从“教头”入手，促进中队军事训练工作全面进步。年初挑选一批军事过硬的同志担任各个科目小教员，重点培养，科学施训，中队小教员全部达到“四会”教学水平。8月，中队推荐3名副班长参加新训骨干预选，全部通过考核，目前担负支队新训任务。贴近实战训练磨砺精兵，坚持任务牵引，需要什么就学什么，学什么就练什么，练什么就强什么，结合官兵实际，为每人量身制定进步计划，每周测试看进步幅度，每月考评看总体成绩。不搞一刀切，让素质好的有甜头儿，让素质差进步快的有奔头儿。发挥典型作用，树立正确导向，鼓励全体官兵向中队精武强能榜样同志学习看齐，对训练好的班级和个人进行表彰奖励，同时积极组织开展挑应战活动，班与班较量、个人与个人较量，进一步营造“比学赶帮超”训练氛围。

安全工作 2018年，武警永嘉中队坚持从严施管，部队内部安全稳定。结合从严治警要求，按照正规化管理标准，从严管理部队。每周利用队务会进行简要分析，始终将“三个不放心”纳入视线，做到有战士的地方就有干部，适时用先进典型激励斗志，用反面典型鞭策后进，用血的教训警示部队，让官兵参与中队建设，落实安全制度，切实做好安全工作。以正规化管理为抓手，通过思想发动、决心表态、干部示范、党员带头等举措，严格制度落实，狠抓安全管理，有效规范官兵礼节和言行；扎实开展警容风纪专项整治，抓好官兵仪容着装、物品摆放，实现制度落实更加严格、警容警姿更加严整、各项秩序更加正规，有效推进中队正规化管理水平。以暑期百日安全竞赛活动和安全大检查为契机，中队专门成立安全工作领导小组。认真学习兄弟单位事故通报，坚持每周对重点部位、重点环节进行一次全面检查，每月进行一次安全形势分析和安全讲评，提高官兵安全意识。组织观看《人生警戒线》《错位人生》等法纪光盘，有效防范重大安全问题，及时消除安全隐患。注重加强在外人员管理，在探亲休假人员离队前提要求，每周与其联系，了解在外情况，提醒安全事项。

后勤保障 2018年，武警永嘉中队坚持精细保障，稳步推进后勤建设。严格伙食管理五项制度，发挥好武警委员会和经委会作用，对官兵收集的意见逐一采纳，在饭菜质量和花样上做文章，部队反映较好，满意率100%。中队严格落实车辆派遣制度，坚持每周车场日活动，认真做好车辆维护保养工作，提高车辆使用安全系数。严格后勤人员选拔，摸清思想底数和个人素质，切实把思想素质好、吃苦意识强的战士选拔到后勤岗位。采取定期考评、随队上课、及时补课的方法，确保后勤人员教育时间不减少，思想基础不松懈，行为意识不掉队。扎实做好卫生防病工作，面对新营房靠近山脚，蚊虫多的实际，积极与县疾控中心联系，领取杀虫药水和消毒剂，定期对班排宿舍、库室场所、周边杂草进行消杀。严把食品采购、制作和储存关，落实分餐、餐具消毒、食物留验制度，从源头上杜绝病情传入。2018年，中队积极与地方政府沟通协调，先后争取到营区“武化”建设经费、抢险救灾器材保障经费、晒衣场建设经费，至年底各项工作已完成，极大方便中队官兵日常生活和训练。

（严洪龙）

人民防空

概况 2018年，永嘉县人防办认真贯彻落实省、市人防工作会议精神，根据上级人防办和县委、县政府要求，对照年度工作目标，着力优化人防审批工作，积极推进“最多跑一次”改革，人防工程建设，全面创新人防宣传教育，突出抓好人防信息建设，全县人防各项工作取得显著进步。

行政审批事项规范化建设 2018年，永嘉县人防办对照省、市人防主管部门要求，基于审批事项梳理和权力清单，对统一的文书应用进行规范。积极与上级主管部门及县级相关审批部门做好衔接，为建设单位解决政策问题，提供技术咨询。完成《永嘉县人防办行政权力清单》的整理编制工作，在浙江政务服务网公布，制订责任清单以及事中事后监管制度。

行政审批公示制度 2018年，永嘉县人防办除涉及党和国家机密或者其他按有关规定不宜公开的事项外，其他审批项目名称、依据、申请条件、审批程序和审批结果一律向社会公开，审批事项依据、程序、申报材料等内容在网站、办事指南等渠道公开。审批工作严格依照人防法律法规进行审批，严格落实“一次性告知制”“限时办结制”等相关制度。

行政审批流程 2018年，永嘉县人防办主动配合有关部门深化行政审批制度改革工作，加强与相关部门的沟通协调，最大限度地减少行政审批环节、缩短审批时限。梳理县办事项目，明确属于“最多跑一次”范畴的行政许可8项，行政确认2项，行政征收1项，其他事项6项，共计事项17项，重新编制办事指南，进一步完善办事流程。按照“减事项、减次数、减材料、减时间”要求，县人防办在“八统一”目录基础上，进一步削减办事材料、压缩办理时间。全面运用浙江政务网平台及永嘉县行政综合应用平台，并以信息共享平台为依托，及时将审批核定单上传至行政综合应用平台，供各审批单位查阅管理。全面推行投资项目在线审批监管平台2.0+系统的运用。进一步深化“在线审批”，提升网上办事覆盖面和便捷度，积极推进网上办事，做到政务服务事项“应上尽上、全程在线”。变核准制为承诺备案制、改串联式为并联式，由审批科牵头、相关科室配合，对进窗口审批服务事项再梳理，进一步规范细化办理依据、申报材料、办事流程、办事时限等要素。编制简洁明了的办事指南和审批流程图，通过对审批事项的流程再造，大幅缩短审批时间。建立“容缺受理”制度，明确审批前置主要材料和附件材料。在主要材料齐全，副件材料缺少，不影响审批技术指标核定前提下，采取“先承诺后补齐”办法，先予以实质性审查，待容缺材料补齐后出具审批结果。坚持把麻烦留给自己，把方便让给群众的原则，进一步为业主提供方便。在项目前期阶段提前介入，提供“保姆式”服务，推出模拟审批，对土地意向明确但尚未取得土地权属的安置房项目采取人防工程报建模拟审批方式，按规定的基本建设程序开展审批，待取得土地使用权后换发批准书，加快项目落地。审批时间进一步压缩，审批承诺时限比法定时限提速85%以上。重视“人防审批进企业”建设，深入开展“人防审批助企”服务，将“双百”助企服务等工作和人防法规、审批政策宣传进企业活动相结合，切实做好对企业的政策宣传和审批引导。继续开展人防行政审批上门活动，开展人防审批周末咨询预约服务，开展重点项目人防行政审批直通车服务。坚持以人民为中心，以全流程、高满意度为目标，转变审批服务观念，努力为群众提供一流的审批服务，畅通群众诉求沟通渠道，主动接受群众监督，严格兑现审批服务承诺，不发生因工作人员问题导致群众跑多次等情形，做到随时笑脸相迎缓解群众办事焦虑感，切实做到审批结果令群众满意而归。

人防工程建设 2018年，永嘉县人防办推进自建工程建设。县人防办将人防工程地下指挥所（“1601”工程）项目审批和工程建设相关工作交由县建设投资集团有限公司负责，县人防办负责进行对接落实和相关业务指导，通过让多部门的参与为人防工程的建设提供更多力量，为顺利建设“1601”工程提供坚实基础。扎实推进景观项目建设后续工作，2017年12月瓯北双塔路景观人防工程圆满竣工，并于2018年完成工程结算工作与产权办理。积极寻求人防自建工程利用方案，安排评估公司进行市场评估，与各部门碰头讨论人防工程利用方案。依法推进结建工程建设，严格贯彻落实人防结建各项政策法规，按照应建尽建原则，全力推动永嘉县人防结建项目建设。突出工程质量监管，积极与县人防质监站配合，加大现场检查力度，有效提高结建工程质量。加快推进地下空间开发，加快地下空间商业开发项目建设，编制完成中心城区地下空间开发利用总体规划，双塔路地下商场、双塔公园地下商场、地下停车场等项目前期工作稳步推进。

人防基层基础 2018年，永嘉县人防办完善防护体系建设，对标年度考核任务，联合县发展和改革局梳理重要经济目标，其中23个三级重要经济目标已按要求报县人民政府和县人武部批准，同时按要求布置完成预案和监控系统建设。加强应急体系建设，根据上级文件，启动升级更新防空防灾警报工作，将2017年拖欠的地下空间多媒体人防预警报知系统一并建设，完成永嘉县防空防灾警报建设。完善基层人防体系，严格按照省市人防关于基层人防规范化建设要求，全力推进基层人防体系建设，进一步完善县、乡镇（街道）、村（社区）三级人防体系。强化应战能力，明确指挥部及其办公室、成员单位平时职责，建立常态化工作机制；编制人防指挥部年度工作要点。加强人防业务指导，建立并规范镇级人防指挥部工作制度；及时调整各镇街人防工作领导小组；注重与乡镇（街道）、村（社区）人防组织的交流沟通，深入基层了解问题、解决问题，切实提高基层人防服务水平。扎实推进人防疏散体系建设，2018年永嘉县人防办积极开展人防综合应急疏散场所建设，与耕读小院签订兼顾建设永嘉县综合应急疏散基地协议，加快构建保障有力的疏散体系，充分发挥人口疏散场所为战时进行人口疏散，平时应对自然灾害和公共突发事件人口疏散（避灾）的功能。

人防宣传教育 2018年，永嘉县人防办着力抓好五进工作，积极组织开展人防教育进学校、进媒体、进社区、进企业、进机关等“五进”工作，将人防教育与国防教育相结合，征订人防教材2000余份免费分发给中小学，并组织教师参加人防专业课程培训；2018年5月8日，邀请温州市人防办副主任李月祥对中青班学员开展人防知识讲座，增强学员们国防观念和人防意识，增强学员们依法履行国防和人防建设义务、关心和支持国防与人防发展积极性。组织学员们集体参观永嘉县人防教育基地，由讲解员进行人防、民防相关知识讲解；依托社区组织，将人防教育宣传与社区活动充分结合，增进广大城区居民对人防知识的了解。组织一个社区同步进行防灾警报试鸣和人口疏散演练；将人防教育与企业安全教育相结合，组织企业开展防空袭演习演练；利用政府网站、政府微信公共平台等媒体进行人防宣传。完成某一人防疏散点的人防宣传长廊制作，展出人防展板3次，发送人防宣传短信息20万条。着力抓好警报试鸣工作，按照“认真准备，超前谋划”要求，全力做好“5·12”“9·18”防空防灾警报试鸣活动。组织专业技术人员，对全县警报器进行全面检测，对新进警报管理员进行岗前培训，圆满完成试鸣任务，试鸣鸣响率100%。着力抓好重点宣传，利用“3·1”“5·12”“9·18”等重要节点，开展人防知识宣传。在“3·1”期间，县人防办利用平安永嘉视频网、微信等新媒体播放宣传片，普及人员几十万，在北城街道城北社区进行“3·1国际民防日”主题宣传活动；在“5·12”期间，利用政府网、永嘉电视台、永嘉发布微信平台、中国永嘉微信平台等媒体进行宣传的同时，联合县公安局、县消防局、城北社区等多个部门在城北社区金穗景苑开展主题为“行动起来，减少身边的灾害风险”的2018年防灾减灾日宣传与疏散演练，现场总参与民众达500多人次，分发各类宣传材料近2000份，通过现场体验互动，有效提升市民学习人防知识的兴趣，提升市民应急自救互救能力。

（戴仲斌）

农业·农村·水利

综 述

概况 2018年，永嘉县农林牧渔业总产值同比增长4.1%，农村常住居民人均可支配收入增速达9.5%；高标准建成楠溪古韵等3条乡村振兴示范带，在温州市率先创建农业“一区一镇一体”模式。被列为全国农村集体产权制度改革试点县。市场化农村产权交易模式作为26条改革典型经验在浙江省推广，创新推出集体经济发展“金八条”，“造血项目”带动村集体经济收入和低收入农户人均收入分别增长24.8%和15.6%，温州市乡村振兴现场会和浙江省“消薄”现场会在永嘉县召开。

农业产业化 2018年，永嘉县引入现代农业项目16个，到位资金8.2亿元。楠溪源头、温情云岭、珍溪等3个田园综合体项目有序稳定推进，温情云岭田园综合体被列为市级田园综合体培育对象。罗东省级现代农业园区和鹤盛水果特色农业强镇成功入选省级创建名单，系全市唯一一个同时获得“一区一镇”创建的县（市）。深入实施整洁田园行动，累计创成整洁美丽田园示范区4个、精品点16个。2018年，永嘉县共完成美丽田园建设13970亩，已完成市对县考核任务的233%，茗岙长坦垄梯田被评为浙江省“最美田园”。

农经管理 2018年，永嘉县加快推进农村土地确权登记颁证工作。全县22个乡镇（街道）820个行政村开展确权登记颁证工作，通过摸底调查、现场指界、一轮公示，合同签订，共计确权147101户，确权承包地面积260302.388亩。加强“三资”队伍建设，严格按照“一明确二落实一提升”专业化监管要求加强农经队伍建设，各镇（街道）均已建立村账代理中心，配有代理会计50余名，负责辖区内农村集体“三资”监督管理的日常工作，并对村集体经济组织的重大事项进行审查。继续推进农村产权改革试点，完成清产核资工作，为产权制度试点推进奠定基础。2018年，永嘉县累计完成产权交易230宗，完成交易额4.7亿元，溢价率33%，完成上级任务306%。永嘉县不断发展壮大村集体经济，坚持项目为王、效益为先，因地制宜深化“一村一项目”攻坚计划，确保每个村至少有1个自主经营性项目。通过异地置业、资源整合、产业融合三种抱团模式，全面推进村级集体经济“秋收行动”，实现村集体经济迅速发展壮大。全县903个村集体经济总收入均达10万元以上且经营性收入达5万元以上，全部完成“消薄”防滑任务。加大农村土地承包仲裁案件与纠纷调处力度，2018年，永嘉县农村土地承包仲裁委员会共立案14件，结案5件，其中调解结案2件，裁决结案3件；平均每日受理农村土地纠纷约6起，赴各地调查36起。2018年，全县裁决的相关案件都得到永嘉县执行庭的大力配合与支持，案件执行率100%。

农旅融合 2018年，永嘉县大力实施“旅游+”行动，打造独具特色的“农家乐、民宿经济”。培育林坑、岭上人家等农家乐特色村9个、星级经营户172户，发展特色民宿101家、床位1576个，形成独具特色的“民宿经济”，2018年，全县农家乐产值达3.4亿元，游客人数达515.01万人。开展省级休闲农业和乡村旅游精品线路推介和宣传活动，推荐具有永嘉特色的品味楠溪二日游精品线路1条，推介休闲农业和乡村旅游精品线路，借助省级平台，在各级媒体上进行广泛宣传推广。

人才培训 2018年，永嘉县

秉承农村产业发展和实用人才培训相结合原则，对重点农业区域集中农村实用人才，有针对性地开展专业培训，特别是枫林镇包岙、湖西两个村，针对大棚蔬菜产业比较集中这一特点，开办蔬菜种植实用技术培训1期，共培训当地菜农104名，帮助菜农解决在生产中发现的问题。积极与团县委、妇联、住建等相关单位合作开展月嫂、水泥匠、花卉、薄弱村经济发展专项等各具特色的培训服务，提高参训农民就业技能，转变农民传统观念，拓宽农民就业渠道，有效促进农民增收。共完成月嫂培训283人，保育员培训105人，养老班培训95人，实用人才茶叶提升培训58人，住建培训410人，村集体经济培训93人，农药执法培训36人，农耕机技术培训11人，高级实用人才培训38人。2018年永嘉县共完成农村实用人才培训1305人，完成率112.89%，其中高级实用人才培训88人，中级实用人才培训204人，初级实用人才培训712人，新型职业农民培训（认定）301人；完成农村劳动力转移就业培训706人。

综合执法 2018年，永嘉县维持农资市场秩序，严厉打击非法生产、经营农资行为。2018年开展农产品质量安全宣传月、农产品安全隐患大排查、生猪屠宰监管“扫雷行动”等专项整治行动，出动执法人员4642人次，检查农产品生产经营主体和农资经营户1703户次，查处立案32起，罚没款8.57万元，违法行为查处率100%。病虫害统防统治面积8.6万亩，农药减量技术应用面积18万亩，实现农药减量23吨，推进农药包装废弃物回收46.5吨，处置率94.5%。建立健全“三品一标”认证与监管机制，累计获评无公害农产品72个，绿色食品7个，有机食品5个，地理商标1个，“三品一标”总种植面积15.97万亩，认证比例63.55%。持续加大农产品、畜产品、水产品监测力度，2018年完成农产品定量监测样品抽检915批次，全县农产品抽检合格率持续稳定在98%以上。全县22个乡镇（街道）全部建成农产品快速检测室，免费向社会开放速测业务，全年累计开展农产品定性动态监测9924批次，合格率99.94%。

农业机械 2018年，永嘉县制定《永嘉县外省籍拖拉机专项整治行动工作实施方案》，开展农机安全生产专项整治，组织安全执法检查19次，参加检查172人次，检查上道路拖拉机127台次，纠正违法拖拉机13台次；检查其他农业机械125台次，纠正违法、违规操作行为2起；检查农机维修点7家；查处脱检拖拉机3台。开展隐患排查行动9次，排查单位26家，排查出一般隐患点1个，已整改到位。2018年，报废解体和注销大中型拖拉机8台，手扶拖拉机11台，联合收割机2台。全年办理拖拉机行驶证补换证16件，驾驶证换证191件，注册、转移、变更等业务30件。9月，开展为期近1个月的拖拉机集中年检工作，完成拖拉机安全技术年度检验457台。制定出台《永嘉县农业领域“机器换人”补贴项目实施方案》等文件，明确补贴机具产品资质、补贴范围等内容，涉及首台补贴70%、农机示范单位评定奖励、农机综合保险补贴80%等扶持政策。2018年，成功创建省级农业“机器换人”示范基地1个。在碧莲镇大岙村、界坑办事处等地举办2018年永嘉县农业机械上门免费实地检验现场会，共检修小型农业机械278台。开展水稻育秧技术、茶机安全操作技术等培训，培训农民、机手579人。2018年，全县共办理补贴申请1541份，推广补贴机具1618台，总补贴额273.088万元。

新农村建设

农村环境提升 2018年，永嘉县在岩坦镇源头村和大若岩镇大元下村先行引入智能化管理和第三方运维公司试点，通过“互联网+技术”对农户源头分类情况进行监控，完善实施方案，出台补助办法，保障垃圾分类体系长效正常运行。源头村垃圾分类工作在温州市乡村振兴现场会上得到各级领导充分肯定，也得到车俊书记现场点赞。采用机械化速效成肥、太阳能沤肥房等多种处理模式开展农村生活垃圾分类村181个，完成率100%。永嘉县累计开展农村生活垃圾分类村630个，其中省级试点村20个，基本实现农村生活垃圾减量化资源化处理全覆盖。对农村生活污水治理工程全面实施“县、镇街、村、监理”四级监管，严格落实“施工单位自查、乡镇（街道）初验、县治污办审核”三级验收制度，全面确保施工质量。永嘉县534个治理村全部移交县综合执法局进行运维，并对终端位于楠溪江边或部分管网不完善的26个村全部按照“一村一策”进行提标改造，污水工程发挥实效。

“美丽乡村”建设 2018年，

永嘉县重点做好岩坦楠溪古韵、鹤盛雁楠山水诗画、陶公养生福地三条乡村振兴示范带（美丽乡村精品线）建设，综合排名列居温州市第一。岩坦楠溪古韵示范带率温州市之先打造完成，复活舴艋舟的做法被中央电视台“一天三次”专题报道，得到省、市主要领导高度肯定。9月6日，温州市乡村振兴现场会在永嘉县顺利召开。结合旅游景区村庄和3条示范带对沿线重点村进行建设，完成坦头村、岩上村、屿北村、源头村4个美丽乡村样板村及银泉村、小舟垟村、西炉村等17个精品村的建设。其中，岩坦镇创成浙江省美丽乡村示范乡镇，界坑乡创成浙江省美丽乡村示范乡镇和温州市美丽乡村标杆乡镇。永嘉县成功创成2018年浙江省美丽乡村示范县。

精准扶贫 2018年，永嘉县认真贯彻落实中共十九大精神和省委关于扶贫开发工作的战略部署，以加快推进精准扶贫、精准脱贫为抓手，以低收入农户共享全面小康为目标，坚决打好打赢脱贫攻坚战。2018年实现低收入农户人均可支配收入9855元，实际增幅15.6%，其中有劳动能力的低收入农户人口可支配收入增速达20.5%。积极发展山区农村来料加工业务，加工网点遍及永嘉县573个行政村（其中新重点帮扶村116个），从业人数2.5万人，年发放工资1.5亿元，有效解决低收入农户和留守老人、留守妇女的就业问题。加大农业扶贫开发项目扶植力度，实现2000多户低收入农户产业就业帮扶。深入实施扶贫异地搬迁工作，实现338人异地搬迁脱贫。帮助45户低收入农户实施“安居圆梦”工作。完成农村小型基础设施项目建设114个，拨付资金1200多万元。组织动员企业家与永嘉县116个省级重点帮扶村开展帮扶工作，在世界永嘉人大会上举行结对帮扶仪式并签订结对帮扶协议书。围绕县政府重点工作目标，狠抓扶贫示范村建设，初步建成桥下镇双垄村、乌牛街道东坦头村、大若岩镇大元下村等30个扶贫示范村。加强村级扶贫资金互助会建设，新成立50家村级扶贫资金互助会，总计100家互助会和1家联合会。通过实施“雨露计划”资助430名低收入农户子女在校生接受职业教育，解决贫困家庭“上学难”问题。

种植业

粮食与蔬菜生产 2018年，永嘉县共落实早稻生产面积近1.1万亩，调运早稻种子3.9万公斤，确保全县早稻生产有序开展。全年推广中、晚稻新品种3个，在乌牛街道西垟村建立早稻、连作晚稻品种展示田50亩，引进连作晚稻新品种3个。粮食播种面积21.16万亩，比上年播种面积减少0.61万亩，减幅2.8%，其中旱粮种植面积增加0.44万亩。永嘉县晚稻品种主要以中浙8号与甬优15为主，局部地块水稻白叶枯病、水稻穗颈瘟病较重，造成一定损失；旱粮作物长势普遍较好，其中春花作物后期蚜虫危害较轻，但局部地块番薯小菌核病依然较为严重；蔬菜播种面积9.23万亩，蔬菜平均价格与上年同期相比，上半年呈下降趋势，下半年呈上升趋势；中药材播种面积比上年增加0.31万亩，部分品种价格下跌较大，其中黄栀子价格比上年同期下降50%、覆盆子价格比上年同期下降60%。2018年，下达耕地地力保护补贴资金1792.19万元，涉及补贴对象共计126571户，补贴面积22.4万亩。下达10户油菜大户补贴资金9978元，补贴面积332.6亩；下达86户稻麦规模种植大户补贴资金265.82万元，补贴面积14234.44亩；下达8个旱粮基地直接补贴资金15.55万元，补贴面积1062.5亩；下达2个早稻省级高产创建示范方、4个县级油菜示范方、1个紫云英示范方、3个早稻示范方合计补助资金19.42万元。2018年，已完成碧莲镇大岙片、南城街道粮食生产功能区提标改造面积1282亩、2299亩，完成桥下镇粮食生产功能区补划认定面积204.01亩。2018年，永嘉县创建粮油绿色高产示范方20个，其中创建省级早稻千亩示范方2个、连作晚稻千亩示范方1个、单季籼稻百亩攻关方1个、旱粮高产高效示范片1个。碧莲邵园村2018年省级百亩攻关方经温州市农业局专家测产验收，平均亩产765.4公斤，最高亩产857.9公斤。经县农业局、县统计局专家测产验收，乌牛街道西垟村周永宣种植的连作晚稻最高亩产731.8公斤，巽宅镇柴皮村麻谦琴种植的番薯最高亩产4001公斤。永嘉县大柏水稻种植专业合作社选送的“周大伯”大米（品种：泰两优217）被评选为“瓯越好味稻”最佳人气奖和金奖。温州德亨农业开发有限公司选送的“德亨农耕”草莓（品种：红颊、越心）获2018年浙江精品草莓评选优质奖。

特产经济 2018年，永嘉县

特产产业结构日渐完善，新优品种例如白砂枇杷、蓝莓、桑葚、百香果、红心猕猴桃、黄茶、白茶等优良品种深受市场欢迎，经济效益十分显著。2018年新发展优良柑橘品种195亩、白砂枇杷220亩、红心猕猴桃350亩、桑葚蓝莓火龙果等165亩，安吉白茶260亩、金紫笋等黄茶110亩。全年共举办果茶、早香柚、水产等培训班8次，受训427人。组织14家茶企参与温州市茶叶品牌展，不但使茶叶销售成为全市之冠，其中一家茶企选送的茶叶更是获得温州市十大名茶称号。2018年永嘉县枇杷推介会在温州共享谷举办，永嘉白砂枇杷以晶莹剔透的外观、肉质甜嫩的肉质深受市民喜爱，为永嘉枇杷销售起到极佳的宣传推介作用，枇杷生产大镇金溪镇的枇杷在5月25日前全部售罄，均价在每斤15元以上，创枇杷销售历史最快纪录和收入最多纪录。组织9家茶企参加在银川举办的浙江省绿茶博览会，1家企业选送的茶叶获得金奖。2017年，永嘉县开始试点枇杷、茶叶和杨梅的气象指数保险，取得一定成效。2018年，全县枇杷参保农户73户，总保额612.6万元，共发生赔款89.7万元，赔付率148.9%；茶叶参保面积5742亩，参保茶农197户，总保额861.3万元，发生赔款127万元，赔付率143.3%；杨梅参保面积14830亩，保额2966万元，共赔付607.2万元，赔付率195.4%。2018年，永嘉县茶叶总产量695吨，同比增加3.0%，总产值2.39亿元，同比增加4.6%；水果总产量49790吨，总产值44540万元，同比增长11.2%，其中杨梅、柑橘、枇杷、蓝莓、猕猴桃的产量分别为22698吨、17520吨、3610吨、460吨、1120吨，产值分别为22937万元、8963万元、7280万元、1510万元、1760万元。

土壤肥料 2018年，永嘉县大力开展化肥减量工作，通过测土配方施肥、推广配方肥、商品有机肥、肥水一体化、种植冬绿肥等措施，提高肥料利用率，减少化肥用量，减轻农业面源污染。2018年，开展测土配方施肥47.5万亩次，推广配方肥0.35万亩，推广商品有机肥1.4万吨，推广种植冬绿肥7000亩，推广肥水一体技术600亩，建立2个早稻化肥减量示范点，不合理化肥减量196吨。提升土壤肥力，结合补划标准农田地力提升、千万亩标准农田地力提升，非平原标准农田地力提升，垦造耕地后续培肥等载体，提升土壤肥力。2018年，完成补划标准农田质量提升11个项目，面积2243亩；完成千万亩标准农田质量提升2675亩；非平原标准农田质量提升5000亩；新垦造耕地后续地力培育项目7个，面积1557亩。开展耕地质量监测，2018年，完成165个耕地质量监测点监测任务；完成3个长期定位监测点肥效试验任务；完成土壤污染21个常规监测点和5个综合监测点的监测任务。

疫病防控 2018年，永嘉县着重抓好病虫测报和防治指导工作。做好病虫测报点的管理、信息采集和水稻田间病虫害调查工作；做好水稻螟虫越冬残留虫量基数、越冬代虫口密度调查工作；加强水稻“两迁”害虫监测预报。2018年共发布重要病虫情报12期，全年指导病虫害防治面积105万亩次。大力实施病虫害统防统治和农药减量控害增效和“绿色防控”等工程，推广病虫害专业化统防统治8.7万亩，农药减量技术（绿色防控融合）应用面积10.29万亩，农药减量23.6吨。推广绿色防控工程，灌水杀蛹10万亩，种植显花植物1000亩，田埂留草5万亩，生物农药应用20多万亩次，果园杀虫灯80盏，性诱剂300套，色板1万块（蔬菜）。10月，开展全县性大规模的农村农田秋冬季统一灭鼠活动，秋冬季农田灭鼠数28.17万亩、农户灭鼠数21.19 万户；农田和室内鼠密度明显下降，对防病保粮起到重要作用，取得显著的经济效益。做好种子产地检疫和调运检疫工作，组织专职植物检疫执法人员到蔬菜制种基地进行产地检疫，开具产地检疫合格证29份，涉及55个品种，17个作物，总产量7635.5 千克。开具调运检疫证书9份，涉及8个作物，检疫合格种子数量1370 千克。在检疫过程中，未发现有农业植物检疫对象。加强重大植物疫情的普查和防控工作，组织专职植物检疫员进行调查，在北城街道、东城街道、乌牛街道等地发现加拿大一枝黄花，累计派出186人次，铲除面积200多亩；在桥下、乌牛等地发现柑橘黄龙病病株1654多株，全部进行挖除；柑橘溃疡病零星发生面积20多亩，进行喷药防控；受第8号台风“玛莉亚”影响，永嘉县连作晚稻秧苗受淹，细菌性条斑病发生面积约1000亩，防治2万多亩次，对产量造成轻微影响。

渔　业

概况 2018年，永嘉县稻田

养鱼养殖面积8.38万亩，池塘、外荡、山塘、水库养殖面积1.029万亩，比上年同期减少4.46%，养殖产量3142吨，比上年同期减少1.54%；瓯江楠溪江捕捞产量986吨，比上年同期增长19.8%。水产品总产量4128吨，比上年增加2.84%，水产加工品总量836吨，比上年增加16.78%；渔业总产值18480万元，比上年增加1946万元，增幅11.77%。

水产养殖与加工 2018年，永嘉县田鱼稻田养殖达8万亩。养殖水产品主要品种有永嘉田鱼、草鱼等，其中永嘉田鱼1997吨，占63.6%。永嘉田鱼干年总产量130吨，占水产加工品总量15.6%。

渔业执法 2018年，永嘉县加大渔业行政执法工作力度，出台《关于建立楠溪江渔业资源保护联动执法机制的实施意见》文件，增强执法联动合力，明确禁渔期内违法电毒炸鱼涉嫌犯罪行为与情节显著轻微适用行政处罚行为的界限，至禁渔期结束，公安部门对22件电毒炸案件按刑事案件立案查处，涉案人员32名。制定《永嘉县内陆捕捞渔民减船转产实施方案》文件，共有41位渔民申请减船转产，压减渔业捕捞强度，实现渔业资源可持续利用。全面整治地笼网等违规渔具，严厉打击电鱼、毒鱼、炸鱼等违法行为，查处“三无”渔船2艘，查处渔业违法案件22件，取缔地笼网86副、收缴流刺网34副，渔业行政处罚21人。全面落实渔业安全生产责任制，与304位捕捞渔民、56户楠溪江承包户签订渔业安全生产责任书，与80多位规模养殖场户和大户签订初级水产品质量安全承诺书。结合渔船年度检验把好渔船质量关，加强日常巡查及时消除安全隐患，全年无渔业安全生产事故以及初级水产品违规现象。积极开展楠溪江渔业增殖放流行动，全年在楠溪江、西溪、菇溪、乌牛溪增殖放流香鱼、鲢鱼、鳙鱼3个品种947万尾苗种，价值60万元，通过增殖放流，补充水生生物种群，改善公共水域渔业生态环境。

畜牧业

概况 2018年，永嘉县畜牧业生产总体呈下降趋势。1—12月，生猪月末存栏3.88万头，同比下降7.57%，生猪出栏7.01万头，同比下降9.13%；家禽月末存栏127.12万羽，同比增长25.64%，家禽出栏248.69万羽，同比增长6.12%；羊存栏4.26万只，同比下降9.93%，羊出栏5.40万只，同比下降4.94%；牛存栏1.13万头，同比下降7.04%，牛出栏0.62万头，同比增加5.34%。

转型升级 永嘉县农村农业局全面助推畜牧业转型升级，出台《永嘉县畜禽养殖废弃物资源化利用工作方案（2018—2020）》，持续深化畜禽养殖废弃物处理和资源化利用，推广粪污收集还田利用、发酵床垫料回用、沼液肥料化利用和水肥一体施用技术，促进畜禽粪污就近就地还田利用，2015—2018年永嘉县规模化畜禽养殖场粪便综合利用率均达98%以上。继续严格落实畜禽养殖污染监管县、乡、村三级网格化巡查制度，对巡查发现的畜禽养殖环境污染行为，及时制止并向环保部门报告，做到早发现，早报告，早处置。对纳入在线智能化防控平台的全县38家生猪养殖场加强线上监管。永嘉县林洁农业综合开发有限公司，永嘉县百丈角农业开发有限公司和永嘉县乌牛镇盛旺养殖专业合作社通过省级美丽生态牧场创建工作考核验收。2016—2018年，永嘉县已成功创建美丽生态牧场15家，包括生猪、山羊、肉鸡、白鸽等多种畜禽规模养殖，畜牧业转型升级工作步入新台阶。2018年，永嘉县共实施生态畜牧业项目7个，总投资900多万元，其中美丽生态牧场总投资750多万元。

畜医管理 2018年，永嘉县农村农业局全面保障畜牧业健康发展，坚持以防为主原则，采取集中免疫和平时补针相结合，全县共使用疫苗禽流感197.6万毫升、猪口蹄疫51.5万毫升、牛羊口蹄疫21.2万毫升、猪蓝耳病疫苗26.3万毫升，应免畜禽免疫密度100%，超额完成上级考核任务。有序开展主要动物疫病日常监测工作，共监测O型口蹄疫抗体535份，猪瘟抗体415份，新城疫抗体320份，H5N1抗体1039份，H7N9抗体1004份，小反刍兽疫抗体820份，共计4133份。8月7日起，永嘉县已累计排查养殖场（户）9738家（户）生猪44.48万头、调运户61家（次）生猪6820头、屠宰场189个（次）生猪3.48万头。除省局提供的宣传资料外，永嘉县农村农业局专门印制《非洲猪瘟防控知识挂图》1500份，确保宣传全覆盖；深入38个规模猪场，逐个发放告知书、明白纸、知识挂图等资料，现场面对面进行非洲猪瘟防控知识的指导和培训，并要求落实好封闭管理、消毒灭源、泔水禁喂等综合防控措施，杜绝疫情传入猪场。2018年，永嘉县发放生猪耳标62960枚，网络戴标32678头，网络免疫操作100163头，耳标佩戴率90.7%。永嘉兽医实验室成为温州市首个获得检验检测机构资质认定证书的县级兽医实验室。

大力推进动物监督管理工作，全面履行动物检疫、动物卫生监督执法及动物产品安全管理职责。2018年，永嘉县省外调运备案2884批次，省外调入生猪153905头、牛7537头，备案率、落地报告率100%；屠宰检疫生猪13.99万头，检疫率100%；配合省市县畜产品抽检120批次，完成上级任务率和本地产品合格率100%；养殖环节无害化处理猪3448头、牛94头、羊75头、禽44389羽，无害化处理率100%；屠宰环节无害化处理猪558头，无害化处理率100%。结合“营商环境提升年”行动，强化行政执法与刑事司法的衔接，严厉打击畜产品质量安全领域的各类违法行为，举报受理率100%，违法线索及案件查处率100%，案件信息公开率100%，一般程序立案23起，结案23起，罚没款7.38万元。全县“瘦肉精”专项监测4279批次，其中养殖环节抽检684批次，屠宰环节“瘦肉精”监测3595批次，未发现一起“瘦肉精”检测阳性案例。同时，实施《浙江省布鲁氏菌病防治计划（2017—2020年）》方案，深入乡镇（街道）采集羊血清样品650份、眼鼻拭子650组，经检测所有样品均为阴性（合格）。

（夏晓辉　陈彤）

林　业

绿化造林　2018年，永嘉县共完成迹地更新造林1711亩，超额完成省厅1500亩的任务指标，完成率114.07%；彩色健康森林建设19833亩，超额完成省厅15000亩的任务指标，完成率132.2%；新植珍贵树58.6233万株，超额完成市局下达的47万株指标任务，完成率124.7%；完成中央财政森林抚育20780亩，木材战略储备林1500亩，平原绿化411.5亩，完成率均达100%以上。完成珍贵树种局长示范林5个，珍贵树种示范点7个，珍贵树种示范单位3个；完成西部生态休闲产业带美丽林相建设67337亩，验收合格油茶良种推广基地造林面积3452亩，发放珍贵树种赠苗5万株，义务植树29.5万株，参与义务植树活动9.8万人次。创成省级森林人家5处，省级森林特色小镇1处；不断推进“一村万树”示范村建设，2018年投入财政资金392万元，整合社会资金8247万元，建成示范村7个，推进村92个，全面完成2018年指标任务。

行政审批　2018年，围绕“优化营商环境”，提升审批效率，确保“最多跑一次”改革高效落实，科室连续获得县行政审批中心第一、二季度“红旗窗口”荣誉称号。科室工作人员2人连续获得窗口第一、二季度“服务标兵”荣誉称号。审批事项全部列入“最多跑一次”事项；2018年，县林业局共受理行政许可752件，全部办结，其中即办件383件、承诺件369件。承诺件按时办结率100%，提前办结率100%，群众满意率保持100%。

林业执法　2018年，永嘉县林业局在全县范围开展集中打击破坏森林和野生动植物资源违法犯罪暨“2018利剑行动”。全面排查整治，强化源头管理，形成“不放过任何一亩林地”高压态势。全年共接处警81起，出动执法人员740人次，出动车辆316车次。查处涉林案件45起，其中刑事案件13起（特大案件2起、重大案件1起），破获11起，刑拘4人，刑拘在逃1人，取保候审13人，监视居住1人；行政案件32起，办结26起，处罚30人，罚款16.8万元；协助林政资源管理所与森防站办理案件30起。

省级森林休闲养生试点县建设　2018年，永嘉县9个森林休闲养生项目协议经营面积4万亩，其中流转面积2万亩，协议投入资金45亿元、实际投入12亿元；全年共完成永嘉书院、南陈温泉小镇、四海山铁皮石斛基地、楠溪云鼎度假区、四海山庄等重点项目林业生产用房立项16194平方米，审批10637平方米；其中，永嘉书院一期400平方米林业生产用房完成验收，并报县公安部门获批特种经营许可证，建设15条共计27.649千米林区道路；百丈瀑、南陈温泉小镇获批市级森林康养基地；永嘉书院、百丈瀑森林康养基地获批成为全国森林康养基地试点建设单位；成功申报5个省级森林人家和1个省级森林特色小镇；修复九龙山、楠溪源头、下寮、永乐、张溪、四海山天湖奇根等6条共计37.48千米森林古（步）道，投入资金550万元，其中九龙山、楠溪源头森林古道建设项目被列入西部生态休闲产业带重点项目；建成永嘉书院清新空气（负氧离子）监测站。

林权制度改革 2018年，永嘉县共办理林地承包经营权流转证3件，发证6本，面积1581亩；办理林权流转手续3件，面积2180亩，落实奖（补）资金79.989万元；根据永嘉县按需勘界的实际情况，共受理确权勘界申请16起，成功勘界14起，面积12704亩；办理林权抵押贷款2件，贷款金额220万元，审查2017年度林权证抵押贷款财政贴息申报材料2件，贴息金额57974元，并由县林业局会同县财政部门联合发文，落实2017年度林权证抵押贷款财政贴息。

森林防火 2018年，永嘉全县共发生森林火灾1起，过火面积230亩，森林受害面积19.5亩，损失林木蓄积2立方米，森林火灾发生率 0.5次/10万公顷，森林火灾受害率0.01‰；与上年同期相比，发生率下降66.7%，受害率下降90 %；森林火灾持续燃烧时间均控制在24小时内，森林火灾控制率未突破8公顷/次，全县没有发生一起人员伤亡和重大森林火灾事故，均控制在省定考核指标之内。永嘉县森林消防工作“购买社会服务”模式、“引水灭火”工程均取得重大突破，护林员队伍规范化建设、森林消防队伍养老保险制度、森林消防示范队伍建设等工作亮点受到各级领导高度肯定。

有害生物防治 2018年，永嘉县防控面积25.77万亩，重点除治面积10.65万亩，清理株数9.09万株。2018年共完成除治面积16.2万亩、完成率152.17%，清理病死松木18.78万株、完成率207%，严格落实检疫封锁面积15.12万亩。创新开展疫木安全利用除治试点，先行试点疫木加工利用的2批6个村和楠溪江滩林均取得成功，2家疫木定点加工企业已累计安全利用疫木7075.6吨、投入防治资金近849.12万元，直接产生经济效益近1200万元，为林木所有者（村集体和林农）挽回经济损失近200万元，扩增珍贵树种造林用地面积近万亩。启动“绿剑”检疫执法专项行动，组织开展为期4天3夜的联合行动，沉重打击瓯北马岙木材市场疫木非法加工企业，共出动执法人员73人、森林消防队伍5支95人、抓木车3辆、疫木运输车40多辆，收缴疫木800多立方米，立案10余起。

生态公益林管护 2018年，永嘉县共有公益林面积131.0419万亩，其中国家级公益林面积3.9471万亩、省级公益林面积127.0948万亩，公益林占林地面积40.83%，分布在全县20个乡镇（街道）607个行政村和2个国有林场。2018年共发放省级以上公益林补偿资金5205.549万元，其中发放到村到户的公益林损失性补助4550.3395万元，护林人员劳务费458.6467万元；管理费用65.5209万元，公共管护费用131.0419万元。其中包括消除集体经济薄弱村补助资金100万元，涉及三江、桥头、桥下等5个乡镇（街道）30个行政村。

湿地保护 2018年，永嘉县启动省级湿地公园建设，修复湿地公园稠树村滩林，清理垃圾、拆除临时棚等30余亩，植树造林2300余株，设置湿地公园入口标志牌；公布第二批县级湿地保护名录。根据《浙江省湿地保护条例》要求，将瓯江湿地（乌牛至桥头段）、鹅浦湿地、北溪水库、金溪水库等4处湿地公布为永嘉县第二批县级保护湿地，强化管理，维护湿地的生态功能，保障湿地资源永续利用。

野生动物保护 2018年，永嘉县不断加强野生动物宣传，举办主题为“保护鸟类资源，守护绿水青山”的野生动植物保护宣传月暨“爱鸟周”活动，其间发放陆生野生动物保护宣传单和宣传纪念品400余份，接受咨询50余人次，参与人员达1000人次，并联合县森林公安局拍摄以“保护野生动物”为主题的《普法面对面》电视节目1期。强化野生动物救护，共救护各类野生动物88只，其中国家二级48只、省级重点6只、省级一般33只、人工养殖1只。

林区道路建设 2018年，永嘉县林业局、财政局联合印发《关于永嘉县2018年林区道路建设项目立项的通知》，全县共立项林区道路64条，199.44千米；联合县财政局对已竣工的林区道路建设项目进行实地验收，全年共完成林区道路建设17条，累计42.8千米，下达2018年补助资金256.8万元。

（李倩倩）

水利水电

概况 2018年，永嘉县水利局坚持建设与管理同步推进、创新与务实并重并举，全力做好水利工程建设、水利创新管理、水资源保障、党的建设等方面工作，在单位内部管理和水利工作上取得阶段性成效，预计全年累计可完成投资8.48亿元，占年度计划的117.6%，为永嘉社会经济发展提供有力支撑，2018年，全县考绩评为优秀单位。

防汛防台抗旱 永嘉县坚持“宁可十防九空，不可失防万一”的严谨态度，围绕“不死人、少伤人、少损失”备汛思路，扎实推进防汛防台工作。2018年，永嘉县及时调整机构设置，根据人员变动情况，调整完善县级防汛抗旱指挥部及成员单位人员信息，签订责任书，确保职责清晰，协作顺畅；及时公布小流域山洪、重点水利工程安全责任人及村（社区）行政责任人，通过中国永嘉公务网向社会公示。全面落实水库安全度汛“三个责任人、三项重要措施”，顺利接受水利部和省水利厅抽检，存在的问题全部整改到位。

2018年，永嘉县积极组织开展防汛安全大检查，对各地各部门开展“全覆盖、无死角”的拉网式检查，共发现隐患197处，通报检查情况并公布17个重点督办隐患，于汛前全面完成隐患整改或落实安全度汛措施。线上线下同步开展防汛演练，5月21日，联合国土资源局，以海鹰救援队为主要力量在沙头镇组织防汛实战演练；6月29日，在县防汛指挥中心开展全县防汛管理APP操作演练，累计参与人数6000余人次。根据永嘉县实际情况，对北部山区防台抢险救援应急预案、防台避洪人员安全转移预案、永嘉县防汛工作手册、78座水库“一库一册”资料进行修编完善。强化监测预警系统保障，由专业维修养护单位对山洪灾害监测预警平台、水雨情观测站点、LED宣传屏进行全面检修保养，落实专人全年驻守防汛会商系统；明确6支防汛抢险应急队伍共215名队员名单；汛前整理统计县级及北部山区防汛物资储备情况，及时补充，确保物资储备满足要求。防汛APP安装使用实现责任人全覆盖。利用LED屏幕不间断播放防汛防台视频和防御常识；同时，以“营商环境提升年”为契机，深入企业开展防汛安全宣传工作，切实提高企业防汛安全意识；鼓励各地、各部门做好防汛知识宣传工作。

2018年，永嘉县主要遭受“5·30”“6·5”“8·24”强降雨以及8号台风“玛莉亚”、10号台风“安比”和14号台风“摩羯”等3个台风的影响，其中“5·30”强降雨和“玛莉亚”影响期间，全县面雨量分别达到101.3毫米和118.6毫米。整个汛期，共启动防汛Ⅳ级应急响应2次，防台风Ⅳ级应急响应3次，防台风Ⅲ级、Ⅱ级应急响应各2次，防台风Ⅰ级应急响应1次，下发41份文件部署防汛防台工作，转移群众52010人，发送预警短信3.2万余条。有效应对3次强降雨和3次台风袭击，汛期无防汛责任事故发生。

工程质量监管 2018年，永嘉县水利局建立完善安全生产目标管理体系，制定《2018年安全生产工作要点》等36个文件，成立水利专业安委办，签订安全生产责任书28份，全方位落实安全生产责任制。实行“面上工程属地管理、重点工程专项管理”制度，解决五小工程“最后一千米”监管难题；组建工程建设质量与安全监督小组，对62个重点工程进行专门监管，逐个建立质量安全监督工作计划，全年开展质监及安全生产专项检查28次，日常巡查85次，下发质监相关文件68份，其中整改通知书33份，处理问题223个，对4家施工单位、1家监理单位的不良行为进行通报，并在信用平台公示，为水利工程质量与安全管理提供有力保障。县水利局以宣传教育为辅，意识巩固到位。5月29日，邀请市专家开展永嘉县水利系统安全生产培训会议，局属有关单位120余人参加培训，切实增强水利从业人员的法律意识、安全意识、责任意识，提升水利安全生产监管人员的业务水平。围绕“生命至上、安全发展”主题，开展安全生产月活动。组织动员水利职工参加全国水利安全生产网络知识竞赛，成绩名列温州地区第三名；积极参加全国安全生产宣传咨询日活动，购买安全生产书籍、画册等发放到基层站所和水利工程现场，将安全生产宣传延伸到基层一线。

便民工作 2018年，永嘉县水利局完成《永嘉县楠溪江下游段防洪挡潮排涝专题方案研究》和《桥头镇防洪排涝专题方案研究》编制审查，配合省水利厅开展《瓯江流域防洪规划修编》和《楠溪江防洪格局专题研究》，为保障全县防洪排涝这局棋下了关键一步。严格审核规划符合性，全年参加相关部门发展规划、村镇规划、专项规划等规划对接审查86项次，建设项目设计方案审查13项次，充分发挥水利规划在涉水事务管理中的指导和约束作用。以服务营商环境提升为抓手，深化“最多跑一次”改革，所有审批事项全部列入跑改事项，编制完成水利审批事项办事指南完整版和简化版，水利工程竣工验收审查意见缩短为10天，15项水利审批事项直接由基层站所办理，取消调整施工图审查审批和水土保持报告及取水许可、水资源论证报告编制单位和人员资质资格要求，主动为业主提供水土保持方案、防洪影响评价等编制工作的技术服务工作。开展“万名干部进万企”专项活动，当好驻企服务营商专员，为企业发展送政策解难题促发展。全年共受理水利行政审批事项87件，全部办结，提前办结率100%，平均承诺件时限7.4天，实际平均时限4天，平均提前率45.9%。按时参加行政审批中心组织的联合审批、审查、踏勘、会商310多次，参与农村和城镇污水处理项目200多处。征缴各种规费4777.02万元，其中水资源费4659.90万元，水土保持补偿费51.26万元，水域占用补偿费52.87万元，其他规费12.99万元，所有规费均足额收取、按规上缴。建立健全信访办理机制，2018年共接到78件群众来信来访举报，案件答复率100%，未出现行政复议及其他不良后果等情况。其中收到省水利厅转办信访件（含来电来信及网络受理）17件，不予受理8件，依法依规作出处理意见9件，在后续回访过程中，均得到信访人满意答复。

工程建设　2018年，永嘉县南岸水库完成环评咨询稿和景观可视性分析专题修改稿、规划选址报告初稿、楠溪江流域规划环评招投标工作，但由于“封库令”未下达，可研报审工作暂时搁置。楠溪江河口大闸完成可研报告初稿。（鹅浦溪、下塘溪）河口段治理完成招投标工作并举行开工仪式，鹅浦溪2.1千米水工部分基本完成，现场各项工作有序进行，累计完成投资9537.38万元。三江标准堤外移段完成初设批复和PPP项目“一方案两评价”编制，内退段政策处理工作取得重大进展，第三阶段Ⅲ标江头村104户民房拆迁与安置，村委会、三江农械厂、三江供销社等公建设施完成协议签约，堤线外移调整段完成施工图设计与审查，工程剩余部分已确定采用PPP建设模式，顺利完成1.5亿元的年度投资任务。乌牛溪（永乐河）治理工程土地指标得到进一步保障，全线22.27千米，沿线清淤2千米，堤岸基础处理5千米，上部结构施工0.7千米，桥梁基础处理等有序推进，完成投资1.98亿元，永嘉部分累计完成产值17075万元。瓯江治理、西溪主河道治理和菇溪河道综合治理等3项省级重点水利工程完成扫尾工作，其中桥头镇菇溪河道综合治理六期工程项目总投资5.5亿元，2018年9月顺利完成一期工程招投标，并完成两座桥梁下部结构施工，累计投资0.68亿元，超额完成2018年年度计划投资任务。完成岩坦溪屿北以下段河道治理和花坦、枫孤溪、鹤盛溪河道治理工程建设。永嘉县三塘隧洞分洪应急工程顺利通过竣工验收，乌牛新闸和瓯北西段标准堤等工程验收工作加快推进。全年共投入2085万元，完成饮用水安全提升工程22处，提升农村饮水安全人口1.56万人，水质抽检合格率81.5%，较2016年有较大提升。超额完成大坟底水库除险加固工程及18座山塘综合整治工作，水库山塘安全保障系数稳步提高。新增高效节水面积0.49万亩，其中坡耕地高效节水0.16万亩，水稻田管道灌溉0.33万亩。全年完成13处灌区集中改造工程，新增改善灌溉面积1.28万亩，完成农田渠道衬砌90千米。第六批小型农田水利重点县建设主体工程全部完成。

水环境综合治理　2018年，永嘉县开展无违建河道创建，对全县范围内的市、县级河道涉河违章建筑进行一次全面细致的大摸底、大排查，建立市、县级河道资料库，共摸排出永嘉县申报创建“无违建河道”县级河道17条，总计155.623余千米，完成全县沿河拆违共27166平方米，提前5个月完成既定目标。永嘉县水政监察大队被评为2018年全省优秀集体。全面实施河道综合整治，积极探索河道建设生态化、本土化模式，以“岸绿、水清、景美”的原生态河道理念，严把工程设计关、施工关，完成河道整治5.085千米。成功创成大楠溪（前溪村—上宅岸）和菇溪（殿前村—大沸下村）两条市级美丽河道，其中姑溪为温州市“十大美丽河湖”，完成县级河道划界191千米。以“不把污泥浊水带入全面小康”的工作目标，严格落实《永嘉县河湖库塘清污（淤）三年计划（2016—2018）》，开展河湖库塘清淤工作。完成清淤疏浚73万方，河道、水库山塘等水环境得到显著改善。开展水土流失治理，完成水土流失治理面积19.45平方千米，其中水利部门实施治理面积

9.32 平方千米，其他部门实施治理面积10.13 平方千米（其中包括封育治理面积8.2 平方千米、水保林1.93 平方千米、经济林0.26 平方千米）。推进水电生态化改造，完成张溪毛竹水电站生态改造竣工验收，双溪口水电站和大岙坦水电站增效扩容工程顺利完工并完成机组启动验收工作。

水利管理 2018年，永嘉县全面推进水利工程标准化管理。围绕“标准明确、责任落实、工程安全、制度健全、设施完备、管理专业、运行高效、环境优美”的创建目标，扎实做好创建工作。在2018年标准化年度新创建工程数42处的基础上，自我加压提高任务量至76处，圆满完成创建任务。提升2016—2017年已创标工程125处，并列入标准化省市县三级日常监督。进一步提高水库山塘巡查员工资补助，水库巡查员工资从原来的每年0.5万元/座提升到1万元/座，山塘巡查员由原来的平均1年0.3万元/人提升到0.5万/人。引入信息化管理模式，扎实做好县城防洪工程和排涝应急工程物业化管理工作，在防御台风和暴雨中发挥重要作用，力保县城没有突发水情。同时，多次迎接省、市领导考察，物业化工作得到一致肯定。2018年，永嘉县全面推进节水型社会创建。以第二批节水型社会建设为抓手，落实最严格水资源管理制度，全面加强水资源管理。按照《关于编报节水型社会建设年度计划的通知》要求和《永嘉县节水型社会建设工作方案》年度工作安排，明确各部门职责，落实年度节水型社会创建任务。申报节水型企业26家，创建节水型小区1处，创建节水型公共机构共16家（其中2家节水型校园），审核工业企业清洁生产6家，节水型社会建设年度任务完成率100%。开展水资源管理专项行动，编制水资源管理专项行动方案，深入排查非法取用水行为，进一步加强各用水户依法缴纳水资源意识，确保水资源费及时足额征收。2018年完成26个企业水平衡测试，办理取水许可证换证33个（其中新办3个），水资源费共征收4126万元。因工作成绩突出，永嘉县被省水利厅评为落实最严格水资源管理制度成绩突出单位，水利局1人被评为先进个人。

“清廉水利”建设 2018年，永嘉县水利局积极打造阳光水利工程，开展水利领域营商环境提升年行动，着重整治“为官不为”、“中梗阻”等作风顽疾。对营商环境、公车私用、公款吃喝、工作纪律、机关效能等进行整风肃纪检查，开展营商环境、正风肃纪等各类专项检查55次，立案2起，党内警告处分2人。开展“清廉水利”建设，申报全面从严治治党主体责任重点单位培育活动，紧密结合水利工作实际，在水利系统内开展“清廉机关”“清廉站所”和“清廉国企”建设工作，构建符合永嘉水利特色的惩治和预防腐败体系，做到风清、人正。

宣传工作 2018年，永嘉县水利局认真做好世界水日、中国水周、浙江省防汛日、国家宪法日等固定节日的水情教育和水利宣传工作，提炼水利亮点工作、创新工作和特色工作，积极向国家和省、市、县网络媒体投稿，其中中国水利网发稿1篇，浙江水利网发稿15篇，省治水办发稿3篇，市级媒体发稿200余篇，县级媒体发稿300余篇。

（汪雍雍）

农村能源

太阳能路灯和杀虫灯 2018年，永嘉县山区农村集体经济薄弱，大部分村没有经济实力安装路灯，村民晚上出行不便。为此，永嘉县能源办加大太阳能路灯推广力度，通过实地查看选择35个村，实施太阳能路灯示范项目，共安装352盏太阳能路灯。在永嘉县楠溪江嘉纳庄园等四个农业合作社安装太阳能杀虫灯36盏。

沼液对比试验 2018年，永嘉县建有沼气工程的畜牧养殖场均位于边远地区，沼液外运困难，利用率不高。县能源办在2018年向市农业农村局申报沼液对比试验项目，选择位于枫林的温州德亨农业开发公司为项目实施单位，试验种植面积10亩。就沼液对农业种植物和土壤的影响，持续跟踪沼液施用对农业种植物生长、农产品质量、土壤理化性状，积累相关数据和结论，建立沼液利用的指导性施用体系，为全市沼液科学利用提供可参考依据。

畜牧养殖场沼气工程 2018年永嘉县正常在用的畜牧养殖场沼气工程38处，总池容9168立方米。为确保在用沼气工程安全生产，县能源办加强对业主技术指导和宣传教育，做到定点、定人、保安全。按月一次进场实地检查，确保全年没有发生沼气安全生产事故。

（厉和平）

工 业

综 述

概况 2018年，是“一二五”发展布局的关键之年，面对新时期、新形势，永嘉县聚焦聚力数字经济“一号工程”，以转型升级为工作主线，以智能制造为工作重点，以“稳增长、调结构”为基本目标，全力破除当前工业经济发展过程中的困难和问题，促进工业经济高质量发展。着力抓好工业项目、数字经济、绿色经济、企业培育、营商环境等重点工作，攻坚克难，全力以赴完成各项工作任务，取得较好成绩，连续三年跻身全省“两化”融合第一梯队，泵阀产业被列入第二批传统制造业改造提升分行业省级试点，规上工业亩均税收排名全省89个县（市、区）第八。全年实现规上工业总产值277.72亿元，同比增长13.8%，保持两位数稳定增长；工业用电量17.65亿千瓦时，同比增长7%，工业经济总体保持平稳态势。

规上工业持续增长 截至2018年12月31日，永嘉县规上工业企业达到417家，规上工业增加值同比增长10.2%。泵阀、鞋服、教玩具、纽扣拉链行业规上工业产值分别为87.49亿元、82.7亿元、26.94亿元、9.38亿元，同比增长分别为23.7%、3.5%、18.8%、11.6%，占全县规上总产值比例分别为31.5%、29.8%、9.7%、3.4%。产值超10亿元企业3家、超5亿元企业1家、超亿元企业57家。

小微园建设 2018年，永嘉县完成工业投资21.37亿元，同比增长26.1%；其中工业技改投资11.92亿元。23个具有良好发展前景的项目获得准入，全年供地18宗331.65亩，开工项目30个577亩。截至2018年，共规划建设9个小微园，其中桥下教玩具孵化园、和三小微园顺利开工建设；桥下智能教玩具小微园、三江工美小微园和珠岙时尚轻工小微园竣工；罗浮系统流程装备产业园、塘头铸造产业园、珠岙系统流程装备小微园、桥头服装辅料小微园建设推进顺利。

技术创新 2018年，永嘉县加大技改补助力度，增加“机器换人”专项，引导企业加快“机器换人”步伐，全年成功推广应用机器人167台，新增2家市级企业技术中心（嘉松、巧巧），累计上报国家、省、市级以上技术创新类项目29项，宣达一产品被评为省级首台（套），企业生产效率和产品精度明显提升。数字经济取得新进展，信息化发展总指数连续3年超过90，全年企业上云数达1750家，积极创建5个数字化车间，培育云平台服务商4家、行业云应用平台5个，云平台建设初见成效。

绿色生产 2018年，永嘉县万元GDP能耗下降3.64%；6家企业通过清洁生产审核验收，红蜻蜓被评为国家级“绿色工厂”，新增26家市节水型企业，对112家企业落实差别化电价政策，参与电力直接交易试点企业389家，共计减少企业电费支出1138多万元。“亩均论英雄”开创新局面，完成356家规上企业和248家规下企业综合评价，减免综合评价a、b类企业城镇土地使用税427.24万元，通过电力直接交易降低企业用电成本1138万元；推行整治组合拳，完成亩税万元以下企业整治166家，“亩均效益”稳步提升。

（任 慧）

泵阀工业

概况 2018年是永嘉县泵阀行业在2008年国际金融危机以来最好的一年，大小企业均处在生产饱和状态，国内、国际两大市场均保持良好增长态势。据相关统计，永嘉全县泵阀工业总产值287亿元，同比增长13.9%；其中规上137生产总值122.5亿元，同比增长20.0%；外贸自营出口2.61亿美元，同比增长18.15%。

外贸出口 2018年，外贸自营出口2.61亿元，同比增长18.15%。

平台建设 2018年，联合华为等打造泵阀产业联盟，推动产品智能化发展。1月9日，浙江省泵阀行业协会与永嘉县政府有关部门联合举办“浙江泵阀行业与互联网融合创新大会暨NB-IoT智能产业联盟和联合创新实验室成立大会”；联合华为技术有限公司、浙江大学工业自动化国家工程研究中心等单位成立全国首家NB-IoT智能泵阀产业联盟和联合创新实验室，推进工业互联网、工业大数据、物联网和人工智能等新一代信息技术在泵阀产业的应用。为泵阀产业朝着“系统流程装备”和“工业物联网技术”方向发展搭建起实践平台。

2018年，永嘉县搭建全国性技术交流平台，助推泵阀产业技术升级。5月17日上午，由永嘉县人民政府主办，浙江省泵阀行业协会与温州系统流程装备科学研究院、永嘉县经济商务和信息化局、永嘉县市场监督管理局联合承办的全国阀门标准工作会议在永嘉县隆重举行，来自全国阀门标委会全体140多位专家齐聚永嘉，与当地阀门企业家260余人共同畅谈永嘉阀门标准化工作。

标准制定 2018年，永嘉县泵阀工业协会加强标准制定工作，联合永嘉县市场监督管理局、温州市标准化研究院、温州系统流程装备科学研究院、浙江省阀门标准化技术委员会组织召开“浙江制造”团体标准统一立项申报培训会，超达、伯特利、保一、方圆、宣达、立信、环球、浙江纽顿流体、浙江浙东阀门、开维喜、浙江迎日、耐森阀业12家企业参加“品字标浙江制造”标准的申报、编写和立项等方面知的识培训。参与制定以浙江伯特利科技有限公司为主导的《石油、石化、天然气及相关工业用钢制截止阀和升降式止回阀》《石油、石化、天然气及相关工业用钢制旋启式止回阀》《石油和天然气工业管线输送系统用全焊接球阀》3个“浙江制造”团体标准，顺利通过省品牌建设联合会组织的省级专家审评。这是全省由1家企业主导制定并同时通过“浙江制造”团体标准审评数量最多的一次，也是永嘉县第三家阀门企业主导制定的“浙江制造”团体标准获得认可。

与浙江省品牌建设联合会发布《2018年第五批“浙江制造”标准制定计划》，永嘉县保一集团有限公司、纽顿流体科技有限公司、浙江迎日阀门制造有限公司等申报的《先导式安全泄压阀》《弹簧载荷式安全泄压阀》《液化天然气阀门》《波纹管密封钢制截止阀》《氧气用阀门》5项阀门标准获准立项制定。这是永嘉县作为“品字标浙江制造”品牌集中培育试点县以来在阀门产业中集中培育获准立项产品标准制定最多的一次。协会与浙江新海阀门有限公司联合召开《Y型过滤器》浙江制造标准启动，邀请县市监局、国家阀门中心、县科技中心等相关起草单位的专家参与讨论标准起草工作的相关事宜。同时协会力推并参与起草《阀门零部件 阀杆通用要求》和《电磁驱动截止阀》2项机械行业标准，通过全国阀门标委会专家团审核。

申报项目 2018年，永嘉县泵阀工业协会协助政府部门申报重大项目，推进产业转型升级。协助县经信局申报省级传统产业改造提升试点，协助永嘉县经信局编制《永嘉泵阀制造业改造提升分行业省级试点实施方案（2018—2022）》，顺利通过专家组评审，成功获批省政府“第二批传统制造业改造提升分行业省级试点”，获得省财政1000万元的产业专项扶持资金。协助县科技局、温州系统流程装备研究院申报省级系统流程装备产业创新服务综合体，全程参与前期调研活动，为《永嘉系统流程装备产业创新服务综合体建设规划》提供大量资料与数据。

组织培训 2018年，永嘉县泵阀工业协会举办包括阀门行业全球商机研讨会、“值钱企业的顶层设计培训班”、“精益生产管理实战培训班”在内的7场研讨会和培训班。

考察学习 2018年，永嘉县泵阀工业协会积极开展考察学习，包括邀请国家阀协常务副理事长张宗列、秘书长宋银立到永嘉指导并参观考察超达等企业、立信集团等企业参观第123届广交会并考察白云水泵厂等6场考察学习。

组织参展 2018年，永嘉县

举办第二届专精特新博览会。永嘉县泵阀工业协会与温州系统流程装备科学研究院、永嘉经济商务和信息化局、瓯北城市新区管委会联合举办首届“中国泵阀之乡”专精特新泵阀产品博览会，永嘉县委常委、副县长来涛等领导出席开幕式。协会积极组织百强、中孚流体等10余家企业参加在莫斯科红宝石展馆举办的“2018中国机械工业（俄罗斯）品牌展”，与俄罗斯石油公司巨头进行面对面交流，取得良好效果。

宣传工作 2018年，永嘉县泵阀工业协会积极利用温州都市报、温州电视台、今日永嘉等媒体开展产业宣传活动，利用自身宣传工具，加大宣传力度，编辑出版《泵阀纵横》杂志1期，更新网站信息1000余条，建立微信公众号，发布相关文章37篇，取得良好宣传效果。

荣誉 2018年，永嘉县泵阀工业协会获得省商务厅“优秀预警点”、温州市质量技术监督局“质量工作优秀行业协会”和温州人社局“优秀人才工作站”荣誉称号，并在全省100家优秀协会“工作成绩评比”中获得第一名。

（陈文荣 周思聪）

电镀工业

概况 2018年，永嘉县表面工程行业协会以归零的心态，重新出发，迎难而上、奋勇前行，全面履行协会职责，全力为会员企业服务。

环境污染防治 2018年，永嘉县表面工程行业协会从环境污染防治工作入手，改变污染治理机制，从生产工艺环节降低排污浓度和提高资源利用率，把环保外在压力转化为生产工业技术提升的内在驱动力，降成本、增效益，提高企业竞争力。根据当地实际，及时向永嘉县环保局提出合理性建议，对电镀行业环保达标做出贡献。

业务培训 2018年，永嘉县表面工程行业协会配合卫生、环保、安监、公安等职能部门做好各项评估工作，通力协作办好各类培训班及发证持证上岗工作。认真做好剧毒品、易制毒化学品的出入库台账登记工作，严格规范管理，保证安全可靠。消防措施要加大安保投入，做实企业消防管理，检查死看死守，确保重点区域安全，完善应急预案，参与宣传培训，加强与当地安监、消防基层部门沟通，结合单位实际对预案中防火、灭火、逃生、应急处置方法进行完善和熟悉，逐步逐岗位分解责任，确保隐患排查到位。8月22日，县科技中心举办精益化生产管理培训，邀请SKO株式会社社长、精益生产专家——周家东作主讲教师，波普科技、开天饰品、泽盛科技、澳宇五金、华通电镀等70多家企业的负责人和管理人员参加培训。

参观考察 2018年，永嘉县表面工程行业协会组织会员企业外出交流学习，采取“请进来、走出去”方式，经常举办不同形式的座谈会、报告会，研讨会。引进新技术、新工艺提升电镀加工技术总体水平。2018年10月，永嘉县表面工程行业协会组织会员单位30余人，赴江苏省无锡市进行考察交流活动。9月，组织电镀行业中的拔尖会员企业单位主要负责人、高工及协会工作人员8人，前往乐清市经济开发区虞氏工业设计有限公司3D打印技术服务平台学习取经。

工艺美术行业

概况 2018年，永嘉工艺美术行业协会聚焦永嘉工艺美术文化建设，积极组织参加各种专业展览和评选活动。永嘉工艺美术园基本竣工，标志永嘉县工艺美术事业迈向新台阶。

展览获奖 2018年，高仁荣木雕作品《箫起凤舞》、高仁孝木雕作品《笔下春风》、陈清华木雕作品《八骏》获“金奖”。郑国地木雕作品《泥泞岁月》、黄开韵木雕作品《济公》、陈伯南木雕作品《天女散花》、金少微木雕作品《鹿城之春》、胡胜利木雕作品《将进酒》、翁云达木雕作品《家园》、潘修科木雕作品《遥指杏花村》、余宪存《伟人》泥塑系列、胡铁泥塑作品《惬意》获“银奖”；获“铜奖”人员共21位。

1月，浙江省文联、中国美术学院、浙江省民间文艺家协会举办第三届浙江工艺美术双年展，郑国地黄杨木雕作品《东瓯王》获“金奖”。

3月，举办2018（中国）温州工艺美术精品博览会，在“温州工投杯”工艺美术创新设计大奖赛上，柯鸿显木雕作品《山的精灵》、郑国地木雕作品《故土》、潘修科木雕作品《踏春》获“金奖”；陈福森木雕作品《三羊开泰》、汪庆升木雕作品《童子问道》、金少微木雕作品《天女散花》、孙显秋木雕作品《飘然过江》、陈清华木雕作品《八骏》获“银奖”；金魁绸塑作品《蒋干盗书》、高仁孝木雕作品《笔下春风》获“铜奖”；胡忠放木雕作品《南拳北腿》获“优秀奖”。永嘉县工艺美术行业协会获展会“最佳组织奖”。

4月，浙江省工艺美术行业协会举办第八届中国（浙江）工艺美术精品博览会；柯鸿显木雕作品《和谐》、郑国地木雕作品《我热恋的土地》获“金奖”；孙显秋木雕作品《水上飞行》、《杨柳观音》获“银奖”；金魁绸塑作品《将相和》获“铜奖”。

2018年6月11日，在全国木雕艺术创作人才培养研修班新作会展上，陈清华创作的木雕作品《鸳鸯戏荷》获“最受专家好评的作品”。

8月18日，第七届浙江民间文艺“映山红奖”举行现场木雕创作评选活动，陈清华技艺优秀成功入围。

专业活动 根据《浙江省传统工艺美术保护办法》《关于开展首届温州市工艺美术大师评审工作的通知》《第四届温州市工艺美术大师评审办法》文件精神，经过组织申报、专家评审、网站公示等程序，1月，永嘉县高仁孝、陈清华、陈福淼、潘修科、金魁、章长才6人被评为第四届温州市工艺美术大师。3月，永嘉县文化广电新闻出版局举行永嘉县非物质文化遗产代表性传承人评审活动，金少微获“永嘉龙档”代表性传承人。4月，永嘉县总工会、永嘉县人力资源和社会保障局举行“永嘉工匠”评审，汪庆升、胡铁、金魁、章长才获“永嘉工匠”荣誉称号。8月至10月，温州市工艺美术研究院、温州商学院承办“文化部国家艺术基金资助项目——2017木雕创作人才培养”学习培训活动，陈清华表现突出获“优秀学员”荣誉称号。

论文发表 2018年永嘉县工艺美术行业协会，共发表论文3篇：2月，郑国地论文《浅析黄杨木雕的传承与发展》刊载《当代旅游》杂志。3月，柯鸿显论文《明道明德，不负如来不负木——浅谈佛像木雕的艺术创作》刊载《浙江工艺美术》第220期。5月，孙显秋论文《永嘉民间工艺美术调查——楠溪江流域为线索》刊载《浙江工艺美术》第222期。

教玩具行业

概况 温州市教玩具行业起源于20世纪70年代，经过40多年的发展。2018年，会员企业800家，从业人员2万多人。规上企业29家，产值亿元以上企业5家，产品覆盖户外组合滑梯、室内游乐设施、健身器材、桌面益智玩具、户外拓展、电子科教、辅助用品以及实验室设备等8个大类，3万多个品种。产品远销国内外100多个国家和地区。

行业经济 据税务部门统计，2018年永嘉县教玩具企业完成销售额30.61亿元，同比增长24.29%；其中内销19.89亿元，同比增长27.01%；外销4.72亿元，同比增长13.89%；税收入库（不包括免抵调入库）4992.81万元，同比增长13.3%。

从企业规模看，重点企业增速较为稳定，规上企业实现销售额12.33亿，占总销售额49.89%，同比增长25.54%，高出平均增长率1.25个百分点；从产品类别看，户外组合滑梯（塑料小博士）、木制桌、椅、床，淘气堡等游乐设施未增反降；儿童乐园整体方案设计、蹦床、拓展、益智类桌面玩具、木制小博士以及体身器材等产品异军突起增速强劲，发展态势总体较好。

校企合作 6月22日，温州市教玩具行业协会与温州职业技术学院初步达成合作协议，建立7家校企合作实践基地。及时出台《鼓励温职院学生到桥下企业实习就业的补助政策》，吸引更多人才投身桥下企业。

教玩具十大名牌产品评选 8月，永嘉县教玩具十大名牌产品评选颁奖仪式在桥下米兰国际酒店举行，奇特乐、凯奇、育才、永浪、立本、华东、华夏、巧巧、贝旺、潜力等十家企业获此殊荣。

教玩具产品质量提升论坛 8月，温州市教玩具产品质量提升暨小微企业发展论坛在桥下镇举行，国家市监总局质量提升办公室专职副主任李本军、中国玩具和婴童用品协会会长梁梅，全国索道与游乐设施标准化技术委员会秘书长邢友新、浙江省质监局产品质量监督稽查处处长沈华清、省工商局民营经济发展局副局长王玉才、温州市市场监督管理局副局长周星藏、市质监局总工程师余玮、永嘉县林万乐县长以及来自国内业界专家学者、教玩具相关企业代表400多人欢聚一堂，探讨教玩具企业如何发展壮大，进一步提升教玩具产业质量。

教玩具之都目录大全编印 9月，中国教玩具之都目录大全编印工作开始启动。12月20日，总目录编印工作结束，入编会员企业683家，4700多个页面。

浙江省玩具和婴童用品标准化技术委员会成立 11月9日，浙江省玩具和婴童用品标准化技术委员会在宁波成立，宁波玩具和婴童用品行业协会、温州市教玩具行业协会、金华市玩具和婴童用品协会以及云和县玩具协会、平湖市童车行业协会等协会相关人员参加会议。温州市教玩具行业协会会长章常义被选为副主任委员，奇特乐、凯奇、育才控股、永浪集团和浙江巧巧科技教育为单位委员。

拉链行业

概况 截至2018年年末，永嘉县拉链行业配套企业260家，拥有中国驰名商标1枚，浙江省名牌商标3枚，市名牌商标10枚，从业人员约1.6万人，全年实现产值约25亿元。

服务会员企业 永嘉县拉链商会加强各类税法和劳动法知识培训、无欠薪培训宣传、预防电信诈骗与生态环境整治培训，规范企业用工和税法知识宣传起到指导作用。5月4日，商会开展“五四”青年节活动，发动会员企业员工进行献血活动，100多名员工为义务献血做出贡献。商会党支部在“七一”期间开展党建建设，组织党员与温州拉链商会在缙云遂昌金矿开展庆党建学习活动，纪念中国共产党成立97年。12月，永嘉县拉链商会六届一次会员大会在桥头召开，230人参加大会，大会选举产生第六届会长詹天祥、监事长季仁善、秘书长刘金龙。

纽扣工业

概况 桥头是中国纽扣之都。全镇现有纽扣企业近300家，规模以上15家，年产值20多亿元。2018年11月，商会进行换届选举，陈纪担任新一届会长。

知识产权保护 2018年新产品申报专利109款，已授权97款。

“三废”治理 2018年，永嘉县加快纽扣“三废”治理，坚持企业绿色发展。其中危废处理已解决，污泥处理已和有资质的单位进行洽谈，废料处理得到县政府支持，正在努力解决。

纽扣博物馆 2018年，永嘉县加强对纽扣博物馆的管理，充分发挥其功能和作用。共接待师生2000多人次，接待党政领导和同行参观30多批次。纽扣博物馆已成为桥头标志性人文景观。

荣誉 桥头纽扣商会被温州市民政局评为中国社会组织5A级单位。

五金饰扣工业

概况 永嘉县素有“中国五金饰扣之都”称号，永嘉县五金饰扣行业协会于2007年8月成立。截至2018年，从事五金饰扣、饰品生产企业（包括家庭作坊）1000多家，从业人员2万多人，年产值100多亿元，占据国内60%以上的市场份额。2018年，协会会员已增加到220人，选举产生第三届理事56名成员，副会长以上单位29名。

小五金饰扣智能制造 近年来，面对互联网商业模式和智能工艺，小五金产业在发展中遇到瓶颈，低小散的生产现状，无法引进先进工艺技术，提升生产规模，走出行业发展困境，打造永嘉小五金饰扣和智能制造产业园区，6月，永嘉县五金饰扣行业协会共走访8家大小企业，调研效果良好，真正了解小五金产业发展的优势与弊端，为永嘉县小五金饰扣智能制造产业集聚园区建设申报提供可靠的数据。2月5日，协会向永嘉县政府提交要求建设“我县小五金智能制造产业园”的申请报告，协会向政协会议提出关于“创建我县小五金产业小微园”的提案，反映当今永嘉小五金行业在发展中的情况及存在的问题、创律智能产业园的工作思路以及需要解决的问题。

服务企业 8月22日，永嘉县五金饰扣行业协会和县科技开发服务中心共同举办企业精益化生产管理培训班，参与对象为企业负责人，生产主管，项目主管等人员。9月12日，永嘉县五金饰扣行业协会牵头配合当地环保部门召开关于小五金水抛、水滚行业危险废物提升工作会；9月17日，再次组织水抛行业危险物提升工作会和污泥处置运输签订会，协会做中间监督方，认真落实好企业有秩序处理废物的营运工作，在短时间内解决企业难题。

提升工艺 2018年9月，永嘉县五金饰扣行业协会组织行业拔尖会员单位，永嘉县程达模具，永嘉县开天饰品，瓯海锦雷五金装饰扣公司等主要负责人，高工及协会工作人员共8人，前往乐清经济开发区虞氏工业设计有限公司学习有关快速成型的3D打印机，在技术服务平台学习取经。

道路创新 在福建饰扣蓬勃发展，冲击温州市场的情况下，永嘉县五金饰扣行业协会选择走“小微园区”创新之路，获得永嘉县政府对五金饰扣行业的大力支持，包括小产权分割、税收和各种创新科技补贴等。2018年，永嘉县五金饰扣行业协会组织会员企业先后召开永嘉县五金饰扣行业协会领导班子常务会议；三届一次协会理事紧急会议；五金智能制造创小微园项目专题会议；首届“智能制造创新论坛”；永嘉县城东城街道峙口“五金产业园入园”企业研讨会。大大提高广大会员企业对形势的认识，使企业在改革潮流发展中充满紧迫感，充分调动广大会员企业创新发展的积极性，得到各级政府大力支持，前景一片大好。

铸造行业

概况 永嘉县铸造行业现有会员企业36家（非会员企业未统计）。主要分布在瓯北、上塘、沙头、桥下等乡、镇（街道）。2018年永嘉县铸造行业累计实现工业总产值 15.36亿元，其中不锈钢铸件产品约占市场份额90%、铸钢约占市场份额25%，全年累计实现各项税费9984.82万元。产值同比增长14908.11万元，同比增长10.75%。其中工业产值增幅较大的企业有：青丰同比增长124.49%，顺豪同比增长116.2%，润达同比增长106.78%，曙光同比增长95.88%，拓新同比增长37.84%，远洋同比增长29.24%，人一同比增长20.16%。2018年，永嘉县铸造行业终于扭转连续五年负增长的被动局面，为稳定增长奠定坚实基础。

2018年，永嘉县铸造行业规上企业达10家。其中获得永嘉县政府表彰的明星企业有：永嘉县环球机械厂、永嘉县润达铸业有限公司、永嘉县拓新铸造有限公司等7家。

截至2018年年底，永嘉县铸造行业已列入工信部铸造行业准入审核通过公告的企业有8家，分别是温州市开诚机械有限公司、永嘉县环球机械厂、永嘉县远洋铸业有限公司、浙江工力阀门铸造有限公司、浙江拓新铸造有限公司、浙江顺豪阀门铸造有限公司、浙江人一阀门制造有限公司和永嘉县金鼎泰铸造有限公司。

环境治理 2018年年初，永嘉县铸造行业的工作重点仍然是放在环保治理和整改上，3月，就桥下8家企业急需电增容问题向国网浙江永嘉县供电公司提交用电增容和超容免责的报告。4月，就金属再生资源回收企业增值税实行按季财政返还事项向永嘉县人民政府发送恳请报告。5月，秘书处在永嘉县行政中心参加永嘉县发改委举行的研究部署钢铁行业化解过剩产能、防范“地条钢”死灰复燃全面摸底排查相关工作的会议。

培训学习 2018年6月，永嘉县铸造行业协会协会秘书长参加温州市行业协会（商会）创新发展专题研修班。7月，举办永嘉县铸造行业废旧回收企业税收政策培训会，由国税局为会员企业讲解废旧回收税收政策。8月，浙江省铸造行业协会准日企业现场复审分别对永嘉县拓新、人一、顺豪、远洋等四家企业进行现场复审。8月9日，协会秘书处参加全省质量大会。8月9日至14日，协会与浙江省泵阀行业协会共同受温州市质量技术监督局委托，联合温州市特种设备检测研究院在永嘉县举办电焊工和叉车工培训课程。8月29日，协会秘书长参加第二届中国（温州）智能制造·茶山论坛。11月，永嘉县铸造行业协会余会长与秘书长参加2018铸造年会（浙江省机械工程学会铸造分第二十九届学术年会、浙江省铸造行业协会第七届五次会员代表大会）。

宣传工作 2018年，永嘉县铸造行业协会为全面做好宣传工作，加强信息沟通，扩大协会影响力，多渠道开展宣传和内部交流，定期编辑刊出《铸造简报》，提供给会员企业和非会员企业用于生产发展和工作情感交流。

鞋革行业

概况 2018年，永嘉县鞋革行业坚持“有保有压、有扶有限、有取有舍”，通过资源要素的差异化供给，积极引进吸纳上、广、成都及周边地区的优秀企业，加快推动鞋革产业优胜劣汰，增强鞋革产业发展后劲。据122家规上企业统计，完成工业产值54.02亿元，同比增长3%。全县鞋革产业实现工业总产值204.5亿元，同比增长3%。

产业结构 2018年，永嘉县鞋革行业坚持强创新、优平台“两轮驱动”，大力实施数字经济“一号工程”，深入推进“两化融合”和“浙江制造”两大省级试点，奥康、红蜻蜓创成省级制造业与互联网融合发展试点示范企业；加强市场主体培育，培育“隐形冠军”“专精特新”和上云企业；创建温州市永嘉县鞋革产业创新服务综合体。2018年，奥康在温州开设首家智慧门店暨C2M体验馆，获得中国合格评定国家认可委员会为奥康鞋类检测中心颁发的实验室认可证书，标志着奥康鞋类检测中心检测能力达到国家标准。红蜻蜓与温州职业技术学院联合建设“温州鞋类舒适性测评中心”，为行业提供服务，助力产业变革和创新。

品牌影响 2018年，永嘉县继续发挥《浙江省鞋革商标品牌基地》和《中国鞋都·男鞋生产基地》产业集群优势，吸纳优质鞋革企业50余家。2018年，奥康集团上榜“2017年度中国轻工业百强企业”，奥康、红蜻蜓荣获“中国制鞋行业十强企业”，奥康、红蜻蜓蝉联“中国真皮领先鞋王”荣誉，并被授予“中国皮革行业功勋单位”。

活动开展 2018年，永嘉鞋革协会组织银行授信、电商业务提升、鞋革产业动态分析等沙龙活动，开展资源对接会，举办各项活动，实实在在为企业服务。11月，鞋革协会举办中韩鞋革行业设计发展跨文化交流会，为会员单位展示目前国际第一线的鞋革设计理念及样品；组织参与瓯窑小镇“党员志愿者慈善活动”，组织慰问红军及其亲属活动，率16家鞋革行业企业和银行，募捐物资和资金20多万元，到岩坦镇、鹤盛镇、桥头镇、桥下镇等革命老区进行献爱心慰问活动，并向鹤盛老区人民致以亲切问候和美好祝福。

自身建设 2013年以来，永嘉县鞋革行业协会由于客观原因，其工作停止运行、功能停止发挥。2018年3月重聘工作人员，开始恢复运行，首先走访企业，调查摸底，摸清鞋革产业发展情况，动员鞋革行业企业入会。在深入企业开展调研的基础上，于8月16日召开换届筹备会议，确定协会新一届领导班子候选人和理事会成员候选人，11月5日召开换届选举大会，选举产生第四届领导班子。为提升鞋革企业负责人的业务水平和领导能力，开阔视野，协会聘请院士、专家开展讲座、论坛等活动。8月16日，举办永嘉县企业智能制造培训暨行业解决方案对接会，讲解在数字经济时代下，互联网与制造业的关系，以及如何拥抱互联网促进制造业智能化改造提升，推动数字经济时代背景下永嘉制造业智能化创新发展，探讨、破解永嘉制造企业发展过程中所遇到的问题与难点，推动优秀行业解决方案在永嘉制造企业中得到广泛引用，促进永嘉制造企业智能制造水平有力提升。11月5日，举办中国鞋革产业创新发展高峰论坛，为探索鞋革行业创新发展路径，推动数字经济时代背景下永嘉制鞋业信息化、智能化、时尚化创新发展和绿色经济发展，在新技术、新材料、新工艺和新商业模式方面取得突破，引领中国制鞋产业转型发展，有力提升永嘉制鞋企业智能制造水平。

（经信局供稿）

电力工业

概况 永嘉县供电局下设7个职能部门、2大业务支撑机构以及9个供电所，在册全日制用工724人。供电面积2698平方千米、电力用户41.75万户。35千伏及以上变电所28座，总变电容量301.27万千伏安，其中220千伏变电所3座、110千伏变电所15座、35千伏变电所10座。

2018年，永嘉全社会用电量30.16亿千瓦时，占全市电量7.12%，排11个地区第8位，同比增长7.80%，增长率环比下降1.08%，增速排11个地区第6位，高于全市平均增长率（6.06%）1.74个百分点。工业用电量17.65亿千瓦时，排11个地区第7位，同比增长7.0%，增长率环比下降2.99个百分点，增速排11个地区第5位，高于全市平均增长率（4.71%）2.29%；工业用电量占比58.53%，排11个地区第5位。

安全态势 2018年，永嘉县供电局持续完善全员安全责任清单，层层压紧压实安全责任，全面构建“本质安全123”工程。积极组织“六查六防”专项行动，排查整治各类问题71项。强化作业现场安全管控，开展稽查2041次，实现现场安全稽查全覆盖。持续推进全员安全教育，开展培训1030人次，切实强化《安规》刚性执行和“两票”规范管理。认真开展电气消防安全综合治理，完成13个微型消防站建设。全面做好抗台抢险、中高考等重大保供电任务。扎实推进安全文化建设，建成全市第一批安全文化示范点，在全国安全生产宣传教育“七进”活动中，获得国家安监总局和人民网高度肯定。荣获全国“安康杯”竞赛安全文化宣传工作先进单位称号，连续4年获评全国安康杯竞赛优胜单位。

电网建设 2018年，永嘉县供电局建成投产110千伏胜美变、220千伏青楠线工程，研究制定35千伏变电站退役计划。持续推进网格化运维，进一步细化网格划分，发现解决各类缺陷535条。桥西683线溪西支线改造工程荣获国网公司配电网百佳工程。积极服务地方中心工作，圆满完成枫林、岩头等10个小城镇电力线路综合整治，打造“屿北样板”“瓯越奇迹”，获得省委常委等各级领导多次表扬肯定，连续2年获得县政府集体嘉奖。

服务水平 2018年，永嘉县供电局深入推进“营商环境供电服务提升年”专项行动，推动政务信息共享，实现企业和居民用电业务“一证通办”。开通重点工程和新兴产业园区客户绿色通道，实施电力营商专员全程代办，落实高压业务“最多跑一次”。扎实推进全能型供电所建设，完成黄田、瓯北、碧莲供电营业厅“三型一化”建设转型。黄田供电所获评国网公司五星级供电所，调控分中心荣获省公司五星级班组（工人先锋号）称号，楠溪江供电所荣获“安全生产365”专项活动标杆班组称号。强化配网停电作业“五个零时差”管控，建立“模型统一、接线准确”的配调图模系统，推进停电计划专题研判制度，停电时户数下降43%。持续强化工单管控分析，电力施工、服务行为等投诉得到明显遏制，投诉工单同比下降35%。

经营管理 作为全省试点，2018年，永嘉县供电局建成供电服务指挥中心，实现“五合一”高效协同模式。持续推进同业对标工作，规划专业入选省公司同业对标典型经验，连续3年均有典型经验入选（入围）。提前部署智能开关推广应用，高压平均停电时长同比下降34%。构建10千伏分线线损“三核查一校验”工作流程，日线损平均达标率98%、全省排名第一。持续深化创新工作，获得省公司创新成果6项，智能微仓库参展国网现代（智慧）供应链现场会，获得国网公司韩君副总经理充分肯定。

依法治企 2018年，永嘉县供电局扎实推进“三全五依”法治企业建设，全面完成公司制改制后续工作。深入落实“两个责任”，被列入永嘉县主体责任示范培育单位。扎实推进清廉企业廉洁“137”专项行动，在清廉永嘉推进会上作典型发言，清廉站所“三规两办”做法在全县推广。开展“铁腕整治、风清气正”作风建设年活动，强化重要节假日廉政提醒和正风肃纪检查。开展履责约谈99人次。严格落实巡视巡察问题整改，持续改进工作流程。连续3年荣获温州公司党风廉政先进单位称号，连续4年荣获永嘉县党风廉政先进单位称号。

“三个建设” 2018年，永嘉县供电局深入学习贯彻习近平新时代中国特色社会主义思想，创新“红色第一课”等特色载体，连续6年获得温州公司精神文明建设先进单位。联合打造雁楠党建示范带，获得全省思想政治工作先进单位现场考察点赞。打造“用心园”企业文化俱乐部，被列为全省基层宣传工作推进会现场考察点。深化“红十三爱心社”公益品牌创建，事迹入选温州道德馆，列入国网公司企业文化建设储备项目，获得全国大型诗歌公益活动特别奖、最美温州人——2017年感动温州十大人物等荣誉。邵若珍劳模创新工作室被命名为省公司标杆劳模创新工作室，在省公司职代会上进行现场授牌；公司系统涌现出全国“安康杯”竞赛安全文化宣传活动先进个人、省公司配电设备带电检测技能竞赛个人二等奖、省公司优秀党务工作者、省公司首届职工艺术摄影比赛金奖、温州好人榜、市公司变电专业安全生产知识竞赛个人一等奖、首届“永嘉工匠”等先进代表。

（李建峰）

知名企业

综述

永嘉县现有主板上市企业4家（报喜鸟控股股份有限公司、浙江奥康鞋业股份有限公司、红蜻蜓集团有限公司、浙江迦南科技股份有限公司）、新三板挂牌企业3家（温州华邦安全封条股份有限公司、浙江群臻科技股份有限公司、浙江顺天传动科技股份有限公司）。拥有“中国泵阀之乡”“中国纽扣之都”“中国拉链之乡”“中国教玩具之都”“中国五金饰扣之都”5张国字号金名片。拥有国家高新技术企业78家；国家级工业设计中心1家；省级重点企业研究院3家；省级企业研究院11家；省级高新技术企业研发中心32家；省级企业技术中心11家；市级企业技术中心33家；县级技术中心41家。2018年，红蜻蜓集团有限公司、报喜鸟控股股份有限公司、浙江奥康鞋业股份有限公司、超达阀门集团股份有限公司、育才控股集团有限公司、亚龙智能装备集团股份有限公司、伯特利阀门集团有限公司、浙江迦南科技股份有限公司、奇特乐集团有限公司等9家企业被评为市级领军工业企业；工正集团有限公司、方圆阀门集团有限公司、立信阀门集团有限公司、温州合丰胶业有限公司、立本集团温州玩具有限公司、浙江嘉松科技有限公司、温州华邦安全封条股份有限公司、永一阀门集团有限公司等8家企业被评为市级高成长型工业企业。

截至2018年12月31日，永嘉县规上工业企业417家，实现规上工业总产值277.72亿元，同比增长13.8%。泵阀、鞋服、教玩具、纽扣拉链行业规上工业产值分别为87.49亿元、82.7亿元、26.94亿元、9.38亿元，同比增长分别为23.7%、3.5%、18.8%、11.6%，占全县规上总产值比例分别为31.5%、29.8%、9.7%、3.4%。产值超10亿元企业3家、超5亿元企业1家、超亿元企业57家。

2018年，永嘉县评选产生20家功勋企业、30家巨龙企业、100家明星企业。新增规上企业81家，专精特新企业258家，为永嘉县经济增长增添新动力。

（任　慧）

浙江奥康鞋业股份有限公司

概况　浙江奥康鞋业股份有限公司（以下简称公司）是中国领先的皮鞋品牌运营商及零售商，经过29年的发展，现已成为中国最大的民营制鞋企业之一，是北京2008年奥运会皮具产品供应商，2017年奥康品牌价值达193.18亿元。公司于2012年4月26日在上海证券交易所A股主板正式挂牌上市。企业连续五年位列中国工业行业效益十佳企业第一位。

公司建立两大研发中心、三大制造基地，拥有奥康、康龙、美丽佳人、红火鸟四个自有品牌，并成功收购意大利知名品牌万利威德的大中华区品牌所有权，形成纵向一体化经营模式。2015年，奥康于营销、渠道双管齐下，携手美国第一时尚运动品牌斯凯奇进军运动板块，推出全新商业模式——集奥康自有品牌、奥康代理品牌、国际运动品牌等多种品牌于一身，集商务、休闲、运动、时尚等多种风格于一体，囊括鞋、服、皮具、包、袋等全品类多品牌的AOK-MART集合店，以一站式购物体验再度赢得市场先机。

智慧门店　2月22日，奥康首家智慧门店开业暨C2M体验馆正式揭幕，开启新零售模式的跨越式变革，正式将新零售概念从理论转化为实践，标志着奥康鞋业进入新零售探索新阶段。

机器换人　4月2日，奥康飞织车间正式投入使用，机器换人初显成效。利用20名电脑控制员工和75台机器，能够完成传统针织车间150名工人的工作量，极大提升效率和品质。

“国级”检测中心　5月21日，奥康鞋类检测中心正式通过CNAS评定，跻身“国家级”检测中心。这不仅表明奥康具备国内顶尖的检测技术能力，更代表奥康有机会参与国际间合格评定机构认可的双边、多边合作交流，在认可范围内，所出具的检测报告具有国际公信力和权威性。

成立30周年　2018年8月8日，是奥康成立30周年，奥康迎来30周岁的生日。在奥康总部举行“奥康国际三十周年庆典”，王振滔董事长亲手切分蛋糕，为奥康员工送上真挚的祝福，并对未来三十年的发展做出新的展望。

省委书记调研　8月30日，浙江省委书记、省人大常委会主任车俊到奥康调研，考察生产车间、企业展厅，董事长王振滔向车俊书记介绍奥康最新研究成果、最近的经营状况和传统制造业改造提升情况，车俊书记对奥康30年始终坚守实业发展表示赞赏。

莱索托首相“私人订制” 9月8日，莱索托首相塔巴内现身温州，携家眷到智慧门店开启购物之旅，体验奥康C2M智能制造，并在工作人员的协助下定制一双专属于自己的“首相鞋”。

“两个健康”实践基地 10月17日，奥康授牌成为温州市第一批新时代“两个健康”先行实践基地，力争成为“两个健康”创建的示范样本。11月2日，董事长王振滔，被评为新时代优秀中国特色社会主义事业建设者，充分肯定他多年来在企业经营、社会贡献、公益慈善等方面做出的贡献。

“爱心接力计划” 11月25日，王振滔慈善基金会“爱心接力计划”在温州医科大学正式启动，温医大301名贫困学生受助。至此，爱心接力计划已经走过11年，足迹遍布北京、广东、浙江、山东、湖北、安徽、四川、贵州、重庆、内蒙古等全国20多个省市、自治区。

报喜鸟控股股份有限公司

概况 报喜鸟控股股份有限公司（以下简称报喜鸟公司）组建于1996年，是一家以服装为主业、涉足投资领域的股份制企业，2007年于深圳证交所上市。2018年，报喜鸟公司拥有温州、上海、合肥三大生产基地，1500多家实体销售网点，200多家直属服务机构及覆盖主流销售平台的线上营销网络，2018年零售收入50多亿元，是浙江省“五个一批”重点骨干企业、全国服装行业百强企业。

业务板块 报喜鸟公司下属四个业务板块：自主商务装零售品牌报喜鸟业务板块；宝鸟职业装团购业务板块；国际代理品牌合作业务板块；对外投资报喜鸟创投业务板块。主打品牌报喜鸟先后荣膺“中国驰名商标”“中国名牌”“国家免检产品”等称号。

三云智能 2018年，在供给侧结构性改革、“中国制造2025”等国家重大战略部署指引下，在省市县各级党委政府领导关怀指导下，报喜鸟公司大力创新、积极探索，紧紧围绕大规模、个性化定制两大目标，推进“两化”深度融合，投入巨资，打造“云定制、云工厂、云数据”的三云智能制造架构体系，加快提升企业数字化能力，加快企业从传统制造向智能制造转型，努力为传统服装企业探索一条“个性化定制、规模化生产、品牌化营销”的转型之路。

服装定制“三个化” 2018年，报喜鸟公司坚持服装定制“三个化”。坚持服装定制数据化，就是把传统的客户需求转换为体型、版型、工艺、面辅料4大数据，存储在智能衣架的RFID芯片中，进行工序生产，客户信息录入后可直接下单，实现成衣库存从50%到0的转变。坚持服装定制部件化，就是将一件衣服分为前身、后身、袖子、领子、挂面五大部分，再拆分成若干部件，通过智能排版和个性化流水线以及手工制作，提升客户个性化定制服装的效率和品质。坚持服装定制智能化，就是整个生产制造过程智能化，通过将六大系统集合在一起的生产过程智能控制系统，以自动化传感技术整合吊挂系统和显示系统，智能、自动、精确、简单地对396道工序进行管控，最终实现部件化生产和人机协同，成为数字化驱动工厂。

云翼互联智能 2018年，报喜鸟公司继续部署云翼互联智能工作，创建云翼智造“三朵云”架构体系。创建透明云工厂，即通过智能制造，实现产品的柔性化生产，特别是在生产过程中，用软件形成的数据来带动整体运转，通过数据的智能流动，打破时间与空间上的限制，优化资源分配，带动每个环节高速运转，实现全程追踪。创建定制云平台，构建客户信息集成管理系统，实现线上线下协同和一人一版、一衣一款的模块化全渠道服务模式。创建数据云中心，整合服装行业大数据，打通上下游生态产业链，实现与关联方的互联互通、合作共享。

品牌经营 报喜鸟公司秉承“弘扬服饰文化、妆点美好生活”的企业使命，深入实施“多品牌经营、国际化发展”战略，打造成为国内一流、国际知名、具备全球竞争力的大型多品牌服饰公司，近年来着力强化品牌建设和营销渠道建设，加快提升品牌影响力和核心竞争力。坚持品牌营销多系列，目前旗下产品涵盖商务、休闲、运动等不同风格，覆盖中高及高端消费群体，加快向时尚化、个性化、高端化发展，满足客户多元化需求。坚持品牌营销多品牌，公司依据品牌定位一致性原则，成立报喜鸟、宝鸟和凤凰国际等三大本部。报喜鸟本部经营自有品牌：原创品牌报喜鸟、专业定制品牌所罗、高尔夫品牌亨利格兰、时尚品牌千行；宝鸟本部着力团购职业装品牌BONO、校服品牌衣俪特；凤凰本部运营：意大利轻奢品牌东博利尼、意大利衬衫品牌恺米切、韩国英伦休闲品牌哈吉斯、法国时尚户外运动品牌乐飞叶、美式时尚休闲品牌柯兰美等国际高端品牌。坚持品牌营销多渠道，开设品牌集成终端店、单品牌实体店、商场店中店，推行“终端量体员认证”，倡导体验式量体服务，力拓电商业务，形成线上线下销售与体验相互支撑的良好局面。

云翼智能项目成果 报喜鸟公司的云翼智能是一个大规模的个性化定制制造项目，主要取得两个比较显著的项目成果：生产效率得到提升，智能生产效率是传统手工效率的6倍，是普通大流水线的2倍；经济效益得到提高，为公司创造新的经济增长点。以数字驱动的大规模个性化定制模式，让报喜鸟公司从一家传统制造企业走向“数字+智造+服务”的前沿，让报喜鸟公司抓住创新带来的“红利”，克服服装个性化生产品质和生产效率低的瓶颈，为报喜鸟公司带来新发展。

伯特利阀门集团有限公司

概况 伯特利阀门集团有限公司（以下简称伯特利）是一家集研发、生产、销售、服务于一体的全国无区域阀门企业集团，创办于1998年11月，公司分瓯北三桥、三江缪北2个厂区，占地面积约8.5万平方米，员工600余人。2018年公司已是中石油、中石化、中海油公司油田、炼化、管道、储运板块的甲类供应商和框架供应商，在天然气、精细化工、煤化工、电力行业同样拥有较高声誉。2018年，销售额6.2亿元，纳税总额3700多万元。

现代化智能生产 集团旗下的拟上市公司——浙江伯特利科技有限公司，在三江街道缪北工业区建造智能工厂。该数字工厂配备三维立体模拟制造试验设计系统、具有国际先进水平的各类加工中心、智能机械臂、数控机床、等离子焊接、超频真空热处理等设备；成立检测能力一流的阀门性能检测和试验中心，该检测中心具备理化性能、高低温、无损检测、寿命试验、扭矩、防爆、微泄漏、管道载荷试验、强度、微泄漏密封等全方位检测试验能力。完善信息管理体系，充分利用工业与信息化的深度融合，实现智能生产，让订单从受入到售后服务的质控、财会达成完整的一体化信息对接和控制，为打开国内外高端市场提供有力支撑。

伯特利新工厂的1号车间、2号车间作为智能制造生产基地，主要用于生产公司的球阀、蝶阀等产品，新工厂将建设成具有高生产效率、高品质、高要求的现代化生产车间，提升产品市场竞争力。2018年新工厂已建成数控加工区、焊接加工区、钻床加工区、装配区、检验区、产品试验区等。实现90%的数控加工设备以及数控检测设备智能化，未来将实现100%数控加工设备智能化，同时引进柔性化智能装夹、智能仓储等设备。

企业文化 伯特利不断加强企业文化建设，6月21日，温州市非公有制经济组织和社会组织党务工作者协会举行2018年会员大会。自该协会2011年成立以来，伯特利党建工作连续7年受到表彰，单位和个人先后获得市级宣传报道先进单位、优秀党务工作者、宣传报道积极分子等荣誉。重阳节当天，伯特利公司组织人员，走访北岙村、缪北村开展重阳节慰问活动，代表公司送上节日礼物及祝福，让老人们度过一个欢乐的节日。10月26日，伯特利公司党支部和义工队携手永嘉县读书学会义工队一行前往鹤盛中心小学，向33名留守儿童、贫困家庭的孩子送上学习用品和助学金，勉励他们不惧艰苦，努力学习。

企业影响力 伯特利不断增强企业影响力，2018年浙江省质量大会上董事长黄胜丰代表行业协会发言，得到袁家军省长高度评价。7月1日，由伯特利阀门集团有限公司参与起草的GB/T35741—2017《工业阀门用不锈钢锻件技术条件》国家标准正式开始实施。这标志着伯特利在相关领域的研究水平、技术成果和行业影响力达到较高水平，获得国内同行业的认可。由伯特利科技有限公司主导定制三项“浙江制造”标准《石油、石化、天然气及相关工业用钢制截止阀和升降式止回阀》《石油、石化、天然气及相关工业用钢制旋启式止回阀》《石油和天然气工业管道输送系统用全焊接球阀》，这三项标准代表的是“浙江制造”个性产品的综合要求，集中呈现“浙江制造”产品标准“精心设计、精良选材、精工制造、精准服务”的内涵，着重从基本要求、技术要求、质量承诺三个方面突出“浙江制造”团队标准“国内一流，国际先进”的高端定位要求。

品牌建设 伯特利始终秉持打造全球领先的阀门企业，铸就伯特利阀门世界品牌的企业愿景，以打造民族工业品牌、世界品牌、百年品牌为目标。2018年在国际市场，作为霍尼韦尔Honeywell、GE燃机、俄罗斯天然气工业股份公司Gazprom、卢克石油公司LUKOIL、俄罗斯石油公司Rosneft Oil、德国巴斯夫BASF、巴西国家石油公司Petrobras、哥伦比亚国家石油公司、智利国家石油公司Enap、印度EIL、阿曼国家石油公司PDO、阿布扎比陆上石油公司ADCO、阿特拉斯科普柯ATLAScopco、韩国Sk集团、新日本钢铁、马来西亚国家石油公司Petronas等公司的合格供应商，输送着优良产品。

科技创新 伯特利始终如一致力于依靠科技不断创新，不断应用新技术、新工艺、新材料开发高质量新产品。近几年重点研发的超低温阀门、临氢阀、管线球阀、高性能双向密封蝶阀、海工阀门等产品，均已广泛应用于各相关行业。公司配备大型超低温材料测试、生冷处理、产品性能试验、微泄露检测等试验检测室，适用于-196摄氏度的超低温球阀、蝶阀、闸阀等产品的检测，产品已广泛应用于各大LNG、液化乙烯、空分等低温项目中，2018年公司生产的产品最大尺寸达48"。公司拥有专门针对超高压加氢阀壳体和密封高压气体的测试设备，这些先进的检验和检测设备，保证伯特利阀门质量的可靠安全。产品已批量应用于石油石化行业临氢装置，其中自主研发的海洋移动平台专用阀的，对海洋移动平台的作业和拖航安全起到关键性作用，获得两项国家发明专利，填补国内外空白，产品已成功应用于中海油海洋平台、伊拉克海洋平台等作业中。

荣誉 2018年，伯特利荣获多项荣誉，其中包括：温州市市长质量奖、温州市领军工业企业、温州市安全生产标准化三级企业、温州市尊重教育，尊重人才突出贡献集体、温州市出口名牌企业、永嘉县功勋企业、永嘉县进口先进单位、永嘉县出口先进单位、永嘉县领军工业企业、AAA质量信用诚信优秀单位、主导制定3个“浙江制造”团体标准、参与制定2个“浙江制造”团体标准、“品字标浙江制造”品牌自我声明授权、四省一市百家名牌产品等。

（县经信局　供稿）

超达阀门集团股份有限公司

概况 超达阀门集团股份有限公司（以下简称超达）创建于1984年，注册资金13688万元，2013年经国家工商总局批准，公司由“浙江超达阀门股份有限公司”更名为“超达阀门集团股份有限公司”，并核准以该企业为核心企业组建“超达阀门集团”，简称“超达集团”。

超达主要生产金属硬密封耐磨球阀、锁渣阀、低温阀门、波纹管阀门、对夹止回阀、高压耐磨调节阀、组合三通阀等特色产品以及符合ANSI/API、BS、DIN、JIS和GB标准的各种球阀、闸阀、止回阀、截止阀和蝶阀等。产品广泛应用于石油、石化、天然气、煤化工、多晶硅、冶金、电力等行业，出口欧美、亚太、中东等国家和地区，先后被中石化、中石油、中海油、神华集团、英国石油公司、德国巴斯夫、美国亨斯曼、美国杜邦、道康宁、英荷壳牌石油公司、阿曼国家石油公司、墨西哥国家石油公司、沙特基础工业公司、韩国SK、科威特KNPC、荷兰皇家孚宝集团、英国派特法等大型客户批准为合格供应商。2018年销售收入6.2亿元，其中出口1.2亿元。

组织架构 随着业务规模不断增长，超达对集团组织架构和部门设置进行规划调整，以现代企业制度为保证，科学配置企业集团资产，发挥集团优势，提高资本运营效率，进一步完善规范集团化运作，提升管理效力。2018年超达阀门集团丽水有限公司小口径锻钢闸阀生产线已初步投产，为批量生产奠定基础，同时完成丽水成品库区域规划和成品安全库存量设置，ERP系统账目和数据全部重新录入，生产和管理效率大幅提高优化，产能大幅提高。2018年成立“福建省超达锻造有限公司”，实现小口径锻件自主供应，满足市场需求，为保证超达锻件产品的高质量奠定坚实基础。

创新团队与人才 超达高参数高性能阀门技术创新团队在队伍建设、人才培育和承担重大科研项目中取得丰硕成果。截至2018年年底，参与国家级科研项目5项、省级12项、市级5项、县级5项；获得中国机械工业科技奖6项、省级科技奖18项、市级科技奖9项、县级科技奖7项；申报专利202项，其中发明专利84项，已获授权专利138项，其中发明专利35项；获得8项市级以上论文奖；制订国家标准22项、机械行业标准22项和浙江制造标准5项；公司多次组织技术人员参加技术技师培训考试。

产学研技术合作 超达高参数高性能阀门技术创新团队在做好人才培养和科技创新工作的基础上，积极开展与高校科研院所的产学研技术合作，实现有效的技术对接和优势互补。3月，超达与开封大学签订校企合作协议，继续与开封大学进行人才培养合作，定向培养阀门专业技术人才。

科技创新 2018年，超达集团继续加大科技创新力度，取得良好成果：全年获得授权国家专利7项，其中发明专利3项，实用新型专利4项。截至年底超达集团已累计获得国家专利161项。超达承担的浙江省重大科技专项“用于系统流程的高性能高可靠性自动控制阀门”顺利通过浙江省专家组验收，获得高度评价。超达集团科技项目“超达阀门企业技术创新体系”荣获浙江省科学技术进步三等奖、“苛刻工况阀门用特种复合耐磨材料的研发及应用”列为浙江省级重点研发项目、“用于系统流程的高性能高可靠性自动控制阀门”被评为浙江省重点高新技术产品开发项目，截至2018年12月，邱晓来高工发表产品技术论文3篇；超达集团的科技成果“用于系统流程的高性能高可靠性自动控制阀门”荣获浙江省科学技术成果登记证书、“用于系统流程的高性能高可靠性自动控制阀门”荣获浙江机械工业科学技术一等奖。

信息化管理 超达公司行政中心和信息中心规划集团总部与分公司的信息化管理流程，依据规划的管理流程设计上线新的易拓ERP信息化系统，完成PDM、销售、采购、生产工单、生产工艺、质量、仓库和财务等软件测试和流程模拟，完成超达丽水公司产品BOM、产品工艺、质量检验标准等基本数据和各模块的培训工作。

党团工作 2018年，超达党支部被评为永嘉县先进基层党组织、五星级党组织，现有党员43人，按照“坚持标准、保证质量、改善结构、稳定发展”方针做好党员队伍发展工作。超达团委共有团员120名，与广大党员和全体员工一起在各自岗位和生产一线努力工作，推动企业不断发展。超达工会组织现有会员约300名，会员生日当天会收到工会发放的蛋糕券，体现工会组织对会员的关怀与爱心。

公益事业 超达集团不断开展公益事业，2005年至2018年在《阀门》杂志上发起“超达”杯全国阀门优秀论文评奖活动，由超达公司提供专项奖金鼓励国内科技人才进行技术创新和学术交流。超达集团高度重视爱心基金和扶贫帮困工作，2010年成立超达爱心基金会，超达爱心基金会职工460人，已帮助23人渡过难关，向公司困难员工捐款数十万元，真正把公司和员工的“爱心”献给最需要帮助的人。截至2018年12月31日，爱心基金账户余额221498.76元，只要会员员工和家庭出现特殊困难，超达爱心基金就会按程序给予资助。自2009年开始，超达集团每年资助永嘉县贫困大学生，截至2018年年底，共资助200多名专本科大学生，发放助学金100余万元。

荣誉 超达集团连续11年被评为永嘉县功勋企业，连续18年被评为县纳税大户。2018年3月，超达集团荣获新API 6D和API 600认证。4月，超达集团荣获国家知识产权管理体系认证。5月，超达集团荣获企业品牌价值评价证书，超达自主创新品牌强度达888，品牌价值达4.9亿元。6月，超达集团荣获2项球阀API 6FA防火认证。8月，超达集团入选评为国家知识产权优势企业，超达球阀产品荣获浙江制造产品认证。9月，超达集团荣获2项闸阀API 6FA防火认证。12月，超达集团荣获县领军工业企业、县功勋企业和县出口先进单位，超达集团荣获温州市领军型工业培优企业。

（彭 彬）

红蜻蜓集团有限公司

概况 红蜻蜓品牌创建于1995年，红蜻蜓集团有限公司（以下简称红蜻蜓）创建于1996年，位于温州永嘉瓯北东瓯工业园区，是一家以研发、生产、销售皮鞋、童鞋童装、皮具为一体的现代化企业。2015年6月29日，浙江红蜻蜓鞋业股份有限公司在上海证券交易所A股主板成功上市，标志着红蜻蜓正式跨入资本市场。

红蜻蜓集团控股浙江红蜻蜓鞋业股份有限公司，后者拥有浙江红蜻蜓电子商务有限公司、温州儿童用品有限公司和红蜻蜓广东尚品服饰实业有限公司等全资子公司。2018年年底，在米兰、巴黎、日本、韩国等时尚都市设立研发信息中心，在北京、上海、广州建立品牌工作室、设计工作室、时尚信息转化中心，在温州、广州、重庆建立鞋类研发与生产基地，年产皮鞋1000多万双，在国内经济重点城市拥有数千家销售终端。2018年，红蜻蜓年产值30亿元，上缴税金3亿元。

营销创新 2018年6月，红蜻蜓“鞋履home+”总部开业，面积970平方米，齐聚五大品牌：主品牌红蜻蜓、RED DRAGONFLY（鞋履客厅）、TB（拓贝）、DCAMP（生活营地）和红蜻蜓KIDS，为消费者提供一站式轻松、舒适的购物体验，展现不一样的鞋履生活，满足全家人不同年龄的消费群体生活需求；召开品牌战略升级发布会，红蜻蜓集团“踏出心方向”品牌战略升级发布会在上海黄浦江畔举行，标志着23岁的红蜻蜓品牌全面升级，成为又一“国潮新势力”；发起慈善支教项目“美丽中国”捐赠行动；宣布与阿里巴巴集团展开深入的新零售战略合作，11月11日，除红蜻蜓品牌线上进入“天猫淘宝时尚鞋靴品牌排行top十榜单”外，“新零售”强劲发力，红蜻蜓智慧门店创下天猫新零售会员招募全国鞋服行业排名第三、“新零售云店”预售鞋行业第一、双十一“智慧门店”会员招募鞋行业第一的好成绩。

百名记者永嘉行采访活动 10月19日，由中国报纸副刊研究会、市委宣传部、县委、县政府、温州日报报业集团主办的“东方风来——庆祝改革开放40周年中国百名文化记者温州永嘉行”大型采访活动走进红蜻蜓，来自全国29个省、市、自治区的百余家报社的150余位总编、主任及编辑记者聚焦红蜻蜓，探寻企业发展的奥秘。11月11日，2018世界温州人大会组委会发布温州改革开放40年重大影响力企业家名单，红蜻蜓集团董事长钱金波荣获“温州改革开放40年重大影响力企业家”。

鞋革产业创新 牵头成立温州鞋类舒适性测评中心，2018年4月25日，由温州市教育局主办的2018年第一期温州高校科技成果转化对接会暨产教融合项目签约仪式在温州大学举行，进行“温州鞋类舒适性测评中心”签约授牌仪式。该中心的成立，将提升红蜻蜓产品舒适度研究测评的技术支持，同时也将为行业提供服务，助力产业变革和创新。8月15日，温州市科学技术局发布《关于2018年温州市产业创新服务综合体拟创建与培育名单》，由永嘉县人民政府牵头、红蜻蜓为依托单位的“永嘉鞋革产业创新服务综合体”成功创建市级产业创新服务综合体，成为鞋革行业创新驱动引领新典范、产业转型升级新动力。积极探索“两化融合”，浙江省经济和信息化委员会公布《2018年省级制造业与互联网融合发展试点示范企业名单的通知》，红蜻蜓申报的两化融合管理体系贯标项目“红蜻蜓中央总仓直配体系建设”榜上有名。参与2项产品标准立项制定，2018年，浙江省品牌建设联合会发布《2018年第四批“浙江制造”标准制定计划》，浙江红蜻蜓鞋业股份有限公司申报的《飞织布帮面休闲鞋》、《天然皮革帮面休闲鞋》产品标准获准立项制定。

上榜“国家绿色工厂” 10月，浙江红蜻蜓鞋业股份有限公司入选2018国家绿色工厂。绿色工厂创建是“中国制造 2025”提出的战略性任务，是绿色制造的主体，在产业环保化升级中有着至关重要的作用。

助力温州制造业转型升级 2018年11月，2018“市长杯”中国（温州）工业设计大赛“红蜻蜓鞋业”企业冠名赛作品评审会在红蜻蜓举行，共收到600余件参赛作品，评审专家们从实用性、功能性和时尚等方面综合考量，20幅优秀作品脱颖而出，列入大赛获奖名单。

（李晓平）

奇特乐集团有限公司

概况 奇特乐集团有限公司（以下简称奇特乐）坐落于“中国教玩具之都”——永嘉县桥下镇，公司创立于1996年，初称“永嘉县飞龙教玩具有限公司”，1998年改名为“温州市飞龙娱乐设备有限公司”，2003年更名为“浙江奇特乐游乐设备有限公司”，2007年升级为“奇特乐集团有限公司”。是一家专业研发、生产、销售儿童大型户外游乐设备和教玩具的综合型企业集团。公司注册资本8189万元，辖6家子公司和200多家全球销售网点，产品畅销五大洲100多个国家和地区。公司2018年销售收入29979万元，税收合计1919万元，连续十几年综合经济指标在全国教玩具行业中名列前茅，是中国游乐设备行业销量最大的企业之一，在亚洲游具行业中居于主导地位。

品牌路线 奇特乐根据自身产品结构特点，制定统一的品牌路线。公司主要品牌为“QITELE”，已经逐步形成以“QITELE”品牌为代表的国内外系列产品。树立行业产品标杆，提高公司知名度并确立公司产品行业地位。截至2018年年底，荣获“中国驰名商标”“高新技术企业”“国家级守合同重信用企业”“海关A类管理企业”“浙江省著名商标”“浙江省知名商号”“浙江省名牌产品”“省级专利示范企业”“浙江省AAA级守合同重信用企业”“浙江省信用管理示范企业”“浙江出口名牌”“浙江省隐形冠军”“功勋企业”等多项殊荣。

产学研合作 截至2018年年底，奇特乐设有新产品研发中心、模具设计中心、营销服务中心，不断引进最先进的生产设备和工艺，使专业技术水平一直位列于同行业前列。公司应用同行中处于国际领先水准的质量管理，打造市级企业技术中心等创新平台，通过产、学、研合作等模式不断创新研发，引领行业发展，赶超国内外同行。引进先进技术与设备，使公司在研发能力、产品风格、定位方面都与国际接轨。

产品研发和知识产权 奇特乐注重新产品研发和知识产权的转化。截至2018年年底，拥有发明专利3项，实用新型专利36项，其中外观专利237项，专利技术产品类别涵盖户外游乐设施、教具、玩具等22个系列100多个种类。2008年和2010年成功立项并实施“滚塑模具及设备研发中心建设项目”和“塑料仿木型材研发与应用项目”，迄今为止奇特乐已经参与《无动力类游乐设施 儿童滑梯》《无动力类游乐设施 术语》《无动力类游乐设施 秋千》《小型游乐设施 摇马和跷跷板》《摇摆类游艺机技术条件》《小型游乐设施 安全规范》等多项国家标准的制定工作。并于2018年通过以奇特乐集团为主起草制定的《小型游乐设施 儿童滑梯》“浙江制造”标准。

公益事业 作为永嘉利税大户，2018年，公司创造税收1916万元，带动周边关联产业发展；公司恪守道德规范，在环境保护、能源消耗、安全生产等方面严格执行法律法规，积极推动公益事业发展，切实履行企业社会责任。公司高层领导以身作则，关注困难员工，带头捐款捐物；关注社会，积极捐助贫困学生，以实际行动回报国家和社会。

育才控股集团有限公司

概况 育才控股集团有限公司（以下简称育才集团）成立于1994年，坐落于温州市永嘉县桥头镇白垟工业区，是一家集科研开发、生产制造、销售服务于一体的综合性自营进出口集团公司。集团秉持“快乐全球共享”理念，着力打造全球先进水平的教育装备供应体系。旗下生产的创意游乐设施、人体工学课桌椅、高档书写板、幼儿教育家具、光学智能交互电子板在业界享有崇高声誉，并以其身处“中国教玩具之都”得天独厚的位置条件和长年聚焦主业磨砺雕琢的实业精神，渐渐成长为教育装备行业融产业文化、商业模式、资本助推于一体的企业价值典范。将现代化、信息化、个性化、互动性注入教育产品领域，积极打造在智慧教室、生态幼儿园、儿童创意乐园、校园文化建设、学生综合实践基地的创意设计和实现上的独特竞争优势。

公司凭借自己的优势，抓住政策机遇，2018年完成销售额近4亿元，同比2017年增长25%，外贸出口1.6亿元人民币，出口额连续10年位居温州市行业第一。集团先后荣膺“中国驰名商标”“国家高新技术企业”“省级企业研究院”“浙江省名牌产品”“浙江省专利示范企业”“浙江省高成型文化企业”“浙江省出口名牌”“浙江省商标品牌示范企业”“温州领军企业”“温州百佳企业”等称号。

课外研学 2018年育才控股集团为课外研学不断做努力，运营的育才学生综合实践基地项目，对于整合育才教育装备具有革命性意义，意味着公司业绩驱动新旧动能的转换，由“提供装备”向“输出理念和方案”转变。于2018年9月正式投入运营的育才学生综合实践基地，作为全国最大的室内综合实践基地，收获多方关注，截至2018年12月31日，育才学生综合实践基地累计接待学生1.5万人次，接待80余个党、政、企、客商等团队，召开国家、省、市级大型会议11场，得到满满认可。基地的建立，不仅实现育才教育装备在学生综合实践中的融合创新，而且经由平台效应形成教育装备高端价值链的雏形，整体提升内容的生产能力、价值的吸引能力、资源的服务能力、平台的聚合能力。

研发创新 育才集团始终牢记“为教育创新，为健康护航”使命，勇于担当，克服市场渐变律的思想束缚，一直以环保、健康、优质立足市场。坚守质量道义，忍受研发寂寞，2018年，育才控股集团在“科技+质量”的道路上不断破冰前行，投入1000万元打造专业级产品检测中心与全自动流水线，在提升科技硬实力的基础上，再次升格产品质量，扩大与同行业其他企业的竞争优势，让育才继续保持温州市领军企业的龙头地位。2018年，育才控股集团引进两位“580”海外高层次人才，1位产业专业化硕士，为教育装备的市场痛点、难点进行专项攻克与技术提升。截至2018年12月，集团已拥有自主知识产权220件，参与制订的国家、行业、团体标准14项，承担“浙江制造”标准的起草工作2项，同年加冕“浙江制造”荣誉，将红红的“品”字标烙印在育才产品之上。

浙江迦南科技股份有限公司

概况 浙江迦南科技股份有限公司创办于2000年，位于永嘉县东瓯工业园，注册资本25979.74万元。公司现占地面积 39 亩，员工500余人，是一家集产品研发、生产、销售于一体的高新技术企业。2018年公司实现营业总收入57651.08万元，较上年同期增长29.54%，利润总额 5540.95 万元。

浙江迦南科技股份有限公司长期致力于固体制剂装备领域，是国内最早能提供三种完整制粒工艺解决方案（湿法治粒、干法治粒、沸腾制粒）的制药装备企业，国内外市场占有率20%，与辉瑞、拜尔、强森、葛兰素史克、赛诺菲、哈药集团、中国医药集团、石药集团、云南白药、恒瑞医药、复星医药、天士力、人福药业、以岭药业等国内外知名制药企业建立长期合作关系。

技术研发与创新 浙江迦南科技股份有限公司十分重视技术研发和创新，现为国家火炬计划重点高新技术企业、国家知识产权优势企业，先后承担国家创新基金项目、国家重点新产品项目、国家火炬计划项目及省科技项目16项，建有省级企业研究院和国家级博士后科研工作站，荣获浙江省科学技术奖5项，温州市科技进步奖7项，起草行业标准7项。2018年公司拥有国家专利200余项，其中发明专利20余项（含2项美国专利），荣获第十七届中国专利优秀奖，曾先后获得国家火炬计划重点高新技术企业、国家知识产权优势企业、中国制药装备行业协会理事单位、中国制药装备行业协会首批AAA级信用单位、温州市领军企业、温州市三名企业、温州市工业百佳企业、温州市高新技术企业协会理事单位等荣誉称号。

“亿元俱乐部” 2018年，浙江迦南科技股份有限公司销售订单稳步增长，子公司异军突起，成绩喜人。整个集团订单突破9亿元，创下历史新高。上海凯贤、南京迦南比逊、迦南莱米特、迦南飞奇四家子公司订单突破1亿元大关，“亿元俱乐部”再次迎来新成员。

汤臣倍健项目 在汤臣倍健项目中，首条从无尘投料、气流混合到一步制粒的全自动化连续生产线正式投入使用。该生产线通过全密闭、全自动连续化生产和自动清洗，有效降低产品暴露风险，快速实现在制品周转，为客户节约人力投入70%，厂房利用率提高50%。公司在成为“客户专家”的道路上迈出坚实一步，真正实现“为客户创造价值”。在科伦项目中，销售团队全力以赴，各中心、各部门紧密配合，最终完成国内第一条干法治粒工艺高密闭生产线（OEB4），业务上率先实现“从零到壹”的突破。这条生产线凭借着高密闭防漏设计、WIP在位清洗功能等突出特点获得客户高度认可。

智能化仓储系统 MES上线后，公司在原信息化基础上导入智能化仓储系统，与数字化工厂紧密结合，通过扁平化流通体制，取消不必要的中间环节，降低企业运行成本；通过打通CRM提供客户定制化服务，实时掌握从销售端到生产制造端的数据信息。公司在数字化工厂建设上的成效和经验受到省市县各级政府领导及企业家的一致认可，成为传统工业企业转型升级的典型案例被广泛分享。2018年3月搭建的集团采购平台正式启动并有效运行，推动集团内部和各分、子公司之间的供应链整合，通过搭建平台、资源共享的方式实现信息互动和业务联动，充分发挥集团调控优势，最终完成有效降本650万元

（其中推动各子公司自主降本509万元）。

“六美工程” 浙江迦南科技股份有限公司成立“六美工程”现场改善团队，从伙伴、产品、设备、材料、环境、情感等领域开展一系列改善活动，让员工在工作中收获更多的效能感和获得感。在售后服务体系上，2018年，公司获得售后服务评价体系最高等级——五星级售后服务认证证书，成为制药装备行业第一家也是目前唯一一家通过该认证的企业。通过专业的体系培训和辅导，公司累计改善服务工作30余项，先后有2位工程师获得售后服务管理师证书。

科技创新 在科技项目方面，浙江迦南科技股份有限公司先后获得国家级优秀专利奖、省级优秀专利奖、省级重大科技专项、省级工业新产品以及多个市县级项目，省级技术中心、省级研究院、省级名牌产品等项目成功复审；在知识产权方面，公司获得授权 41项（其中发明专利3项），已提交申请68项，另获著作权、软件检测各1项，专利检索5批次，涉及专利数百件，新增商标6件，商标续展5件；在标准化方面，公司主导、参与多项标准化制定与修订工作，国家标准智能清洗机成功立项，完成包括《煎药中心通用要求》《挤出滚圆制粒机》在内的9项行业标准，和挤出滚圆制粒机在内的3项企业标准。

子公司成绩 南京迦南比逊通过工程公司实现精酿啤酒设备出口，通过国外展会和阿里巴巴平台合作拓展出口市场，在美国、澳大利亚、挪威等国家开发新客户。在公司全体员工的共同努力下，南京迦南比逊成功完成智能中药煎煮系统、自动煎煮机和浓缩包装机的开发定型，首个智能煎煮中心项目有序推进。作为产学研交流合作平台、新药和仿制药技术开发合作平台和工业4.0智能工厂试验平台，药学研究院在2018年完成订单近1000万元。药学研究院业务的成功开展预示着公司从原先的产品制造者逐步实现向产品和服务提供商的转型。通过研发和积累，药学研究院目前实现2000万元的技术储备，建立完善药物研发体系并已通过多家知名药企审核，为未来高质量服务的输出打下坚实基础。

上海凯贤成功研发蒸馏水机纯蒸汽发生器一体机，首个大型单抗配液项目突破2500万元，实现在行业纵深领域的进军；长春金赛连续8次签下订单，是对公司产品和服务质量的高度认可。

迦南莱米特获得“中关村高新技术企业”荣誉称号，汤臣倍健项目连续化线投入使用，东北制药VC搬迁项目成功中标。

为应对同行同质化竞争带来的恶性竞争，迦南凯鑫隆于2017年至2018年10月创新性地设计开发CFK-1500C型全自动胶囊充填机，同时将原有的NJP-2500型、NJP-3500型进行大刀阔斧的改进，并将CFK-2500型、CFK-3500型推向市场。2018年，迦南凯鑫隆的产品质量和技术标准均已达到国际先进水平，深受客户赞赏。

迦南小蒋成功申报浙江省装备制造业重点领域首台（套）产品（辊版铝塑铝包装机），获得浙江省内首台（套）产品项目奖励。迦南飞奇订单破亿元，单笔订单突破3500万元，营收创历史之最，其产品和服务已遍布药品、食品、汽车、快递和电商等诸多行业。

亚龙智能装备集团股份有限公司

概况 亚龙智能装备集团股份有限公司（以下简称亚龙智能）坐落于温州永嘉，坚持“引领教育新理念，创造教育新环境”的企业使命。作为中国教育装备行业的龙头企业，亚龙智能专业、专心、专注为企业智能制造和工业软件升级提供服务，为高等院校、职业院校、技工院校、企业培训中心等提供做学教一体化人才培养培训整体解决方案服务，为科技馆科技项目整体解决方案提供服务，拥有智能装备和工业软件、智能教育装备、线上线下培训、课程开发咨询等业务版块，是中国教育装备主要生产基地之一；同时作为教育部远程职业教育资源开发基地、教育部高职中职教师实践培训基地、浙江省教育装备工程技术研究中心、浙江亚龙教育装备研究院、财政部产业化重点支持企业、科技部创新基金重点支持企业，拥有博士后科研工作站、谭建荣院士工作站等创新载体与研发平台。

企业成果 亚龙智能坚持走技术创新之路，拥有院士科学家团队，是国家高新技术企业、国家知识产权优势企业、浙江省创新型企业、温州市领军型企业、温州市重才爱才先进单位、永嘉县纳税十强企业，2018年在上海、广州、杭州、成都、南京、青岛、福州等多个地方拥有直属公司及研发基地，公司产品获得500多项专利和软件著作权技术成果；参与教育部行业标准起草，荣获人社部科技成果二等奖、浙江省科技进步一等奖，拥有国家“863”计划项目、国家火炬计划项目等。

转型升级 经过30多年的积累，通过企业转型升级，亚龙智能已经成功转型，作为国家级高新技术企业，亚龙智能始终把科技创新当作文化发展的重要引擎，把文化与科技的融合看作是亚龙智能在创新发展方面的新增长点，实现单纯制造型企业向服务型制造企业的转型升级。2018年，亚龙智能在多方领域继续开拓创新，系列产品亮相金砖国家技能发展与技术创新大赛、东盟技能大赛、世界技能大赛选拔赛，支持参与教育部产学合作协同育人项目；积极响应和贯彻落实“一带一路”倡议的重要举措，启动亚龙丝路学院的建设，首家“柬埔寨温州职业技术学院亚龙丝路学院”于5月27日成功签约，并于12月11日启动新生开学典礼；同时亚龙智能有幸参与鲁班工坊的建设，2018年，助力葡萄牙鲁班工坊、柬埔寨鲁班工坊、巴基斯坦鲁班工坊的建设，从技术技能培训到学历教育全覆盖的职业教育输出体系，助力国家“一带一路”伟大事业；7月，2018年电气数字化技术国际论坛暨电气数字化设计技术国家地方联合工程实验室第二届学术委员会会议在亚龙智能举行，中外院士（中国工程院院士罗安、杨华勇、薛禹胜，俄罗斯科学院通讯院士瓦吉姆·谢列布罗夫斯基）齐聚亚龙智能，对话电气数字化前沿技术，会上“电气数字化设计技术国家地方联合工程实验室亚龙科研基地”正式揭牌成立，整合各方面资源与力量，加快推进科技研发平台建设新突破；2018年，亚龙智能荣获浙江省“文化+互联网”创新企业奖，让科技创新成为文化发展的重要引擎；在专利方面更上一层楼，亚龙智能再次问鼎中国专利优秀奖——“数控机床故障智能考核设备”荣获第二十届中国专利优秀奖项，推动企业更加深入实施知识产权战略和创新驱动发展战略。

一体化人才培养 作为做学教一体化人才培养整体解决方案的开拓者，亚龙智能实现从无到有，从有到强的发展，同时依托公司良好的信誉和为顾客提供的最佳服务，实现用户收益最大化，技术产品在行业中具有一定的技术优势，技术水准处于国内领先地位，并达到国外同类产品先进水平，有多项产品填补省内、国内空白，市场前景广。亚龙智能在品牌形象方面深入人心，成为全国高等院校、高职高专、技师学院、中专、教培中心的首选品牌，在全国1万多所院校中得到广泛应用。2018年产品涉及电气自动化、机电一体化、工业机器人应用、教育机器人、数控机床、数控机床装调与维修、电子电工技术、虚拟仪器、物联网、综合布线、装配钳工、机械传动、液压与气动、电机装配与维修检测、智能楼宇、电梯安装与维修保养、家电、制冷、户式中央空调、轨道交通、汽车运用与维修、新能源汽车、风能与太阳能、供配电技术、智能电网等领域的教育装备、课程开发、高端培训、互联网教育等做学教一体化人才培养整体解决方案服务。

发展目标 亚龙智能将继续以“需求为导向、技术为驱动、互联网思维、服务型智造、产业链整合、国际化战略”的发展为目标，以教育装备、高端培训、互联网教育、课程开发、咨询服务等业务板块为主业，服务“一带一路”，努力将亚龙智能的教育装备技术标准走向世界，攻破世界技能大赛突破点，加快国际服务步伐，主动承接国际服务业的转移，大力发展服务贸易，优化服务贸易产品结构，在深化职业技术技能发展中，以“创新、开放、联动、包容”的态势，与国内外院校形成共创、共享、共赢发展局面。

方圆阀门集团有限公司

概况 方圆阀门集团有限公司成立于1998年，国内大型阀门制造商之一，经过近20年的发展，已成为一家集工业阀门研发、设计、制造、销售及服务为一体的科技型企业，一直致力于为客户提供全套工业阀门解决方案。方圆阀门集团有限公司坐落于永嘉瓯北，控股子公司方圆阀门集团丽水有限公司（生产阀门成品）、云和县万佳阀门制造有限公司（生产铸件），和云和分公司（生产锻件）。从事石油石化、天然气等阀门的研发、生产及销售。公司是国家实验室认可企业、行业知名龙头企业，高新技术企业并拥有省级技术研发中心，公司获得县长质量奖、浙江省著名商标、浙江省名牌产品、浙江省信用管理示范企业、浙江省标准化创新企业、永嘉县纳税大户、功勋企业、领军企业等荣誉称号。2018年，公司通过全体员工努力以及在各级政府部门领导下，取得良好成绩。2018年公司销售总产值3亿元，税收总计2000万元。

方圆阀门集团有限公司专业生产平板闸阀、PE钢闸阀、平行双闸板闸阀、球阀、控制闸阀、控制球阀、闸阀、截止阀、止回阀、蝶阀、节流截止放空阀、阀套式排污阀、双作用节流截止阀、高压注水阀、锻钢阀等产品。

企业成果 方圆阀门集团有限公司在研发、设计、专利技术方面都达到国际先进技术水平和国内领先水平，获得专利证书46项，其中发明专利6项，实用新型40项。PE钢闸阀、防垢平板闸阀等部分产品已替代进口产品，并获得CNAS、TS、ISO 9001、ISO 14001、OHSAS 18001、API 6D、API 600、API 602、CE、API 6FA、API 607、API 624、CCF、MCC等国内国际体系及产品认证。是全国阀门标准化技术委员会成员单位，参与起草JB/T5298—2016《管线用钢制平板闸阀》、GB/T20173—2013《石油、天然气工业管道输送系统—管道阀门》、GB/T19672—2005《管线阀门 技术条件》、JB/T8691—2013《无阀盖刀形闸阀》、JB/T12006—2014《钢管焊接球阀》等国家标准和行业标准，并负责起草GB/T26145—2010《排污阀》的国家标准。

荣誉 荣获2018年度永嘉县功勋企业称号，2018年度永嘉县领军工业企业称号，荣获2018年浙江省“隐形冠军”培育企业称号，2018年永嘉县纳税大户，2018年，公司在知识专利方面取得3项发明专利，另外公司还建成国家实验室。

表10 2018年度永嘉县“名企”“名家”一览表

类别	功勋企业及功勋企业家名单（*为首次进位企业）	
序号	企业名称	企业家
1	报喜鸟控股股份有限公司	吴志泽
2	浙江奥康鞋业股份有限公司	王振滔
3	浙江红蜻蜓鞋业股份有限公司	钱金波
4	超达阀门集团股份有限公司	王汉洲
5	亚龙智能装备集团股份有限公司	陈继权
6	球豹阀门有限公司	余三豹
7	浙江迦南科技股份有限公司	方 正
8	育才控股集团有限公司	苏尚州
9	东蒙集团有限公司	池慧杰
10	永一阀门集团有限公司	赵春岳
11	*工正集团有限公司	池泽华
12	浙江迷西仕服饰有限公司	余强春
13	方圆阀门集团有限公司	叶春年
14	上正阀门集团有限公司	赵 雷
15	奇特乐集团有限公司	章金飞
16	浙江伯特利科技有限公司	黄胜丰
17	保一集团有限公司	张晓东
18	方正阀门集团永嘉科技有限公司	王奕彤
19	*浙江麦得机器有限公司	吴志寿
20	凯奇集团有限公司	章定长

续表10

序号	企业名称	企业家
类别	巨龙企业及杰出企业家名单（*为首次进位企业）	
1	浙江康亨服饰有限公司	康孝祥
2	凯泉集团有限公司	黄卫宁
3	宣达实业集团有限公司	叶际宣
4	立信阀门集团有限公司	王启耐
5	海星海事电气集团有限公司	傅文隆
6	永嘉县穗丰纸业有限公司	黄希成
7	环球阀门集团有限公司	吴光华
8	中泉集团有限公司	瞿建敏
9	浙江芙蓉印务有限公司	李干旁
10	浙江佳电电机股份有限公司	周淑珍
11	永浪集团有限公司	章国权
12	浙江路遥鞋业有限公司	徐明达
13	永嘉县日鑫纸业有限公司	黄西湖
14	浙江金螳螂鞋业有限公司	王龙通
15	温州长城拉链集团有限公司	叶加林
16	浙江巨象树脂化纤有限公司	陈　勇
17	罗浮阀门集团有限公司	郑云飞
18	*温州恒创纸业有限公司	陈忠义
19	*浙江金石建材科技有限公司	江学新
20	佰纳鞋业有限公司	林文富
21	浙江鸿发纸业有限公司	赵银奎
22	*永嘉县中原纸业有限公司	张海波
23	*浙江嘉隆机械设备有限公司	吴开拓
24	*温州华邦安全封条股份有限公司	虞振勇
25	浙江亚洲人鞋业有限公司	许光辉
26	科福龙阀门集团有限公司	余金亮
27	欧维克集团有限公司	邵力中
28	*永嘉县联合建材有限公司	陈晓武
29	大亚电器集团有限公司	林海鹏
30	*正茂阀门有限公司	林建忠
类别	明星企业及优秀企业家名单（*为首次进位企业）	
序号	企业名称	企业家
1	*永嘉绿色动力再生能源有限公司	付金轩
2	永嘉麦嘉达鞋业制造有限公司	赵赛锋
3	浙江伟峰机械有限公司	吴旭凯
4	浙江七屿纸业有限公司	陈环礼
5	博能传动有限公司	林智昊
6	正光阀门集团有限公司	蒋可用
7	温州瑞球阀门有限公司	池岳贤
8	永嘉县环球机械厂	余胜存
9	永嘉县东大合成化工有限公司	郑孟亮
10	永嘉县润达铸业有限公司	陈显忠

续表10

类别 序号	明星企业及优秀企业家名单（*为首次进位企业）	
	企业名称	企业家
11	浙江利为高科能源有限公司	吴文州
12	永隆阀门有限公司	叶　云
13	太平洋泵业集团有限公司	林松定
14	中泰阀门有限公司	王光华
15	浙江巧巧教育科技有限公司	潘立巧
16	浙江能人鞋业有限公司	徐银春
17	浙江奥东泵业制造有限公司	张大志
18	立本集团温州玩具有限公司	章常义
19	杰豪集团有限公司	戴德利
20	温州佳凯实业有限公司	金少华
21	浙江爱玛鞋业有限公司	周敏弟
22	浙江迈利达集团有限公司	邹云省
23	温州合丰胶业有限公司	吴学臣
24	浙江拓新铸造有限公司	余海鸥
25	永嘉县曙光铸业有限公司	陈繁强
26	浙江宏辉拉链有限公司	马洪书
27	浙江恒通阀门有限公司	林　挺
28	华东游乐设备有限公司	吴建静
29	温州国仕邦高分子材料有限公司	徐建国
30	浙江嘉松科技有限公司	余温如
31	贝旺玩具有限公司	黄良崇
32	特技阀门集团有限公司	吴显金
33	浙江三和科教仪器有限公司	瞿益顺
34	*永嘉鲨驰鞋业有限公司	孙传平
35	浙江飞马鞋业有限公司	范优火
36	浙江现代泵业有限公司	陈时益
37	永嘉县远洋铸业有限公司	朱陈秀
38	浙江铸工阀门科技有限公司	张谨虎
39	华夏游乐有限公司	金利群
40	高能阀门集团有限公司	赵建勇
41	浙江喜来登电梯有限公司	袁秀友
42	浙江圣策龙鞋业有限公司	陈加舜
43	浙江顺豪阀门铸造有限公司	黄月燕
44	浙江诚大实业集团有限公司	金世迪
45	*永嘉县大洋阀门股份有限公司	谢周贤
46	温州大观电气有限公司	叶建敏
47	温州南力实业有限公司	卢汉炎
48	浙江新城纽扣饰品有限公司	陈明南
49	浙江泰琅服饰有限公司	章涨伟
50	百强阀门集团有限公司	金柏强
51	黄工机械集团有限公司	陈光亮
52	温州左右脚鞋业有限公司	谢双乌

续表10

类别 序号	明星企业及优秀企业家名单（*为首次进位企业）	
	企业名称	企业家
53	浙江瓯球机械制造有限公司	谢正挺
54	温州市方圆金属纽扣有限公司	邹德道
55	正洲泵阀制造有限公司	黄政洲
56	*纽顿流体科技有限公司	金胜建
57	浙江重工阀门集团有限公司	林益东
58	浙江超众阀门制造有限公司	王建巧
59	*浙江永球科技有限公司	杨国祥
60	浙江大昌科技有限公司	叶会林
61	中正科技阀门有限公司	葛捷凯
62	浙江永成功电塑有限公司	周小虎
63	浙江新海阀门制造有限公司	金云和
64	金锋流体控制科技有限公司	陈志滔
65	温州中信科教设备有限公司	潘可帅
66	永嘉县康达鞋材有限公司	戴林云
67	浙江大田机器有限公司	谢云海
68	*永嘉通球阀门有限公司	陈建雷
69	天正阀门有限公司	张俊策
70	浙江永高阀门制造有限公司	赵锡源
71	朝瑞电气有限公司	郑岳双
72	浙江顺天传动科技股份有限公司	厉天龙
73	熊猫通用机械集团有限公司	吴胜顺
74	*温州申德阀门配件有限公司	周方林
75	*浙江任星阀门有限公司	苏球兴
76	浙江九康电气有限公司	周忠炼
77	*欧拉姆阀门科技有限公司	金志远
78	浙江一洲道具有限公司	金阳浩
79	高东阀门有限公司	谢坚义
80	*永嘉金吉鸟服饰有限公司	金晓聪
81	浙江星源服饰有限公司	柯　杰
82	温州奕诚鞋材有限公司	李本考
83	永嘉县宏昌鞋业有限公司	杜明克
84	浙江兆正机电有限公司	张奇建
85	温州罗亿丹尼服饰有限公司	陈成罡
86	*温州惠达塑料有限公司	郑文海
87	浙江保罗盖帝实业有限公司	涂建兵
88	*浙江前程阀门球体有限公司	胡景汉
89	*温州高帆鞋业有限公司	王忠建
90	*浙江成高阀门有限公司	张清慈
91	*浙江三佳拉链科技有限公司	唐立明
92	温州港人服饰有限公司	吴祝康
93	温州市育人教仪制造有限公司	叶建国
94	浙江迎日阀门制造有限公司	廖秀和

续表10

类别 序号	明星企业及优秀企业家名单（*为首次进位企业）	
	企业名称	企业家
95	*浙江朗格阀门科技有限公司	谷世泽
96	浙江铭泰阀门有限公司	张智贤
97	浙江成达特种阀门厂	赵安达
98	温州步步鑫装饰扣有限公司	徐光华
99	浙江宝龙阀门制造有限公司	吴金龙
100	浙江大氟隆阀门有限公司	张大利

表11　2018年度永嘉县领军与高成长型工业企业一览表

类别 序号	县领军工业企业名单	永嘉县高成长型工业企业名单
1	报喜鸟控股股份有限公司	温州华邦安全封条股份有限公司
2	浙江奥康鞋业股份有限公司	立本集团温州玩具有限公司
3	浙江红蜻蜓鞋业股份有限公司	浙江嘉松科技有限公司
4	超达阀门集团股份有限公司	温州合丰胶业有限公司
5	亚龙智能装备集团股份有限公司	工正集团有限公司
6	浙江迦南科技股份有限公司	永嘉县日鑫纸业有限公司
7	育才控股集团有限公司	浙江七屿纸业有限公司
8	浙江伯特利科技有限公司	浙江金石建材科技有限公司
9	奇特乐集团有限公司	永隆阀门有限公司
10	方圆阀门集团有限公司	科福龙阀门集团有限公司
11	凯奇集团有限公司	正茂阀门有限公司
12	永一阀门集团有限公司	浙江拓新铸造有限公司
13	宣达实业集团有限公司	永嘉县曙光铸业有限公司
14	球豹阀门有限公司	高能阀门集团有限公司
15	浙江金螳螂鞋业有限公司	浙江恒通阀门有限公司
16	保一集团有限公司	贝旺玩具有限公司
17	立信阀门集团有限公司	浙江顺豪阀门铸造有限公司
18	浙江芙蓉印务有限公司	浙江永球科技有限公司
19	环球阀门集团有限公司	浙江超众阀门制造有限公司
20	温州长城拉链集团有限公司	纽顿流体科技有限公司
21	海星海事电气集团有限公司	温州左右脚鞋业有限公司
22	东蒙集团有限公司	温州南力实业有限公司
23		温州中信科教设备有限公司
24		浙江任星阀门有限公司
25		温州惠达塑料有限公司
26		浙江朗格阀门科技有限公司
27		温州高帆鞋业有限公司

表12　2018年度永嘉县亩均工业总产值与税费十强工业企业一览表

类别 序号	2018年度永嘉县亩均工业总产值十强工业企业名单	2018年度永嘉县亩均税费十强工业企业名单
	企业名称	企业名称
1	贝旺玩具有限公司	永嘉麦嘉达鞋业制造有限公司
2	浙江金螳螂鞋业有限公司	浙江大氟隆阀门有限公司
3	永嘉麦嘉达鞋业制造有限公司	浙江金螳螂鞋业有限公司
4	浙江路遥鞋业有限公司	浙江路遥鞋业有限公司
5	浙江大氟隆阀门有限公司	浙江康亨服饰有限公司
6	方正阀门集团永嘉科技有限公司	贝旺玩具有限公司
7	方圆阀门集团有限公司	温州申德阀门配件有限公司
8	浙江巨象树脂化纤有限公司	报喜鸟控股股份有限公司
9	浙江康亨服饰有限公司	浙江飞马鞋业有限公司
10	浙江利为高科能源有限公司	亚龙智能装备集团股份有限公司

表13　2018年度永嘉县获得“品字标浙江制造”品牌认证企业一览表

序号	认证企业名称	认证产品名称	年份	发证机构
1	超达阀门集团股份有限公司	弹性密封固定球阀	2018年	杭州汉德质量认证服务有限公司 浙江制造国际认证联盟

表14　2018年度永嘉县获得各级政府质量奖一览表

序号	企业名称	获奖名称	是否新增
1	浙江奥康鞋业股份有限公司	中国质量奖提名奖	是
2	科福龙阀门集团有限公司	县长质量奖	是
3	永浪集团有限公司	县长质量奖	是
4	温州中信科教设备有限公司	县长质量奖	是
5	工正集团有限公司	县长质量奖	是

表15　2018年度永嘉县获得浙江名牌产品一览表

序号	产品名称	商标	企业名称	是否新增
1	西服套装	报喜鸟 SAINT ANGELO	报喜鸟控股股份有限公司	是
2	球阀	KOFLOW	科福龙阀门集团有限公司	是

表16　2018年度永嘉县获得市级政府诚信荣誉的企业一览表

序号	企业名称	获得奖项	是否新增
1	保一集团有限公司	浙江省信用管理示范企业（相当于市级政府诚信荣誉）	是
2	浙江原野建设有限公司	浙江省信用管理示范企业（相当于市级政府诚信荣誉）	是

表17　2018年度永嘉县获得浙江省AAA级“守合同重信用”企业一览表

序号	企业名称	获得奖项	是否新增
1	温州市育人教仪制造有限公司	“守合同重信用”企业	是
2	浙江巧巧教育科技有限公司	“守合同重信用”企业	是
3	温州中信科教设备有限公司	“守合同重信用”企业	是
4	东蒙集团有限公司	“守合同重信用”企业	是

表18　2018年度市级服务业标准化试点项目验收一览表

序号	项目名称	承担单位	是否新增
1	现代物流服务标准化试点	永嘉县长顺危险品货物运输有限公司	是

表19　2018年度永嘉县获得国家标准创新贡献奖（标准项目奖）的企业一览表

序号	标准项目名称	主要完成单位	奖项级别
1	GB/T 30818—2014《石油和天然气工业管线输送系统用全焊接球阀》	保一集团有限公司	二等奖

表20　2018年度永嘉县担任国家标准、行业标准、“浙江制造”团体标准主要起草者一览表

序号	标准编号及名称	标准起草单位	标准类别	参与程度	排名	发布日期	实施日期
1	GB/T 22137.2—2018《工业过程控制系统用阀门定位器 第2部分：智能阀门定位器性能评定方法》	浙江派沃自控仪表有限公司	国家标准	参与	4	2018/6/7	2019/1/1
2	GB/T 17213.14—2018《工业过程控制阀 第8—2部分：噪声的考虑 实验室内测量液动流流经控制阀产生的噪声》	浙江派沃自控仪表有限公司	国家标准	参与	3	2018/7/13	2019/2/1
3	JB/T 7565.7—2016《隔爆型三相异步电动机技术条件 第7部分：YBGB3、YBGB3—W系列管道泵、户外管道泵用隔爆型三相异步电动机（机座号80～315）》	中泉集团有限公司	行业标准	参与	4	2016/10/22	2017/4/1
4	DL/T 922—2016《火力发电用钢制通用阀门订货、验收导则》	环球阀门集团有限公司	行业标准	参与	2	2016/12/5	2017/5/1
5	DL/T 531—2016《电站高温高压截止阀闸阀技术条件》	环球阀门集团有限公司	行业标准	参与	4	2016/12/5	2017/5/1
6	FZ/T 73032—2017《针织牛仔服装》	浙江报喜鸟服饰股份有限公司	行业标准	参与	3	2017/11/27	2018/4/1
7	FZ/T 73058—2017《针织大衣》	浙江报喜鸟服饰股份有限公司	行业标准	参与	2	2017/11/27	2018/4/1
8	DL/T 1821—2018《火电站闸阀、截止阀检修导则》	环球阀门集团有限公司	行业标准	参与	5	2018/4/3	2018/7/1

续表20

序号	标准编号及名称	标准起草单位	标准类别	参与程度	排名	发布日期	实施日期
9	DL/T 1822—2018《电站用抽汽止回阀订货验收导则》	环球阀门集团有限公司	行业标准	参与	4	2018/4/3	2018/7/1
10	QB/T 5258—2018《塑料压线帽》	温州惠达塑料有限公司	行业标准	参与	4	2018/4/30	2018/9/1
11	T/ZZB 0317—2018《建筑室内用腻子》	浙江罗浮塔涂料科技有限公司	"浙江制造"团体标准	牵头	1	2018/2/9	2018/3/1
12	T/ZZB 0332—2018《小型游乐设施 儿童滑梯》	奇特乐集团有限公司	"浙江制造"团体标准	牵头	1	2018/3/30	2018/4/30
13	T/ZZB 0434—2018《课桌椅》	育才控股集团有限公司	"浙江制造"团体标准	牵头	1	2018/8/17	2018/9/1
14	T/ZZB 0801—2018《石油、石化、天然气及相关工业用钢制截止阀和升降式止回阀》	浙江伯特利科技有限公司	"浙江制造"团体标准	牵头	1	2018/11/30	2018/12/31
15	T/ZZB 0802—2018《石油、石化、天然气及相关工业用钢制旋启式止回阀》	浙江伯特利科技有限公司	"浙江制造"团体标准	牵头	1	2018/11/30	2018/12/31
16	T/ZZB 0803—2018《石油和天然气工业管线输送系统用全焊接球阀》	浙江伯特利科技有限公司	"浙江制造"团体标准	牵头	1	2018/11/30	2018/12/31

表21 2018年度永嘉县获得浙江省区域品牌一览表

序号	名称	申报单位	是否新增
1	无动力类游乐设施	永嘉县教玩具行业协会	是

表22 2018年度永嘉县获得浙江省商标品牌示范企业一览表

序号	名称	申报单位	是否新增
1	2018年浙江省商标品牌示范企业	浙江红蜻蜓鞋业股份有限公司	是

（县经信局　供稿）

商贸

综　述

2018年，永嘉县经信局主动适应经济发展新常态，积极作为，克难攻坚，推动永嘉县商贸经济新发展，各项经济指标增长好于预期。全年实现社会消费品零售额186.13亿元，同比增长10.6%。实现限上批发、零售、住宿、餐饮四大行业销售额172.34亿元，同比增长48.9%；其中限上批发业实现销售额124.27亿元，同比增长76.1%；限上零售业实现销售额42.2亿元，同比增长5.9%；限上餐饮业实现营业额5.69亿元，同比增长11.5%；限上住宿业实现营业额0.18亿元，同比下降10.5%。实现限上消费品零售额58.0亿元，同比增长12.3%。

电子商务

概况　2018年，永嘉县按照省市电商新高度、新广度、新深度、新模式发展的总体要求，积极整合各方面电商资源，加快电商经济与服务业、工业、农业等产业的融合，壮大电商主体，重点推进跨境电商、农村电商的拓展、提质和融合发展，构建电商新型人才、电商智慧物流支撑体系。永嘉县累计实现网络零售额230.79亿元，同比增长21.94%，总量居全省26个加快发展县第二。

跨境电商　永嘉县出台商标注册补助，跨境电商人才培育补助及培育金银牌店铺补助等三个跨境电商扶持政策，引导企业积极开展跨境电商工作，配合跨境电商试点发展。

新增“淘宝村”3个　2018年，永嘉县新增培育“淘宝村”3个，新建农村电商服务点50个和改造提升农村电商服务点70个，签约农村淘宝项目天猫优品服务站点11个，全力做好电商助力乡村振兴工作。

（县经信局　供稿）

外　贸

概况　2018年，永嘉县实现进出口总额（含一达通数据）56.3亿元，同比增长10.1%；其中出口54.2亿元，同比增长11.8%，出口占全国份额的3.3%；进口2.1亿元，同比下降19.8%。实现高新机电产品进出口额32.36亿元，占全县进出口总额的58.8%。2018年永嘉县外贸企业库中有进出口企业736家，已开展进出口业务419家。其中年出口额超过5000万元的企业26家，出口额在1000万元—5000万元的企业69家，出口额在1000万元以下的企业314家。

泵阀产品依旧在自营出口的产品大类中占比最多，2018年泵阀行业总出口17.3亿元，同比增长15.4%，占全县出口额的32.7%。其他行业出口额比较大的有：鞋类行业总出口额7.1亿元，同比增长3%，占全县总出口额的13.5%；教玩具行业总出口额6.2亿元，同比增长34.9%，占总出口额的11.7%；机械设备行业总出口额3.7亿元，同比增长11.4%，占全县总出口额的6.9%；服装行业总出口额1.8亿元，同比下降30.1%，占全县总出口额的3.5%。

在进口方面，主要进口产品为印刷机喷头、鞋材等，主要进口企业有工正集团有限公司、佰纳鞋业有限公司、浙江中宏工贸有限公司等。

抱团出海拓市　2018年，永嘉县商务局以年初出台的永嘉县重点展目录为指导，鼓励企业高举“中国泵阀之乡”“中国教玩具之都”金字招牌，以联盟出海的形式深耕欧美传统市场，大力开拓“一带一路”新兴市场，共组织参加40批次的境内外展会，其中印尼国际玩具及婴童用品展12家，俄罗斯机械工业品牌展6家，德国阀门世界展40余家；凭借永嘉产业集群跨境电商试点运营为契机，招引企业入驻速卖通平台，谋划上线速卖通专区，打响永嘉区域品牌，2018年共举办招商会、峰会、实操培训、线下沙龙、分享会等活动10场，覆盖企业近2000家，点对点服务跨境电商企业100余家，共培育出商家30个，累计全口径交易额5000万元；以行业协会为枢纽型互通平台，组织行业间交流学习，共发动100人参观首届中国国际进口博览会智能制造设备专场，邀请印尼玩具协会AMI同永嘉县10余家教玩具企业开展座谈交流，力促两地经贸合作。

应对贸易摩擦　2018年，永嘉县出台出口信用保险“政府联保”业务，借助政策性工具保障出口企业收汇安全，与中信保和人保公司合作，为169家2017年出口额300万美元以下的小微外贸企业全额承保，兑现保费53.9万元；举办外向型政策宣讲会，邀请财政、税务、外管等涉外部门介绍最新的政策导向，带领企业打破固有发展思维，打造外贸增长新动能，参会企业200余家，同时组织申报审核2016年、2017年外向型经济发展专项资金，累计2131万元；发挥泵阀协会省级贸易壁垒预警服务点作用，排摸产业整体受影响情况，定期撰写中美摩擦分析、工作动态及专报3篇。

外　资

外商投资　2018年，永嘉县完成联合年报的外商投资企业63家，新增温州睿迪电子科技有限公司、永嘉康宁医院有限公司、浙江科际实业等3个外商投资项目，实际到位外资2241.22万美元，同比增长11.8%。

精准招引三年行动　2018年，永嘉县开展精准招引三年行动、招商引资百日攻坚专项行动，在温州市下达的3000万美元任务的基础上自加压力至5000万美元，细化任务分解至镇街，联合部门深化精准服务，依靠考绩“指挥棒”强化督查考核。

年报专报　2018年，永嘉县商务局完善年报专报制度，完成63家外商投资企业年报工作，全面理清县域内外资企业投资经营状况，同时梳理12个外资项目列入外商投资重点项目跟踪库，定期专报，实时研判。

搭建平台　2018年，永嘉县商务局搭建对外发展平台，协助永嘉工业园区申报省级经济开发区，引导桥下教玩具外贸转型升级基地对接世界（温州）华商综合试验区建设，打造国际投资集聚地。

外经外服

概况　2018年，永嘉县商务局在境外投资方面，新批嘉隆机械土耳其投资项目、奥康鞋业香港投资项目、红蜻蜓鞋业香港投资项目3个境外投资项目，累计实现中方投资额584.1万美元。服务外包方面，新培育奇特乐1家技术研发出口公司并列入商务部服务外包系统，上报迦南、工正等技术外包项目4个，累计完成离岸服务外包额537.67万美元。

厘清境外投资网络　2018年，永嘉县商务局全面梳理境外投资网络。依托外经年报工作，对县域内企业在外投资项目进行梳理，清理僵尸企业，整理出10家正常经营境外投资企业，全面了解企业境外项目运作情况，进行跟踪服务。

引导企业“走出去”　2018年，永嘉县商务局挖掘境外投资潜能，依托“三服务”活动，深入了解企业境外投资意向，引导企业进一步加大“走出去”步伐，促进国际产能合作，共排摸到上科阀门、华夏游乐、巧巧教育、岭上人家等4家意向投资企业。

外包服务　2018年，永嘉县商务局鼓励企业发展服务贸易，通过走访调研企业，新培育奇特乐1家技术研发出口公司，并列入商务部服务外包系统。

（朱师文）

旅馆与餐饮行业

非洲猪瘟事件　2018年下半年非洲猪瘟疫事件发酵，严重影响永嘉县餐饮行业的日常运行，永嘉县各大酒店餐饮行业的餐厨垃圾一时间无法处理，上塘、瓯北片区最为严重。在要求禁止使用餐馆、食堂的泔水与餐余垃圾饲喂生猪后，酒店经营受到影响，永嘉县旅馆与餐饮行业协会积极与县行政执法局进行沟通交流，建议县行政执法局与温州市伟明环保公司联系，借用温州方式，统一由伟明环保公司运输永嘉县餐厨垃圾，以免造成餐厨垃圾无地存放的情况，影响正常经营。经多次协调与对接，2018年年末，四季酒店、人人国际、梦江大酒店、去茶去餐饮店、老婆舅快餐店等多家会员单位享受餐厨垃圾免费拉运服务。

人脸识别仪器免费安装 2018年9月，永嘉县旅馆与餐饮行业协会积极与县基础大队联系，为会员单位争取首批免费安装人脸识别仪器的福利。人脸识别仪器在其他识别仪器的基础上提升技术水平，增加并且升级与公安系统的安全联网程序，在前台入住登记环节，可通过人脸扫描进行登记入住，提高旅馆入住率，降低客源流失，为永嘉县旅馆行业的实名登记工作提供便利，提高安全保障。

（陈金良）

商品交易市场

成品油市场 截至2018年年底，永嘉县共有33个加油站，其中中石化15个，中石油5个（其中租用4个），高速服务区4个，民营9个。全年永嘉县各成品油零售经营企业共销售各类成品油20.2万吨，同比下降6.6%，其中汽油销售量14.56万吨，同比增长2.5%，柴油销售量5.6万吨，同比下降10%。截至12月底，永嘉县成品油库存2536吨，其中汽油库存1560吨，柴油库存1003吨，库存充足，市场供应稳定。

二手车市场 2018年，永嘉县二手车交易市场管理日渐规范，二手车交易量7215辆，同比增长17.3%；交易额3.1亿元，同比增长24%。2018年温州浙南汽车设备回收有限公司永嘉分公司回收报废汽车1841辆（其中僵尸车近500辆），摩托车179辆。

市场体系建设 围绕推进永嘉县商贸服务业提档升级和商贸振兴工作，2018年永嘉县经信局结合城中村改造、小城镇综合整治等契机，编制完成《永嘉县商贸业网点发展规划（2018—2025）》初稿，尽快出台实施，优化业态结构，引领时尚商圈、特色街区等功能区块建设，为完善功能、促进消费增长奠定基础，为商贸业发展创造良好环境。积极组织开展“金秋购物节”“永嘉汽车展”“温州金鹰泵阀展”等商贸特色展会活动，造浓商贸发展氛围，实现“工业品下乡”和“农产品进城”的双向流通功能。金三角大酒店和米兰国际大酒店顺利开业，乌牛商贸城顺利竣工，桥头农贸市场、沙头农贸市场、枫林农贸市场、瓯北龙桥农贸市场、瓯北码道农贸市场顺利通过验收并开业。根据《关于推进全县工贸企业转型升级创新发展的实施意见（试行）》文件精神，加大对永嘉县优秀商贸企业的资金投入、扶持和培育工作，进一步优化营商环境。完成2016年度、2017年度优秀限上商贸企业财政补助资金公示，其中2016年合计金额216.92万元；2017年合计金额366.33万元，总计金额583.25万元。

市场监督管理 2018年年初，永嘉县经信局对全县8家典当行和33家成品油零售经营企业分别开展年检初审和年检工作。定期召开安全生产会议，指导商贸企业开展安全生产工作，联合公安、消防等有关部门开展加油站、超市等商贸企业的安全生产检查工作，排查安全隐患，同时配合环保局督促加油站做好地下油罐更新改造工作，于2018年年底全部完成33家加油站的油罐改造工作。全年共开展安全检查28余次，累计检查企业175家次。

（县经信局 供稿）

供销合作

概况 2018年，永嘉县供销联社团结带领广大干部职工，攻坚克难、锐意进取，不断开创供销合作事业发展新局面。截至12月底，全县供销系统实现营业总收入11803万元，利润总额460万元，同比增长18.56%，社会贡献总额2146万元，同比增长8.9%。

打造农产品“金招牌” 2018年，永嘉县供销联社不断探索更符合永嘉实际、更具可操作性的农产品区域公用品牌创建模式，加速推动“楠溪嘉品”高标准运作，以此促进永嘉县农业高质量发展。5月，会同县有关部门开展“楠溪嘉品”首届农产品包装设计大赛，共征集到原创作品数百份；7月，在大若岩陶公养生福地示范带开设“楠溪嘉品”首家农产品展销中心；11月，在县行政中心开设首家品牌形象店，“楠溪嘉品”系列产品参展温州市第八届农博会，得到市县领导高度评价。截至12月底，已梳理“楠溪嘉品”生态产品体系6大品类50个单品，正稳步向市场投放。

开通便民“直通车” 截至12月底，永嘉县供销联社全系统日用消费品连锁经营网络累计销售商品8535万元；县农业生产资料公司充分发挥农资供应主渠道作用，累计供应化肥8642余吨、农药价值140余万元；在送农资下乡活动中，先后9次组织农业专家和农技人员下基层、进礼堂，指导农民科学规范使用化肥、农药，惠及农民群众2300余人；8月，集日用小商品销售、中国移动和建设银行部分业务办理等功能为一体的“供销惠农”服务站大元下店隆重开业，打通便民服务“最后一千米”。

架构惠农“金融桥” 2018年，永嘉县以县农商行和县农信融资担保有限公司为主渠道、以资金互助会为补充的新型农村合作金融体系已初具规模，有效盘活农村“沉睡资产”。截至12月底，县农信融资担保有限公司为全县涉农企业、农民专业合作社、种养大户等提供贷款担保337笔9683万元，资金成本比民间借贷低2/3，相当于为农户节约利息近千万元。全县农村资金互助会资金规模5754.8万元，1至12月累计发放互助金754笔14172.42万元。

基层振兴计划 2018年，永嘉县供销联社以项目突破推动和支持基层供销社“二次创业”为抓手，破解过去“守房子、收租子、混日子”的被动局面。上塘供销社首次采用“BOT”融资模式（建设—经营—移交），以8年特许经营权引入社会资本改建危旧房，不仅消除安全隐患，而且每年还有10万元的额外租金收入；鹤盛供销社商旅服务综合体项目已于11月初正式动工，建成后预计年租金收入达70万元；碧莲供销社对原生资门市部进行改造提升，租金收入同比增长超4倍。

基层网点治理 永嘉县供销联社全面调查梳理供销系统现有网点，一手抓低效资产处置变现，一手抓破、旧网点改造提升，改变以往“破旧供销社”的局面。2018年，处置闲置资产4处，以服务小城镇环境综合整治、乡镇文体综合中心建设等县中心工作；积极向县财政争取专项扶持资金100万元，使乌牛供销社仁溪分社生产资料门市部等7处网点“旧貌换新颜”，发挥更好的经济、社会效益。

打造基层服务平台 2018年，永嘉县供销联社充分整合中农在线“智慧农资”平台“网上庄稼医院”线上技术优势和实体庄稼医院线下服务优势，对接农业产业上下游资源，打造为农服务综合平台，提升基层供销社精准化和综合化服务水平，帮助新型农业经营主体提升生产效率。2018年，全县共建成现代农业综合服务中心5个，发展新型庄稼医院1家。

安全生产 2018年，永嘉县供销联社紧抓安全生产工作，打造安全文化示范点，配合温州市开展危险化学品、非煤矿山和烟花爆竹领域“大起底、大整治、大提升”专项行动，紧扣传统文化产品烟花爆竹，在县日用杂品公司烟花爆竹专用仓库打造安全文化示范点。4月，该示范点吸引温州市危险化学品和烟花爆竹领域整治工作现场观摩会前来参观，得到与会人员高度肯定。2018年，永嘉县供销联社建立安全工作联系点制度，明确每位县社领导责任，根据分片原则联系相关下属单位的安全生产工作。“县社领导+联络员”定期不定期深入联系点开展安全生产专项督查，通过督查工作落实情况，及时发现、解决问题，总结经验，做好指导，促进永嘉县供销系统安全生产工作实现系统化、规范化发展。系统全年没有发生过安全事故，安全生产形势总体平稳可控。全年永嘉县供销联社共组织大规模安全生产大检查4次，检查发现问题16个，开出限期整改通知书16份，大部分单位已整改到位。在边查边改基础上，对安全隐患特别突出的5处网点实行挂牌督办（其中永嘉县岩坦镇供销超市同时被县政府列为第二批县级重大火灾隐患整改单位），全部整改到位并顺利摘牌。

（洪孙雷）

烟草专卖

概况 2018年，永嘉县烟草局（分公司）主动对接新时代、新要求，自觉置身行业发展大局，坚持稳中求进主基调，围绕“四大指标优于全市大盘”目标，竭尽全力实现“四个成效”。通过努力，被评为2018年度五大攻坚行动“突出贡献集体”。保持“两个第一”：全省分层分类对标B组第一、全市年度综合考核第一，展现永嘉烟草在全市系统争当标杆的担当姿态。

经济运行 2018年，永嘉县烟草专卖局（分公司）加速推进“互联网+营销”，进一步落地运行“365”工作体系，完善信息平台支撑、钉钉移动拜访等内容，数据指导经营作用日益发挥，经济运行稳中向好，实现销售结构与状态双提升。全年销售卷烟35901.47箱，同比增长6.02%，占全市总销量9.96%，同比增长0.52%；实现毛利4.08亿元，同比增长12.54%；销售结构持续提升，单箱销售额4.24万元，同比增长5.04%，圆满实现“经济指标优于全市大盘”发展目标。

专卖管理 2018年，永嘉县烟草专卖局（分公司）以“互联网+专卖”为立足点，以“数据+科技”为切入点，紧盯互联网涉烟违法和物流寄递假私烟运销两个主战场、围绕大户治理做好监管。打假破网方面，依靠与公安、邮政、交通等职能部门的协作，共查处各类假烟案件43起，涉及卷烟累计3.3万余条，破获9起专车运假案，省局挂牌确认3起国标案件，其中“1·25”案件被列为公安部挂牌督办案件，取得四年3起部督案件的骄人战绩。市场监管方面，2018共查获案件153起。其中，5万元以上案件23起，斩获专车运假大案6起，“双十一”期间连破5万元以上案件3起，“三包烟”中走私烟、假冒烟查获数量成倍增长，在全省对标中均名列第一。行政审批方面，实现新办证7个工作日完成、延续证即时办理，停歇业现场办结；烟草专卖许可证7个申请项，5个实现一证通办。

综合管理 2018年，永嘉县烟草专卖局（分公司）。坚持以“精兵引路、全员推进”为着力点，以激增活力、培养能力为落脚点，全面提升队伍整体素质，2018年基层创优争先考核排名全市前列，1名同志被评为省级“全国卷烟营销网络建设现场会”先进个人，3名同志获得市级五大攻坚先进个人称号。严格执行行业各项制度规定，落实法律风险防控、纪检监察、办事公开等监督机制，各项工作规范运行。严格落实安全生产责任制，高度重视安全隐患排查治理工作，确保企业安全稳定。

（王宁宁）

食盐专营

概况 2018年，浙江省盐业集团温州市盐业有限公司永嘉分公司（以下简称盐业公司）积极应对盐业体制改革带来的巨大挑战，做强做优主营业务，着力打造高端海盐产品，满足市场化需求。加强对市场购盐、卖盐、用盐的监督，实时监控食盐销量，确保市场供应安全。全年购进各类盐产品2599吨；销售各类盐产品2603吨，其中小包装碘盐1422吨，食品加工用盐735吨，工业用盐446吨，总销售额551.88万元。

市场监督 2018年是盐业体制改革两年过渡期的第二年，随着改革纵深推进，食盐市场经历着前所未有的变革。盐业公司共出动监督人员81次，出动人数221人次，走访食盐转批发点241家，农贸市场112家，零售店241家。2018年9月，主持永嘉县食盐质量安全监管职能移交有关问题的协调会议召开。食盐质量安全与执法监管职能划转给市场监督管理局，县市场监督管理局不再委托温州市盐业有限公司永嘉分公司负责盐业市场监管和执法工作。食盐质量安全监管职能移交后，县市场监督管理局承接食盐安全执法监管工作。9月27日，永嘉县人民政府发布〔2018〕141号抄告单，正式将盐业监管职能划转到永嘉县市场监督管理局。县市场监督管理局开展食盐专项监督检查工作，出动执法人员172人次，检查全县食盐经营单位287户，在岩头地区发现疑似问题食盐一户，对疑似销售问题食盐的经营户进行抽样送检后，检测结果为合格。

服务宣传 2018年，盐业公司推进产品结构调整，形成以海盐为主导产品的销售格局。挖掘潜在市场，宣传“雪涛”品牌，提高企业经济效益。强化服务意识，市场意识，主动做好销售环节中的客户服务工作，完善配送措施，充分掌握盐业市场的波动情况。掌握终端客户，为确保全县各类盐产品的销售稳中有高做准备。2018年5月15日是我国第25届“碘缺乏病防治日”，围绕“‘碘’亮智慧人生，共享健康生活”宣传主题，县疾病预防控制中心、县电视台、岩坦镇中心卫生院与温州市盐业有限公司永嘉分公司四家单位在岩坦村开展“碘缺乏病防治日”宣传活动。活动以发放宣传品及小包装加碘盐、现场识别加碘盐、接受群众咨询、现场义诊等形式，向群众广泛宣传碘缺乏病的危害，以及如何正确购买、保存、食用加碘盐等知识。对不合格碘盐和雪涛牌合格碘盐进行现场对比讲解，提高群众鉴别真假碘盐的能力，取得良好的宣传效果。

（钟 伟）

粮油购销

粮食调研与统计 2018年年初，永嘉县粮食局组织和抽调业务骨干对永嘉县11家粮油经营企业、2家加工企业、3家粮食转化企业及8个中心镇（街道）20个行政村的粮食及食用油供需情况进行抽样调查。推算2018年度社会粮食、食用植物油及油料供需、粮油生产、外购粮油及人口流动等情况，完成报表，为科学研判全县粮油供求形势及变化趋势、制定宏观调控政策措施提供参考资料。

粮食订单收购 2018年，永嘉县粮食局协同相关部门开展调研工作，及时出台《关于切实抓好2018年度粮食产销工作的通知》的订单粮食收购政策，为做好本年度粮食订单签订工作和粮食收购工作打下基础。确定早籼谷收购价格每百市斤123元，另每交售50公斤早稻谷奖励30元，每亩最高奖励240元；一般农户每交售50公斤早稻谷奖励20元，最高每亩不超过160元；晚籼谷收购价格每百公斤64.5元，政府补贴每百公斤10元的粮食收购政策；2018年共收购粮食3434吨。

仓储建设与储备粮油管理 2018年，永嘉县投入85万元对现有的危仓老库进行改造，对所有储粮仓开展一次安全鉴定。2018年年末全县储备粮食43400吨，成品粮450吨，菜籽油55吨。全年开展“一符四无”粮油检查工作4次和粮食库存专项检查工作1次，“一符四无”合格率100%，储备粮管理安全规范。

（陈久榜）

物资购销

概况 2018年永嘉县物资系统销售收入10422万元，同比下降4.1%。销售数量方面，工业炸药2465.4吨，同比下降22.4%；工业雷管102.6万发，同比下降18.4%；工业导索141.3万米，同比下降12.1%；剧毒品450吨，同比下降24.5%；煤炭11.8万吨，同比增长49.3%；实现利税总额322万元。

安全生产管理 2018年，为更好推动和落实安全生产主体责任，夯实安全生产基础，提升安全生产管理水平，化轻公司通过继续强化主体责任意识，进一步落实和明确各级人员安全生产责任，逐级逐岗与各类人员签订安全生产责任书。为加强安全生产检查及演练力度，2018年化轻公司共组织各类安全检查68次，排除出各类安全隐患39条，均已整改到位。规定公司专职安全管理员每周去仓库巡检一次，库区安全管理人员每天对仓库进行巡检。在安全生产月期间，化轻公司结合“生命至上、安全发展”主题，组织开展盗抢、火灾事故应急演练，组织消防水带灭火、单人干粉灭火器灭火等技能比武，组织员工进行火灾紧急疏散逃生演练，通过各类应急知识和现场实际处置培训，切实提高员工应急救援水平。

安全防范 2018年“两会”“进博会”“中非合作论坛峰会”等重要会议期间，化轻公司认真执行领导带班值班检查制度，重点加强库区安全管理。通过严格执行每日领导带班制度，加强安全保卫和实体防范，确保不发生库区物品丢失、被盗事故，同时指定具体负责人每日巡查并记录，确保安全，将库区情况及时进行汇报，确保安全生产情况信息通畅，杜绝在全国性重大会议及节假日期间发生安全生产事故。

合作同赢 2018年，化轻公司剧毒品经营受温州市场影响，举步维艰，市场占有率急剧下降，温州地区13家经营企业全部面临亏损，其中两家企业经营权转让。为了温州地区剧毒行业的健康发展，2018年温州地区的13家剧毒经营企业放下成见，转变以已独大，独占市场的旧思想、旧观念，协商走合作同赢之路，分别于9月、10月和12月三次协商相关合作事宜，初步形成共识，由13家企业组成一个共同体，在温州地区分设永嘉、乐清、平阳、金海、瓯海5个配送经营点，配送以保本微利为目标，销售所得扣除5个配送经营点费用后，由全地区13家经营企业实行亏同担、利均享。敲定2019年3月1日为具体实施时间，合作时间由2018年12月1日起算。

安全生产标准化 2018年年初，化轻公司先后制定《安全生产工作计划》《安全文化建设工作计划》《安全生产资金投入计划》《安全教育培训计划》等，为全年安全生产工作开展做总体布置，全年共投入各类安全生产费用77.67万元。2018年化轻公司严格按照上级有关文件与年度安全教育计划要求，定期组织员工培训，每季度开展员工知识测验，落实新员工三级安全教育，认真做好各类持证人员的年审、换证、取证工作。安全月期间公司组织安全知识竞赛，加大安全生产宣传力度，通过各种途径提高员工的安全生产知识水平。

（县经信局　供稿）

城乡建设

综　述

2018年，永嘉县城乡建设实现新突破。全力推进“项目建设突破年”行动，集中开工重大项目60个、总投资253亿元，新增省重点项目6个，签约招商项目10个、总投资59.6亿元，完成清零清障项目19个、交地3308亩，5亿元以上重大产业项目、重大服务业项目投资额均排名全市第一，民间投资比重达72.4%、高出全市8.2个百分点。聚焦“一江两岸”协同发展和“一带两城”联体发展，全力抓好瓯江北岸亮化夜游工程、永嘉世贸中心等核心区十大项目建设，联动推进上塘中后村、瓯北清水埠等城中村改造，基本完成高铁新城城市设计及控规调整，“大建大美”重点项目投资完成率全市第三。大力实施乡村振兴战略，全力推进楠溪古韵、山水诗画等示范带和温州西部生态休闲产业带项目建设，建成村级集体经济项目320个、带动增收3080万元，成功列入全国农村集体产权制度改革试点县，乡村振兴示范带投资完成率全市第一，经验做法被中央电视台专题报道、在浙江新闻联播《之江擂台》头条播出，全省“消薄”现场会在永嘉县召开。

城乡规划

规划修编　2018年，永嘉县全面推进村庄规划新编和修编工作，全年共完成村庄规划100个，争取到省住建厅规划编制经费补助80万元；完成规划修改37个；完成初步设计批复19个；完成《永嘉县幼儿园专项布局规划》等专项规划6项；启动黄田片区及上塘中心城区城市设计工作；完成金溪镇总体规划修编，启动大若岩镇等4个乡镇总体规划修编及其他各项重要规划编制工作。

行政审批　2018年，永嘉县全力助推审批提速提效。以认真落实各项工作任务、提高办事效率、改善投资环境为工作重点，积极推进行政服务规范化建设，深化行政审批制度改革，优化营商环境。2018年，科室行风评议排名第二，连续获得县行政审批中心三个季度“红旗窗口”荣誉称号，工作人员多人获得窗口四个季度“服务标兵”荣誉称号。专门召开公建项目审批改革座谈会，特别邀请行政审批相对人代表参加，收集梳理诉求、建议，构建“审批一条龙、服务一站式”行政审批工作机制，进一步实现放权增效。坚持“实体经济项目开辟绿色通道、重点项目特事特办、招商项目超前服务”，积极组织业务科室对君品集团有限公司工业园项目、江心调味品项目、凯奇集团厂房项目、韵达浙南电商总部等县重点项目和招商引资项目上门服务，为永嘉县重点项目、招商引资项目顺利进行提供重要保障。2018年共办理选址意见书55份、预选址65份，出具规划设计条件书108份，办理建设用地规划许可证77份，审查办理建设工程规划许可证151件，审批事项提前办结率100%，办件时间平均缩短3到5天。

监察管控　2018年，永嘉县严抓规划实施监察管控，完善农房建设管理制度。县规划局牵头起草《关于切实加强农民自建房建设质量安全管理的通知》，严格加强批后监管力度，落实农村建房“四到场”和“挂牌施工”等制度，印发《浙江省农村住房建设管理办法》单行本10万册，走村入户开展宣贯服务活动。

（李倩倩）

城镇建设与管理

概况　2018年，永嘉县住建局紧密围绕县委、县政府中心工作，按照年初《政府工作报告》各项任务责任落实，积极工作，扎实推进，提前完成城乡存量及新增危房治理，治理率均为100%，连续三年考核排名全市第一；大建大美11个项目投资完成率在各县市区中排名第一；小城镇环境综合整治在全市率先实现“三年计划两年完成”，取得圆满收官。较好地完成既定任务，有力推进住房和城乡建设各项事业的发展。

环境综合整治规划 2018年，永嘉县住建局取得小城镇环境综合整治规划新突破，涉及6个乡镇，1个街道，分别是岩头镇、岩坦镇、枫林镇、沙头镇、云岭乡、溪下乡和三江街道，其中岩头镇、岩坦镇获评温州市小城镇环境综合整治优秀规划。全面开展《永嘉县域村庄建设规划（2018—2035）》，规划范围是永嘉县行政区域内全境，重点建设中心镇和中心村，适当兼并自然村，加快改造空心村，2018年完成中间成果审查并完成报批。顺利进行专项规划及规划研究工作，海绵城市专项规划于2018年10月11日获得县政府批复；永嘉县幼儿园布局专项规划已获县政府批复；《上塘中心城区功能完善，品位提升思路研究》于2018年9月完成规划研究。积极开展城市设计，黄田片区城市设计规划范围东临楠溪江，南至104国道和楠溪江，西临金瓯路和山体，北至狮子山隧道北洞口，规划范围总面积约为8平方千米，已完成县内的中间成果审查；上塘中心城区城市设计规划范围以上塘中心城区为重点，包含峙口、黄屿、李浦、路口等功能板块，约42平方千米，已完成初步方案。顺利完成村庄规划及控规修编，2018年完成100个村庄的规划，规划范围涵盖整个永嘉县域，为美丽乡村建设勾勒出初步蓝图，提供法定依据。

农房审批建设管理 2018年，永嘉县住建局优化完善农房建设管理制度，牵头起草《关于切实加强农民自建房建设质量安全管理的通知》，报县政府批准实施，下半年根据永嘉县实际起草《永嘉县农村住房建设管理细则》（讨论稿），广泛征求意见。强化农村建房监管，严格加强批后监管力度，落实农村建房“四到场”和“挂牌施工”等制度，印发《浙江省农村住房建设管理办法》单行本10万册，走村入户开展宣贯服务活动。加强农村建筑工匠的培训管理工作，2018年下半年组织2期农村建筑工匠技能培训班，培训工匠200余人，累计培训人数3000余人，着手创建农村建筑工匠信息管理平台，统一管理工匠诚信、培训等工作。

市政基础设施 2018年，永嘉县住建局圆满完成“五水共治”建设任务。污水处理设施方面，完成上塘、桥头污水处理厂新扩建工作；超额完成城镇污水管网60千米、污水管网改造10.5千米的建设任务。排涝工程方面，超额完成建设雨水管网5千米；完成提标改造管网5千米；完成雨污分流改造管网6千米。保供水工程方面，超额完成新建供水管网7千米；改造供水管网7千米。抓节水工程方面，超额完成建设屋顶集雨等雨水收集系统14处。按时完成中央环保督察整改任务，上塘、瓯北、桥头、桥下4座污水处理厂提标改造工程均已通过工程竣工验收，通过环评验收，顺利销号；黄田、江东污水处理厂主体工程已完成设备安装，进入调试阶段。精心谋划城镇生活小区“污水零直排区”创建工作。2018年完成6个生活小区“污水零直排区”建设，分别是金色家园、滨江花园一期、新世纪公寓、枫四村安居小区，沿江小区和城西安居小区，总投资1050万元。

建筑产业与市场秩序 2018年，永嘉县建筑业总体呈现稳定发展态势。建筑业产值保持稳定增速，全县全年共完成省内建筑业产值125.96亿元，省内产值同比增长24.4%，增速位列全市第三；完成房地产投资124.05亿元，同比增长7.4%。积极受理企业建筑业资质申报工作，上报企业资质增项12项，新增施工总承包三级企业11家，由外地引进建筑业企业6家。行业发展稳步推进，2018年共办理建筑工程规划许可证101件，建筑面积145.3万平方米；办理施工图审查备案132件，建筑面积251万平方米；办理民用建筑节能审查意见书37件，建筑面积41.6万平方米。工程建设领域“无欠薪”创建处于省市领先水平，召开工作推进会2次，现场观摩会1次，检查全县范围内在建工程项目116处，联合人力社保部门解决民工工资纠纷20余起，查处拖欠民工工资案件3件，全县案件发生率低于创建要求的3%。迎接省、市防欠薪办预验收各1次，整体创建处于省市领先水平。

房地产管理 2018年，永嘉县住建局严格落实商品房销售管理和商品房预售资金监管制度，规范管理房地产市场秩序，进一步加强房地产市场监管，确保全县房地产市场平稳健康发展。2018年，永嘉县共批准商品房预售许可项目22个，预售许可套数面积3964套，预售许可面积约49.40万平方米；销售商品房7133套，销售面积约118.81万平方米，销售金额约124.47亿元，办理《商品房买卖合同》备案登记5162套。截至年底，全县新建商品房库存2621套，待售面积33.76万平方米，去化周期约6.1个月；其中商品住房库存1800套，待售面积23.72万平方米，去化周期约5.1个月。对未符合商品房预售许可项目做好前期政策咨询指导，杜绝违规现象发生。对全县房地产开发企业、房地产估价机构和房地产经纪机构及其从业人员的服务行为进行专项检查，预防违规行为发生，确保房地产行业规范有序发展。

城镇住房体制改革 2018年，永嘉县住建局进一步加强城镇公共租赁住房保障力度，积极做好全县中低收入住房困难家庭申请公共租赁住房保障工作，对永嘉县公共租赁住房政策进行完善，出台《永嘉县中低收入住房困难家庭申请公共租赁住房保障实施细则》，将农村转移人口纳入城镇公共租赁住房保障系统，有效提高全县住房保障覆盖率。出台《永嘉县公有住房管理暂行办法》，对全县所有机关事业单位公有住房产权管理和公有住房租赁管理事项进行进一步完善。2018年，新增城镇公共租赁住房保障对象168户，收取租金29万元，发放补贴127.437万元，在册保障人数521户，为历年新高；发放退休干部住房补贴74人，合计169.08万元，其中18人领取公积金住房补贴，合计73.5万元；完成150户农村困难救助家庭危旧房改造和41户房改工作任务。

（杨　闯）

重点工程建设

概况 2018年计划安排县重点建设项目43个（续建20个，新开工18个，建成5个）。概算总投资709.5亿元，年度计划投资88.66亿元（同比增长18.4%），其中民间投资38.55亿元，政府投资50.11亿元。政府投资资金筹措方案：其中上级财政资金16.45亿元，PPP18.9亿元，融资4.5亿元，停车场专项债2亿元，县级财政资金8.26亿元。

分行业计划安排：交通项目11个，总投资242.8亿元，年度计划投资25.1亿元，占年度计划投资28.3%；水利、能源项目6个，总投资29.9亿元，年度计划投资5.51亿元，占年度计划投资6.2%；城建项目12个，总投资115.1亿元，年度计划投资20.9亿元，占年度计划投资23.57%；社会事业项目4个，总投资24亿元，年度计划投资5.05亿元，占年度计划投资5.69%；工业及服务业项目10个，总投资297.7亿元，年度计划投资32.1亿元，占年度计划投资36.2%。

杭温高铁永嘉段 杭温高铁永嘉段约60千米，新建楠溪江站，改扩建温州北（永嘉）站。项目投资概算约117亿元，计划建设工期4年。该项目于2017年5月开工，截至2018年12月底，正在开展土地组件报批，施工图核对等前期工作。

上塘至瓯北公路工程 上塘至瓯北公路全长11.8千米，路基宽32米。六车道一级公路，设计速度80千米/小时。起点为上塘环城北路，经李家村、上白岩，终点为瓯北104国道西过境，其中隧道5950米/4座，总投资19.85亿元。工程于2015年9月开工，2018年总体工程完成46.78%；路基50.7%；桥梁50.2%；隧道工程71.73%。

104国道温州西过境公路永嘉段改建工程 全长7.18千米，双向六车道一级公路标准兼顾城市道路，其中特大桥2.345千米/座，桥面宽36米，主线路基宽50米，连接线路基宽32米，总投资15.86亿元。截至2018年12月底，总体形象进度完成69.8%，主线连接线完成路基20%，特大桥完成桥梁98.23%（永嘉侧完成100%）。

乌牛溪（永乐河）治理工程 整治河道12千米，包括堤防护岸、截弯取直、跨河建筑改建等。工程概算7.57亿元，建设工期4年。截至2018年12月底，新建桥梁14座，已完工10座，进行基础处理4座；两岸堤防护岸基础处理12千米，完工7千米。

瓯北三江标准堤工程 工程北起后江水库，终点为开垟水闸，总长12.12千米，总用地面积388亩，沿线涉及重建及加固水闸共7座，拟定总投资17.43亿元，建设工期四年，工程建成后三江片的防洪标准将提高到50年一遇。累计完成第一阶段Ⅰ、Ⅱ标，第二阶段Ⅱ标，第三阶段Ⅰ、Ⅱ标共7602.2米标准堤及4座水闸的建设任务；第三阶段Ⅲ标江头村104户民房拆迁与安置，村委会、三江农械厂、三江供销社等公建设施完成协议签约；堤线外移调整段已完成市发改委初设调整批复，完成施工图设计与审查；本工程剩余部分确定采用PPP建设模式，于6月20日完成公开招标，7月17日发放中标通知书，8月15日签订PPP合同，9月13日完成SPV项目公司注册，9月中旬施工与监理单位进场并完成施工临时项目部建设；鉴于与社会资本方中标后多次对接和约谈，履约诚意和能力不足，已于11月16日经县政府同意向社会资本方发放合同提前终止通知，至年底县政府就该项目融资可行性及原中标单位融资情况进行调查，为后续工作提供参考。

温州市监管中心 总用地262亩，总建筑面积约11.4万平方米，其中地上建筑面积9.9万平方米，包括拘留所、看守所、戒毒所、监管医院、警犬基地及附属设施等。总投资6.9亿元，截至12月，山体爆破工程量完成约75%，桩基工程量完成约90%，部分楼幢主体结构正在施工，其中14个单体已结顶。

三江13、14#地块农房改造集聚建设项目 13#浦东地块总用地100亩，总建筑面积22.6万平方米；14#后江地块总用地10亩，总建筑面积2.5万平方米。总投资14.2亿元。计划建设工期三年。工程于2016年7月开工，2018年13#主体工程已结顶。14#桩基完成90%。

七都北汉桥 一级公路，双向六车道，主桥长约2千米，宽34米。总投资19.33亿元。计划建设工期三年。2018年桩累计完成65%，水中桩累计完成75%。

岩头镇中小学拆扩建工程 岩头中学24个班，总建筑面积2.3万平方米，小学36个班，总建筑1.65万平方米，投资概算为2.51亿元，工程于2017年3月开工，2018年镇中、小学部分主体施工。

桥头服装辅料小微园 总用地面积87亩，总建筑面积150875平方米。分白下小微园地块和洛溪小微园地块，工程总投资约5亿元。2018年白下小微园地块：1号厂房（宿舍楼）结顶，2号厂房正进行1层顶板施工，3号厂房进行2层顶板施工，4号厂房进行3层底板建设；洛溪小微园地块：1号厂房（综合楼）已结顶，进行外墙粉刷；2号厂房进行5层梁板搭建；3号厂房结顶，进行4层砌墙；4号厂房结顶；5号厂房（宿舍楼）完成底板浇筑；6号厂房完成底板盖板，7号厂房完成正负零，8号厂房完成桩基。

永嘉县世贸中心 集五星级酒店、高端智能高级写字楼、商业、高级住宅和文化及配套设施于一体，占地约166亩，总投资约31.84亿元。2018年东区：外墙涂料施工完成99%，幕墙工程完成98%；地下室：地面施工完成；西区：部分主体施工，12#、13#楼幕墙完成75%，8#、9#楼完成95%。

桥头商贸城 总用地51亩，总建筑面积59142平方米，主要包括商业金融、批复零售、住宿商务等。总投资12.98亿元。计划建设工期为三年。已完成竣工验收。

海星海事年产60万只舰船及海洋工程配套产品项目 总用地面积75.71亩，总建筑面积58500平方米，包括研发中心、职工公寓、生产车间、仓储等。总投资4.04亿元，2018年1号车间结顶；2号车间已建二层；研发中心已建二层；宿舍楼和3号车间正在进行基础工程。

瓯北小微企业创业园 用地199亩，建筑面积33万平方米，包括珠岙轻工、珠岙流程、罗浮流程、塘头铸造园等五个园区。总投资10亿元，计划建设工期三年，2018年珠岙轻工园主体完成验收，幕墙完成，附属工程完成90%，电梯安装完成80%，空调、太阳能施工；珠岙流程园有4幢室内水电、门窗安装，3幢主体施工，1幢打桩。罗浮流程园东地块桩基完成，西地块打桩；塘头铸造园打桩。

溪下至界坑（兴发）公路工程 线路全长11.71千米，设隧道2座，桥梁4座，总投资约2.1亿元，计划工期24个月（两年）。路线起点位于县道山黄线溪下乡溪下村，途经溪下村、山共坑、美岙、兴发、坑口5个村，终点位于界坑乡兴发村与兴发至永缙线现有道路。按双向两车道四级公路标准设计，道路设计速度20千米/小时，路基宽6.5米，设隧道2座，桥梁4座。其中，美岙隧道是界溪公路的重要节点和控制性工程，该隧道全长1015米，双向两车道。该项目于2018年4月开工，预计2020年4月全面建成通车。截至2018年年底，工程进度为路基钻炮眼并开挖，美岙隧道进洞703米，桥梁钻孔与挖孔。三座中桥、美岙大桥正在施工，已完成投资额占工程量清单金额46%；完成投资额6768万元，占建安费42%，超额完成120%。本项目的建设具有组成贯穿永嘉西北地区的“一纵”，彻底打通永嘉大、小楠溪和西溪交通路网的重大意义，不仅有利于永嘉县溪下和界坑两个乡的发展，对永嘉经济整体均衡发展具有非常重要的意义。

岩表公路改建工程 路线总长约7.11千米，路基宽度8.5米。总投资0.95亿元。2018年路基清表完成80%，山体爆破完成45%，挡土墙完成40%，矿渣回填完成30%。

安吉至洞头公路永嘉巽宅至桥下段工程 起点位于永嘉县巽宅镇石染村，顺接坦五公路，终点位于桥下镇垟湾村，与49省道相接，主线全长约31.1千米。设隧道11座，共长7772米，其中济岭隧道属特长隧道，长3585米，其余均为中短隧道。设桥梁30座，共长2418米，其中大桥8座，共长1117.9米。同步建设前山连接线约2.3千米，项目合计建设里程约33.4千米，公路养护管理用房一处（结合普通公路服务站功能）。项目概算约21亿元。计划建设工期为三年。工程于2018年7月开工，2018年该项目已完成投资5.41亿元（占项目总投资25.72%）、市对县投资完成率115.6%、政策处理坟墓迁移等完成率高达162.4%，进展迅猛，2018年完成路基10%；桥梁10.2%；隧道工程10.3%。根据任务要求，2018年内开工建设铁坑大桥、殿后大桥等7座桥梁桩基工程和济岭隧道、韩埠隧道、霞一隧道等6座隧道工程。

S333（49省道）永嘉桥下至桥头段改建工程 路线起点位于永嘉县桥下镇陆岙村，与104国道温州西过境公路瓯北连接线相接，经梅岙、垟湾、朱涂，终点位于永嘉县桥头镇白沙村，接S333（49省道）青田温溪段，同步建设普通公路服务站1处。路线全长约21.6千米，实际建设里程约17.8千米，其中大桥1666米/4座（含互通区主线桥）、中小桥314米/6座，隧道4688/6座，互通立交1处，普通公路服务站1处。概算总投资19.21亿元，建设工期42个月（三年半）采用集散四车道一级公路标准设计，设计速度80千米/小时，路基宽度24.5米。2018年完成路基10%、桥梁10.2%、隧道工程11.2%。该工程是永嘉县“十三五”交通规划中的重要建设内容，同时也是永嘉县国省道提升工程项目之一，项目建成后对进一步完善永嘉县干线公路网布局，密切永嘉与温州市区交通联系，对充分发挥桥头桥下工业强镇优势，促进沿线区域经济发展，推动瓯江北岸城市带建设具有重要意义。

水门路工程 项目位于永嘉县黄田街道，起点位于上白岩村，终点位于洞桥头，与S233相交。路线总长约3.33千米，路基宽度24.5米，项目采用双向四车道一级公路标准，兼顾市政功能，设计速度80千米/小时，路基宽度24.5米。本项目概算总投资约3.75亿元，其中建安费约2.41亿元。2018年水门隧道洞身开挖201米及洞内二衬施工52米，路基土石方开挖134600立方米及填筑56700立方米，双向水泥搅拌桩及预应力管桩施工10340米。

永嘉县（鹅浦溪、下塘溪）河口段整治工程 永嘉县（鹅浦溪、下塘溪）河口段整治工程是县城上塘功能区一项重要的民生水利以及环境整治工程，该工程贯穿鹅浦溪、下塘溪两条主要河道。河道整治总长约3.6千米，其中鹅浦溪治理长度2.1千米，下塘溪治理长度1.5千米，拟建堤岸4.11千米，工程投资概算1.47亿元，工期18个月（一年半）。于2017年11月开工，至今完成鹅浦溪亲水平台主体、下塘溪、鹅浦溪亲水平台2000米、下塘溪完成桩基础处理搅拌桩2950根，灌注桩458根。2018年度共完成投资6527.38万元（计划任务投资6000万元），占年度计划投资的108.8%，超额完成考核任务。该项目是建设“永嘉美丽水乡”的基础，作为“五水共治”规划项目，是改善水环境，优化水生态，建设水景观，努力打造美丽浙南水乡的迫切需要。项目建成可大大改善河道环境，为市民创造更多的滨水休闲空间，巩固防洪排涝薄弱区域，改善流域内水生态环境。

桥头镇菇溪河道综合治理六期工程 市政主干道，道路总长12.85千米，道路宽度16米，包括道路、桥梁、给排水和其他附属工程等内容。投资概算5.5亿元，2018年房屋拆迁签约正在加速推进，部分村居签约率达80%，土地征收资料整理中，大桥建设及路基建设全面铺开。

瓯江北岸道路及景观提升改造工程 瓯江北岸道路及景观改造提升工程总长约22.7千米，该工程实行分期建设，其中该工程一期按照与瓯江南岸统一的高设计标准，以“漫步道、跑步道和骑行道”三道贯通、两个码头主要景观节点打造为优先考虑的施工内容，亮化完善、景观提升和公厕等设施的修缮、新建等其他设计内容为辅进行施工。一期项目具体分为瓯北段和三江段，设计长度6.8千米，改造和新建总面积约36.5公顷。总工程范围包括瓯北段、三江段和乌牛段，其中瓯北段西起瓯越大桥，东至瓯北大桥，长约11.1千米，改造提升段长约9.6千米，新建段长约1.5千米；三江段东至七都北汊桥，西北至三江半岛整体沿江段，长约11.6千米。计划总投资4亿元，工程一期于2018年5月开工，至今瓯江北岸道路及景观改造提升工程（一期）三江段工程量超额完成，100%全线贯通，景观绿化投入使用。瓯北段工程量完成95%，全线基本完成实现三线贯通，各节点驿站、景观绿植修筑种植完毕并投入使用，龙桥码头节点栈桥施工开展扫尾工作。该项目通过打造提升瓯江北岸沿江慢行系统，同步建设悦动龙桥等景观节点，增加完善沿江配套设施与滨水休闲空间，植入运动文化，将瓯江北岸打造成综合性沿江生态运动休闲带，使之成为集景观带、防洪堤坝和沿江道路为一体的沿江景观大道。不仅能够实现公共民生一体化发展，对永嘉县滨水区域慢行系统贯通、城市活力打造、土地价值提升、水利环境安全和区域生态保护等有极大的推动作用，更是能够通过打造“两岸相融”瓯江景观，加快江两岸相融、协同发展步伐，有助于温州城市精彩蝶变，助力温州深入推进“铁三角”建设。

职业教育中心一期工程 工程位于三江街道箬隆村，项目总用地340.7亩，其中规划建设用地226.2亩。项目总建筑面积171225平方米，其中地上建筑面积156867平方米，地下建筑面积14358平方米。该项目采取政府与社会资本合作模式（PPP）总投资96982万元，其中工程费用69066万元，工程建设其他费用23298万元，预备费用4618万元，办学规模定位120个班，在校中职学生6000人。2018年工程进展情况：冲孔灌注桩完成148根，累计完成681根，占比100%；钻孔灌注桩完成667根，累计完成1833根，占比83%；围护桩完成274根，累计完成827根，占比100%。

桥下教玩具展销中心 位于桥下镇垟塆工业区，东侧为经三路，西侧为经二路、北侧为维二南路，项目总投资13亿元，总用地面积46190平方米，其中规划建设用地面积41119平方米，规划道路用地面积5071平方米，总建筑面积为101625平方米。2018年桩基工程完成80%。

温州乐清湾港区铁路支线永嘉段工程 工程总长21.6千米，其中主线7.564千米，隧道14.038千米/4座，车站2处（停含预留）。项目投资概算约15亿元，计划建设工期四年。该项目于2015年5月开工，至2018年12月底，完成黄田货运站场99%、区间路基工程98%（完成线下工程）、瓯江特大桥96%（完成施工梁板）、永乐河大桥100%（完成主体工程）、楠溪江特大桥98%（完成主体工程）、完成黄田改河工程，江北岭隧道、兴国隧道、红岩隧道、新村隧道等全部隧道完成贯通。

清水埠城中村改造一期工程 总用地150亩，规划建设用地103亩，总建筑面积约20万平方米。投资概算20亿元，计划建设工期三年。工程于2016年7月开工，2018年05地块主体工程已封顶，小区配套已完成，已竣工验收。06地块主体工程已封顶，2018年在完成配套设施。

黄田、江东污水处理厂一期及黄田配套污水管网工程 黄田污水处理厂总用地87亩，日处理6万吨，一期1万吨。江东污水处理厂一期1万吨，总规模为6万吨。总投资3.42亿元。计划建设工期为三年。2018年黄田污水处理厂工程进展情况：道路、绿化、围墙完成90%，配套污水管网完成75%，牵引管施工基本完成，提升泵站设备已采购。江东污水处理厂工程进展情况：电气自控完成，道路、绿化、围墙完成90%。

（厉安义　徐福龙）

国土资源

概况 2018年，永嘉县国土资源局坚持“五个一”工作思路，以“最多跑一次”改革为主线、以完成重点任务为目标、以业务服务支撑为关键、以作风效能建设为抓手、以信息化建设为基础，着力保障合理用地需求、提升服务民生水平、严格土地执法监察，各项工作取得一定成效，为全县经济社会转型发展、赶超发展做出积极贡献。

土地开发整理 2018年，温州市下达永嘉县垦造耕地任务数600亩、“旱改水”任务数500亩。永嘉立项垦造耕地及“旱改水”项目5171亩，是2015—2017年三年总和的1.41倍。全年竣工验收垦造耕地项目面积808亩，完成率134.67%；竣工验收“旱改水”项目面积1149亩，完成率220%。2018年，温州市下达永嘉县高标准农田任务4.66万亩。永嘉县全年完成报备入库47042亩，完成率100.95%。

土地供应 永嘉县严格执行国有土地“招拍挂”制度，加强土地市场管理，全面实行土地使用权网上交易。2018年，全县共完成各类项目供地68宗、面积2378.6659亩，其中挂牌出让国有土地31宗、面积886.7939亩，工业供地22宗、面积164.2540亩，全年应收土地出让金47.13亿元。

征地报批 2018年，永嘉县国土资源局按照上级下达的年度新增建设用地指标情况，提早安排新增建设用地计划，及早落实到具体建设项目，确保新增建设用地计划有序推进、顺利实施；对全县重点项目用地采取提前介入、超前服务，主动为用地单位提供指导服务，依法做好征地、安置等一系列工作，确保重点项目建设顺利进行。2018年，共上报年度计划批次19个批次，涉及新增建设用地1539.735亩。其中，上报农民建房批次10个批次，涉及新增建设用地面积152.4345亩。永嘉县全年工业建设项目使用新增建设用地338亩；基础设施建设项目使用新增建设用地指标366亩；民生类建设项目使用新增建设用地指标125亩；保障型安居共使用新增建设用地指标62亩；其他用地使用新增建设用地指标649亩。

农村宅基地 永嘉县结合城乡统筹、土地综合整治、农村住房保障等工作，进一步规范农村宅基地管理，持续推进破解农民建房难问题。2018年，在大若岩镇、岩头镇、桥下镇、黄田街道开展个人住房建设审批“最多跑一次”改革试点，减少流转环节，压缩审批时间近1/3以上。全年共报批农民建房农转用报批9个批次，报批占用农用地建房1408户；审批（备案）农民建房5768户，面积419326.25平方米。

土地节约集约利用 2018年，永嘉县国土资源局以提高土地节约集约利用水平为主线、以加强建设用地批后监管和闲置土地处置为抓手、以推进土地利用供应供给侧改革和政策创新为要点，着力夯实全县土地利用管理工作。全年共消化批而未供土地1925亩，完成市对县考核任务的160.41%；完成批而未供净地3230亩，完成市对县考核任务的97.08%；处置供而未用土地2162亩，完成市对县考核任务的106.98%；城市批次供地率87.9%；已供土地按期开工率92.57%，有效推进土地资源科学合理配置。2018年，永嘉县启动城镇低效用地年度更新调查和新一轮再开发专项规划编制工作，全年累计再开发城镇低效用地2185亩，完成市对县考核任务的182%。

土地执法监察 2018年，永嘉县切实加强国土资源执法监察工作，加大土地违法行为打击力度，有效遏制新建违建。全年共出动巡查4178次、11147人次，现场发现违法案件373起、涉及土地面积103328.98平方米，其中耕地面积66092.27平方米，现场拆除50件、土地面积9808.7平方米。严格依法行政，扎实推进法治工作，全年共立案120宗，作出处罚决定73宗，依法撤销立案25宗。向法院申请执行共计56宗，其中2016年案件1宗、2017年案件30宗、2018年案件25宗，涉及罚没金额126.12万元。开展2018年度“亮剑行动”，全年共排查出农村违法用地突出问题75件、违法开采矿产资源案件7件，其中列为重点案件16件，农村违法用地突出问题整治完成率98.7%、违法开采矿产资源问题整治完成率100%，重点案件问题整治完成率93.75%。

2018年，国土资源部下发永嘉县遥感监测图斑282个、面积2181.3亩，其中耕地面积1455.29亩。根据2017年度变更调查“一上”确认新增建设用地构成表显示，2017年度新增建设用地总量1428.31亩，其中耕地面积1053.97亩，违法耕占比初始比例为7.79%。通过加大案件查处力度和拆除复耕整改工作，全县违占比已降至2.54%。

数字地籍调查 2018年，永

嘉县完成58平方千米的城镇数字地籍调查和120余平方千米的城镇村庄数字地籍外业调查及内业整理工作；为保证数字地籍调查成果现时性，开展上塘城区11.0平方千米数字地籍更新调查。

不动产统一登记 按照深化“最多跑一次”改革、“优化营商环境提升年”活动要求，永嘉县不动产登记服务中心进一步压缩办理时限，推广2个工作日办件要求，开展贷款抵押登记“直通车”，从公积金扩大到试点银行，实现抵押登记“零跑路”；推出不动产权属证明网上查询、“瓯e办”自助终端，累计通过互联网查询证明217件；微信公众平台实现网上预约、进度查询，推出支付宝、微信、刷卡机等多种更便民的缴费方式。加强不动产登记事前、中、后监管，出台痕迹管理、办事指南等38余项规章制度，强化事前监管；推出领导坐班制，确保事中监管；落实业务督查，对办错件、迟缓件、问题件实行严格扣分制度，强化事后监督。2018年永嘉县不动产登记服务中心共计办理各项不动产登记68013件，解决登记疑难700多宗，提供上门服务90余次。

矿政管理 2018年，永嘉县积极推进矿产资源管理规范，加强矿山生态环境保护与治理，推进罗浮永顺采石场等9处“四边三化”废弃矿山治理，督促桥下上村坑底垅和沙头石埠坑市级绿色矿山建设；切实做好公建项目和农村私人建房农转用报批前的压覆矿审核工作，全年出具公建项目和农村私人建房农转用报批前压覆矿证明79份。

（李倩倩）

特色小镇

玩具智造小镇 位于永嘉县桥下镇东南部，规划面积3.44平方千米，总投资50.2亿元，2018年8月成功列入省级特色小镇第四批创建名单。小镇以时尚B（制造时尚产品）为方向，利用动漫等文化创意元素，提升教玩具附加值，促进教玩具产业向文化创意产业延伸，打造集产品研发、品牌推广、衍生授权经营于一体的高端文化创意产业链。2018年完成固定资产投资6.40亿元，超过省定年度投资6亿元的任务。其中非政府投资5.84亿元，占比91.14%，特色产业投资5.6亿元，占比87.45%。小镇共入驻企业314家，其中引进设计师工作室5家，时尚产业企业占入驻小镇企业比重为87.9%。引进省级以上高端人才9人，拥有高中级职称人员69人，“新四军”78人。年度时尚新产品发布数量300个，在国内外大赛获奖7项，当年新增有效专利294项。教玩具国际城、教玩具小微园、S215安吉至洞头公路永嘉巽宅到桥下段工程等重点项目顺利开工，特色产业加速发展，连续获得“中国教玩具之都”“中国教玩具出口基地”“国家外贸转型升级专业型示范基地”等国字号称号，2018年正在创建“国家级玩具产品质量提升示范区”，小镇正成为中国教玩具行业的领头羊和风向标。

瓯窑小镇 位于永嘉县三江街道龙下村，规划面积3.5平方千米，总投资51亿元，通过建设出入口形象区、慢生活街区、文化创意园、瓯窑遗址公园等“四大板块”，集聚休闲旅游、文化创意、配套服务等功能，促进文化元素和旅游产业深度融合，实现传统历史文化和现代产业的有效对接，打造永嘉版“梦想小镇”。2018年投资700万元，启动建设瓯窑小镇古玩文化街，引入鹿城古玩商会入驻经营。由山海协作全方位负责打造瓯窑小镇的生态、旅游、文化等建设，对瓯窑小镇核心区进行控规调整，启动瓯窑博物馆与遗址公园等项目建设。

福地养生小镇 位于永嘉县大若岩镇，规划面积3平方千米，总投资23.34亿元，依托陶公洞“天下第十二福地”的区域特色品牌优势，借力“中国长寿之乡”金名片，挖掘养生资源和养生文化，进一步提升大若岩镇生态休闲旅游区的核心吸引力。2018年，完成固定资产投资3.52亿元，其中，民间投资2.7亿元，占比76.7%；特色产业投资2.5亿元，占比71%。瀚景时尚酒店完成投资0.5亿元，于2018年7月竣工并营业。楠溪都府度假酒店于2018年10月开工入库，完成投资2200万元。九黄线乡村示范带建设于2018年8月完工，完成投入5000万元。大若岩周边民宿改建20多间民房，完成投资1000万元。

休闲旅游小镇 位于永嘉县沙头镇，规划面积3.7平方千米，在建项目包括环湖休闲园、泰石村民宿、永嘉书院、永嘉珍溪田园综合体一期等，总投资35亿元。休闲旅游小镇以旅游产业发展为导向，以湖光山色为资源基础，以中高端养生度假为核心，致力打造一个集观光、游乐、运动、养生、度假等多功能于一体的旅游综合服务小镇。

2018年完成固定资产投资2.9亿元。

温泉小镇 位于永嘉县云岭乡南陈村，规划面积3.66平方千米，总投资22亿元，规划总面积3.2平方千米，是温州西部生态休闲产业带重点项目。项目坚持旅游+融合发展理念，以温泉产业为核心，联动开发乡村旅游、农业观光、休闲采摘、精品民宿、文化展览等多种业态，致力打造温州北部区域康养综合体。截至2018年年底，累计完成固定资产投资3亿元，流转土地4800亩，温泉度假酒店已结顶，森林康养木屋已进场施工；云鹤公路通过初步设计会审。

（陈胜全）

上图　三江13、14地块农房改造集聚建设项目（县发展和改革局　供图）
下图　乐清湾铁路工程（县发展和改革局　供图）

交通·通信

综 述

概况 2018年，永嘉交通统筹推进建设、管理、服务、改革等各项工作，圆满完成各项目标任务：交通项目建设快速推进，有效投资再创新高；行业发展多措并举，服务能力持续加强；“平安交通”切实强化，行业监管有效提升。全县交通运输工作平稳有序发展态势。

基础设施建设 2018年，永嘉县交通固定资产投资共完成32.02亿元，年度计划完成率110%，其中：市本级项目完成投资4.69亿元，完成率100%；县本级项目普通国省道及重要县道、农村公路及其他交通项目完成投资27.33亿元，完成率168%。

重点建设项目 2018年，永嘉县加快推进104国道温州西过境永嘉段改建、上瓯公路、330国道桥下至桥头段改建、规划215省道巽宅至桥下段公路、岩表线等续建项目建设；沙头石埠至西垟公路顺利完工；开工建设杭温高铁永嘉段控制性工程、溪下至界坑公路和水门路。

政府投资项目 2018年，永嘉县按计划建成农村公路提升改造工程101.9千米、安保工程140.291千米、乡村道建设71千米，完成农村公路大中修工程112.149千米；新建港湾式停靠站35个；建成质量好、环境美、服务优、带动大、安保强的美丽经济交通走廊线路21条523千米，完成雁楠公路、九黄线、41省道3条乡村振兴示范带道路网的旅游化改造，成功创成浙江省省级美丽经济交通走廊达标县，完成市、县部署的年度考核任务。

项目前期工作 2018年，永嘉县温义、乐永青高速、绕城高速乌牛互通及南北连接线工程（七都北汊桥延伸线）开展线位论证；完成诸永高速永嘉县城互通、104国道乌牛至三江段、珍上线改建工程等项目工可报告编制，规划省道323线大若岩至巽宅段改建工程的规划选址批复，规划省道324线乌牛至桥下段、规划省道321线张溪至岩坦段及大岙至应坑段的工可审查；完成大若岩至上塘公路的工可批复，云岭至鹤盛公路、上塘新客运中心的立项工作。

公路运输

概况 2018年，永嘉县完成旅客公路运输量2955万人次，同比减少0.941%，周转量77267万人千米，同比减少2.18%，完成货物运输量1447万吨，周转量95102万吨千米，同比增长23.25%和23.24%，公路客运、县内短途和旅游客流持续平稳增长。

运力结构 截至2018年年底，永嘉县营运车辆3058辆，同比增加2.65%。其中营运客车939辆18274客位，同比增加5辆减少33客位，分别增加0.53%和减少0.18%；营运货车2119辆14129吨，同比增加74辆2035吨，分别增加3.62%和16.83%，营运货车的重型化率40.44%，箱式化率27.04%。营运客车中，班线客车458辆9937客位，平均客位21.70，大型车比重5.24%，班线客车中农村客运车辆434辆8942客位，比重分别为94.76%和89.99%。营运货车中，小型车619辆，占29.21%；中型货车13辆，占0.61%；大型车1032辆，占48.7%。营运货车中个体货车134辆，比重6.32%。重型车辆776辆，比上年增长14.44%。厢式货车数量减少70辆，降为373辆，比上年下降10.89%，比重为27.04%。危险品运输车辆比上年增加33辆，升为455辆。

城乡客运 永嘉县大力推进“公交进农村、票价惠农民”行动，高规格出台并启动城乡公交一体化改造三年行动计划。2018年，完成95辆客运班车的收购工作，城乡公交化率提升26%，达到52%。营运车辆更新33辆，公交车辆更新10辆，其中新能源车8辆，建成农村港湾式停靠站35个，农村物流网点118个，圆满完成各项市定考核任务。实现全县28条线路、162辆公交和社区巴士移动支付功能；新增上塘至下寮公交线路、上塘经瓯越大桥至附一医快线等4条公交线路；完成增开岩头—石桅岩、岩头—碧莲、大若岩—岩头3条交通旅游专线任务，圆满完成省、市、县三级民生实事。开展客车“村村通”回头看，实行低票价的山区“定线客运+区域预约”、沿江“定线客运”运营模式，提升“村村通”通达水平。

安全生产管理 2018年，永嘉县进一步完善安全工作管理制度，修订安全相关应急预案，强化“一岗双责”，落实安全生产主体责任。强化“两危一客”企业源头监管，完成“智慧交通”一期项目，全面提升交通运输行业整体安全生产水平。2018年，永嘉县道路运输行业未发生省内道路行车9座以上营运客车同责及以上事故，没有发生一起死亡3人及以上的交通安全事故。

水路运输

概况 2018年，永嘉县货船运力规模达135艘，计23586总吨；客船7艘，合计1901个客位。完成旅客水路运输量420.0562万人次，周转量1105.78万人千米，分别减少0.88%和0.32%，完成货物运输量512.9016万吨，同比增长142.73%，周转量45067.3499万吨千米，同比增长393.55%。

水路安全 2018年，永嘉县没有发生水上交通和交通建设工程、养护施工事故，安全形势确保平稳。

航政管理 2018年，永嘉县港航管理局健全安全生产责任制，强化安全生产标准化建设。以落实企业安全生产主体责任为主线，以强化安全生产“双基”（基层、基础）为重点，定期召开港航系统安全生产例会。于第一季度与每家港航企业签订2018年度安全生产目标责任书。积极做好春节、国庆、“两会”等节假日和重大会议时期的安全工作。组织开展安全生产整治、公共安全整治及平安交通创建等行动。强化节前安全检查工作，确保船舶适航，运力满足。加强值班制度和责任落实工作，认真落实节日运输各项应对措施和预案，确保完成旅客及重点物资运输任务。

强化安全日常监管，杜绝事故发生，制定2018年安全检查计划，始终严格执行危货企业和客运码头每月一次，普货企业一季一查的安全检查制度。对水上在建涉航工程进行安全监管工作，杜绝违章作业。全年检查企业160家次，出车63次，检查508人次，治理安全隐患30处，发出隐患整改通知书5份。深入扎实地开展“安全生产月”和“安全生产万里行”活动。6月，县港航管理局参加县安委办组织的安全咨询日活动，发放宣传资料200余份，接受群众咨询50人次。

港政管理 2018年，永嘉县港航管理局加强指导，实现港区发展提升。深入开展永嘉县危险货物港口作业安全治理专项行动三年计划。严格落实企业安全主体责任，建立重大事故隐患治理督办制度，持续开展对各危货企业的专项检查工作，加大对辖区内危货企业隐患的排查力度，共检查危货企业54家次，出动人员195人次，发现安全隐患6起，完成整改6起，整改率100%。港航管理局创新管理检查方式，购买第三方体检服务，邀请天津水科院多位专家对辖区内一家危货企业开展全方位检查，发现隐患34项，全部完成整改。

运政管理 2018年，县港航管理局全面开展“三防”工作，对三防应急预案、危险货物事故应急预案、港口预防自然灾害等突发事件的应急预案进行修订，要求各企业同步修订各类预案，组织参与辖区企业应急预案演练17次。认真开展企业资质核验工作，及时排除安全隐患，5月对辖区内1家辅助业、6家水运企业及名下的120艘船舶进行资质核查，均符合资质，核查换证率100%。开展运政大检查，严厉打击水运违法行为。以现场营运船舶执法为主，检查各类营业性运输船舶，共出艇3次，出车5次，参检40人次，受检船舶28艘。发现2艘船舶未携带营运证，依法进行处理。

航道管理 2018年，永嘉县港航管理局从辖区航道实际出发，确保航道畅通为重点，全面提高通航能力。对辖区内航标保持每月1次的巡查养护，全年共出动车、艇31次，检查人员119人次，巡查航道2702千米，其中内河1262千米、沿海1440千米，检修18盏航标灯，确保航道畅通，航标正常发光。

行政执法管理 2018年，永嘉县港航管理局开展打非治违行动，防范打击成品油走私，保障通航安全。2018年年初以来，瓯江、楠溪江水域走私油活动日益猖獗，永嘉县港航管理局联合温州海警、永嘉打私办等多部门在瓯江、楠溪江水域开展反走私油联合巡逻工作，以维护成品油市场秩序稳定，保证群众用油安全。共开展联合执法5次，查获走私油船只11艘，成品油约1000吨，涉案船员6名。开展岸线巡查，严厉打击瓯江、楠溪江岸线上私自倾倒、私自占用、违规搭建的现象，共开展巡逻36次，出巡123人次，发现私自倾倒点2个，私自占用岸线2处，查获私自倾倒泥浆的工程车1辆，保持航道通航顺畅。2018年，永嘉县港航管理局联合海事、渔政等5家水上执法部门开展为期3个半月的瓯江渔网碍航整治行动，开展联合整治巡逻20余次，出动人员142人次，发放宣传资料150余份，劝离渔船176艘，清障渔网15张，进一步维护港口水域通航安全和港口生产作业秩序，保障航道安全畅通，渔业生产依法、有序，有效维护瓯江水域通航环境。

（汪珊珊　朱若冰）

交通管理

工程管理 2018年，永嘉县认真开展交通工程质量安全执法检查，积极配合抓好国省道质量安全监管，推进重点部位、关键环节质量整治和通病整改，严把质量安全关，共发出15份监督通知书和37份监督检查意见书，完成8个项目的质量评定备案、27个项目的招标文件核查备案和23个项目的造价文件核查备案，完成12个项目的43项工程变更审核。交通工程行政处罚2起，政府投资交通工程监督覆盖率与交竣工质量合格率均达到100%，未发生一般以上质量安全责任事故。市场信用体系建设进一步加强，质量安全监管工作继续走在全市前列。

打非治违 2018年，永嘉县深化交通行业打非治违行动，严厉打击车船非法营运、超限超载等违法行为，加强驾培和维修市场管理，共查处交通违章违法案件881件、收缴罚款549.2367万元，其中查处超限运输车辆504辆，卸载货物3600.33吨，罚款153.7617万元。以营运性车船和交通基础设施为重点，加强政策引导和监督管理，不断加强全县交通运输行业节能减排工作，努力创建“绿色交通”。

（汪珊珊）

邮政管理

概况 2018年，中国邮政永嘉县分公司实现全年业务总收入16300.16万元（含原速递），同比增长10.03%，完成年计划的90.61%，实现净利润303万元，财务各项指标良好；人均劳动生产率较上年上升30.2%，达31.9万元，员工收入较上年有一定程度增长，实现企业增效、员工增收、安全生产的发展目标。

邮政经营新业绩 2018年，中国邮政永嘉县分公司以“三个一把手工程”为重点，坚持打造“四个一流”，围绕经营转型，着力发展重点业务。金融业务通过建设逢“8”客户增值服务体系，筑牢保险业务基石，利用“党建+金融”主题营销活动，配合以内控服务质量双管齐下，实现收入4858.03万元，同比增长12.63%。寄递业务通过经营单位整合改革，释放整体资源优势，调整损益考核的经营策略，紧盯重点质量指标，完善各项客服机制，以重点集群市场为切入点，突破市场现有格局，完成业务量1342.98万件，同比增长29.51%，完成总收入7787.45万元，同比增长1.58%。农村电商努力提升“邮乐购”站点质量，积极拓展有效站点，实现批销交易规模670.89万元；分销业务紧抓传统节日营销契机，全年累计分销业务收入554万元；车险业务积极探索营销新举措，实现业务收入199.53万元；简易险业务实现业务收入28.9万元。传统邮务方面，函件业务抓住乡村振兴示范带建设契机，持续推动传统业务创新、转型发展，传统函件依托项目营销，持续增量，全年实现收入361.62万元；集邮业务借助集邮品鉴会、“生肖贺岁季”、线下线上平台推广，全年业务收入294.1万元；报刊业务突出抓好“校园、政务、线上订阅”等主要市场，重点抓好期刊、印广发等高效益产品，完成报刊总收入484.64万元。

投递网建设 2018年，中国邮政永嘉县分公司推进网运投递网建设。优化网运布局，通过分步完成由原来邮速两个进出口处理场地到邮政分拨中心一个场地，投入建设岭口分拨中心，推进分拨中心功能迁移集中，实现资源整合，提升邮件处理、分拨运输能力，确保县级邮件出口无滚存，提高进出口邮件准点率，加快营业部投递出班时间。强化投递网络，更新投递汽车3辆、电瓶车12辆、购置PDA设备30台，投递员PDA使用率基本达到100%，投递能力建设有效提升。全县19个普服营业网点均已开办四项法定业务，建制村通邮率100%。“双十一”和“双十二”期间，进口投递量近2万件，是日常2倍多。永嘉邮政分公司积极组织帮扶活动以及采取多样化的投递方式，保证旺季期间邮件及时、有效投递。

服务地方经济 2018年，中国邮政永嘉县分公司继续展现邮政服务地方经济新作为。结合强化改革攻坚工作，切入“最多跑一次”改革，推进永嘉县“警医邮”项目合作，同步为“有车一族”提供综合服务方案；创新金融服务实体经济、“三农”发展有效机制，充分利用永嘉地方旅游资源优势和邮政专业协同发展优势，继续打造服务城乡的邮政普惠金融服务体系，大力拓展保险市场，打造金融业务新增长极。加快动能转换升级工作，助力永嘉地方各项“金名片”产业发展，不断摸索产业集群效应，以品牌为切入，贴近服装、制鞋、玩具等高端时尚产业，打响集群市场攻坚战的同时，服务地方产业，承担电商线上寄递服务工作，实现高质量的共赢发展。结合推动文化兴盛工作，充分挖掘永嘉特色旅游资源，借打造美丽乡村契机，积极推进农村文化礼堂及新农村外立面等建设工作，弘扬永嘉文化，打造新时代农村。努力提升“农村电商服务站点”质量，积极拓展有效站点。全县累计建站348个（含新建站点，不含手机注册掌柜），新建站点50个，提升站点70个；实现批销交易规模670.89万元，掌柜参与率达98.25%。农产品进城方面取得突破，帮助山区种植户销售楠溪水果玉米邮乐线上479单1700公斤、楠溪紫玉米900公斤、有机草莓70公斤、有机小番茄100公斤、碧莲香柚1500公斤、水岩蜜橘1000公斤。

和谐建企 2018年，中国邮政永嘉县分公司推进和谐建企工作。坚持“为人民服务”理念，深化通信质量服务质量目标管理责任制考核。健全各部门、各专业通信质量服务质量目标管理责任体系，确保目标管理责任制考核落到实处。提高监督检查工作的有效性，加强监督与检查，做好“两岗”建设。以打造县“一流服务”窗口为目标，规范服务标准，开展以专项检查为主的监督检查活动，推进服务体系建设，以“严”字贯穿服务始终，着力提升服务水平。

深化内控检查，开展金融理财类业务操作风险“三项”排查活动、代理金融“高风险环节”违规行为专项整治月活动、代理金融“风险大排查”专项活动等系列风控工作，严肃处理各项违规行为。按季举办内控培训会，强化金融风险防控能力。细化和量化安全生产和治安目标管理责任制考核，安全生产责任书层层签订到人，明确各部门和岗位的安全工作责任人。积极开展安全隐患排查治理和专项检查活动。组织和开展金融机构安全评估工作。组织“安全生产月”活动和安全生产学习考试活动。通过开展安全检查、宣传、学习活动，营造良好的安全生产氛围，大力推进安全文化建设。

不断提升综合型动态人力资源效能。根据“有为才有位”用人原则以及“员工能进能出”管理机制，陆续完成全县各单位双向选聘事宜，及部分部室竞聘工作，有效促进观念从“要我干”到“我要干”的转变；调整生产机构扁平化管理，金融网点、寄递营业部由专业局直接管理，寄递网点整合形成9个片区，专业之间各自经营融合协同发展，激发员工认真干事热情，营造企业积极工作氛围。

密切关注员工生活，积极组织妇女节主题插花活动、“金秋十月”户外土灶野炊等系列活动，丰富员工兴趣爱好，增强员工幸福感，营造企业文化氛围；开展“暖心家访”等工作，通过深入基层员工家中，密切关心员工生活；探望生病住院员工，为员工排忧解难；深入推进职工小家建设，调研基层职工小家食堂、活动室、休息室等，为所有职工食堂配置空调、电磁炉，对部分职工食堂、活动室进行装修，改善环境，做好后勤保障工作。

（史成龙）

信息产业

中国电信永嘉分公司

概况 2018年，中国电信永嘉分公司围绕集团公司“三大目标、三大任务、三化转型”，凝心聚力、求真务实、拼搏进取、开拓创新，积极扎实推进企业各项工作。2018年，公司员工人数达445人，设有4个职能部门和12个生产经营单元，全年完成主营税后收入1.84亿元。

基础建设 2018年，中国电信永嘉分公司持续提速网络建设，已建成光网、4G、物联网三张精品网络，全省领先。其中，光网覆盖率100%，千兆覆盖率97%，城域网出口带宽达360G；4G网络全县人口覆盖率95%，固定宽带端口平均速率155Mbps。移动网完成800M重耕，MR覆盖率从年初92%提升到95.1%，进一步增强移动网络覆盖率。通过开展光衰整治等活动提升光网速率，存量劣化用户达标率91.24%，存量严重劣化用户达标率97.47%，光衰整治综合指标全市排名第一，被市公司推荐，获得省公司优秀团队荣誉称号。

提升服务质量 2018年，中国电信永嘉分公司持续开展最美服务活动，进行辅导检查，提升各窗口整体服务水平。营业即时满意度99.38%，同比提升0.12%；装维即时满意度99.33%，同比提升0.35%。针对业务办理协议不规范存在“三强”办理的情况，除进行责任考核外，对拆除套餐所产生的违约金及其他费用全额扣回。严格执行全县客户服务质量通报，按月考核，重点对“有理由有责任”“服务态度不满意”等不良现象给予严肃处罚。坚持每月对营业及装维等工作开展服务稽查，形成稽查报告通报到各个部门及支局。

“智慧城市”发展 永嘉县正处于奋力推进两个“高水平”的战略机遇期、发展黄金期和转型关键期。2018年，永嘉县加快推进政府数字化转型，全面提升政府履职数字化、网络化、智慧化水平，以数字政府建设深化“最多跑一次”改革，推进政府治理现代化。中国电信永嘉分公司始终紧紧围绕永嘉县改革工作和目标，努力以现代信息技术和行业经验助推政府决策科学化、社会治理精准化、公共服务高效化。助力建设永嘉县综合数据管理平台，推动公共数据和政务信息系统整合共享，整套系统年底进入试运行阶段。承接“四个平台”建设，支撑“全科网格”的全面实施推进，已覆盖全县22个乡镇、2000多个网格员。快速承接民安九期小源头视频建设，2018年建成350多个各类监控点，信息触角延伸到村网格，实现治安防控“全覆盖、无死角”，提升城市可视化管理水平和政府应急处置能力，维护城市公共安全。积极响应政府“企业上云”号召，从云计算、物联网、行业应用等多维度切入，以云网融合、智慧企业等为抓手，重点加强中小微企业的上云拓展，全年累计发展企业上云用户近700家，开展中小企业提速专项行动，综合资费下调30%。大力支撑产业转型升级，工业物联网、智能制造解决方案已在智慧消防、本地电气、泵阀、汽摩配等行业落地。

提速降费 2018年，中国电信永嘉分公司加快推进提速降费工作，在提速方面：宽带网络主流速率200M，宽带用户平均速率提升20M，已达92M。5月，重磅推出全国流量畅享套餐，用户在费用支出不增加情况下享受国内流量畅享。7月，取消国内流量漫游。在降费方面：宽带用户每M每月单价下降28%，移动宽带上网流量单价下降79%。

文明创建 2018年，中国电信永嘉分公司持续推进社会主义核心价值体系建设，根据省市公司、地方政府扶贫攻坚工作部署，接应做好“双百结对·扶残助残”“四百结对”等活动，深入走访慰问残疾家庭、困难家庭，切实帮助解决困难，实施通信精准扶贫；组织各地志愿者按月定期开展上门服务，为用户提供业务咨询、网速检测、线路检修等服务，切实解决用户遇到的问题。

应急保障 2018年，在互联网大会等重大会议期间，永嘉分公司积极开展护航工作，加强24小时维稳值班，严格落实安全生产工作责任制，确保网络保障、信息安全、安全稳定、业务保障。在防汛抗台应急保障工作中，永嘉分公司做好明确的职责分工，积极开展保障工作，确保通信畅通，尤其在抗击“玛莉亚”台风期间，争分夺秒清除云岭乡设备故障，让云岭乡可以顺利向北部山区指挥中心汇报险情，受到县委、县政府一致好评，并收到来自云岭乡的感谢信。

（戚温翔）

中国移动永嘉分公司

移动通信枢纽大楼开工建设 2018年4月8日，中国移动永嘉分公司移动通信枢纽大楼开工建设，于12月底顺利结顶。该工程项目计划投资6000万元，计划于2020年下半年投入使用。该工程项目建成后，将拥有永嘉县大数据指挥中心、县移动通信枢纽机房、信息化展厅等移动通信和数字信息化服务等重要功能，为永嘉县发展数字经济和提高信息化水平奠定坚实基础。

首个5G移动通信基站开通试用 2018年12月28日，永嘉县第一个5G移动通信基站在楠溪江音乐节开通试用。为进一步提高楠溪江音乐节效果，中国移动永嘉分公司提前筹备、精心谋划，顺利开通温州地区第三个、永嘉县域第一个5G移动通信基站，联合永嘉传媒集团进行音乐节盛况直播，取得良好效果，为永嘉县后续5G普及工作做好技术储备。

物联网用户“物超人” 2018年5月，在永嘉县委、县政府大力支持下，中国移动永嘉分公司落地“大连接”战略，先后在消防、能源、环保、金融、交通、安防、智慧小镇等领域探索突破，签署智慧油罐车、夜游瓯江和三江智慧小镇等项目，在智慧用电、智慧烟感、智能充电桩等行业领域进行试点，物联网连接数达75.6万，实现“物超人”。

“民安九期”开工建设 2018年6月，中国移动永嘉分公司开建民安九期项目，内容包括10套星光级全高清采集网络球机、11套星光级全高清采集网络枪机单元、50套人脸识别摄像机别、4套300W全局CMOS高清卡口抓拍一体机、80套900W高清卡口抓拍一体机、160个带光栅卡口爆闪灯、1套车辆大数据平台及1套社会资源监控安全防护系统以及5年的维护和网络服务费。工程全线建成后，以优质的有线网络助力永嘉县公共安全技术防控视频监控项目建设，进一步推进“平安永嘉”建设。

智慧旅游大数据平台 2018年8月，中国移动永嘉分公司助力温州市楠溪江风景旅游管理委员推动全域智慧旅游，通过大数据分析判断永嘉旅游情况，针对旅游者的基础信息、旅游偏好和旅游线路进行分析展示，了解到永嘉旅游者动态。实现对景区动态客流量的监测，支持对客流流量，逗留时间分析，系统开发包括页面前台、管理后台、接口和部署四大款项，合计17个子模块和24个功能；包含永嘉县、楠溪江流域和42个景区的各项数据。

泵阀产业数字化 2018年11月，中国移动永嘉分公司积极参与全国首个NB-IoT智能泵阀产业联盟和联合创新实验室建设；结合中移物联网基地及泵阀创新实验室双方技术研发能力，与华为联合打造永嘉泵阀行业智能制造云平台，首批上线10家泵阀企业，进一步推进泵阀行业改造提升进程。

微信招工 2018年12月，中国移动永嘉分公司与县人社局、工商联合作，结合永嘉县民营企业普遍反映的“招工难”、外来人员“务工难”和新兴企业“客户拓展难”等实际情况，开展借助互联网大数据“两大工具”，助力“两区”建设活动。

流量提速降费 2018年7月1日，中国移动永嘉分公司积极落地国务院、工信部的相关要求，落实流量提速降费工作，全面实施全国流量不限量，流量单价下调53%。截至12月，全年流量增幅176.5%，DOU超6G。

（钱爱珠）

中国联通永嘉分公司

概况 截至2018年12月，中国联合网络通信有限公司永嘉县分公司（以下简称联通）职工人数67人，内设综合支撑中心、业务支撑中心，建设维护中心、瓯北公众区域、上塘公众区域、集团营销中心，在上塘、瓯北等地建有5家营业厅。

经营情况 2018年，联通持续开展各项促销活动，经营情况良好。1月1日，温州分公司副总经理侯孙毅赴永嘉分公司调研指导元旦节日市场促销工作；1月16日，上塘营业厅重新装修并正式对外营业；3月至6月，全体员工赴瓯北、上塘、桥头、桥下、乌牛等厂区、工地开展“腾讯王卡”促销活动；市公司综合部、党群部、人力资源部、工会等部门派员支援永嘉分公司新春促销工作。

利用各种节日进行活动。每月25日，持续开展客户日活动，同时利用“三八”妇女节、中秋节等特殊节日推出各种优惠服务。通过闭店营销的方式开展促销活动。4

月29日和7月28日东瓯营业厅开展闭店促销活动；8月25日，龙桥营业厅开展闭店促销活动；9月1日，上塘营业厅开展闭店促销活动。利用各种商机开展促销活动。6月16日，端午节（父亲节）前夕在奥康集团开展大型促销活动；6月24日，借报喜鸟公司运动会开展腾讯王卡促销活动；7月，联合县残联为广大残疾人办理“狮爱卡”并提供通信信息服务；8月31日，在罗浮中学采用嵌入模式，与校方深度融合，以校方定制的学生机为发展媒介，开展校园业务拓展；11月，开展“沃当家”业务全员促销活动，通过“沃当家”平台带动业务增长。

加强实名制管理，要求用户持本人身份证办理入网、修改套餐、过户等业务。积极配合县政府整治“小广告”，连续三批次对涉及“小广告”行为的手机号码进行停机处理。

工程建设和网络优化 2018年，联通大力推进工程建设和网络优化，完成建设开通4G基站28个，完成室分建设开通楼宇31幢，传输网建设完成光缆布放315千米，新增分组传输环1个，大客户新装、迁移宽带或者固定电话71条；全年处理投诉122单，优化20个点。2018年，新装固网业务4360单、移机1258单、故障处理4101单；完成岩坦镇、沙头镇、茗岙乡、溪下乡、云岭乡、岩头镇、桥下镇、枫林镇、碧莲镇等9个乡镇落地迁改；215省道、49省道、104国道、永乐河等跟随市政进度完成部分迁改；共计102次网络割接。

（胡乐乐）

大若岩镇大元下村永嘉首条彩色公路（县交通运输局　供图）

旅　游

综　述

概况　2018年，温州市楠溪江风景旅游管理委员会以国家AAAAA级旅游景区和全域旅游示范县创建为主抓手，引品牌、抓项目、育产业、强管理，旅游经济呈高位增长态势。全县全年共接待游客1208.69万人次，同比增长22.77%；实现旅游收入139.52亿元，同比增长27.67%；门票收入6549.69万元，同比增长15.64%；预计旅游业增加值占GDP比重9.74%。浙江省全域旅游示范县创建通过省级专家评审、现场检查以及公示，获评温州市唯一的"全国民宿产业发展示范区"，楠溪江获评浙江省优质旅游景区，岩头镇创成省级旅游风情小镇，大若岩镇上榜第三批省旅游风情小镇培育创建名单。市楠溪江风景旅游管委会获得浙江省旅游厕所建设管理突出贡献单位设计创新奖。

新开发景点简介　楠溪云鼎森林休闲度假养生项目为永嘉县2018年招商引资（永商回归）重点项目，覆盖岩坦镇岩门下村、岭背村、山早村、潘塘村，计划总投资5亿元，总规划用地面积1.6万亩。已完成12千米林区道路路基工程、水池清淤工程；已竣工百亩果园、梅花园、万珠高观赏价值成年林；景区入口6千米公路提升、林区20千米游步道景观带、天人合一泳池、不夜城、攀登探险、十里杜鹃、千姿奇鸟园、人猴互动园已全面动工。

水岩景区（珍溪生态养生农业产业带项目）位于沙头镇珍溪源头，景区峰崖千姿，洞瀑百态，溪泉交响，物种丰华。总面积5000亩，已投资6000多万元，建设完成三仙洞游览区环形游步道（包括栈道、隧道）5.5千米，后续建设天柱岩游览区2.5千米，两区以"八才通道"连成环形游线。沿线布局7个休闲驿站、8个公厕，可游览八大景群、"九洞十瀑十八峰"、137个景点，可辨识1000多种森林植物，体验采摘林下药膳、树上药膳、悬崖药膳等项目，亦可参与40多项运动休闲娱乐体验项目。

雁楠·逸园位于鹤盛镇下家呑村，总用地面积1800亩，以花海、游乐、登山、餐饮、民宿、采摘六大主题为亮点。总投资3亿元，分三期建设，一期投资8000万元建设儿童游乐设施，打造浙江最大樱花园。2016年6月开工建设，计划2019年春节开园试营业。

旅游行业管理

资源管理与保护　2018年，永嘉县加强楠溪江旅游资源管理与保护力度。1月，《楠溪江风景名胜区渠口文化景观区详细规划（2017—2025）》获建设部批复。《岩头历史文化名镇保护规划》《苍坡历史文化名村保护规划》成功上报省政府请求批准。《五㶉溪游憩服务区详细规划》和《水岩山水景观区详细规划》加快编制进度。开展旅游市场环境整治，拆除临时棚700多个、无证竹筏200多只，拆卸竹筏马达500多个，楠溪江恢复原生态竹筏漂流。

重点项目建设　2018年，永嘉县加强与文旅大集团大品牌合作。引进浙旅，成立浙旅楠溪江投资公司，全面接管石桅岩、龙湾潭景区，启动建设石桅岩—龙湾潭改造提升项目；引进新绎，成立楠兮文旅公司，承接运营楠溪江智慧旅游平台，落地运营热气球等项目；引进复星，成立永嘉爱必侬文旅公司，全面托管崖下库、十二峰等景区，启动建设十二峰飞拉达项目。春风楠溪开工建设，南陈温泉小镇等旅游重点项目加快推进。狮子岩景区改造提升工程启动实施，红十三军红色教育基地开工建设，石桅岩游客服务中心一期主体工程结顶。建成过路滩生态停车场，开工建设石桅岩服务区1号地块和霞岭根、白马殿生态停车场。新建改建旅游厕所20座。实施埭头村松风水月、屿北村太辉堂等18个古建修缮项目，竣工大青岗标识碑、茗岙景观平台、岭上人家消防管网等工程。建成九丈、坦下等7个乡村旅游购物点。围绕“北有莫干山，南有楠溪江”总品牌，打造“百里楠溪特色民宿带”，新建或提升青箬山房等特色民宿53家。创成A级景区村55个，其中AAA级22个，AAA级景区村创成数全市最多。

市场开发与管理 2018年，永嘉县培育特色节庆，做到“季季有主题、月月有节庆”，举办第二届楠溪江·东海跨年音乐节、中国游记名家和著名散文诗人采风笔会、首届楠溪江百张名家摄影精品及百首山水诗征集、温州（楠溪江）国际太极瑜伽活动、第五届楠溪江国际桨板公开赛、楠溪江美丽乡村文化旅游节、大若岩长寿福宴、岩头古镇长桌宴、茗岙梯田开犁节、楠溪江热气球嘉年华等系列节事。开展精准促销，出台《永嘉县楠溪江团队游客门票优惠及招徕奖励办法》，加强对温台甬、沪杭和南京等重点市场的推广和旅行商的对接力度。加强整体推介，高质量制作楠溪江旅游宣传新片、楠溪江宣传文化伞等宣传品，整合完善“楠溪江”微信公众号，建立“楠溪江微旅游”抖音号，成立楠溪江旅游宣传达人团，中国百名文化记者、俄罗斯知名媒体等十多个采风团到楠溪江开展采风宣传活动。楠溪江获得“美丽中国首选旅游目的地”“首批国民休闲旅游胜地”等荣誉。

行业管理 2018年，永嘉县委、县政府出台《关于促进全域旅游发展的实施意见》《永嘉县促进全域旅游发展扶持办法（试行）》文件，在全县开展“文明旅游·出行有礼”主题教育实践活动。做好岩坦舴艋舟漂流试点验收备案工作，航线顺利开通。11月，成立永嘉县民宿行业协会，举办首届海峡两岸（楠溪江）民宿产业发展论坛。世界地质公园年会楠溪江园区考察活动顺利进行。12月，成功承办全省第五届国家级风景名胜区联席会议暨“风景名宿”论坛。加强旅游干部队伍建设，在旅游系统开展“做‘三有’旅游人，创‘三美’风景区”主题实践活动。受理旅游投诉39件，均成功调处，未发生重大旅游投诉件。原野农庄获评省放心景区，永嘉书院—香樟花园—百丈瀑获评省运动休闲旅游精品线路，茗岙长坦垄梯田获评省最美田园，嘉纳农庄获评温州特色旅游消费（购物）场所。

（吴胜克）

百丈瀑之晨（温州市楠溪江风景旅游管理委员会　供图）

经济管理

财　政

概况　2018年，永嘉县实现国内生产总值414.46亿元，按可比价格计算，同比增长8.6%。其中，第一产业增加值14.61亿元，增长4.1%；第二产业增加值177.40亿元，增长8.4%；第三产业增加值222.45亿元，增长9.1%。三次产业结构由上年同期的3.8：45.8：50.4调整为3.5：42.8：53.7。按户籍人口计算，全县人均生产总值35604元，增长9.0%。城镇居民人均可支配收入45293元，增长8.5%；农村居民人均纯收入22190元，增长9.5%。全社会消费品零售总额186.13亿元，增长10.6%；外贸出口总额52.93亿元，增长17%。全县财政总收入56.30亿元，增长11.6%；其中一般公共预算收入35.07亿元，增长11.0%。全县一般公共预算支出81.53亿元，增长10.2%。政府性基金收入38.57亿元，增长30.3%；政府性基金支出23.63亿元，增长13.0%。全县财政收支平衡，预算执行情况良好。

财政收入　2018年，永嘉县完成一般公共预算收入35.07亿元，同比增长11.0%，超额完成年度收入预算，占财政总收入的62.3%。完成税收收入28.19亿元，增长11.9%，占一般公共预算收入的80.4%。一般公共预算中非税收入6.88亿元，同比增长7.6%。引进企业8家，入库税款6291万元。提升土地绩效，开展亩均税收万元以下企业整顿行动，破除土地要素低效供给，筛选企业298户，其中自用土地166户，租用土地132户，完成风险应对119户，入库税款107万元。针对全县重点工作资金紧张、各部门预算资金尚有沉淀的情况，对全县资金使用情况大起底，清理盘活资金7436万元。

经济转型升级　2018年，永嘉县推进工贸企业转型升级，完成各类企业奖补1.58亿元；办理应急转贷资金41笔，累计转贷金额5.36亿元，助推企业平稳发展；优化项目审核模式，推出“上门审核”服务，惠及企业321家、项目586个，补助资金3055万元。发展绿色经济，楠溪源头田园综合体项目列入省级“田园综合体”创建试点范围，全年争取上级补助资金3750万元；成功列入2019年度扶持村级集体经济发展试点县，争取上级补助资金1550万元。

重点支出　2018年，永嘉县民生支出65.48亿元，同比增长11.1%，占一般公共预算支出的80.3%。贯彻教育优先发展政策，落实教育支出20.19亿元，占一般公共预算支出的24.8%。社会保障与就业支出8.81亿元，完成年初预算的109.9%。安排417万元扶贫资金用于低收入农户的大病医疗补充保险，拨付居家养老服务中心运行补助资金1129万元。累计建成养老机构36个，老年活动中心（室）886家，村居老年学校285所。推进城乡现代化建设，支出12.21亿元，同比增长131.2%。落实农村“一事一议”财政奖补项目45个，财政奖补3080万元，带动社会投资1553万元，涉及45个行政村，惠及人口42508人。安排医疗卫生支出8.95亿元，同比增长14.1%。实施基本药物零差价政策，通过政府买单方式缓解看病贵问题；推进责任医生签约服务工作，全年下达补助591万元。完成中心镇卫生院医疗服务能力提升项目4个，共计拨款1200余万元。

财政改革　2018年，永嘉县完成项目造价从事前审核到事后监管的转变，将直接办理工程项目预、结算，转型为事后监督抽查，更加体现建设单位主体责任和政府部门监管的精神。落实乡镇财政体制改革，逐步建立科学规范的财政转移支付制度，针对不同乡镇经济发展水平采用不同的分成方式，逐步缩小乡镇之间横向财力保障水平，转变乡镇“等、靠、要”的传统理念，增强乡镇聚财、理财和用财意识。深度开发乡镇国库集中支付系统，在省厅标准版上进行二次开发，使县、乡两级财政在一套系统中运行，被省厅列入全省试点县。“政采云”系统平台实现无纸化操作，使用率达95.5%，实现采购总金额2.77亿元，同比增长13.7%。

财政管理 2018年，永嘉县审核基本建设资金拨款1371件，送审金额15.67亿元，审定金额14.63亿元，核减率6.6%；审核工程预算360件，送审金额13.64亿元，审定金额12.32亿元，核减率9.7%；审核工程结算677件，送审金额7.76亿元，审定金额6.91亿元，核减率11.0%。推进政务网统一公共支付平台建设，覆盖面超过90%。推进专项资金管理清单建设，严控财政专项资金数量和规模，由2016年的14项整合压缩到2018年的11项。

财政监管 2018年，永嘉县强化财政纪律，加强财政预算编制管理，增加预算刚性，规范资金拨付流程，做到于法有依。强化PPP监管，对PPP项目全生命周期实施全覆盖监管，搭建项目管理库，实现PPP动态管理，全县现有PPP项目16个，工程总投资180亿元。强化债务风险防控，进一步完善《防范化解地方政府性债务风险专项行动实施方案》，制订5年化债计划，细化化债具体措施。上线债务监测平台，完善全县300多家行政事业单位及国有企业基础资料、资产及债务情况，实时关注隐性债务数据变化。强化资金存放管理，2018年实现财政资金竞争性存放四期，投标银行26家，资金合计30亿元，比竞争性存放前利率平均上浮27%，利息增收1550万元。提高流动性财政非税收入资金存放收益，以协定存款利息结算，全年利息增收约300万元。强化行政事业单位资产管理，出台《永嘉县行政事业单位国有资产管理暂行办法》，对全县318家资产统计报表和决算报表进行分析比对，推进资产编报工作。

队伍建设 2018年，永嘉县主动承接财税体制改革任务，建立机构改革领导小组，统筹原国税、地税体制改革，于7月20日正式挂牌，成立国家税务总局永嘉县税务局，完成财政地税人员转隶。和部门建立联席制度，与企业建立“一对一”服务，开展“至少上门一次”，走访全县行政事业、企业单位87个，累计服务部门事项353次，服务企业92个，累计服务事项102次，累计服务955人次。相继开展纠“四风”自查工作，“向微腐败开刀，让老百姓微笑”整治等9项作风治理工作，累计查纠个人问题21个，单位问题9个，制定整改措施5条，出台制度5项。全年作风建设监督检查19次，查纠问题5个。

（葛明阳）

税务

概况 2018年，永嘉县平稳有序推进国税地税征管体制改革，抓好税收现代化建设，实现改革和税收工作“两不误、两促进”。2018年，永嘉县组织各项税费收入83.75亿元，同比增长8.45%；其中税收收入51.61亿元，非税收入32.14亿元。组织一般公共预算收入27.67亿元，同比增长12.1%；办理出口退税3.32亿元，同比增长9.47%。

征管体制改革 2018年，永嘉县税务局顺利完成国税地税征管体制改革：7月20日国家税务总局永嘉县税务局挂牌，10月30日7个派出机构挂牌；“三定”规定平稳实施，派出机构、人员全部到位，原财政地税人员转隶顺利完成，资产经费划分划转工作妥善落实；城乡居民两费“无感转换”，第一批划转的非税收入项目顺利交接。县税务局坚持办税服务事项统一，征管业务衔接有序，全县办税服务厅实现“一厅通办”“一窗通办”，相继完成征管信息系统配置调整、管户调整，统一工作平台上线运行等工作，征管服务质效显著提升。县税务局加强党建引领、典型示范、纪律保障，在落实谈心谈话“三个全覆盖”的基础上，精准实施“三问三解”专项活动，分批次解决干部关心、关切的问题，进一步促进干部队伍团结稳定，推动征管体制改革顺利完成。《加共识、减误解、乘进度、除隔阂，永嘉县局精准推进国税地税征管体制改革期间的思想政治工作》得到省局龙岳辉书记肯定性批示。县局改革工作得到林万乐县长充分肯定。按照《党政领导干部选拔任用工作条例》等有关规定，坚持人随事走、人岗相宜、规范操作、平稳过渡的原则，完成机构改革各部门负责人任命及一般干部定岗工作。共任命87人，其中副科级干部2人，正股级干部37人，副股级干部21人；保留正股级待遇2人，保留副股级待遇25人。

税收职能 2018年，永嘉县税务局以“放管服”改革为抓手，全面落实各项税收优惠政策，重点聚焦深化增值税改革系列政策、新个人所得税法、放宽小型微利企业标准、提升固定资产税前扣除标准等新政策，强化新政宣传辅导和跟踪问效，进一步减少优惠办理的资料设置和流转时限，全年共落实各项减税优惠9.47亿元，同比增长39.68%。支持企业自主创新，2018年复审通过高新技术企业13户，新认定通过高新技术企业10户，重新认定通过高新技术企业7户。高新技术企业减免税备案管理46户，减免企业所得税5771.58万元；技术开发费加计扣除114户，税前扣除金额2.68亿元。助力地方经济税源高质量发展，加强经济税收行业分析和纳税排行分析，从税收视角反映经济运行和社会发展情况。以税咨政加强对“一带两城五组团”、重大产业项目和重点税源企业的支持和服务，落实企业上市和并购重组税收“专家团队+服务专员”机制、“亩均论英雄”分类施策倒逼机制，联合开展“小升规”专项行动，探索实践社会化征管模式，促进永嘉经济税源高质量发展。

税收征管 2018年，永嘉县按照“一次改革、两步到位”的改革时间表、路线图，全面分解、扎实落实个税改革工作，全县累计开展3轮32场次培训辅导，实现对有扣缴综合所得税款的扣缴义务人面对面辅导、重点扣缴单位面对面或上门辅导、宣传产品扣缴义务人推送率“三个100%”全覆盖。2018年10月1日个税改革过渡期政策平稳实施，2019年1月1日个税新政全面实施。深化税收风险管理，落实数据管税，强化数据质量管理，加强第三方涉税数据共享和应用。完成纳税辅导、发票核查、发票虚开等各项风险推送任务，做好各项金三系统决策二包补录任务，完成各项风险应对任务总计1087户次，入库税款5724万元。强化各税费管理，深化增值税改革，扩大农产品核定扣除试点，推广增值税电子普通发票，开展增值税发票风险快速反应专项工作，全面推行增值税申报比对工作。加强消费税征收管理，强化成品油消费税管理。开展企业所得税汇算清缴及后续审核工作，完善跨境税源管理机制，进一步提高“走出去”企业管理和服务水平。平稳开征环境保护税，全面实施房产税、土地使用税“征前减免”，土地增值税清算管理和资源税征管进一步加强。规范社保费年度结算，开展企业社保费集中减征工作。全年共清理57个村级单位房产税收，共入库税费1316万元。“四大系统”平稳上线，完成金税三期系统并库整合上线、自然人税收管理系统（ITS）上线、金税三期社保和非税模块上线以及数字人事全面上线工作， 全面提升各大系统运维保障能力。

纳税服务 2018年，永嘉县全面优化税收营商环境，开展便民办税春风行动，扎实落实5大项、22小项服务举措。出台涉企税收“柔性服务”16条举措。在全国纳税人满意度调查中，永嘉作为温州两家参评单位之一， 5项指标成绩均居全国同类参评单位前列，为浙江省税务系统纳税人满意度蝉联全国第一做出重要贡献。在2018年的政风行风民主评议中，上塘所、桥下所、乌牛分局分别获得当地第一、二、三名。上塘所获得永嘉县群众满意基层站所称号。县税务局深入推进“最多跑一次”改革，以“最多跑一次”改革和“一窗通办”为抓手，优化整合形成10个主项、146个子项的“最多跑一次”办税事项。开辟“绿色通道”，开通“税收政策服务直通车”，为纳税人提供“马上办理”服务。推动电子税务局在永嘉全面上线，完善“线上+线下”综合服务体系，提升纳税人在新办、经营、注销等各环节的便利度。持续为纳税人解难题、办实事，开展“问需求、优环境、助改革”专项活动、支持民营经济发展“大调研大走访”活动，全县系统通过电话、实地走访、座谈会等形式累计走访沟通234户次纳税人，直接解决纳税人需求1条，转交县政府相关部门10条。提供素材被《更广泛听诉求、更深入找问题、更实在出举措，温州市局“五帮五问”推动民营企业走访再深入》专报录用，获得省局龙岳辉书记肯定性批示。开展纳税信用评价工作，基本实现纳税信用评价对生产经营纳税人“全覆盖”，新增M级纳税信用级别。加强信用信息归集共享和结果多方应用，深化“银税互动”，2018年，全县累计为468户企业提供信用贷款，当年累计贷款发放额2.94亿元。

税收法治 2018年，永嘉县税务局建立法治税务工程实施责任体系，统筹推进法治税务建设各项任务。“税企共建法治基地”与“破产清算协作机制”两项最佳实践事项获评“县乡法治政府建设”培育对象。开展“税法宣传进校园”“税法宣传进文化礼堂”等活动，增强依法治税能力。加强法治队伍建设，县税务局聘请1名专业法律顾问，1名公职律师，各分局和股室均配备兼职法治员；培育新增法律职业资格持证人员4名，新晋公职律师3名；加强复议诉讼监督，充分发挥重大税务案件审理委员会对重大税收执法权的监督力度，提高重案审理工作质量，做好重案审理工作分析。全年县共受理重大税案21件，审结21件，应补税、罚款金额共计2882万元，实际入库1674万元，执行完毕9户，未发生行政诉讼、行政复议案；妥善推进“811”虚开发票专案处置。

（梁海涛　邵妙苗）

表23　2018年永嘉县地税、财政纳税大户一览表

序号	纳税人名称	序号	纳税人名称
1	永嘉万新恒锦置业有限公司	26	浙江凤凰尚品贸易有限公司
2	浙江永嘉农村商业银行股份有限公司	27	中国农业银行股份有限公司永嘉县支行
3	报喜鸟控股股份有限公司	28	球豹阀门有限公司
4	永嘉万新尚瑞置业有限公司	29	温州市中楠房地产开发有限公司上塘分公司
5	浙江奥康鞋业股份有限公司	30	育才控股集团有限公司
6	温州市大川房地产开发有限公司永嘉宣达分公司	31	永嘉县宏盛房地产开发有限公司
7	国网浙江永嘉县供电有限公司 第二名称：永嘉县供电局	32	永嘉绿色动力再生能源有限公司
8	永嘉县中梁城置业有限公司	33	永嘉县穗丰纸业有限公司
9	温州市烟草公司永嘉分公司	34	永一阀门集团有限公司
10	永嘉世贸置业有限公司	35	浙江麦得机器有限公司
11	浙江红蜻蜓鞋业股份有限公司	36	温州坤宏置业有限公司
12	永嘉中悦置业有限公司	37	永嘉京都房地产开发有限公司
13	永嘉碧桂园房地产开发有限公司	38	永嘉县日鑫纸业有限公司
14	永嘉碧安房地产开发有限公司	39	方圆阀门集团有限公司
15	亚龙智能装备集团股份有限公司	40	浙江伯特利科技有限公司
16	超达阀门集团股份有限公司	41	浙江北溪水电开发有限公司
17	永嘉鸿兴置业有限公司	42	方正阀门集团有限公司
18	浙江鲍斯高服饰有限公司	43	温州恒创纸业有限公司
19	永嘉嘉悦置业有限公司	44	凯奇集团有限公司
20	浙江迦南科技股份有限公司	45	永嘉楠嘉旅游开发有限公司
21	永嘉法洋置业有限公司	46	浙江迷西仕服饰有限公司
22	奥康鞋业销售有限公司	47	永嘉县第二建筑工程有限公司
23	奥康国际电子商务有限公司	48	红蜻蜓集团有限公司
24	永嘉瓯启石油化工有限公司	49	保一集团有限公司
25	伯特利阀门集团有限公司	50	永嘉华悦置业有限公司

市场监管

概况 2018年，永嘉县市场建设累计总投资19022万元，市场建筑总面积4万平方米。2018年全县市场交易总额达10.06亿元。成交额超亿元市场3个。至年末，永嘉县共拥有各类市场19个，其中消费品市场18个，生产资料市场1个。2018年，永嘉县共有在册农贸市场17个，其中上塘2个、瓯北5个、乌牛2个、黄田1个、三江1个、桥头2个、桥下1个、岩头1个、碧莲1个、巽宅1个。2018年，完成25家农贸市场改造，新创建省级放心市场2家（永嘉县桥头镇桥一农贸市场和永嘉县祥池农贸市场）；创建三星级文明规范市场1家（永嘉县

桥头镇桥一农贸市场）。

市场监督管理 2018年，永嘉县新增市场主体11884家，其中企业3363家，个体户8451户，农民专业合作社70家；办理企业变更（换照）3415家；办理注销登记10348户，其中企业1457家，农民专业合作社127家。完成食品药品件共564件，其中药品经营许可226件；医疗器械经营许可29件；食品经营许可2504件；执业药师注册115件；二类医疗器械备案61件；办理食品生产许可证17个，“三小一摊”登记证3206个。办理特种设备使用登记812件，共计1899台；作业人员复审205件，补作业人员证16件。工业产品生产许可证4个，计量器具型式批准1个。

商事登记 2018年，永嘉县借助“互联网+”，强化部门协同，压缩企业开办时间，实现常态化企业开办（从受理到领取税务发票）4个工作日内完成。其中，企业设立登记2个工作日内办结，名称预先核准登记、公章刻制、人民银行开户许可证、税务发票申领等材料齐全，符合法定形式下可当场办结。与住房公积金等16个部门28项涉企备案事项实行“多证合一”，实现群众办事由跑“多个窗口”到跑“一个窗口”转变，办理食品经营户“证照联办”约3200户、“多证合一”3325户。在招商引资企业办理营业执照登记上实行特事特办，开通绿色通道，现场一次性给予办结并发放营业执照，完成招商选资项目企业设立登记56家，注册资金达9亿元。

创新服务，优化审批模式，提升企业办事便利性。深化政银合作，在上年原有30家银行网点的基础上快速扩张，先后增设50家网点，增幅达166%，与县内10家银行80个网点开展合作，开展培训12次。实施“审核合一、一人通办”制度，将原来窗口受理人员审查通过、核准人员再审核的“一审一核”审批模式改为由受理人员独立审查、核准，一人一次性办结的“审核合一”模式，除合并分立、改制等其他疑难事项外均列入“审核合一”权限范围，最大程度缩减流程，提高审批效率。聘任55名业务精干人员为工商注册登记审核员，部分业务实现窗口即办，证照“立等可取”，共通过“审核合一”方式办结22415件。

推行企业名称和住所改革，2018年8月起推行企业名称网上自主申报，推进企业住所登记改革，释放住所资源。继续实行一址多

表24 永嘉县已进行市场名称登记名单一览表

序号	市场名称	举办单位
1	永嘉县上塘综合农贸市场	永嘉县东城街道前村经济合作社
2	永嘉县上塘城西农贸市场	永嘉县市场开发服务中心
3	永嘉县瓯北农贸市场	永嘉县市场开发服务中心
4	永嘉县瓯北蔡桥农贸市场	永嘉县瓯北蔡桥农贸市场
5	永嘉县新桥农贸市场	永嘉县瓯北街道新桥村经济合作社
6	永嘉县瓯北龙桥农贸市场	永嘉县瓯北龙桥农贸市场
7	永嘉县瓯北街道浦西村农贸市场	永嘉县瓯瑞食品销售有限公司
8	永嘉县千石农贸市场	永嘉县黄田街道千石村经济合作社
9	永嘉县三江街道江头农贸市场	永嘉县三江街道江头村股份经济合作社
10	永嘉县乌牛祥池农贸市场	永嘉县乌牛街道祥池村经济合作社
11	永嘉县乌牛王宅农贸市场	王宅村股份经济合作社、市场中心
12	永嘉县桥头镇桥一农贸市场	永嘉县桥头镇桥一村
13	永嘉县桥头镇中心农贸市场	永嘉县桥头镇坦头村经济合作社
14	永嘉县桥下农贸市场	永嘉县桥下镇桥下村经济合作社
15	永嘉县岩头镇农贸市场	永嘉县岩头镇河三村
16	永嘉县碧莲农贸市场	永嘉县食品总公司
17	永嘉县巽宅农贸市场	永嘉县食品总公司
18	永嘉县二手车交易市场	永嘉县浙南旧机动车交易市场有限公司
19	永嘉县桥头纽扣市场	县市场中心、桥头镇

照、一照多址、住所和经营场所分离“仅限办公使用”等登记方式，办理一址多照3600户，一照多址29家，仅限办公使用登记538户。

落实企业简易注销制度，2018年共有673户实行简易注销，简易注销占公司注销总数63.8%；协助永嘉人民法院办理破产企业注销登记40件，居全市前列。2018年9月起取消营业执照遗失报纸公告制度，改为在国家企业信用信息公示系统上进行遗失公告，为企业节省登报费用。

商标品牌建设 2018年，永嘉县累计注册商标数比上年增加5916枚，共达35038枚，其中商品商标新增4711枚，累计30571枚；农副产品商标新增475枚，累计2405枚；服务商标新增1205枚，累计4467枚。跟上年同期相比，注册商标总数、商品商标、农副产品商标、服务商标增长率分别为20.14%、18%、24.56%、37.47%。鼓励以小微企业为核心的品牌企业开展商标专用权质押，深挖商标品牌价值，促进品牌企业商标价值的转化、利用和提升。积极与银行做好对接工作，做好“中间人”，有效缓解“融资难”问题。2018年，10家企业的11件商标办理商标质押贷款，共计7860万元。

消费维权 2018年，永嘉县市场监督管理局牢固树立以人为本、关注民生的消费维权工作理念，严厉打击销售假冒伪劣商品和服务消费领域侵害消费者权益的违法行为，加强放心消费示范单位创建工作，加大民生消费领域商品监测力度，积极做好消费领域行政调解工作。共处理投诉举报4102件，其中投诉2995件，举报1107件，涉及职业投诉举报1465件；共计涉诉涉案金额1380万元，处理率100%，办结率99.98%。继续开展系列放心消费示范单位创建工作，共创建放心示范单位159家，创建无理由退货示范单位170家，完成率113.3%，其中完成放心网店经营示范区2个；建立消费维权绿色通道商家3家，先行赔付企业3家，巩固消费维权的社会支持和参与基础。开展不同形式的消保法宣传活动11场次，分发宣传资料2300多份。

网络监管 2018年，永嘉县市场监督管理局积极与县网信办沟通，利用网信办对全县ICP备案网站清理的契机，取得全县能正常访问的一级域名网站名单2146个，有效充实监管对象，完善一级域名库。对辖区内8000多家市场主体网站进行逐一核查，通过短信提醒、微信公众号文章推送等方式要求辖区内的市场主体在年报时做好网站或网店网址填写工作，要求在相应网站上添加网上标识，全年新增142家，每三个月对网监系统数据进行整理，清理无效网址1235个，现网监系统中有1个网络交易平台、4529个网店、2320个一级域名网站。

食品安全监管 2018年，永嘉县市场监督管理局继续加大食品安全监管力度，提升食品安全监管能力，打造“小而精”管理规范的精品小作坊6家，对小作坊改进提升起到示范引领作用。创成学校4D食堂6个，建成农村家宴中心12家，在全市首推在线阳光厨房和“食安封”打造“阳光外卖”；完成全县十大民生实事项目之一的学校食堂在线智慧监管项目，全县81所100名以上学生的中小学均纳入在线智慧监管系统，受益学生5万余人、教师6000余人；创成新桥和岩头2个乡镇农贸市场免费快检室，保障民众菜篮子安全；县食品药品中心实验室顺利通过浙江省质量技术监督局复查评审与扩项评审，扩大对茶叶、酒类、糕点、肉制品、食品添加剂、非法添加剂等领域的检测范围，取得新的资质认定证书；以“满意”的结果顺利通过食品中农药残留检测能力比对。

严厉打击食品安全违法犯罪行为，立案查处各类食品安全案件223起，移送公安案件6起，同时加强刑事打击，县法院对36起食品安全刑事案件进行判决，实刑53人，罚没款共计18.35万元。

积极构建食品安全社会共治格局，开展食品安全法律法规及科普知识宣传活动。全县共建成44个科普站和1个科普，宣传工作辐射范围覆盖全县22个乡镇街道所有村居（社区）。组织开展户外宣传活动16次，开展专题知识讲座29场次，宣传活动进村入户17528户次数，张贴海报750张，播放省级食安县创建视频、微电影《较量》和《综述片——正本清源　利剑行动》等3部公众视频65次，发放各类食品安全科普资料17780份，受益群众55万人。在食品生产环节，实现食品生产企业风险等级评价率100%、企业主体责任自查报告执行率97%、企业法定代表人履职报告率97%；地产食品监督抽检覆盖率100%，不合格处置完成率100%；食品小作坊建档登记率98%，食品小作坊分类率100%，食品小作坊监督抽检覆盖率100%”的工作目标。在食品流通环节，共出动执法人员2877人次，检查食品经营户4685户次，监督抽检茶叶及相关制品、饼干、炒货食品及坚果制品、蛋制品、淀粉及淀粉制品、豆制品、方便食品、糕点、罐头、酒类、熟食卤味、冷冻饮品、饮料、肉制品、食用农产品等共计1334批次，其中食用农产品715批次，不合格10批次。查处流通领域食品案件18起，罚没款11.8万元。在餐饮环节，开展餐饮单位量化等级公示工作，检查餐饮服务单位7153家次，出动执法人员3275人次，定量抽检852批次，培训人数3452人次。

药械安全监管 2018年，永嘉县制定《2018年永嘉县药品生产流通日常监督管理工作计划》《2018年永嘉县医疗器械日常监督检查计划》，共出动执法人员1775人次，检查医疗机构452家次，药品经营单位254家次，医疗器械经营单位163家次。对辖区药品经营企业注册的执业药师进行全面筛查，通过密集突击检查，最终收回GSP证书4张。根据审批系统数据，主动清退变更执业药师15人次。收到医疗机构年度质量报告452份，药品经营企业255份。全年共完成上报ADR报告1138例，其中新的、严重的289例，上报MDR138例，其中严重事件13例。

质量与标准化工作 2018年，永嘉县市场监督管理局推进质量强县建设，联合起草《永嘉县人民政府关于公布2017年工业“三名”、领军与高成长型企业和质量强县各类奖项等评选结果的通知》，兑现质量强县各类奖项奖励资金共335万元。奥康获第三届中国质量奖提名奖；3家企业申报市长质量奖，累计获得中国质量奖提名奖1家、省政府质量奖1家、市长质量奖3家、县长质量奖20家。新增省级中小学质量教育社会实践基地1个、累计获得国家级中小学质量教育社会实践基地1个、省级中小学质量教育社会实践基地3个、市级中小学质量教育社会实践基地2个。新增导入卓越绩效管理企业12家，累计79家，规上企业实施先进质量管理比例达53.61%。组织15个单位开展质量月广场活动和进校园活动，发放宣传资料1000余份，宣传品600余份，免费检测视力400人次。联合召开“开展质量提升行动”座谈会，讨论形成的《质量提升座谈会专家十大建议》与《浅谈我县产品质量提升行动》刊登于县“三会”内部刊物《永嘉企业家》报纸和《永嘉企业》杂志，下发全县企业宣传。确定泵阀、教玩具、五金饰扣、铸造等4家行业协会参与2018年质量共治试点协会，其中永嘉县泵阀行业协会在全省质量大会上作题为《质量共治推进泵阀行业高质量发展》的典型发言，袁家军省长给予充分肯定和高度评价。

推进品牌强县建设，新增浙江区域名牌1个、浙江名牌2个，伯特利阀门集团获2017年度苏浙皖赣沪名牌产品100佳称号。组织开展首届“永嘉玩具十大名牌产品”评选活动，19家企业19个品牌申报评选，评选产生“永嘉玩具十大名牌产品”。中国质量认证中心为其颁发“2017年区域品牌价值评价证书”，永嘉泵阀品牌价值评估为26.71亿元，较2015年的评估值5.73亿元提升366%，区域品牌价值大幅提升。

推进标准强县建设，新增制修订国家标准4个、行业标准2个，市级服务业标准化项目1个验收通过。开展2018年县级农业标准化推广示范项目工作，5个县级项目获批立项。规上企业采标率69.38%，增加4%以上（2017年为65.24%）。督促指导县第一批共12家企业进行对标达标工作，并在全国对标达标提升专项行动平台网站上填写相关数据。新增企业自我声明公开企业产品标准194项标准，累计307家企业上报1306项标准，涵盖1527种产品。开展2次自我声明公开企业产品标准县级监督抽查工作，督促发现问题的企业及时整改，帮促企业提升标准水平和产品质量。先后承办省阀门标准化技术委员会换届大会和全国阀门标准工作会议（暨全国阀门标委会五届二次会议、阀门驱动装置分会二届二次会议）。

推进“浙江制造”品牌建设，印发《永嘉县全面推进“品字标浙江制造”品牌集中培育工作实施方案》《关于集中申报“浙江制造”标准制定及认证的请示》文件。召开“浙江制造”团体标准统一立项申报培训会，13家企业25人参加培训；正式启动“品字标浙江制造”品牌集中培育工作，为全县泵阀行业统一申报“浙江制造”团体标准打下良好基础，形成“浙江制造”梯队培育机制。获批创建“品字标浙江制造”集中培育县（全市共3个，瑞安、乐清、永嘉）。编写《浙江制造品牌自我声明——压力管道阀门型号填写说明》，给予11家企业关于“品字标”企业自我声明申报的产品型号填写、自评报告编写等方面一对一指导；新增为主制修订的“浙江制造”团体标准6个，获“浙江制造”品牌认证企业4家（其中2家为丽水山耕认证），“品字标”自我声明企业5家，另有4个标准获批立项、6家阀门企业“品字标”自我声明企业正在审查。

产品质量监督 2018年全省产品质量定期监督抽查和经备案的县级产品质量专项监督抽查共374批次，合格339批次，合格率90.64%。组织协调各基层站所、检验机构完成产品质量监督抽查任务，其中县级定期监督抽查163批次，批次完成率90.56%，县级专项监督抽查70批次，批次完成率100%。在监督抽查过程中及时调整“关停并转”企业，更新企业信息数据库，进行动态监管，网络版产品质量监督抽查系统录入情况均达到省市级相关要求，及时做好信息公开工作。举办业内专家授课、标准宣贯会、小微企业现场合标会、不合格企业约谈会等活动，向企业宣讲产品质量相关法律法规，展开产业发展探讨，帮助企业分析不合格原因以及产品质量安全风险，提高企业质量主体责任意识，2018年质量培训达1142人次。指导协调基层质监站所按照《工业产品生产许可证获证企业后续监管规定》《2018年度工业产品生产许可证企业定期监督检查计划》，对获证企业开展日常巡（检）查，完成许可证巡（检）查企业30家56频次，巡查完成率100%。在桥下镇召开“温州市教玩具产品质量提升暨小微企业发展论坛”，国家市监总局质量提升办公室专职副主任李本军、中国玩具和婴童用品协会会长梁梅等领导出席活动。活动现场颁发“永嘉玩具十大名牌产品”“校企合作基地”证牌，进行技术专家聘约、校企合作签约、产品质量安全责任保险签约仪式。

计量与合格评定 2018年，永嘉县继续常态化落实“三封缄、两标识”等措施，确保周期不断、严防作弊、检情公开、精准施检，年度检定燃油加油机830枪，检定农贸市场、药店等用于贸易结算的电子计价秤、台秤、戥秤等衡器1161台（件），医疗卫生机构的血压计、B超等计量器具709台（件），出租车计价器385台（件），压力表98台（件），电子天平86台（件）。使用强制检定工作计量器具业务管理系统对全县强检计量器具进行网上预约申请检定等工作。全年强检共3895台（件）、不合格206台（件）、合格率94.71%、强检覆盖率100%，累计检定计量器具8988台（件）、不合格363台（件）、合格率96.74%。

特种设备安全监察 2018年，永嘉县有效取证特种设备生产企业297家，特种设备使用单位4350家，在用特种设备11691台，其中锅炉95台，压力容器1190台，压力管道（工程）63处，电梯3998台，起重机械5693台，大型游乐设施2台（套），客运索道0条，场（厂）内专用机动车辆650辆。共出动监察和检查人员1612人次，检查单位635家，检查设备1277台，发现隐患（包括挂网隐患与监察隐患）444台，全部完成整治，发放监察指令书30份。立案查处特种设备违法行为5起，罚没款9.3万元。

个体劳动者协会、民营企业协会 2018年，永嘉个体劳动者协会、民营企业协会（以下简称县个民协）对全县265家个体工商户、商品交易市场党建工作联系点、企业进行走访交流，帮助20多家民营企业解决生产经营中遇到的困难和问题。在全县66户个体户和商品交易市场开展“三亮”活动，要求参加活动的党员经营户必须亮明由协会统一制作的“党员身份亮明”牌，张贴“共产党员经营户承诺”书，按照“六要六不”要求，依法经营、文明经营、诚信经营，促进党员带党员，形成党员带群众的良好氛围。永嘉县个民协积极引导网商党员开展网上“三亮”活动，共有3家网商党员参与“三亮”活动，更好地规范网络市场。

（叶 挺）

国有资产管理

核实摸清国有资产家底 2018年，永嘉县财政局（国有资产办公室）起草印发《永嘉县国有资产清查重点排查实施方案》，牵头成立行政事业单位、乡镇（街道）、国有企业三个排查小组，结合前期198家单位上报的自查结果，深入各单位开展排查，全面核实摸清永嘉县国有资产家底。经核实，全县198家单位共计拥有不动产2196处，比自查上报增加99处。其中功能区、乡镇（街道）424处、行政事业单位1483处、国有企业289

处。正常使用1829处，出租、闲置及其他367处。

不动产登记发证 2018年，永嘉县财政局（国有资产办公室）起草《关于进一步做好全县国有资产不动产登记发证工作的通知》，督促各产权单位及时提交不动产登记材料。需要进行登记发证的906宗国有不动产，已办结不动产登记340宗，正在办理38宗，已完成测绘和数据入库72宗。

盘活国有沉淀资产 2018年，永嘉县财政局（国有资产办公室）研究提出针对221处闲置、出租不动产的分类处置建议，公开出售110处，划转县属国有企业70处，收储14处，进一步研究处置方式27处，明确将190处资产无偿划入县属国有企业，另有县住建局上塘鹅浦景园、瓯北含笑花店面等10处资产已进行产权分割、规划调整、资产评估等拍卖前的准备工作。

国企车改 2018年，永嘉县财政局（国有资产办公室）开展县域国企人员和车辆信息的“摸底”调查工作，及时召开国企车改座谈研讨会，明确车改思路和重要节点，起草完善车改方案和工作手册，组织国企车辆“阳光化”拍卖，共涉及车辆81辆，其中，协议转让6辆、报废11辆、公开拍卖64辆。参拍的64辆起拍总价112.66万元，成交总价211.6万元，溢价98.94万元，溢价率87.9%，真正实现企业国有资产保值增值。

股权整合重组 2018年，永嘉县财政局（国有资产办公室）起草《关于整合永嘉县国有资产经营有限公司的实施方案》，参与推动县国有资产经营公司整合升格为直属县政府的正科级国有独资公司。将永投集团、旅投集团等股权和瓯北广播电视站等优质资产划入县国有资产经营公司，并指导协助新设立县嘉园物业管理有限公司、县嘉禾劳务派遣有限公司等子公司，积极探索实体化运作新路径。

外部合资合作 2018年，永嘉县财政局（国有资产办公室）为县旅投集团与浙旅集团合资成立的“浙江浙旅楠溪江投资管理有限公司”提供支持与服务，指导并与北部湾旅游股份有限公司联合成立“温州楠兮文化旅游发展有限公司”，指导县铁投集团与市铁投集团合资成立温州北站高铁新城投资建设有限公司。

混合所有制改革 2018年，永嘉县财政局（国有资产办公室）指导推动县旅投集团与岩头镇下日川村签订“旅村融合　重振狮域雄风”的战略合作协议，合资成立县漫游楠溪旅游服务有限公司，对下日川村沿街景观进行全面改造提升，助力乡村振兴。

日常监管 2018年，永嘉县财政局（国有资产办公室）加强日常监管，狠抓制度落实。依托省国资委产权登记信息系统，做好企业国有产权的占有、变动、注销等登记工作，实现对国有产权的动态管理。办理产权登记事项15件，其中新登记温州东瓯公交有限公司、永嘉县乌牛溪牛角湾水电有限公司、永嘉县正禾林业有限公司、永嘉县嘉禾劳务派遣有限公司、永嘉县嘉园物业管理有限公司等8家国有企业。做好产权或有变动事项备案工作。以备案工作为抓手，强化监管，督促各国有企业提升产权管理工作意识和水平，切实防范国有资产流失风险。共办理融资担保、抵押、投资、评估备案登记事项13件。抓好《永嘉县县属国有企业投资管理试行办法》《永嘉县县属国有企业内部审计管理试行办法》《永嘉县县属国有企业执行“三重一大”决策制度监督检查试行办法》等六项制度的落实，做到管理不缺位、不越位。

以查促改 2018年，永嘉县财政局（国有资产办公室）努力提升国有企业产权管理水平，指导和督促各国有企业完成自查。对各国有企业上报的自查材料进行汇总分析，梳理讨论存在的问题。研究拟定专项检查方案，成立联合检查组，深入国有企业有针对性地开展检查整改工作。

法人治理 2018年，永嘉县财政局（国有资产办公室）健全法人治理结构，推动国企完善现代企业制，指导6家国有企业修改章程，进一步厘清出资人、经营者和劳动者各自的权利和责任。通过推进党建进章程、完善国企“三重一大”决策监督机制等多种举措，明确党组织在决策、执行、监督各环节的权责和工作方式。加强国企董事会建设，共任免董、监事12人次，研究指导县水务集团进行董事会建设，充实董事会人员，规范董事会决策程序和董事长履职行为。

（葛明阳）

审 计

概况 2018年，永嘉县审计局完成审计项目17个，审计查出违规金额625万元，管理不规范金额13571万元，应上缴财政金额1397万元；委托审计政府投资单项工程65个，审定金额107292万元，核减资金10748万元，核减率10.02%。移送纪委等有关部门处理事项15件，上报县委、县政府《审计专报》9篇，获县领导批示13次。连续第十一年获得省、市审计机关考核优秀单位；连续第四年获得县年度考绩优秀单位。

政策跟踪审计 2018年，永嘉县审计局着力推进政策跟踪审计工作，组织实施保障性安居工程跟踪审计、扶贫专项审计等项目，通过检查项目落地、资金落实、政策执行等情况，推动上级各项政策措施在地方落实到位。如保障房跟踪审计揭示县保障房工程建设滞后、救助对象情况调查核实把关不严等问题，及时向县委、县政府主要领导报送《审计专报》进行反映，得到县委书记、县长批示，要求相关部门认真整改，溯本追源，做好长效管理。移送骗取农村危旧房改造补助资金问题线索，相关乡镇分管领导、经办人及驻村干部等9人受到诫勉谈话等处理，村干部、骗补对象等4人受到警告处分，收回被骗取补助资金7.5万元。在扶贫专项审计中，发现扶贫对象动态信息管理不到位、医保医疗扶持政策未落实等问题。在矿产资源管理情况审计中，发现违规采矿普遍、违规违法采矿行为处罚不到位、工程性矿山管理混乱等问题，连续报送2期《审计专报》，均得到县主要领导批示，国土等有关部门积极整改。

财政“同级审” 2018年，永嘉县审计局围绕构建财政审计大格局平台，以财政同级审为龙头，加强全部政府性资金审计监督。开展县本级财政预算执行情况审计，审计发现代编预算规模大、部分项目执行率低、财政资金沉淀闲置、国库集中支付管理不到位、限额外债务规模增大等问题，建议县政府及财政部门应该执行新预算法，规范预决算行为，盘活存量资金，提高资金绩效。注重财政资金审计深度，采用“审计+”专题方式，继2017年关注农村饮用水工程专项资金的基础上，2018年关注移民专项资金管理使用情况，揭示移民资金分配办法不完善、项目验收工作不到位等问题，审计移送虚报套取移民资金等违法违纪问题线索2件，2名涉案人员被县纪委（监委）纪律审查和监察调查。加大沉淀资金盘活力度，提升资金使用绩效，与县财政局联合下发《关于清理预算部门沉淀资金的通知》，全县80多个一级预算单位积极开展清理工作，督促收回各预算部门沉淀资金4306.84万元，得到县长批示肯定。

经济责任审计 根据县委组织部建议，2018年，永嘉县审计局安排县发改局、民政局等9个单位14名领导干部的经济责任审计工作。围绕领导干部经济责任审计全覆盖平台，重点关注领导干部履职中在政策执行、项目推进、“三重一大”事项决策，特别是民生资金和事项落实等方面的情况。如在县发改局、工务局、上塘功能区等单位经责审计中，均重点关注上述问题，揭示这些单位在项目资金管理不规范、项目建设进度滞后等问题。在县交警大队经责审计中，发现永嘉县机动车辆年检和交通事故涉案扣押车辆处理不及时，容易产生较大安全隐患的问题，通过《审计专报》进行反映，督促被审计单位完善制度，规范权力运行。特别是在民政局经责审计中，重点关注扶贫救助资金的使用管理和有关保障政策落实情况，发现救助政策落实不到位、救助对象信息管理薄弱等问题，提交《关于加强扶贫救助信息共享机制建设的审计建议》，引起县长高度重视，作了长篇幅批示。同时将审计发现的社会救助发放审核把关不严、履职不到位等问题进行移送处理，相关工作人员2人受到诫勉谈话处理、3人受到书面检查处理，处理结果被县纪委作为形式主义典型案例在全县通报。

政府投资审计 严格按照上级审计机关关于投资审计转型的工作要求，推动县政府多次召开专题会议研究协调，决定从2019年1月开始审计局不再办理工程造价结算工作。同时，注重审计成果提炼和优化，汇总梳理近两年来投资领域审计发现的问题，撰写《关于工程项目审计发现主要问题的情况反映》审计专报进行反映，为党委政府加强工程领域治理，堵塞管理漏洞，提高投资绩效，促进规范管理提供决策依据。坚持工作转型、监督力度不减，继续加大政府投资项目审计力度，安排104国道温州西过境公路永嘉段改建工程预算执行审计，审计发现工程建设前期管理不力、工程资金闲置、征地拆迁补偿不规范等诸多问题，形成专报向县领导反映。坚持利用和监督并重，组织开展第三轮协审单位招投标工作，实行公开招标方式，择优选取15家中介机构，进一步规范政府投资审计行为。积极配合和参与县委、县政府及有关部门工程建设管理的协调工作，参加三江标准堤建设、振兴乡村示范带建设项目等事项的前期介入和指导，为县政府和有关部门投资决策、项目管理当参谋把好关。

（陈继勋）

统　计

概况　2018年，永嘉县统计局以提高统计工作水平和统计数据质量为目标，在强基础、重研判、抓服务等方面狠下功夫，较好完成2018年各项工作任务，有力助推永嘉县经济实现“全年红”目标，荣获2018年度温州市统计工作绩效考核优秀单位。在市统计局对县（市、区）统计局14项统计重点工作专业考核中，13项统计重点工作获得全市前七。其中，4项获得全市第二，3项获得全市第三。

统计服务　2018年，永嘉县统计局围绕全县中心工作，充分发挥参谋助手作用，监测预警经济运行，及时准确研判经济形势，不遗余力服务全市经济建设。2018年，永嘉县经济总体呈现“高开稳走”态势，主要经济指标处于良好运行区间，全年GDP同比增长8.6%，居全市第三；22项主要经济指标中有8个指标增速居全市前三，20个指标高于全市平均水平；预计2018年列入考核的5个高质量发展指标位于全市前列。

2018年，永嘉县统计局围绕GDP、工业产值、商贸销售额、固定资产投资额等重点经济指标，高新技术产业、战略性新兴产业、旅游产业等重点产业，特色小镇、工业、服务业、科技创新等重点领域开展监测评价分析，查摆短板和潜力，以专题汇报、统计专报等形式报县领导和有关部门，为领导科学决策提供重要依据。全年共撰写各类统计政务信息422篇、统计专报13期，其中86篇被省局网站采用、2篇被中国信息报采用。在政务信息考核中，列温州市统计系统第五位。《2018年上半年经济运行短板指标分析》《1—10月全县有效投资考核短板指标分析》《2018年永嘉升退规工作情况汇报》《高质量发展专题分析》等13篇文章获县主要领导、分管领导肯定批示，其中《伟大时期　跨越提升　铸就辉煌——改革开放40周年永嘉经济社会发展成就》一文被转批示给县内各媒体，制作成专题材料在永嘉发布、永嘉报、电视台等媒体上进行宣传。

2018年，永嘉县统计局盯紧温州考绩项目，积极主动加强与省、市统计局沟通，了解指标考核内容变化情况以及指标考核动态，及时向县委、县政府主要领导汇报永嘉在11个县（市、区）排位优劣势情况和改进建议，为全县考绩考核进等升位献智献力。协同县直有关部门，全力做好关于26县发展实绩考核工作、2018年度全县各功能区、各乡镇（街道）考绩工作及县直单位主要经济社会（重点工作）指标责任分解，量化县直单位考核指标工作。

应统尽统工作　永嘉县民营经济比重高，大量小微企业、个体户入统积极性不高，应统尽统任务艰巨，瞒报少报现象时有发生。2018年，永嘉县统计局本着“应统尽统，不留遗漏”原则，全力做好实事求是应统尽统工作。在温州市统计系统考核中，投资统计、农业统计、综合统计3项获全市第二，基层基础建设、基本单位名录库建设等2项获全市第三，社会科技统计、信息化建设等2项获全市第四，工业统计、服务业统计列全市第五、第六。

2018年，永嘉县统计局制定《永嘉县2018年统计基层基础规范化建设实施意见》《永嘉县2018年统计基层基础规范化建设工作计划》，召开全县统计基层基础建设工作会议，在全县663家规上企业（复评30家、新创建20家）、194个村居、23个功能区、乡镇（街道）、9个部门中部署开展以完善统计台账资料为主要内容的基层基础规范化创建活动。继续对全县各乡镇（街道）实行分片联系指导责任制。按照分片区域深入基层一线，联系镇街、重点部门开展组团式服务，传授统计业务知识和依法治统、应统尽统方法，帮助各乡镇街及重点部门把脉经济运行情况，查找经济发展短板，提出针对性对策建议。做好名录库维护工作，加强与税务、工商等部门对接，利用信息共享机制，认真排摸、比对、核实，及时更新维护基本单位名录库。2018年全县法人单位在库20647个，完成维护13072个，维护率63.31%。

2018年，永嘉县统计局认真落实GDP联席会议制度，加强与发改、经信、商务、财政、地税、住建、交通等部门沟通联系，每月定期交流互通GDP核算基础指标信息，有效防止数据漏统。按照县委、县政府经济工作会议精神，每季度深入镇街开展走访联系活动，主要针对投资、工业产值、商贸销售额、商贸零售额等指标完成情况进行探讨分析，指导镇街找差距、补短板、挖潜力，通过强化部门、镇街互联互通，形成全县上下合力抓统计的工作机制，切实做好新增单位的排摸和“个转企”“小升规”等统计单位入库工作，保证统计调查单位应统尽统。全年完成新增入库单位105家，变更13家，退库49家，累计申报5000万元以上新开工投资项目37个，成功入库36个，入库通过率97%，位居全市前列。

2018年，永嘉县统计局强化统计专业业务工作，举办全县统计工作业务辅导培训、专业年报培训、高校统计业务研修等培训班，全面做好对各功能区、乡镇（街道）统计中心、有关单位分管领导、统计负责人、“四上”企业统计人员常规业务培训。结合投资统计“一项目一档案”制度，安排专业人员上门进行家教式指导，辅导统计项目单位在申报新开工项目入库时，同步完成项目档案资料。在重要时间节点开展专题指导服务，对各乡镇（街道）和重点部门进行指导服务，把脉当地行业经济运行情况，提出针对性对策建议。2018年共开展各类统计业务培训52场，受训人数4547人次，通过多层面、广覆盖的培训，进一步提高基层统计人员业务水平，确保统计数据应统尽统。

数据质量 2018年，永嘉县统计局认真贯彻落实中央、省市关于深化统计管理体制改革提高统计数据真实性的文件精神，扎实开展有关防范统计数据造假弄虚作假专项行动，数据质量进一步提升。在统计法治建设考核中，列温州市统计系统第二。扎实开展防范统计数据造假弄虚作假专项行动，全面传达学习文件精神。由县府办下发《关于要求上报防范和惩治统计造假弄虚作假专项行动有关文件精神学习情况的通知》，要求全县各功能区、乡镇（街道）、有关县直部门认真组织学习传达省两办（厅字〔2018〕11号）、市两办（办字〔2018〕16号）文件精神，反馈学习情况。全面清理整改违反统计法精神的文件和做法。以县“两办”名义下发（办字〔2018〕3号），就全县开展防范和惩治统计造假弄虚作假专项行动作出部署，确保专项整治工作取得实效、不走过场。2018年全面清理影响统计数据质量的文件和做法5个。强化数据质量管控，根据省市统计部门统一部署，全面梳理各专业统计数据质量监管制度，研究制定下发工业、服务业、商贸业、农业等共计12个统计数据质量管控办法，从数据采集、审核、评估、检查等各环节实现质量管控规程全覆盖，明确各层级主体数据质量管控责任。县统计局积极组织开展统计执法检查，加强统计执法力度，强化统计法治宣传，持续关注重点企业报表报送情况，坚决打击统计违法行为。先后对投资、建筑业、工业企业进行执法检查，全年共稽查单位54家，立案21家，结案16家，罚款额26325元，有力维护《中华人民共和国统计法》严肃性和权威性。

第四次经济普查 根据国家、省、市经普普查工作总体规划要求，2018年，永嘉县深入推进全县第四次经济普查调查工作，在经济普查工作考核中，列温州市统计系统第三。

县统计局全面落实机构、经费和人员，坚持于早，立足实际，及时提请县政府印发《永嘉县人民政府关于开展第四次全国经济普查的通知》，成立永嘉县人民政府第四次经济普查领导小组及其办公室，22个乡镇（街道）于4月25日前全面完成机构组建。落实年度普查经费186万元，落实普查工作人员 86人，选聘“两员”1256人，为全面完成经济普查工作提供保障。

永嘉县统计局有序推进前期准备工作，做好村级边界更新维护工作，强化审核，确保村级电子地图边界不重不漏、边界清晰，为“四经普”科学划分普查小区打实基础；确定瓯北街道为县级综合试点地区，强化人员培训，扎实开展试点工作，确保普查员、指导员通过试点工作熟练掌握“四经普”业务知识；全面做好单位清查工作，清查单位20596家，个体40440家，分别较“三经普”增加7659家和2355家，有效掌握全县清查对象信息和全县经济状况、发展程度，为“四经普”正式登记入户打好基础。

加大经济普查宣传力度，充分利用公交站台、流动车、LED、电视、报纸、短信、户外广告、宣传画报，发放《单位清查告知书》、宣传册、纸杯、雨伞、抽纸等方式，举办“统计开放日——走进四经普”大型广场宣传活动，广泛深入开展宣传工作，大力宣传经济普查内容、对象、意义，不断提高人民群众对普查工作的认知，理解普查、支持普查，提高经济普查对象配合度、支持度和参与度。2019年1月1日，永嘉县“四经普”正式入户登记工作将全面展开。

（徐安妮）

物价管理

价格收费减负 2018年，永嘉县发改局认真落实一般工商业电价工作，第一时间将《浙江省物价局关于降低一般工商业电价有关事项》文件精神传达给各转供电主体和有关乡镇街道功能区相关部门，督促落实好工商业电价的降价工作。根据国家、省、市《关于进一步清理规范转供电环节不合理加价行为的通知》文件精神要求做好转供电加价清理工作，针对永嘉县清理规范转供电环节不合理加价工作，及时召集县经信局、县市监局、县住建局、县电业公司就转供电加价清理工作进行初步摸底，根据各单位职能做出具体工作要求，召集县内各转供电主体组织政策学习，对转供加价环节进行实质上的整改和推进，对加价主体进行政策告诫，仅10—11月联合供电部门对各限期承诺整改单位进行实地督查，共出动120余人次，抽查上塘、桥下、瓯北、黄田、东城街道等地的小微园区、物业、商业综合体共14家单位，督促转供电主体把2018年以来一般工商业电价降价政策传达到位。参与制定永嘉县农业用水价格改革计划，出台农业用水价格成本核定办法；着手制定“亩均论英雄”差别化水价和差别化污水处理费政策，多次召集相关部门进行研究讨论和征求意见，上报县政府出台实施意见，2018年，县政府已出台相关文件；全面推行城镇非居民用水超定额累进加价制度，起草《全面推行我县非居民用水超定额累进加价制度的通知》。根据县政府深入开展“营商环境提升年”行动实施方案要求，梳理涉企行政事业性收费、政府基金和政府定价的经营服务性收费等项目，形成“一张清单”，做好政府定价的涉企经营服务性收费项目清单工作。

价格收费项目管理 2018年，永嘉县发改局加强县内价格收费项目管理，做好教育、旅游市场、班车客运、生活垃圾处理、停车收费等收费项目管理。根据《浙江省定价目录》和有关高中收费文件要求，核定永临中学新建学生公寓式住宿收费标准。做好机关幼儿园等11所公办幼儿园保教费收费标准浮动核准工作。对永嘉书院和永嘉县百丈漈两个景区门票价格开展核定工作，将四海山森林公园门票由50元/人调整为45元/人，五星谭森林公园门票价格由60元/人调整为50元/人，9月出台调整文件，10月1日开始执行。针对全县农村道路客运矛盾，及时启动农村道路客运票价调整工作。多次召开座谈会，听取交通企业意见和建议，委托会计师事务所对农村道路客运经营情况进行成本调查、测算，召开征求意见会，网上公开征求意见等程序，广泛征求各方面意见，会同县交通局拟定票价调整初步方案，上报县政府审定。完成永嘉县城乡非居民生活垃圾处理费收费标准核定工作，根据成本调查和测算，会同县财政局、县综合行政执法局等相关部门多次研讨，制定收费标准方案，召开征求意见会，网上公开征求意见，部门征求意见，报县政府常务会议审议通过，会同县财政局联合发文实施，收费标准从6月开始执行。根据《国家发展和改革委员会住房和城乡建设部交通运输部关于进一步完善机动车停放服务收费政策的指导意见》《浙江省定价目录》等文件规定和县政府〔2018〕173号《专题会议纪要》要求，县发改局、县治堵办会同县综合行政执法局等相关单位展开专题研究，依照法定程序，在市场调研、座谈会商、公开征求意见的基础上，多次修订完善，拟定永嘉县机动车停放服务收费管理暂行办法。现已上报县政府，待县政府常务会审议并发文实施。

行政事业性收费监管 2018年，永嘉县发改局加强行政事业性收费事中事后监管。完成全县58家行政事业性收费执收单位的年度报告及全县行政事业性收费统计分析工作。据统计，全县2017年度行政事业性收费总额15389.51万元，比2016年度25877.11万元减少10487.6万元，减幅40.53%，收费总额占全县年财政收入的4.9%。积极推进行政事业性收费管理工作方式转变，加强事中事后监管工作，2018年对永嘉县重点行政事业性收费执收单位开展走访，对当年度收费情况进行督查。

物价监督检查 2018年，永嘉县共立案查处各类价格违法案件5

件，商品房明码标价备案160份，受理举报投诉咨询93件。在元旦、春节、“五一”、端午、中秋、国庆等节日前后，低温雨雪天气等重要时期，组织人员加强市场巡查，着重对零售商业、交通运输、餐饮服务、旅游景点等与人民群众生活关系密切的价格与收费执行情况进行检查，切实维护市场秩序和社会稳定。对农村客运票价、停车场收费、房地产市场价格、涉企收费以及供水、供电、电信领域等重点领域价格开展专项检查，切实规范永嘉县重点领域收费行为，营造良好的市场经营环境。围绕建机制、抓落实、促成效等重点工作，扎实推进公平竞争审查工作，取得积极成效。从2017年12月开始，研究出台实施相关工作的通知，建立联席会议工作机制，召开部门联席会议成员单位联络员会议，建立内部自我审查工作机制，有序开展审查和查处工作。2018年全年审查增量7件，清理存量186件，废止19件。

（吴　昌）

公共资源交易管理

概况　2018年以来，永嘉县公共资源交易平台以开展“深入贯彻十九大，全面推进‘一二五’”主题实践活动为契机，深入推进公共资源市场化配置，努力为社会群众和市场主体创造最优营商环境。

公共资源交易　2018年，永嘉县公共资源交易平台成功进行建设工程、政府采购、国有土地和国有产权等交易项目466宗，交易总额127.56亿元（同比增长25.48%），节约资金2.79亿元，增收资金10.2亿元。

其中建设工程123宗，总预算价18.91亿元，总中标价16.47亿元，节约资金2.44亿元，平均下浮率12.90%；政府采购216宗，总预算价64.69亿元，总中标价64.34亿元，节约资金0.35亿元；国有土地出让31宗，起始价36.49亿元，成交价46.52亿元，增价10.03亿元，溢价率为27.49%；国有产权交易96宗，起拍价616.9万元，成交价2303.25万元，增价1686.35万元，增价比为273.4%。以上四大交易项目最大限度实现国有资产保值和增值，节约财政支出，在全面深化改革关键时期，确保资金使用达到较高效益。

工程建设招投标　2018年，永嘉县公共资源交易管委办严格执行《招标投标法实施条例》《政府采购法》等相关法律法规，坚持依法招标。9月，与县人民检察院建立永嘉县公共资源招标投标活动监督管理联动工作机制。通过综合县人民检察院及其他相关职能部门联动，建立共同配合、综合监管、整体协调的监管体系，对随机抽查、投诉举报等发现的串通投标、挂靠、转包和违法分包等行为加大监管查处力度，着力探索综合监管新途径。根据国家发改委第16号令及县委、县政府主要领导指示精神，进一步下放招投标交易权限，明确工程项目招标范围和规模标准，400万元以下工程建设项目招投标在各功能区、乡镇（街道）及部门公共资源交易平台进场交易。

招投标综合监管　2018年，永嘉县公共资源交易管委办认真抓好标前、标中、标后监管。继续实施招标文件联合审查制，建立招标文件审查小组，突出县重点工程项目标前监督管理，对三江至乌牛污水干管及给水管工程等19个项目的招标文件实施联合审查。做好招标代理和评标专家管理工作，全年共建立23家招标代理信息库，会同行业主管部门不定期对其营业场所及人员到位情况进行检查；对评标专家参加开评标活动实施日常指导、监督和考核；坚持重大项目评审本地专家回避制度，赴省外抽取专家，从专家抽取到专车接送环节实行全程保密管理。积极受理和转办投诉质疑件，2018年共受理投诉件3件，积极配合县住建、交通和水利等行业监管部门开展调查处理，投诉问题处理率100%。将5名评标专家和9家施工及监理企业列入不良行为记录名单。

全过程电子化交易　2018年，永嘉县公共资源交易管委办继续加强公共资源交易网站建设，实现招投标信息全公开、投标行为全绑定、操作记录全留痕，减少人为因素的操作风险，以背靠背方式防范违法违规行为。实现房建、市政等项目网上全流程操作。于10月底完成交通、水利及其他通用三大模块评标系统开发并升级原建设项目模块开评标工具。永嘉县建设工程项目已全面实行电子化招投标，电子交易平台系统使用基本稳定。实现市域内远程评标常态化，全年与龙湾、鹿城、平阳等市域内招标中心进行远程对接，共完成123个项目电子招投标、17个项目异地评标，解决专家不足和“常任”问题。县公共资源交易管委办充分利用计算机的强大功能，在电子辅助系统中增加“四查机制”等功能，使电子交易系统在使用中不断完善升级，确保平台系统网络安全稳定运行。

招投标市场专项整治 2018年，永嘉县公共资源交易管委办扎实推进招投标市场专项整治工作。2018年，对重点项目的标后情况每季度进行一次随机抽查。联合县纪委、县人大会战办、财政、审计、发改、住建、水利等部门，对三江至乌牛污水干管及给水管工程等5个项目标后履约情况进行重点督查。协同行业主管部门和县纪委查处招投标领域问题，各行业监管部门对9家企业作出不良行为记录；县纪委立案28起，党纪政纪处分33人，组织处理2人，整治成效显著。

公共资源交易 2018年，永嘉县公共资源交易管委办全力助推县重点项目招投标工作。优化建设项目交易流程，实施企业注册入库变更办理CA证书等流程，创新工作方式，实现“一处办证、全市通用”，切实方便企业投标。对桥下教玩具孵化园EPC项目、三江至乌牛污水管网PPP项目以及乡村振兴建设等重点项目提前介入，积极建言献策，确保项目招标顺利实施。规范运行政府采购，全面实施“政采云”系统，各单位分散采购进全省系统直接上网购买。有序开展产权交易工作，做好机关事务局涉改车辆等拍卖工作，助力县国有资产盘活工作。完善国有建设用地使用权招拍挂的办事指南和工作流程，优化出让程序，促进土地交易工作规范化建设。深化企业降本减负，2018年8月1日起，永嘉县全面取消公共资源交易信息服务费、场地租赁费、投标席位费等费用，10月26日起，取消建设工程项目交易服务费。全县公共资源交易成本首次大幅下降，每年为各类交易主体减负300多万元，每年可为每家投标企业节省1万元—3万元不等的投标成本。切实减轻企业负担，激发市场活力，营造良好的营商发展环境。

华东“六省一市”专家直抽制度 2018年，永嘉县公共资源交易管委办积极打造“评标专家+跨省抽取模式”。创新监管举措，打破全省公共资源交易平台管理及评标专家抽取的局限性和地域性，首次推行华东“六省一市”评标专家直抽制度。11月以来，组织人员相继走访山东省、江苏省、安徽省、江西省、福建省及上海市等五省一市7个公共资源交易中心，在相互交流学习经验的基础上成功探讨建立跨区域专家直抽点的可行性。

（余纯纯）

安全生产监督管理

概况 2018年，永嘉县安全生产工作以遏制较大及以上生产安全事故为主线，以落实企业主体责任为关键，以科技兴安为支撑，以队伍建设为保障，以改革创新为动力，勇于担当，狠抓落实，亮点突出，成效显著，荣获市安全生产考核优秀单位，确保全县安全生产形势总体平稳有序。

安全生产事故 2018年，按成灾口径统计，永嘉县共发生各类生产安全事故14起、死亡13人，同比分别下降41.7%和45.8%，其中，道路运输共发生事故10起、死亡10人，水上交通（内河）未发生伤亡事故，全年未发生较大以上生产安全事故。事故起数和死亡人数均未超出市控指标。

安全生产责任制落实 2018年，永嘉县强化安全生产制度保障，出台《中共永嘉县委、永嘉县人民政府关于推进安全生产领域改革发展的实施意见》《永嘉县安全生产和消防安全网格管理工作问责办法》和《永嘉县安全生产和消防安全三色预警制度》，传导压实安全生产主体责任和监管责任。强化组织领导，县委常委会、县政府常务会多次召开会议专题研究部署安全生产工作。6月8日，永嘉县率全市之先组织开展《地方党政领导干部安全生产责任制规定》县委理论中心组学习，切实将安全生产工作贯穿全年。强化工作督导，健全完善安全生产“一票否决”制度。对符合安全生产工作不力，安全生产事故指标控制不力，安全生产考核不合格等安全生产“一票否决”情形的，严格实行“一票否决”制度。全年共受理审核安全生产“一票否决”事项3040项，其中审核单位1504项，审核个人1536项，否决42项。

九大专项活动 2018年，永嘉县开展安全生产九大专项活动。开展安全生产和消防安全大巩固大规范大提升专项行动，发挥安消联合实体办公作用，按照常态督查、定期通报、动态考核、科学研判、联合督办的工作机制开展工作。针对短板，开展消防安全“百日攻坚”专项行动，对隐患排查整治落实不到位，排名靠后的12名网格指导员，由县纪委进行提醒谈话并压实网格责任，切实发挥网格指导员作用。全年共督查企业2914家，发现问题486家、隐患1486条，已整改473家、消除隐患1316条。

开展双“五大”攻坚整治行动，持续推进安全生产大检查，狠抓过程管理。纳入双“五大”治理的十大领域共排查隐患6618处，已完成整改5315处。

开展危化品领域整治，部署实施全县危险化学品道路运输“百日攻坚”行动。出动检查人员1460人次，检查车辆750辆，查扣90起，处罚42起，共计罚款金额8.822万元。深化危化品领域“大起底、大整治、大提升”行动。强化动员部署，先后两次组织召开专项行动动员大会和推进会，层层落实任务；强化问题起底，对列入重点整治范围的16家企业登记造册，汇总出具问题和隐患清单，通过一月一督查、专家会诊等形式，排查出各类问题和隐患166条，开具整改指令书33份；强化隐患整治，坚持“三不生产”促进“三大”专项行动落实落细。4月中旬，永嘉召开全市危险化学品和烟花爆竹领域整治工作现场观摩会，企业本质安全更上一个新台阶。全面开展危化品安全综合治理工作。全年危化品安全综合治理工作共检查生产经营企业144家次，发现隐患298处，整改298处，开出整改指令书和现场决定书51份。

开展粉尘企业专项整治，全面实行红、黄、绿三色管理。强化日常监督检查，保持属地镇街一月一检查、局一月一巡查和督查的高压态势，持续倒逼企业自我整治与落实。整治过程中，强化技术保障措施，要求所有涉燃爆粉尘作业场所对重点部位、环节、装置及时进行技术装备升级改造，完善技术防范措施，全面推广安装智慧用电系统和视频监控系统，实行24小时在线监控，实施涉金属粉尘企业防爆“精准监管”，切实提升涉尘作业本质安全水平，降低和消除安全风险。

开展“厂中厂”百日攻坚行动，联合消防成立工作组，蹲点指导、分批挂牌、局领导亲自挂帅问诊，创成“厂中厂”整治示范点14家，以点带面，共完成整治企业1200家。

开展工矿商贸领域安全生产“百日攻坚”专项行动，重点开展危化品、涉爆粉尘作业场所、喷涂作业场所、有限空间作业场所、液氨制冷企业五大领域整治工作。对专项行动开展全过程、全覆盖的风险辨识、隐患排查，实行清单式管理，推进相关行业企业的隐患大排查，降低事故发生风险。

深化烟花爆竹安全监管，开展铁拳行动、猎狐行动，加强烟花爆竹专项执法检查，建立烟花爆竹日常监管，强化部门联合执法。2018年，与公安等部门联合执法，共检查烟花爆竹安全生产情况158次，出动检查人员806人次，发放整改通知书12份，发现隐患501处，整改501处，收缴非法烟花爆竹11580箱，行政立案30起、行政拘留33人，刑事立案18起、刑事拘留41人。

深化重点行业领域综合监管。推进道路交通安全领域监管，查处各类交通违法行为612269起，同比提高7.4%，其中查处现场违法行为96437起，同比提高50.9%；查处无证驾驶1026起，同比提高30.7%；查处饮酒后驾驶1131起，同比提高18.4%；查处不礼让斑马线41429起，同比提高927.8%；查处非机动车违法58754起，同比提高195.7%。发生交通死亡事故58起，死亡58人，在上年全年同比减少33人下降31.13%的基础上，同比减少4人，下降6.45%，未发生一次死亡2人以上的道路交通死亡事故。推进特种设备安全领域监管，检查各类单位622家，发现隐患设备444台，已整治442台，发放监察指令书30份，立案查处特种设备违法行为5起 。推进消防安全领域监管，全县共检查单位123696家，发现火灾隐患86925处，督促整改隐患79377处，行政处罚1865起，罚款260.625万元，临时查封276家，拘留162人，形成消防安全治理的高压态势。推进建筑施工安全领域监管，检查在建工地178处，发放限期整改通知书1120份，其中停工通知书116份，提出整改意见5248余条，在45家施工现场建立“全球眼”网络视频监控系统。推进交通运输安全领域监管，累计出动安全检查和执法人员13261人次，检查企业361家次，发现问题隐患894项，全部完成整改。开展城镇燃气安全领域监管，加强对辖区内燃气企业和供应站点及燃气用户的监督检查，检查燃气场站数680家次，其中瓶装燃气场站数567家次，发放整改通知书121份，检查非居民燃气用户4324家次，其中检查餐饮店用气安全3582家次，发放整改通知书820份，整改安全隐患593处。

取缔无证照瓶装燃气供应点58家，查扣燃气瓶总数3953个，配合查处违法运输瓶装燃气46件，组织入村居社区宣传343次，发放安全用气宣传资料9071份。

加大非法违法行为查处力度，开展打非治违“铁拳行动”三年计划和全县危险化学品、烟花爆竹领域安全生产打非治违“猎狐”行动，全面实施安全生产监察执法“1234”工程。监察执法企业8505家，查改隐患9260处，依法立案133起，作出行政处罚决定114起，处罚金额394.24万元，移交刑事、行政拘留2人，扣押烟花爆竹713箱（其中467箱已解扣）。

应急管理　2018年，永嘉县多次组织开展应急救援工作专项检查，重点检查企业应急组织机构建设、制度落实、队伍建设、装备管理、救援物资储备、预案管理和预案演练等内容，发现问题50余条，提出建议意见120余条。7月6日，在浙江奥康鞋业股份有限公司瓯北制造基地成功举办生产安全事故应急救援综合演练。

职业卫生　2018年，永嘉县开展职业病危害专项整治活动，规范企业职业卫生管理。全年审核职业病危害项目申报用人单位总计564家，新增306家。督促企业体检16785人，查出职业禁忌178人，需复查225人，疑似职业病36人。依法立案处罚13起，处罚金额30.9万元。

企业本质安全提升　2018年，永嘉县引导和鼓励企业广泛开展安全生产标准化创建活动，完成三级标准化初评11家，换证16家，全县累计通过标准化创建达标一级1家、二级3家、三级445家，小微企业471家。全面实施安全服务社会化工程。积极引导、培育社会力量广泛参与安全治理，提升企业购买服务的自觉性和主动性，提高安全生产社会化服务覆盖面，全年完成社会化服务1312家，签订合同1312个，政府购买服务92.8万元，企业购买服务近800万元。积极推广安全生产适用技术应用，引导推行“智慧用电”系统，全县完成安装1280余套。

教育培训　2018年，永嘉县加强安全生产宣教工作，开展安全生产宣传教育“七进”活动，全县共有70个示范创建点，上报市局41家，通过评审验收13家，待验收28家，以试点推亮点，成功打造育才综合实践教育基地、浙江奥康集团、国网浙江永嘉县供电公司、永嘉第二职业学校等4个精品线路。持续开展安全生产知识培训，共培训企业主要负责人1916人，安全管理员1815人，特种作业人员338人，其他人员96214人，累计培训100283人。编辑信息1152篇、国家局录用1篇、省局录用83篇、市局录用172篇、县局录用569篇、县微博发送345篇、县政府政务信息28篇。政务信息（微信微博）工作名列全市第四名。此外，永嘉县荣获温州安监青年纪念五四运动99周年诗歌朗诵比赛三等奖，县级平安建设先进单位，并被推荐为市级安全生产月活动先进单位。

事故调查　2018年，永嘉县安全生产监督管理局牵头联合纪委监察、公安、总工会等部门，邀请检察院参加，按照“四不放过”原则，对4起工矿商贸类生产安全事故开展调查，事故调查组及时查明事故原因，严格追究相关单位和个人责任，积极督促落实事故整改防范措施。

行政审批　2018年，永嘉县安全生产工作深耕“最多跑一次”改革，启动“容缺受理”，为企业办事开辟“快速通道”，为温州浙南化工交易市场落地永嘉做出积极贡献。2018年，共有100多家企业入驻温州浙南化工交易市场，新增企业27家，交易额达120亿元，为全县创税2500万元。优化审批服务，将18个大项，23个小项审批事项逐一流程再造，切实简化办事程序，优化审批服务。启动“容缺受理”，实行“一网通办”，通过整理政务服务事项清单，与“12345”政务热线打通连接上门服务，微信群助力审批等举措，真正实现到从“最多跑一次”到“群众不用跑”转变。全年共完成网上办结审批571件（危险化学品经营许可证办件数225件，烟花爆竹经营许可证86件，应急预案备案82件，安评备案163件，安全条件审查7件，安全设施设计审查8件），其中取消票据贸易安评报告累计为企业减负约30万元；开展安全生产“最多跑一次”专题行10次，收到企业感谢锦旗13枚，表扬信75封；相关信息分别在中国安全生产报刊登2则，国家安监总局微信公众号1则，浙江卫视1则，省级13则，市级20则；窗口连续八个季度被审管办评为红旗窗口。真正做到办结率100%、提前办结率100%，实现审批事项差错率为零、投诉率为零。

（潘　静）

金融

综述

概况 2018年，永嘉县金融工作服务中心创新工作思路，强化工作措施，落实工作责任，工作取得长足进步，全县金融生态优良。本外币存款余额695.90亿元，本外币贷款余额633.73亿元，本外币不良贷款余额5.67亿元。完成股改企业38家，遴选25家企业作为拟上市培育企业。建立永嘉县金融纠纷行政调解室，引导金融机构积极争取上级行的政策支持。深化民间投融资领域涉稳信息网格化管理，将互联网金融机构等13类地方金融组织纳入网格化管理。加大对P2P监管整顿清理力度，防范系统性、区域性金融风险发生。

存款 截至2018年年末，永嘉县金融机构本外币各项存款余额695.9亿元，比年初增加88.3亿元，同比多增30.4亿元，同比增长14.5%，高于全市平均水平7.9个百分点，增幅居8个县（市）第三位，较上年上移两位。

贷款 截至2018年年末，永嘉县金融机构本外币各项贷款余额633.7亿元，同比增长16.1%，比年初增加88.0亿元，同比多增30.0亿元，信贷支持经济建设力度加大，信贷结构优化明显。贷款增幅居全市各县（市）第三位。

信贷资产质量 截至2018年末，永嘉县金融机构本外币不良贷款余额5.7亿元，不良贷款率0.89%，分别较年初下降1.6亿元和0.43个百分点，不良贷款率低于市平均水平0.4个百分点，信贷资产质量处于全市前列。

证券 截至2018年年末，永嘉县3家证券营业部交易额累计58.2亿元，同比下降20.1%，营业收入3176万元，同比下降35.5%，代理买卖收入1540万元，同比下降28.9%。

保险 截至2018年年末，永嘉县保险业保费累计收入19.1亿元，同比增长10.3%。其中，财产险保费收入7.4亿元，同比增长9.5%；人身险保费收入11.7亿元，同比增长10.9%。理赔累计支出6.1亿元，同比增长19.7%。其中，财产险理赔支出4.1亿元，同比增长16.3%；人身险理赔支出2亿元，同比增长27.3%。

新型金融组织 2018年，永嘉县金融工作服务中心深化小额贷款公司、借贷中心、民间资本管理公司、中小企业金融服务公司等地方金融组织试点；规范农村资金互助组织发展，农村互助会吸收互助金余额5754.8万元，累计投放互助金10096.82万元，笔数557笔；5家小贷公司贷款余额6.72亿元（注：根据海星小贷公司申请，年底省金融办已同意其取消小贷试点资格，转为普通类公司。海星小贷公司已于2018年10月31日停止发放贷款）。累计放贷15.65亿元，笔数1019笔；借贷中心备案金额4.4亿元，笔数198笔。

企业挂牌上市 2018年，市县领导走访拟上市（培育）企业26批次；永嘉县金融工作服务中心组织企业参加市县各类上市会议和培训17批次；借助永嘉网、今日永嘉等媒体平台开展广泛宣传，有力营造“要我上”到“我要上”的企业上市良好氛围。在企业上市20条优惠政策基础上，出台《企业上市风险共担基金操作规程》和企业上市补充意见；完善企业上市领导小组和联席会议制度；建立专家顾问团和上市专员制度；确定县四套班子领导挂钩18家拟上市（培育）企业，进一步加大扶持力度。坚持“一企一策”“一事一议”，为拟上市企业提供全方位服务，截至12月底，完成股改企业38家，累计达119家；动态调整后备库，形成上市梯队，遴选25家企业作为拟上市培育企业，其中18家拟A股上市，7家拟挂牌新三板；在省股交中心挂牌企业总数达50家；新增5家签约企业，总数达8家；报省证监局辅导备案企业1家（亚龙）；办理难题督办件9个，办结拟上市（培育）企业问题71个。用好“招商引资”这一直接手段，进一步梳理和推动一批有条件上市和有意向上市的在外永商企业落户永嘉。县委、县政府非常重视此项工作，县领导多批次带队赴杭州、上海、北京等地动员在外永商优质企业回乡上市。

企业帮扶 2018年，永嘉县金融工作服务中心建立永嘉县金融纠纷行政调解室，建立健全金融纠纷行政调解工作的具体流程和措施，完成金融纠纷案4件。稳妥推进处置工作，协调相关单位分别采取重点保护、协调帮扶、破产重组、打击惩戒等措施，引导金融机构积极争取上级行的政策支持，累计发放企业帮扶函17份，报告请示12个，共帮扶企业42家，完成5家风险企业处置，两个市级重大担保圈得到有效稳控，相关处置工作有序推进。认真贯彻落实《永嘉县工业企业用地宗地分割登记暂行规定的通知》精神，对16家企业进行联审厂房分割工作。及时做好应急转贷工作，2018年已有19家企业使用政府应急转贷资金，共35笔，累计金额4.56亿，企业帮扶成效明显，有效防范“两链”风险进一步蔓延。

金融监管 2018年，永嘉县金融工作服务中心深化民间投融资领域涉稳信息网格化管理。联合县综治办转发《浙江省金融办综治办关于地方金融风险排查纳入网格化管理的通知》，将互联网金融机构等13类地方金融组织纳入网格化管理；在瓯北、南城、北城等沿江镇街开展网格员培训，充分发挥基层社会治理“一张网”作用，确保排查“无死角”。健全民间资金借贷登记备案制度，加大《永嘉县实施〈温州市民间融资管理条例〉办法》落实力度，进一步优化税收政策，保障各方利益；进一步推进民间融资规范化、阳光化，促进民间资本为实体经济发挥更大的积极作用。继续跟进互联网整治工作，下发《关于调整县互联网金融专项整治工作领导小组并成立永嘉县P2P网络借贷风险应对工作领导小组的通知》，加大对P2P监管整顿清理力度，截至11月底，永嘉县4家P2P企业全部顺利平稳退出市场，防范系统性、区域性金融风险发生。严防非法集资活动，强化风险排查、宣传，做好对非法集资活动的监测和预警工作，推进历年来施某某、戴某某、葛某某等3起重点非法集资案件后续资产处置工作，及时组织相关部门开展涉案资产追缴工作。

金融宣传 2018年，永嘉县金融工作服务中心开展“祥和新春·与法同行”、“5·10”思廉日、金融知识进文化礼堂系列宣传活动等宣传工作，向市民分发《民间借贷及非法集资知识70问》《温州市民间融资管理条例》《永嘉金融》等相关政策法规宣传册3000多份。

（李伯蓉　金渊博）

中国人民银行永嘉县支行

概况 2018年，中国人民银行永嘉县支行认真落实货币政策和宏观审慎政策双支柱调控框架，坚决打好防范化解金融风险攻坚战，不断提高服务实体经济水平，切实增强金融管理服务质效，各项工作取得较好成效。

货币信贷 2018年，中国人民银行永嘉县支行制定金融支持民营经济正向激励办法，单列5亿元财政性存款作为银行支持民营企业发展的激励措施，负责考核分配。加大小微创业园信贷支持力度，引导银行机构为17家入园企业发放贷款1.53亿元。认真落实贷款风险补偿机制，辖内金融机构共获风险补偿资金257万元。积极争取支小再贷款扶持小微经济发展，累计投放支小再贷款4亿元。截至12月末，全县小微企业贷款新增7.77亿元，制造业贷款新增8.71亿元，扭转连续三年持续下降趋势。积极参与地方财政存款招投标方案修订，明确小微企业贷款、制造业贷款赋分权重。推动县政府成立小微企业融资担保机构。实行制造业和小微企业贷款月度通报制度，纳入综合评价，引导银行机构加大对制造业和小微企业的信贷支持力度。

棚改项目和住房信贷监测 2018年，中国人民银行永嘉县支行持续关注棚户区改造情况，按月监测棚改项目资金投放情况，加强与地方投融资平台、财政部门和棚改项目实施单位联系，形成专题调研文章3篇，其中2篇被省市两级刊物录用。加强全县商品预售资金监管，按月监测商品房资金收支情况，严格把控资金支出，维护购房者利益。严格执行差别化住房信贷政策，督促银行机构加强首付资金来源和收入证明真实性审核。建立住房信贷投放月度通报制度，及时约谈信贷增长异常单位，严格限制信贷资金流向投机性购房，切实加大刚需购房信贷支持力度。

乡村振兴战略金融服务 2018年，中国人民银行永嘉县支行推动县政府出台《金融支持乡村振兴战略指导意见》，全面落实精准扶贫、精准脱贫工作，发挥扶贫再贷款定向支持作用，引导法人机构优先投向低收入农户及带动低收入农户就业的企业，带动贫困人口脱贫致富，截至12月末，扶贫再贷款余额1.9亿元，法人机构利用扶贫再贷款发放贷款1.8亿元，惠及农户1272户。加强与国土部门沟通联系，全面掌握全县农房数据和分布结构，督促银行机构积极增量扩面，截至12月末，农房抵押贷款余额2.24亿元，同比增长91.1%。积极破解民宿经营权质押融资政策障碍，截至12月末，民宿（农家乐）经营权质押贷款余额562万元，惠及民宿（农家乐）22户。

信贷业务创新 2018年，中国人民银行永嘉县支行成功推动永嘉恒升村镇银行发行5000万元大额存单，成为温州市首家发行大额存单产品的村镇银行。根据各银行机构业务开展情况，重新分配1000万元创业贷款担保基金，切实提高资金使用效率，截至12月末，创业担保贷款余额6128万元，名列全市第一，较年初新增1562万元，有效带动县内创业、就业人数达1351人。积极引导银行机构创新科技金融信贷产品，拓宽企业融资渠道，截至12月末，科技金融贷款余额8440万元，较年初新增677万元，科技金融贷款余额位列全市前列。深化应收账款融资服务平台应用，积极缓解中小企业及农户融资难担保难问题，截至12月末，新增注册用户232户，成交笔数433笔，融资金额14.1亿元。

重点领域金融风险 2018年，中国人民银行永嘉县支行密切关注P2P平台风险处置工作，积极配合县金融办、公安局、电信等部门开展P2P网贷平台风险排查与现场核查工作，全程参与辖内“温商贷”“温易贷”“岛屿财富”等平台的风险处置，及时上报相关信息材料。密切关注上市公司股权质押平仓风险，多次开展辖内民营上市公司现场调研和外围风险排查工作，及时上报专报信息。列席县政府融资小组会议，全面掌握政府债务变化情况，深入开展政府平台融资情况及风险专题调研。积极推动辖内不良资产压降工作，引导全县银行机构加大处置力度。截至12月末，全县银行机构本外币不良贷款余额5.67亿元、不良贷款率0.89%，分别比年初下降1.54亿元和0.43个百分点，资产质量继续保持全市领先水平。

打击金融违法违规行为 2018年，中国人民银行永嘉县支行加强对辖内金融机构反洗钱工作的监督和指导，对2家金融机构开展反洗钱监管走访。深化反洗钱部门间协作，向国税部门调查了解1起涉嫌虚开增值税发票案件，向公安部门移交2起涉嫌网络赌博、电信诈骗的可疑交易线索，联合开展“5·15”打击经济犯罪宣传日活动。积极参加温州市中支反洗钱监管工作竞赛，荣获先进集体称号。组织辖内22家银行机构开展柜面POS理财机具使用情况专项调查，及时纠正存在的问题。加大对非法金融广告整治力度，加入永嘉县整治虚假违法广告联席会议。根据消费者反映的情况，就辖内一起银行机构非法金融广告事件，约谈相关负责人，通报案件情况，杜绝类似情况再次发生。

涉外经济服务 2018年，中国人民银行永嘉县支行制定印发《永嘉县外汇指定银行服务实体经济“比学赶超”竞赛方案》，要求各外汇指定银行制定“一行一企”扶持方案，对涉外重点企业、特色企业、困难企业开展精准帮扶，活动期间累计办理外汇融资400万美元、外债255万美元、汇率让利企业200余万元。在坚持贸易真实合规的前提下，按照“一企一策、个案突破”的办法，妥善解决辖内工正集团转口贸易问题，切实帮助企业解决实际困难，同时上报调研报告，被省分局录用。针对外部环境变化和中美贸易摩擦带来的不利影响，组织开展“服务实体经济汇率避险宣传月”“优化外汇金融服务，助推浙江外贸高质量发展”“诚信兴商宣传月”等系列活动，提高涉外企业外汇业务水平，规避汇率风险。

贸易投资 2018年，中国人民银行永嘉县支行认真落实贸易信贷报告制度，制作简洁、易懂的贸易信贷报告操作微视频，用于涉外企业宣传，微视频得到省分局领导肯定，被推送到外汇总局。加强涉外企业跨境融资登记管理，办理外债签约登记业务8笔，金额4605万欧元。积极推进跨境人民币业务，按季考核业务推广情况，组织参加上级行跨境人民币及汇率避险微视频比赛，荣获全市第一名。成功引导辖内企业应用人民币对外投资3200万元，截至12月末，全县跨境人民币收支55355.36万元，同比增长52.73%。认真做好直接投资存量权益登记工作，累计登记直接投资权益74家。

外汇业务监管 2018年，中国人民银行永嘉县支行加大外汇业务检查力度，开展外汇指定银行国际收支现场核查4次、外汇业务合规性检查1次、业务回访2次。对35家涉外企业开展现场核查，列入B类企业16家、C类企业2家。认真开展经常项目和贸易融资专项核查工作，发现问题线索2起，立案1起，处罚人民币5万元。密切关注内保外贷业务情况，督促外汇指定银行开展专项自查，认真处理奥康集团内保外贷业务中存在的困难，破解难题，使企业成功归还5600万美元贷款及利息。

“最多跑一次”改革 2018年，中国人民银行永嘉县支行主动向分管县长汇报开户许可证网上行政审批相关事宜，争取政府相关部门支持，研究制定《关于深化“最多跑一次”实施“网上审批”试点工作方案》，先后赴市、县两级行政审批中心了解账户系统改造情况，成功实现开户许可项目“网上审批”。加强企业开户服务督导，组织开展全县银行机构优化企业开户服务宣传培训，提高企业满意度。继续优化外汇行政许可工作流程，逐步实现涉外企业名录登记网上审批，截至12月末，共办理新入名录企业135家，其中“六证合一”联网审核名录登记94家。

征信管理 2018年，中国人民银行永嘉县支行加强征信信息安全管理，组织对5家征信接入机构信息安全进行巡查，维护信息主体合法权益。加强征信合规教育，以“五四”青年节为契机，组织开展“征信合规从我做起”青年演讲比赛，通过以赛代训、以赛促学方式，引导银行机构青年员工积极践行征信合规文化。组织开展第二批征信服务示范点创建工作，充分发挥示范点标杆作用。加大征信自助查询机布设力度，新增自助查询设备5台，提高征信查询便利化程度。深入推进农村信用体系建设，采集农户信用信息13万余户，联合县农办评定县级信用村40个，成功申报市级信用村3个，对信用村开展整村授信31个，累计贷款用户5549户，贷款余额9.9亿元。督促2家法人机构做好央行内部（企业）评级工作，择优报送20家企业，推进信贷资产质押再贷款业务。

支付结算 2018年，中国人民银行永嘉县支行在经济发达乡镇，选择4个商圈开展移动支付示范商圈（街区）建设，成功改造商圈（街区）移动支付受理环境，上报3个示范商圈（街区）商户信息，通过银联温州业务部初审。联合浙江银联分公司在永嘉两家大型超市，开展“畅享惠购双十一支付先看云闪付”主题银联二维码消费满减活动。活动期间新增云闪付用户8000余名，银联二维码支付交易13138笔，累计交易金额97.19万元。在一家5A级银行卡助农服务点开展移动支付试点，累计完成手机PAY、非接双免、二维码支付等业务7186笔，交易金额19.7万元，2018年已将试点范围推广到15家助农服务点。联合县司法局探索开展银行卡助农服务点与村级法律援助点的合作共建，3个合作共建点已正式揭牌，并投入使用。持续推进“智慧支付工程”建设，2018年已建成智慧农贸市场4个、医院3家、公交线路26条、旅游景点2处。

货币发行和经理国库 2018年，中国人民银行永嘉县支行深化助农取款服务点叠加残损币兑换、反假宣传工作，得到总行和杭州中支有关领导充分肯定。开展打击整治假币违法犯罪专项行动，联合银行机构和有关部门开展“2018年迎新春人民币知识普及”“抵制假币 维护人民币信誉”“打击整治假币犯罪”等系列宣传活动，深化人民币反假宣传。加强1元及以下小面额人民币的管理，抽查4家银行《不宜流通人民币纸币》行业标准宣传贯彻与全额清分工作情况，不断推进现金全额清分工作。加强国库会计业务凭证审核，高标准办理日常业务，获温州市中支“确保国库安全底线”劳动竞赛“优胜集体”奖。开展国债发行巡查走访工作，约谈3家银行机构负责人，督促落实整改存在的问题。加大国债宣传力度，组织开展“送国债下乡为百姓服务”主题宣传活动，提高老百姓对国债的认识。

消保者权益保护 2018年，中国人民银行永嘉县支行加强金融消保投诉咨询管理，妥善处置10起投诉咨询案件，上报金融消保典型案例4起。加强金融消保工作监督检查，现场检查2家银行机构。积极推进普惠金融发展，开展金融消费者普惠金融满意度调查，认真填报普惠金融指标体系数据。组织开展金融知识普及宣传活动，重点抓住“春节假期”、“3·15”消费者权益日“6·14”信用记录关爱日“8·8”诚信日“普及金融知识守住‘钱袋子’”宣传月和“金融知识普及月”重要节点，在全县开展金融知识宣传进文化礼堂、进农村、进社区、进企业、进学校、进景区、进妇女之家等系列活动，辖内金融机构累计开展各类宣传活动300多场次，发放宣传资料8万余份，实现永嘉西部生态休闲产业带67家文化礼堂宣传全覆盖。

（金渊博）

银　行

概况 2018年，永嘉县金融工作服务中心引导各银行创新金融产品与服务，助力实体经济发展。截至12月底，全县本外币存款余额695.90亿元，新增88.30亿元，同比增长14.53%；本外币贷款余额633.73亿元，新增88.05亿元，同比增长16.13%；本外币不良贷款余额5.67亿元，不良率0.94%，继续保持低位运行。完善农村宅基地抵押政策，鼓励金融机构开发农房抵押专属信贷产品；引导各类银行、保险等金融机构加大对乡村振兴的支持力度，积极推进建立适应乡村振兴的组织机构创新和产品服务创新，如实施的永嘉农商银行乡村振兴战略金融服务工程（2018—2020年），信贷投入30亿元服务乡村振兴战略，建成丰收驿站350家，实现200人以上行政村金融服务全覆盖，评定新用户15万户，普惠金融建档率95%以上，为经济薄弱村发放促增收贷款3亿元。

（李伯蓉）

中国工商银行股份有限公司永嘉支行

概况 2018年，中国工商银行股份有限公司永嘉支行（以下简称中国工商银行永嘉支行）主动适应经济新常态下的金融服务需要，认真贯彻落实国家金融法律法规和监管部门政策规定，紧紧围绕“跨越式发展”攻坚主题，强化目标、问题、责任、人本“四个导向”、实现全面提升，结合日常实际认真寻找“小切口”，针对性采取措施力求“突破”，形成“加快追赶”新局面。持续筑牢发展根基，立足服务实体经济坚守风险底线，加快推进转型业务发展，开启发展新篇章，全力以赴推进永嘉支行持续、健康、稳健、有效发展。

2018年年末，中国工商银行永嘉支行本外币各项存款余额63.01亿元，比年初增加6.10亿元，储蓄存款余额34.71亿元，比年初增加1.61亿元，对公存款余额28.30亿元，比年初增加1.49亿元，各项贷款余额41.97亿元，较年初增加4.09亿元，不良贷款余额4854万元，不良率1.16%。中国工商银行永嘉支行继续保持稳健可持续发展态势。

信贷管理 2018年，中国工商银行永嘉支行强化优化信贷结构，严格信贷制度落实。以防范信贷风险为目标，规范贷后管理行为，完善信贷档案管理，加强自查、不断整改，严格信贷制度落实。落实监控贷款资金用途合规责任。强化源头风险控制，严格监督贷款用途。把控风险防范第一道关口，确保风险信号早发现、早处置、早消除，严格按照信贷操作流程放款，确保作业监督规范有效。认真分析新增不良贷款产生原因和风险状况，根据每笔不良的实际情况，采取合理有效措施，加快催收和诉讼处置。强化部门协调配合，严格激励约束机制。健全考核机制，严格落实考核办法，加强过程控制，强化精细化管理，化解风险，提高全行资产质量。强化前中后台各环节的协调、配合，规范信贷业务运作和管理，提高信贷业务运作效率。严格落实信贷“三查”制度，强化用途管理和信贷资金流向监测，确保信贷资金真正为实体经济服务。

客户发展 2018年，中国工商银行永嘉支行打好基础，多维度推进客户发展战略落地。加大全员营销，开展客户战略落地全员劳动竞赛。巩固行外吸金项目，倡导开口营销，持续提升获客意识和能力。深化结算账户倍增计划，利用网格化营销和代理中介机构加拓户进程，集中精力开展“两小”业务专项考核，将小微企业和个人经营性贷款拓户作为2018年重中之重的工作。大力拓展代发工资业务，盯住包括有贷户在内的各个目标客户群，实施精准营销。大力推进信用卡合伙人计划，争取批量获客新途径。此外，支行实施联动营销，在代发工资、拆迁客户等方面积极推进；加大宣传营销力度，做好客户非金融服务工作，推进场景获客、提升客户黏性，进一步丰富高净值客户增值服务内涵；持续深化和巩固中高端客户关系，切实加强优质客户维护工作，全力营造“乘势而为、扎实推进”良好氛围，努力掀起“逐个突破、加快发展”营销高潮。

转型发展　2018年，中国工商银行永嘉支行转变思路，从当下具体问题入手，以寻找“小切口”为突破口，各专业、各网点结合“大讨论、大实践、大比拼”，以点带面，拓展获客途径，提升服务管理水平，实现结算拓户倍增计划。精准营销，维护好现有代发工资四大客户群体，针对性采取措施，全力推广“薪e通”个人账户代发服务，努力做到有贷户代发100%，结算户代发新突破。结合网点、区域经营管理、客户发展现况，利用融e借全面推进信用卡合伙人计划，深耕已授信存量客户，批量式获取新客户，将该项业务继续做大，实现在永嘉县教育系统优质学校、卫生系统优质公立医院、电力系统县电业局的新突破，争取优质客户群体，打造和完善信用消费贷款市场品牌。切入目标客户，落实云党费收缴平台，拓宽产品范围，突破网络金融场景获客平台业务，逐步提升客户黏度活跃度。全力拓展“两小”业务，以结算贷、智慧贷白名单为切口，发挥支行自主审批优势，加大考核与奖罚力度，在风险可控前提下，寻求小微企业和个人经营性贷款取得新突破。

内控合规　2018年，中国工商银行永嘉支行定期认真召开支行内控委会议，解决内控问题，履行内控委工作职责。加强内控机制和制度建设，有效规避风险。修订完善内控工作制度，加强对支行各部门的内控管理考核。制定《中国工商银行永嘉支行2018年内控管理工作要点》，明确全行内控管理工作目标、工作重点、工作措施和具体工作要求。切实抓好案防工作，贯彻落实两个责任制。切实抓好“三个办法”的贯彻执行，将案防各项职责贯彻到日常工作中，按时召开支行防案分析会，认真贯彻落实银监部门案防工作要求，加强内控管理，有效防范柜面业务操作风险，细化工作目标和保障措施，抓好问题整改和责任处理；深入开展内控合规“因本强化年”主题教育活动，“讲”“训”“做”“评”“罚”全面渗透。建立完善的培训机制，专业部门分工协作，全面提升支行专业业务知识及内控管理水平。2018年支行各部门共组织各类培训活动50多次，其中业务部组织培训学习10次、公司部12次、个金部20次、综合部4次。加强内控合规工作信息交流，多渠道宣贯合规文化理念。推动全行内控机制建设，加强操作风险管理，进一步营造良好的内控文化氛围。

普惠金融　2018年，中国工商银行永嘉支行积极贯彻金融支持服务实体经济发展精神，认真落实普惠金融政策，小微企业和个人经营性贷款取得良好发展。在落实普惠金融工作中，永嘉支行积极采取措施，及时转变理念，结合当地市场特点，在棚改等大项目政策调整之机，重点关注小微企业、扎实推进个体工商户的经营性贷款，将“两小”市场拓展作为重中之重的工作，从年初开始就明确两项业务全年目标以及考核奖罚机制。加大宣传，多方推广，通过《今日永嘉》纸质传媒和《中国永嘉》微信公众号，加强图文广告推送；针对网点周边商户，分发印制纸质宣传资料；针对特定住宅小区，实施定向短信推送等方式，充分展示工行产品优势。充分利用永嘉支行小微中心挂牌及上级行给予支行的转授权权限，发挥永嘉辖内大部分抵押物可通过内评免评估费的优势，优化业务操作流程，提高自主审批效率，把握有利时机，加快两小市场发展。加强团队建设，在繁忙工作之余，在每月月会基础上，开展微培训、户外团队等多种形式的活动，进一步提高客户经理的整体素质。

工会工作　2018年，中国工商银行永嘉支行完善民主管理体系，落实职代会制度。组织召开职代会暨工会委员会会议；设立行长信箱，建立上下沟通机制，推行行务公开；开展职工代表巡访制。开展职工代表巡访工作，围绕基层员工切身利益，围绕员工最关心、最迫切的重点事项如十件实事落实、行务公开、职工热点等开展巡访。办好实事为员工，深化职工小家创建。职工小家实现全覆盖，以职工小家为单位开展形式多样的活动，全年共开展活动15次；落实春节、端午、中秋等三个传统节日的慰问；落实员工生日、生病住院、婚丧嫁娶、生育等慰问；建立“员工之家”技能俱乐部，组织“庆‘踏春’”“秋游”等户外活动；为全行6个网点配备按摩椅，使员工在工作之余放松身心。弘扬劳模和工匠精神，以全国劳模林小群、岗位能手叶琼琼为负责人，积极创建“劳模创新工作室”，制定创建计划，开展前期场地规划等工作，“劳模创新工作室”初具雏形；组织全行近五年来入行的员工，由林小群、叶琼琼担任教练，开展岗位练兵活动，提升员工业务素质，培养青年员工岗位练兵兴趣；积极组队参加“永嘉县第三届职工职业技能运动会”，检验新选手技能；配合各专业科室，利用厅堂微沙龙，上门营销“融e借”“星座卡”等，积极推广新产品、新业务，形成“工会搭台，业务唱戏”的格局，促进业务发展。

消费者权益保护 2018年，中国工商银行永嘉支行严格落实消保工作管理体系，支行严格落实消保分管领导、专人牵头协调等工作。支行分管行长牵头协调支行整体消费者权益保护工作，指定专职部门或岗位牵头负责支行消费者权益保护工作运转，及时上报和更新支行消保联络人名单。以行发文形式建立支行一把手作为组长的服务管理、维稳信访、投诉治理、突发事件应急处理小组，负责支行日常的消费者权益保护工作，由分管行长以及专业部门负责人为成员全面抓实支行消保工作。多层面多形式开展不同的消保金融知识宣教，支行2018年根据上级行、监管部门要求，开展形式多样的宣教活动。开展“新春旺季金融知识进千家万户”宣传活动、“3·15”金融消费者权益日宣传、“5·17”金融知识宣传普调、“6·15”开展征信知识宣传活动，为教育类客户、在校学生、村镇群体、企业外来打工人群等提供消费者权益知识，2018年外出宣传、设点宣传30余场次。每项消保权益宣传活动期间，中国工商银行永嘉支行均在各大网点以厅堂微沙龙为阵地，每月固定向客户开展消费者相关知识教育宣传活动，分发宣传手册，2018年累计开展消费者普及网点厅堂微沙龙超30场。支行鼓励辖内员工集思广益，为消保工作建言献策，2018年累计投稿“产品金点子”“意见建议”“流程建议”等保护消费者权益的网讯超50篇。支行积极开拓宣传形式，通过网点跑马灯、网点大堂、朋友圈转发、报刊公众号等媒介普及消保知识，多形式多维度营造良好的宣传氛围。

（徐振钧）

中国农业银行股份有限公司永嘉县支行

概况 2018年，中国农业银行股份有限公司永嘉县支行（以下简称中国农业银行永嘉县支行）坚定实施“服务乡村振兴”和“支持民营企业发展”两大战略，全心全意践行普惠金融，努力为推进永嘉县经济社会发展做出积极贡献，各项业务实现稳健发展。

2018年年末，各项存款余额180.85亿元，比年初增加25.12亿元，增量四行占比70.51%，增量领先同业第一。存量四行份额、四行一社份额分别达到52.39%、33.88%，比年初分别提升2.09个百分点和1.20个百分点，存款总量持续保持四行第一。贷款总量达119.60亿元，比年初增加31.74亿元，增幅36.13%，站稳百亿新起点，比上年多增20.74亿元，增量连续2年位居同业第一；贷款总量四行、四行一社占比分别达43.09%、28.36%，分别比年初提高3.9个百分点、2.89个百分点。2018年实现营业收入5.17亿元，同比增加7151万元，增幅16.03%；实现拨备前、拨备后利润4.01亿元、4.10亿元，同比分别增加6292万元、8039万元；实现中间业务收入12002万元，同比增加513.61万元，中收四行占比稳居第一。2018年度，取得的成绩得到系统内外高度认可，农行系统内获得2018年度“新坐标”评价排名温州市县域行第一，机构与同业金融市场考核温州市第一，“信贷双基管理”综合评价温州市第一，办公室量化考评、安全保卫两项考评温州市第一，党建工作、党风廉政建设、工会条线工作、“三农”金融事业部、个人贵宾综合考评均位列温州市第二；被评为全国农行“三农”业务先进集体、浙江省农行2018年先进单位、温州市农行2018年“四好”领导班子先进集体、温州市农行“三线一网格”管理深化推进工作先进单位。系统外，获评2018年浙江省平安单位、永嘉县银行业金融机构考核优秀单位、永嘉经济转型发展工作突出贡献先进集体，品牌形象取得新提升。

普惠金融 2018年，中国农业银行永嘉县支行坚定不移加大普惠金融服务力度，依托农村金融互联网平台建设，突出发挥惠农服务点支点作用，服务“三农”成果丰硕。深化农村普惠金融服务。制定并实施《关于全面做好乡村振兴金融服务的三年行动方案》，优化驻点农金员管理实施细则，推进惠农服务点向社区银行发展。2018年，惠农服务点农贷新增3.45亿元，占农贷总增量84%。持续推进“农村金融自治”，截至2018年年末，已建立金融自治村112个、有效信用档案45272户，惠及自治村农户3694户，为金融自治村发放贷款5.18亿元，认定专业大户322户、发放贷款7935万元。其中金融自治村六龙村获评浙江省省级信用村，成功承办省级信用村授牌仪式。以“金融自治村”整村推进为抓手，主动实践总行互联网金融服务“三农”一号工程。2018年，农户贷款总额12.2亿元、比年初增加4.15亿元，增量温州市农行系统第二。发放惠农e贷余额10.4亿元、比年初增加4.70亿元，其中白名单信用贷款余额2.80亿元、比年初增加1.76亿元，总量、增量均居温州市农行系统第二位。农户贷款质量优良，年末农贷不良率仅为0.16%。常态化选派7名业务骨干到乡镇挂职，选派110名员工担任乡村振兴金融指导员开展普惠金融工作；独家冠名永嘉县首届乡村振兴省级摄影大赛，全力践行服务乡村振兴战略。组织农金员入村常态化开展金融知识万里行、“红色支农”、与村文明结对等活动。

支持实体 2018年，中国农业银行永嘉县支行始终坚持与永嘉经济同频共振齐发展，全力服务支持实体经济，持续加大对重点项目、产业转型升级、小微普惠等重点领域的服务与支持。支持重点项目共同建设美丽永嘉，紧紧围绕县委、县政府“一带两城五组团”发展规划，主动对接政府发展规划，积极服务美丽城镇、美丽乡村、美丽田园、美丽公路等建设，全力支持县域棚户区改造项目、“大拆大整”、小城镇综合环境整治、“五水共治”等重点工程。截至2018年年末，成功对接获批项目贷款16个，总授信69.78亿元，累计投放18.08亿元，当年新获批项目7个、授信金额26.46亿元、新增项目贷款11.18亿元。全力支持小微企业发展，2018年发布支持民营企业十项行动，全力为企业提供融资支持，强化民营企业信贷资源保障，实施信贷倾斜政策，按月匹配专项贷款规模，综合配套实施普惠金融政策，及时满足企业融资需求，蓄好金融“活水”。在信贷投向上，截至2018年末，小微企业贷款总量17.08亿元、比年初增加2.20亿元，总量同业第一；制造业贷款总量34.39亿元、比年初增加2.01亿元，总量、增量均居全县同业第一。针对民营企业融资“痛点”，运用金融科技，创新推出“小微网贷”，把数据变成小微企业融资资本，有效解决小微企业担保难、准入难、融资难、贷款慢等问题，2018年小微网贷扩户96户、共发放金额5114万元。推广运用“拍卖贷”、专利权、商标专用权质押贷款等创新信贷产品，全力支持企业发展；创新小微企业服务机制，坚持“客户经理‘3+2’走访+上门服务+高效执行”客户服务“三部曲”，了解企业融资需求，提供上门服务，方便企业办理金融业务，精细做好小微企业客户的服务管理。

合规经营 2018年，中国农业银行永嘉县支行推动全行切实落实健全管理体系、强化重点业务操作风险防控、推进合规管理、加强基层管控、强化问题整改和落实责任等重点工作，坚持推进“三线一网格”管理，全面落实“从严治行”制度。加强内控合规管理，积极规范全行案防分析工作，年初制定2018年案防分析会计划，完成情况与党委班子成员及部门党风廉政考核挂钩，纪委全程参与，全面落实条线风险分析和整改。完善全流程风险管理，2018年先后召开员工行为联席会、内控合规专题会议、安全生产专题会议，下发《关于加强下半年内控评价管理工作的通知》《关于加强操作风险管理工作的通知》，发文明确支行本级消防安全主责任人、消防安全员职责，专设内控合规专岗，案防工作力度明显提升。加强运营精细化管理，重点开展运营质量提升专项活动，实现“三化三铁”建设100%，其中建立“三铁”单位2家。2018年无重大违规违纪行为，无重大责任事故，无重大事实风险，2003—2018年内控评价连续获一类行，连续15年无经济、刑事案件。

风险控制 2018年，面对复杂的外部经济金融环境，中国农业银行永嘉县支行始终坚持精细管理，保证信贷优良品质。坚持“稳健行远”信贷文化，捍卫资产质量“生命线”。不为经济过快增长盲目信贷投放，始终稳中求进、稳中有为，严把信贷履职“准入关”、坚持“稳健行远”的信贷文化，在全行上下形成严合规就是“生命线”、控风险就是“创效益”的合规理念和价值创造思维。加强信贷风险前瞻防控，加强潜在风险化解，对排查发现的潜在风险企业，严格按照一户一策措施前瞻性防控信用风险，主动做好“减法”推进信贷结构。扎实推进不良清收攻坚战，启动不良贷款“清收处置攻坚战”专题活动，责任落实到点、到人，灵活运用多种手段加快清收、核销，积极探索实践新清收、处置方式。截至2018年年末，不良贷款（含卡透）余额4926.40万元，不良率0.41%，分别比年初下降935.08万元、0.26个百分点。全年清收处置不良贷款14497万元，化解潜在风险客户20户，涉及金额3.75亿元。

文明创建 2018年，中国农业银行永嘉县支行始终坚持文明创建与业务发展良性互动，积极推进创先争优和榜样打造。搭建以全面素质提升为主的综合知识型学习平台，每年举办“读一本好书”活动，按季开展“青年读书分享会”；以序列员工有针对性培训、师徒结对制落实等形式，营造“互学互比、比学赶超”良好氛围；举办“激荡正能量”青年员工座谈会，交流分享职业规划；组织开展员工户外拓展训练、组建内训师，巩固提升青年业务素质。以打造“号手岗队”联创共建工作枢纽为目标，以服务建功、技能建功、突击建功为主题，将品牌争创与工作实际、青年需求相结合，积极开展青年文明号创建活动，认真做好各级青年文明号考核、检查、评选工作，使号手考核工作走上规范化。2018年，辖内岩头支行荣获浙江省农行青年文明号及温州市青年文明号。树立先进典型榜样，主动挖掘农行好员工、认真做好先进个人评选和推荐工作。多名青年岗位能手多次代表温州市分行、永嘉县支行参加系统内外部技能比赛，多名技能尖子代表温州市分行多次参加浙江省行业务技术比赛，在2018年浙江省农行第十七届业务技术比赛中，徐佩佩荣获单指单张点钞第二名、李彬多指多张第四名、潘博杰C3应用第六名，为温州农行在浙江省农行比赛中获得团体第一积极贡献力量；徐佩佩荣获农行全国2018年度金融团工委“银团合作”先进个人；周豪良获评温州市分行2018年度十大服务形象大使等。

企业文化 2018年，中国农业银行永嘉县支行聚力“三线一网格”管理，抓实抓细企业文化建设，有效增强团队凝聚力，以“奋斗”为主题统筹新型团队建设，重点推动党建与企业文化有机融合。开展2018年“幸福奋斗·共筑圆梦”全年主题活动，主题活动包含近60项子活动，涵盖红色党建、团青创建、文明创建、人文关怀等工作，通过创新推进“圆梦工程”，开展户外拓展、文体竞赛、编发《团队管理学习简报》等举措锻造激情团队。真心真意做实人文关怀，扎实推进“职工之家”建设、五小建设、“员工礼”、“六个一”等系列举措，深化“两家互动”系列活动，开展基层员工满意度提升专题调研、针对性制定提升措施。开展支行班子驻基层蹲点调研，切实帮助员工解决实际困难。加大干部培养使用力度，深入落实县域青年英才工程，大力推进“投标竞岗”、轮岗历练，加快干部年轻化。2018年共轮岗历练近90人次；新提拔中层干部14名，中层干部平均年龄36.3岁，比2017年下降1.52岁。大幅提升品牌形象，支持实体经济和服务三农工作受到县委书记、县长批示表扬，差异化经营样板获得《农村金融时报》专题报道；团建工作经验被浙江省农行《领导参阅》刊载；先后荣获农总行先进基层党组织、农总行“三农”业务先进集体，作为浙江省唯一一家县域支行代表参加总行改革发展专题座谈会，多个条线年度考评居温州市前列。

（周　静）

中国建设银行股份有限公司永嘉支行

概况 2018年，中国建设银行股份有限公司永嘉支行（以下简称建设银行永嘉支行）积极推进业务转型发展，深化结构调整，加大金融支持力度，推进和谐建行建设，实现各项业务持续健康发展。截至2018年年末，本外币存款余额57.6亿元，比年初增加1.87亿元；本外币贷款余额62.08亿元（含信用卡新增），比年初增加10.72亿元。按五级风险分类统计，不良贷款余额2.42亿元，比年初下降0.55亿元，不良率3.9%，比年初下降1.94个百分点。

信贷投放 2018年，建设银行永嘉支行全力支持政府主导的项目融资，在棚户区改造项目贷款、住房租赁抵押贷款、PPP贷款、投行等方面均取得突破，先后投放东瓯工业园区、三江农房集聚工程、清水埠城中村棚户改造项目、上塘中心城区中后村旧城改造建设项目、上瓯公路、215公路安吉至洞头公路永嘉巽宅至桥下段工程PPP项目、S333（49省道）永嘉桥下至桥头段改建工程和上瓯公路至S223省道连接线（水门路）工程PPP项目贷款累计46.08亿元。个人贷款方面，办理助业贷款933笔，累计发放金额7.4亿元；办理按揭贷款493笔，累计发放住房贷款4.97亿元；办理购车分期业务4674笔，合计金额3.24亿元。

三大战略 2018年，建设银行永嘉支行积极推进蓝海项目、普惠金融、金融科技“三大战略”落地。蓝海项目方面，在“CCB建融公寓”上线瓯北泵阀工业园区公寓房源，实现建行温州分行系统首笔房源上线。2018年蓝海项目新增企业房源数1084套、新增企业数5个、新增中介7家、新增政府公租房源数818套、新增CCB建融家园有效注册用户数1316户。普惠金融方面，截至2018年年底，普惠金融贷款余额9.23亿元，比年初新增2.21亿元，新增居建行温州分行系统第二位，计划完成率居第一位。金融科技方面，逐户对接民宗、教育、党群客户，演示平台功用，帮助下载APP公众号。全年上线公益教育平台3户、党群综合平台19户，善行宗教平台530户，排名全市系统第一位。

不良压降 2018年，建设银行永嘉支行落实风险管理“五个到位”，构建“责任到位、管理到位、监督到位、人员到位、考核到位”基础管理架构，做深做实“风险管理职责进党委”，突出“党委管”“主动管”“全面管”三管齐下，多措并举加大对不良贷款的处置化解力度，2018年不良贷款实现“额率双降”，资产质量继续改善。截至2018年年底，不良贷款余额2.44亿元，比年初减少0.55亿元；不良率3.9%，比年初下降1.94个百分点。信用卡不良贷款余额378万元，比年初减少19万元；不良率0.61%，比年初下降0.42个百分点。不良贷款累计处置6434万元，其中现金回收5018万元。

创新推广 2018年，建设银行永嘉支行加大创新推广力度，首次办理跨境融资性风险参与、账单云平台、“出口退税云贷”“好家庭信用贷”等业务。3月，为奥康集团办理255万欧元（折合人民币约2000万元）跨境融资性风险参与业务，实现国际业务新突破，这是建行温州分行系统首次办理也是办理速度最快的一笔风险参与业务。4月，为永嘉宏泰拉链有限公司办理全省首笔账单云平台业务，这也是全省分行首笔账单云平台业务。5月，办理建行温州分行系统首笔“出口退税云贷”业务，通过建行惠懂你APP申请支用。这是省建行与浙江连连通科技有限公司合作，依托国税电子服务平台及便捷出口退税系统，创新推出人民币流动资金信用贷款业务，可通过系统平台在线申请、实时审批、签约、支用和还款，有效解决出口型小微企业无合格质押品、融资难问题。推出“好家庭信用贷”业务，这是省建行与浙江省妇联签署的合作项目，贷款面向获得全国、省、市、县等级别的五好家庭、文明家庭、最美家庭、绿色家庭、墨香家庭等荣誉的先进家庭成员，可循环使用，免抵押、利率优惠、随借随还。

合规经营 2018年，建设银行永嘉支行开展合规经营活动，落实“三个加强”。加强排查，通过公安、工商、法院以及查询个人征信等各种渠道对员工开展全面行为排查；加强问责，在处理经办人的同时，对负有管理责任的管理人员和条线部门也进行问责；加强通报，加大对典型严重违规违纪问题的通报力度，凡支行大会、行务会、经营分析会，支行纪委书记必亲自进行案例宣讲，形成警示，震慑违规违纪问题。2018年共组织全行员工观看警示教育专题片9场次400人次，员工撰写心得体会22篇。以“合规整改半年度攻坚战、员工行为全面排查、合规负面案例巡展、合规宣讲”等各种形式开展合规践行活动，推动合规经营“好声音”的传递，持续营造全员、全面、全过程的内控合规文化。以制度落实和规范操作为抓手，通过流程梳理、制度明确、监督检查、严肃问责等措施，夯实营运基础工作，推进网点制度执行力，提升柜面人员风控能力和业务素质。

乔迁新址 2018年，建设银行永嘉支行组织购置支行新办公营业大楼，制定购置方案和装修方案，征求员工意见建议，与业主讨论合同规定外事项，做好招投标、图纸会审、办公家具采购等后勤保障工作。12月18日，支行办公营业场地从江北街道双塔路码道大厦一楼、二楼迁址到瓯北街道阳光大道科信大厦一楼、十楼。新办公营业场所设立“劳动者港湾”，一批新服务设施包括饮水机、爱心座椅、图书、WiFi、手机充电器、老花镜、雨具、急救箱等投入使用；设立母婴室、儿童游乐区、公众教育区等场所，为职工提供便利；增配残疾人ATM机和智慧柜员机，人性化服务充分彰显。

企业文化 2018年，建设银行永嘉支行实施员工晋升成长计划，推出《永嘉支行网点（部门）正职管理岗位见习人员管理办法》《雏鹰成长计划管理办法》，2018年管理岗晋升5人，非管理岗十职等晋升7人，十一职等晋升7人。以建设职工小家为载体，改善员工工作生活环境，对清水埠支行、乌牛支行进行装修。利用支行乔迁之机，在新营业办公大楼建立党建墙、荣誉墙、企业文化墙，营造浓厚的文化氛围。2018年，组织员工开展形式多样的文体活动，例如与建行开发区支行在永嘉培元学校开展青年员工“庆五四”篮球友谊赛，“三八”员工花艺沙龙等9场活动营造“快乐工作，健康生活”理念。推进典型宣传培塑工程，2018年推荐11位员工参加建行温州分行开展的寻找“建行奋楫者”人物评选活动，5人获“建行奋楫者”称号；1人获“最美建行人”先进事迹演讲比赛二等奖；“最美建行人”展示作品获省分行“最美建行人”提名奖；“同班同学”获第四届“最美建行”微电影大赛二等奖；1位员工的摄影作品获摄影比赛一等奖和三等奖、1位员工的书画作品获优胜奖；2位员工的主题征文获二等奖和三等奖。

党建工作 2018年，建设银行永嘉支行认真履行党建工作责任，将党的建设纳入整体工作部署和党的建设总体规划，制定《永嘉支行2018年落实主体责任工作清单》《永嘉支行2018年纪委监督责任任务清单》《永嘉支行2018年党总支工作要点》等文件，有计划地推进各项党建工作的落实。推进从严管党治行，层层签订《全面从严治党责任书》，开展“三清查”集中排查和违反中央八项规定精神问题整治行动，开展“四风”问题整治工作，支行班子成员、各部门、网点负责人对自身存在的形式主义、官僚主义完成自我剖析报告。推进党建共建落地，4个党支部与5个单位和文明村签订“党建引领共建文明”协议，开展金融产品和服务下乡活动，积极对接公积金贷款、贷款授信、“裕农通”“文明助农贷”、手机银行云宠物等业务。截至2018年年底，完成扶贫交易额35.5万元，计划完成率169%。投入扶贫活动费用5.8万元。开展银企、银村党建共建工作，3个党支部结对3个单位，交流党建工作经验，共享党建工作信息，形成合作双赢的良好格局。开展党员亮身份、党员微故事上墙、党员联系群众制、建立党员先锋排行榜等活动，提高党员积极性。

社会责任 2018年，建设银行永嘉支行结合文明单位创建工作，健全学雷锋志愿服务体系，开展双百结对共建文明、社区共建等活动。2018年6次赴界坑、福佑、下日川、渠口等文化礼堂开展中共十九大精神、社会主义核心价值观、垃圾分类、文明出行、防诈骗、反假币、饮食健康等宣讲活动；全年开展慰问特困户3户，捡垃圾环保活动“讲文明、树新风”有奖知识竞答活动等活动6场，增强员工社会责任感和公益意识。8月，支行营业部“劳动者港湾”启动揭牌仪式，一批新服务设施投入使用，服务对象包括环卫工人、出租车司机、交警、城管、快递员、志愿者等户外工作者及其他劳动者，老弱病残孕、走失儿童、考生等需要特殊关爱的群体以及其他有需求的社会公众，履行社会责任、传递幸福感、传递正能量。

（张俊杰）

中国银行股份有限公司永嘉县支行

概况 2018年，中国银行股份有限公司永嘉县支行（以下简称中国银行永嘉县支行）坚定不移地贯彻新发展战略，把EVA（经济价值增加值）作为开展一切工作的总纲领，牢牢把握“存款为先、客户为基、质量为要、效益为重、合规经营、党建引领”六大工作主线，继续践行高质量发展理念，走高质量发展道路，深入推进平安大行建设，努力做到各项业务稳步发展的同时“赚钱不出事”，各项经营管理工作再上新台阶。

经营业绩 截至2018年12月末，（人行口径）中国银行永嘉县支行本外币存款余额43.75亿元，比年初新增5.54亿元，市场占比（四大行口径）12.67%，较年初新增0.36个百分点。其中公司存款市场占比17.08%，比年初新增2.71%，个人存款市场占比10.41%，比年初下降0.8%。行政事业单位存款余额9.87亿元，日均余额106797万元，较年初新增11556万元，辖属上塘支行行政事业单位存款日均新增居系统内经营性网点序列第一位。本外币贷款余额53.91亿元，比年初新增6.47亿元，市场占比（四大行口径）19.42%，较年初下降1.70个百分点。

资产质量　2018年，在资产业务规模有序、快速扩大的基础上，中国银行永嘉县支行一贯注重不良贷款控制，有效保持资产质量优良，不良率在当地同业持续居较低水平。截至2018年12月末，本外币不良贷款余额243万元，不良率仅为0.045%,，远低于系统内平均水平。其中公司条线本外币不良贷款余额清零，实现轻装上阵；个金条线累计清收810万元，其中回迁和核销451万元，现金清收359万元。

业务发展　2018年，中国银行永嘉县支行以担当社会责任为己任，致力于普惠金融发展，积极为实体经济提供源头活水。紧跟上级行党委提出的加快普惠金融业务发展指示，充分认识普惠金融政策红利，从上至下传达到位、发动到位，持续优化调整信贷结构，坚决落实民营企业座谈会精神，以此为契机，加快优质客户资源拓展、留存结算资金、带动产品交叉营销。在全行共同努力下，普惠金融发展凸显亮点、做出成效。截至12月末，中国银行永嘉县支行普惠金融贷款余额达8.75亿元，比年初新增1.6亿元（其中个金普惠金融余额7亿元，比年初新增1.3亿元，公司普惠金融余额1.75亿元，比年初新增3470万元），新增绝对额排名系统内第二名，同时辖属瓯北支行成功挂牌普惠金融专业支行，为2019年普惠金融投放打下坚实基础。

跨境业务　2018年，中国银行永嘉县支行继续致力于为永嘉县企业“走出去”提供强有力支持，以为企业寻求全球机遇、实现国际化发展提供全方位服务为己任，充分发挥国际结算和外汇业务的品牌优势，坚持共性与个性相结合原则，灵活有效地进行产品组合，多渠道满足客户融资需求；积极拓宽融资渠道，根据外向型企业融资需求特点，大力推广协议融资、协议付款等产品。截至2018年12月底，中国银行永嘉县支行国际结算业务量25285万美元，市场占比43.20%，较年初下降2.60%。

内控安保　2018年，中国银行永嘉县支行内控管理持续督导和违规问责力度不断加大，自主管理能力不断加强，由支行综合管理部牵头全面落实各项风险排查和内控专项治理工作，组织开展全辖区运条线落实银监系列专项治理及内控案防治理风险排查、进一步深化整治银行业市场乱象、“治乱象 维秩序”专题培训教育、2018年操作风险防控工作、员工异常交易排查、反洗钱专项整治、业务经理现场巡检等工作，有效防范重大操作风险和差错事故，提高全员合规意识和案防意识。按时完成反洗钱可疑交易报告任务，事中拦截合规率明显提升，对公对私客户信息治理进度明显加快。同时，在永嘉银监“治乱象　维秩序”工作督导及上级行“总行50条”检查整改现场检查和飞行巡检中，整体经营管理工作得到监管部门和上级行的充分肯定。

人才队伍　2018年，中国银行永嘉县支行持续贯彻落实“业务竞赛识人、序列考核砺人、梯队建设育人、绩效考核选人”工作要求，强力推进“能上可下”人事机制进程，充分调动全行员工主观能动性，挖掘员工潜力。在充分沟通的基础上，规划每位员工职业生涯设计，逐步建立、健全机构正副职序列、业务经理序列、客户经理序列相关考核、考评办法，进一步推进每个序列“能上可下”机制和序列间换岗机制，以持续增进全行人力资源开发，进一步保障和加快经营策略实现。截至2018年年底，中国银行永嘉县支行中层干部中“80后”占比已达57.14%，具有全日制本科及以上学历的人员占比33.34%，中层干部的年龄结构和学历结构进一步优化，干部队伍建设成效显著。

（柯文燕）

永嘉农商银行

概况　2018年，永嘉农商银行存款余额188.61亿元，增幅12.94%，贷款客户数63682户，增幅11.4%。荣获温州市百强企业、温州市服务企业三十强、县纳税大户、县金融类功勋企业等称号。

业务发展　2018年，永嘉农商银行存贷规模稳步增长，各项存款余额188.61亿元，比年初增加21.61亿元，增幅12.94%，存款市场占有率27.1%。各项贷款余额144.13亿元，比年初增加23.79亿元，增幅19.77%，贷款市场占有率22.74%。存款和贷款规模、市场占有率均居永嘉县同业第一。2018年，基础客群量增面不断扩大，贷款客户数63682户，比年初增6519户，增幅11.4%；贷款覆盖率21.77%，比年初提高1.63个百分点。不良贷款额率双降，五级不良贷款余额10839.73万元，占比0.75%，分别比年初下降1826.44万元和0.3个百分点。经营效益持续提升，实现财务总收入14.15亿元，实际利润8.41亿元，资本利润率20.09%，资产利润率2.39%，全年纳税2.13亿元。

发展基础 2018年，永嘉农商银行扎实推进星级信用村创建工作。围绕村民关键信息电子化建档、关联指标建设、授信用信等工作，前移客户调查、建立灰白名单、储备客户资源，利用创建过程，完善网格化管理模式，逐步推进机构、人员、产品融入农村，增强与村和村民的信任度。2018年，380个星级信用村中，贷款余额66.15亿元，惠及34615户村民，贷款覆盖率24.22%，比年初提高2.35个百分点。产品创新日益多元，推出“美丽景区村庄贷”“民宿贷”“首次金商贷”“精装贷”“园丁贷”“拥军贷”“信易贷”“农房抵押贷”“小微企业租金贷”“消薄光伏贷”等系列产品，发放各类创新贷款1006户、金额25624万元。推广“浙里贷”，打造成线上小额信用贷款品牌，截至2018年年末，“浙里贷”余额4014万元、583户。

乡村振兴 2018年，永嘉农商银行以乡村振兴为契机，深化银政合作关系，完成乡镇财政一体化和电子凭证工资代发项目升级，上线土地竞买保证金管理和网上交易保证金系统。助力“最多跑一次”改革，开办社保延伸业务、工商企业通业务。与县发改局开展独家合作，签订“信易贷”合作框架协议。丰富智慧应用场景，与永嘉长运公司合作开展公交和社区巴士智慧支付项目；与永投、旅投等公司共同打造“浙里停”智慧停车场；与县旅投、温州市楠溪江管委会签约，垄断景区交通专线支付项目；与4家医院合作开展智慧医疗项目；与永嘉县轮船公司合作，开办智慧轮渡项目。延伸金融服务半径，选聘238名员工担任乡村振兴金融指导员，覆盖668个村居，融入乡村治理体系。完善丰收驿站建设，建成丰收驿站271家。优化电子渠道，布放丰收一码通1.46万户、丰收智能付1676户、理财POS机具50台，建立缴费通场景56个，建设小微商圈7个。

风险管理 2018年，永嘉农商银行把住风险源头，坚持做小做散，资源向小客户倾斜，户均贷款余额22.63万元。防范大额贷款集中度风险，强化风险预警，推进风险管理系统应用。严防重点环节风险，完善合规体系建设，组织4次应知应会知识测试。开展节假日、押运交接环节等专项检查，推进年度安保大检查和安保应急预案实地演练比赛，深化“心防工程”，实现平安经营。开展舆情培训，加强舆情监测，妥善处理信访和各类客户投诉，未出现重大负面舆情。强化审计监督作用，完成内控评价、员工行为等审计项目34个，出具审计报告45份，发出审计整改通知书63份，提出整改意见552条。多形式开展廉洁从业和职业道德教育，定期召开道德风险防控联席会议，组织员工进行风险行为排查。

内部管理 2018年，永嘉农商银行进一步规范党建工作。党的领导体制调整为省农信联社党委为主管理，地方党委协助管理的领导体制，完成全部19个支部换届选举，把基层党建工作责任纳入党委班子成员工作。与所有支部签订责任书，认领基层党建重点项目，推进党建写入章程工作。提升14个支行党支部和总行机关党员活动室软装，打造2个党建示范点。推进会计基础工作等级创建，完善检辅和培训机制，提升全员业务操作水平。推进FTP资金内部转移定价系统考核应用。实行对公账户集中处理。稳健发行结构性理财，加强主动负债管理，提高资金业务操作水平。开展中层副职后备竞聘，建立客户经理后备人才库与管理储备人才库。推进“三个千人”专业人才培养，深化“勤学·乐讲”青年大讲坛，开办中高层能力提升班、新转岗客户经理班、新员工培训班等，聘用第二期内训师。组织参加中高层干部轮训、六期百优、财会启航及互联未来等专业人才培训。逐步完善绩效激励机制，优化绩效考核系统存贷模块。法人治理日益规范，顺利完成换届工作，按规召开股东大会、董事会、监事会，梳理董事会审议事项类别和报告路径，规范股权管理。实施网点美化工程，推进2处网点的基建工程、2处网点的基建审批和结算、5处网点的装修、18处网点的门楣广告标识更换工作。

（郑志彬）

中国农业发展银行永嘉县信贷组

概况 2018年，中国农业发展银行永嘉县信贷组（以下简称农发行永嘉县信贷组）切实落实年初全省分（支）行行长会议和全市系统行长（主任）会议精神，坚持稳中求进工作总基调，以服务乡村振兴战略为主线，紧紧围绕“四个聚焦聚力”工作要求，着力提质增效，各项工作取得较好成效。年末各项贷款8.18亿元，比上年增加2.24亿元，增幅38%；各项存款5.56亿元，比上年增加2.93亿元，增幅112%；不良贷款为零。

粮食收购资金供应 2018年，农发行永嘉县信贷组坚定不移地高度重视粮棉油信贷工作，始终把粮棉油信贷作为首要职责和业务工作的重中之重。做好夏秋粮收购资金供应与管理，根据年初粮食订单数量结合市场供需，保证收购资金及时足额供应。全年发放早籼谷收购资金贷款500万元，收购粮食174.5万公斤；发放秋粮收购资金贷款440万元，收购粮食185万公斤。根据粮食收储有限公司上报的年度粮油轮换计划，确定全年储备粮油库存的轮换数量以及补库粮油的信贷支持工作。全年累计轮换县级储备粮3490.5万公斤（含早籼谷1500.5万公斤，小麦860万公斤，晚籼谷1085万公斤），收回贷款7695万元；菜油21万公斤，收回贷款21.12万元；轮换县级储备成品粮45万公斤，收回贷款145.8万元。配合粮食系统统一部署粮食库存查库工作，按要求上报检查情况，保证账实一致和质量安全。按月对县级储备粮油库存进行检查尤其是异地粮食库存的监管，确保粮食储存安全和农发行信贷资金不出风险。

棚改信贷工作 2018年，农发行永嘉县信贷组紧紧围绕上级行棚改会议精神，积极部署棚改信贷工作，努力将农业政策性资金投向棚改等重点惠民生领域。全年共投放棚户区改造贷款3.7亿元。2月，向永嘉县三江新城开发投资有限公司瓯北13号地块棚户区改造项目发放PSL资金1.2亿元；8月，向永嘉投资集团有限公司成功投放2.5亿元城中村改造中长期贷款，用于东城街道城中村改造一期项目（拆迁改造部分）安置补偿款。总投资32375万元，涉及拆迁面积2.1万平方米，拆迁户数131户，安置套数300套。项目的发放不但满足群众多样化居住需求，而且推进永嘉县全域旅游和全域城市化建设。项目改造对于改善永嘉县域城市形象和品质，推进“大建大美”，全力打造“一带两城”具有重要现实意义。

合规经营 2018年，农发行永嘉县信贷组坚持以合规管理为抓手，切实统一思想，合规操作，强化监督，认真抓好各项工作落实。加强内控合规管理，严格员工行为积分管理，按季开展内部控制评价，实现内控管理“升级进位”。加强案防管理和反洗钱管理，强化监督监测。强化运营保障工作，完成综合办公平台升级第二批上线工作，参与全辖网络和信息系统应急演练，为安全经营打好坚实基础。提升信贷风险管理水平，扎实开展客户全面风险排查和分类排队、信贷基础管理等专项检查，狠抓整改落实，前移风险防范关口。认真开展信贷队伍建设年活动，夯实信贷基础管理。

（张 雅）

兴业银行温州永嘉支行

概况 兴业银行股份有限公司温州永嘉支行（以下简称兴业银行永嘉支行）是兴业银行温州分行辖下的一级支行，成立于2002年，内设综合部、企金部、零售部等三个部室，下设1个营业部，拥有ATM自助柜员机1台，24小时存、取款机2台，全行员工27人。截至2018年12月31日，支行本外币各项日均存款余额14.67亿元，其中公司存款11.67亿元，较年初新增5.38亿元，储蓄存款2.99亿元，较年初新增1.29亿元；贷款余额1.20亿元，其中公司贷款9.10亿元，个人贷款2.89亿元。

信贷业务 2018年，兴业银行永嘉支行在切实做好全面风险管理的同时，不断提升服务质量。盘活现有信贷存量，调整信贷结构，将信贷资金投入到与社会发展相符的行业。零售贷款方面积极推出“白领贷”“尊享贷”“兴享贷”“易速贷”等项目，满足广大零售客户消费需求。

会计管理 2018年，兴业银行永嘉支行实行会计结算业务集中管理、会计主管委派制模式。会计业务由分行计划财会部管理，柜面服务由分行零售部管理；柜员由支行负责日常管理，由分行计划财会部负责考核；会计主管由分行计划财会部负责管理与考核。

财务管理 兴业银行永嘉支行实行“授权管理、集中核算”模式。2018年年初分行下达费用指标，永嘉支行在分行财务授权权限和指标控制范围内发生的各项费用列支，由支行行长审批后，交分行计划财会部统一审核与列支。

安全保卫 2018年兴业银行永嘉支行安全保卫工作在上级行正确领导下，认真贯彻落实分行案防工作会议精神，坚持以防为主，以查促防指导思想，加强队伍建设，强化队伍管理，紧紧围绕控案防险工作目标，营造“安全集体，人人保安全”的良好氛围，在保卫工作中取得一定成效，实现年内无安全保卫责任事故的目标。

服务意识 2018年，兴业银行永嘉支行抓好服务环境的改变，配合分行逐步改善营业网点服务环境，提升网点综合竞争力，使支行营业大厅宽敞、明亮、分区更加合理，将零售客户经理前移到一线办公，使客户享受到“一站式”服务。实施“走出去、请进来”营销策略，变“坐商”为“行商”，深入永嘉高档社区及周边邻县，向社区居民和邻县群众推介本行对公及零售产品和保险业务，推动银行各项金融业务发展。抓好网点业务主管的现场管理能力和大堂引导员、柜员的服务提升工作，使支行整体服务意识逐渐提高。

（陈仁华）

温州银行永嘉县支行

概况 2018年是温州银行成立20周年，承前启后、继往开来的元年。在这个新起点上，温州银行永嘉县支行清醒认识当前的经济金融新形势，深刻剖析自身的优劣势，准确把握经营发展方向，开启温州银行永嘉支行高质量发展新征程。截至12月31日，各项本外币存款余额99850万元，贷款余额109958万元，不良贷款余额742万元，不良率0.67%。

业务营销 2018年，温州银行永嘉县支行积极参与永嘉县金融支持乡村振兴战略，组织开展“金融知识普及月”“征信知识进景区”“存款保险进工地”等宣传活动和“反假货币知识进百村”等专项活动。支持民营企业发展，助力地方经济，温州银行永嘉支行加快小微贷款投放，截至12月末小微贷款余额38708万元。组织开展形式多样的活动，为瓯北离退休老干部授课讲解如何守住钱袋子防范金融风险等金融知识；走进第三职业中学为中学生讲授如何保护个人信息拒绝“校园贷”；与经信局合办跨境电商产业峰会、培训会，支持当地跨境产业带，为发展当地经济添一份力。

风险管理 2018年，温州银行永嘉县支行建立完善的风险预警机制，定期及不定期进行各类风险的排查，强化贷后管理，密切关注企业动态。针对严峻的外部金融形势，全面落实信贷“三查”制度，严格把关有效监管，确保业务操作合法合规。积极开展防火、防盗、防抢防暴及防电信诈骗等安全演习，增强员工应对突发事件的能力。

团队建设 2018年，温州银行永嘉县支行积极开展学习“十九大精神”主题教育活动，推进党风廉政建设。每月主动开展基层党支部学习，做好学习记录。定时开展党支部会议，每月开展党日活动，吸收群众意见，积极讨论解决支行发展中的难题。支部开展学习习近平总书记系列讲话主题会议，观看单位组织的“潮起瓯江·温州市庆祝改革开放40周年”图片展，深入了解温州改革开放40年来的历程和成就。强化内控管理，深化员工家访工作，了解员工8小时外的生活状态，促进小家和大家紧密联系。

荣誉 2018年，温州银行永嘉县支行先后获得省级文明单位、省级巾帼文明岗、省级治安安全单位成绩突出单位、市级文明单位、市级保卫工作先进集体、市级青年文明号、金融类明星企业等荣誉。

（林 俊）

中国邮政储蓄银行永嘉县支行

概况 2018年，中国邮政储蓄银行永嘉县支行积极推进金融服务实体经济、防范金融风险、深化金融改革三大任务；自觉承担“普之城乡，惠之于民”社会责任，坚持自身经营发展理念，合规经营、均衡发展、以客户为中心，坚持走服务实体经济、服务“三农”、服务城乡居民的特色发展之路。截至2018年年末，永嘉县支行资产规模35.14亿元，净增5300万元，增幅1.5%，其中辖内零售信贷结余27.82亿元，小企业贷款结余7.32亿元；全辖（含代理）负债总额40.33亿元，其中个人负债37.07亿元，公司负债3.26亿元。全年完成收入1.17亿元，实现净利润7241万元，同比增长17.5%。

提升服务质量 2018年，中国邮政储蓄银行永嘉县支行全面开展网点转型与服务质量提升工作。加强网点柜员、营业主管、理财经理和大堂经理业务水平培训，提升厅堂服务能力；要求客户经理服务转型，业务受理既保证质量又兼具时效性，达到规范化服务标准；动员全体员工积极“走出去”，走出网点、走向客户、走进市场，全面了解客户需求；明确全行服务标准，业务部门通过监控回放、现场抽查、员工互评、客户问卷的方式发现服务问题、整改服务陋习，从而进行全方位的服务质量提升。支行在发展中前进，在前进中不断提高服务水平、不断进行服务创新。2016年，联合永嘉县住建局和劳动监察部门共同推出多功能“绿卡通（+薪卡）民工工资保障卡”，截至2018年累计开卡13439张。

普惠小微三农 2018年，中国邮政储蓄银行永嘉县支行积极响应号召，加强银保、银政、银协合作，做好“三农”服务。积极宣传和落地各项惠农政策，协助监管部门做好各类金融知识普及工作，提升社会公众金融意识。借助农村电商“邮掌柜”平台，以助农取款服务点为支撑，做好农村便农支付结算服务，促进农村电子银行业务发展。永嘉县支行高度重视助农取款服务点建设工作，提出“五项措施，三项创新”落实助农取款服务点工作方案。永嘉县支行正常运行服务点62个，其中创建五星级服务点3个、四星级服务点10个和三星级服务点24个。以“信贷工厂”模式为抓手，加快业务发展。在支持乡村振兴和服务民营企业、小微企业上，进一步推进信用村建设、美丽乡村农房集聚项目、家庭农场、传统小额、保证保险小额贷等，助力农村“扶贫”工作和“双创”工作，积极向市场推出无还本续贷、小水电贷等新产品，让新业务新产品早日落地，积极服务当地经济。

防范金融风险 2018年，中国邮政储蓄银行永嘉县支行进一步落实全面风险管理要求，加强内控管理，提高管理质效。积极开展银行业市场乱象整治工作，以“内控提升年”活动为契机，加大制度宣贯落实，强化“两个办法”“十条禁令”和“十五条操作红线”的再学习和执行，杜绝屡查屡犯行为；加大前中后台的风险防控，尤其是加强合规检查与内控管理工作，提高管理质效；加强员工行为管理，加强员工警示教育，加大员工行为排查，防范操作和道德风险；进一步强化信贷全流程管理，加强不良贷款责任认定、移交、清收和呆账核销等工作，加快不良资产的处置，多渠道多手段化解不良资产。截至2018年年末，不良贷款结余1375.38万元，不良贷款率0.38%，较2017年下降0.7个百分点。

党建引领发展 2018年，中国邮政储蓄银行永嘉县支行扎实落实县委、县政府、省市分行工作会议精神和各项重要工作部署，切实做到上呼下应，把党建工作优势转化为市场竞争优势，增强服务地方经济的能力。深入推进“强基固本2.0”工程建设常态化工作，继续开展党建示范点建设工作；深入推进“两学一做”常态化专题教育，落实“三个第一时间”学习机制；继续加强党风廉政建设和纪检监察工作，深入推进廉洁风险防控，落实“一岗双责”；加强企业文化建设，继续推进市级文明单位创建工作，开展好各类活动，丰富党工团建设。积极配合温州市分行工会举办的系列员工文体竞赛活动，组织发动员工踊跃参加思想政治工作论文评比、羽毛球比赛等，安排员工春游、生日等活动，继续开展职工之家等工作，营造勇于争先，敢于担当，乐于奉献的良好氛围，增强员工归属感。顺利通过温州市级文明单位创建工作复评和巩固城关支行“省级青年文明号”窗口建设，积极开展文明窗口、星级网点的创建筹备工作，推动企业文化和精神文明建设引向深入，更好履行社会责任。中国邮政储蓄银行永嘉县支行获得2017年度温州市分行先进单位称号，金融系统先进工会组织，2018年度永嘉经济转型发展工作突出贡献先进集体，永嘉党支部被评为五星基层党支部和优秀党组织。

（叶丽丽）

浙江永嘉恒升村镇银行股份有限公司

概况 浙江永嘉恒升村镇银行股份有限公司（以下简称永嘉恒升村镇银行）于2009年4月正式对外营业，系温州市第一家村镇银行。2018年，永嘉恒升村镇银行扎根农村金融市场，坚持稳中求进工作总基调，在审慎经营中实现有效防范金融风险，在深化转型升级中探索高质量发展之路。截至2018年年末，各项存款余额113960万元，比年初增加5899万元；各项贷款余额163543万元，比年初增加17708万元，其中涉农贷款余额161352万元，占比98.66%；贷款户数6754户，比年初增加725户；户均贷款24.21万元，与年初基本持平；不良率1.27%，比年初下降0.47个百分点，实现双降。全年实现各项收入13515万元，上缴各类税费976.35万元。

业务营销 2018年，永嘉恒升村镇银行狠抓营销培训，激发员工工作效能。为切实抓住全年业务发展先机，永嘉恒升村镇银行于年初开始启动网格化精准营销项目，指导员工在既定网格内切实做好业务分析，全面了解目标群体信息，有效挖掘市场潜力，积极开发“原生态客户”，为增户扩面工作夯实基础。持续开展营销活动，激发员工市场拓展能力。利用元旦、春节期间营销旺季，启动并分阶段推进开门红业务劳动竞赛活动，激励全员真抓实干，抢占先机，勇创佳绩。活动期间，全行各项贷款新增近1.3亿元，同比增加1亿元；年日均贷款新增近1.6亿元，同比增加1.2亿元。其中，小额循环贷款发放239笔3201万元。永嘉恒升村镇银行于9月开展小额贷款营销竞赛活动，持续深入推进增户扩面工作。活动期间，各支行积极动员员工，有效整合资源，深入一线市场，组织开展业务宣传和营销活动，掀起营销热潮。

支农支小 2018年，永嘉恒升村镇银行坚持市场定位，推进整村授信工作，激发扶贫攻坚动能。积极响应县政府关于坚持农业农村优先发展、大力实施乡村振兴行动计划号召，坚持金融回归本源、服务实体经济的方针，根据利率价格走势，先后两次调整贷款利率执行标准，激发农村信贷市场主体需求，通过让利惠民，扶持地方经济发展。主动参与协办第二届金溪镇“上湖枇杷文化节”和开展“结对共建文明”等活动，推进整村授信工作，为“三农”经济振兴提供信贷支持。截至2018年年末，全行20万元（含，下同）以下贷款新增671户9142万元，其中10万元以下贷款新增385户3465万元。永嘉恒升村镇银行积极助力精准扶贫工作，为1228户农户提供扶贫再贷款17529万元，户均贷款14.27万元，努力拓宽普惠金融广度与深度。永嘉恒升村镇银行巩固服务渠道创建成果，努力打通农村普惠金融“最后一千米”，分别于2月和9月在茗岙、鹤盛等偏远山区增设支农服务点，进一步扩大金融服务辐射范围。截至2018年年末，全行5家支农服务点贷款余额突破2亿元，达2.12亿元，其中新增贷款6259万元；贷款户数突破1000户，达到1200户，其中新增户数376户，户均贷款17.68万元。

业务创新 2018年，永嘉恒升村镇银行进一步推进金融创新，增强自身服务功能，巩固市场份额，拓展潜在市场。针对辖内不同地区、不同层次的客户群体，坚持产品创新，量身定制，推出“光伏贷”“普惠贷”“民宿贷”等信贷产品，大力推进业务“扫盲”工作，积极突破发展瓶颈，打开信贷营销新局面。加强主动负债管理，拓展融资渠道，提高资金使用效率，在利率市场化大环境下实现各项业务平稳发展，永嘉恒升村镇银行积极对接发起行、省联社、上海清算所和外汇交易中心，参与大额存单发行，于4月20日成功发行一期大额存单5000万元，成为温州地区第一家成功发行大额存单的村镇银行。加快结算渠道建设，移动终端业务于9月初正式运行，实现客户在支农服务点直接办理银行卡、手机银行、网银等非现金业务。2018年成功接入上海票据交易所中国票据交易系统，为有效规避票据遗失风险、增强业务安全性、提高结算速度做好准备。

风险防控 2018年，永嘉恒升村镇银行切实贯彻落实风险防化加强年活动，深入开展各类常规性信贷风险排查，涉及贷款4196户7.55亿元，实现对各分支机构排查全覆盖。对照银监会《2018年整治银行业市场乱象工作要点》、银监会整治乱象22项要点，以及浙江银监局110条“负面清单”，对2017年已开展的“三三四十”、信用风险专项排查、“两会一层”风控责任落实以及监管部门布置的“治乱象维秩序”回补等专项治理工作开展全面深入的评估，根据问题导向，持续推进“三大主题”活动，先后组织开展股东股权专项排查、整治银行业市场乱象自查、扶贫领域作风问题专项治理、涉嫌非法集资风险专项排查等各类风险排查工作，严格落实自查自纠，切实形成“整改—评估—整改”管理机制，努力实现标本兼治，切实打好风险防化攻坚战。

2018年，温州银保监分局和第三方会计师事务所等外部单位先后对永嘉恒升村镇银行开展各类专项审计和现场检查，公司治理、绩效管理、制度建设、风险防控、重点业务开展等方面得到全面梳理和“体检”。永嘉恒升村镇银行积极开展自查自纠工作，对照外部审计和监管部门现场检查发现的问题及时落实整改工作，有效提升合规经营水平。

资产质量 2018年，永嘉恒升村镇银行及时下达年度不良贷款清收任务，建立配套奖罚制度，要求各支行及时将任务分配落实到人，加大催收力度，确保全年清收任务顺利完成。总行分别于3月和10月启动2018年不良贷款清收专项活动和第四季度不良贷款专项清收活动，推进不良贷款处置速度，进一步加大清非奖罚力度。定期召开风险例会，加强风险提示，对当年新增不良贷款和历年沉淀不良资产展开逐户分析，引导清非人员拓宽催收思路，科学制定“一户一策”方案。将司法渠道和日常催收相结合，落实专人负责小额风险贷款，风险管理部门全力配合，不良贷款管理实现“双降”，2018年清收不良贷款51户687.75万元，其中收回历年不良贷款24户248.5万元，收回已核销贷款7户52.3万元；累计退出风险贷款128户3155万元。

内部管理 2018年，永嘉恒升村镇银行积极强化团队执行力建设，努力提高管理质效，依托月度集中学习会，在全行掀起制度学习和建设热潮。永嘉恒升村镇银行根据年度培训计划，先后组织开展反洗钱业务培训、“治乱象 维秩序”培训教育活动、团队执行力培训等各项工作。全年组织开展各类教育培训46批次，受训对象超1600人次，实现全员全覆盖；新建或修订40项规章制度，废止3项制度，制度体系进一步完善。

文明创建 2018年，永嘉恒升村镇银行根据文明单位创建工作年度计划，结合县文明办关于文明单位创建质量提升年活动要求，在领导小组统一工作部署下，以强化“五项制度”为基础，深化“五项活动”为推手，切实深入开展创建工作。坚持开展月度集中学习会、党员民主生活会、道德讲堂、主题党日等活动，组织学习《习近平谈治国理政》《习近平总书记系列重要讲话读本》等，切实领会习近平新时代中国特色社会主义思想，贯彻落实中共十九大会议精神，积极推进理想信念教育、社会主义核心价值观教育和思想道德教育。组织全行签订移风易俗承诺书、文明出行承诺书、党风廉政建设责任书，深入开展评优创先、“文明餐桌”行动等系列活动，引导干部职工传承优良传统、传播文明风尚，凝聚文明力量。作为一家富有社会责任感的银行，永嘉恒升村镇银行通过深入开展“结对共建文明”、学雷锋志愿服务、“送金融知识下乡”、精准扶贫和农村普惠金融等工作，弘扬感恩文化，传递社会正能量，有力促进社会公益慈善事业的发展。2018年永嘉恒升村镇银行积极开展“慈善一日捐”活动，组织全行员工共募集12000余元善款；为12名优秀贫困学生开展爱心资助活动；响应县委、县政府关于精准扶贫募捐倡议活动，向四川省红原县捐赠5万元，助力永嘉县慈善事业发展。

荣誉 2018年，永嘉恒升村镇银行获在永银行机构“A等行”、温州市保卫工作先进集体、永嘉县纳税大户、永嘉县金融类巨龙企业、县级文明单位、“全国百强村镇银行”等。

（王裕杉）

华夏银行温州永嘉支行

概况 华夏银行温州永嘉支行（以下简称华夏银行）成立于1992年，为全国性股份制商业银行。1996年，华夏银行进驻温州，温州分行是总行直属管辖的一级分行。2011年10月18日，华夏银行永嘉支行正式开业。进驻永嘉已逾八年，华夏银行永嘉支行积极开展各项业务，取得较大进展。

经营效益 2018年，华夏银行温州永嘉支行经营效益稳步提升。年末，实现拨备前利润1927.21万元，同比增加477.21万元，实现考核利润1543.5万元。期末贷款余额78680万元，比年初增加10400万元，总存贷比88.3%，实现利息收入2830.7万元。

存款 截至2018年12月末，华夏银行各项存款余额89087万元，比年初基数增加23459万元，其中对公存款72078万元，个人存款17165万元；分别较年初基数增加17113万元、6346万元；对公全口径存款年日均7.23亿元，较年初增加1.41亿元，完成分行上年度计划的106.3%。个人存款年日均15531万元，较年初增加1467万元。

华夏银行始终坚持“存款立行”不动摇，把存款规模增长放在首要位置。积极对接永嘉经济热点，加强精准营销。积极维护发展与华鸿系等房开的深入合作，2018年共带来监管资金10.5亿元，有效拉动支行存款增长。继续深入对接永嘉县三江新城开发投资有限公司和永嘉县瓯北城市投资集团有限公司，水利投资集团有限公司等公司进行结算资金沉淀工作。积极做好永嘉区域成长性、领军型企业客户的营销工作。新增授信客户贷款投放以及储备重点项目的续投放，为支行带来派生存款和相应财政存款。抓基础客户开发，组织人员进行积极营销，通过“四进”营销，拓宽基础客户来源，夯实客户基础。

金融产品2018年，华夏银行有序推进转型发展。个人金融资产60011万元，较年初增加22498万元。实现代理保险239万元；贵金属收入12.03万元。

风险管理　2018年，华夏银行加强员工行为规范管理、操作风险管理、系统运维管理、营业场所和办公区域的安保管理以及舆情风险管理，扎扎实实做好日常风险隐患排查和化解处置。年末不良余额300万元，不良率0.38%。

业务转型　2018年，华夏银行牢固树立管会思维，抓特色产品对接。对辖区内政府主导的小微企业创业园区和企业联建的小微企业创业园区进行梳理，有针对性地开展营销加大。将永嘉县轻工产业园、永嘉县工艺美术创业园列入重点项目推进工作，确保业务有序拓展。小微企业新客户贷款33户，发放贷款15225万元。结合瓯北泵阀行业、桥下教玩具、乌牛皮服城等区域经济特点，寻找新客户、新机会，“走出去、引进来”相结合，真正实现增户扩面。在零售业务发展上坚持以产品运营综合服务、渠道平台搭建、围绕资金流向找客户为抓手，狠抓基础客群增长、基础产品与创新产品融合、基本营销队伍和基本运营机制等内容。依托网点厅堂、社区营销、网点微沙，有效活跃客群建设，积极推进代理贵金属、代理保险等代理业务营销，寻求零售业务增长点，优化个人存款结构、促进零售业务转型。

内控管理　2018年，华夏银行认真履行“一岗双责”，将案防和日常经营管理紧密融合，自觉落实案防工作部署，全面加强内控建设。通过开展内控谈话、异常行为排查、签订承诺书等教育活动形式，增强员工风险防范意识，提高员工职业道德水平，进一步加强内控制度教育，建立、健全内控管理体制和工作机制，提高全行内控管理水平。切实做好案件防范工作，从源头上防范操作风险。定期召开专题案件防范分析会，进一步落实安全保卫工作责任制，与员工签订案防工作责任书。规范网点在机具定位、操作定型上的要求，杜绝业务操作中的随意性，切实防范风险。持续按季开展员工行为排查，实行常规项目定期排查与重点项目动态排查，监控有无消费与其收入来源明显不符、有无与社会闲散人员密切交往等情形，发现异常严肃处理，防患于未然。严格执行重大事项报告制度。严格落实合规运行和安全管理各项要求，始终保持案件防控和安保维稳高压态势，扎扎实实做好日常风险隐患排查和化解处置，对于工作中的重大事件，及时向上级领导请示按要求执行。

（贺　阁）

招商银行温州永嘉支行

概况　2018年，招商银行温州永嘉支行（以下简称招商银行永嘉支行）认真贯彻执行国家金融法律法规和各项监管政策，围绕总分行“四个主题”工作和打造“轻型银行”转型要求，力抓资产投放，加快大企业大项目拓展，业务结构得以优化调整。支行全体员工树立信心，直面挑战，找准方向，齐心协力，大力攻坚，全行经营情况总体上呈现出积极向上的发展势头。

存款情况　截至2018年年末，招商银行永嘉支行人民币自营存款余额119129万元，增长8.53%，其中，对公存款100366万元，比年初增加6046万元，增长6.05%；储蓄存款余额18763万元，比年初增加3317万元，增长21.48%。全年日均存款99185万元，减少24207万元，减幅为19.62%，在温州分行各网点时点存款排第三位，为温州分行负债业务做出较大贡献。

贷款情况　截至2018年年末，招商银行永嘉支行人民币一般贷款余额278701万元，比年初减少118471万元，减幅29.83%，其中个私贷款131799万元，比年初增加5009万元，增幅3.95%；公司贷款余额146902万元，比年初减少123480万元，减幅45.37%。2018年贷款大幅度减少主要是政府土储3年期贷款到期归还收回10亿元，新希望地产收入项目贷款到期归还6亿元的原因。

营业净收入　2018年，招商银行永嘉支行实现营业净收入约8086万元，其中公司净利息收入5512万元，非利息收入403万元，合计

5914万元，在分行团队排第三位；零售净利息收入2057万元，中收114万元，合计2172万元。

客群建设 2018年，招商银行永嘉支行公私联动，全面营销，坚持不懈抓好客群建设。改变营销观念，从简单放贷款向产品销售转变，改变"只会放贷款，只知道做贷款"的惯性思维；提升理财产品销售，不断扩大理财产品的销售领域；加强与分行联动营销，做大同业、票据、资管和投行业务。截至2018年年末，支行对公企业无资本有效户319户，较年初增加76户；高价值有效户88户，较年初增加12.55户；资产户47.2户。有效大众客群9499户，代发有效户2588户，代发企业33家。

内控合规 2018年，招商银行永嘉支行在内控合规和综合管理工作方面加大力度，不断探索新举措、新方法，落实工作责任制，成效显著。开展内控合规学习教育活动，银行业市场乱象整治等工作，在风险与内控合规方面，针对审计发现的问题，加强整改和违规问责，对一些重点问题开展自查自纠，针对理财产品销售、贷款用途、客户空白资料和印章管理等工作按照监管要求和分行管理要求进行全面落实，采取具体措施。对员工参股经商和与企业资金往来等重点问题开展排查，组织全体员工认真开展"十项铁律"学习讨论，不断强化干部员工内控合规意识。在综合管理与提升服务方面，不断改进服务质量。通过共同努力，招商银行在永嘉的"口碑"越来越好，地方政府考核评比中，支行被评为一等行。

风险防控 2018年，招商银行永嘉支行做好"三会一课"工作，组织开展《招商银行党委关于印发落实中共中央改进工作作风密切联系群众八项规定精神实施细则的通知》《招商银行办公室关于进一步贯彻落实中央八项规定、加强财务管理的通知》学习培训工作。组织学习《温州分行十项铁律管理机制》，全员签订《招商银行正风肃纪十项铁律承诺书》，对照《招商银行案防管理工作办法》要求开展案件风险排查工作。开展员工家访或谈话工作，2018年家访率40%，谈话率80%。组织员工开展异常行为自查自报工作，自查覆盖率100%。支行实现2018年度全年安全无事故。

招商银行永嘉支行以落实责任制为抓手，切实做好风险管理。实现"三无"目标，防范信用风险、合规风险、操作风险、案件风险和声誉风险。落实责任制，健全考核机制。分工负责，明确职责，健全风险管理体系，强化考核，真抓实干，加强日常管理，从第一道防线到最后一道防线都要层层承担责任，明确"谁的人谁负责，谁的业务谁负责，谁经办谁负责"，行长一身兼两职，抓好日常管理，通过周例会、月度例会加强信息交流，强化内控合规管理。突出重点，加强分类管理。加强贷款检查和低价值客户退出，梳理重要风险点，加强自查自纠和审计整改问责。

党建工作 2018年，招商银行永嘉支行切实加强党建工作，促进行风行貌建设。采取多种有效方式，持续推动习近平新时代中国特色社会主义思想和中共十九大精神往深里走、实里走、心里走，推进"两学一做"学习教育常态化制度化，引导广大党员干部增强"四个意识"、坚定"四个自信"、落实"两个维护"。根据支部党建工作重点任务，抓好队伍建设质量、党组织活动质量、发展党员和党员教育管理质量、党组织引领质量等情况。特别是支部按期换届、党务机构设置、党务人员配备、党费收缴管理、活动场所保障等基础工作落实情况；健全党支部工作制度，严肃党的组织生活，落实"三会一课"制度，开展"支行长课堂"和"经理课堂"，在干中学，学中干，加强讨论学习，提高专业水平；发挥党员战斗堡垒和先锋模范作用。突出解决"两张皮""灯下黑"问题，充分认识党建工作重要性，切实解决党建工作与业务工作"两张皮"、党建工作流于形式的问题，把党建工作与班子及干部队伍建设、内控合规与风险管理、员工关爱与企业文化建设有机结合起来。

营销工作 2018年，招商银行永嘉支行聚焦重点领域，做好资产业务组织和投放工作，认真执行中央、监管部门及总分行的信贷政策，贯彻普惠金融、绿色信贷要求，积极支持供给侧改革，支持实体经济，支持民生经济，支持县重点项目建设。加快发展零售贷款，持续提高零售贷款占比。继续紧抓住房贷款、闪电贷及小微贷款等信贷产品，加强市场营销，积极探索区域特色业务；全力组织公司贷款营销与投放。聚焦总、分行战略核心客户，做深做透战略核心客户，实行“一户一策”，争取成为主办行和结算行。盯住高价值客户，加强高价值客户营销。在产品定位上，大力营销科技创新企业及资管投行业务营销力度。

业务培训 2018年，招商银行永嘉支行狠抓业务培训，提升队伍专业素质。按照分行要求开展基础管理工作，从日常事务抓起，建立日常工作方式与日常管理方式，如档案、印章、核保及账户管理。加强规章制度建设，做到“有业务就有制度覆盖，有制度就有检查覆盖，有检查就有整改问责覆盖”。加强业务培训学习，提升专业能力。抓好二级培训，开展行长课堂和经理课堂，坚持行长每年讲两堂课，经理每年至少讲一次课。要从抓学习开始，班子成员带头学政策、学制度、学产品。根据业务实际需要，有针对性地成立课题小组，加强讨论学习，提升专业水平。

（陈　文）

交通银行股份有限公司温州永嘉支行

概况 2018年，交通银行股份有限公司温州永嘉支行（以下简称交通银行温州永嘉支行）认真贯彻总、省行发展战略要求，牢固落实五大发展理念，主动适应经济新常态，把“深化改革　转型发展　抓好党建”作为工作主线，以提高发展质量和效益为中心，坚持依法合规和稳健经营，凝心聚力，主动作为，全面提升综合金融服务能力，业务发展实现稳步提升。截至2018年末，人民币各项存款余额7.95亿元。其中，对公存款余额2.73亿元，储蓄存款余额5.22亿元。交通银行温州永嘉支行人民币各项贷款余额12亿元。其中，对公贷款2.59亿元，个人贷款余额9.44亿元。2018年共处置不良贷款280万元，截至12月末，交通银行温州永嘉支行不良贷款余额为346万元，不良贷款率0.29%，比年初下降0.06个百分点。

业务拓展 2018年，交通银行温州永嘉支行实施公私联动营销，整合对公、对私营销资源和客户资源，通过构建一站式客户服务平台，达到“公带私、私促公”营销效果。完善公私联动流程、利益分配机制和考核支持系统，使公私业务联动成为有力、有效、常态化拓展优质客户的营销形式。继续与几家优质企业客户深化合作，组织外拓团队驻点办理企业员工信用卡。截至2018年年末，新增活户数704户。通过优质理财客户，挖掘客户产业链，做好代发源头拓展以及公司有效户新增工作。落实信贷支持实体工作，借助特色产品大力拓展小微业务。全行自上而下高度重视，通过加大对新客户拓展指标的考核力度，召开小微企业拓展推进会等举措，全力支持优质小微业务发展。积极运用支行小微特色融资产品，助力小微业务发展。结合永嘉地区民营经济发展特点，优选小微目标客户，运用支行小微特色产品，如快捷抵押贷、税融通、核心企业供应链融资、小微园厂房按揭等，加大小微企业拓展力度，形成规模效益，着力提升小微金融服务。拓展商贸结算类、理财类和个贷类客户，结合自身发展和永嘉市场实际，主动调整发展思路，收缩战线，集中资源，有的放矢地选择结算类、理财类、个贷类三大类客户作为发展主攻方向，努力培育支行业务特色和核心客户群体。进一步加强交叉销售力度，提高特色人群产品覆盖度；坚持金融与非金融服务一体化运营，持续丰富高端客户增值服务，提升客户黏度。重点营销政府优质大项目，积极与相关政府部门对接，寻找合适的优质项目。积极参加财政性存款招投标工作。

内控管理 2018年，交通银行温州永嘉支行持续强化合规教育，深入践行“依法合规　稳健经营”理念，开展“五大领域专项治理”行动，确保安全经营。落实银监部署，开展“治乱象 维秩序”专题学习教育及自查自纠。开展“职业道德和合规警示教育”“行长讲合规”“纪律教育月”等活动，切实增强干部员工依法合规意识，提高廉洁从业自觉性，筑牢拒腐防变思想防线。严格防范新增不良的发生，在全力压降存量不良的同时，高度重视新增不良的防控问题，定期深入实地了解企业经营情况，密集排查授信企业潜在风险，努力做到风险早发现，早防范，早退出，提前排除支行资产质量劣变隐患。根据上级行部署，开展“21天养成好习惯”等活动，加快员工规范操作习惯养成。每季度定期开展员工个人行为自查及排查工作，约束员工个人行为。

社会责任 2018年，交通银行温州永嘉支行加快网上银行、手机银行、自助银行等为主体的电子渠道建设。构筑电子支付渠道与固定网点相互补充的业务渠道体系，提高普惠金融服务便捷化程度。推进云闪付环境建设，让客户享受全球领先科技带来的便捷体验与金融安全。高度重视消费者权益保护，通过实体网点和电子渠道设置宣传专区，配合监管机构积极开展各类金融知识宣传教育活动，对收费、价格目录等进行公示，提升大众金融知识水平，充分保障客户知情权。建立健全金融消费者权益保护制度，及时妥善处理金融消费者投诉，切实维护金融消费者合法权益。制定各类金融突发事件应急预案。

队伍建设 2018年，交通银行温州永嘉支行全面开展“两学一做”教育学习活动，深入学习贯彻新时代中国特色社会主义思想和中共十九大精神，加强廉洁自律教育，提升支行自身形象。开展各项专项治理活动，加强各重要岗位廉洁自律管理。积极开展管理、营销人员廉洁自律管理排查工作，警醒党员干部自觉抵制各种腐朽思想和腐败行为的诱惑。切实增强干部员工依法廉洁从业自觉性，筑牢拒腐防变思想防线，营造风清气正良好环境。与企业开展“联学联建”主题交流活动，开拓支部党员眼界和思路，为党建与业务融合发展注入新鲜活力。关心员工身心健康，结合案件防控“长剑行动”，开展“暖家访、暖人心”活动，做到员工家访和员工谈心面100%，与员工及员工家属建立良好的沟通渠道，关注员工八小时之外的动态，关心员工职业生涯规划。丰富员工业余生活，组织全体员工及家属开展户外踏青活动，陶冶情操，增进员工友谊，提升团队精神。

（柯华曼）

保 险

概况 2018年，永嘉县金融工作服务中心加大银保机构合作，大力开展农户小额保证保险贷款业务；健全政策性农业保险推进机制，继续开展农村小额人身意外伤害保险、大病医疗保险等试点工作；鼓励发展农业互助保险，保险服务经济社会覆盖面和渗透率显著提升。

（李伯蓉）

中国人民财产保险永嘉支公司

概况 2018年，中国人民财产保险永嘉支公司（以下简称人保财险永嘉支公司）全体员工积极进取，攻坚克难，朝着全年既定的奋斗目标，取得全险种、车险、商非业务均超市场的骄人业绩，业务规模再上台阶，服务能力明显提升，品牌效应进一步彰显。

经营业绩 2018年，面对汽车市场增速放缓、市场竞争日益加剧、行业监管持续高压等严峻形势，人保财险永嘉支公司迎难而上，砥砺前行，坚持战略引领，深化市场对标，经受住行业协同、“报行合一”等多轮市场风波的考验，取得良好的经营业绩。2018年1—12月保费收入2.70亿元，同比增长17.3%。其中车险1.95亿元，同比增长11.11%；商业非车险3328万元，同比增长39.01%；农险478.5万元，同比增长72.06%；健康险2940.8万元，同比增长5.03%；总赔款支出1.60亿元，税收2300万元。

车险业务 2018年，人保财险永嘉支公司按照“去中介、降成本、优服务、强黏性”12字方针，复制推广“南京模式”，深化获客渠道组织建设，推进车险新八大工程，车险经营能力和发展质量持续提升。积极推进续保团队建设，续保团险初具规模，团队现有16人，电销渠道产能明显提升。1—12月，续保团队实现保费收入2209万元，车险业务占公司业务的11.3%，成为公司主要获客渠道。

商非业务 截至2018年12月31日，人保财险永嘉支公司商业非车险生效保费3307.12万元，同比增长38.52%，增量保费934万元。永嘉支公司积极沟通国寿、永安等学幼险份额大的公司，抢先启动竞争方案，发动全员，收取保费228.69万元，同比增长4.45%；截至9月底，公司整体手机意外险销售保费收入285.57万元，提前一个季度完成市公司下达的全年挑战任务；10月底，公司银行渠道保费收入443.24万元，连续两年提前超额完成市公司下达的全年任务指标，同比增长43.09%。

政保合作 自2017年6月9日，人保财险永嘉支公司以首席承保人成功中标新一轮城乡医保、职工医保（新增项目）后，在原异地票据真实性核查工作经验基础上，持续加大力度，为人社局解决大量积案问题，加深社保项目合作。积极开展茶叶低温气象指数保险、食品安全保险、养老院保险、安全生产责任保险、农村小额意外险，连续两年中标永嘉县残疾人意外险保险、同时参与精准扶贫项目招标工作，使保险渗透到民生各个领域，进一步加深与政府的合作。

农网建设 2018年，人保财险永嘉支公司农险按照“扩面、增品、提标”要求，在原有品种承保扩面的同时，积极沟通政府职能部门，对地方性特色品种茶叶低温气象指数保险进行扩面，2018年承保面积4791多亩，收取保费88.59万元。发挥农村网点优势，深耕农村保险市场，持续提升非农产能，岩头营销售服务部改建和人员调整后，纯分散性保费收入从2017年的328.36万元增加到2018年的477.17万元，同比增长45.32%，抢占农村市场先机，为下步其他网点建设提供经验。

基础管理 2018年，人保财险永嘉支公司实行《绩效考核方案》，充分调动内勤人员展业积极性，内外联动，助推公司业务发展；加强人员自我提升内动力，提高出单、理赔工作质量和客户服务水平，业务管理水平有所提升。自2018年6月，业务管理部单设后，业务管理的强化改变公司原来业管没人管状况，更是在2018年持续发力，连续两个月位列全市车险业务管理第一。

培训教育 2018年，人保财险永嘉支公司全体员工积极参加上级公司各项竞赛，取得丰硕成果。8月25日，永嘉支公司在第一届营销技能大赛中荣获团体三等奖；10月17日，永嘉支公司在第一届温州市分公司篮球赛中取得团体第三的佳绩。进一步完善教育培训体系，截至11月底，培训总人次562次，累计总学时1764学时，开展“保险知识进农村”“金融知识进文化礼堂”等活动，效果良好。

服务突破 2018年，人保财险永嘉支公司以争创市级文明单位建设为契机，加强职场建设规范，对“标准化”建设长抓不懈，有效提升服务品质。响应政府“最多跑一次”目标，积极完善工作制度和流程，为顾客带去更好的服务体验。根据市公司统一安排部署，永嘉支公司响应政府号召，置办“瓯e办”便民服务终端，为客户提供便民服务。在“五一”和“十一”小长假期间，永嘉支公司在所辖高速公路出入口、事故多发路段和车流密集景区，设立交通事故快速处理服务点，确保事故发生后及时善后。同时，永嘉支公司与上塘、瓯北交警队通力合作，成立警保联动志愿队伍，缩短客户等待和滞留时间，降低公路交通次生事故的发生概率，得到客户一致好评。空地一体，提升服务广度，2018年举办大型户外徒步活动，出动救援直升机，全程为活动保驾护航。

合规建设 2018年，人保财险永嘉支公司在大病、农险等政策性险种及财务支付等风险环节经过认真自查和整改，合规建设得到进一步强化。

荣誉 2018年，人保财险永嘉支公司被评为全国标杆县支公司、四类机构，连续三年被永嘉县政府评为金融服务类巨龙企业称号。

（周一聪）

中国人寿保险股份有限公司永嘉县支公司

概况 2018年，中国人寿保险股份有限公司永嘉县支公司紧紧围绕省市公司“三金工程”和“双一号工程”总体思想，着重部署推进永嘉公司新发展的思考和规划，提出“永嘉领航，做最好的自己”经营理念，发扬发挥“攻坚克难、奋力拼搏”奋斗精神，坚定信心，积极进取，放大格局，加速拓展，支公司实现总保费87804.68万元，名列全省第四，市场份额77.49%，始终占据永嘉寿险市场主导地位；营销持证人力1575人，市场份额75.33%，主管人数178人，在同业比较中，保持绝对的“双领先”优势。2018年获得永嘉县政府授予的“金融改革创新奖”、省级销售单位业务发展奖、省级五好单位、总部优秀基层单位、总部“实力成长”双百强县、全国金融先锋号等荣誉称号。

个险渠道 2018年，中国人寿保险股份有限公司永嘉县支公司个险年度标保达成6031.59万元，达成率66.57%，列全省第八位；其中十年期7000多万元，列全省第四位。11月1日启动的点亮2019年开门红规模期缴战中，永嘉个险仅用8天达成6000万元，成为全市大公司中第一家达成目标的单位，最终以8786.30万元规模总保费位居全省第三位，创造历史新高。截至12月31日达成保费1000万元，同比上年正增长。

银保渠道 2018年，中国人寿保险股份有限公司永嘉县支公司银保期交完成总保费1671.39万元，渠道期交总保费964.07万元，全年目标846万元，完成率114%，占永嘉银保全年业务57.7%，其中网点总保费223.08万元，客户经理自营保费740.99万元，银行全辖网点29个，网点举绩21个，网点举绩率72.4%，较2017年增长40%；全年实动人力（网点全年必达期交12万元）7人，完成率70%；举绩人力11人，完成率65%；网点举绩天数113天，较2017年增长130.61%；网点保单件数132件，较2017年增长123.73%。

团险渠道 2018年，中国人寿保险股份有限公司永嘉县支公司大短险完成情况：年度完成保费3994.45万元，增量441.26万元，增长率12.42%，总量排名第四，增量保费排名第六。支公司团短险完成情况：年度完成保费2224.36万元，增量182.1万元，增长率8.92%，总量排名第四。

表25 2018年中国人寿保险股份有限公司永嘉支公司团险渠道主要业务指标完成进度情况表

项目		年度目标	累计完成	完成率	同比增量	同比增长率
大短险（三大渠道）		4220	3994.45	94.66%	441.26	12.42%
团险渠道		2270	2224.36	97.99%	182.1	8.92%
团险主要业务板块构成	农村小额保险		711.68	上年同期694.37	17.31	2.49%
	低收入农户保险		204.31	2018年新增业务	204.31	
	借贷险保费		391.94	上年同期547.94	−156	−28.47%
	学平险保费		534.81	上年同期600.29	65.47	−10.90%
	两性安康保险		39.85	上年同期12.74	28.9	212.79%
	公共交通保险		42.65	上年同期40	2.65	
	村干部保费		172.79	上年同期持平		

社会保障 2018年，中国人寿保险股份有限公司永嘉县支公司业务支出19180.86万元，为社会提供多层次保障服务，提高社会保障水平，减轻政府在社会保障方面的压力，充分发挥社会“减震器”和“润滑器”作用。经统计，2018年累计支付短险赔款 2450.26万元，各类死伤伤残医疗给付1890.51万元，支付期满金5985.95万元，支付年金8864.14万元，有效维护被保险人利益；永嘉县支公司2018年共处理短期险2600余份、保全62084件，受理处理理赔案件7265件（增加1000余个）、处理新单回访件791件，处理会办单1064件、续期回访10891件、失效回访3388件。2018年加大理赔、核保调查力度，加快调查速度，共处理电话咨询和“95519”报案咨询及投诉件40余件。本年度共调查案件17500余件（其中两年内重大疾病风险排查16100余件），较上年增加14900多件，两年内风险排查、理赔调查和核保生调件数均大幅提升。调查中发现阳性件457件，较2017年大幅增加200件，其中理赔调查阳性件49件，理赔调查效益金额1723万元，成功协议拒付29件，拒付协议效益金额116万元（口头拒付未统计），发现核保阳性件31件，拒保5件，两年内重大疾病风险排查发现带病投保阳性件377件，成功解约201件，排查止损效益金额2386万元，取得巨大成效，有效管控逆选择风险，降低死亡重疾赔付率，避免化解后期理赔可能产生的纠纷和矛盾。通过调查有效控制进口关和出口关风险，调查效益金额4109万元（未统计核保生调效益金额），两年内重大疾病风险排查管控在全市名列第一。2018年5月永嘉县岩头镇上烘头村发生一起木质廊亭倒塌事件，数十人被压受伤，客服人员快速反应，马上到出险地点展开绿色通道，获得省市县公司领导及广大人民群众一致好评。吸纳社会人士从事保险销售工作，为社会提供就业机会，2018年永嘉营销员 1575人；积极投身公益事业，多次开展慈善保险捐款、无偿献血、扶贫公益跑、慰问贫困人员、街道结对扶贫等公益活动。

政保合作 2018年，中国人寿保险股份有限公司永嘉县支公司坚持“保险姓保”理念，勇担社会责任，全面开展政保合作，持续推进普惠金融工作。2018年，永嘉县支公司政保合作项目有：永嘉县低收入农户保险、永嘉县残疾人意外保险、永嘉县大病补充保险、永嘉县村干部意外保险、永嘉县老年人意外伤害保险、永嘉县计生保险等多层次保险保障，促进企业与社会共同发展，实现经济效益和社会效益协调统一。

客户服务 中国人寿保险股份有限公司永嘉县支公司在上塘、瓯北、桥头、乌牛设有营业机构，并在各乡镇设有一名对接理赔的“三农主任”，积极践行服务承诺，简化流程，及时开展理赔服务，有效帮助客户抵御各类风险。多次对卧病在床行走不方便的客户，主动上门为其做保全及理赔服务。2018年，加大对“两关”调查力度和宣导，加快理赔时效和调查时效。

（孙 文）

中国太平洋财产保险股份有限公司永嘉支公司

概况 2018年，中国太平洋财产保险股份有限公司永嘉支公司（以下简称太平洋财产保险永嘉支公司）紧紧围绕“双优双对标，份额提升品质稳定”总目标，不断加强公司自身建设，积极主动抓好业务规划、公司建设工作，服务社会。2018年永嘉支公司实现入账保费1.6309亿元，同比增长13.72%；市场份额21.78%，累计承担各类风险保障758亿元，全年共接报案21347件，已决案件19916件，未决案件150件，结案率99.00%。公司全年累计支付各类赔款7814.86万元，为众多法人客户和个人提供各类财产保险保障。

服务“三农” 2018年，太平洋财产保险永嘉支公司积极参与政保合作，借力融合，服务“三农”，全年承保杨梅14830亩，触发杨梅保险事故7次，保险理赔金额607.19万元，赔付率195.41%；承保枇杷2880亩，触发枇杷保险事故18次，保险理赔金额89.73万元，赔付率148.91%。

太平洋财产保险永嘉支公司强化农险理赔队伍建设，树立良好农险服务社会口碑。全面贯彻落实改革精神，积极转变服务职能，前移服务窗口，深入推进“最多跑一次”改革，从上门承保、送单到理赔等工作，坚持“农险服务送上门”，得到广大农户及政府部门一致认可。

太平洋财产保险永嘉支公司全面贯彻落实乡村振兴战略，与县农业局及农户建立长效合作关系，助力县优质农产品拓宽销售路径，互惠互利，解决种植户农产品增收问题，促进政保业务融合。积极协助永嘉县农业局在温州共享谷举办枇杷推介会；组织关联单位开展枇杷、杨梅采摘等绿色活动；助推县优质农产品进城，帮助永嘉德亨农业公司的优质农产品进入分公司食堂及关联销售渠道，助力农业企业发展。

太平洋财产保险永嘉支公司于2016年开始连续3年独家在永嘉县开展枇杷和杨梅气象指数保险，通过政府引导、市场运作、农户自愿、协同推进原则，试点取得较好效果，最大限度发挥保险服务“三农”的作用。枇杷三年累计承保面积6113亩，提供风险保障1833.9万元，平均简单赔付率58.28%；2018年，永嘉太平洋产险为2880亩枇杷穿上“保险衣”，为枇杷农户提供864多万元的风险保险保障；杨梅三年累计承保面积3.7688万亩，提供风险保障7537.6万元，平均简单赔付率93.85%。2018年杨梅共承保14830亩，为杨梅农户提供2966万元的风险保险保障，为永嘉枇杷及杨梅农户有效化解自然灾害风险提供保障。根据永嘉气象局气象监测数据以及保险合同条款约定，2018年因自然灾害影响，太平洋财产保险永嘉支公司分别就承保的枇杷、杨梅给予快速理赔，特别是在杨梅气象指数保险中，公司赔款金额607.19万元，赔付率达195.41%。实实在在助力永嘉“三农”服务，有效化解自然灾害风险，保障农民群众切身利益。

服务体系建设 2018年，太平洋财产保险永嘉支公司围绕集团“客户需求为导向”战略转型和保监会“抓服务”监管思路，全年结合“‘3·15’保险服务”“普及金融知识普及月”等多种形式活动，发放宣传材料近150份，接受业务咨询90余人次。广泛宣传公司服务社会、保障民生、维系客户的经营理念，扩大公司在社会各界与客户群中的影响力和品牌知名度。

太平洋财产保险永嘉支公司紧抓理赔时效落实，充分运用理赔新型技术推动极速极易理赔服务，进一步提高现场到达速度和案件结案率，通过考核牵引，提高服务质量，优化小额案件结案流程，建立未决赔案管理长效机制；严格执行大案管理机制及防渗漏系统的运用，积极应对和参与诉讼案件。节假日期间，在高速路口设立服务点开展各项理赔服务工作，提高车险理赔服务质量。

经营风险防范 2018年，太平洋财产保险永嘉支公司围绕保监会监管要求和公司经营管理目标，认真贯彻执行《中国保监会关于政治机动车辆保险市场乱象的通知》文件精神，进一步加强合规经营及管控工作，在承保上严格执行有关政策要求，在财务上自觉遵守财经纪律，切实提升管理质量和效率；开展自查自纠，提升风险管理水平，保证公司经营活动合规。

防灾防损服务 2018年，太平洋财产保险永嘉支公司坚持防重于救原则，建立完善的防灾防损预案，提高科学风险管控能力和水平，建立健全应对突发事件及自然灾害的有效机制，积极参与社会安全管理，切实维护广大人民群众的生命财产安全，为社会和谐稳定发挥作用。通过风险巡查服务，细致且有针对性的风险巡查，帮助承保人和客户更准确了解项目风险状况，在提升服务质量的同时也提高公司自身防范风险、控制风险能力，达到优化承保业务质量。通过理赔服务检查日常防灾防损工作，在众多赔案中，分析总结出灾害事故发生规律，提出防灾建议和措施。

（尤纯纯）

证 券

申万宏源证券永嘉阳光大道营业部

概况 2018年，申万宏源证券永嘉阳光大道营业部围绕公司战略部署，积极转型发展，在扩大经纪业务优势基础上，大力发展综合业务在组织架构与人员调整、工资与考核模式创新等工作，形成以业务团队为基础框架的组织架构，并持续完善优化。全年实现考核利润766万元；业务净收入实际完成1075万元；净有效开户数2566户；产品销售收入83万元。

转型发展 2018年，申万宏源证券永嘉阳光大道营业部根据转型发展新形势，把握创新发展机遇，加强融资融券，IB业务，持续保持领先优势。逐步提升产品创新能力，推动产品业务发展。进一步完善内控制度，提升服务与管理水平，根据一体化运营实践，完善内部控制制度以及反洗钱合规等方面的制度建设。以发展投资顾问为基础，通过初步梳理、整合，优化投顾及投顾助理客户服务的标准及流程、提升投资顾问服务的深度和广度、提高投资顾问服务与产品销售对接能力。制定员工绩效考核办法，进一步激励员工争优创先；建立定期学习培训制度，提升营业部学习氛围；通过优化工作流程，有效提高工作效率，通过合理分工及兼职，促使营业部高效有序运行。营业部积极做好上市公司的维护工作，推荐大宗减持、股权激励、上市公司增持、员工持股计划、股权质押等业务，积极对接报喜鸟推出股权激励方案。

客户服务 2018年，申万宏源证券永嘉阳光大道营业部积极做好客户服务工作，针对营业部存量客户，年初制定存量客户维护开发计划，持续做好电话营销，增加双融、产品等业务介绍。通过回访工作，激活一部分存量客户，依托公司理财产品，让存量客户持续引入资金。加大银行渠道维护和对接工作，先后同农业银行、中国银行、工商银行、交通银行等开展合作开户活动。通过安排专人负责，全体员工互相协作，对目标客户做持续、耐心的营销，逐步增加客户对证券公司理财产品信任度，理财产品保有量有一定量的增长，认购客户数也在逐步增加。公司推出申万宏源大赢家APP，提升客户体验度。

（孙 岳）

科学技术

综述

2018年，永嘉县以市对县科技创新考核为抓手，以提升创新能力、健全创新体系和发展高新技术产业为目的，扎实开展各项科技工作。全年新增高新技术企业17家、国家级知识产权优势企业2家，省高成长科技型中小企业9家、省级科技型中小企业156家；新增省级企业研究院3家（浙江金螳螂鞋业有限公司、报喜鸟控股股份有限公司、永一阀门集团有限公司）、省级高新技术企业研发中心1家，省级研发中心1家、市级企业研发中心23家。

重大科技项目

市级以上项目 2018年年，永嘉县围绕全县支柱产业发展，开展产业关键技术攻关，积极向上争取项目，截至2018年底，新增市级以上科技计划项目79项，其中省重大科技攻关项目2项、省级新产品试制计划项目67项、省级科技特派员项目14项，市级科技特派员项目6项，争取上级补助经费191万元。

县级项目 2018年，永嘉县认真组织实施县级科技计划项目，全年下达科技计划项目两批58项，安排科技经费2138.39万元，其中工业项目6项，安排经费120万元；农业项目18项，安排经费102万元；社会项目9项，安排经费9万元；科技创新奖励项目15项，安排经费1540.3万元；创新平台建设项目8项，安排经费531.79万元；科技创新配套项目1项，安排经费36万元。

高新技术产业 2018年，永嘉县加强高新技术产业和战略性新兴产业的政策引导，制订《2018年度永嘉县科技计划项目申报指南》等政策文件，重点支持符合高新技术产业和战略新兴产业领域的新产品开发、新技术研究，以科技项目补助和奖励为抓手，引导企业积极开展高新技术产品开发，促进高新技术产业发展。依据国家《高新技术企业认定管理办法》《浙江省创新型企业建设与管理办法》《浙江省科技型中小企业认定工作实施意见》，开展高新技术企业和省科技型中小企业的申报培训工作。1—12月，全县高新技术产业增加值占规上工业增加值比重达到55.5%，同比增长11.5%，高新技术产业投资3.11亿元。

创新平台和载体建设

众创空间 2018年，永嘉县推进众创空间建设，深入贯彻《关于强化实施创新驱动发展战略 进一步推进大众创业万众创新深入发展的意见》，努力把“双创”推向更大范围、更高层次、更深程度。鼓励社会力量参与创办建设，对入驻企业房租实行“三免两减半”优惠。县首家众创空间——温州优客众创空间被认定为省级众创空间，浙江永嘉书院众创空间被认定为市级众创空间。全县累计拥有省级众创空间1家、市级众创空间2家，总拥有众创空间面积5.102万平方米。

知识产权 2018年3月，浙江省（永嘉）省级知识产权维权援助中心和温州市首家教玩具产业知识产权联盟挂牌成立，背靠中国（温州）知识产权维权援助中心力量，开展专利执法维权援助服务，为科技成果落地开花提供法律保障。先后指导组建全市首家教玩具产业知识产权联盟、教育装备产业和纽扣拉链产业知识产权联盟。三大传统支柱产业利用联盟化手段凝聚全产业链创新力量，解决知识产权实际问题，促进产业转型升级。全年启动维权案件12件，已结案11件，销毁模具9件，赔偿额15万元。

研发机构 2018年，永嘉县鼓励企业建立企业研究院、技术研发中心等科技创新平台与载体，加快创新能力建设，推动产业转型升级。2018年，永嘉县新增浙江永一高温高压安全阀研究院、浙江省金蝗螂特种军警鞋新材料应用技术研究院、浙江省报喜鸟服装大规模定制研究院3家省级企业研究院，新增天正安全阀高新技术企业技术研究开发中心1家省级高新技术企业研发中心；新增温州新海阀门企业技术研发中心、西马电力电工企业技术研发中心、凯奇游乐设备企业技术研发中心、百强特种阀门企业技术研发中心等24家市级企业技术（研发）中心。

（王俊　李艳茅）

系统流程装备科学研究

国家阀门质检中心建设 2018年，温州系统流程装备科学研究院着重加强国家阀门质检中心（省泵阀质检中心）建设，全力打造“国内领先、国际一流”实验室。该中心拥有先进检测装置50余套，2018年着重自主研发“多功能控制阀寿命试验仪”等检测设备，整体检测技术水平达到国内领先，部分与国际先进水平接轨。顺利通过CNAS现场评审，扩项阀门及相关产品标准90个、变更标准14个，金属材料及制品标准8个、变更标准6个，2018年共有369项产品/参数通过国家三合一评审，进一步提升综合能力。获得国家压力管道元件——阀门A类型式试验资质，泵产品“当场许可”检测资质，浙江省质监局监督抽查和风险监控机构入围资格，与德国TUV、挪威DNV、美国ABS等7家国际先进实验室合作开展检测，能解决国内95%以上阀门产品的检测、研究和开发等共性技术难题。积极与中石化易派客合作，完成易派客关于气动阀门等7项质量评价细则的修订，借助中石化进一步打响中心品牌知名度，提升业务检测量。

教玩具中心建设 温州系统流程装备科学研究院以“十三五”国家级中心培育为契机，加大浙江省教玩具中心建设力度。2018年顺利通过浙江省计量认证/审查认可的产品/参数46项，重点认证增塑剂、重金属、挥发物等，2018年总共有117项产品/参数通过认证。首次参加CNAS国家实验室认可，玩具、小型游乐设施、室外健身器材等三大领域15类相关产品52项标准通过认证，标准涉及国家标准、行业标准、欧盟标准、美国标准及团体标准，全面提升教玩具产品检验检测能力，解决全省及周边地区80%以上教玩具产品的检测、研究和开发等共性技术难题。

科研项目建设 2018年，温州系统流程装备科学研究院加强科研项目建设，积极开拓“产、学、研”科技兴检助推企业发展的路子，2018年成功立项《阀门综合性能检测技术研究与应用》建设项目，该项目运用于压力管道阀门元件检测流程，进一步提高压力管道阀门元件安全性能。完成《阀门带压连续启闭操作性能试验装置研制》《秋千座椅防撞击试验机》《秋千动载试验机的研制》3项省、市科研项目验收工作（近三年全院成功立项16项科研项目，其中国家质检总局7项、省质监局6项、市科技局1项、市质监局2项）。

专利申报工作 2018年，温州系统流程装备科学研究院加强专利申报，新取得“阀门执行装置的寿命试验机”“一种秋千座椅防撞击试验仪”2项发明专利，“一种管道式离心泵”“一种新型化工离心泵”等9项实用新型专利（近三年全院共获得11项发明专利，31项实用新型专利）。

质量强县建设 2018年，永嘉县加快实施“永嘉制造”质量提升三年行动计划，深入推进质量强县建设。温州系统流程装备科学研究院重点从全面实施标准化战略、推进“浙江制造”品牌建设、提高质量服务能力等方面发力，强化标准引领，推动各大产业加速向创新链、产业链、价值链高端攀升，助力经济质量型增长。2018年，温州系统流程装备科学研究院加强标准建设。2018年发布实施《道路运输液体危险货物罐式车辆紧急切断阀》1项汽车行业标准，《工业阀门用镍和镍基合金铸件技术条件》《液化天然气轴流式止回阀》2项阀门国家标准，《小型游乐设施　摇马和跷跷板》《小型游乐设施　安全规范》《小型游乐设施　立体攀网》《摇摆类游乐设施通用技术条件》4项小型游乐设施国家标准。全院共参与起草或制定50多项标准，其中国家标准14项，行业、地方标准40多项。为深入实施“标准化+”战略，提升制造业水平，进一步完善阀门行业国内技术标准，邀请全国阀门标准化技术委员会、全国阀门标准化技术委员会驱动装置分技术委员会在永嘉县召开全国阀门标准化大会。通过全国性标准大会带动提升永嘉县阀门产品综合竞争力，助力传统泵阀企业把技术优势转化成标准优势，从行业中脱颖而出，赢得竞争新优势和发展话语权。

智能泵阀建设 2018年，温州系统流程装备科学研究院大力推进永嘉智能泵阀建设。为积极打造基于互联网的制造业“双创”平台，推进企业互联网融合应用，发展智能制造，温州系统流程装备科学研究院牵头泵阀龙头企业与华为技术有限公司、浙江大学工业自动化国家工程研究中心共同召开“浙江泵阀行业与互联网融合创新大会”。通过与华为、浙江大学等高端企业、院所的深入合作，加快物联网技术在泵阀全行业、全产业链的应用，促进永嘉县系统流程装备产业加快智能制造，借机引进高层次人才。与浙江大学、华为技术有限公司、国家级福州物联网开放实验室、县经济商务和信息化局共建NB-IoT智能泵阀联合创新实验室，经编委办批准作为民办事业单位运行。围绕永嘉县泵阀现状和升级需求，2018年共设立智能泵阀产品研制，永嘉泵阀行业智能制造云平台和永嘉泵阀行业智能服务云平台3个科研专项，3个科研专项均分3期进行，2018年完成专项一期研制和研发工作。该实验室的建设将通过集聚产业人才、承担共性课题、建立试点示范等工作，以公益服务模式助力永嘉泵阀产业创新转变。

企业帮扶 2018年，温州系统流程装备科学研究院深入开展百名干部联百企活动。根据县委、县政府“营商环境提升年”行动实施方案要求，成立温州系统流程装备科学研究院营商环境提升年行动领导小组，制定具体帮扶方案。以“百名干部联百企”为抓手，一方面班子成员深化开展营商专员（代办员）助企服务活动，主动当好“店小二”和“服务员”，全力帮助企业协调解决发展难题，提振企业发展信心。另一方面抽取技术骨干成立“泵阀质量帮扶小组”和“教玩具产品帮扶小组”，为企业量身定制服务举措，帮助传统泵阀产业和教玩具产业加强技术创新，持续质量改进。全年共帮扶企业70多家，解决技术难题及共性难题20多个，为永嘉县转型发展提供强有力保障。

市场准入资格 2018年，温州系统流程装备科学研究院积极帮助企业获得市场准入资格。获得国家压力管道元件——阀门A级型式试验资质后，检测业务和服务范围不断扩大，已涉及辽宁、上海、江苏等21个省市，以及美国、德国等境外企业，积极为企业取得市场准入资格。2018年共完成95家606批次阀门型式试验（近三年共完成365家2505批次），为企业带来直接经济效益达上千万元，发挥巨大的经济效益和社会效益。

跨国合作 2018年，温州系统流程装备科学研究院帮助永嘉泵阀走出国门，积极与德国TUV、挪威DNV、美国ABS等7家国际先进实验室合作，共帮助82家457批次（近三年共292家1077批次）企业在家门口取得国内石化行业的防火阀门准入证和微泄漏第三方检验报告，获得出口资格。帮助产业提高产品质量，完成阀门、水泵、教玩具、鞋服等各类监督抽查、委托检验1756批次（近三年共6144批次）。

创业创新展示平台 2018年，温州系统流程装备科学研究院为中小微企业搭建创业创新展示平台，进一步引导中小微企业朝着专精特新方向发展，举办2018年第二届“中国泵阀之乡”专精特新泵阀产品博览会，展会共接待海内外客商13172多人次，其中接待来自印度、巴西、韩国、澳大利亚、日本、马来西亚等国际采购商35多人次。现场签订合同164笔交易额5500万元；意向合同7600万元，其中出口意向4200万元，直接达成意向合作9项。

（胡渊娴）

农业科技

科技特派员创业项目 2018年，永嘉县扎实推进科技特派员创新创业行动。全年共实施19个省、市科技特派员创业项目和1个团队科技特派员项目，争取上级资金191万元。召开科技特派员工作座谈会，县委常委副县长吴小英参加会议并讲话，表扬科技特派员对全县农业科技发展做出的突出贡献；省市级科技特派员围绕“实施乡村振兴战略”主题，结合自身工作与美丽乡村建设等方面为永嘉农业科技工作提出宝贵意见和建议。承办省农科院温台组科技特派员工作交流会，汇报交流下派以来的工作经验以及乡村振兴工作计划。组织专家对省市科技特派员项目进行中期检查，对团队科技特派员项目进行结题验收；开展驻永嘉省市科技特派员目标责任制考核工作，根据《关于印发永嘉县科技特派员目标责任制考核管理办法的通知》，评出叶明儿、吴建良等6位优秀等次科技特派员，何家骅等10位良好等次科技特派员，发放奖励资金2.4万元。

科技下乡 2018年，永嘉县举办科技下乡和科技进文化礼堂服务活动22次，举办科技培训班9期，开展科技成果展示、科技咨询、现场技术指导和医疗专家义诊等活动，免费赠送科技书籍4830册、种子19600份、药品9200多份，卫生义诊1300多场，科技培训和科技咨询2700多人，赠送种子和药品价值8.2万元，全县农民的科技文化素质得到显著提升。

治水工作 2018年，永嘉县组织科技特派员为剿灭“劣Ⅴ类水”提供技术支撑。驻东城街道科技特派员连彦峰，查看上塘城区河道，提出治理城区“剿灭劣Ⅴ类水”对策措施。

星创天地 2018年，永嘉“瓯窑小镇”星创天地成功通过省科技厅星创天地备案，列入2018年度省级星创天地建设名单。永嘉“瓯窑小镇”星创天地从2016年4月开始创建，以永嘉县谷源农业开发有限公司和三江街道龙下村为主体实施单位，构建以农业产业为主导，农业先进科技展示为核心，突出瓯窑文化品牌，发展集农业科技服务、农业电子商务、文化创意、特色旅游观光、农业科普展示为一体的综合性创业服务平台。至2018年已投入4000多万元，提供创业工位30多个，办公面积3340平方米，创业基地面积880亩，已入驻创客、创业服务团队和企业17家，主要有温州大学瓯江学院瓯窑研究所、浙江巨农茶业有限公司、瓯窑陶瓷制作体验中心、“林秀阁”养生茶等创业工作室。永嘉县以创建“星创天地”为契机，支持和鼓励农业创客和创业服务团队入驻，创新服务能力，积极发挥科技引领示范作用，加快推动全县农业农村“大众创业、万众创新”。

科技合作与交流

产学研合作 2018年，永嘉县大力开展产学研合作，加强高校、科研院所与生产企业之间的互动与资源共享，推动政产学研用深度融合。组织浙江大学、杭州电子科技大学、哈尔滨大学、中国皮革和制鞋工业研究院、浙江省机电设计研究院、浙江工贸职业技术学院等高校专家到永嘉与企业开展技术交流精准服务3次，对企业产品的可靠性、材料选择、功耗、效能、模具材料、生产工艺控制、质量控制等问题进行技术指导与解答。有力促进科技成果与县企业合作与对接，加速科技成果转化为现实生产力，推动传统产业转型升级。

科技人才工作 2018年，永嘉县围绕产业发展需求、县“人才新政十二条”，积极协助县人才办做好市“580”及市领军型创新创业人才项目和团队的答辩工作。

实施知识产权战略

专利申请 2018年，永嘉县以市对县科技创新考核462件发明专利申请量任务数为指引，积极引导企业申报优势专利，全县2017年专利申请量3761件、授权量2459件，其中发明专利授权量151件。

人才培训 2018年，永嘉县大力举办知识产权培训班，组织桥下高新技术企业、专利示范企业等负责人200余人参加温州市科技局开展的“科技工作大调研、科技政策大宣讲”活动，进一步增强企业知识产权意识。组织企业专利内审员培训，积极提升企业知识产权管理能力。以4.26世界知识产权日活动为契机，组织企业知识产权管理人员参加温州市企业知识产权贯标内审员培训会，13人获得内审员资格证书。开展技能就业人才培训10期，受训人员329人次，其中，举办高校毕业生、农村劳动力就业技能培训3期71人，企业在职工人技能提升培训7期258人；开展泵阀专业技术人才培训评审，认定泵阀工程师、助理工程师等专业技术职称46人，选派人员参加阀门型式试验、无损检测等各类培训100余人次，拥有专业技能证书人员在技术人员中的比重达90%以上，造就一支结构合理、素质优良、技术过硬、富有创新精神的高素质人才队伍。开展高素质管理人才培育，针对永嘉县泵阀、教育装备、低压电器、鞋服等传统产业，以“创新讲坛”作为企业管理人员学习交流平台，每月一场一主题，内容涉及科技政策、产业发展趋势、企业管理、精益生产、智能制造、机器换人等方面，2018年，开展“创新讲坛”活动10次，参训人员累计1000多人次。开展创新型人才培育，建立学习、分享、共赢的跨境电商交流平台，组织召开跨境电商峰会、跨境电商商家沙龙、跨境电商实操班等活动5次，参训人员累计达400多人次，促进永嘉县跨境电商经济发展，进一步活跃跨境电商市场热度。

示范企业 2018年，永嘉县努力培育示范企业，方正阀门集团有限公司列入省级专利示范企业名单，超达阀门集团股份有限公司、海星海事电气集团有限公司、奇特乐集团有限公司、温州市新蓝天电器有限公司、宣达实业集团有限公司、浙江迦南科技股份有限公司等5家企业通过省专利示范企业复核。截至2018年年底，全县共有国家专利示范企业4家，省级专利示范企业8家。

发明专利产业化 2018年，永嘉县大力推进发明专利产业化项目。根据《永嘉县发明专利技术产业化项目补助办法》精神，将超达阀门集团股份有限公司“一种球体研磨机”、永一阀门集团有限公司“冲量安全阀”、保一集团有限公司“LNG专用低温球阀”等23个项目列入2018年度发明专利产业化项目。

创新奖励 2018年，永嘉县加大创新奖励力度，对发明专利产业化项目进行补助，共计70万元；对获得省、国家级专利奖的单位和个人进行奖励，共计35万元。

科技成果和服务

科技成果 2018年，永嘉县积极组织开展2018年度省科学技术奖项目推荐工作，经认真评审，推荐浙江省泵阀产品质量检验中心等单位的项目参与评审。

“最多跑一次”改革 2018年，永嘉县出台《加快推进“最多跑一次”改革实施方案》，实现科技业务“一网打尽”，以科技项目OA系统为抓手，优化科技业务管理流程，简化项目申报材料，全面推行科研项目网上操作，实现“网上申报、网上评审、网上认定”，以“网路”代替“马路”，与原先需报送五份纸质材料相比，大大降低企业、农户工作量和制度性交易成本，民众获得感显著增强；实施申报材料“网上审核”，利用现代通信工具，建立农社科服务群、科技型企业群、知识产权群等微信群和QQ群，各科室均需在企业申报材料邮寄之前，通过QQ、微信等方式对申报材料进行初审，与企业进行及时、有效沟通，确保材料规范、完整后，再以快递寄送或主动上门取件等方式，实现“线上多交流、线下零跑路”；坚持“一线工作法”，以“百名干部联百企”专项行动为契机，深入挂钩联系企业开展全程代办服务，呵护企业健康，快速发展。开展上门服务18次，收集代办事项16个，10月全部解决。在上门之前，将企业获得的奖牌和荣誉证书送上门，切实做到“科技干部多跑、群众和企业少跑、不跑”。

线上线下“双轮驱动” 2018年，永嘉县大力提升“中国泵阀网”线上线下“双轮驱动”。线上，优化原有的泵阀搜索引擎，泵阀搜索数据库信息量达30万条以上，泵阀及配件信息种类达700种以上，搜索速度大大加快。线下组织300家次企业参加15场国内外行业展会进行品牌推广。全年为企业提供新闻宣传、网站建设维护、品牌推广等线上服务2万多次，“中国泵阀网”成为温州两家获得“浙江省服务型制造示范平台”称号的平台之一。加强科技信息跟踪与技术服务，收集、翻译、整理国内外最新泵阀专利技术12702条，其中发明专利5997条，实用新型5251条，外观专利1454条，导入“永嘉专利服务平台”专利技术数据库；出版《2017年阀门标准集》1册，为企业提供文献检索、专利咨询、专利申报、科技查新等服务235次。打造线上科技服务平台，扩充“永嘉天工智汇”资源共享信息库，集聚国内高校专家、科研成果、创新技术等资源，开设技术咨询、难题发布等栏目。平台现有高校专家信息1012条、高校科技成果信息1029条、专利信息1004条，为企业提供技术咨询300多次。进一步打破科技信息壁垒，解决企业获取科技成果、专家人才、创新技术、金融资本等信息不对称问题。

（王俊　李艳茅）

教 育

综 述

2018年，永嘉县教育局以规范管理、内涵提升、基础建设、教师发展四个方面为主攻方向，大力实施校网布局优化、现代化县创建、教育质量提升、学前教育发展等四个三年行动计划，突出抓好教育理念和格局的提升，取得可喜成绩，荣获全国“七巧科技”系列活动优秀组织单位、省教育宣传工作先进集体、省市考试招生工作先进集体、市平安建设工作先进集体等县级以上各类荣誉16项，顺利通过国家级农村职业教育和成人教育示范县复检认定，成功创建省级示范学习型城市，获评2018年度全市教育工作业绩考核优秀单位，圆满完成省教育基本现代化县创建申报工作，进一步推进教育现代化建设。

学前教育

制度保障 2018年，永嘉县坚持学前教育公益性和普惠性原则，制定实施《永嘉县发展学前教育第三轮三年行动计划》《永嘉县普惠性民办幼儿园认定和管理办法》《永嘉县全面推进幼儿园课程改革方案》等系列文件，进一步提升学前教育发展水平。

幼儿园创建 2018年，永嘉县创建浙江省二级幼儿园10所，温州市学前教育先进乡镇（街道）5个，温州市卫生保健规范幼儿园2所（实验幼儿园、机关幼儿园）。乡镇中心幼儿园建园率86.36%，普惠性幼儿园覆盖面85.11%，普惠性幼儿园占比88.76%，等级幼儿园占比97.04%，2018年入园率99%。

幼教活动 2018年，永嘉县开展“遇见美文，遇见更好的自己”幼儿教师美文诵读活动、“家园共育、幸福童年”幼儿家庭教育网络直播活动，编印《相约绿草地——永嘉县优质幼儿园风采录》，树立永嘉学前教育良好形象。

义务教育

阳光招生 2018年，永嘉县全面推行“阳光招生”，小学、初中入学率、巩固率均为100%，义务教育阶段残疾儿童总入学率为99.12%，妥善解决16359名新居民子女入学问题，安置40名高积分新居民子女和78名企业人才子女入读优质公办学校，全面消除小学1—5年级45人以上和初中50人以上班额。

创优工程 2018年，永嘉县深入实施办学升等创优工程，创成市“新优质学校”创建示范校3所（黄田中学、枫林镇中学、千石小学），市办学水平一、二级学校各2所（瓯北中心、瓯北一小，鹤盛中心、鹤盛中学）。大力加强语言文字工作，创成语言文字示范校市级2所（黄田中学、瓯北四小）、县级29所，语言文字规范乡镇1个（枫林镇），诵读和听写大赛奖项列全市第一，获优秀组织奖，书写大赛教师作品获国家一等奖第一名，学生作品获入围奖。

校网布局优化提升三年行动计划 2018年，永嘉县实施《永嘉县义务教育阶段校网布局优化提升三年行动计划（2018—2020年）》，全年优化小规模学校43所，涉及2900余名学生和450余名教师，关系到19个乡镇（街道）和415个村居。全面保障学生吃住行，投入300多万元用于交通补贴，投入600多万元用于学生食宿费用，安排财政专项资金1900多万元用于优化学校基础设施建设与设备配置，对335位有特殊经济困难的学生给予35.61万元的资助。

高中教育

概况 2018年，永嘉县坚持“面向全体、分层指导、分类推进”的普高发展策略，以“质量提升”为抓手，完善教学质量评价和奖励机制，充分调动学校、教师工作积极性，促进学校健康内涵式发展。

教育质量 抢先主动准确研判“指挥棒”，研究录取机制和相关政策，提前启动“调适器”，提前加强对分类分层课程、必修与选修融通课程、学考和选考整合课程的研究，满足学生弹性学习和个性发展需求。在选考上下功夫，挖掘学生潜力，提升教育教学质量，永嘉中学因高考成绩优异受到县政府通令嘉奖80万元，上塘中学、罗浮中学、永嘉二中获评温州市2018年普高教育教学质量优秀学校。现普职比为55.96：44.04，初升高比例为98.12%。

职业成人教育

职业教育 2018年，永嘉县推进职业教育人才培养模式改革，探索智能时代职业教育转型升级，深化产教融合，推行“现代学徒制”，开工建设县职教中心。与温州职业技术学院建立“泵阀教玩具智造产教融合联盟”。全面推进中职教育质量提升行动计划，开展智能时代专业结构调整工作，把专业建在产业链上，推动专业建设与产业转型升级相适应。职业中学创成省级德育品牌（“国防尚上”德育），市级“智能+”物联网技术专业群和机械加工实训基地；永嘉二职创成市级旅游人才培养校企合作共同体和智能控制虚拟现实协同创新中心；永嘉三职创成省级优势特色专业（泵阀制造技术专业）和省级楠鹰创新创业实验室、市级“智能+”泵阀制造产教联盟。通过国家级农村职业教育和成人教育示范县复检认定。

社区教育 2018年，永嘉县继续推行“学分银行”试点工作，发挥县社区教育协会和活动服务中心作用，培育多元主体，逐步实现“公私并驾齐驱”运行模式。加强部门联动，推进资源整合，与县老龄办实行牌子互挂、资源共享，与县长寿文化研究会共同打造“幸福乡里”讲坛，与宣传部建立文化礼堂服务项目供需平台，推行“文化礼堂+大菜单”，涉及68个部门150个服务项目，实现订单服务，破解资源瓶颈，创造多层次、宽领域、全方位的学习发展空间，成功创建省级示范学习型城市。开展“四点半学校”58所，托管学生31919名，托管率70.59%。累计完成双证制教育、楠溪月嫂等教育培训83256人次，占当地常住人口总数比例达10.2%，将培训成果信息全部存入学分银行平台系统。南城街道成人校创成市级现代化成人校，桥下镇成人校教玩具电商培训项目创成省级成教培训品牌，鹤盛镇社区学校创成市一级社区学校，社区学院黄鹂获省教师技能大赛一等奖。

民办教育

社会力量办学 2018年，永嘉县落实民办教育扶持政策，形成差别化、有针对性的民办教育公共政策体系，进一步激发社会力量投资办学的热情。利用朱涂中学闲置校舍，引进民资成功创办博文实验学校，新设立民办教育机构20所，吸引社会资金2100万元。米蓓尔、安博两所省二级幼儿园投入使用，永嘉三幼、岩头文博幼儿园、童真新园顺利结顶，温州慧中公学招商投资项目建设顺利推进。按时拨付民办教育财政扶持资金730万元。

校外培训机构整治 2018年，永嘉县开展校外培训机构专项整治，发放告家长书10万余份，出动98人次，处理老师4人，公布具有招生资格的校外培训机构43家，排查发现有问题的机构629家，已全部整改到位。

教育设施建设

项目建设 2018年，永嘉县完成固定资产投资1.38亿元。实施教育重点项目建设工程和中央资金项目建设，推进“项目建设突破年”行动，12个新开工项目和6个县重点工程进展顺利，全年新扩建校舍5.5万平方米，实施项目17个，县重点工程6个，预备项目58个。改造薄弱中小学5所、薄弱幼儿园2所，新（扩）建幼儿园9所，整治住宅小区配套幼儿园1所，建成公办学校食堂5家、笼式足球场4个，新增体育设施向公众开放学校18所（累计达到50所），夯实教育现代化基础。

教育装备 2018年，永嘉县教育装备投入4519.7万元，添置计算机2124台，更新多媒体小平台562

套，续建无线网校园8所。创建普通高中学科教室5个，创新实验室17个（学前类6个、基地类2个、选修类3个、拓展类6个）、功能室建设达标校20所、书香校园5所（黄田中学、三江中学、城西小学、巽宅中心、仁溪小学）。现普通中小学生机比4.5：1，普通教室多媒体小平台班套比1：1，学校无线网络覆盖率80%，教师网络空间开通率100%，生均图书41.24册。

教育管理

教育公平 2018年，永嘉县深入推行“阳光招生”，义务教育严格执行“分期分批分类”招生政策，按条件准入，空余学额一律摇号产生；高中招生按照“多种选择、一次录取”原则，通过市中招管理系统平台，实行“平行志愿”录取。永嘉中学定向生录取使41所学校享受到“优惠政策”，覆盖率85.42%，较2017年增幅高达33.34%。

建立健全弱势群体帮扶机制，按照“政府为主、社会参与、群体受益”原则，全面保障新居民子女、留守儿童以及“三残”儿童等弱势群体入学。在确保财政资助基础上，大力开展民间助教助学活动，确保不让一个学生因家庭经济困难而失学。全年落实财政资助困难学生3.4万人次，资助金额2300万元；完成社会结对助学1000余人次，资助金额285万元。

教育质量 2018年，永嘉县普高最低控制线468分，较2017年提高20分。高考成绩连续九年保持快速攀升势头，2018年创下历史最好成绩，上清华、北大分数线2人，一段上线人数（不含体艺）676人，比2016年、2017年分别增加30人、55人，增幅分别为4.6%、8.9%。按3年数据回归分析，从入口看，2018届考生在高中入学成绩全市前20%人数为526人，市占比6.56%；从出口看，2018年高考上一段线676人，市占比8.43%，增加人数150人，同比提升率高达28.5%。中职考生上线人数509人，上线率95%。

育人工作 2018年，永嘉县全面实施“四品八德”教育，成功承办2018年温州市“四品八德”教育现场推进会，永嘉中学“3456”立格课堂模式实践，永嘉二职的法空间，实验中学的以树育志、以树养德，实验小学的七彩德育，永外实小的传统节日文化教育，瓯北中心小学的美雅德育评价等得到高度认可。创成全国国防教育特色学校4所（永嘉中学、县职业中学、实验中学、瓯北三中），全国青少年校园篮球特色学校1所（上塘中学），省级家长示范学校1所（机关幼儿园），省、市级绿色学校各2所（县职业中学、太阳花幼儿园，县二职、瓯北五小），市级德育示范校1所（瓯北一小），市级艺术特色学校2所（桥头中学、瓯北二中），市级科技教育特色学校2所（碧莲镇中、崇德实验学校）。广泛开展艺术节、体育节、科技节、读书节等“四大节”活动，在省市各类比赛中取得累累硕果。获“七巧科技”系列活动全国优秀组织奖，大一新生体质健康测试合格率全省排名比上年前移7位，瓯北二小荣获全国啦啦操小学组冠军并在国际大赛中以四项总分第一夺取金牌，5个节目参加省艺术节比赛取得了2个一等奖、1个二等奖、2个三等奖的历史最好成绩。

教育生态 2018年，永嘉县创新实施“静校净校”制度，在全省率先以“县两办”名义下发文件，从政府层面精简、规范各类“进校园”活动，“进校园”活动由原来的每半年30多次减少至7次。中国教育报、中国教师报、浙江教育报、温州日报等主流媒体纷纷报道点赞，得到省厅批示肯定，专门派调研组到永嘉调研。

创新实施“干部代办”制度，每所学校都有一位局中层副职以上干部挂钩联系，其中局班子成员均带头挂钩1个基层片区，联系4所基层学校，助力2—5个党建示范点建设，让局领导干部成为学校工作的服务员、指导员和代言人，让校长和教师腾出时间、潜下心来提高教育质量，营造全系统一心抓教育的良好氛围。

教育改革 2018年，永嘉县制定实施教育教学质量提升三年行动计划，组织实施中小学教学新常规，开展“学为中心”课堂提升、有效作业优化、学习评价优化、教学常规优化四大行动，激发学生学习内驱力。充分发挥县政府每年投入的2000万元课改和质量提升专项奖励资金的激励作用，全面推进“促进有效学习”课堂变革和义务教育、普高、中职三大课程改革，普高全面建立选课走班管理制度，职高重点试行“现代学徒制”培养模式，义务教育阶段全面铺开课程改革，创新推行“五个一”活动。

创建市教学新常规样板校4所（瓯北一中、实验小学、碧莲中心、瓯北中心）、达标校30所，市精准教学实验项目学校4所（瓯北一中、城关中学、永外实小、千石小学），市先进教研组20个。重视提升校长课程领导力，推进国家课程校本化实施，建设有永嘉特色的选修、拓展课程体系，提高中小学课程开发和实施质量。聚焦高考改革背景下高中教学研究与实践，进一步提升高中段教育教学质量。

教育环境 2018年，永嘉县教育局开展“营商环境提升年”行动，提速“最多跑一次”改革，编制《行政审批权力清单》，优化教育类公共服务审批事项22项，其中9个事项达到五星级标准，4个事项实现一证通办，6个事项实现零跑，教育窗口连续被评为第三、第四季度红旗窗口，“三三三”工作模式在全市教育系统“最多跑一次”工作会议上作典型发言，《今日永嘉》头版刊登介绍教育局“最多跑一次”工作。落实重要工作事项督办，2018年落实政府重要决策事项与领导批示78件，回复率、办结率均为100%。按时办理人大、政协建议提案45件，教育局获政协提案办理优秀单位。

教师队伍建设 2018年，永嘉县全面推进“县管校聘”和“校长职级制”改革，落实学校用人自主权，充分调动校长和教师工作积极性。完成59所学校教师“县管校聘”管理改革试点，参加人数3727人，本校落聘66人，交流转岗34人，待岗培训28人，辞职解聘4人。出台校长职级制改革实施意见和首次评定办法，实行校长任期制和任期目标责任制，将职级制奖励在绩效工资总量外予以单列，完成150位校长职级的首次评定。创新“校长公推制”，开展校长跟岗锻炼活动，举办后备干部培训班；实施教育人才培养计划、教师素质提升工程；成立第四批县级名师工作室25个，安排超500节送教示范课兼专题讲座，辐射5大学区31所学校。肖培东、南欲晓名师工作室受邀承办浙江省“百人千场”专家名师送教下乡活动。3名教师参加浙江省班主任基本功比赛，取得一等奖1人、二等奖2人的好成绩，续写班主任赛场上的“永嘉奇迹”。3位老师被评为省特级教师，3位老师被确定为浙派名师培养对象，2位老师通过正高级职称评审，实现永嘉教师队伍建设历史性突破。引进硕士研究生和优秀本科毕业生21名，公开招聘大学毕业生213人，外地调入8名，民办学校引进外地名师12人。全面实施分层培训，完成75个自主学科培训项目和学科指令性培训项目，全年完成教师培训总计99.56万学时，年人均约100学时，教师自主选课总计70.2万学时，教师自主选课实际参训率99.12%，教师培训项目匹配率88.85%，“教评学”完成率100%、“学评教”满意率99.58%，其中90及以上学时集中培训完成3159人，超额完成2018年各项省定指标，有效促进教师专业成长。

组织建设

学校党建 2018年，永嘉县突出政治理论学习，局党委中心组集体学习15次、自学10天，专题读书会2次，专题党课9次，全系统175个党支部学习贯彻习近平新时代中国特色社会主义思想。深入推进以工作规范化、活动制度化、服务常态化、保障精准化为主要内容的“四化”党支部创建工作，着力培育和打造永嘉电大党支部等一批“可学、过硬、能复制”的先进典型。大力实施红色领航“立德树人”行动，将学校思政建设作为“立德树人”第一要务，突出党建“立德树人”的引领作用。把党对教育工作的方针、政策贯彻到学校办学全过程，学校党组织核心地位更加稳固，党建工作体制机制更加顺畅，学校党组织的政治功能和服务功能明显增强。

行风建设 2018年，永嘉县开展政风行风专项整治和督查，组织正风肃纪检查67次304人次，检查单位195家，发现问题67起，党纪立案7起，政纪立案14起。开展审计项目13个，审计金额25196万元，发现问题资金18.72万元。重视信访查办，全年受理信访574件，报结率100%。力推清廉教育，全面推进“清明政风、清净校风、清正教风、清新学风”四大清风工程，分步实施清廉机关、清廉学校、清廉学区建设，以“两崇两育”（崇师范育清风，崇生本育品格）为建设主旨，以“（1+6）+18+X”为推进模式，以桥下镇中心小学为县级示范点建设“清廉学校”，重点打造清廉校园文化，规范小微权力运行。

学校安全 2018年，永嘉县从

组织框架、安全保障、监管机制、安全教育四方面着手，搭建“四度空间”、打造“磐石工程”、编织“校安网格”、坚守“平安四化”，四措并举推进平安校园建设，2018年县教育局被评为温州市“平安建设”先进集体。全年拨付安保经费1366.2万元，发放安全宣传单15万张、告家长书14.5万份，家访学生11万人，参与平安三率宣传8万人，刊出安全主题黑板报591期，组织安全讲座和警示教育339次，安全演练556场，整改各类安全隐患868条。全县现有平安校园4A级105所、5A级4所，学校食堂AB等级比例和公办学校食堂阳光厨房比例均100%，学校食品安全责任险参保率100%，学生饮食安全知识知晓率达99.1%，10所学校被评为省示范型放心餐饮店建设单位。创新实施“公益诉讼”制度，与县检察院建立校园周边隐患整治协作机制，通过发挥检察机关检察监督职能尤其是公益诉讼职能，督促相关职能部门依法整治校园周边环境污染、食品安全等隐患问题，切实净化校园周边环境。

教育宣传 2018年，永嘉县大力打造局官宣“两微”，组建学校微信公众号矩阵，定期推送“身边好教师”“少年强”等栏目。全年在省、市级媒体播报视频新闻20多条，编发《今日永嘉教师节特刊》8版，永嘉电视台“教师风采”6期，3部校园电视片在温州市校园作品展播大赛中获奖。开办培训班，强化学校通讯员、信息联络员、发行导读员三支队伍建设。出台舆情应对工作制度，加强新闻发言人、舆情应对队伍、教育舆论平台建设，努力打造永嘉教育网军。

荣誉 2018年，永嘉县成功创建省级示范学习型城市；永嘉县教育局荣获2017学年教育宣传工作先进集体；第二十二届“七巧科技”系列活动优秀组织单位。

（李益文）

瓯北二小啦啦操队“跳”上全国冠军领奖台（县教育局 供图）

文化

文化工作

概况 永嘉县文化广电新闻出版局（以下简称永嘉县文广新局）内设8个职能科室，分别是局办公室、社文科、广电科、新闻出版（行政审批）科、文化产业发展办公室、“非遗”保护中心、文化市场执法大队、文物监察队等；直属单位6个，分别是文化馆、图书馆、文物馆、昆剧团、文化展演中心和电影放映公司。2018年，永嘉县文广新局以大力推进“文化永嘉”建设为主线，联动推进温州市国家公共文化服务体系示范区创建，深化乡村文化振兴，着力满足人民日益增长的精神文化需要，全县各项文化工作取得新成效。

公共文化建设 2018年，永嘉县文广新局推进公共文化建设，成立永嘉县国家公共文化服务体系示范区创建领导小组，全面推进公共文化服务“十百千”工程、乡村艺术团组建、农家书屋提升、文化驿站建设、城市书房建设等公共文化重点工作，23个公共文化服务薄弱村完成对标建设，新建城市书房（百姓书屋）3家，新增文化驿站1家，完成文化站统一标识上墙等标准化建设，基层文化中心每周开放时间达到42小时以上成为常态，基层公共文化服务效能显著提升。

文化营商环境 2018年，永嘉县文广新局持续优化文化营商环境，深入实施“营商环境提升年”行动，不断推进“最多跑一次”改革，根据“减时间、减材料”等原则编制办事指南，深化“互联网+政务服务”，73项文化审批事项实现网上办理，41项通过“12345”便民服务热线实现“零跑服务”，全面推行“全市通办”，推进“事权下放”或“镇街代收，县局审批”，真正让群众“少跑路”“跑近路”，全年86件文化行政审批办件提前办结率达100%，文化窗口获评永嘉县“红旗窗口”称号；全面推进文化市场“双随机”抽查监管，实施开展跨部门“双随机”联合抽查，健全文化市场“红黑名单”管理体系，坚持凡查必备，有效规范涉企执法检查。

群众文化活动 2018年，永嘉县文广新局助力乡村振兴战略，深化农村文化建设，量身定制农民大套餐、大舞台、大展厅、大课堂、大合唱、大走亲6大载体，丰富群众文化活动。承办温州市首届乡村达人秀、市音乐舞蹈节原创音乐专场、浙江省民营团体折子戏展演3大省市赛事，推出农民排舞展演、村歌大展演、摄影双月赛等5大县级赛事，通过“阅读·悦动”“最喜阅·无止境”“阅读点灯·满城书香”等活动载体全力推广全民阅读，不断提升农民文化节和全民阅读节等群文品牌区域影响力，积极开展文化驿站、城市书房等文化品牌活动，直接惠及群众30余万人次。

传统文化品牌 2018年，永嘉县文广新局围绕传统节日、文化和自然遗产日等开展“我们的节日”“多彩“非遗”、美好生活”等主题活动，开展溪下马灯戏、乱弹文化节、古庙拦街福、各种龙舞和传统戏剧展演300多场，推出曲艺下乡巡演（三进）35场和温州莲花进校园进企业活动20场；配合组织开展2018中国（温州）乡村文化旅游节等“非遗”展宣活动和永嘉珍藏文物展、文物知识送下乡等活动；舴艋舟文化、上新屋南拳等“非遗”活动和麻福地等“非遗”传承人登上央视、《人民日报》等媒体。

惠民工程 2018年，永嘉县文广新局着力打通公共文化服务

“最后一千米”，组织推出“放歌新时代、文化进万家”贺新春、乡村文化大走亲暨“文化火种”进文化礼堂、首届乡村艺术团展演等系列活动，全年开展“文艺红旗小分队”活动39场次，受益群众达1万余人，获中国文化报点赞。深化菜单式、点单式服务，全面开展送戏下乡公益演出公开招标等政府购买公共文化服务的活动，完成送戏下乡271场，送书下乡5.65万册，电影下乡6348场次。

永昆振兴工程 2018年，永嘉县永昆振兴工程立足演好戏出精品，成果丰硕，完成《罗浮梦》创排首演和6出文化部立项资助项目折子戏录制，昆剧《孟姜女送寒衣》荣获2018年国家艺术基金资助立项，实现温州地区大型舞台剧创作项目零的突破。《孟姜女送寒衣》启动15场全国巡演计划，亮相中国昆剧艺术节并获专家高度评价。2018年完成公益性演出活动39场，永昆经典折子戏《琵琶记·吃糠》《张协状元·府第》登上2018中国戏曲大会舞台。

精品创作 2018年，永嘉县文艺精品创作成绩斐然，围绕改革开放40周年等重大题材，紧扣时代脉搏，深挖地方资源，已创作文艺精品54件，其中舞蹈作品3个，声乐作品4个，小品2个，书法、美术、摄影等视觉艺术作品45件，并在省市比赛中屡获佳绩。如双人舞《有点甜》获浙江省群众舞蹈大赛银奖，舞蹈新作《你的名字，我的诗》荣获温州市舞蹈最高奖“红舞鞋”奖，小品《一碗蛋炒饭》、音乐新作《花开成海》等入选浙江省赛，永嘉民营剧团在浙江省民营文艺表演团体折子戏精品展演中斩获1金1银1铜。

人才培养 2018年，永嘉县文艺人才培养成效显著，深入推动“送文化”向“种文化”转变，以“全民参与、全民共享、全民同乐”为目标，全面推进乡村文艺团体建设三年行动计划，通过“单独组建、邻片组团、互补联团”等多种方式，因地制宜组建乡村艺术团457支。深入实施“群星计划”，培养基层文化“带头人”和农村文艺“服务员”，推出音乐、舞蹈、器乐、美术、书法、摄影等20门专业课程，深化网格化服务打造文艺“民星”，全年开展各类培训230场次，培育基层文化骨干和志愿者1万余人。

市场管理 2018年，永嘉县强化文化市场长效管理，规范文化综合执法检查，实行“5+2”“白+黑”检查模式，全力做好安全生产、平安建设、文明县城等工作，完成文化市场“僵尸企业”清理工作，开展“扫黑除恶”集体约谈，进行拉网式排查摸底，保持高压斗争态势，将文化领域违法违规经营问题消灭在萌芽状态，国大电影院成功创建温州市级安全生产示范场所。全年出动行政执法人员1493人次，检查各类文化经营场所1262家次，办结案件44件，罚款8.88万元。强化文物执法安全检查，巡查不可移动文物116处，责令改正2处文物保护单位建控地带违规建设。

五大专项行动 2018年，永嘉县文广新局深化“扫黄打非”五大行动，坚持打防并举、群防群治，联合多部门全面开展“净网”“清源”“护苗”“秋风”“固边”等“扫黄打非”五大专项行动，深入开展地面卫星接收设施专项整治、印刷及出版物专项检查、中小学校园周边文化市场环境等专项行动，取缔“黑电台”2个、“黑网吧”3家，没收非法安装的“小耳朵”25套，收缴校园周边商店非法出版物438册、非法音像品156张。推动“扫黄打非”进校园、进社区、进企业，开展“扫黄打非”进基层示范点工作，推进基层“扫黄打非”工作常态化落实。

出版管理 2018年，永嘉县优化新闻出版广电管理，加强印刷发行业监管，实现全县62家印刷企业五项制度远程管理系统全覆盖。加强版权保护宣传，全年超额完成版权作品登记157件。完成22个乡镇（街道）实体书店全覆盖工作。做好广电安全播出工作，完善农村应急广播体系和广电低保工程，规范院线电影市场管理。开展农村电影放映工作，完善放映绩效考核机制，完成溪下、云岭、茗岙室内电影固定放映点建设，“以奖代补”优化放映格局，深入打造“楠溪剧院”品牌。

非物质文化遗产 2018年，永嘉县不断完善“非遗”保护机制，进一步完善“非遗”名录体系，公布第三批县级“非遗”代表性传承人21人，做好国家、省市三级“非遗”项目和温州市“非遗”传承基地申报推荐工作，瓯韵方木雕厂、古庙拦街福文化传习所成功申报第五批市级“非遗”传承基地，岩坦镇中心小学获评温州市级优秀传承基地。做好“非遗”项目保护保存工作，率浙江省之先完成省、市“非遗”数据库150余项近1万页图文材料整理录入工作，启动国家级“非遗”项目温州莲花“非遗”口述史抢救性记录工作。实施永嘉昆剧“3+N”“非遗”保护行动，不断强化永嘉乱弹、溪下马灯戏等濒危“非遗”项目保护力度，全面督导“非遗”传承基地开展传承培训活动，确保传统医药类“非遗”项目依法依规经营。

文遗发展 2018年，永嘉县深化文遗融合发展，推进瓯窑小镇建设，永嘉县入选传承发展浙江优秀传统文化工作重点县。强化文物保护利用，吴超征故居、红十三军军部旧址入选首批温州红色文化教育基地，挖掘馆藏文物资源，完成2件博物馆文创衍生品开发。积极引进社会力量参与“非遗”保护，嘉纳庄园和永昆、岩坦中心小学签订永嘉县首个“非遗”社会认养（提供场所）协议。推动““非遗”+旅游”融合发展，建成永嘉县首批10家县级“非遗”体验基地，永嘉

表26 永嘉县非物质文化遗产代表性传承人一览表

级别	国家级代表性传承人（2人）			
序号	项目名称	传承人	性 别	批次时间
1	永嘉昆曲	林天文	男	2008年第二批 （省级2008年第一批、第二批）
2	永嘉昆曲	林媚媚	女	2009年第三批 （省级2008年第一批、第三批）
级别	省级代表性传承人（9人）			
序号	项目名称	传承人	性 别	批次时间
1	永嘉昆曲	吕德明	男	2009年第二批
2	温州莲花	胡蓓（潘蓓蓓）	女	2009年第三批
3	永嘉乱弹	麻云陆	男	2009年第三批
4	永嘉乱弹	麻福地	男	2009年第三批
5	踏八卦	何邦送	男	2009年第三批
6	定位	金美月（2018年已过世）	女	2008年第一批
7	定位	李素兰	女	2008年第一批
8	瓯渠上新屋南拳	吴翔	男	2009年第三批
9	永嘉花鼓	滕玉英	女	2009年第三批
级别	市级代表性传承人（43人）			
序号	项目名称	传承人	性 别	批次时间
1	苏同德堂中医药文化	苏立雷	男	2010年第一批
2	瓯渠吴氏骨伤疗法	吴守武	男	2010年第一批（骨伤）
3	温州南拳	吴守武	男	2012年第二批（南拳）
4	陈氏蛇伤疗法	陈俊标	男	2010年第一批
5	竹雕	金可兴	男	2010年第一批
6	楠溪锣鼓	朱家斌	男	2012年第二批
7	永嘉唢呐艺术	叶康崇	男	2012年第二批
8	枫林布袋龙舞	黄少波	男	2012年第二批
9	踏八卦	叶定标	男	2012年第二批
10	溪下马灯戏	应必清	男	2012年第二批
11	木偶戏	章月娥	女	2012年第二批
12	永嘉乱弹	麻世才	男	2012年第二批
13	永嘉油漆画	胡方伦	男	2012年第二批

续表26

级别 序号	市级代表性传承人（43人）			
	项目名称	传承人	性　别	批次时间
14	永嘉木雕	夏瑞分	男	2012年第二批
15	永嘉昆曲	陈崇明	男	2014年11月第三批
16	永嘉昆曲	黄宗于	男	2014年11月第三批
17	永嘉乱弹	孙飞姬	女	2014年11月第三批
18	溪下马灯戏	应必山	男	2014年11月第三批
19	温州鼓词	胡阿笑（潘蓓丽）	女	2014年11月第三批
20	永嘉花鼓	潘彬彬	女	2014年11月第三批
21	十字绣	陈亦平	女	2014年11月第三批
22	永嘉彩扎	胡汉珍	男	2014年11月第三批
23	永嘉油漆画	金可兴	男	2014年11月第三批
24	龙档	金元星	男	2014年11月第三批
25	永嘉木雕	汪庆升	男	2014年11月第三批
26	永嘉米塑	叶猛烈	男	2014年11月第三批
27	永嘉棉胎手工制作技艺	徐晓兵	男	2014年11月第三批
28	永嘉泥塑	胡　铁	男	2014年11月第三批
29	枫林布袋龙舞	黄　曼	男	2014年11月第三批
30	永嘉歌谣	谷尚宝	男	2016年11月第四批
31	大矼鱼龙灯舞	周永清	男	2016年11月第四批
32	温州莲花	钱雷雷	女	2016年11月第四批
33	永嘉昆曲	刘文华	女	2016年11月第四批
34	永嘉竹编	余荣生	男	2016年11月第四批
35	绸塑	金斛	男	2016年11月第四批
36	永嘉白酒烧制技艺	朱启腊	男	2016年11月第四批
37	糖塑	汤建妙	男	2016年11月第四批
38	永嘉首饰龙	陈顺淦	男	2016年11月第四批
39	古建筑营造技艺	缪彦宗	男	2016年11月第四批
40	铁器铸造技艺	黄宗义	男	2016年11月第四批
41	永嘉舴艋舟制造技艺	潘教善	男	2016年11月第四批
42	永嘉算盘制作技艺	周长生	男	2016年11月第四批
43	徐氏中医疗法	徐光明	男	2016年11月第四批
级别 序号	县级代表性传承人（52人）			
	项目名称	传承人	性　别	批次时间
1	枫林布袋龙舞	黄湖海	男	2014年7月第一批
2	定位	卢碎娥	女	2014年7月第一批
3	定位	郑仙花	女	2014年7月第一批
4	永嘉乱弹	王训周	男	2014年7月第一批
5	永嘉乱弹	董希和	男	2014年7月第一批
6	溪下马灯戏	应祥富	男	2014年7月第一批
7	永嘉瓯渠上新屋南拳	徐旭初	男	2014年7月第一批
8	永嘉木雕	叶春定	男	2014年7月第一批
9	永嘉泥塑	黄维建	男	2014年7月第一批
10	永嘉油漆画	黄维忠	男	2014年7月第一批

续表26

级别／序号	县级代表性传承人（52人）			
	项目名称	传承人	性　别	批次时间
11	永嘉瓦当制作技艺	陈惠赉	男	2014年7月第一批
12	永嘉乱弹	林宝叶（2015年已过世）	女	2014年7月第一批
13	三里宅山歌	章定法	男	2016年7月第二批
14	三里宅山歌	章爱菊	女	2016年7月第二批
15	大矸鱼龙灯舞	周建平	男	2016年7月第二批
16	大矸鱼龙灯舞	龚百林（2017年已过世）	男	2016年7月第二批
17	永嘉乱弹	麻金钟	男	2016年7月第二批
18	永嘉乱弹	汤时灿	男	2016年7月第二批
19	永嘉花鼓	陈茂爱	女	2016年7月第二批
20	永嘉南太极	林正春	男	2016年7月第二批
21	永嘉戚氏拓印术	戚成轴	男	2016年7月第二批
22	永嘉木雕	胡忠放	男	2016年7月第二批
23	永嘉木雕	陈清华	男	2016年7月第二批
24	永嘉书法	李象占	男	2016年7月第二批
25	永嘉剪纸	章德钏	男	2016年7月第二批
26	瓯绣	余建琴	女	2016年7月第二批
27	铁器铸造技艺	黄天成（2017年已过世）	男	2016年7月第二批
28	黄屿乌沙船制造技艺	厉秀信	男	2016年7月第二批
29	圆木制作技艺	叶松烈	男	2016年7月第二批
30	中蜂养殖技艺	胡方强	男	2016年7月第二批
31	闹洞房习俗	汪岩国	男	2016年7月第二批
32	踏八卦	潘永迪	男	2018年2月第三批
33	永嘉木偶戏	汤玉亮	男	2018年2月第三批
34	永嘉花鼓	潘国英	女	2018年2月第三批
35	唱龙船儿	龚立新	男	2018年2月第三批
36	中栏门	林建生	男	2018年2月第三批
37	中栏门	林永国	男	2018年2月第三批
38	永嘉石雕	缪成焜	男	2018年2月第三批
39	永嘉花带编制技艺	邵林妹	女	2018年2月第三批
40	永嘉龙档	金少微	女	2018年2月第三批
41	桥头糖金杏	王应焕	男	2018年2月第三批
42	永嘉木雕	高生顺	男	2018年2月第三批
43	永嘉木雕	孙显秋	男	2018年2月第三批
44	稻草扎编技艺	周孙掌	男	2018年2月第三批
45	永嘉钉秤技艺	钭国平	男	2018年2月第三批
46	牛草鞋编制技艺	金雨果	男	2018年2月第三批
47	草毡编制技艺	金国其	男	2018年2月第三批
48	蓑衣编制技艺	杨炉忠	男	2018年2月第三批
49	永嘉瓯瓷手工烧制技艺	陈光标	男	2018年2月第三批
50	永嘉瓯瓷手工烧制技艺	娄林峰	男	2018年2月第三批
51	乌牛早茶	李飞燕	女	2018年2月第三批
52	一济堂中医药文化	刘良海	男	2018年2月第三批

表27 永嘉县各级“非遗”传承基地名单			
级别	市级“非遗”传承基地（15个）		
序号	基地名称	批 次	时 间
1	永嘉昆剧团	第一批	2010年6月
2	永嘉县上新屋南拳文化传习所	第一批	2010年6月
3	永嘉县乱弹传习所	第一批	2010年6月
4	永嘉县艺海佛像雕刻研制所	第二批	2013年5月
5	永嘉县岩坦镇中心小学	第三批	2014年11月
6	温州市蛇类研究所	第三批	2014年11月
7	永嘉县吴守武中医骨伤科诊所	第三批	2014年11月
8	永嘉县巽宅镇中心小学小溪校区	第三批	2014年11月
9	永嘉县楠江艺美雕塑有限公司（现更名永嘉县中塘胡氏雕塑有限公司）	第三批	2014年11月
10	永嘉县金墨轩工艺美术有限公司	第三批	2014年11月
11	永嘉县溪下乡金盾学校	第四批	2016年11月
12	永嘉县徐晓兵棉胎有限公司	第四批	2016年11月
13	永嘉县瓯越工艺品有限公司	第四批	2016年11月
14	永嘉县乌牛街道瓯韵方木雕厂	第五批	2018年12月
15	永嘉县古庙拦街福文化传习所	第五批	2018年12月
级别	县级“非遗”传承基地（18个）		
序号	基地名称	批 次	时 间
1	永嘉乱弹应界坑传承展示基地	第一批	2014年7月
2	永嘉乱弹小溪教学传承基地	第一批	2014年7月
3	永嘉泥塑中塘胡氏传承展示基地	第一批	2014年7月
4	永嘉竹雕三江金氏传承展示基地	第一批	2014年7月
5	永嘉剪纸艺术岩坦教学传承基地	第一批	2014年7月
6	永嘉陈氏蛇伤疗法瓯北传承展示基地	第一批	2014年7月
7	永嘉瓯渠上新屋吴氏骨伤疗法桥下传承展示基地	第一批	2014年7月
8	永嘉剪纸艺术碧莲教学传承基地	第一批	2014年7月
9	永嘉剪纸艺术古庙教学传承基地	第一批	2014年7月
10	永嘉苏同德堂中医药文化上塘传承展示基地	第一批	2014年7月
11	永嘉县曲艺家协会（温州莲花）	第二批	2017年8月
12	永嘉县曲艺家协会（永嘉花鼓）	第二批	2017年8月
13	永嘉县博文学会	第二批	2017年8月
14	永嘉县尚武武术馆	第二批	2017年8月
15	永嘉县汉承瓯窑研究所	第二批	2017年8月
16	永嘉县林秀农业专业合作社	第二批	2017年8月
17	永嘉刘良海中医推拿诊所	第二批	2017年8月
18	永嘉县古庙拦街福文化传习所	第二批	2017年8月

表28 永嘉县代表性团体与群体一览表			
类别	代表性传承团体		
序号	项目名称	传承团体	项目类别
1	枫林布袋龙舞	镬炉布袋龙舞队	传统舞蹈
2	永嘉乱弹	永嘉县乱弹传习所	传统戏剧

续表28

类别 / 序号	代表性传承群体		
序号	项目名称	传承群体	项目类别
1	古庙拦街福	沙头镇古二村老年人协会	民俗
2	茗岙牛市	茗岙社区	民俗
3	永嘉孝女信俗	上塘殿孝佑宫	民俗

表29 永嘉县各级“非遗”体验基地一览表

级别 / 序号	市级“非遗”体验基地			
序号	基地名称		批　次	时　间
1	温州永嘉书院旅游发展有限公司		第一批	2018年12月
2	永嘉县瓯窑小镇		第一批	2018年12月
级别	县级（第一批永嘉县非物质文化遗产体验基地）			
序号	项目名称	基地名称	批　次	时　间
1	永嘉剪纸	永嘉县岩坦镇中心小学	第一批	2018年6月
2	永嘉剪纸	永嘉县碧莲镇中心小学	第一批	2018年6月
3	永嘉木雕	永嘉县艺海佛像雕刻研制所	第一批	2018年6月
4	永嘉木雕	永嘉县瓯越工艺品有限公司	第一批	2018年6月
5	永嘉瓯瓷手工烧制技艺	永嘉瓯忆瓯窑研发设计中心	第一批	2018年6月
6	弹棉花技艺	永嘉县徐晓兵棉胎有限公司	第一批	2018年6月
7	竹雕	永嘉县金墨轩工艺美术有限公司	第一批	2018年6月
8	永嘉泥塑	永嘉县中塘胡氏雕塑有限公司	第一批	2018年6月
9	林秀阁鲍氏养生茶	永嘉县林秀农业专业合作社	第一批	2018年6月
10	永嘉白酒烧制技艺	永嘉县三江街道泉客酒厂	第一批	2018年6月

书院、瓯窑小镇入选2018年温州市首批“非遗”体验基地，体验基地全年开展常态化体验活动130余场，参与人数8700余人，有力助推乡村振兴战略。

文化礼堂 2018年，永嘉县深化文化礼堂建设，截至2018年年底，全县已建成文化礼堂220家，五星级文化礼堂8家。其中，三江芦田文化礼堂、桥头梨村文化礼堂、桥下京岸文化礼堂、金溪湖庄文化礼堂、乌牛横屿村文化礼堂等5家文化礼堂入选2018年浙江省五星级农村文化礼堂。2018年，全县共筹集民间资金超1亿元，浙江省基层宣传文化工作暨浙江省农村文化礼堂建设工作现场会在永嘉设置4个观摩点。按照“省市补一点、县乡出一点、村民筹一点”工作方针，永嘉设立文化发展1000万元和文化礼堂1000万元“双千万基金”，同时出台奖补办法和星级评定验收标准，按照评定结果给予每所礼堂5万元—25万元不等奖励。将供需对接平台纳入部门年度考核，建立网上网下“大菜单”服务平台，形成畅通的双向沟通机制。进一步延伸供需对接平台，针对农村群众生活习惯，实现ITV点播平台重点礼堂全覆盖，将供需平台搬到电视上，打通文化惠民“最后一千米”。全年共筛选推出87个文化服务项目，配送3083次（场）订单。组织发动全县文化礼堂举办微型党课比赛，挑选出一批草根讲师，以红船精神为主题，用微党课形式深入各村文化礼堂开展宣讲1000余场。

文物工作 2018年，永嘉县全面落实文物属地管理责任，积极服务“大建大美”行动，完成102处县保单位“双线”划定工作，完善三普文物登录点复查和挂牌工作，妥善做好城中村改造、不可移动文物处置核销工作，已复查1800多处，完成复查率和挂牌率100%。配合推进“标准地”改革，完成全县工业聚集区“标准地”考古调查。配合104国道温州西过境永嘉段工程建设，做好瓯北丁山古墓群抢救性挖掘工作，清理墓葬68座，出土各类文物200余件，玻璃碗等珍贵文物属温州首次发现。夯实文博基础工作，有序推进文物修缮工作，完成省保单位岩坦戴氏宗祠“四有”工作，完成12处国保、省保立项工作。开展文保单位和博物馆安全大排查行动，整改安全隐患84处，新增或更换灭火器724只。推进博物馆工作，完成博物馆展陈设计编制，2018年内完成招投标，2019年将正式对外开放。强化文博馆际交流，借展金银器、红色文化宣传板等文物，与民办博物馆吴超征纪念馆签订结对帮扶协议。

图书管理与服务 2018年，永嘉县继续推进图书管理与服务工作，截至2018年年底，永嘉县图书馆总藏书量256339册，新增17581册。全县含城市书房、乡镇分馆总购置图书70775册，总新增入藏64777册，总订购报纸杂志等刊物543种，接受社会各界捐赠藏书870册；送书下乡共计56514册，举办各类读者活动（含讲座、辅导培训）667场次，参与人数约12万人次；新增读者借阅证6992个；县图书馆2018年共接待读者数23万余人次。

（李安乐）

档案工作

概况 2018年，永嘉档案工作以“走向依法管理、走向开放、走向现代化”为根本遵循，坚持服务为先、创新驱动、实干兴档，积极推进依法治档、档案开放服务；坚持改革创新、攻坚克难，努力开创档案工作新局面。2018年馆藏总量达到124591卷，接待查阅2647人次，提供档案3099卷次，提供“异地查档、跨馆服务”40余次。

资源建设 2018年，永嘉县档案局上传出生医学证明16977条，婚姻档案61248条，计生档案26377条，建房档案24993条，公证档案81138条，合计210733条，加上上年滚入计数的67518条，总计278251条，超额完成市档案局下达的2018年基本目标190400条，其中建房用地档案为当年新增门类。截至2018年11月，累计上传民生目录十类，分别是知青档案3146条，学籍档案4307条，土改清册66274条，出生医学证明216885条，婚姻档案167599条，计生病残儿档案927条，计生再生育档案31015条，山林承包档案130578条，二轮土地承包档案98639条，建房用地档案24993条，公证档案81138条，总计864271条。

开发利用 2018年，永嘉县档案馆馆藏档案数量大幅增长，馆藏总量达到 124591卷。全年共接待查阅2647人次，提供档案3099卷次，取证3871件次，复印11120页，提供“异地查档、跨馆服务”40余次。

登记备份 2018年，永嘉县档案馆共登记72家单位，备份87家单位2.76T，接收光盘1069个。向市档案局、江苏省海安市档案局备份2017年数字化成果及业务数据5.16 T，接收海安县档案馆馆藏档案目录及全文数据5.15 T。加强对2017年度已接收的1256张光盘的数据进行安全检测工作，重新刻录质量不符合标准的光盘。

数字化建设 2018年，永嘉县档案馆馆内文件按照现代化归档管理，全面开展馆内档案数字全文扫描工作。2018年投入100万元，继续推进馆藏档案数字化加工项目，完成第五期馆藏文件级条目602046条（折合A4纸共1792842页）档案数字化成果的5%的抽检验收、校对任务，完成对机关党委、宣传部、妇联等53个全宗数字化条目与图片的挂接工作并投入使用。

档案编研 2018年“永嘉记忆”系列丛书《永嘉状元木待问》编研出版，共分上篇、下篇和附录三个部分，总篇幅约30万字。与党史研究室合作出版《中共永嘉县委文件选编》（1986.1—1989.12）。开展永嘉地方特色方言录制建档工作，录制沙头篇花坦地方方言。

规范化建设 2018年，永嘉县档案局高度重视档案规范化建设，由主要领导带队深入到县委办、县委党史研究室、县残联、沙头镇、桥头镇、岩头镇、岩坦镇、县水务集团有限公司、瓯北三小等单位进行档案业务指导工作。

温商回归档案 2018年，永嘉县档案馆选定浙江嘉纳农业开发有限公司作为温商回归企业服务对象，对该公司进行档案指导工作，多次深入、了解、宣传，档案工作走向规范化、现代化管理，便于利用开发。

管理改革 2018年，永嘉县档

案馆制定审核“最多跑一次”权力事项的文件材料归档范围和保管期限审核。2018年5月下发《关于永嘉县关于开展“最多跑一次”九大类事项文件材料归档范围和档案保管期限表编制工作的通知》，对各单位权力事项文件材料归档范围和保管期限表进行审核。全县列入开展“最多跑一次”九大类权力事项的文件材料归档范围和保管期限表的制定和审核单位共37家，已完成29家。

千村档案建设 2018年，永嘉县档案局联合县财政局、县美丽乡村创建办公室印发《关于开展“千村档案”建设工作的通知》，按照浙江省统一的“千村档案”建档标准，对苍坡村、芙蓉村、芙蓉下村、岩头村等44个村落开展检查验收。将已完成的44个村落数据上传导入到系统，总计条目4753条、附件数11771个、文本类1050个、图像类10100个、视频类623个、形成数据164.78GB，“千村档案”建设工作顺利通过浙江省验收。

（陈丽洁　黄檬檬　高慎丹）

地方志工作

概况 2018年，永嘉县志办以《永嘉县志（1991—2010）》编纂工作为主要工作，以体现永嘉本土特色为核心，重视地方文化挖掘和方志理论研究，编纂出版《永嘉年鉴（2018）》《永嘉历代文献选粹》与《永嘉方志》2期。开展“铁腕纠四风 重拳治怠政”作风建设、“移风易俗”改革与“清廉永嘉”建设，加强队伍建设。2018年在县考核中取得良好成绩，1人获得“温州市地方志信息工作先进个人”称号。

《永嘉县志（1991—2010）》修编 2018年，永嘉县志办凝聚力量，尽职尽责，不断创新工作方式，不遗余力推进二轮志书修编工作，完成二次复审。

高度重视专家复审意见，安排专人逐条整理评审意见电子稿，形成47页复审意见整理汇总稿，共有主要修改意见126条，其中结构调整意见18条、内容补充意见29条、核对修改意见73条、涉密等敏感问题处理意见6条。召开专题会议研究，明确要求各编辑在对复审稿的修改过程中，参照该复审意见整理汇总稿进行核查修正，仔细对照各专家在书稿中的修改标记，做好完善工作。邀请国家图书馆出版社志鉴编辑中心首席特约编审夏红兵，为县志下一步的修改完善作专业指导。1月中下旬，夏红兵与全体编辑集中办公，加班加点开展为期6天的面对面县志编纂指导工作；结合专家领导复审意见仔细、具体、认真地讨论志稿的下一轮修改提高方法。根据复审会及专家、领导修改意见，将县志修改完善作业分层分类，专人专项分工合作，列出全部承编单位需补充的内容清单。

3月16日，由县府办牵头召开《永嘉县志（1991—2010）》材料核补专题会议，全县涉及此次材料核补相关工作24个单位的分管领导参会。6月，温州市史志办主任赵降英带队到永嘉县开展调研，就《永嘉县志（1991—2010）》编纂过程中存在的问题进行讨论与交流，提出修改意见与方向；8月，温州市史志办第二调研组来永开展调研，听取《永嘉县志（1991—2010）》编纂进程和编纂成果，提出仍需加紧步伐，提高质量的精准意见。9月，开展《永嘉县志（1991—2010）》插图照片征集研讨会，邀请永嘉知名摄影爱好者参与研讨会议，依据县志编目收集反映永嘉20年历史、社情、民生变迁的照片及图像资料。10月至11月，将完成校核的志稿交于市史志办核稿，开展二次复审。针对二次复审会所提意见对县志进行细节调整及资料核补，确保高质量完成《永嘉县志（1991—2010）》。

《永嘉年鉴（2018）》编纂 《永嘉年鉴》以提升年鉴编纂质量和效率为目标，在严抓工作落实的同时，不断完善创新，调整篇目设计，2018年版年鉴突出地方特色，全面总结永嘉县上一年度经济社会发展状况。1月，县委办公室、县政府办公室印发《〈永嘉年鉴〉（2018年版）编纂工作方案》，下达编纂任务。经过编写人员登记、制作通讯录、初稿收集、组稿汇编、排版设计、签订合同、三审三校等环节，已完成编纂，由于出版社书号紧张，定于2019年上半年出版。该书由卷首、百科、卷尾三部分组成，按类目、分目、条目三个层次框架编排。卷首设地图、彩页、特载、专记、大事记和总述，百科部分按事物属性设30多个类目，卷尾设统计资料、规范性文件选编、附录和索引等内容。全书约80万字，收入条目1000余条。

《永嘉方志》编纂 《永嘉方志》是一本立足本土的方志文化专业刊物，设有修志纪要、舆地纪实、春秋纪盛、人物纪略、民俗纪趣等栏目，刊载地情文章，旨在古今兼顾，学行并重，弘扬永嘉优良的方志传统。该刊物因其良好的品质备受关注，先后被国家图书馆以及北大、清华等高校图书馆收藏。2018年出版《永嘉方志》2期。6月，第十三期《永嘉方志》出版，共收录各部门、单位地方志编研的工作经验、体会和地方历史、文化、风俗等方面文章19篇以及永嘉县方志办工作简讯12则等内容，合计约15万字。12月，第十四期《永嘉方志》出版，共收录各部门、单位地方志编研的工作经验、体会和地方历史、文化、风俗等方面文章13篇以及永嘉县志办工作简讯6则，合计约13万字。

配合省、市地方志工作 2018年，永嘉县志办积极向上级报告县地方志工作进展情况，报送地方志新闻、工作动态、微博信息，所报信息被浙江省地方志网、温州史志网、《温州史志工作简讯》、“温州史志”官方微博采用共计40余次。积极参加省、市举办的各项学习培训和会议，学习并传达会议文件精神，做到学以致用。

（胡程炜）

广播电视与新闻信息

概况 2018年，永嘉传媒集团（永嘉县广播电视台）坚持正确的舆论导向，以中央厨房模式加强新闻宣传工作，全力谋划改革，创新方法手段，切实提高媒体深度融合的传播力、引导力、影响力、公信力，为全县中心工作营造良好的舆论氛围。

2018年10月，永嘉传媒集团完成新一轮科室和人员调整，搬入新大楼，标志着集团媒体融合改革攻坚进入新阶段。新闻宣传中央厨房运作模式进一步完善，新闻主业工作进一步加强。调整设立融媒体新闻采访中心，负责新闻采访报道，集中管理新闻素材；融媒体编辑中心负责各平台的编辑工作，破除传统媒体与新媒体之间在策划、采访、编辑、播发等环节的壁垒，实现媒体、部门、人员、新闻线索、新闻素材、新闻资料等资源高度融合，真正形成统一指挥调度，策划、采访、编辑、播发联动的运行模式。“一次策划、一次采集、多种生成、多元传播”，更好完成新形势下宣传思想工作的使命任务。

主题报道 2018年，永嘉传媒集团旗下广播、电视、报纸、网站、公众号等媒体，坚持内容为王，围绕县委、县政府中心重点工作，以“深入贯彻十九大 全面推进一二五”为主线贯穿全年，强化主题报道，推出一系列具有策划性的新闻宣传专题专栏，如《纪念改革开放40周年系列报道》《聚焦“十大行动计划”》《小城镇环境综合整治系列报道》《从新看永嘉——推进“八八战略”再深化》《聚焦营商环境提升》《乡村振兴》等20多个专栏，各类媒体刊播各类主题报道3000多条，让主阵地更牢固、主旋律更响亮、正能量更充沛，为全县中心工作开展营造良好的舆论氛围。

开展“深入贯彻十九大、全面推进‘一二五’”主题实践活动专题报道栏目，围绕“改革攻坚突破年行动、项目建设突破年行动、城乡发展突破年行动、产业优化提升年行动、营商环境提升年”行动等子栏目，各宣传平台联动、同步刊播报道。《今日永嘉》开设主题报道和动态报道，刊发公益标语；广播电视方面，在新闻中间插播宣传短片，在新闻报道的同时滚动播出主题活动名称，在LED屏幕、FM102.2上持续播报；永嘉发布、中国永嘉、永嘉视界微信公众号和永嘉网、手机报同步跟进。

周密部署，高质量完成县“两会”、全县营商大会、永商大会、纪念改革开放40周年、重走红军路、全市宣传系统比学树活动、全省农村文化礼堂建设工作推进会、全省“千企结千村、消灭薄弱村”动员会暨消薄现场推进会等全县重点工作、重要活动的宣传报道工作。

民生报道 2018年，永嘉传媒集团关注民生，贴近基层、贴近生活、贴近群众，加强基层民生新闻报道。2018年开设《改革百姓说》《我们的年味》《晒晒我的全家福》《我们的暑假我们的快乐》《新学期 新愿望》《最美夕阳红》等多个小专栏，民生自采新闻累计980多篇，为全县充分宣传提供有力的舆论阵地。

永嘉传媒集团转作风下基层，开设“践行走转改，‘唱好四季歌’”等民生小专栏。《手机拍拍》采用各地通讯员报送方式，反映基层民生新闻报道1600多条，创历史新高。结合大调研大学习大抓落实活动，开设《来自蹲点一线的报道》专栏，报道溪下便民大篷车、卫生院晚上灯常亮、林坑民宿如何解三愁等报道，其中林坑民宿如何解三愁在浙江卫视新闻联播单条播出。

强化新闻助农，以“记者帮帮团”“专家服务团”“市民监督团”三团工作为中心，开展民生服务工作。“记者帮帮团”充分发挥融媒体作用，综合微信平台等新媒体力量，让“今日爱心工作室”持续发挥作用，救助特困对象55个，筹集爱心捐款500余万元。继续开展“真情100”“年关送暖”等服务活动。其中“真情100”活动举办永嘉—瓯海山海协作工程慈善公益基金成立仪式，共结对70名贫困学生，每位学生每年将得到2000元助学金，直至中学毕业。“年关送暖”活动共筹集爱心资金50余万元及棉被、冬衣等爱心物资，为345户困难家庭送去温暖。

舆论监督 2018年，永嘉传媒集团每周定期推出“永嘉聚焦”栏目，重点针对拆违、治水、环境整治、作风效能等工作中出现的问题，开展舆论监督，刊播监督跟踪报道120篇。加强新闻舆论监督报道，采写刊播《岩头镇新兴街：自来水里有异味　居民不敢饮用》《私挖乱采就地取砂　生态停车场不“生态”》《仙清路改造断断续续　民生工程为何成拖延工程？》等曝光类舆论监督新闻，以新闻力量推动永嘉进步。11月，县纪委县监委和永嘉电视台联合推出“清廉永嘉在行动”栏目，携手共建清廉机关。“市民监督团”坚持每周一次监督活动，促进政府中心工作，关注身边的民生问题。6月起，广电市民监督团坚持每月进社区开展活动，扩大活动传播范围，提升传播有效到达率。现场征集社会反映的热点、难点问题30多个。

新闻外宣 2018年，永嘉传媒集团不断在上级各媒体发出“永嘉声音”，大批反映永嘉县重点工作动态的新闻稿件在上级媒体播出，提升永嘉知名度和正面形象。

全年在央视播出25条片子，包括新闻联播9个组稿，在浙江卫视播出301条新闻，在温州台播出200多条新闻。在央视《新闻联播》播出《乡村振兴百舸争发》《为了民族复兴·英雄烈士谱 谢文锦：为革命我们不怕牺牲》等9条报道，数量为历年最多；在浙江卫视播出新闻数排名第五，播出（包括联播头条）《之江擂台：永嘉一条舴艋舟如何载动三百里碧水古村》《永嘉：东炉村西炉村“摘帽”记》《大学习 大调研 大抓落实：永嘉林坑村民宿破解三愁难题》《壮阔东方潮　奋进新时代——庆祝改革开放40年：温州一家人的纽扣情缘》等中心工作报道。在《温州新闻联播》里播出新闻数位居全市第一。

对农宣传 2018年，永嘉传媒集团继续加强广播、电视对农栏目建设，办精办强《走乡村》《楠溪行》《聚焦三农》《魅力乡村》等品牌对农栏目，进一步宣传楠溪江特色农业、推销楠溪江农产品、传播农业科技知识。2018年，广播对农栏目《魅力乡村》播出157期，每周节目总时长90分钟。电视对农栏目《走乡村》《楠溪行》《聚焦三农》等播出156期，每周节目总时长45分钟。

品牌提升 2018年，永嘉传媒集团为提高各类重要工作和重大活动的传播力和影响力，进一步做好全媒体直播活动。完成县“两会”、重走红军路等全媒体直播工作。联合制作《“两会”说的这些事，都是你我关心的！》快剪版短视频，将两会盛况以视频形式在公众号上呈现给微信网友，将政府工作报告用读者喜欢的方式作解读，轻松直观，受到好评。邀请新蓝网合作开展“重走红军路、改革再出发”网络直播活动，点击率达35万人次，扩大品牌影响力。电台与县纪委合作承办《不忘初音　嘉音廉韵》廉政作品朗诵大赛，助推清廉永嘉建设。积极谋划多产业经营，接手农业、体育、发改、政法等单位的公众号编发服务和部分活动的打包运作；创新广告经营运作模式，推出全媒体商业圈广告服务，以餐饮和建材市场为主，实施年度宣传推广打包服务；推出暑期夏令营活动。

2018年，永嘉传媒集团高质量完成《2017永嘉宣传》《锤炼作风优化环境作风建设专题警示教育片》《深入贯彻十九大 全面推进“一二五”》《组织部长访谈录》《涅槃·腾飞》《振兴之路》《清廉永嘉》《司法“4+1”模式为平安永嘉保驾护航》及全市比看活动展示片、全市比看活动永嘉汇报短片、文明县城复评汇报片、涉军专题汇报片、民政局微电影、无违建县汇报片等28个临时专题片。

新媒体建设 2018年，“中国永嘉”微信公众号继续保持全国百强广电新媒体前30名、温州县（市、区）主流媒体新媒体排行榜前2名，“永嘉网”影响力继续位居兄弟县市区前列，多篇宣传永嘉正能量的首发新闻被“人民网”“新华社”“央视新闻”“浙江新闻”“浙里温州”等中央省市级新媒体平台转载。微信公众号尝试融媒体创新，首次尝试以快闪视频方式宣传永嘉取得的成绩；参与县“两会”融媒体直播活动，负责微信图文直播、互动聊天及评论审核，三个微信公众号均开通“两会”直播通道，将“两会”盛况以视频形式在公众号上呈现给微信网友；创新微信直播、专题专栏和快闪视频等新媒体推送方式，充分发挥电视高清摄像、报纸深度报道和广播语音直播的全媒体优势，充分展现传媒集团融媒体的技术力量和采编实力；在各种活动进行过程中，推出微信图文直播，让与会嘉宾更直观地感受到经济社会发展建设成果。

2018年，据温州网统计：永嘉网日均页面访问量221444次，日均IP访问量103707次，截至11月页面访问量共计72412261次，IP访问量33912042次，共发布文章13741余篇，综合排名稳居全市各县（区）前三。

媒体融合 2018年，永嘉传媒集团媒体融合改革进入新阶段，10月，除广播电视专业播出机房、演播室、制作机房及相关人员外，其他人员全部搬至新大楼。完善中央厨房运作模式，加强新闻主业工作，调整设立融媒体新闻采访中心，负责新闻采访报道，集中管理新闻素材；融媒体编辑中心负责各平台的编辑刊发工作。

专业用房和中央厨房工程建设 2018年，永嘉传媒集团新大楼专业用房设备采购和装修有序推进，项目总投资约6380.1万元，由县财政保障。2018年已完成设计方案、项目立项等工作，下一步将进行项目三个标段的公开招投标。

中央厨房工程是媒体融合的标配和龙头工程。工程计划投资570万元，占地面积约204平方米。由于“中央厨房”软件产品开发难度大、硬件集成度高，为降低投资成本、控制项目实施周期、规避风险，经多方调研，决定与浙江广播电视集团合作。1月与省广电集团开展深度合作，成为首批15个加入中国蓝媒号的县市级媒体，加入全省广电APP共建项目。11月，省广电集团杨勇副总裁亲自带队到集团调研指导中央厨房工程建设。下一步，将采用单一来源采购的方式，直接向省广电集团采购“中央厨房”软、硬件产品及相关服务，实现永嘉传媒集团与省广电集团在软件平台、新闻资源和技术合作上共建共享。

经营创收 2018年，永嘉传媒集团总收入4528.40万元，其中财政补助收入3643.82万元，事业收入61.51万元，广告收入742.96万元，其他收入80.11万元，支出4527.41万元，结余0.99万元。其中财政补助支出3643.81万元，事业类支出883.60万元。

荣誉 永嘉电视台荣获2018年度浙江省广播电视新闻融合传播协作先进集体电视一等奖；永嘉人民广播电台荣获2018年度浙江省广播电视新闻融合传播协作先进集体广播三等奖。

（黄忠勇）

卫生

综述

概况 2018年，永嘉县共设置医疗卫生计生机构564家；其中，公立医院3家（县人民医院和县中医医院、县妇幼保健院），民营医院10家，乡镇卫生院15家，社区卫生服务中心8家，村卫生室（包括社区卫生服务站）341家，门诊部51家，诊所、医务室132家，公共卫生机构4家。执业医师（包括助理）2434名，注册护士1849名，床位数3025张，按户籍人口计，每千人口医师数2.93人、护士数2.23人、床位数3.65张；高级职称286人，中级职称691人，初级职称1606人。全县各级公立医疗机构门诊365.78万人次，住院3.93万人次；甲乙类传染病发病率166.19/10万。全县新增无害化卫生厕所23.4936万户，农村卫生厕所普及率99.84%，无害化卫生厕所普及率99.65%。

人口 2018年，永嘉县育龄妇女302475人，占总人口30.92%，其中已婚育龄妇女211331人；当年含往年补报出生人数10454人，同比上年减少2305人，减幅22.05%，出生人数大幅度减少，其中：当年出生9199人，同比减少2589人，减幅28.14%；补报出生1255人，同比上年增加284人。全县当年一孩出生3984人，一孩率43.31%，同比上年上升7.31个百分点；二孩出生4669人，二孩率50.76%，同比上年下降8.35个百分点；多孩出生546人，多孩率5.94%，同比上年上升1.05个百分点。全县卫生国统报表显示，出生人口性别比111.64，同比上年下降0.23个比值，户籍人口出生性别比110.84，流动人口出生性别比117.28。

计生工作 2018年，永嘉县审核“一票否决”69件；审核集体557个，其中否决4个；审核个人2366人次，其中否决10人次。全县落实奖励扶助、特别扶助、公益金三项制度，累计享受奖励扶助政策3744人，补助资金2822.6万元；特别扶助政策115人，补助资金181.7万元；计划生育手术并发症21人，补助资金45.36万元；落实公益金救助699人，补助资金635.4万元。全县计生困难家庭幸福促进行动投入70万元，帮扶困难计生家庭259户；筹集资金5万，帮助困难学子21名。开展青春健康教育培训活动81场，受益11579人次。

公立医院改革 2018年，永嘉县人民医院、县中医医院总诊疗125.36万人次，门诊122.42万人次，住院病人2.94万人次；两家公立医院均将疾病诊断相关分组（DRGs）应用于医院精细化管理，实行电子化临床路径管理病种分别达157种和92种，入径率达96.52%和85.93%。成立县胸痛中心、卒中中心、创伤中心等危重疾病救治中心，与急救中心、各急救站点形成网络体系。启动县乡村一体化药品联合采购配送结算试点工作，实现乡镇（街道）卫生院（社区卫生服务中心）全覆盖。建立完善县级质控中心17个；全年未发生涉医违法犯罪案事件，医疗纠纷30起，其中县医调委受理调解23起，调解成功率100%；县卫健局受理调解1起，调解成功1起；法院受理6起。

卫生机构基本建设 2018年，永嘉县完成固定投资11400万元，投资率105%。县人民医院迁建工程进场施工，县妇幼保健院标准化建设完成500万元投资，县中医院医疗综合大楼附属工程及住院大楼完成消防验收，金溪镇中心卫生院扩建工程投入使用，乡镇卫生院标准化建设达95%以上，23家村级卫生室完成规范化创建。社会力量办医格局逐步完善，投资1.1亿元的永嘉康宁医院迁建工程稳步推进，投资3000万元的永嘉江北医院正式开诊。

分级诊疗 2018年，省市级医院在永嘉县级医院和基层医疗卫生机构服务4285天，门诊服务诊疗45977人次，开展手术866台，授课143次。县级医院在基层医疗卫生机构服务2292.5天，门诊诊疗16304人次，开展手术20台，授课99次。推进“在外永嘉籍医学专家柔性人才引进”工程，入医学专家信息库154人；服务1694.5天34392人次、开展手术494台、会诊413人次、教学查房409次。

无偿献血 2018年，永嘉县无偿献血9160人次，同比上年增长3.68%，自愿无偿献血率100%。其中捐献全血9160人次，同比上年增长3.68%，采集全血量1832升，同比上年增长3.68%；一次献血300毫升及以上占比82.74%。全县临床供血总量8379.6U，同比上年增长0.15%，临床用血100%来自无偿献血。

行业管理

互联网+医疗 2018年，永嘉县启动智慧健康三年行动计划，项目分三年推进。县级医院完成“最多跑一次”信息化改造，实现多途径预约挂号，在30分钟以内分时段精准预约；院内支持自助结算、诊间结算、移动终端结算等支付方式；门诊智慧药房开展率100%；完成门诊、住院、检查、检验等转诊流程优化，县级医院网上号源优先向基层医疗卫生机构开放，比例达40%以上。推进互联网+医疗建设，通过区域共享平台开展远程影像诊断53196例，开展远程心电诊断88060例。

健康永嘉建设 2018年，永嘉县出台《健康永嘉2030行动纲要》《健康浙江建设永嘉县各部门任务分解表》《健康永嘉考核办法》等配套性文件，成立健康永嘉建设领导小组，设立县健康办，建立健康永嘉建设联席会议制度，对照健康浙江考核内容，全面开展评估工作。

区域医疗康养 2018年，永嘉县出台推进温州区域医疗康养中心城市建设《三年行动计划》和《2018年度实施计划》，谋划24个重点医疗康养建设项目，总投资79.45亿元。2018年计划投资12.71亿元，完成投资17.4亿元，完成率137%。永嘉楠溪小镇、南陈温泉小镇、四海山石斛谷森林康养基地、楠溪江源头田园综合体等项目顺利推进。

卫生监督 2018年，永嘉县出动执法人员0.2594万人次，监督检查各类机构0.316万家，依法查处卫生违法行为171件，罚没款31.6万元，执行到位22万元；受理、办结投诉举报31件。全县“双随机”抽查298件，执行率100%；通过双随机查处违法案件27宗，占全部案件数15.8%。全县公共场所实施量化分级管理1292家，量化分级率98.8%。全县取缔无证诊所32户次，行政处罚26个无证行医窝点，罚没款24.6316万元；移送6起，刑事处罚2人。全县立案查处“两非”案件1件，结案1件，刑事处罚0人，罚款1万元。

爱国卫生 2018年，永嘉县5个乡镇通过国家卫生乡镇市级考核并被推荐至省级，5个乡镇创成省级卫生乡镇市级考核，市级卫生乡镇创成率100%。创成省级卫生村127个、市级卫生村95个；省级卫生村通过复评37个、市级卫生村通过复评13个。创成浙江省健康促进学校（金牌）1家，浙江省健康促进学校（银牌）5家。创成浙江省健康促进医院2家，温州市健康促进医院5家。

疾病防控

传染病监测治疗 2018年，永嘉县报告法定传染病21种7733例（不包括HIV感染），总报告发病率925.89/10万，发病率同比上年上升71.18%。其中报告甲、乙类传染病15种（无甲类报告）1388例，发病率166.19/10万，与上年同期相比上升0.46%；报告丙类传染病6种6345例，发病率759.70/10万，与上年同期相比上升102.34%。全县报告法定传染病死亡2例（肺结核），死亡率0.24/10万，与上年同期相比，报告死亡率下降52.48%。

计划免疫接种率 2018年永嘉县共接种34.95万剂疫苗，其中一类疫苗23.96万剂、二类疫苗10.99万剂。全县“七苗”单苗基础免疫接种率均高于98%。全县共报告疑似预防接种异常反应120例，所有乡镇（街道）均有病例报告，以一般反应为主，占总例数的99.2%，异常反应规范处置率为100%。

基本公共卫生服务 2018年，永嘉县累计建立居民健康电子档案80.11万份，建档率90.78%，规范建档率90.22%；高血压管理患者7.49万人，规范管理率62.35%；糖尿病管理患者2.09万人，规范管理率62.06%；常住老年人健康管理率77.66%，体检率78.15%。登记在册6大类严重精神障碍患者4151人，报告患病率5.23‰，规范管理率91.02%。窝沟封闭学生7458人。报告肺结核或疑似肺结核患者1373例，登记肺结核病人（含结核性胸膜炎）496例，确诊肺结核病例数496例，规则服药率95.55%。

妇幼保健

概况 2018年，永嘉县孕产妇系统管理8315人，健康管理率95.10%，早孕建册率63.43%。孕产妇死亡0例。婴儿死亡率1.83‰，5岁以下儿童死亡率2.86‰。2018年，永嘉县全面推广使用“母子健康手册”及APP，新注册孕妇11949例、儿童9922例，母子APP注册率达112.64%。全县公共场所和用工单位已建母婴设施25处，配置率83.33%。

妇幼公共卫生服务 2018年，永嘉县完成宫颈癌筛查25220例，检测出癌前病变CINⅠ级148例、CINⅡ级-CINⅢ级123例、宫颈浸润癌14例。乳腺癌筛查25512例，测出乳腺纤维腺瘤52例、确诊乳腺癌症11例。新生儿遗传代谢病筛查率100.46%，听力筛查率99.68%；新生儿访视率99.26%，0—6岁儿童保健管理率95.33%。

卫生应急

概况 2018年，永嘉县建成院前急救网络站点14个，救护车19辆，急救出车12405次，同比上年增加5.2%；救治病人11142人次，同比上年增加6.9%。院前急救处置率92.7%，2分钟内派车率99.8%，3分钟及时出车率96.5%。县级卫生应急队伍7支86人，卫生应急专家咨询委员会六大专业组专家委员49人。

公共突发卫生事件处置 2018年，永嘉县有效调查处置聚集性疫情82起，全县未报告发生突发公共卫生事件。完成8号“玛莉亚”和14号“摩羯”等台风的救灾防病工作。完成“3·15”永嘉工地爆炸、“5·31”永嘉岩头木廊倒塌救治等事件的紧急医学救援与疾病防控处置工作。

（胡良环）

永嘉县人民医院迁建工程开工仪式（县卫生健康局　供图）

体育

综述

2018年，永嘉县体育局紧紧围绕“健康浙江”“健康温州”和县委、县政府“一带两城五组团”战略部署，坚持以人民为中心，以“体育让生活更美好”为主题，以发展体育事业，增强人民体质，备战省运会为目标，以农村文化体育建设、社会力量办体育改革试点，美丽乡村示范县创建、区域医疗康养为抓手，群众体育蓬勃开展，竞技体育稳步提升，体育产业健康有序，体育设施不断完善，各项工作整体推进、均衡发展，顺利完成上级交给和年初制定的各项工作任务，成效显著。

群众体育

概况 2018年，永嘉县体育局以全面落实《全民健身条例》和《国务院关于加快发展体育产业促进体育消费的若干意见》为中心，结合全民健身日活动，农村文化体育建设深化年系列比赛活动为基础，创新载体，开展形式多样的群众体育活动，推进永嘉群众体育事业蓬勃发展。

全民健身 2018年，永嘉县深入开展全民健身活动，以农村文化体育建设、美丽乡村示范县创建、区域医疗康养为抓手，广泛开展群众体育活动，全民健身丰富多彩。2018年，单独或与有关部门、单位联合，先后组织开展举办各种健身活动70多次，直接参加活动人数3万余人。如，在鹤盛镇鹤阳村组织开展2018年度“三下乡”集中服务活动、界坑乡“七下乡”系列活动，“与美丽相伴携幸福同行”环城迷你马拉松活动，重走红军路、改革再出发——纪念改革开放40周年暨第九届重走红军路大型活动，2018“温州（楠溪江）国际太极瑜伽盛会暨深山隐墅梵心中印太极瑜伽&古典音乐文化体育节”，首届“电信杯”三对三篮球赛，美丽乡村呑运会、全省羽毛球俱乐部联赛、县羽毛球联赛、乒乓球联赛、门球三级联赛、农民象棋赛等。永嘉县体育总会发动各单项体育运动协会，结合实际，紧扣主题，活动频繁。先后组织举办庆“三八”女子门球赛，枫林镇、上塘殿、金溪镇瓯渠传统武术表演，县屿山趣味定向运动公益赛，“中交一公局杯”2018县第十七届围棋比赛等活动。通过举办面向不同阶层，形式多样，内容丰富，寓教于乐的全民健身活动，极大丰富和满足广大人民群众日益增长的对幸福生活的健身需求，提高群众参与体育健身活动的热情和兴趣，扩大全县体育人口。

“四提升四覆盖” 2018年，永嘉县体育局根据《浙江省实施“四提升四覆盖”全民健身工程建设评估办法》，召开会议，举办培训班，指导乡镇、街道、社区开展相关工作，开展督查调研，有针对性地给予指导，做好市级青少年户外体育活动营地创建工作。

省市民生工程 2018年，永嘉县认真抓好省、市健身设施、民生实事工程的落实和建设，其中，省体育小康村提升工程10个，社区多功能公共运动场1个，拆装式游泳池2个，笼式足球场1个；市十大民生实事工程：登山步道4条，笼式足球场3个，百姓健身房1个。根据永嘉县实际情况，因地制宜，夯实基础，加大农村体育设施建设投入力度，进一步强化政府体育公共服务职能，新建登山步道8条，全民健身路径45处，标准篮球场6个，100%完成全县所有城镇社区和903个行政村各类健身场所建设，农村体育基础设施建设持续推进，在原有体育场地面积166.18万平方米，人均面积1.98平方米的基础上，按照指标要求，通过努力，新增体育场地面积8.309万平方米，人均增加0.099485平方米。

体质监测 2018年，永嘉县认真组织开展健康浙江体育国民体质监测、公民体质评价等级标准测试，累计完成测试人数6200人次，其中，健康浙江体育工作考核指标1400多人，浙江省3—69周岁公民体质评价等级标准测试4800人次。

骨干培训 2018年，永嘉县体育局先后分别在岩坦镇、岩头镇、沙头镇、黄田街道等9个乡镇街道，组织举办2018年永嘉县三级社会体育指导员培训班，共535人参加培训，经考试合格发放三级社会体育指导员证书。做到每年新培训（再培训）注册三级社会体育指导员数量535人次，达到总人口（常住人口）0.2‰以上。2018年，已拥有注册三级社会体育指导员总数3623人次，达到总人口（常住人口）2‰以上。参加温州市社会体育指导员二级培训30名，一级培训14名，国家级1名。参加市单项体育骨干培训，少儿排舞4名，市地掷球裁判员培训3名，拉拉操裁判员5名，国际象棋裁判员5名；举办门球、健身舞操教练员培训班，开设门球强化训练班，分别邀请国际级裁判、门球专家孔子云和徐辉作门球强化训练、专题讲座和实战指导，100多人参加培训，在此基础上，动员组织参加培训的骨干，深入各镇（街道）、社区（村居）开展排舞、门球技术指导和学习培训。通过培训，社会体育工作者技术水平和指导能力不断提升。组织举办温州市第三届全民运动休闲大会暨2018年全国小金属地掷球普及推广宣传活动，来自不同阶层、不同年龄段的地掷球爱好者和县体育运动学校学生共300多人参加；为推广普及网球运动，邀请中国网坛金花，国内女子网球顶尖国手韩馨蕴及其教练对青少年网球爱好者进行现场教学训练、技术指导，共40名青少年网球爱好者参加聆听、观摩，受益匪浅，收获满满。

社团组织 截至2018年年底，永嘉县已建县级单项体育社团30个，街道乡镇级体育社团18个，街道乡镇级“1+5”联合会177个，民非9个，合计234个，实现乡镇（街道）“1+5”文化体育联合全覆盖，30家体育社团组织，3A等级6个，建立党组织达20%，30家社会团体已有6家成立实体型党支部，其中，三星级党支部2个（县长跑协会党支部、县徒步协会党支部），五星级党支部1个（县健身舞操协会党支部），单项体育社团组织健全，工作有序，活动正常，有声有色，在推进全民健身运动，传播科学健身知识中发挥积极作用。

老年体育 2018年，永嘉县举办县老年人协会纪念建会30周年门球赛，来自全县22个乡镇、街道的40支老年人代表队，300多名运动员参加。先后组队参加市老年人象棋、乒乓球、健身球操、气排球等10多项比赛和表演活动。

竞技体育

概况 2018年，永嘉县县体育局积极组队参加温州市少年儿童各项竞赛，通过各方面的共同努力，在开展业余训练、后备人才输送、教练员裁判员队伍建设等方面取得一定成效，较好完成全年各项工作任务。

省市参赛任务 2018年是省运年，永嘉县紧盯目标，科学选材，刻苦训练，积极参赛。派83位永嘉籍运动员参加省青少年田径、武术、体操（包括艺体、蹦技）、空手道、拳击、摔跤、帆船帆板、皮划艇、赛艇、网球锦标赛等24个项目的比赛，获得28枚金牌、26枚银牌、20枚铜牌；78人参加省第十六届运动会比赛，夺得11.2枚金牌、21枚银牌、16.5枚铜牌，总分483分的好成绩，顺利、圆满、超额完成市下达给永嘉县参赛省运会需获10枚金牌，总分259分的指标任务，为永嘉争了光，赢得了荣誉。组织474名运动员参加温州市少年儿童田径、跆拳道、空手道、拳击、举重、武术、羽毛球、乒乓球、网球、射箭、射击、篮球、足球、排球、摔跤、柔道、赛艇、皮划艇、游泳、自行车等20个项目的比赛，获得109枚金牌、74枚银牌、77枚铜牌。其中，男子足球甲组获第一名、乙组第五名，男子甲组篮球第五名，女子篮球甲组第三名、乙组篮球第二名，女子排球甲、乙组均第五名。组队参加温州市阳光体育运动会的小学生篮球、羽毛球、中学生田径比赛及少儿游泳分站赛，均取较好成绩。

全国、亚洲、世界性比赛 2018年，永嘉县获全国性比赛获6金、6银、7铜，亚洲级比赛获1银1铜，世界性比赛获1金2银1铜及2个第六名。

表30 2018年永嘉籍运动员参加浙江省比赛成绩（前三名）一览表

姓 名	性 别	比赛名称	比赛项目	名 次
胡蓉蓉	女	2018年浙江省体操锦标赛	女子团体	2
		第16届省运会体操比赛	女丁团体	2
朱钧馨	女	2018年浙江省体操锦标赛	女子团体	2
		第16届省运会体操比赛	女丁团体	2
钱金戈	男	2018年浙江省体操锦标赛	男子乙组山羊	3
		2018年浙江省体操锦标赛	男子乙组自由吊环	3
		第16届省运会体操比赛	男乙自由操—鞍马—吊环	3
汤祖儿	女	2018年浙江省艺术体操锦标赛	女子甲组团体	1
			单项球	2
			甲组单项带	3
			徒手	3
		第16届省运会艺术体操比赛	女甲团体	1
郑泇钒	女	2018年浙江省艺术体操锦标赛	女乙团体	2
金安琪	女	2018年省篮球锦标赛	女子乙组	3
郑思思	女	2018年省篮球锦标赛	女子乙组	3
潘菲利	女	2018年省篮球锦标赛	女子乙组	3
谢许诺	女	2018年省篮球锦标赛	女子乙组	3
朱均慧	女	2018年省篮球锦标赛	女子乙组	3
杨俊赫	男	2018年浙江省蹦床技巧锦标赛	男子乙组团体	3
		第16届省运会蹦技比赛	男乙混合团体	1
方铭颖	女	2018年浙江省蹦床技巧锦标赛	女子乙组团体	2
朱勇霖	男	2018年浙江省田径锦标赛	男子15—16岁组200米	1
陈理国	男	2018年浙江省田径锦标赛	男子13岁组三项全能	3
		第16届省运会田径比赛	13岁男子组跳高	3
戴倩倩	女	2018年浙江省田径锦标赛	女子17—18岁组标枪	2
		第16届省运会田径比赛	17—18岁女子组标枪	2
叶温琦	女	第16届省运会田径比赛	17—18岁女子组铅球	2
蔡文浩	男	第16届省运会田径比赛	17—18岁男子组跳高	2
金 晖	男	2018年省摔跤锦标赛	男子甲组古典75公斤级	1
		第16届省运会摔跤比赛	男子甲组古典式70公斤级	1
李卓珈	女	2018年浙江省武术锦标赛	女子乙组42式太极剑	2
汪镇武	男	2018年浙江省拳击锦标赛	男子丙组64公斤级	1
陈豪清	男	2018年浙江省拳击锦标赛	男子甲组75公斤级	1
		第16届省运会拳击比赛	男子甲组75公斤级	1
姜浩文	男	2018年浙江省拳击锦标赛	男子甲组64公斤级	1
姜浩武	男	2018年浙江省拳击锦标赛	男子甲组60公斤级	1
		第16届省运会拳击比赛	男子甲组60公斤级	3
孙加明	男	2018年浙江省拳击锦标赛	男子甲组56公斤级	1
		第16届省运会拳击比赛	男子甲组56公斤级第一名	1
赖瑜达	男	2018年浙江省拳击锦标赛	男子乙组69公斤级	2
		第16届省运会拳击比赛	男子甲组69公斤级	3
鲍欣瑶	女	2018年浙江省拳击锦标赛	女子乙组44公斤级	2
叶豪珍	女	2018年浙江省拳击锦标赛	女子乙组46公斤级	3

续表30

姓　名	性　别	比赛名称	比赛项目	名　次
金冰冰	女	2018年浙江省拳击锦标赛	女子甲组54公斤级	3
陈志远	男	2018年省青少年足球锦标赛	男子甲组	3
		第16届省运会男甲足球	男甲足球	1
金程旭	男	2018年省青少年足球锦标赛	男子甲组	3
		第16届省运会男甲足球比赛	男甲足球	1
李锴硕	男	2018年省青少年足球锦标赛	男子甲组	3
		第16届省运会男甲足球比赛	男甲足球	1
王　哲	男	2018年省青少年足球锦标赛	男子甲组	3
		第16届省运会男甲足球比赛	男甲足球	1
胡纯纯	女	2018年省场地自行车锦标赛	女子3千米追逐赛	1
		第16届省运会场地自行车比赛	女子甲组团体追逐赛	1
		第16届省运会公路自行车比赛	女甲60千米大组团体赛	3
贾思思	女	2018年省场地自行车锦标赛	女子3千米追逐赛	1
孙彬彬	女	2018年省场地自行车锦标赛	女子3千米追逐赛	1
徐李丹	女	2018年省场地自行车锦标赛	女子3千米追逐赛	1
倪秀杰	男	2018年浙江省皮划艇锦标赛	男子甲组200米 C1	1
			男子甲组1000米 C1	1
			男子甲组2000米 C1	1
		第16届省运会皮划艇比赛	男甲200米C1	1
			男甲1000米C1	1
			男甲2000米C1	2
徐克成	男	2018年浙江省皮划艇锦标赛	男子甲组1000米 C2	2
			男子甲组2000米 C2	3
董晨暄	女	2018年浙江省皮划艇锦标赛	女子甲组200米双人皮艇	2
			女子甲组2000米双人皮艇	2
章冬冬	女	2018年浙江省皮划艇锦标赛	女子乙组500米双人皮艇	1
			女子乙组2000米双人皮艇	1
曾　高	男	2018年浙江省赛艇锦标赛	男子乙组2000米单人双桨	2
			男子乙组6000米单人双桨	1
		第16届省运会赛艇比赛	男乙2000米1X	2
			男乙6000米1X	3
徐顺宝	男	2018年浙江省赛艇锦标赛	男子乙组男2000米双人双桨	1
			男子乙组6000米双人双桨	1
		第16届省运会赛艇比赛	男乙2000米2X	1
			男乙6000米2X	3
刘立锦	男	2018年浙江省赛艇锦标赛	男子乙组2000米双人单桨	1
			男子乙组6000米双人单桨	1
		第16届省运会赛艇比赛	男乙2000米2—	2
			男乙6000米2—	2
陈嘉宣	男	2018年浙江省赛艇锦标赛	男子丙组2000米单人双桨	2
			男子丙组4000米单人双桨	2
		第16届省运会赛艇比赛	男丙2000米2X	3

续表30

姓 名	性 别	比赛名称	比赛项目	名 次
戴胜涛	男	2018年浙江省赛艇锦标赛	男子丙组2000米双人双桨	2
			男子丙组4000米双人双桨	2
		第16届省运会赛艇比赛	男丙2000米1X	3
			男丙4000米1X	3
胡军涛	男	2018年浙江省赛艇锦标赛	轻量组6000米单人双桨	3
		第16届省运会赛艇比赛	轻量男甲6000米1X	2
			轻量男甲2000米1X	3
陈文静	女	2018年浙江省赛艇锦标赛	女子甲组2000米双人单桨	1
			女子甲组6000米双人单桨	1
		第16届省运会赛艇比赛	女甲2000米2—	2
			女甲6000米2—	2
陈罗婷	女	2018年浙江省赛艇锦标赛	女子甲组2000米双人单桨	1
			女子甲组6000米双人单桨	1
		第16届省运会赛艇比赛	女甲2000米2—	2
			女甲6000米2—	2
潘 静	女	2018年浙江省赛艇锦标赛	女子乙组6000米单人双桨	3
瞿智乐	女	2018年浙江省赛艇锦标赛	女甲轻量6000米单人双桨	1
			2000米单人双桨	2
		第16届省运会赛艇比赛	轻量女甲2000米1X	2
			轻量女甲6000米1X	2
周跃如	女	2018年浙江省空手道锦标赛	女子乙组个人组手61公斤级	1
张佳维	女	2018年浙江省空手道锦标赛	女子乙组个人组手54+公斤级	1
			女子乙组团体组手一队	2
		第16届省运会空手道比赛	女乙团体组手54公斤级	2
潘微微	女	2018年浙江省空手道锦标赛	女子甲组个人组手50公斤级	2
			女子甲组团体组手	2
		第16届省运会空手道比赛	女甲个人组手53公斤级	3
单晨然	女	2018年浙江省空手道锦标赛	女子乙组个人组手54公斤级	3
			女子乙组团体组手二队	3
		第16届省运会空手道比赛	女乙团体组手	3
李雨泽	男	2018年浙江省空手道锦标赛	男子乙组个人组手57公斤级	3
			男子乙组团体组手	2
吴嘉楠	男	2018年浙江省空手道锦标赛	男子乙组个人组手52公斤级	3
			男子乙组团体组手	2
		第16届省运会空手道比赛	男乙团体组手52公斤−	2
陈建锦	男	2018年浙江省空手道锦标赛	男子甲组个人组手84+公斤级	2
		第16届省运会空手道比赛	男甲个人组手75公斤级	1
李整泉	男	2018年浙江省空手道锦标赛	男子乙组个人组手70公斤级	1
			男子乙组团体组手	2
		第16届省运会空手道比赛	男乙团体组手70公斤+	2
刘溢和	男	2018年浙江省空手道锦标赛	男子甲组个人组手84公斤级	3
周跃如	女	2018年浙江省空手道锦标赛	女子甲组团体组手	2

续表30

姓　名	性　别	比赛名称	比赛项目	名　次
郑莹莹	女	2018年浙江省空手道锦标赛	女子甲组团体组手	2
朱思致	男	2018年浙江省帆船帆板锦标赛	男子OP场地赛甲组	1
			男子OP长距离赛甲组	2
			帆船OP田组队赛甲组	2
		第16届省运会帆板比赛	男甲OP个人	3
陈燕荻	女	2018年浙江省帆船帆板锦标赛	女子OP场地赛甲组	2
			女子OP长距离赛甲组	3
			帆船OP田组队赛甲组	2
陈新奇	男	2018年浙江省射击锦标赛	男子甲组气步枪60发团体	1
			自选步枪60发卧射团体	3
		第16届省运会射击比赛	男甲小口径自选步枪3×40发团体	2
			小口径自选步枪60发卧射团体	3
			气步枪60发团体	3
陈久强	男	第16届省运会射击比赛	男甲小口径自选步枪3×40发团体	2
			小口径自选步枪60发卧射团体	3
			气步枪60发团体	3
蒋成浩	男	第16届省运会射击比赛	男丙混合气步枪团体	2
金铭轩	男	2018年省青少年儿童羽毛球锦标赛	男子E组团体	1
叶子琪	女	2018年省青少年儿童羽毛球锦标赛	女子E组团体	2
陈青果	女	2018年省青少年网球锦标赛	女子乙组团体	2
董以诺	女	2018年省青少年网球锦标赛	女子乙组团体	2
黎姿汝	女	2018年青少年儿童游泳锦标赛	女子4×50米自由泳接力	2
			4×50米混合泳接力	2
		第16届省运会游泳比赛	9岁女子4×50米混合泳接力	1
			蝶泳全能	2
			4×50米自由泳接力	2
陈优璇	女	2018年青少年儿童游泳锦标赛	女子4×50米自由泳接力	2
			4×50米混合泳接力	2
杨玉红	女	第16届省运会拳击比赛	女子乙组50公斤级	3
叶申奥	男	第16届省运会射箭比赛	男甲团体淘汰赛	3
吴君帆	男	第16届省运会高尔夫比赛	男甲单	2
翁博瀚	男	第16届省运会击剑比赛	男子甲组重剑团体	3
李好童	女	第16届省运会游泳比赛	12岁女子4×100自由泳接力	2
			4×200米自由泳接力	2
			仰泳全能	2
			4×100米混合泳接力	3

表31 2018年永嘉籍运动员参加国内比赛成绩（前三名）一览表

姓 名	性 别	比赛名称	比赛项目	名 次
陈森森	男	2018全国赛艇冬季冠军赛	男子单人双桨水上12000米	1
			三项全能	3
		2018全国赛艇春季冠军赛	12千米男轻单人双桨	3
			2000米男轻单人双桨	3
			2000米男轻全能	3
		2018年全国赛艇锦标赛	2000米双人双桨	2
		2018全国赛艇秋季冠军赛	男轻单人双桨水上12千米	1
冯冰冰	女	2018年全国U15女子篮球赛	女子U15	3
金银鹏	男	2018年全国田径大奖赛（2）	4×400米接力	1
		2018年全国田径大奖赛（3）	4×400米接力	3
戴倩倩	女	2018年全国青年U20田径锦标赛暨世青赛田径选拔赛	U20女子组标枪	1
李 李	女	2018全国青年跆拳道锦标赛	49公斤级	3
钱金戈	男	全国少年体操分区赛暨全国少年体操U系列分区赛	10岁团体	3
		全国少年体操总决赛暨全国少年体操U系列总决赛	10岁团体	2
陈豪清	男	2018年全国青年拳击锦标赛	75公斤级	2
李云川	男	2018年全国青年拳击锦标赛	81公斤级	3
刘立锦	男	2018全国青少年锦标赛（U16）	男子甲组2—双人单桨	1
			三项全能	3
虞培智	男	全国中学生象棋锦标赛暨中小学生象棋夏令营	小学男子C组	2
倪秀杰	男	2018全国青少年龙舟锦标赛	少年甲组200米	2
			少年甲组500米	2
吕佳城	男	2019全国青少年跆拳道系列U系列赛总决赛	男子U12—14组67公斤	2

表32 2018年永嘉籍运动员参加国际比赛成绩（前三名）一览表

姓 名	性 别	比赛名称	比赛项目	名 次
卢恺曼	女	2018年澳大利亚青年世界杯	女子气手枪60发团体	2
			女子气手枪60发个人	3
		2018年世界杯德国站射击比赛	女子气手枪60发团体	1
			女子气手枪60发个人	2
郑芝玲	女	加拿大温哥华马拉松比赛	女子全程	1
戴倩倩	女	第十八届亚洲青少年田径锦标赛	标枪	3
陈森森	男	第十八届亚运会赛艇比赛	男轻单人双桨	2

运动员注册登记 2018年，永嘉县对415位运动员办理省、市注册登记手续，配合市体校游泳、体操教练到瓯北、上塘有关小学、幼儿园选材，对永嘉县在省、市体校训练的重点运动员进行慰问。

优秀体育人才输送 2018年，永嘉县切实加强输送工作，先后向温州市体校业余部输送27位后备人才。2018年，在省体校集训6人（射击1人、自行车1人、体操1人、篮球1人），省队转试训1人（射击），省队转正1人（赛艇）。

学校体育 2018年，永嘉县体育局重视学校体育，关心学生体质，单独或与县教育局联合，组织举办中小学生体育节系列体育竞赛活动。先后完成县中小学足球、中小学生篮球、中小学生田径选拔赛、少儿象棋精英赛、中小学生羽毛球、中小学生跆拳道、中小学校田径运动会等活动。2018年，在县田径运动会中1人次破1项县少年儿童田径纪录。15人（其中女3人）达到国家二级田径运动员标准；83人达到国家三级田径运动员标准（其中女运动员33人）；140人达到国家少年级田径运动员标准（其中女运动员89人）。通过竞赛，丰富活跃学生校园生活，增进学生身心健康，从中发现选拔优秀体育苗子和体育后备人才。

承办上级赛事 2018年，永嘉县成功承办温州市少年儿童女子甲组篮球比赛；全国公路自行车锦标赛暨全国青年公路自行车锦标赛，得到上级领导普遍赞赏和认可。

体育产业

产业基础 2018年，永嘉县坚持问题导向，深入企业，了解体育产业发展短板，立足实际，精心谋划，统筹部署，整体推进，狠抓特色产业提质增效，实现全县体育产业工作新突破。按照全省体育产业机构名录库建设要求，完成2017年全县体育产业机构名录库建设工作调查和系统平台建设，对2018年度浙江省体育产业发展资金项目库申报项目进行实地考察。

品牌赛事 2018年，永嘉县成功举办第五届楠溪江国际户外休闲嘉年华主题赛事，包括2018楠溪江国际桨板公开赛、“新希望地产杯”2018中国·楠溪江大型徒步活动、“乐清荣驰标”2018楠溪江全国汽车越野场地赛。

品牌项目申报 2018年，永嘉县楠溪江国际户外休闲嘉年华赛事分别入选《浙江省重点培育品牌体育赛事名录库（2018年）》、《温州市重点培育品牌体育赛事名录库（2018年）》。楠溪江国际户外休闲嘉年华（第四届）成功申报2018年度浙江省体育产业发展资金项目库入库项目（入库等级“重点支持”）。

招商项目 2018年，永嘉县体育产业工作及重点招商推介项目“永嘉龙须潭休闲谷”获2018全国体育产业重点项目招商专题展示；引导和助推选址在沙头镇东村的建设项目中国（永嘉）电子竞技文旅小镇招商签约；中国（永嘉）电子竞技文旅小镇、永嘉绿世界航空飞行营地、永嘉县珍溪运动休闲综合体为温州市优选体育产业招商项目；“永嘉县珍溪运动休闲综合体项目”入选2018全国优选体育产业项目名录，认真筛选本地温州市社会力量办体育产业项目，有力推动永嘉县体育产业发展步伐。

项目创评 2018年，永嘉县完成中国体育旅游（十佳）精品项目、精品赛事申报工作，“楠溪江国际户外休闲嘉年华赛事”入围2018年中国体育旅游（十佳）精品赛事项目，“温州永嘉大若岩百丈瀑体育旅游景区”入围2018年中国体育旅游（十佳）精品赛项目；“香樟花园（竹筏漂流）——永嘉书院（户外拓展）——大若岩百丈瀑（登山）”，被浙江省体育局、省旅游局认定为省运动休闲旅游精品线路（2019—2021）；积极组织策划参加2018“体彩杯”浙江省第二届十佳商业体育赛事评选大赛活动，“楠溪江国际户外休闲嘉年华赛事”获2018“体彩杯”浙江省第二届十佳商业体育赛事评选大赛优秀奖。

行政审批监管 2018年，永嘉县完成体育行政执法案卷评查工作，经营高危险性体育项目许可（游泳）案卷被评为优秀案卷；办理行政审批件3件，体育类民办非企业单位登记1件，高危体育项目行政审批和管理工作受省体育局肯定并作典型经验交流；按时完成《体育系统省市县三级群众和企业到政府办事事项指导目录》和全省体育系统“最多跑一次”事项“八统一”事项目录及简版办事指南，证明清单清理，服务窗口优化营商环境自查整改等工作，扎实开展营商环境问题涉企行政执法专项整治行动，完成“最多跑一次”改革问题清单、事项文件材料归档和报送；全面推行“双随机”抽查监管及系统平台操作，加强监管力度，确保高危险性体育项目（游泳、攀岩）安全经营。

体育场馆 2018年，永嘉县体育馆作为改革和创新场馆运营模式改革试点，按照所有权和经营权分离原则，在完成投招标的同时，根据永嘉县政府常务会议纪要《关于同意永嘉县体育馆运营管理暂行方案》要求，9月各场馆进入试运营，进一步激发场馆运营效能和活力，充分挖掘场馆经济效益和社会效益，提升场馆公共服务能力，群众反映良好。在试运营期间，进一步完善场馆相关设施设备，至年底已全面进入正式运营。牢固树立“服务第一”意识，始终把服务、训练、群体活动等放在第一位。做好体育场馆环境卫生、安全保卫工作。定期检查场地设备，做好维护、保养，使体育馆始终处于良好状态。

体育改革

体育事业发展计划 2018年永嘉县体育局根据《永嘉县国民经济和社会发展第十三个五年规划》总体要求，制定《永嘉县体育事业优质均衡发展三年行动计划（2018—2020年）》，经县政府第19次常务会议审议通过，正式实施。

社会力量办体育改革试点 2018年，永嘉县做好政府职能向社会组织转移，鼓励社会力量积极参与群众体育、竞技体育，体育产业，充分激发社会资本投资体育事业的积极性，让社会力量全面参与体育事业。2018年社会力量办跆拳道、乒乓球，转移赛事承办，场馆营运等改革试点工作有序顺利推进。

（潘统平）

彩虹跑（陈胜豪　摄）

社会事务

人力资源

概况 2018年，永嘉县新增城镇就业岗位11766个，城镇登记失业率1.97%。接收高校毕业生档案4257件，提供205个见习岗位。举办现场公益性就业招聘会11场次，进场11850人次。处置劳资纠纷和欠薪逃匿案件269件，为761名劳动者追回工资853万元，结案率100%，2018年被浙江省政府批准为“无欠薪”创建县。

人才开发与智力引进 2018年，永嘉县引进高层次人才和特殊紧缺专业技术人员13人，引进国外技术项目11项，聘请外国专家11人，入选“市级海外工程师”3人，入选省级重点项目3项，入选市级重点项目2项。报喜鸟Vecchiato Paolo入选“西湖友谊奖”，受到王文序副省长接见。吴成业入选市“扶工扶农”活动和面向欠发达地区科研项目课题评选活动，张强申报赴国内外进修，获2.8万元经费资助。张晓忠入选“省151人才工程”第二层次培养人员，温州市企业单位仅4人入选名单。进一步推进博士后工作站建设及高层次人才培养，共6家企业，其中国家级2家、省级4家。张晓忠入选“温州市高层次人才特殊支持计划”科技创新领军人才名单，吴武通、王一翔入选科技创新青年拔尖人才名单，由腾腾入选人文社科青年拔尖人才名单。组织95家企业参加2018年第十一届浙江省技能人才校企合作、中国瑞安百校民企合作交流大会、2018年中国温州千企百校人才对接会，8所院校现场签订产研基地校企合作协议。

国家机关人员队伍建设 2018年，永嘉县计划招录公务员（参照公务员法管理人员）78名（其中四级联考计划75名，选调生村干部3名），公安系统录用警察院校毕业生22人，政法干警招录培养体制改革试点班毕业学员3人。多样化开展教育培训，组织105名新录用公务员参加初任培训，对全县政府35家单位1894名公务员（其中83名工勤人员）进行2017年度考核。举办4期公务员“学法用法”轮训，共1170名公务员参加培训，全县89个单位3068名公务员通过网络学堂学习培训，通过率98.02%，全县3466人参加“公务员学法用法”网上考试。公开招聘事业单位工作人员458名（其中卫生系统招聘142名、教育系统招聘225名、其他事业单位招聘91名）。全年办理事业单位人员流动手续133人（其中县内流动85人、调往县外31人、县外调入17人）。做好原楠溪江风景区门票管理总站48名事业人员转全额考核工作。完成182名管理八级职员的培训任职工作。认真做好事业单位工作人员年度考核工作，参加考核人数14941人，其中，优秀2227人，合格12160人，基本合格3人，不合格9人，受党政处分未解除不定等次16人，见习期只写评语不定等次459人，不予参加考核67人。认真审核、整合、核减2017年度表彰奖励项目，永嘉县得到批复表彰项目1项、表扬项目3项。

职称评审 2018年，永嘉县聘任各类职称人员605名；审批机关事业及卫生系统岗位设置后专技人员职务聘任调整347名；审批教育系统聘任和微调人员1198名。企事业单位各类专业技术人员申报高级和中级职称评审资格审查推荐124人（其中高级35名、中级89名）；外延职称评审资格审查推荐63人；中小学教师高级专业技术职务任职资格评审推荐通过人员83人；教师中级专业技术职务任职资格评审推荐通过171人；卫生高级专业技术职务任职资格评审推荐通过人员38人；46名外延职称泵阀专业初、中级专业技术人员取得任职资格；城西中学、永嘉中学、职业中学和瓯北中心小学四所学校开展初、中级专业技术职务任职资格的自主评聘工作，14人具有一级教师任职资格，6人具有二级教师任职资格；永嘉县中医院作为卫生高级自主评聘试点单位，评聘通过卫生正高级专业技术职务5名和卫生副高专业技术职务9名。

工资福利管理 2018年，永嘉县审批公务员职级晋升86人。职务职级（职称）晋升增资2298人，其中机关324人、教育事业1094人、其他事业880人。事业考核晋级14657人，教育系统考核晋级7544人，其他事业考核晋级7113人；机关考核五年称职晋级596人，二年晋档2841人。转正定级541人，其中机关135人、事业406人。机关调动（录用）人员工资审批326人，其中县内调动 165人、县外调入19人、调出县外24人、新录用118人、事业转公务员工资套改8人；事业调动（录用）人员工资审批393人、其中县内调动104人，县外调入27人、调出县外15人、新录用247人。事业浮动工资满8年转固定102人，增加或取消浮动24人。学历提升增资7人，援藏干部工资核定1人。机关事业单位工作人员退休316人、其中机关67人、事业249人、一次性退休补贴429人。办理抚恤金、丧葬费核定199人共计15957014元，遗属生活困难补助66人。办理工龄认定184人。对全县机关事业单位107位特殊困难职工进行解困慰问，发放补助费31.8万元。举办优秀公务员健康休养活动6期，共212人参加。

毕业生就业见习 2018年，永嘉县接收高校毕业生档案4257件，新建人事档案26人，就业协议书登记鉴证933份，对372名永嘉籍离校未就业高校毕业生进行跟踪服务，为机关事业单位提供档案材料政审512人次。宣达实业集团有限公司等13家企业与永嘉县网络舆情监测应急中心等6家事业单位作为永嘉县高校毕业生就业见习试点单位，分别提供190个、15个见习岗位。其中国家级大学生见习基地奥康鞋业，每年留用见习生比例70%以上，见习基地数和见习人数名列全市前茅。报喜鸟集团有限公司和浙江亚龙教育装备股份有限公司入选市级高校毕业生就业见习基地，全市仅10家企业入选。奥康集团有限公司和红蜻蜓集团有限公司被评估为优秀基地，全市仅永嘉县2家。

军转干部安置 2018年，永嘉县安置军转干部，军转干部分别安置在县移民办、县市场监督管理局、县司法局、东城街道，随调家属安置在北城街道综合文化中心，1名随军家属安置在县水务集团，其他2名选择货币安置。做好企业退休军转干部维稳解困工作，召开企业退休军转干部春节团拜会、“八一”座谈会，完成春节、“八一”和特困慰问工作，采取多种措施确保军转干部情绪稳定，在重大节庆日等敏感时期未发生赴省进京上访现象。按省市要求完成企业军转干部思想政治工作调研工作和相关统计工作。

就业与再就业 2018年，永嘉县城镇新增就业岗位11766个，完成任务数135.24%；城镇登记失业率1.97%；受理创业担保贷款资格认定281人，发放贷款199笔，贷款金额5694万元，完成任务数227.76%，创业直接带动就业1431人。着力打好创业创新大赛、专场就业促进会、大学生就业见习、O2O招聘市场等组合拳，全县建立农村电子商务服务站155个。举办现场公益性就业招聘会11场次，参会企业380家，企业提供13253个岗位，进场11850人次，达成意向829人。与温职院建立“泵阀智造产教融合联盟”及“产学研创”合作关系，共同深耕“学生+导师+项目”校企合作，助力永嘉县鞋业、服装、泵阀、电气、包装等传统产业转型升级，着力打造“双创”升级版。建成大学生创业孵化园，为有创业梦的大学生提供“一站式”公共创业服务，“一条龙”创业孵化平台，“一体化”创业实训平台，“零租金”创业办公场地，“拎包入驻”的低门槛创业途径。积极安置就业困难人员就业，设置居家养老护理、公共设施协理等公益性岗位214个，使214名生活困难的就业困难人员实现就业。扩大失业保险基金支出，发放稳定岗位补贴773万元，为936家企业稳定就业岗位提供有力支持。强化失业保险保生活、防失业、促就业功能，全县申报领取失业金人员5493人次，发放失业金732余万元。通过社会保险补贴，鼓励生活困难的就业困难人员从事个体经营或灵活就业，为9名“在村级电子商务服务站服务城乡劳动者”发放一次性创业社保补贴4.5万元，为68名生活困难的就业困难人员发放社保补贴23.19万元，为147人发放一次性生活困难补助金25.65万元。坚持以政策促创业，以创业促就业，全面落实创业担保贷款政策，共发放贷款5694万元，创业带动就业1431人。

职业培训 2018年，永嘉县人力资源和社会保障局开展各类职业技能培训和鉴定3276人次，其中开展高技能人才培养1144人，发证908人，完成培养目标任务135%，农村劳动力转移就业培训876人，完成目标任务125%；家政服务培训685人，完成目标任务171%。开展职业中学各类职业资格鉴定1600多人次。成功举办2018年永嘉县第三届“金牌月嫂”母婴护理技能大赛活动和第二届“楠溪麦饼王”麦饼制作技能大赛。

劳动争议案件处理 2018年，浙江省政府批准永嘉为“无欠薪”创建县，10月顺利通过温州市政府对永嘉县的考核预验收和省劳动保障监察总队调研督查，“无欠薪”过程性指标排名全市第一，未发生“无欠薪”创建一票否决案件。全县处置劳资纠纷和欠薪逃匿案件269件（其中移送公安立案查处1件），为761名劳动者追回工资853万元，结案率100%。处理10人以上的群体事件14件，涉及劳动者298人，涉及金额326万元，公安立案1件，涉及劳动者9人，涉及金额4.85万元，有效震慑拒不支付劳动报酬犯罪案件的违法犯罪分子。公布劳动保障违法行为黑名单2家。在建工程六项制度实现全覆盖。全县共受理仲裁案件511件（含上年度未结案件），结案506件，其中裁决94件，调解（含撤诉）412件，仲裁结案率96.7%、调解率81.4%、一裁终局率53%，未发生因仲裁引发的跨级跨部门投诉现象，县本级标准仲裁庭顺利通过省级示范化仲裁庭验收。

劳动用工检查 2018年，永嘉县人力资源和社会保障局充分发挥日常巡查的预防作用，共巡查用人单位902家，完成企业书面审查8829家，完成率120.75%，同比上升18.45%。企业合同签订率达92%。积极开展农民工工资支付情况专项检查、清理整顿人力资源市场秩序“春雷”专项行动、用人单位遵守劳动用工和社会保险法律法规情况检查等专项行动，维护劳动者合法权益，共办理行政处罚（处理）案件6件。

（陈婉艳）

民政工作

概况 2018年，永嘉县民政局坚持“民政为民、民政爱民”宗旨，以推进民生项目建设为抓手，以提升民生保障水平为目标，做到惠民生、谋民利、解民忧，使民政服务对象获得感、幸福感、安全感更加充实、更有保障、更可持续。

扶贫领域资金专项检查行动 2018年4月9日，以永嘉县人民政府办公室名义下发《关于开展民政系统扶贫领域资金专项检查行动的通知》，全面排查城乡低保、五保供养、灾民救助、临时救助、医疗救助、困境儿童救助、孤儿生活保障、困难残疾人生活补贴和重度残疾人护理补贴、流浪乞讨人员救助、养老服务经费、高龄津贴、定救补助、优抚安置经费等民政扶贫领域所有资金的管理使用情况，确保全县民政扶贫领域资金使用管理规范、发放程序到位，各项扶贫资金按时、足额发放到人到户，民政扶贫资金安全高效运行。4月11日，分管副县长主持召集县纪委、县民政局、县审计局及各乡镇（街道）分管领导参加全县民政系统扶贫领域资金专项检查行动推进会，会议对低保动态管理和整治工作做专门部署，决定对全县在册低保对象进行全面复查，县民政局和各乡镇（街道）分工负责，县民政局负责全县在册城乡低保家庭人员车辆、社保、工商等信息的大数据核对工作，将核对结果及时反馈至各乡镇（街道），组织力量对全县各乡镇（街道）复查开展情况进行重点抽查，抽查结果作为县对乡镇（街道）年终考核量分的重要依据；各乡镇（街道）负责入户走访工作，确保不漏一人不漏一户，排查重点主要包括加大主动发现力度，各驻村干部重点排摸患重病和重残对象，排除漏保情况；对部分低保对象收入减少，病情或残疾程度加重，生活更加困难的情况，按照应补尽补原则，适当调高低保金标准；核查低保家庭成员已死亡、家庭经济已好转、已就业等情况，及时做好注销、变更等动态管理工作；通过数据核对、入户调查等方式力促低保对象确认精准。通过省级核对平台对全县低保在册和申请对象进行银行存款、车辆、社保等信息的复核工作，驻村干部或民政员全部入户核实，在入户调查表上签字确认。针对核查中发现的因银行存款超标导致低保对象清退这一突出问题，永嘉县本着关爱困难群众原则，具体情况具体分析，对农村孤老、精神残疾以及其他特殊情况家庭由乡镇（街道）或村（居）出具相关情况说明后予以保留，全力做好“应保尽保、应退尽退”。至年底，全县共有低保对象15612户26792人，占全县户籍人口的2.76%，其中2018年新批低保对象2421人，退出低保对象3992人，城乡低保金标准统一为每人每月664元，共发放低保金1.336亿元。

低保边缘户认定 2018年，永嘉县各乡镇（街道）驻村干部、村委干部采取“走村入户”方式，对辖区各村上报的低保边缘户进行细致摸底、调查、登记，对符合条件的低保边缘户的经济收入、身体状况、住房条件、就业情况等进行详细登记，严格按照认定标准、程序、流程、步骤对低保边缘户申请认定对象进行审核认定。全县共有低保边缘户13488人，其中新批低保边缘户对象562人，退出低保对象边缘户3981人。

医疗救助 2018年，永嘉县民政局根据《浙江省人民政府办公厅关于进一步完善医疗救助制度有关问题的通知》《温州市民政局关于进一步明确因病致贫对象医疗救助有关问题的通知》《永嘉县人民政府关于印发永嘉县社会医疗救助办法的通知》等文件精神，制定下发《永嘉县民政局关于进一步明确因病致贫对象医疗救助有关问题的通知》，着重就因病致贫对象的定义、家庭承受能力的认定、财产条件的认定等方面进行明确。按照《永嘉县支出型贫困家庭救助办法（试行）》，全年对符合救助的困难群众进行审核救助，有效缓解困难群众看病难、看病贵问题。2018年共实施医疗救助12986人次，发放救助资金6428万元。针对低保对象精神病人的医中救助，共救助精神病人3366人次，支出1597万元。截至年底，在温州民康医院、康宁医院接受治疗的精神病人共有650人，切实为维护社会稳定发挥重要作用。此外，积极开展贫困精神病人门诊全额保障发卡及救助工作，全年总共发卡850张。

临时救助 2018年，根据《永嘉县急难救助实施办法（试行）》，永嘉县民政局对因火灾、交通事故、家庭成员突发重大疾病等原因，导致基本生活暂时出现严重困难的家庭，或者因生活必需支出突然增加超出家庭承受能力，而导致基本生活暂时出现严重困难的最低生活保障家庭，以及遭遇其他特殊困难的家庭给予临时救助，针对不同的困难群体开展不同方式的急难帮扶。截至年底，全县共临时救助2925户8547人，支出救助资金共614万元；救助“救急难”对象29户90人，支出“救急难”资金35.8万元。

集中供养 2018年，永嘉县按照《农村五保供养工作条例》等政策要求，实行特困供养对象动态管理，做到“应保尽保”“按标施保”。截至年底，全县共有农村五保供养对象和城镇“三无”人员421人，其中集中供养413人，分散供养8人，集中供养率98%，供养标准为每人每月620元，全年发放五保供养金314.7万多元，较好保障农村五保对象和城镇“三无”人员日常生活开支。

流浪乞讨人员救助 2017年，经县编委批准在永嘉县救助管理站增挂永嘉县流浪未成年人救助保护中心。根据《民政部 全国妇联（关于做好家庭暴力受害人庇护救助工作的指导意见）》要求，永嘉县进一步加强家庭暴力妇女儿童保护救助工作，救助站建立家庭暴力妇女儿童保护救助机制，与永嘉县沁园养老院以政府购买服务的方式协议合作开展家庭暴力妇女儿童保护救助庇护工作。为身陷窘境、无力自救的生活无着流浪乞讨人员开展救助，着重做好病危、精神病、传染病等危重病人救助与流浪未成年人的保护和救助，积极开展“夏季送清凉”“寒冷送温暖”等专项救助行动，加大对车站、闹市区、桥洞等重点区域的巡逻力度，配备足量药物、药品，方便面、饼干、水等生活物资，为流浪乞讨求助对象筑牢一道强有力的安全屏障。截至年底，全县共接受救助428人次，其中危重病人185人次、流浪未成年人13人次，女性36人次，治愈跨省护送返乡安置19人次，接回安置18人次，共支付救助与医疗经费166.95 万元、护送返乡经费9万元，滞留在站20人。

其他救助 2018年，根据温州市人民政府办公室抄告单〔2013〕196号“关于支宁返温人员固定生活补助金调整机制”、永嘉县人民政府对《关于要求提高支宁返永人员固定生活补助金的请示》批复意见、温州市民政局《关于调整市区支宁返温人员固定生活补助金的通知》等文件要求，结合温州市人民政府《关于调整全市城乡居民最低生活保障标准的通知》规定，永嘉县城镇居民低保保障标准从每人每月620元调整到664元。按此调整幅度，永嘉县支宁返永人员固定生活补助金从每人每月220元调整到236元，该补助标准从2018年1月1日起执行。截至年底，全县共有支宁人员292人，资金由县民政局直接拨付到支宁人员账户，全年支出生活补助金61.54万元，其中因死亡核减支宁人员11人。为保障国民党抗战老兵基本生活，根据省民政厅《关于做好原国民党抗战老兵有关工作的通知》、永嘉县人民政府对《关于原国民党抗战老兵生活补助审核意见的请示》批复意见精神，将永嘉县原国民党抗战老兵生活补助标准按照不低于当地上年度农村常住居民人均可支配收入的80%确定，国民党抗战老兵生活补助标准从每人每月1130元调整为每人每月1352元，该补助标准从2018年1月1日起执行。截至年底，全县享受国民党抗战老兵生活补助对象11人，共发放生活补助金15.674万元，其中因死亡核减国民党抗战老兵1人，新认定国民党抗战老兵1人。

避灾场所 2018年4月4日，以县减灾委办公室名义下发《关于下达2018年度避灾安置场所规范化提升任务的通知》，部署永嘉县避灾安置场所规范化提升工作，明确规范化提升的标准内容，确保提升质量，厘清乡镇（街道）和村（居）委会工作分工，确保避灾安置场所效率提升。通过全县精心组织，乡镇村居分工协作和民政局定期督查，全县各乡镇（街道）于6月初全部完成避灾安置场所规范化提升任务。为确保避灾场所提升质量达到“能安置人，能留住人”功能目标，按照自查、验收、整改“三步走”模式，于2018年6月12日下发《关于做好避灾安置场所规范化提升工作自查自纠的通知》，要求各乡镇街道对避灾安置场所的挂牌情况、功能设置情况、救灾物资储备情况、制度建设情况等方面开展自查自纠，发现问题及时整改。通过自查整改后，委托社会组织对所有新提升的避灾场所逐一进行规范化验收，建立照片电子台账，形成规范化验收报告。县民政局按20%的比例和市局5%的比例，对新提升的避灾安置场所进行抽查复验，实现全县101个村级避灾安置场所规范化提升工作安全检测率100%，挂牌率100%，规范化建设率100%的建设目标，高标准严要求全面完成建设任务。截至年底，全县已累计建成避灾安置场所659个，规范化提升229个，实现县乡避灾安置场所全覆盖，形成避灾安置场所县乡村三级覆盖体系，其中县级2个、乡镇级22个、村居级635个，数量居全市第一。

灾情处置 2018年3月21日，永嘉县民政局下发《关于开展避灾安置场所防汛安全大检查的通知》，要求各乡镇（街道）对全县已建避灾安置场所进行全面的安全性大排查，确保避灾场所安全。根据《台风应急预案》，县民政局及时成立“灾情统计组”“查灾核灾组”“后勤保障组”“物资运送组”“应急处置组”等救灾工作小组，抗台期间社会福利与救灾救济科全体科员24小时进岗值守，其他科室加强值班，真正做到科室联动，工作有序。2018年，永嘉县先后遭受“玛莉亚”“安比”“摩羯”“山竹”“潭美”等多个台风和热带风暴影响，造成一定的经济损失，共造成民房倒塌7户13间，严重损坏6户7间。2018年11月，县民政局与县财政局联合下发2018年度自然灾害倒损房户补助资金9.2万元，帮助倒损房受灾户开展房屋重建与修复。

救灾储备 2018年9月，永嘉县民政局委托县招投标中心发布《永嘉县民政局冬令救济棉被的公开招标公告》，统一采购冬令救济棉被5290条，其中县救灾物资储备库预留380条，其他4910条于2018年11月分发至全县22个乡镇（街道办事处），用于帮助受灾户和困难户安全过冬。依托全县659个避灾安置场所，建成救灾物资县、乡镇（街道）、村（居）三级储备体系，采取实物储备、食品协议储备相结合的办法，充分保障应急物资以及转移人员口粮的供应。截至年底，全县共有避灾安置场所659处，包括县级2处、镇村级657处，其中规范化建设的有229处，共储备折叠床、棉被、空调被、草席、洗漱用品等救灾物资6500余套。

防灾减灾 2018年，永嘉县减灾委办公室下发《关于开展2018年度灾害信息员轮训的通知》，于6月28日在县委党校举行2018年度村级灾害信息员业务培训班，邀请省、市民政救灾工作专家授课，学习自然灾害统计制度和灾情信息管理办法，掌握灾害损失评估要领，提高数据科学性和准确性；通过模拟手机报灾操作，掌握手机软件报灾操作技术，切实提高基层报灾、查灾、核灾效率。共培训包括全县

5个乡镇180余个村近200名基层灾害信息员。截至年底，全县共有各级灾害信息员900多名，初步建成县、乡镇（街道）、村（社区）三级灾害信息员队伍体系。通过完善防灾减灾机制，提升基层减灾能力，积极引导社会力量参与救灾服务，全年新增注册3支救灾救援队，分别是永嘉县战狼救援中心、永嘉县猎鹰救援服务中心、永嘉县雪豹救援服务中心，成为灾时政府救灾力量的重要补充，保护人民群众生命财产安全。对创建国家级综合减灾示范社区，采取“以奖代补”方式给予1万元经济奖励，全年创建国家级综合减灾示范社区1个（瓯北街道滨江社区），创建省级综合减灾示范社区2个（瓯北街道镇西社区、东城街道全安村）。截至年底，全县共创建国家级综合减灾示范社区11个、省级综合减灾示范社区13个。

儿童福利 根据《浙江省人民政府办公室关于推进普惠型儿童福利体系建设的意见》和《永嘉县人民政府办公室关于建立适度普惠型儿童福利制度的通知》等文件要求，2018年6月27日，县民政局和县财政局联合下发《关于调整孤儿和困境儿童基本生活的通知》福利机构养育的孤儿年基本生活费标准按不低于当地上年度城镇居民家庭人均消费性支出的70%确定，基本生活费标准调整为每人每月1551元；社会散居孤儿年基本生活费标准按不低于当地福利机构孤儿基本生活费标准的80%确定，基本生活费调整为每人每月1241元；事实无人抚养困境儿童基本生活费参照社会散居孤儿基本生活费标准发放，低保及低保边缘家庭中的重度残疾和三级四级精神、智力残疾儿童以及患重病和罕见病儿童等类型困境儿童的基本生活费参照社会散居孤儿基本生活费标准补差发放，基本生活费调整为每人每月1241元；其他困境儿童的基本生活保障，按照社会散居孤儿基本生活费的70%确定，基本生活费标准调整为每人每月868元。切实提高孤儿及困境儿童生活补助，进一步完善普惠型儿童福利制度。通过家庭经济核对平台，对补助对象家庭的房产、车辆、工商等信息进行核对，对经济好转的家庭，依规定予以取消补助，全年核对家庭经济状况196户。截至年底，全县在册社会散居孤儿22人，困境儿童694人，其中2018年新增社会散居孤儿3人，困境儿童37人。全年累计发放孤儿及困境儿童生活补助金8758962元，发放生活物价补贴25792元。根据孤弃儿童养育情况大排查工作要求，县民政局下发《关于孤弃儿童养育情况大排查的通知》，要求各乡镇（街道）组织全面摸底排查，进一步完善《全国农村留守儿童和困境儿童管理系统》管理数据信息。通过乡镇（街道）排摸，全县留守儿童共2571人，完成录入新增村居信息931个，乡镇级督导员信息25人，村居级儿童督导主任信息931人。

民房火灾 2018年，永嘉县共收到民房火灾救助申请19起，烧毁民房99间，受灾341人。县民政局收到火灾报告后第一时间赶到现场核实灾情，按照即办制原则，累计下拨民房火灾救助款17.07万元，大米1.9吨、棉被81床、食用油38瓶等生活救灾物资，保障火灾受灾户的临时生活过渡。

定补救济 2018年，永嘉县在册各类定补救济对象共571人，主要包括40%救济人员、精减下放干部（职工）、落实政策干部、三老人员等6大类9种对象，全年共发放生活补助687.18万元。加强对定补救济对象的动态管理，下发《关于开展精减下放干部（职工）等定救人员基本情况核查的通知》，对在册定补对象开展健康核查，及时停发73位亡故对象的生活补助，确保补助资金准确发放。

优抚优待 2018年春节、“八一”期间，永嘉县共走访慰问10个部队，走访各类优抚对象1280余人（户），支出慰问金111万余元，慰问品7.7万元，发放年画挂历2.3万份；完成清明节祭扫以及烈士公祭活动，累计接待2000余人次；认真做好信访接待工作，努力解决优抚对象的“三难”问题，答复各类信访28件，接待来访人员4批次，信访处理率100%。投入40余万元购买“情系老兵”“情系功臣”2个社会化优抚服务项目，全县辖区内1407位重点优抚对象及退伍兵受益。努力做好退役军人和其他优抚对象信息采集工作，全县纸质采集信息16800多人，录入优抚信息系统16500多人，采集率95%。同时，严格落实优抚对象优抚标准自然增长机制，其中烈士遗属、因公牺牲军人遗属、病故军人遗属由原来的每人每月2521元、2284元、2080元分别提高到2714元、2450元、2236元；孤老、永嘉解放和中华人民共和国成立后在乡复员军人由原来的每人每月1415元、1365元、1315元提高到1515元、1465元、1415元；带病回乡退伍军人由原来的每人每月1073元提高到1183元；有工作单位的残疾军人抚恤金，按民政部文件规定标准发放。无工作的残疾军人优抚金标准根据省规定的自然增长机制调整，最高的优抚金加护理费因公一级118612元/年，最低的因公十级13140元/年，超过《浙江省军人抚恤优待办法》第十一条规定标准。按时足额为全县重点优抚对象发放各类优抚对象抚恤、补助金，按照统一发放，统一管理的要求，直接发放到优抚对象个人账户。全年累计发放优抚补助经费3140多万元，医疗补助经费297.8万元。

双拥安置　2018年，永嘉县共接收2017年夏秋冬季退役士兵参加职业技能教育培训，支出经费117.73万元。为330名退役士兵发放一次性经济补助金1026余万元，330名退役士兵档案全部移交县人武部。按照公开、公平、公正竞争原则，采用文化考试和服役年限、部队表现相结合的办法，按总分从高到低的次序选择备选单位，23名转业士官全部安置到全额事业单位，安置率100%。

丧葬陋习整治　2018年，永嘉县深入推进办丧过程制度化、丧事简办集中整治常态化、丧事服务规范化、青山白化生态化、殡葬领域突出问题专项治理等“五项治理”行动，全年累计发放移风易俗宣传单（折纸）3万份、《殡葬新政策解读》小册子2万份、《倡议书》1.2万份、《办丧须知》1万份，出动宣传车381余次，开展各类宣传活动680余场次；处罚违规燃放烟花爆竹4人，查处违规车辆17起，制止电子花圈21起，销毁电子屏幕16个；实施丧事监管139例，制止违规办丧22例，发出整改通报1份（次），责令公开登报道歉1例。深入开展丧葬用品市场管理检查4次，查处花店和丧葬用品店（摊点）超范围经营、占道经营行为2人次。积极落实各项殡葬惠民政策，已火化遗体4710多例，累计减免费用600万元，切实减轻群众丧葬负担。

“青山白化”治理　2018年，永嘉县加强坟墓“禁新”日常巡查，实行半月督查每季考核，利用“青山白化”治理GPS监管平台和2台无人机进行巡查，政府出资生态化改造坟墓524座，积极引导坟主自行生态化改造私墓36座。积极推广岩坦镇小舟垟坟墓生态化改造“留碑不留坟”标准，创新“互联网+移风易俗”模式，在每块墓碑上设置一块鹅卵石+二维码，通过扫码登录墓主网上纪念馆，实现网上祭祀，文明祭祀，将昔日坟山变成百姓休憩的公园。启动全省消薄现场会和全市乡村振兴示范带建设现场会线路两侧1611座、涉及9个镇街的坟墓生态化改造工作，有效遏制“青山白化”回潮现象，重点路段两侧视线范围内的山体环境明显改观。

节地生态葬法　2018年，永嘉县累计现场踏勘公墓选址75处，开具联系单53份，审批生态公墓30处，骨灰楼2处，下沉式草坪葬1处，核准建设面积94亩，可建墓穴约2.8万穴。开工建设生态墓地17处，建成生态公墓6处，建成骨灰楼1座，增建已建公墓节地安葬设施2处，墓（格）位4200穴。组团赴金华市磐安、永康、义乌等地学习考察节地生态葬法改革办法，出台永嘉县骨灰楼（堂、塔）建设简易审批专题会议纪要，破解骨灰楼（堂、塔）建设审批难题。继续深入贯彻执行《永嘉县倡导推行节地生态葬法实施办法（试行）》，大力倡导和推行节地生态安葬。2018年5月23日参加全市联合海葬2例。全年实施树葬3例，其中鹤栖山陵园2例，茗岙乡1例。

婚姻收养　2018年，永嘉县民政局累计接待办事群众2万余人次，办理各类婚姻登记10024件次，其中办理结婚登记6244件，离婚登记2141件，补发结、离婚证1618件，出具涉外无婚姻登记记录证明21份；婚姻登记查档1200余件，婚姻登记合格率100%，实现婚姻登记“零差错”目标；按照自愿原则，全年共为25对结婚新人免费举行结婚宣誓颁证仪式，为50对离婚当事人进行调解，双方表示和好与暂缓离婚的30对，调解率60%。完成1954—2007年（含2007年）共188324件历史婚姻档案电子化归档工作，婚姻登记工作工本费、复印、颁证与辅导服务实现“全免费”。根据《中华人民共和国收养法》和有关规定，严把收养人资格条件关，程序关、资料关，以有利于孩子身心健康成长的家庭为导向，认真开展国内公民收养登记工作，全年共办理收养登记45件，登记合格率100%。

社会组织 2018年，永嘉县民政局按照省、市关于开展行业协会商会收费情况自查自纠工作要求，完成全县41家已脱钩及直接登记的行业协会商会收费情况自查自纠工作，进一步规范相关协会收费行为，共有5家协会调低会费标准，12家协会调整会费标准档次。发布《永嘉县民政局关于提供非法社会组织活动线索的公告》，成立打击整治非法社会组织专项行动领导小组，开展非法社会组织排摸工作，及时劝阻2家社团的筹建活动。开展2018年度社会组织公益创投项目申报工作，全县共有35个社会组织申报公益创投项目，经评审小组评定，确定对35个社会组织公益创投项目予以资助，共计资助资金35万元，举行2018年度社会组织公益创投资助项目签约仪式。全年共有15家社会组织申报评估，经评定13家社会组织获得评估等级，其中4A等级3家，3A等级9家，2A等级1家。按照市民政局统一部署，组织10家社会组织与村居（社区）建立结对关系，指导、督促结对社会组织进村居（社区）开展服务活动，全年开展各类活动33场次，参加志愿者人数296人，支出资金69.15万元；开展业务培训4场次，参加人数198 人；结对困难党员3户，结对贫困户15户，开展慰问活动8次，免费家电维修1次，免费理发、测血糖、量血压2次，村居环境卫生打扫1次。根据《民政部办公厅关于在社会组织登记管理工作中加强名称管理有关问题的通知》，经排查，全县有38家社会组织的名称不规范，于8月22日组织召开永嘉县社会组织名称规范工作会议，对名称规范工作进行部署安排，对名称不规范的社会组织开展指导、督促办理名称规范变更登记。做好年度承接政府职能转移社会组织推荐性目录编制工作，共有23家社会组织列入第四批具备承接政府职能转移和购买服务条件的社会组织推荐性目录，其中社会团体4家、民办非企业单位19家。开展社会组织双随机抽查活动，共计抽查社会组织78家，其中省下达35家，自行抽查43家。未发现问题50家，发现问题经责令改正12家，发现问题待后续处理16家。按照民政部《社会组织信用信息管理办法》的规定开展社会组织信用管理工作。全年共有8家社会组织被列入严重违法失信名单；对8家连续两年不参加年检的民办非企业单位做出撤销登记的行政处罚决定。配合做好领导干部兼任社会组织职务专项督查工作，5月25日对全县1241名县管领导干部在区域内社会组织（社会团体、基金会、民办非企业单位）中兼任理事以上职务情况进行全面排查，仅用5天时间完成全县700多家社会组织内部任职情况的排查，上报县委组织部。2018年社会组织中新组建成立党组织6个，其中正式党支部3个，拓展型党支部3个，另有1个拓展型党支部转为正式党支部。截至年底，全县共有社会组织749家，其中社会团体287家，民办非企业单位454家，基金会8家；2018年新登记社会团体15家，民办非企业单位59家，基金会1家。

地名区划 2018年，永嘉县办理地名核准命名29件、预命名7件，出具地名证明800余份；挖掘整理7个地名文化遗产资料，其中上塘街等3个地名申报市级第二批地名文化遗产，审核通过崖下库等4个地名并列入永嘉县第二批地名文化遗产保护名单；清理整治门牌5447个、路牌370个，处理数字城管案件7件；完成温台丽线行政区域界线123.7千米和6个界桩的年度界线界桩联检工作任务，签署温台线行政区域界线毗邻12个乡镇120份《毗邻乡镇共建平安边界协议书》；核对完成第二次全国地名普查资料1500多条地名信息；完成《永嘉县地名志》（审核稿）第二次审核；完成《国家标准地名志》（永嘉）词目表初稿的申报工作；编撰《中华人民共和国地名词典》（永嘉篇）46条词目。

社工队伍 2018年，永嘉县民政局以国际社工日为契机，联合相关单位发动社会工作服务机构、社区服务中心和社会工作者开展以“牢记社工心，建功新时代”为主题的社会工作宣传普及系列活动。通过广场宣传、座谈会、社工沙龙和实务活动等多种方式，以最直接、简便的形式将社工理念传递给群众，发放宣传资料2000余份、宣传物品1000余份，提供免费义诊、理发、法律咨询等服务300余人次，营造社工服务社会的良好氛围。组织动员全县党政机关、企事业单位等人员积极报名参加国家社会工作师资格考试，报名人数791人，其中报考社会工作师188人，报考助理社会工作师603人，比2017年增加339人，增幅75%，报考人数再创历史新高。经过考前辅导、政策激励等举措，全年考试合格人员215人，其中助理社会工作师191人，社会工作师24人，截至年底，全县持有全国社会工作者证书人数达到325人；社工机构逐步走向正规，全县专业社工机构已达13家，2018年新增社工机构1家，社工岗位开发15个。永嘉县绿文公益中心刘彭获得温州市第三届“十佳社工”人才称号，永嘉县博翔社会工作服务中心戴聪聪获得温州市第三届优秀社会工作专业人才称号；禁毒社工徐广深获得温州市社会工作实务创新优秀案例一等奖，陈胜娟获得三等奖。

村务管理 2018年，永嘉县采取“三结合”工作法加大村务公开指导力度，全年开展村务公开督查活动4次，每次抽查60多个村居，发现各类问题505条，整改到位480条，整改率95%；开展民主协商工作的村居达582个，占村居总数62.5%，有效解决基层治理难题，化解基层社会矛盾；完成岩坦镇庙下村并入岩坦村的撤村建居试点工作，下拨18个城市社区运行经费120万元。根据《浙江省农村社区建设测评指标体系》开展农村社区建设自我评价活动，并根据省市要求上报示范型和完善型农村社区。

村居建设 2018年3月，永嘉县民政局完成全县所有村居代码证书的统一发放工作。根据《市委办公室 市政府办公室关于印发〈温州市推进城乡社区协商的实施办法〉的通知》以及有关文件精神，在总结2016年工作成果的基础上，要求每个乡镇（街道）至少40%的村居开展协商工作，截至年底，已有486个村居开展民主协商工作，总完成率52%；在原有村（居）规民约基础上，结合当前重点工作和村居实际，按法定程序重新修订村（居）规民约。截至年底，全县933个村居全部完成村规民约的修订和上墙工作，完成率100%。按照温州市委全面深化改革领导小组工作要点和温州市政府2018年重点工作要求，以及至少撤并一个村的底线要求，至10月30日，完成1个试点村的撤并工作，将岩坦镇庙下村并入岩坦村，全县行政村由原来的904个减少为903个。芙蓉村于2018年6月27日举行授牌仪式，被省民政厅、省住建厅、省文化厅、省旅游局、省文物局等五部门联合授予全市第一个全省首批十大“千年古村落”称号。

（潘修多）

社会保障

概况 2018年，永嘉县新增各类保险参保人数21520人，其中新增基本养老保险20858人、医疗保险-16264人、失业保险7148人、工伤保险2488人、生育保险7701人、被征地农民生活保障-395人、离休人员医疗统筹-17人、二乙人员医疗统筹1人。城乡居民医疗保险与城乡居民养老保险参保人数分别为75.96万人、36.46万人。累计征缴各类社会保险基金47.11亿元，按时准确发放离退休干部、机关事业退休人员、企业退休人员、城乡居保等各类对象待遇基金41.71亿元，结余5.36亿元，历年总累计结余74.51亿元，享受各类社保待遇34.71万人次。有序推进“一卡通办、全城通办”业务改革，着力实现全市各地间人社业务互相通办工作。着力与永嘉农商银行全面深化战略合作，完成“社保+银行”基层服务网点建设56个，实施工作联席制度和双方信息系统联网机制，搭建社保一站式基层公共服务综合平台体系。完成退休人员网上年检系统改造，通过支付宝、浙江政务服务网、温州市民卡APP三条途径进行自助年检，实现参保证明在浙江政务网直接打印。落实职工医保“家庭共济”政策，办理共济业务2037人次，盘活610余万元历年账户金额，完成110.73万元历年账户余额跨账户支付工作。将职工医保纳入大病保险商业化市场化运作机制，报销比例60%，封顶线32.6万元，均高于温州市其他县市。完成“全国一卡通”异地就医参保地和就医地的系统改造接入工作，省内异地就医结算平台门诊17749人次，报销319.54万元，住院费用报销1447人次，报销2557.57万元，跨省就医结算业务107人次，报销金额193.45万元。切实保障永嘉县离休干部超医保待遇支付18373人次，支付待遇1128.75万元。按期出台并实施2018年度社会保险缴费标准调整方案，大幅下降灵活就业人员（个体劳动者）的养老保险缴费标准，社会反响良好。全县制发市民卡92.5万张，拓展市民卡充值服务网点62个、社会消费服务网点89家，社会商业化应用范围不断扩大。落实社保基金内控运行交叉检查及基金安全评估工作，整改社保经办内部控制管理与监督问题21个。通过与民政部门、全民参保数据库的比对，对多领、冒领对象及时进行基金追缴，共追回社保基金131.2万元。出台零售药店考核文件，进行挂牌表彰或整治，逐步规范医药机构经营行为。

养老保险 2018年，永嘉县参加机关事业养老保险27539人，比上年年末净增加736人；参加企业职工基本养老保险人数300518人，比上年年末净增加27209人。企业养老保险当年收入21.06亿元，当年支出17.62亿元，当年结余3.45亿元，累计结余53.65亿元。机关事业养老保险当年收入5.61亿元，当年支出5.36亿元，当年结余2619万元，累计结余1.47亿元。

医疗保险 2018年，永嘉县参加基本医疗保险人数 14.01万人，比上年年末净增加17698人，参加公务员医疗补助保险2.25万人。基本医疗保险基金当年收入5.87亿元，当年支出4.02亿元，当年结余1.85亿元，累计结余9.88亿元。医疗救助保险基金当年收入578万元，当年支出295万元，当年结余283万元，累计结余8455万元。大病医疗保险基金当年收入503万元，当年支出88万元，当年结余415万元，累计结余672万元。公务员医疗补助基金当年收入4983万元，当年支出3226万元，当年结余1757万元，累计结余1.5亿元。全县定点零售药店68家，定点医疗机构54家，覆盖全县所有乡镇（街道），基本满足老百姓就医和购药需求。

失业保险 2018年，永嘉县参加失业保险人数8.48万人，比上年年末增加7148人，享受待遇累计6014人次。失业保险基金当年收入3732万元，当年支出1985万元，当年结余1747万元，累计结余3.34亿元。

工伤保险 2018年，永嘉县参加工伤保险人数24.48万人，工伤保险净增2488人，享受待遇累计2245人次，工伤保险基金当年收入4883万元，当年支出5016万元，当年结余-133万元，累计结余9096万元。全年受理工伤认定申请1735件，作出工伤认定1719件（其中简易1054件），不予认定14件，不予受理3件；受理劳动能力鉴定946件，作出劳动能力确认946件。

生育保险 2018年，永嘉县参加生育保险人数8.58万人；生育保险基金当年收入6469万元，当年支出4938万元，当年结余1531万元，累计结余1571万元。

被征地农民社会保障 2018年，永嘉县共参加被征地农民生活保障 4.54万人，比上年年末减少395人；收缴被征地农民基本生活保障基金2.75亿元，当年支出3.5亿元，当年结余-7506万元，累计结余7086万元。

城乡居民养老保险 2018年，永嘉县参加城乡居民社会养老保险人员36.46万人，比上年年末减少7087人，城乡居保待遇享受人员12.26万人。全年城乡居保养老基金累计收入2.89亿元，当年支出2.9亿元，当年结余-179万元，累计结余1.57亿元。

城乡居民医疗保险 2018年，永嘉县城乡居民医疗保险参保75.96万人，参保率99.86%。筹资标准为每人840元，其中个人240元、政府补助600元，总筹集资金6.38亿元，其中个人自筹1.73亿元，各级财政补助4.65亿元。结合大病保险报销政策，参保群众最多可报销金额为：县内基层医院314585元，县内县级306470元，县外医院265480元，与2017年相比有较大提高。共办结2018年度住院报销9.55万人次，支付报销款4.77亿元；办结大病保险报销4.28万人次，支付报销款6696.53万元，较2017年增加73.74%；医院普通门诊报销515.8万人次，支付报销款11237.61万元。

住房公积金业务 2018年，永嘉县住房公积金各项业务稳中有进，公积金归集稳步发展。1—12月住房公积金归集7.99亿元，归集到位率99.65%，完成年度任务106.63%，归集余额达24.69亿元。有序推进住房公积金提取业务，1—12月共有57197人次办理住房公积金提取（含内转还贷）业务，提取金额6.17亿元。完成年度任务114.36%。住房公积金贷款供不应求，1—12月发放个人住房公积金贷款858笔，贷款金额5.32亿元，完成年度任务129.10%。贷款余额23.37亿元。住房公积金贷款风险控制良好，落实贷前、贷中、贷后风险管理，确保资金安全运行，1—12月住房公积金贷款继续保持零逾期，实现90个月贷款零逾期。住房公积金增值收益有所增加，在保证贷款、提取需求情况下，盘活银行资金，提高增值效益，让资金得到不断增值。1—12月业务收入8311.89万元，增值收益4038.87万元。上缴财政廉租住房建设补充资金1000万元。

制度扩面 2018年，市公积

金管理中心永嘉分中心将住房公积金扩面工作作为重中之重，全年新增住房公积金缴存人数7067人，期末正常缴存职工42486人，实缴净增人数5712人，完成年度任务106.57%。强化组织领导，实行分片分工负责制，将扩面任务落实到人。形成分中心主要领导亲自抓，分管领导具体抓，业务科室全力抓，全体人员共同干的工作格局。明确扩面重点，锁定2018年扩面重点为上市企业、拟上市企业、规上企业和在职村干部，梳理筛选出40家企业为扩面试点重点单位，由分中心领导带队深入企业开展上门服务，落实建缴工作。县政府发文把年度扩面任务分解到各乡镇（街道），分中心领导分工负责与各乡镇（街道）对接，督促扩面工作，部门协作共同推进村干部建制工作。强化进企走访宣传，建立三个扩面工作小组，先后走访41家上市企业、拟上市企业和规上企业。对企业的基本情况进行充分摸底，重点筛选拟建缴单位，制定“一企一策”方案。

资金风险防控 2018年，市公积金管理中心永嘉分中心着力风险防控，确保资金安全。树立风险意识，强化贷前审查，将风险防控放在首位，牢牢把控贷前风险排查，开展贷前审查工作，严格把关个人信用记录审查。强化担保管理，防范贷款风险。对贷款担保办理实行二级审核登记制度，对“期房”贷款实行担保金监管制度，确保房开公司履行担保义务，有效防范贷款风险。截至2018年12月底，到位保证金796.59万元，累计到位期房保证金4344.61万元。实行预警制度，控制贷款逾期。确定专人负责，建立贷款逾期还贷预警登记工作台账，提出相应处置措施，对该类人员进行重点管理。对不按时偿还贷款余额及利息的人员，启动民事诉讼司法程序。

惠民便民服务 2018年，市公积金管理中心永嘉分中心以惠民便民为导向，全面提升服务质量，抓好办事大厅服务管理工作。开展服务明星评选活动，发挥服务明星的引导、示范作用，提升办事窗口服务质量。践行服务承诺制度，明确《办事大厅引导员工作职责》，完善《一次性告知制度》等3项服务制度，深化阳光服务、限时服务、预约服务、延时服务、电子服务、文明服务等六大服务承诺制度，设立监督投诉电话。积极开展文明创建活动，始终坚持以文明创建促服务质量提升，全力争创全国文明单位，制定文明创建实施方案，成立全国文明单位创建工作领导小组，细化创建标准，分解创建任务，营造创建全国文明单位新氛围。

“公转商”贴息贷款 2018年，永嘉县针对当前住房公积金资金严重不足，发放需轮候8个月以上问题，永嘉分中心在积极争取市中心贷款资金支持的同时（2018年已争取资金支持2亿元），为满足职工贷款需求，全力推进“公转商”贴息贷款，督促协办银行多收件早放款。加大公转商宣传力度，引导符合条件的职工办理“公转商”贴息贷款。截至12月底，受理“公转商”贴息贷款458笔，贷款金额2.57亿元，发放贷款307笔，贷款金额1.89亿元。2018年1—12月公转商受理占总受理笔数比例为4821.30%，公转商受理占总受理金额比例为46.86%。

“最多跑一次”改革 2018年，市公积金管理中心永嘉分中心认真落实“马上办”，按照“一窗受理，集成服务”工作要求，将办事窗口整合成综合窗口，推进业务办理简便化。按照全省住房公积金“八统一”工作措施，修改完善相关业务操作规范，组织开展业务知识培训和岗位技能竞赛，提升业务技能。按照住房公积金行政审批事项全部实行“即办制”的工作思路，简化业务操作流程，提升业务办理便捷度。

严格执行“跑一次”，针对办理住房公积金贷款需多部门联办，办事群众存在“多头跑”问题，联合县不动产登记中心创新工作机制，建立贷款审批、抵押登记一体化工作流程，开展住房公积金贷款“直通车”业务，推进部门环节间无缝衔接，实现“群众不跑部门跑”工作目标。

努力实现“零跑路”，充分运用网上“你问我答”栏目、QQ业务工作群、微信工作联络群、“12329”和办事窗口服务电话、住房公积金手机APP等工具，有序开展网络问政、网络咨询等服务。30项住房公积金审批事项，已全部实现网上办理，其中网上办结事项19项，网上申报柜面核验事项11项。认真贯彻“互联网+住房公积金”改革工作精神，大力宣传市管理中心利用微信技术开发建设的手机APP掌上业务办理功能。

（陈婉艳　徐楚楚）

综合行政执法

概况 2018年，永嘉县综合行政执法局始终保持创业热情，以“营商环境提升年”行动为契机，以服务永嘉“一带两城五组团”发展布局为目标，大力加强队伍规范化建设，全面落实“最多跑一次”改革，努力推进网格化、市场化、标准化管理，2018年各项工作有序开展，取得良好的工作成效。

执法队伍建设 2018年，永嘉县综合行政执法局以综合行政执法系统基层中队规范化创建为契机，大力开展综合执法队伍建设，努力提升综合行政执法队伍业务水平。开展法治培训4次，通过举办法治拔尖人才培训、召开法治信访例会、外出调研考察、启用网上办案系统、实施全年应急24小时总值班制度、深入推进基层网格化建设等一系列措施，提升队员业务水平、增强基层实战经验、提高办案透明度和效率值。进一步加强制度建设，制定制度清单，通过制定修订《人事管理制度》《行政审批服务工作制度》《行政处罚程序规定》等制度规范，切实加强内部管理能力建设，切实落实执法程序规范化，提高工作绩效，改进工作作风。以综合执法局微信公众号、永嘉信息公开网为依托，发布信息185条。及时公开政务信息，专题召开智慧停车现场发布会，牢牢掌握意识形态阵地主动权、话语权。

创新制度建设 2018年，永嘉县综合行政执法局继续积极开展制度建设，坚持以制度创新引领综合行政执法队伍规范化建设，推动基层中队开展标准化创建。制订或修订《协管员管理办法》《人事管理工作制度》《执法规范化建设工作实施方案》等一系列制度措施，及时清理制度45项，有效加强制度管控，实现制度创新。综合行政执法局领导班子建立市容环境“五个一”、联系基层中队“五个一”等工作机制，逐步形成难点带头攻坚、基层主动联系、重心不断下沉的工作局面。为配合永嘉县企业代办员行动的开展，精心为每位班子成员甄选兼职联络员，协助“代办员”处理企业代办工作。在2017年首次成功开展优秀调研成果评选的带动下，4月综合行政执法局继续开展优秀调研成果评选活动，取得热烈反响。全年共收到调研成果投稿45件，内容涉及营商环境创建、“最多跑一次”改革、公厕革命等实际工作，稿件质量大幅提升。综合行政执法系统整体启用OA协同系统，实现无纸化办公，上线网上办案系统，实现案件透明、高效、规范办理。

数字城管建设 2018年，永嘉县综合行政执法局数字城管监管平台总上报量58797件，上报数35336件，专项普查2500件，快捷上报13695件，不立案数4703件，核查任务数24051件，应处置数17399件，处置数17371件，处置率99.84%。应结案数17399件，结案数17371件，结案率99.84%。视频监控建设基本完成，正常投入运行，无人机操作培训工作正常开展并投入运行，全市排名第一。

行政审批管理 2018年，永嘉县综合行政执法局38个行政审批服务事项全部实现“最多跑一次”，按照“八统一”标准全部实现浙江政务服务网上开通，实现“最多跑一次”两个100%全覆盖。全局已累计受理审批咨询900多人次，正式受理审批457件，其中包括临时占用城市道路305件，临时占用城市绿地16件，垃圾收集、运输许可2件，排水许可89件，挖掘城市道路21件，瓶装燃气经营许可证核发、延续1件，不予审批23件，组织现场勘查460多次。审批工作得到社会各界认可，收到锦旗、感谢信24件。

市容环境整治 2018年，永嘉县综合行政执法局共劝导、取缔流动摊贩2869处，纠正跨门经营4253处，清理小广告946起，报送小广告上的手机号码给相关通信公司予以停机21起，开展瓯北“百日攻坚行动”和黄田小城镇环境整治行动，镇街市容环境明显提升。

燃气执法打击 2018年，永嘉县综合行政执法局出动执法打击1307次，联合开展执法行动145次，取缔无证照瓶装燃气供应点58家，非法燃气行政拘留人数11人，查处违法经营数46件，查扣燃气钢瓶3953只，执法打击力度规模空前，有效遏制非法燃气经营者的嚣张气焰，保障永嘉县燃气供应安全。同时永嘉县在全市首创瓶装燃气防伪溯源安全封条，为合法燃气提供又一道安全保障。

违法建设管理 2018年，永嘉县综合行政执法局积极参与“无违建”县创建，共巡查发现新建违建873处，建立管控“一户一档”373户，拆除抢建违建373处，拆除面积32954.53平方米，城镇规划区内新建违建基本可控。成功处置乌牛街道“碧桂园”项目、三江“立体城”二次改造等重大违建案件。

非法倾倒、采砂管理 2018年，永嘉县综合行政执法局配合交警部门查扣违规渣土运输车3辆，对非法建筑垃圾运输立案查处1起，对非法倾倒渣土、泥浆立案查处3起，对施工单位非法将建筑垃圾交由个人处置立案查处1起。

水行政管理 2018年，永嘉县综合行政执法局开展定期联合夜间巡查工作，摸排违法行为情况，严厉打击楠溪江流域非法采砂行为，出动237人次，查扣非法采砂船1只，对非法采砂行为立案查处4起。对生产建设项目未编制水土保持方案立案查处1起，保障楠溪江滩林生态，维护楠溪江水环境。

供水排水 2018年，永嘉县开始实施超计划累进加价水费机制，交由水务集团按照已公示的用水定额名单进行累计加价收费。全年共办理排水许可证89个，对全县392个村的农村生活污水处理设施进行运维管理。

垃圾分类和处理 2018年，永嘉县城镇分类覆盖率50%。在永嘉县中楠时代花园开展县城镇垃圾分类小区试点工作，至年底小区正等待验收。永嘉县综合行政执法局联合相关部门组织垃圾分类宣传活动10余次，激发群众参与垃圾分类的积极性和主动性。其中“垃圾分类我先行”主题征文征画活动反响热烈，共收到参赛作品2700余件。2018年，永嘉县垃圾焚烧发电厂接收处理各类垃圾250483.36吨，外运温州处理生活垃圾27521.97吨，共计处理278005.33吨，每月全县生活垃圾无害化处理率达100%。

公厕革命 2018年，永嘉县综合行政执法局纳入公厕提升改造计划的20座公厕均已基本完成改造提升。

燃气管理 2018年10月，永嘉县提前完成新增管道燃气用户2000户的任务。永嘉县综合行政执法局严格落实实名制登记制度，实行燃气钢瓶流转全过程追溯，现已录入信息的钢瓶总计约41.6万只，全面落实瓶装燃气信息化监管，在全市首创气瓶安全封条扣。2018年，检查燃气企业680家次，其中瓶装燃气企业567家次，发现问题748处，发放整改通知书121份，企业培训送气工1211人，企业发放用户安全用气手册19033件。检查非居民燃气用户4324家，其中餐饮用户3582家，发放整改通知书820份，督促用户建立安全管理制度1121家，签订安全供气协议7256家，推广使用金属波纹管28202家。乌牛街道新增供应点实现运营，打破近年来乌牛无燃气供应点的局面。

（杨　帆）

移民安置工作

概况 2018年，永嘉县移民办承担着北溪、金溪、水毁工程新开垟及珊溪水库部分移民的后扶工作及76座小型水库的解困工作。2018年，县移民办以加快推进移民创业致富工作为主线，以移民办重点项目建设为重心，以开展“强责任敢担当，治顽疾优环境”作风建设活动为载体，不断完善移民工作机制，牢固树立为民服务的思想理念，切实解决移民最关心、最突出的热点、难点问题，努力改善移民生产生活环境，促进移民经济快速健康发展。

移民工作 2018年，永嘉县通过改善移民村基础设施，环境治理、住房改造等方面，提高移民生活质量，推进移民文明社区建设。全年投入47.922万元专项后扶资金，完成桥头镇黄坦村公厕等项目建设。发放大中型水库移民直补资金186.84 万元。全县共有小（一）型、小（二）型水库78座，相关行政村81个，主要分布在山区，生产生活条件较差。2018年，县移民办推动小型水库解困工作向纵深发展，切实改善生产生活环境；投入小型解困资金154.4万元，共建设完成9个小型解困项目。

移民人口核查 2018年，永嘉县切实做好全县移民调查核对工作。全县移民人口3514人（核定到村150人，核定到人3364人），集中安置6个村居，分散安置涉及22个乡镇（街道）102个行政村。经复核，2018年度，永嘉县共核减大中型水库移民直补对象25人，核减政府供养人口4 人，死亡17人，重复4人，截至2018年12月31日，历年共核减水库移民217人。

技能培训 2018年，永嘉县移民办通过邀请行业专家进村入户，开展业务讲座、现场指导、政策培训、业务辅导等移民培训活动，切实提高移民人口法律意识、增强相应的科学知识、科学方法及科学技能。2018年，举办各类移民培训2期，累计培训移民200余人次。

信访维稳 2018年，永嘉县移民办坚持“属地管理、分级负责”原则，强化移民维稳信息排查预警机制、完善日常稳控应急处置机制、健全移民信访工作长效机制，实行移民重大事件上报制度和领导包案制度，做到移民信访事事有回音、件件有落实。截至2018年12月30日，共接待移民群众来信来访21件、38人次，有效解决移民热点难点问题2件，制止越级访和集体上访苗头7件，连续11年保持水库移民进京赴省越级访“零”信访。

社会救助 2018年永嘉县移民办与永嘉县慈善总会签订合作协议，联合创建永嘉县水库移民慈善救助与帮扶基金，其中移民办出资10万元，慈善总会出资3万元，主要用于帮助解决大中型水库移民在生产开发中出现的资金问题和全县大中型水库移民临时困难的救助工作，得到省、市移民办领导的肯定与好评。

（潘修多）

新居民服务管理

概况 2018年，永嘉县新居民服务管理局紧紧围绕“改革攻坚突破年”和“营商环境提升年”主题，强化科学化管理，加强亲情化服务，不断促进新老居民“共建·共融·共享”，扎实推进永嘉县新居民管理与服务工作。2018年3月，荣获“全省人口管理服务工作群众满意单位”称号。

基层基础管理 2018年，永嘉县新居民服务管理局扎实推进新居民管理基础工作，狠抓信息登记管理。3月5日至5月25日，部署开展以用人单位、出租房屋等新居民聚集地、落脚点为重点的“春季大排查”专项行动，集中时间、集中力量进行“地毯式”排查登记；9月10日至12月20日，组织开展以管理“四率”为重点的“百日会战”专项行动，切实摸清底数、掌握现状、夯实基础。截至12月31日，全县登记在册新居民251470人，登记在册出租房41575户；新登记新居民344212人，注销新居民358314人，登记出租房4900户，注销出租房1699户。

永嘉县新居民服务管理局联合县公安局定期对各有关乡镇（街道）以“明察暗访”形式进行季考核、月督查，及时通报督查考核结果。对督查考核成绩不达标的，运用重点约谈、过程性扣分等手段，倒逼责任落实。经常性组织人员深入基层调研指导，实地查找存在问题，帮助解决实际困难。截至12月底，到有关乡镇（街道）指导培训38次，督查考核19次，研判分析16次。

永嘉县新居民服务管理局依托新居民综合信息平台，以“周通报、月监测、季分析”形式，定期编发《永嘉县新居民与出租房信息采集工作进度周通报表》《全县新居民人口监测数据月通报》《全县新居民人口数据动态情况季简析》，帮助各新居民所及时、全面掌握本辖区新居民、出租房动态情况，为党委、政府和相关部门科学决策提供有效依据。2018年共编发《周通报》52期，《月监测》12期，《季简析》4期。

永嘉县新居民服务管理局积极拓宽信息申报渠道，提升登记管理效率。根据《浙江省流动人口居住登记条例》《温州市流动人口居住登记和申领居住证实施细则（试行）》精神，县新居民服务管理局深化“最多跑一次”改革，启动“流动人口登记管理（企业自主申报）系统”建设，于10月底开通并运行企业自主申报系统，通过“温州新居民”微信公众号、温州百万申请网上办、省厅“最多跑一次”（一网办）、浙江省居住证（支付宝）等，提高登记管理效率。

永嘉县新居民服务管理局扎实推进品牌创建，部署开展基础管理“两主一品”示范样板创建和居住出租房“旅业式”管理服务推广工作，完成乌牛街道和瓯北街道珠岙村示范样板创建和瓯北街道堡一村、乌牛街道祥池村等14个新居民4000人以上的村（居）居住出租房“旅业式”管理创建任务，在瓯北街道、乌牛街道分别召开全县居住出租房“旅业式”管理、“两主一品”示范点创建工作部署会和推进会。

亲情关爱服务 2018年，永嘉县新居民服务管理局组织开展系列政策宣传活动，利用“温州新居民”“永嘉新居民之家”等微信公众平台，宣传《浙江省流动人口居住登记条例》、与新居民息息相关的法律法规和动态信息，宣扬市级“十佳新居民”“十佳新居民企业家”和省级人口管理群众满意单位（个人）事迹。深入开展积分制管理新居民子女入读优质公办学校政策和法律法规、禁毒知识宣传进村居、进企业以及防溺水知识宣传进校园系列活动，2018年召开政策“面对面”宣讲会10场，开展系列宣传活动40场，发放宣传单4.2万份，纪念品6500份。

2018年，永嘉县新居民服务管理局成立首个农工党同心新居民服务基地，赴黄田雅林开展为新居民免费体检服务活动；联合县人社局组织开展新居民就业招聘活动，促进新居民劳动就业；组织召开新居民新春座谈会，畅通新居民交流沟通渠道；组织开展困难新居民走访慰问、“黄丝带”春运接送服务、迎“六一”为新居民子女送关爱、“夏送清凉”和新居民子女夏令营等系列活动；联合县教育局开展2018年度参加积分制管理新居民子女入读指定优质公办学校工作，核定40名新居民子女入读辖区优质公办学校；开通居住证优惠购书、县内景点门票优惠功能和绑定农商银行金融功能；筹备成立县读书学会新居民分会、新居民素质提升讲师团，指导组织新居民参加各类素质培训4万人次。

深入完善“以外管外”“以外调外”工作机制，在江西省万年县珠田乡驻瓯北流动党支部“以外调外”工作基础上，相继成立流动党支部“红色驿站”“乡音调解”“老乡民警”工作室，加强维权调解业务培训，充分发挥“乡音、乡情、乡俗”优势，积极化解矛盾纠纷，维护社会和谐稳定。截至12月底，共受理、调处新居民各类矛盾纠纷、维权案件17起（其中，工伤4起，涉及金额42万元；非正常死亡1起，涉及金额30.5万元；劳资纠纷4起，涉及金额1.2万元；交通事故2起，涉及金额2100元，其他纠纷6起），共涉及金额73余万元。

（戴一脉）

水务管理

概况 2018年，永嘉县水务集团紧紧围绕县委、县政府全面推进“一带两城五组团”发展布局和“五水共治”等一系列中心工作，全力克服工程建设任务重、各项工作考核压力大、县政府融资任务难等困难，砥砺奋进、扎实工作，圆满完成各项工作任务。2018年完成供水16928万吨（其中向乐清原水供应7182万吨，县内原水供应4877万吨，自来水供应4869万吨）；主营业务收入24604万元（不包括排水公司），利润总额3860.19万元，净利润2829.73万元；完成固定资产投资20270万元；上塘污水净化站和桥头污水处理厂共处理污水530万吨，COD减排758吨；瓯北三个泵站输送污水共1040万吨；后江污泥干化厂处理污泥13962吨，产干泥6030吨。

工程建设 2018年，永嘉县水务集团全力推进重点工程项目建设，重点工程顺利完成。永嘉县黄田污水处理厂一期工程，投资概算1.85亿元，年度完成投资7000万元，2018年年底完成施工；永嘉县江东污水处理厂一期工程，投资概算1.03亿元，年度完成投资3000万元，2018年年底完成施工；上塘污水净化站、桥头污水厂、桥下污水厂三个提标改造工程，于2018年6月完成竣工验收；续建环湖村庄污水治理工程，总投资约5500万元，共18个村，其中12个村已基本完工，2018年内开工建设3个村，完成投资1836万元；给水管网向农村延伸工程和旧网改造工程，2018完成投资5106万元。主要完成上塘柑下村、黄田上白岩村、桥下东山村、埠头村，乌牛码道村等13个村、乌仁路口老104国道至江滨花苑DN600球墨管、三桥路玻璃钢管管道改造（瓯北大道至104国道）、黄田水厂出厂水总管等，全年累计完成DN100以上供水管线31千米；2018年3个拟建项目：小子溪备用水源工程，经过可研编制、审批、设计招投标等，年底已完成初设；上塘水厂扩建工程，因原选址政策处理难落实，政策界限不能突破，重新选址，年底方案基本落定；碧莲水厂实行三镇联网建设方案，正在进行政策处理。

安全生产 2018年，永嘉县水务集团加强防治，狠抓平安水务建设。加强落实上级部门防恐与安全生产工作部署，全面落实安全生产责任制。与各下属单位签订安全生产责任状，层层落实安全管理工作责任制。通过开展集中培训、安全生产月活动、安全生产知识竞赛、应急预案演练等主题活动，加强安全生产宣传教育培训，进一步提高职工安全生产意识。在节假日、国家重大会议等期间，开展明察暗访等多种形式的检查，督促下属企业限期整改问题，提升物防、人防、技防水平。2018年投资80万元，将6家自来水企业与2家原水供水企业管理站的监控视频集中到信息中心，实现多级监管；积极配合全县公安防恐部门部署，在各水厂额外安装5至10只高清监控摄像头，实施远程监控，整体提升供水企业治安与防恐监管能力，确保供水安全。提升水处理水平，强化内部监管，2018年实施20多项技改项目，积极推进供排水工艺、机电设备改造，不断提升水处理工艺自动化程度与生产运行安全保障。加强水质内部监管，每月不定期对库区水源水、制水企业出厂水和管网水、排水公司各厂站进出水等进行水质督查化验，确保水质安全和达标排放。继续加快安全生产评级、水质卫生许可量化认证及各种达标创建活动，督促提升企业安全生产及水质安全管理水平。2018年上塘水司、瓯北水司、黄田分公司分别通过安全生产三级评定复审与卫生许可量化A级复评或评定；桥头水厂通过安全生产三级评定；枫林水厂通过浙江省水利厅的农村饮用水标准化评定。

营业服务 2018年，永嘉县水务集团深化“最多跑一次”改革，实现转户、销户、水费代缴代扣、用户信息变更等10项业务实现“0”跑要求，全面宣传推广综合营销管理平台，完善营业收费系统、业务报装系统、客服热线系统、智能抄表巡检系统，开通短信服务、微信服务、支付宝缴费等业务，使行业服务管理水平再上新台阶。加强投诉受理，2018年处理信访件58件，回复81次。密切关注各大网站、论坛、微博舆情信息，及时处理、积极回应，做好正面引导，营造良好的舆论氛围。抓实抓好节水工作，供水产销差率逐年下降。近几年对桥头、桥下、黄田、三江等地的旧网改造和管网延伸投入大量资金，制定各个自来水企业供水回收率年度考核目标，部署落实加强检漏、管网和水表的基本情况普查、表务管理等工作，2018年新装供水管网流量计61只，通过有效流量在线监测，减少检测漏失范围及检测工作量，狠抓供水回收率。2018年供水产销差率23.33%，比上年下降1.75%。

内部管理 2018年，永嘉县水务集团进一步完善和修订内部各项管理制度，狠抓落实。强化岗位责任落实，使目标责任落实到单位再落实到岗到人；完善劳动用工制度，对临时工的录用、劳动合同、考核、薪酬进行进一步规范；加强集团对下属企业财务、投资的监管及绩效考核，加强安全生产、物资采购、工程预决算等方面的监管，开展制水、营业、安装等各条线上的常态化稽查，提高集团执行力。围绕全县中心工作和县委、县政府部署的重点督考项目，结合实际工作，2018年县水务集团列出59项重点工作项目，明确目标任务、工作措施、进度安排时间节点，落实责任，把完成情况与目标责任制考核挂钩，上塘水司、瓯北水司、乌牛水厂均因年度重点工作项目未完成而在年度考核中被扣分处理。

（杨嘉依）

管道燃气

客户开发 2018年，永嘉县管道煤气公司积极拓展业务，大力开发小区居民用户。积极走访并对接县内房地产项目，及时签订开发新建居民燃气项目22个，共计8434户；积极将为民谋福祉落到实处，年中启动老小区居民燃气改造项目，全年完成城西安居小区、鹅浦景园、大自然一期3个老小区共计510户居民天然气改建工作。有重点地开发工商业用户，在调研基础上，定期调整更新工商业用户开发计划，对重点单位安排专人进行跟踪对接。全年共签订工业用户6户，商业用户8户，公服用户2户。截至2018年年底，共有工业用户20户，商业用户30户，公服用户9户。

“最多跑一次”改革 2018年，永嘉县管道煤气公司为切实将“最多跑一次”行动落到实处，从简化办事流程着手，针对居民用户燃气报装开户业务，出台电话报装后即可上门勘察业务，免去用户可能出现两次跑现象，实现““最多跑一次”、尽量不用跑”目标。为方便用户办理业务及缴纳气费，专门在瓯北设立营业厅，在微信公众号气费充值业务基础上，开通支付宝及微信收款功能，极大提升上门缴费客户的使用体验。根据物价局及部分用户要求，于8月专门针对居民改管费用较高问题，下调约30%的费用，让利于民，得到相关部门肯定。

燃气配套工程 2018年，永嘉县管道煤气公司严格按合同要求做好居民小区燃气配套工程建设。根据与房开的施工合同，及时对接房建进度，积极推进小区配套燃气工程建设，2018年共完成三江立体城等10余个居民小区共计5835户燃气工程验收工作；在建的楠盛首府等15个小区共计5561户按计划正常推进。

市政管网工程 针对永嘉县管网基础薄弱的实际情况，2018年永嘉县管道煤气公司加大市政管网建设力度，截至12月31日，累计竣工验收上塘、瓯北、桥头、桥下、乌牛、黄田、三江共计约40千米的市政管网，实现县门站、门站至上塘、门站至瓯北管网的连通。在建的青花路、永临大道、三江—乌牛等约12千米的管线有序推进。

燃气场站建设 2018年1月、6月永嘉县管道煤气公司分别投运瓯北临时气化站和桥头临时气化站。7月取得土地指标后，县管道煤气公司积极对接相关部门，采用“边批边建”方式，完成供地手续办理、征地红线内土方回填、施工单位和监理单位的确定、围墙及设备基础建设工艺部分安装，设备调试，按县政府要求于年内具备通气条件。

安全运维 2018年，永嘉县管道煤气公司加强安全运维工作，着眼保民生，保障居民用气安全。截至12月底，共销售天然气541.99万立方米，液化气18.34万立方米。吸取2017年气源保供的经验教训，2018年提前谋划，共签订3家LNG供应商，为全县居民及工商业户冬季用气提供气源保障。加大企业安全生产管理力度，根据县安监局、县综合执法局、华润燃气集团相关安全生产规定，县管道煤气公司成立安全生产委员会，建立危险辨识清单，定期对员工进行三级安全教育，全年共开展安全生产教育培训7场，组织节前安全生产大检查3次，总经理安全生产大检查6次，安全员专项安全检查24次，开展安全消防演习1次，管网抢修演练2次，安保维稳演练1次。积极做好日常运营维护工作，专门安排30余万元经费，对明珠花园、大自然等小区的管网进行维护；安排2位运行部员工，每天对已建管网进行巡检；组织全体员工分组，按要求定期上门服务，进入居民用户家中进行安检；安排6名员工在临时站值班，确保各个环节有序运行和居民用气安全。

内部管理 2018年9月，永嘉县管道煤气公司根据党章及公司章程相关规定，研究制定党组议事规则，明确党组、董事会、公司经营管理班子的职责。根据华润燃气集团最新组织架构调整方案，由办公室牵头、相关部门参与，对公司组织架构进行梳理及完善，重新完成部门划分和管理架构设置，明确各部室岗位职责，为公司有序运行奠定基础。在确定组织架构基础上，结合公司各部门岗位职责说明书，细化各部门、各岗位职能，明确工作职责。制定出台全员绩效考核管理办法，确定每个岗位个性化目标，将业绩考核结果与员工职务晋升、工资奖金发放、人员转正、评先评优等进行挂钩，有效激发员工工作积极性，提升全员工作效率。积极培育企业文化，注重员工素质提升。深入开展党员志愿者服务，通过党员帮带，树立员工爱党、爱岗意识，提升企业员工凝聚力。通过“走出去”和“请进来”相结合的方式，积极组织员工开展业务、安全生产、技能等培训，提升员工专业技术水平。截至12月底，公司岗位技能取证31人次（安全员8人，压力容器6人，压力管道7人，运行工4人，设备检修工2人，户内安全员3人，高空作业1人）。

（叶楠茜）

老龄事业

养老机构设施 2018年，永嘉县新增机构养老床位2338张，新建居家养老服务中心9家，其中市级示范型2家、县级示范型7家；截至年底，全县共有公办养老机构16家，民办养老机构25家，居家养老服务照料中心587个，实现城区全覆盖，行政村覆盖率64.9%。实施“以奖代补”助力养老机构发展，为5家民办养老机构发放2017年新增养老床位建设补助资金45.9万元，为166个居家养老照料中心发放2017年创建补助资金1918万元，为516个居家养老照料中心发放2018年运营补贴1192.2万元。加快县社会福利中心迁建工程建设进度，成功创办首家“医养结合”模式养老院——永嘉利民（医院）养老院，完成剩余3家公办敬老院“公建民营”改制工作，至此全县12家公办敬老院全部实现社会化运营；105家居家养老服务照料中心与第三方社会组织合作开展社会化运营；为80岁以上有需求的1662名老年人提供“一健通”综合服务，建成助餐配送餐点150个，为全县2260余名特殊困难老年人提供配、送餐等养老服务。开展养老机构服务质量提升专项行动，共出动联合执法行动6次，执法人员60多人次，检查养老机构41家，下发整改通知书37份，各养老机构管理服务类指标合格率91.5%，设施改造和设备添置类指标合格率大幅度提升。通过政府“埋单”发放养老服务补贴337万多元，惠及困难老年人4866人。依托养老护理领军人才工作室和老年服务社会工作室，开展涉老服务人员职业技能培训，累计培训各类养老服务人员608人，其中助餐点管理人员业务培训85人，养老机构管理人员培训29人，养老机构护理员轮训52人，失能失智家庭护理员技能培训314人，养老机构护理员（考证班）128人，有效提升养老服务工作人员的职业技能水平。

老年活动中心 2018年，永嘉县新建老年活动中心（室）30家，扩建、修建28家，总面积1.5万多平方米，总投入3000多万元，截至年底全县共有804家老年活动中心，其中二星级老年活动中心350家；全县共有老年电大学员约3万余人，占全县老年人口的18.5%，较上年增长15.6%。

老年人保障 2018年，永嘉县全面完成村级老协会规范提升工作，指导乡镇（街道）创建乡镇级老协会；全力推进老年人意外伤害保险工作，全县60周岁以上低保户和重点优抚对象的保费由政府全额出资，75周岁及以上老年人可通过政府出20元、个人出10元的方式进行自愿投保，全县参保率65%以上，惠及10万多名老人；累计精准发放高龄津贴823多万元，免费发放“安心手环”855个，为失智老人构起安心保障。

“敬老月”系列活动 2018年，永嘉县民政局结合“敬老月”系列活动，举办“舞彩人生”永嘉分会场会演、送戏下乡、老年人门球赛等活动。成功举办2018“舞彩人生”温州中老年舞蹈展演活动（永嘉分会场），以“舞动40年”为主题，用舞蹈的语言讲述改革故事，以舞蹈的形式演绎精彩生活，全县共精选14个节目同台竞演，现场老年人载歌载舞的表演，充分展现当代永嘉老年人热爱生活、积极向上的精神风貌，在全社会营造尊老、敬老、爱老、助老的浓厚氛围。

慈善事业

慈善募捐 2018年，在宏观经济下行压力加大、经济大环境复杂的严峻形势下，永嘉县通过创新募捐渠道，培育新增长点，避免慈善募捐收入大起大落，保证募捐资金逆势增长。全年累计总收入4105.55万元（含物资非现金捐赠收入），比上年增长5.32%，其中县本级捐赠收入3788.24万元（含物资非现金捐赠收入），比上年增长4.22%。其中，全年新增11个“冠名基金”，分别为永嘉二中校友基金、民间信仰慈善基金、方草地慈善基金、温馨之家慈善基金、仁爱慈善基金、读书会慈善基金、永嘉农商银行爱心基金、家有我慈善基金、水头垟中青年爱心基金、永嘉—瓯海山海协作工程慈善公益基金、谢永超助学基金，当年到位资金116.33万元；12个企业冠名基金，当年到位资金668.70万元；“慈善一日捐”活动共募集全县机关、事业单位和国有企业捐赠资金340万元，127家应参加“慈善一日捐”的明星以上重点民营企业中，64家企业参加捐资，共捐赠126.3万元（含物资），比上年增长84%；利用腾讯公益、轻松筹、财务通、滴水筹等平台筹集慈善资金34.5万元；定向捐资2828.92万元，其中为东西部扶贫协作对口援助单位——红原县扶贫捐赠资金（含物资）233.08万元。建成“邮善邮乐”网上慈善超市2家，慈善精准帮扶基地1处。

慈善救助 2018年，永嘉县坚持以“扶贫济困”为重点，精心打造项目品牌，不断创新救助项目，努力改进救助方法，力求提高救助效果。在实施原有慈善救助项目基础上，新推出2个救助项目，分别是“永嘉留守儿童之家”、“共同奔小康·百名贫困农民工子女助学活动”项目。全县慈善救助覆盖面进一步扩大，救助力度进一步加大，慈善救助在整个社会救助体系中的作用更加明显。全年累计支出救助资金3220.48万元（含物资非现金支出），比上年增长6.38 %。其中，由县慈善总会联合永嘉传媒集团（县广播电视台）、县民政局、县残联、县蓝天公益中心、广东省永嘉商会联合开展的“年关送暖”和“迎新慈善宴”项目，为135户贫困家庭送去温暖，共支出善款20.25万元；由县慈善总会联合永嘉传媒集团（县广播电视台）、县民政局、县残联、县蓝天公益中心联合开展的“年关送暖·新年心愿”活动支出慈善救助资金10万元；2018年“迎新春慈善宴”在全县设7个活动点，主要宴请对象是4个重点民营企业的农民工和2个村的贫困户、1个敬老院的贫困老人，共设80桌，支出善款6.1万元；“情系永嘉·慈善大病救助”项目，分6个批次对全县146人（户）实施大病救助，支出善款53.18万元，比上年增长33.28%；“情系永嘉·金秋结对助学活动”项目，共结对贫困学生417名，包括贫困大学新生148名、在读大学生5名、高中生70名、初中生18名、小学生77名，加上往年结对并继续资助的学生99名，共支出助学资金163.19万元（只统计经过县慈善总会账户的助学款），比上年增长3.30%；“情系永嘉·慈善烛光工程”项目，共对525名家庭困难的在职教师和离退休教师进行救助、慰问，支出善款96.9万元，比上年增长8.87%；“情系永嘉·慈善助老送温暖活动”项目，在“中秋节”和“老年节”期间，联合紫荆花义工队、妈妈乐义工队到上塘康乐居养老院进行慰问，联合楠溪驿站助农义工队到沙头镇九丈迦得养老院进行慰问，出资置办酒席，与老人们同吃团圆饭，送上中秋月饼，共支出助老资金20.96万元，是上年的4倍多；“情系永嘉·农房改造补助”项目，对20户农村低保户或低保边缘户完成农房（危房或破旧房）改造，经逐户实地验收给予农房改造补助，共支出慈善资金29.4万元，比上年增长11.79%；“感恩母亲·百名贫困母亲救助活动”项目分两次对全县100名特困母亲进行救助慰问，支出慈善资金10万元；“情暖童心·百名困境儿童关爱行动”项目，为60名流动、留守和困境儿童送去资助金，共支出慈善资金13万元；“情系永嘉·慈善扶贫”项目，先后赴全县11个乡镇（街道）15个贫困村开展扶贫活动，共支出慈善资金48.16万元，比上年增长49.10%；“慈善助卫·情满杏林”（原“慈善助卫·关爱健康”）项目，对全县120名家庭特殊困难的医务人员进行慰问，共支出慈善资金12万元；“同在蓝天下·百名贫困农民工子女助学活动”项目，对学校100名贫困农民工子女给予每人1000元的资助，支出慈善资金10万元；“共同奔小康·百名贫困农民工子女助学活动”项目，对学校100名贫困农民工子女给予每人1000元的资助，支出慈善资金10万元；“助力成才·百名贫困高中生助学活动”项目，对在永嘉中学就读的100名贫困家庭学生给予每人2000元的资助，支出慈善资金20万元；“媒体联动应急救助”项目，开展重点应急救助25次，支出慈善资金12.5万元；创建“关爱儿童之家”项目，在岩头镇西岸村创建全县第二个“关爱儿童之家”，投入慈善资金8万元；建成4个“永嘉留守儿童之家”，投入慈善资金20万元；“农村造血型扶贫基地”项目，为两个扶贫基地发放创建资金17万元（其中市慈善总会13万元、县慈善总会4万元）；定向捐赠资金用于扶贫济困、对口支援、新农村建设、五水共治和其他社会公益事业支出2820多万元，比上年增长12.8%。

慈善宣传 2018年9月5日，为纪念《中华人民共和国慈善法》颁布实施两周年和庆祝第三个“中华慈善日”，由永嘉县慈善总会联合县民政局、县文明办、永嘉传媒集团、团县委、县妇联、县关工委，在县文化广场联合举办大型广场慈善服务活动，组织全县十几支义工队100多位义工在广场摆摊设点，开展义诊、推拿、针灸、理发、电器维修等服务，分发宣传品和小礼品，现场赠送各种特色小吃分发，500多条主题宣传毛巾和600多盒盒装抽纸，2000份慈善法宣传资料；深入永嘉县瓯翔学校开展慈善文化进校园活动，在孩子们心中播种爱心种子，灌输爱的理念，促进青少年正确人生观、价值观、世界观的形成；县慈善总会联合县民政局、永嘉传媒集团合作拍摄以“人人向善”为主题、时长13分钟的微电影《逐梦》，营造良好的慈善氛围。依托永嘉主流媒体，开辟《慈善之窗》栏目，累计发表和播出有关慈善的新闻报道及信息340多条（篇），编发《永嘉慈善》简报73期，在《温州慈善》杂志、温州电视台等市级媒体、《浙江慈善》杂志等省级媒体上刊登（或播出）慈善新闻及信息30多条（篇）。

慈善义工 2018年，永嘉县注册义工队88支，注册义工5878人，其中新增义工队8支，新增注册义工1907人；全县现有46个义工服务基地，其中新增7个；全年开展各类义工服务活动3394场（次），活动内容涉及社会生活各个领域，累计参加服务活动的义工29063人次，服务时间272859.5小时；采取“以奖代补”办法，根据义工服务活动数量与质量、活动费用支出多少、社会影响情况，经综合评估，分别对34支义工队按四个等级予以奖补，支出慈善资金11.8万元，比上年增长13.46%；开展第四次星级义工评定工作，共评定星级义工610名，其中四星级义工40名、三星级义工359名、二星级义工131名、一星级义工80名；开展先进慈善义工集体和“最美慈善义工”评选工作，共评出先进慈善义工集体8个，“最美慈善义工”20名。

（潘修多）

残疾人工作

概况 2018年，永嘉县共有福利企业13家，安置残疾职工342人，残疾职工就业率63.7%；全年享受减免税的福利企业现有职工716人，残疾职工342人，占生产人员总数47.77%。加强对福利企业残疾职工的考勤监管，各福利企业进一步完善残疾职工权益保障，残疾职工全部办理社会养老保险，大部分健全职工也纳入社会养老保险体系，全县残疾职工保险总额达390多万元，保障残疾职工合法权益。

县残联第七届主席团第二次会议 4月3日，永嘉县残疾人联合会第七届主席团第二次会议在县行政会议中心隆重召开。会议总结回顾2017年工作，部署安排2018年工作。会议审议并表决通过关于县残联第七届主席团第二次会议工作报告的决议及关于增补主席团委员、副主席的决议两项草案。

残疾人康复 2018年，永嘉县残疾人联合会（以下简称永嘉县残联）有效开展残疾人康复服务。开展“助明、助听、助行”活动，完成免费白内障复明手术155例，免费助听器验配90台，免费安装假肢18条，基本辅助器具适配1486件。不断加强对辖区内精神病患者的摸排筛查力度，深入开展贫困精神残疾人药费补助工作，全年为精神残疾人给予吃药补助1666人次，对精神残疾人实施动态管理。对37名因病在各医院进行住院医疗康复治疗的残疾人给予医疗康复救助，发放救助金210216元，减轻残疾人住院医疗康复治疗的经济负担。

“四项补贴” 2018年，永嘉县残联深入实施“四项补贴”，为125名残疾儿童提供基本康复服务与补贴；为8799人提供重度残疾人护理补贴，共计2368万元；为10648人提供困难残疾人生活补贴，共计1993.1万元；为21266名残疾人提供残疾人意外伤害保险补贴，共计31.90万元。其中，困难残疾人生活补贴和重度残疾人护理补贴发放总量居全市第二。

残疾人“两项补贴” 2018年，根据《永嘉县困难残疾人生活补贴实施办法（试行）》和《永嘉县重度残疾人护理补贴实施办法（试行）》，按照自愿申请、逐级审核、补贴发放的流程和“一人一档”要求，困难残疾人生活补贴发放对象由乡镇（街道）负责将本辖区内所有持有二代残疾证人员名单与低保人员、建档立卡贫困户数据相对照进行初审，县残联对申报对象的残疾证类别、级别、办证时间进行审核，由民政部门最终审核确定；重度残疾人护理补贴发放对象由乡镇（街道）负责，按照重度残疾人护理补贴发放条件进行筛选、汇总、初审，报县残联进行审核，再报民政部门审核确定。通过民政、残联共同做好残疾人“两项补贴”资格的审定、补贴发放和监督管理工作，实现层层把关审核，“两项补贴”发放信息真实完整，做到不虚报、不错报，村不漏户，户不漏人。利用网络、报纸、宣传单、社区、村务公开栏等方式大力宣传残疾人“两项补贴”政策的补贴范围和补贴标准、申领程序等具体事项，提高残疾人对两补贴政策知晓率。全县全年享受困难残疾人生活补贴对象10916人，享受重度残疾人护理补贴对象8925人，其中新增困难残疾人生活补贴对象1377人，重度残疾人护理补贴对象1238人，困难残疾人的基本生活得到有效保障。

残疾人就业 2018年，永嘉县残联积极拓展残疾人就业渠道，全年接待就业咨询、求职登记26人次，集中安置残疾人就业347人，按比例分散安置残疾人139人，新增就业873人，受理残疾人就业创业扶助申请53人，发放补助资金35.05万元。联合永嘉县人力社保局在瓯北人力资源市场内举办“就业帮扶，真情相助”为主题的残疾人专场招聘会，效果良好。

残疾人助学 2018年，永嘉县残联加大助学力度，全面保障残疾人助学工作。2018年残疾人助学受益人数778人，其中：学前教育贫困残疾儿童3人，共计补助金0.9万元；义务教育阶段、高中及以上阶段残疾学生和残疾人家庭子女748人，共计补助金54.37万元；积极开展残疾人大学生学费和住宿费减免工作，完成大学生住宿费减免27人，争取省级补助资金24.7万元。

助残危房改造 2018年，永嘉县残联有序开展慈善助残危房改造工作，根据省残联、省慈善总会、省财政厅关于慈善助残危房改造有关工作要求，协调联系住建、慈善和财政等部门，根据动态更新调查数据，对3600多户鉴定的危房和疑似危房逐一排摸，经乡镇（街道）调查、永嘉县残疾人联合会审核，确定申报省慈善危房改造户12户。

文化宣传 2018年，永嘉县残联深入开展文化助残“五个一工程”，联系《今日永嘉》为贫困残疾人免费赠送全年报纸，组织志愿者带领残疾人游公园，购买书籍免费赠送残疾人等方式，受惠残疾人600余人次。组织6场（次）特殊艺术进文化礼堂活动，进一步营造扶残助残氛围。全年开展扶残助残文化宣传活动共计4场。其中，3月2日开展第19次全国“爱耳日”主题下乡宣传教育系列活动，发放宣传资料1000余份，对符合条件的25位听力残疾人办理残疾人证，免费验佩助听器。5月18日举办庆祝第二十八次“全国助残日”暨“最美残疾人家庭”颁奖典礼。8月11日举行主题为“赞颂改革开放，共享发展成就”的第九次全国肢残人日活动。9月15日，举办聋人安全讲座，杭州市知名爱心助残公益大使“手语姐姐”毛董莱到永嘉县为50名聋人开展题为“聋人防骗防传销安全教育活动”的讲座。

残疾人体育事业 2018年，7月19—21日，永嘉县第三届残疾人运动会在县体育运动学校举办，来自全县22个乡镇（街道）代表队近240名残疾人运动员参加本次赛事。本届运动会共决出金牌68枚、银牌53枚、铜牌44枚。岩头镇、鹤盛镇、碧莲镇代表团夺得团体总分前三甲，岩头镇等8个代表团荣获优秀组织奖，岩坦镇等8个代表团荣获体育道德风尚奖。由31名残疾人运动员组成的永嘉代表团，参加温州市第九届残疾人运动会，取得7金、9银、11铜，共27枚奖牌的好成绩，奖牌数位居全市11个县（市、区）参赛代表团第三，并荣获组织奖和体育道德风尚奖。

永嘉县优秀运动员在国家级以上比赛中成绩斐然，胡明耀在亚残运会盲人门球比赛获得银牌，在全国盲人门球锦标赛获得第一名；钱向荣在亚残运会坐式排球比赛获得银牌，在全国第十届残运会暨第七届特奥会预赛暨“强槐杯”2018年坐式排球锦标赛上荣获男子组第二名，被评为“体育道德风尚奖”运动员；郭杨参加全国残疾人举重锦标赛荣获第三名。2018年，永嘉县共有6位残疾人运动员在国家队、省队集训，参训人数居全市各县（市、区）前列。集训期间，县残联给予每人每月500元补助。

信访维权 2018年，永嘉县残联热情接待残疾人，做到事事有回音、件件有落实，维护残疾人合法权益和社会稳定。2018年共接待来信来访38件，落实38件，没有发生各类重大信访事件。

（戴才楸）

环境保护

综　述

概况　2018年，永嘉县生态环保工作坚持以改善环境质量为核心，以中央环保督察为契机，以“治水、治气、治土、治废”为重点，扎实推进生态环保各项重点工作，全县环境质量保持良好并持续改善，全县环境空气质量优良率98.4%，PM2.5平均浓度28ug/m^3，较上年同期下降6.7%，PM10平均浓度为50ug/m^3，较上年同期下降9.1%。地表水水质达到功能要求，市控以上水质断面全部为II类水、交接断面水质达到功能要求、集中式饮用水水源水质达标率100%。

法治建设　2018年，永嘉县开展“蓝天保卫战”、生物质锅炉专项执法、集中式饮用水源地保护专项行动、重点领域扬尘污染防治工作联动执法、长江经济带固废大排查等系列环保专项执法行动，强化环境执法强度和刚性，有效打击各类环境违法行为。共出动执法人员6670人次，检查企业3004家次，立案查处120件案件，作出罚款额度1795万元，最高个案处罚金额52万元，移送公安18件，行政拘留17人，刑事拘留1人。非诉案件移交法院起诉70起。

宣传教育　2018年，永嘉县推进生态环保宣传教育“五进”活动。6月3日，举行纪念“六五”环境日暨“美丽中国，我是行动者——绿行永嘉”启动仪式，举办公众环保体验日、公众参与双随机环保执法、“环保杯”乒乓球友谊赛等系列活动。开展绿色系列创建，成功创成2所省级绿色学校、2所市级绿色学校。积极引导公众参与环境保护，组织公众参与“双随机”执法3场次，组织志愿者开展生态环保宣讲活动131场次。大力宣传生态环保工作，在各级媒体上刊发新闻信息报道200多篇，其中被《中国环境报》录用8篇，被《浙江日报》录用2篇，被《今日环境》录用8篇。

污染源治理与管理

行业整治提升　2018年，永嘉县深入开展新一轮电镀行业提升工作，按照“一厂一案”要求，对照“18”电镀污染防治措施细化标准，完成46家电镀企业、4个集中式工业污水处理厂，4个标杆企业污水治理设施的整治提升。全面启动永制鞋等六类行业整治提升行动，排查梳理出790家企业开展整治提升。狠抓城镇污水处理厂规范化运行和重点工业减排项目监管，全力削减化学需氧量、氨氮、二氧化硫、氮氧化物的排放。完成31座加油站（共127个地下油罐）的更新改造工作。

排污行政许可审批工作　2018年，永嘉县深入推进“最多跑一次”改革和全省环保系统事项“八统一”，做好环保行政许可工作，完成审批项目490个，排污许可证发换证133个。按时完成环境质量、饮用水水源、交接断面水质常规监测，以及38家重点排污企业监督监测和22个乡镇（街道）地表水月度监测；核定253个项目的新增排污权总量指标，签订交易合同251份；对10家重点企业开展强制性清洁生产审核；出台永嘉县城市声环境功能区划分方案；完成《2018年永嘉县辐射监督性监测计划》，成功承办2018年度温州市突发辐射事故应急演练。

污染源普查　2018年，永嘉县印发《永嘉县第二次全国污染源普查工作方案》，选聘138名普查员，34名普查指导员，做好树脂纽扣行业产排污系数测算、入清查建库和普查试点等工作。完成全部五类源污染源入户调查和数据录入工作，全县纳入普查工业源数量9236家，规模以上畜禽养殖场27家，集中式污染治理设施478家，生活源锅炉4家，市政入河排污口27个，移动源（加油站、储油库、油罐车企业）36家，行政村903个，省级工业园区1家。

城乡环境综合整治

五水共治 2018年，永嘉县深入推进治水九大行动和河长制标准化管理。实施“污水零直排区”建设工作，枫林镇开展“污水零直排镇”试点，明珠花园等6个小区创建“污水零直排生活小区”。全面深化落实河（湖）长制，共落实县镇村级河长1579名，78座水库配齐镇、村级库长，2座中型水库和6座县管水库配备县级库长。推进8个方面共61大项525余小项治水项目建设，完成治水投资14.4161亿元、完成率116.49%。农村生活垃圾分类完成率100%、美丽河湖创成率200%、河道综合整治完成率115%。深入开展“五水共治”宣传活动，全省“五水共治”公众满意度调查排名较上年提升五位。

生态文明建设 2018年，永嘉县完成省级生态文明示范县创建验收台账整理、现场验收线路和示范点打造、专题片制作，12月26日通过验收。打造温州翔宇中学成为2018年美丽温州提升工程。开展生态环境公众满意度提升攻坚行动，发送公益短信180万条，在沿江6个镇街设置大型广告宣传牌，通过电视、广播、报纸、电子阅报屏、气象预报、农民信箱等媒介进行宣传。按月编报、印发《永嘉生态环境报表》。实施县本级和所有乡镇（街道）生态环境状况报告制度。

环境保护专项行动

蓝天保卫战 2018年，永嘉县印发《永嘉县2018年大气污染防治实施计划》，对全县57家企业开展挥发性有机物深度治理工作，整治完成106家“散乱污”企业；对省级重点工业园区内的企业开展大气污染源排查工作，共排查出企业119家，其中涉气企业29家。印发《永嘉县2018年扬尘污染防治专项检查工作方案》，对218家扬尘产生单位开展不定期联合专项检查。每季度对全县三个尾气检测站开展常规性监督性检查，联合县公安交警大队率全市之先开展重型柴油车专项联动执法检查行动。

土壤污染防治 2018年，永嘉县开展土壤污染调查，完成全县在产、关停共138家企业原址用地基础信息调查工作，完成农产品、表层土、深层土491个点位样品采集和流转工作，支付中央土壤污染防治专项资金140万元，资金执行率100%，列全市第一。23家企业通过省市危险废物规范化管理达标核查，开展15家企业大宗固体废物堆存场所排查。依法打击固废违法处置行为，立案2起，移交公安刑事侦破1起，查获并转移危险废物16113吨，处置医疗废物306吨。

议案提案和信访办理 2018年，永嘉县推进议案提案办理工作：人大代表建议主办3个协办3个，政协代表建议协办4个；共受理信访件1093件，其中省市批转件21件，均已按时办结；574件无法反馈，73件无法联系，群众满意率98.43%。2018年，永嘉县境内未发生造成恶劣影响的重大环境污染问题，未发生一起因环境污染问题引发的群体性上访事件和越级上访事件。

环境监测

监测站概况 2018年，永嘉县环境监测站共有在岗监测人员17人，学历专科以上，均拥有专业技术职称，其中高级职称2人，中级职称5人。2018年除具有一般常用的环境监测仪器外，还拥有原子吸收分光光度计、红外测油仪、紫外分光光度计及气相色谱仪、带频谱分析的噪声仪、原子荧光仪等精密分析仪器和温湿度表、PB-10酸度计、电导仪等仪器。另外，还配备计算机等相关辅助仪器，其中一般仪器39台、采样仪器12台、大型仪器18台、汽车1辆。

水质、大气自动监测站位 2018年，永嘉县引水口水质自动站、黄坦地表水水质自动站运行稳定，与省环保厅联网；上塘、瓯北空气自动监测站运行稳定，与浙江省环境空气质量指数发布平台联网，对上塘、瓯北的空气质量实行日报制度。

监测项目及监测频次 地表水必测项目：水温、气温、pH值、溶解氧、悬浮物、挥发酚、氰化物、总砷、铅、镉、石油类、电导率、高锰酸盐指数、五日生化需氧量、氨氮、硝酸盐氮、硫酸盐、氯化物、溶解性铁、锰、铜、

表33 2018年永嘉县地表水站位一览表

级 别	站 位	河 流
国 控	碧 莲	楠溪江
	沙 头	
	清水埠	
市 控	石 柱	
	黄 坦	菇 溪
县 控	窑 底	菇 溪
	桥 下	西 溪
	乌 牛	乌牛溪
	鹅 浦	鹅浦河
	瓯 北	新桥河

锌、总磷、氟化物等。全年常规监测12次，采样时间为每月上旬。分析方法依据各项目国家标准及《水和废水监测分析方法》第四版。大气环境监测项目为二氧化硫、二氧化氮、臭氧、CO、PM10、PM2.5等。逢雨必测pH值、电导率和降水量，每月监测一次降水中的主要阴阳离子。

环境监测成果 2018年，永嘉县环境监测站共完成366次委托性监测，包括生态监测、监督监测及一般委托监测，出具水、气、声监测报告367份，全年共获得监测数据近1.5万个（不包括自动站数据）。

大气环境质量状况 2018年，永嘉县共有效监测环境空气质量天数365天，其中轻度污染及以上天数为5天，环境空气质量达到优或良（AQI≤100）的天数360天，优良率98.6%，首要污染物为PM2.5。工业废气主要分布于上塘、瓯北等区域，其中上塘废气排放量最大，其次为瓯北。永嘉县是国家确定的酸雨控制区，2018年度共采降水样品91个，降水pH值范围5.07—6.80，其中pH值小于5.60的酸雨样品8个，酸雨率8.8%，较上年大幅下降，年平均pH值为6.14，较上年平均值明显上升。

水环境状况 2018年，永嘉县地表水体水质明显改善，但平原河网水质质量状况不容乐观，部分水体水质未达到地面水功能区划要求。全县境内主要为二江（楠溪江、瓯江）、二溪（菇溪、西溪）、四河（永乐河、鹅浦河、瓯北、黄田），其中楠溪江设有碧莲、石柱、沙头、清水埠4个监测点。依据《地表水环境质量标准》（GB3838—2002），2018年永嘉县主要地表水水质状况如下：碧莲、沙头、清水埠、石柱、黄坦、桥下、窑底7个站位水质与上年相比基本保持稳定，均达到功能要求类别。其中碧莲、沙头、清水埠、石柱、黄坦、桥下、窑底21项参评水质指标均达到《地表水环境质量标准》（GB3838—2002）中Ⅱ类标准，水质较上年有明显改善，其水质定类主要污染因子为总磷、氨氮。乌牛、瓯北、鹅浦河水质未达到功能区要求，但水质基本稳定，主要污染因子为氨氮、总磷。楠溪江水环境状况基本不变，各断面均满足水功能区要求。楠溪江引水工程和沙头饮用水工程是永嘉县主要的生活饮用水源地，水质达标率100%。

（潘 琪）

功能区　乡镇（街道）

上塘中心城区

经济建设　2018年，上塘中心城区完成固定资产投资34亿元目标任务；其中完成规上工业产值23.6亿元，同比增长约12%；完成限上批零住餐2.62亿元，同比增长约20%；社会消费品零售总额同比增长率为25%。

表34　2018年上塘中心城区基本情况统计表

项　目	单　位	合　计
总面积	平方千米	241.2
建制村	个	114
社　区	个	5
总人口	万人	13.696
外来新居民	人	10166
规上工业总产值	亿元	23.6
限上批零住餐四大行业	亿元	2.62
固定资产投资	亿元	34

坚持园区发展和招商引资两手抓，增强上塘经济活力。持续推进滨江工业园区建设，新建企业2家，其中云岭山白茶有限公司用地5亩，投资1800万元，迎日阀门用地15亩，投资5500万元。企业促开工5家，总投资3.3亿元，其中天朗二期占地17亩、君品集团有限公司占地30亩、滨工阀门有限公司占地14.2亩、永欧机械有限公司占地12亩、绿源药材占地3亩。全年招商引资任务数4.6亿元，新签约项目绿世界生态农（林）业观光园，完成招商引资5.79亿元，其中大型项目中梁一号到位资金3.7亿元，永嘉县上塘至瓯北公路工程项目到位资金1.4亿元。

城乡建设　2018年，上塘中心城区坚持以完善城市功能为核心，加快城区配套基础设施建设，打造设施功能齐全的现代化“精致县城”。续建城区道路网，完善中心城区交通网络，坚持以打通断头路、卡口为切入点，继续理顺城区交通，努力打造城区“15分钟交通圈”。新建环城北路二期等6条道路，续建上塘博文路、上下线等9条道路，总投资8.1亿元，道路总长约9千米，累计投资2.8亿元，其中实现勤奋路及科研路北段、上塘博文路、临城南路一标段4条竣工通车；上下线上塘至路口段改建工程（一期）完成全线的路基填方、挡墙砌筑和城区段水泥稳定层浇筑工作，投资3200万元，工程量已完成70%，预计春节前竣工通车；环城北路西向延伸工程完成雨污管道铺设和矿渣填筑，投资1650万元，工程量已完成70%；完成永嘉大道支道、下塘东路北段延伸雨污管道铺设，投资400万元；启动7条道路前期工作，其中县前路改建工程完成招标准备工作；屿一路、上塘三元堂沿河路、靠山路、沙门西路二期完成方案设计，环城南路二期完成方案调整；完成500个专用车位、700个公共停车位、街区（小区）停车位和微循环改造等交通治堵专项工作。

补齐城市功能短板，提升宜居宜业水平。文体卫设施方面，投资1.69亿元的体育两馆和投资4.76亿元的县公共文化中心完成验收并于10月投入使用；投资1.67亿元的图书馆档案馆工程完成地下室桩基施工和基坑支护工作；投资10亿元的县人民医院迁建工程顺利进场开工；康宁医院完成意向性招商工作。

教育基础设施方面，启动投资1.5亿元的城西小学校区新建工程，完成立项、初步设计会审和施工图审查工作，进入招投标阶段；投资2.1亿元的下塘小学完成立项，进入征地及设计招标阶段；扩建中塘小学主体工程；谋划学前教育布局，第三幼儿园顺利结顶，下塘幼儿园完成立项审批工作。

商贸方面，投资4.9亿元的置信公馆商业和住宅以及投资0.12亿元的美食城均完成验收并投入使用；投资2.7亿元的浦口商业步行街完成外墙装修；投资约4亿元、占地50亩的中塘商业综合体完成控规调整，进入规划论证阶段。

公园绿地方面，占地200亩的乌岩山湿地公园进场施工、投资400万元的中塘溪两岸休闲绿道完成南岸道路路基建设；投资1559万元的下堡山公园，2千米游步道建设，完成50%工程量；投资1.6亿元的上塘中学和永嘉县体育场地下停车场均完成主体施工，进入地下室墙体施工阶段；县城道路综合提升工程进入扫尾阶段，望江路、永兴路和县前路三条道路提升工作将在年底全部完成。

2018年，上塘中心城区推进“大拆大整、大建大美”专项工作，通过三个街道的拆旧建新，实现上塘面貌提质提档。力促占地104.9亩的中后村旧城改造项目成功出让并落地开建，累计融资11亿元，实际货币化2.0亿元；配合司法手段解决2户疑难户政策处理难题；针对叶氏祠堂，采用异地等价安置，11月完成签约腾空拆除。盛氏祠堂是文保登陆点，采取就地拆迁安置，于12月完成签约腾空拆除；于6月27日挂牌出让，完成地下室桩基施工，约完成总工程量的10%。协同三个街道开展城中村改造工作，启动相关地块的前期工作，完成土地报批相关工作。加快重点土地出让工作，截至11月底完成土地出让5宗，约204亩，其中上塘2011—25＃地块占地39.7亩、上塘峙口工业园区——君品集团地块占地40亩、上塘中后村地块占地104.9亩、仁堂永丰造纸厂地块占地12.56亩、三元堂02—02—75#地块占地6.88亩，中后村地块出让价4.93亿元，溢价率70%。

环境建设 2018年，上塘中心城区以优化城区水环境为目标，深化“污水零直排区”，大力推进劣V类水剿灭工作。完善污水管网支管建设，总投资6624万元，累计完成投资5700万元，新建管道13千米，其中西巷河截污纳管工程、上塘城区二期截污纳管工程，下堡河截污纳管工程和戈田浦截污纳管工程竣工并投入使用，完成中塘北片截污纳管工程政策处理、方案优化和部分管道施工。结合污水普查工作，解决雨污合流问题。针对5月后污水处理厂浓度过低问题，排查各管道污水浓度，制定修改方案，集中解决雨污合流严重的区块污水收集问题。实施河道整治工程，完成上塘中心城区河道生态清淤工程，启动连塘浦河道整治工程、仁堂路河道整治工程启动前期工作，完成方案设计。配合三个街道做好明珠花园、鹅浦景园、沿江、新世纪公寓4个小区污水零直排区建设工作。

基层组织 2018年，上塘中心城区创新学习方式，制定和完善区党委理论中心组2018年学习计划，建立区机关干部学习制度，加强对党员干部的理论教育。结合新形势新任务，党委理论中心组成员认真学习《中国共产党纪律处分条例》、《中国共产党问责条例》、2018年全国“两会”精神、红船精神等专题内容。组织全体党员干部收看移风易俗攻坚行动动员大会会议视频，强化党员干部对移风易俗工作新认识，贯彻落实移风易俗工作新要求。回复人大、政协提案10件。推进人事编制工作，坚持正确的用人导向，及时核准人员情况，做到“进人出人”手续快捷办理，2018年共办理2名人员调出手续，1名人员调入手续，3名退休人员手续，2名公务员的职级晋升手续。

党风廉政 2018年，上塘中心城区落实全面从严治党，按照抓思想、管党、执纪、治吏、作风、反腐“六个从严”要求，全面推进党的政治建设、思想建设、组织建设、作风建设、纪律建设和制度建设。召开专题会议研究部署党风廉政建设和作风建设，构建党委主体责任履职路线图和明细表，落实分解责任，强化宣传教育筑牢党员干部反腐底线。组织开展廉政谈心工作，区党委书记对班子成员、党组织负责人进行“谈廉”8人次，区纪委书记对科室负责人、机关干部进行“谈纪”6人次，班子成员对各自分管科室人员进行“谈责”19人次。严肃查处工作中慵、懒、散和违纪行为，全年区机关作风效能检查39次，对多名干部进行口头提醒，运用“四种形态”进行提醒谈话4人次，基层站所协查协管监督检查11次。

荣誉 2018年，上塘中心城区获“年度提案办理先进单位”荣誉称号。

（胡聚豪）

瓯北城市新区（瓯北街道）

经济总情 2018年，瓯北街道积极打造最优营商环境，提振实体经济发展信心。实现规上工业总产值162.44亿元，同比增长11.75%；财政总收入40.89亿元，同比增长18.38%；限上贸易服务业销售总额110.03亿元，同比增长75.20%；限上贸易服务业零售额31.93亿元，同比增长11.29%；限额以上固定资产投资58.14亿元。浙江省“消薄”现场会在瓯北设点考察，国务院参事室“改革开放中的农民与农村研讨会暨第二届费孝通田野调查奖颁奖仪式”在瓯北召开，成为全国典范之一。

推进产业优化，完成50家工业企业小升规申报工作。新增高新技术企业7家，省重大科研项目2个（浙江迦南科技股份有限公司、超达阀门集团股份有限公司），省级企业研究院2家（报喜鸟控股股份有限公司、永一阀门集团有限公司），省级企业研发中心1家（浙江天正阀门有限公司），省首台（套）产品认定企业1家（宣达实业集团有限公司），市级企业技术中心1家（浙江嘉松科技有限公司）。

推进平台建设，紧抓永嘉工业园区作为温州市“3+12”的产业平台历史性机遇，启动永嘉工业园区申报省级经济开发区方案编制工作。高标准推进珠岙轻工园、流程装备产业园等4个小微园建设。珠岙轻工园主体18幢工程完成验收，配套附属工程完成85%；珠岙流程装备产业园完成全部工程量的50%；罗浮流程园厂房工程桩机施工完成60%，西地块场地平整完成50%；塘头铸造园场地平整完成80%。推进小微园边坡治理工程，小微园首批对接准入小微企业44家。占地58.77亩的和三村十个工业项目开工建设。

表35　2018年瓯北城市新区（瓯北街道）基本情况统计表

项　目	单　位	合　计
总面积	平方千米	50.3
耕地面积	亩	2577.7
建置村	个	27
社区居委会	个	12
户籍人口	人	87176
工业总产值	亿元	172.96
规上工业总产值	亿元	168.75
限上固定资产投资	亿元	58.14
限上贸易服务业销售总额	亿元	110.03
限上贸易服务业零售额	亿元	31.93
全社会用电量	亿千瓦时	8.79
财政总收入	亿元	40.89

城市建设　2018年，瓯北街道招商引资到位资金10.62亿元，完成县下达全年目标任务的129.51%。巴菲特金融大厦主体建筑结顶，正进行玻璃外墙装修附属工程施工。职工文化中心主体建筑结顶。金三角大酒店一期于10月开始试营业，计划2019年年初正式营业。地下人防商业街项目完成一期停车场建址的橡胶厂地块的控规调整，进入土地出让程序。弘图学校完成征地一、二、三公告，计划年内完成土地组件报批工作。翔宇中学小学初中部完成征地第一公告，正进行征地政策处理。梅赛德斯·奔驰4S中心项目，正在县住建局办理工程规划许可证。永嘉鞋服时尚科技产业园成功落地。

快速推进城中村改造，完成王家坞—前牌村694户签约工作，签约率100%，启动腾空拆除工作。推进清水埠城中村改造项目，一期05、06地块全部封顶，进行小区配套设施建设。二期02—D地块成功出让并进场施工，02—C地块挂牌出让。码道村城中村改造项目17.15亩开工建设。新桥村全村入户调查丈量完成，二期09区块、16区块开工建设。启动报喜鸟前牌工业园旧城改造。

改善城市基础设施，成立城市建设和城市管理工作委员会，虚拟化机构，实体化运作，协调推进项目建设。配合永嘉县域规划修编和推进专项规划编制、控规调整工作。全面推进断头路打通工程，礁头路、永宁路、林浦北路工程、罗浮大街北段延伸三期断头路竣工投入使用，瑞金北街进场施工。完成罗浦东西路罗浮段断头路测绘、丈量、评估工作，涉及拆迁15户，签约14户。做好新桥路（104国道以北段）、林浦路、张堡东路（阳光大道—五星路）、青峰路（104国道—东垟路）、青峰路北段、瓯北大道路面修复等6条道路工程前期工作。滨江公园、瓯北镇中操场2个地下停车场（车位850个）于10月竣工验收，并交付使用。瓯北污水处理厂一期提标工程于6月竣工验收，已进入试运行，顺利通过省级验收。完成瓯江北岸道路及景观提升工程一期。完成双塔公园征地定界图，政策处理青苗校对，概念性方案有待进一步完善确定。瓯北六小扩建工程进场施工；瓯北三小迁建工程招完成投标，于12月进场施工。

征迁工作提质提速，开发完成低效土地696亩，土地转而未供供地413亩，供而未用开竣工295.8亩，完成净地任务538.09亩，土地出让金12.9亿元。瓯北五星国有滩涂垦造水田二期426.3亩，三期181.47亩开工建设。启动双塔路和王家坞路东北角出让地块的拆迁工作，涉及拆迁户70户，完成签约56户。启动宏图学校、新桥路等12个项目征地报批工作。启动并完成新桥路、宏图学校、翔宇外国语学校、珠岙幼儿园项目土地利用规划工作，完成标准农田调整工作。

环境建设　2018年，瓯北街道深化“五水共治”。贯彻落实“河长制”，召开河长制工作会议7次，落实全街道河道27条。加大河道保洁、生态调水力度，巩固剿灭劣V类水工作成果。完成市整治点165处，县整治点56处，2位街道级河长、3位村级河长被温州市治水办评为“河长之星”。做好排污口整治工作，排查排污口1193个，整治排污口1039个。加强污水管网建设，开展污水零直排区创建，清污检测污水管道13千米。完成中央环保督查项目，修复污水管道2.75千米。建设礁下等8个村中央环保督查项目，其中礁下村完成80%，浦二村完成60%，安丰村完成40%，林垟村完成30%，浦西村、堡一村和堡二村均完成20%，浦一村完成10%；新建污水管网（包括截污管）15千米。做好瓯北污水处理厂的监管和运行工作，处理污水1382万吨，日均处理污水量4.2万吨，运行负荷率83.3%，COD消减量2193吨，氨氮消减量219吨。

持续推进“三改一拆”工作，拆除违章建筑45万平方米，完成年度任务77.5%。加强危旧房治理，存量农村危房30户，完成治理28户，剩余2户为前牌村城中村改造范围。新增农村危房46户，全部

表36　2018年瓯北城市新区（瓯北街道）建置村（居委会）情况统计表

村（居）名	书　记	主　任	村(居)民小组(个)	人口（人）
罗浮村	潘建达	林长槐	38	6475
花岙村	苏海周	胡建新	17	1608
江北岭村	朱清林	杨陈华	2	327
白水村	何锦国	陈旭义	15	2132
浦二村	陈永金	胡鹏飞	13	1544
浦西村	蒋贤丰	葛旭辉	17	3112
浦一村	蒋建勇	郑建德	22	2140
马岙村	朱相彬	叶晖武	18	1443
蔡桥村	李本福	胡显亮	8	1202
前牌村	陈乐欢	余云占	8	1037
珠岙村	余章龙	郑建武	12	1755
码道村	黄明恩	吴耀星	16	1892
新桥村	余承达	余新章	8	1233
王家坞村	王金巧	王建仁	8	974
龙桥村	余国林	张大丰	28	2898
东方村	唐建勇	施胜凯	7	941
塘头村	林胜伟	廖志超	20	3042
和一村	朱炳熙	杨毓亮	16	2538
和二村	杨胜	朱显木	6	1549
和三村	赵建强	周小武	20	2002
安丰村	杨增章	杨少奇	9	674
礁下村	池程勇	池银木	12	1613
堡一村	王乐清	张林海	21	3081
堡二村	张志聪	胡挺	16	1872
五星村	翁建朝	李义	14	2441
河田村	许建新	俞国华	12	1613
林垟村	林国林	陈建设	8	1181
永宁社区	黄赛云	戚建国		1135
滨江社区	陈兰芬	胡邦送		3748
双塔社区	陈陆平	陈顺国		7301
金瓯社区	章伯伟	章海轮		1137
江北社区	谢正浩	陈晓飞		3820
创新社区	刘关丰	金和平		5843
阳光社区	汤光强	汤丽央		2424
镇西社区	周雪珍	胡方飞		3222
清水埠社区	周小磊	陈小英		1930
楠江社区	李小玲	李林华		1741
襟江社区	金月龙	戴巧云		1673
东瓯社区	陈陆杰	廖微琴		876

拆除。做好地质灾害治理，青花西路总共8户8间25人和襟江北路总共6户6间22人，全部完成拆除工作。龟山地质灾害治理工程完工。

开展环境综合整治提升年行动，建立三项督查机制，推动市容市貌整治、入城口专项整治、交通秩序整治、美丽村庄专项整治、精品街区建设等五大提升行动，全面实施“五长”制（河长制、路长制、区长制、场长制、所长制）。发放占道经营限期整改通知书2230份，责令停止通知书253份，取缔跨门、占道经营875处。拆除违法小广告、清理灯箱1850处，拆除临时雨棚667个。完成区长制精品小区创建验收11个；全面启动垃圾分类试点工作；码道农贸市场已建成投入使用，双塔、堡二农贸市场提升项目正在建设；部分垃圾中转场污水改造项目正在规划设计。公厕城区完成提升11座，新建2座，农村改造提升26座，结合中央、省、市公厕革命建设文件精神要求，进行统一编号、规范化建设与管理相关筹备工作。建设规范交通标志标线，整治“四小车”960辆，清理僵尸车575辆，完成建设规范停车位1750个，停车场5个。

平安建设 2018年，瓯北街道纵深推进“平安瓯北”建设。实施“全科网格，全员入格”网格化管理，提高社会治理水平。“四个平台”共处理各类事件10.088万件，办结率100%。落实领导包案化解信访疑难案件机制，接待群众上访302起，办结率100%，办理"12345"热线187起，化解历史积案9件。"两会"等敏感时段去京、赴省实现零上访。完善社会矛盾纠纷预防化解机制，成功调处127起矛盾纠纷案件。健全安全生产责任体系，强化企业主体责任，狠抓“厂中厂”整治等四大专项行动。开展行政执法专项检查，检查生产经营单位1512家（处），发现事故隐患4814条，全部完成整改；开具整改指令书379份，办理安全生产行政案件41起，处罚金额26.1万元。开展14184家家居住出租房、合用场所排查、复查、整治工作，检查租房9685家、合用场所3200家，安装独立式感烟火灾报警器17197个，电气线路改造已套管18万米，查封670家，拘留5人，安装电动自行车充电桩端口14088个，消防处罚85起。加强食品安全管理，深化新居民服务管理，创新“枫桥经验”，推广居住出租房“旅业式”管理模式，流动人口4000人以上的10个村均实现“五个100%”。深入开展反邪教、禁毒、宗教等社会综合治理工作，有效营造辖区稳定、有序的良好环境。

社会事业 2018年，瓯北街道推进医疗卫生、计生服务、创卫、康养、无偿献血工作，开展生育登记服务1560例。大力发展文化、体育事业，举办庆祝中国共产党成立97周年文艺晚会、元宵猜灯谜活动、文艺演出、读书活动、知识讲座等文化活动160多次。举办门球、武术、篮球、象棋等体育赛事10次。完成浦二等村4个文化礼堂和襟江、清水埠2个社区文化中心建设。实施城乡居民医疗保险，参保41970人，参保率97%以上。强化社会保障，新增城镇和农村低保对象20户31人，低保边缘户227户586人。发放15位支宁人员补助金1.98万元，抚恤军人定补对象21人补助金1.512万元。扎实推进养老、社会救助、农村困难群众住房救助等工作。深化殡葬改革，强化“青山白化”治理工作，签订文明办丧承诺书325份，完成生态化改造坟墓122座。

行政审批 2018年，瓯北街道深化“最多跑一次”改革，开展自助终端“瓯e办”政务服务。累计总收件28.22万件，总办件27.17万件；受理交易项目53宗，完成48宗；“网上超市”服务项目7宗，总成交额约2946万元，节约金额约519万元。完成项目立项14个，备案39个。

基层组织 2018年，瓯北街道加强领导班子自身建设，抓好领导班子学习、思想、能力、作风建设。开展“不忘初心、牢记使命”主题教育、主题党日及“红色星期天”等系列活动，提升党组织政治引领力和党员政治使命感。开展组织换届“回头看”、老协规范提升等系列攻坚战，“下”掉村干部4名。完成王家坞、河田村、和二村市级党建示范点整体改造提升工程。预备党员转正62名，取消预备党员资格37名，不承认党员身份1名，除名2名。投资400多万元，开展美丽机关创建，提升政府机关形象。办理答复人大建议8件、政协提案14件。街道群团改革列入县试点唯一镇街，建成省级工会改革示范点——置诚广场商圈，永嘉第一家非公群建跨区域妇联——红蜻蜓集团妇联。圆满完成征兵和民兵整组工作。

推进“两新”党建工作，以

"双覆盖"为抓手，多种组建方式新组建支部47家，更换书记15人，整改后进支部8个。推行支部主题党日"123"标准模式，开展"两新党组织主题党日活动现场观摩会"。推进"千企结千村"工作，红蜻蜓、宣达、报喜鸟等16家企业参与村企结对。开展红色暖心活动，送温暖行动125次，金额56万元。推进开放式组织生活，以党建联盟为载体，成员单位轮流承办"奔跑吧，党员"党建联盟活动7次。

党风廉政 2018年，瓯北街道全面落实从严治党主体责任，坚持党（工）委书记主抓直管，召开党风廉政建设专题会议5次。开展"初心守廉'510'思廉"主题教育活动，谈心提醒教育90人次。开展"营商环境提升年"行动和"铁腕纠四风、重拳治怠政"作风建设活动，设立效能监测点349个，实现辖区规上企业效能监测点全覆盖。建立瓯北营商环境效能监测工作微信群，各规上企业确定一名联络员入群。选派52名党员干部担任营商专员和联企服务员，"点对点""一对一"服务重点企业，累计为企业解决发展问题136个、化解率100%。

开展专项正风肃纪督查12次，检查单位25家。践行"四种形态"，运用"四种形态"提醒谈话57人次，通报批评3人次，诫勉谈话23人次。严肃纪律审查，立案11件，结案11件（其中开除党籍6人、严重警告1人）。收到来信来访43件，按规定全部办结。健全财务管理制度，严格按照规范接待制度、接待标准、接待审批方法、接待报销程序进行公务接待，实行接待公示。规范公车管理制度，严格实行车、人、卡、点统一加油和定点维修。

荣誉 2018年度瓯北城市新区（瓯北街道）荣获永嘉县功能区、乡镇（街道）工作绩效考核优秀单位、永嘉县推进重点区块建设工作先进单位、永嘉县安全生产工作优秀单位。

（高锦梁）

三江商务区（三江街道）

经济总量 2018年，三江街道实现规上总产值97452万元，同比增加41.22%；固定资产投资471546万元，完成率104.79%；工业性投资22061万元，完成率122.56%；完成限上社会消费品零售总额6154万元，同比增长11.30%，完成限上四大行业销售额6193万元，同比增长12.01%；完成全年政策性农房保险7411户，政策性水稻保险2535户4188亩，农机机械总动力11054千瓦；行政村经济总收入2024.67万元，同比增长21.23%，总资产28054.02万元，同比增长3.49%，未分配收益2243.37万元，同比增长26.38%。辖区企业数417家，年产值超2000万元企业11家。企业经营范围涉及鞋业、阀门、机械设备、五金、油漆、石油产业、印刷等多个领域，规模普遍较小，但发展空间巨大。2018年，农作物播种面积16702亩，其中粮食作物8979亩、总产量3486吨，油菜籽375亩44.3吨，蔬菜5908亩10015吨；早稻603亩244吨，晚稻（包括单季稻和连作晚稻）5216亩2373吨；茶叶13487亩365.6吨，水果果园面积2525亩，总产量1359吨。全年生猪存栏100头，出栏1038头，猪肉97.4吨；家禽存栏1370羽，出栏56469羽，禽肉94.9吨，蛋产量39.4吨。

表37 2018年三江商务区（街道）基本情况统计表

项目	单位	合计
总面积	平方千米	55.3
耕地面积	公顷	505.9
农作物播种面积	公顷	1114
粮食作物播种面积	公顷	599
建置村	个	28
社区	个	3
户籍总人口	人	30003
常住总人口	人	30217
外来民工	人	5467
农业总产值	万元	10494
规上工业总产值	万元	97452
第三产业增加值	万元	40424
财税收入	万元	10129
镇企业个数	个	417
年产值超2000万元企业数	个	11

基层建设 2018年，三江街道强化村级组织阵地检修提升，建立村级组织办公场所检修提升长效机制，着力破解无办公场所、破旧不能使用和面积小于100平方米等办公场所不达标问题，实现不达标村级组织办公场所检修提升率100%。全面开展村级组织换届"回头看"，以提升基层党组织组织力为目标，对照村干部政治素质过硬要求、三江街道率全县之先成立党性教育支部，开展"2033"

表38 2018年三江商务区（街道）建置村情况统计表

村 名	书 记	主 任	小组（个）	人口（人）
江 头	黄瑞东	黄纪光	12	2091
浦 东	吴进千	吴建福	16	1897
宁 浦	翁文良	翁章静	9	1285
后 江	吴爱松	金道聪	14	1759
仙 山	林建春	林建春	3	376
梅 园	翁显珍	胡林华	6	961
挂 彩	吴建敏	周守平	5	1032
开 垟	吴星昆	徐 洁	3	489
新 建	高德松	高星富	3	417
长 岙	吴陈杰	何建青	6	736
箬岙底	梅建河	尤炳仁	10	982
箬 隆		吴月建	43	3681
启 灶	全龙益	余建成	7	435
陈家坑	何长方	徐云义	3	213
芦 田	厉道欣	厉陈秋	24	3673
芦 黄	余成金	潘美统	13	859
龙下（坦头）	夏瑞仁	叶林国	6	327
龙 川	金宝元（主持）	金林飞	10	462
缪 北	郑文浦	金育武	16	708
龙 头	金松庭	金长有	12	848
仙 客	李永生	李进林	12	570
山 后	叶小建	黄海丽	16	704
北 岙	吕秀莲	厉秀崇	30	1428
行 禅	叶际杰	叶际华	22	1044
南 岙	胡建军	林艳艳	6	1030
半 岭	黄建夫	黄新明	6	552
罗 溪	吕裕勇	吕小雄	10	798
木 桥	缪方勋	李永生	15	673

工作模式，对照省委党员管理“十条红线”、街道党员管理“十种情形”，以普通党员、村两委干部、村主职干部三个层次，橙色预警、黄色亮牌、红色迁转三色处置，理论测评、思想考评、实践历练三重检验方式，提升党员干部战斗力、执行力，净化政治生态，为政策处理提供有力的组织保障。共问责不作为、慢作为、乱作为村干部29名，“下”了5名，转入“党性教育支部”党员4名。扎实推进村集体经济发展壮大，2018年按照目标明、责任清、措施实的标准，上下联动发力、输血造血并重，多渠道、多层次拓宽村集体经济发展路径，全力破解集体经济发展难题，真正提升各村“造血能力”，28个村集体全部完成消薄任务。

项目建设 2018年，三江街道开展零信访征拆工作，发扬三江干部嘴功、腿功、坐功“三功”工作作风，圆满完成温乡城、世贸二期、三江中小学等7个重大项目征地1040亩的工作，拆迁398户，安置分房522套，以及瓯江北岸夜游亮化工程950万立方米山体政策处理；成功拔除江东大道、七都北汉桥永嘉段、梅园城中村改造等项目钉子户40多户，成功解决一批“老大难”问题，全年未发生一起因政策处理引发的上访事件。加大无障碍施工力度，实现开发建设“加速度”。对在建工程实施全程跟踪管理，专班专案专营，实行“一个项目、一名班子成员、一个攻坚团队”摘牌包干攻坚制度，建立定期会商、现场会办、过程管理机制，狠抓项目建设“清零清障”，成功化解问题41个，包括三江至乌牛污水干管在内的总投资约39.7亿元的8个重大项目，实现无障碍施工，跑出三江发展加速度。

环境优化 2018年，三江街道“五水共治”工作成效明显。8条劣Ⅴ类水体河道全部通过县级消号验收，通过市、县整体验收。实现生活污水治理全域覆盖，芦田村、北岙村、箬隆村、芦黄村、缪北村、箬岙底村6个村的城镇生活污水治理工程基本完工；山后村、龙头村、龙川村、行禅村、陈家坑村5个村的农村生活污水治理工程通过验收。强势推进“三改一拆”及除险安居治理工作，完成拆违30多万平方米；4处地质灾害点，15间D级危房任务，按照相应要求在7月15日前全部完成，其他除险安居各项任务均在11月20日前全部完成。快速推进“青山白化”治理工作，生态改造瓯窑小镇私坟50座，其他私坟改造8座，移风易俗工作得到较大改善。

社会事业 2018年，三江街道扎实推进统战工作，积极开展党外人士联谊活动和谈心交友活动，慰问海外代表15人次，谈心交心50多人次，凝聚合力，激发党外人士干事热情，积极参与“五水共治”等中心工作；开展“同心同行·共建和谐”活动，深入推进“五进场所”“十大举措”，完成5个平安宗教场所创建，17处宗教场所升挂国旗工作。大力开展群众文化活动，在三江文化中心、文化礼堂、文化驿站，共举办大型文艺会演9场，节庆活动13场，讲座培训22场，书画展览12场，义工志愿服务15场，惠及人数8000人，极大丰富三江人民精神文化生活，唱响群众文化主旋律。推进“红色星期天”全域联动，充分利用文化礼堂、“瓯江红”党群服务中心、村（居）民中心、为老服务中心等红色阵地，通过集中开展党员志愿活动、百姓大舞台、健康义诊等各类服务活动，实现“红色星期天”阵地全覆盖、党员齐参与、群众都点赞。以多种形式开展移风易俗宣传活动，营造移风易俗浓厚氛围，抓住关键少数，发挥示范带动作用，迅速在全街道掀起一股破旧俗、除陋习、树新风的高潮。2018年，三江街道利用主题党日、网格化工作等契机，发放移风易俗倡议书8000余份，全区广大党员干部积极主动响应党委政府号召，签订承诺书1400多份，党员、干部签订率均为100%。自觉抵制不正之风，积极践行移风易俗已成为全街道党员、干群的共识和心声。

清廉建设 2018年，三江街道坚持清廉三江建设与中心工作同部署、同落实。在28个村设置扶贫领域作风腐败问题、党员干部涉黑涉恶问题举报投诉电话，多渠道受理党员干部违规违纪问题举报，提前部署不稳定因素排查和信访化解工作。结合日常群众民声信息，联合大信访机制，驻村及各科室、部门进行信访苗头排摸，经街道党工委分析研判，确定重点关注问题，提出解决对策，实行领导包案解决制，主动变上访为下访，力求一般问题不出村，重点问题不出街道，杜绝一般民生问题发展为信访苗头问题。在涉纪信访和疑难案件化解工作中严格落实“勤、清、情”三字诀。通过调查办理“勤”、排查调研“清”、调解善用“情”的方式，带着感情去工作，并在调解化解纠纷时善打“感情”牌，以理“服人”，以情“动人”来赢得双方当事人的信任和肯定，改被动为主动，营造和谐关系。

荣誉 2018年荣获第三次全国农业普查先进集体、省级现代农业园区、温州市尊重教育突出贡献集体、温州市先进基层党组织、县推进重点区块建设工作先进单位及年终考绩优秀单位。

（潘 倩）

桥头镇

经济发展 2018年，桥头镇坚持稳中求进、进中显优总基调，主要经济指标不断提升，全年实现财政总收入4.17亿元，同比增长2.65%；固定资产投资17.29亿元，超额完成年度目标任务，其中，工业固定资产投资3.29亿元，完成任务数的131.44%；规上工业总产值18.01亿元，同比增长13.38%；限上批零住宿、餐饮业销售（营业）额18.25亿元，同比增长20.14%；限上社会消费品零售总额1.89亿元，同比增长14.02%。巩固和发展纽扣、拉链等传统支柱产业，完成纽扣、拉链商会换届，提前一年完成永嘉县最大的旧市场商贸城改造工作。强化产业平台支撑，推进谷联工业园区建设，部分企业提前时序完成结顶，洛溪、白下服装辅料小微园稳步推进，长城拉链等11家企业入驻在即。“归雁经济”提速升级，与8家企业签订18.6亿元的贸易回归协议，广东博斯绅威集团顺利落户欣邦众创空间，销售额上亿元，月均税收超100万元，实现“桥头人经济”向“桥头经济”蜕变。育才文化创意基地正式对外开放，全年接待30多所学校、3万多名师生学习实践，被评为2018年“浙江省中小学质量教育社会实践基地”，育才集团课桌椅团体标准获“浙江制造”标准制订立项，成为永嘉县6个“浙江制造”标准之一。

城镇建设 2018年，桥头镇谋划全域发展新蓝图，启动总规修编，桥一城中村改造、壬田和谷联大码道D级危房改造率全县之先实现100%签约，其中壬田区块加速清零，沿溪区块快速推进，33处D级危房顺利拆除。推进市级重点工程——菇溪两岸共12.94千米的市政道路工程，推进330国道桥头至桥下段共19.2千米的道路改造工程，通过两大“动脉型”交通工程，打破区域经济发展交通肠梗阻。林下村垦造水田项目进入扫尾阶段，建成水田57亩，实现荒废土地有效开发。推进镇区“治脏、治乱、治堵、治差、治违”工程，累计拆除各类违法建筑30.23万平方米，为城镇发展腾出空间。建成镇政府地下停车场、商贸中心地下停车场，有效利用社会公共空间，缓解停车压力。启动经二路、人民路等道路建设工程，提标提质建设“四好农村公路”。

表39　2018年桥头镇基本情况统计表

项　目	单　位	合　计
总面积	平方千米	90.6
耕地面积	公顷	1572.7
农作物播种面积	公顷	1545.7
粮食作物播种面积	公顷	947.5
建制村	个	57
居委会	个	2
总人口	人	73340
外来民工	人	23145
农业总产值	万元	8458
工业总产值（规上）	万元	180101.7
第三产业增加值	万元	153000
财税收入	万元	24737.73
镇企业总数	个	956
年产值超2000万元企业数	个	40

生态环境　2018年，桥头镇全力推进生态环境改善工作，加大环境监管力度，累计出动环境执法人员1520人次，检查企业595家次，全年环保问题投诉同比下降37.98%，成为永嘉县唯一一个实现负增长的镇（街），全镇水和大气环境均达二级标准，各水体监测点总氮总磷等指标低于标准，大气PM2.5平均浓度25ug/m^3，低于县31ug/m^{3}水平，水和空气质量在永嘉县排名靠前。提前完成污水处理厂提标改造工程，日均污水处理量达万吨，启动“污水零直排区”建设，累计完成污水管网建设175千米，完成农村生活污水处理设施建设21处，实现100%覆盖。启动坦头溪综合治理工程和菇溪河综合治理七期（梨村至黄坦）工程，其中菇溪河被评为温州市2018年度“十大美丽河湖”，获全国百名文化记者一致点赞。打响农村环境“三大革命”，拆除露天坑65座，提升改造公厕78座。推进垃圾分类工作，创成6个垃圾分类示范村、19个省级卫生村，投入使用白垟垃圾处理厂。开展梨村“五美乡村”创建，打造白垟400户“美丽庭院”，持续深化“清洁家园行动”和“路长制”特色制度，获得国家卫生镇创建市级“通行证”。

民生事业　2018年，桥头镇加大民生事业投入，深入开展移风易俗攻坚年行动，打破喜事大操大办传统习俗，引领“爱之恋基金”“寿桃基金”成“桥头现象”，累计捐赠300余笔共1000多万元，创永嘉县、温州市先河，先后被中国文明网、浙江卫视等主流媒体宣传报道50余次，并在永嘉县作典型发言。成立善德慈善基金，3天共766人募捐283万元，全年救助困难群众28例，举行第二届“菇溪情”教育基金颁奖典礼，奖励优秀师生537名，资助贫困学生80名。创造安全人居环境，开展D级危房排查治理工作，治理改造31户新增D级危房，完成窑底、林下村泥石流点工程治理和壬田、宋坑村公路滑坡点避让搬迁项目。推动文体事业发展，新建8座文化礼堂和城市书房，组建37个乡村艺术团，塑造“菇溪情”文化体育节活动品牌，全年开展各类文体活动逾380场。桥一农贸市场顺利通过省放心农贸市场验收，白云中学、朱涂中学实现校网优化，成功创成温州市学前教育先进镇。

社会管理　2018年，桥头镇深化社会管理，打响“扫黑除恶”专项斗争，成功破获2个犯罪集团、团伙，刑事打击处理40人，移交起诉37人，打击侵财70人次，黄赌41人次，刑事治安、盗窃警情同比大幅下降，全镇社会治安呈现发案下降、打击上升的良好形势。推进“平安桥头”建设，安全生产和消防安全工作走在永嘉县前列，温州市级综治工作中心创建工作顺利开展，接通公安视频联网，加强视频监控技防建设，实现重要路口、治安乱点监控系统基本覆盖。强化信访化解处理，全年开展矛盾纠纷排查30次，成功调解矛盾纠纷239件，化解信访积案18件，涉稳事件14件。制定24小时备勤值班制度，做好全国“两会”、中非合作论坛等重大活动期间的维稳工作，圆满完成“零上访、零出事”目标。全面推进“一窗受理、集成服务”改革，启动镇级行政服务中心搬迁改造工程，各窗口部门即将入驻，投放4台“瓯e办”便民服务终端，可办事项达112项。

党建工作　2018年，桥头镇注重深耕细作，全力夯实党建基础。开展村社组织换届回头看，吸收155名优秀返乡大学生为后备队伍，选优配强村居干部，特邀温州大学党委委员、教授潘玉驹传经送道，全镇2人当选浙江省“千名好

表40　2018年桥头镇建置村（居委会）情况统计表

村（居）名	书　记	主　任	村（居）民小组（个）	人口（人）
黄　坦	蔡光南	蔡思宽	8	1130
董　岙	徐建清	邹立忠	7	744
外　岙	王锡相	宋志文	5	556
荷　塘	王章英	王永木	8	751
龙　根	邹广进	邹立新	6	676
梨　村	陈其吹	陈其敏	18	3008
念　头	王建丕	王永毓	6	861
金　村	金云朵	金必学	13	1907
大沸下	侯定娄	侯建永	10	1296
连　岙	唐朝胜	唐成佐	4	473
窑　底	季仁海	金永津	15	1980
金　窑	金信槐	金小光	10	1578
宋　坑	金月平	李海马	3	332
石埠头	朱献云	朱加林	8	1494
溪　西	陈芝平	项文华	4	698
桥　头	陈之虎（副书记）	陈云雷（副主任）	8	1392
桥　一	王　凯	陈建国	12	1974
夏　园	陈明金	陈明立	4	457
凤　山	陈时录	罗进平	8	685
沈　岗	王永枢	祁晓青	17	1564
潘　罗	李长锁	李文西	4	714
广　头	潘建国	邹金国	3	178
前　庄	陈旭光	陈海林	6	1376
东　行	戴显国	戴德理	6	644
前　堡	魏连云	魏建锋	4	621
黄　堡	沙高社	沙高省	20	3422
井　大	叶志光	叶旭凯	7	1474
殿　前	周良理	周胜超	10	1330
店　埠	单国仙	单振亮	4	646
詹　岙	詹廷销	詹铁桥	11	1275
新　华	叶献忠	叶志生	14	930
龙　头	王良富	王昌清	9	767
溪　心	黄大考	叶永益	18	2546
街　头	陈志豹	陈光证	4	1031
下　近	邹祖善	邹伟光	6	951
前　下	邹旭明	邹永贵	3	504
坦　头	王忠建	郑孟杰	10	2223
谷　联	叶如铁	林海滨	12	2747
外垟头	王春贤	王胜华	7	895
林　下	夏进兴	池群林	7	980
闹水坑	张献洪	周圣烈	9	978

支书”，4人当选浙江省“万名好党员”。实行基层党建规范化制度，提升全镇59个村办公场所，整治5个超大支部，打造5个党建示范点，新建10个两新党组织。开出消薄“良方”，实现13个村企结对，16个村居“抱团取暖”，新增或优化项目31个，全镇村集体经济总收入同比增长27%，经营性收入同比增长33%。坚定不移落实从严治党，推进“清廉桥头”“清廉村居”建设，提醒谈话223次，开展效能作风督查39次，对违纪行为和问题“零容忍”，积极落实巡察整改“后半篇文章”。积极开展“走千家企业，访万名人才”工作，走访企业52家，访谈人才212人，成功招引2名人才进驻。开展改革开放40周年系列宣传活动，被中国国际电视台、中新网等主流媒体报道肯定。成功召开中共桥头镇第十四届代表大会第四次会议和第十七届人民代表大会第三次会议，不断加强统战、党管武装和老干部、关心下一代、工青妇、侨务、对台、民族宗教等工作，自觉接受人大监督，充分发挥各民主党派、工商联、无党派人士作用，形成推动“大城镇”向“小城市”跨越的强大合力。

荣誉　2018年，桥头镇获浙江省剿灭劣V类水工作突出贡献集体、浙江省第三批小城市培育试点考核良好单位、浙江省“小升规”培育及小微企业运行监测工作考核优秀基层单位、第三次全国农业普查先进集体、温州市文化广电新闻出版工作先进集体、温州市学前教育先进乡镇、永嘉县年度考绩优秀单位、永嘉县先进乡镇党委等荣誉称号。

（周　明）

表40　2018年桥头镇建置村（居委会）情况统计表

村（居）名	书　记	主　任	村（居）民小组（个）	人口（人）
林　福	陈利生	单松华	25	3177
白　沙	林宗本	林　辉	23	3210
桥　西	王德存	杨云飞	8	752
壬　田	陈永贵	马学斌	10	2721
外　新	邹德辉	邹永厅	4	605
底　新	邹　云	詹崇铭	4	790
洛　溪	潘献高	陈建平	12	1511
四角石	苏德亮	苏德松	4	510
朱　涂	孙永亮	孙建飞	10	1850
白　垟	魏晓才	翁郑光	16	1612
白　下	黄朝志	王　策	5	642
胜　丰	黄时银	曾步三	7	646
桃　湾	全松恩	林炳良	5	488
将　山	陈珍云	叶胜章	7	1024
石马岙	叶少武	池建伍	8	1242
新浦	邹建华	池云深	4	491
万象★	金爱珍	詹继勇	4	1613
桥东★	王　琳	吴昊毅	4	668

说明：1.带★号为居委会；

2.因工作需要，2018年桥头村尚未任命村党支部书记，故党务工作由村副书记主持；因换届选举未选出村委会主任，故村务工作由副主任主持；

3.新华村党支部书记叶云贵于2018年10月12日被撤销党内职务，叶献忠于11月9日被任命为新华村党支部书记

桥下镇

概况　桥下镇位于永嘉县西南部，瓯江北岸。现辖有78个行政村，3个居委会，当地总人口7.36万人，总面积150.8平方千米。东接北城街道、南城街道、黄田街道、瓯北街道，南临瓯江望鹿城区仰义街道、藤桥镇，西邻桥头镇、金溪镇，北连大若岩镇、茗岙乡，是永嘉县推进城乡一体化、统筹城乡发展的重要载体和联结纽带。

产业发展　2018年，桥下镇坚持把永嘉教玩具小镇作为产业发展主平台，全力推进十大支撑项目，开工建设4个（其中省级重点招商项目1个），完成投资6.4亿元，累计达到16.99亿元，非政府性投资占比91.14%，特色产业投资占比81.45%，永嘉教玩具小镇成为全县唯一的省级特色小镇。教玩具小微园（孵化园）顺利开工，完成投资1.36亿元，智能制造创意园建设提速，公共配套服务中心及园区道路网全面建成，有力破解企业用地瓶颈。深入实施“三强一制造”，以国家级玩具产品质量提升示范区创建为引领，全力打好标准、质量、品牌“三大战役”，全镇各类专利授权突破1700项，拥有中国驰名商标4枚、省著名商标8枚、省名牌产品5个。狠抓市场主体培育，推进企业集团化发展，新增拟上市企业2家，其中拟主板上市1家、拟新三板挂牌1家，实现“小升规”企业11家，累计达到51家，数量居全县第二，加快构建“大企业顶天立地、小企业铺天盖地”的梯队结构。坚持创新驱动，支持企业从传统产业链向微笑曲线两端延伸，大力推广“机器人”应用，全力打造“无人车间”“无人工厂”，全年技改项目24个，投入资金1.69亿元。深入开展“万名干部进万企”活动，帮助企业解决实际困难，收集企业难题35条、解决31条，提交县级部门4条，问题解决率100%。坚持“线上”“线下”两个市场共同发力，依托全国首批淘宝镇的先发优势，全面推进网络经济发展，新增西溪下村、连村2个淘宝村，累计达到16个，数量全县最多，全年电商产业交易额突破15亿元，占全县网络交易额的1/5。

表41　2018年桥下镇基本情况统计表

项　目	单　位	合　计
总面积	平方千米	150.8
耕地面积	公顷	1859
农作物播种面积	公顷	—
粮食作物播种面积	公顷	—
建置村	个	78
居委会	个	3
总人口	人	71961
外来民工	人	20030
农业总产值	万元	—
工业总产值	万元	464900
财税收入	万元	24770.53
农民人均收入	元	—

城市能级　2018年，桥下镇

交通网络不断完善。坚持“外联内畅”交通网建设目标，狠抓重点交通项目建设，104国道改建项目政策处理工作提前收官，330国道和215省道改建工程年度任务全面完成，实现5个开工点全部进场。提速推进城区道路建设，投资1.36亿元的永临大道顺利通车，塘桥路、笔架山路、泾渭路等5条市政道路改建工程相继投用，城市框架逐步拉开。持续做好山区道路建设，全面完成昆阳山洞口至下陇村道路拓宽前期工作，基本完成林山三村（外砻村、塘下砻村、底砻村）至赤岭村山区道路路基工程，山区与城区的时空距离进一步缩短。优化“两厂两网”建设，桥下等3个村的饮用水接户工程完成率100%，韩埠等4个村的污水管网接户工程完成工程量的90%以上，全年解决和改善饮水不安全人口1.3万人，城镇污水处理率达到60%以上。积极做好西溪大道、徐岙大道、昆阳大道绿化提升工作，全面投用西溪大道、西溪中路路灯改造工程和西溪河两岸堤坝亮化工程，建成止舵山公园二期及附属工程、桥下中心广场及配套绿化工程，新增滨水公园4个、绿化面积1.5万平方米、绿道3千米。强化市政配套设施建设，建成大中小型停车场17处，新增停车位1600个，打造特色候车厅6个。加速农房集聚建设，顺利完成德盛嘉园项目交房。坚持以项目落地论英雄，全速推进一批项目挂牌、开工、投用等工作，全年完成招商选资3.15亿元，完成率111.31%，其中投资亿元以上的中国教玩具国际城如期开工，鹤栖山陵园、丰源文博园建设加快推进，米兰国际大酒店项目从落地到开业

表42　2018年桥下镇建置村（居委会）情况统计表

村（居）名称	书　记	主　任	村（居）民小组（个）	人口（人）
桥下村	戚永春	戚忠明	28	3445
京岸村	戚旭财	任献勇	20	1809
洋湾村	卢小忠	卢旭展	8	1382
八里村	陈圣春	陈胜剑	14	1868
外湾村	蔡建春	蔡标林	2	170
韩埠村	戴晓忠	林　游	12	1178
方岙村	章光国	卢永明	5	590
小京岙	章常剑	章　义	11	1466
京洋村	董通达	董连胜	5	439
西江村	邵元成	董芬弟	5	585
桃山村	卢忠贤	卢立银	8	710
陈山村	章定克	章建云	4	446
上降村	谢建春	谢建璋	5	360
泰山村	姚宗长	姚文聪	7	532
山联村	邵景慰	邵元祥	4	271
肖山村	林　海	邵小平	10	594
金兰村	吴志才	吴招胜	4	435
连村村	马文堆	郑久好	7	609
桥上村	戚志强	戚正同	6	556
西溪下	胡照飞	胡方正	22	1798
光华村	阮青姆	施正建	10	942
小旦岙	李有超	陈良波	7	637
埠头村	吴曼平	叶陈献	10	1259
西岙村	吴国算	吴普兴	8	863
下斜村	吴守权	陈美宗	7	771
上村村	董显飞	董东克	8	1027
梅岙村	徐建成	张大海	11	1085
东山村	尤长国	黄建武	11	1025
六岙村	林克仁	林张宽	20	1603
浦石村	肖金乐	陈伯通	4	519
延寿村	苏连平	苏凤德	6	465
叶岙村	叶大顺	叶建林	12	838
尤山村	尤长勋	尤向亮	8	561
塘坑村	唐建钰	朱仁弟	7	476
中央山	胡建丰	胡显增	9	663
霞岙村	胡　军	徐德彦	8	683
徐山村	徐伯治		13	705
麻坑村	徐美贤	徐春雷	7	454
徐岙村	胡理旺	支绍贰	12	973
桐园村	季建国	陈志恩	12	1229

续表42

村（居）名称	书　记	主　任	村（居）民小组（个）	人口（人）
金加了村	陈小花	徐呈亮	11	717
宋岙村	潘道泽	陈继祥	12	748
大头岙村	白红灯	蔡利民	7	667
岭根了村	徐呈恩	蔡贤森	6	468
黄麻垟村	陈上武	陈上尧	6	331
朱硐坑村	陈国华	周善榜	6	405
大平村	林永登	潘统胜	8	495
殿后村	季久勇	季建义	3	473
朱坑村	朱启捷	朱千勇	24	1316
塘上村	郑美钗	徐长正	10	1044
吴垟村	郑九永	郑包平	9	802
黄川村	陈　杰	陈　杰	4	310
薄瓜墩村	潘伯和	潘世忠	5	357
樟岙村	邵秀义	邵建辉	17	1796
杨湾村	杨元盈	杨元盈	3	298
廿四垄村	邵伯云	谢文宗	12	723
西尖村	郭志达	黄加荣	10	608
银坑村	张福权	傅艳艳	10	815
吊坑村	邵连武	邵智闯	9	894
梅坑村	潘素玲	潘修仕	26	2163
郑山村	郑永武	郑建书	21	1414
邵山村	邵方省	邵玉平	4	643
下陇村	邵连福	李智慧	11	1062
吴山村	潘永西	赵春妹	3	250
昆岭村	潘统国	潘统南	5	400
双垄村	王小秋	潘坚良	5	294
东村	潘建朋	潘太春	26	1982
南村	潘统理	潘立仁	11	1059
西村	潘云周	潘益倍	26	1920
里斜村	全寿建	全国松	5	480
双坑村	刘文华	陈旭达	11	589
赤岭村	林忠相	林　渊	9	880
前山头村	潘统调	潘建旁	4	241
娄山村	邹建平	潘俊龙	5	632
金仓村	潘　锋	麻长兴	4	670
底砻村	林胜连	林国相	6	596
外砻村	林　鹏	林胜益	8	581
塘下砻村	林永彪	林恩泽	8	627
京岸居委会	潘瑞弟	戚贤敏	—	368
桥下居委会	朱　雷	任献铁	—	579
金福景苑居委会	金晓亮	金晓亮	—	—

仅历时12个月，成功打造桥下招商的“米兰速度”。

城乡面貌　2018年，桥下镇坚持以背水一战的决心打赢小城镇环境综合整治攻坚战，全面整治城市“六乱”，全年累计整治乱堆放点位680多个，查处乱摆摊点位200多个；处理各类交通违法行为600余起，处置僵尸车200余辆，在重要交通节点的32个点位进行智能化改造；拆除违章建筑29.1万平方米，任务完成率102%；完成线路“上改下”12.1千米、架空线路梳理60.5千米，主干道整治率100%。作为永嘉县“6+3”备选考核单位，顺利通过省级验收，荣获省级样板镇称号。持续巩固治水成果，全年共投入245万元，出动5844人次，开展河道集中整治行动60余次，清理淤泥3070吨，水环境质量持续提升。全力抓好污水治理，完成企业和商铺雨污分流系统安装1000余家。大力推进“厕所革命”，全面实施城乡卫生改厕工作，全年新改建公厕125所，其中城区7所，农村公厕118所，乡村文明水平进一步提升。坚持“垃圾革命”“四边三化”同步推进，不断优化农村环境卫生，启动建设压缩式垃圾中转站2处，完成农村垃圾收集点4个，基本实现农村垃圾收集点、环卫设施和保洁队伍全覆盖。

民生事业　2018年，桥下镇民生事业加快发展。以“最多跑一次”改革为引领，不断优化便民服务，全面实施“代办制”“即办制”，结合便民服务中心扩建，投入300多万元，成功打造“瓯江红”党群服务中心2处，全市现场会在桥下镇顺利召开，党群服务中心建设工作得到市县领导充分肯定。全力抓好教育事业发展，桥下二中（梅岙中学）、昆阳中学实现撤点并校，德盛嘉园公办幼儿园正式开园。大力抓好文体事业发展，新建、改建文化礼堂11座、百姓舞台6座，成功举办桥下镇第二届篮球联赛。纵深推进“大平安”建设，充分发挥“四个平台”作用，全年共受理来信来访7550件，“12345”平台信息230条，回复率和处理率均达100%，成功化解一批信访积案。全面落实安全生产责任制，深化消防安全、交通安全、食品安全等专项整治行动，积极做好防汛抗台、森林消防等各项工作，切实保障人民群众生命财产安全。有序推进“除险安居”工程，地质灾害点避让搬迁率和工程治理开工率均达100%。不断强化农村基础保障，开工建设镇级养老服务指导中心，完成民办敬老院1处。扎实推进城乡居民养老保险、医疗保险等工作，城乡居民医疗保险参保率99.02%。持续抓好低保、“五保”和低保边缘户排摸录入工作，切实做到应保尽保。

政府服务　2018年，桥下镇坚决贯彻落实中央、省市县和镇党委决策部署，全面开展“大学习大调研大抓落实”活动，严格落实政府信息公开制度，主动接受人大代表和社会各界监督，认真落实镇人代会和人大主席团的决议、决定，人大代表议案建议办结率100%。坚持重大决策风险评估、集体讨论制度，全力推进行政决策法治化、科学化和民主化，打造有情、有为、善为的人民政府。全面深化政府自身改革，严格落实中央八项规定精神，强化财政管理、审计监督，规范公车使用，严控“三公”经费支出。深入推进清廉机关建设，正风肃纪常态化机制全面形成。

荣誉　2018年，桥下镇“永嘉教玩具小镇”成功列入省级特色小镇创建名单；获得商务部授予的“国家外贸转型升级基地”荣誉称号；被评为2018年度小城镇环境综合整治“省级样板镇”。

（虞志菲）

岩头镇

概况　岩头镇位于楠溪江中游的河谷平原，东邻枫林镇、鹤盛镇，南与沙头镇相连，西邻大若岩镇，北接岩坦镇。2018年，岩头镇下设五漈、表山、鲤溪3个社区，辖83个行政村、1个居委会，全镇总面积223.16平方千米，人口8.6965万人。全镇经济以生态农业和旅游经济为主，2018年全镇农林牧渔业生产总值3.1021亿元，增速3.6%；各项主要指标继续保持较快增长。

经济建设　2018年，岩头镇全力推进有效投资工作，全年完成6.83亿元，年度任务完成率138.3%；41省道福沙段改建工程主线已经试通车，安置房拆迁基本结束；岩表线岩头至五漈段改建工程开工；“村村通”项目取得新成果，鲤溪至高山段公路已完工；浙南红军小镇“上改下”等基础工程已全面施工；楠溪小镇·溪山庄园经过6个多月持续攻坚，已顺利完成挂牌出让并已正式进场施工，成为全省面积最大的已出让坡地村镇项目。全力推进招商选资工作，完成招商选资到位资金1.72亿元，年度任务完成率100.5%，引入总投资1.83亿的璞·林溆田园综合体项目。

表43　2018年岩头镇基本情况统计表

项　目	单　位	合　计
总面积	平方千米	223.16
耕地面积	公顷	20337.2
农作物播种面积	公顷	3168.4
粮食作物播种面积	公顷	1854.6
建置村	个	83
居委会	个	1
总人口	人	86965
外来人口	人	13943
农业总产值	亿元	3.1
财政收入	亿元	1.3

产业发展　2018年，岩头镇深入开展历史文化村落开发保护工作。编制完成苍坡村、岩头村、芙蓉村保护规划，芙蓉村被授予全市唯一的全省首批“千年古村落”称号。加快旅游项目建设，以县旅投集团、镇政府为主体，丽水街历史文化街区项目民房流转1.3万平方米，火烧基已完成施工30%，中央街、横街完成95%；特色民宿蓬勃发展，桃咖啡等精品民宿开业。做好特色品牌建设，承办首届楠溪江·东海跨年音乐节、国际太极瑜伽盛会暨深山隐墅梵心中印太极瑜伽·古典音乐文化节等重大旅游文化活动，倾力打造垮里精品水果园、下日川铁皮石斛等农产品区域品牌。

生态建设　2018年，岩头镇大力推进小城镇环境综合整治工作，开展3条精品街区创建，通过路面

表44　2018年岩头镇建置村（居委会）情况统计表

村（居）名	书　记	主　任	村（居）民小组（个）	人口（人）
丽水街居委会	林森珑	—	—	541
岩　头	金周灵	金晓可	20	3539
河　三	李丹平	金中杰	17	1503
河　二	金路德	金　杰	15	1377
河　一	金国光	金可兵	18	1371
协　岙	郑法琴	郑庆船	8	461
塆　里	陈理昭	陈可昆	6	531
芙蓉下	陈晓芙	陈久勇	12	1029
小　港	金崇星	周林勇	4	346
芙　蓉	金彩眉	陈东京	16	1930
张大屋	张德科	张德强	24	1292
郑　岙	徐贤丐	朱成春	4	458
下　园	瞿海军	瞿海有	16	902
溪　南	卢燕峰	卢建南	24	3457
屿　根	张福海	周玉芬	12	761
里　岙	陈进福	陈伟光	5	388
里　户	王信领	王忠杰	8	531
港　头	李修海	李苍平	21	2322
大岙降	吕克玖	吕壹强	12	774
垄　翔	周理通	李玉松	13	677
大坵田	李建东	李兴强	8	609
陈家坪	李景荣	李孔狄	5	282
苍　岙	叶元兴	叶祥松	2	220
潘家垟	滕青兰	李成亮	3	197
渡　头	李雪鸟	李爱忠	8	1084
苍　坡	李修欢	李修青	24	2917
周　宅	周寿浩	周福永	12	1949
方　岙	李世梅	李国强	14	2456
上　美	滕世马	滕丐兴	16	1426
中　美	滕福平	滕　丰	14	979
下　美	滕爱国	滕洪光	8	1110
上岙山	周星利	周望飞	4	141
岙　底	陈冬梅	周顺友	14	1120
下日川	周　朋	周丐忠	18	2458
西　岸	金益新	金林俊	38	3896
上烘头	邵茂杰	叶华连	8	898
下烘头	邵长荣	胡儒凑	24	1899
下　宅	胡秋妹	胡国秒	10	678
水　西	郑明弟	郑英友	11	1845
西　下	胡珍良	胡高寿	8	498
山　结	金秀银	金可益	5	84
龙潭坑	刘成林	郑秀月	3	214
五　上	胡方平	胡秀荣	10	1051

修复、三线落地、立面改造、城镇秩序管理等工作，镇容镇貌得到极大改善，入选2017年度浙江省小城镇文明行动样板镇名单、2018年度小城镇环境综合整治省级样板创建名单。大力推进“五水共治”，3个任务村的农村生活污水治理项目已全部完工；五漈的农村生活垃圾机械化处理站正常运转。大力推进“大拆大整”工作，有序推进存量危旧房整改工作，全面完成城中村改造任务，共拆除违建面积15.74万平方米，年度任务完成率104.43%。大力推进“四边三化”工作，省、市、县级任务点共496个，已完成482个。

城乡建设　2018年，岩头镇中拆扩建及地下停车场工程中的操场地下停车场完成60%，主体工程推进顺利；镇小拆扩建及地下停车场工程中的地下室停车场已完成，主体工程推进顺利；县二医迁建项目已基本完成政策处理工作，即将开始“三通一平”。抓好乡风文明工作，农村文化礼堂共开展群众类文体活动420余场，连续10个月获得“流动红旗”；顺利通过省级小城镇文明行动考核；开展“南崖奶奶”精神宣传纪念活动，强化好人善事教育效果。抓好教育卫生工作，优化校网布局，完成9所中小学（校区）撤并工作；加大力度推进南垟村、岭里村等10个村的省级卫生村创建以及渡头村、苍坡村等9个村市级卫生村创建工作。加强社会保障工作，严格执行各项保障政策，足额发放低保金、五保金、大病救助、高龄老人津贴等1865万元。

社会管理　2018年，岩头镇

深入推进“全科网格”建设，专职网格员在暑期防溺水、防汛抗台、危房排查、扫黑除恶大排查、防诈骗反邪教宣传等工作中发挥重要作用。共办结信访件420件、“12345”来电件7件，“12345”群众满意率提升10个百分点，重大不稳定因素化解率100%；收到市级交办积案4件，已化解4件，县级交办49件，已化解28件；全面做好全国“两会”等重要时期的稳控工作。狠抓安全生产工作，深入开展安全生产“五大”专项治理攻坚战等工作，依法取缔非法经营场所、“四无”生产经营单位4处；共查处整治隐患84处。狠抓计划生育、森林消防、防汛抗旱、防溺水等工作，4个村的地质灾害隐患点已基本完成治理。

基层党建 2018年，岩头镇加强理论学习，深入开展“两学一做”教育化常态化制度化工作和中共十九大精神学习活动，推进“对标六度”联考联创以及“两范两促”主题学习，镇班子领导带头上专题党课。坚持全面从严治党，持续加大正风肃纪力度，1—11月开展正风肃纪专项行动63次；深化运用监督执纪“四种形态”，处理88人次；结合“向微腐败开刀，让老百姓微笑”专项整治活动，发现群众身边腐败问题4起，党纪处理6人；强化农村党风廉政建设，开展专项督查16次，召开村务监督质询会151次并现场解决258个问题；加强信访工作责任追究，2018年共通报批评18人次、诫勉谈话2人次；实行基层站所“流动红旗”及“三色预警”评比活动，每月对辖区内的基层站所实现督查全覆盖。紧抓

续表44

村（居）名	书　记	主　任	村（居）民小组（个）	人口（人）
杨　山	陈招忠	陈送来	6	455
五　下	胡方连	胡海伟	10	1268
小茅垟	周寿池	周汉中	16	1025
水　东	郑理忠	郑丐朋	9	1131
南　垟	金春良	金成平	9	846
岭　根	郑中豹（主持）	郑岩友	8	1024
里湾潭	潘宝忠	潘秀松	6	401
西　川	滕杰方	滕世朝	19	1553
下　龙	郑海星	郑中华	3	179
藤垄根	项少容	金宁波	6	342
林　山	林文有	林昌盛	6	513
鲤　溪	李熙有	李海强	28	2986
福　佑	鲍寿水	鲍寿林	6	1237
抱　岙	蒋王龙	蒋林丰	10	1909
陈　岙	陈鸣秀	陈巧和	18	1814
上　泛	周陆平	周陆平	12	1241
杏　岙	戴金飞	戴连国	13	1870
深　固	陈中华	陈磊磊	8	773
垟　头	金百宗	金正光	9	1829
八沸垟	戴成义（副书记）	戴成义	8	687
齐　岙	谢选清	徐象勤	3	455
陈　坪	王益忠	陈九波	4	355
四　联	李永川	戴显会	12	1155
葵　坑	金贤孟	戴荷柳	4	430
山　背	戴天油	郑英忠	7	575
郑家庄	郑金利	李春怀	8	676
高　山	徐贤环	徐顺连	2	273
表　山	郑英铸	郑林姆	21	1621
季家山	金学行	金可滔	5	598
岭　外	郑建龙	郑丐盛	6	747
岭　里	郑炳陈	郑英松	5	729
张公平	郑陆福（代理）	郑小余	4	311
麻家溪	林天金	林银国	3	408
外　胡	张寿西	胡继新	2	157
内　胡	胡方罗	胡丐盛	4	255
周　山	潘泰顺	范建国	4	394
石　匣	郑卿喜	郑志初	7	733
碎　坑	刘世华	刘光棕	3	371
口　上	郑建平	郑顺利	4	279
中　岩	徐定浩（代理）	胡方南	4	385
祖婆山	郑卿有	郑顺旺	4	344

基层党建工作，严格落实村级组织规范化建设“三个一”管理要求，共开展农村基层党建巡查40余次、各类督查40余次，发布通报12期；开展预备党员应转未转处置攻坚行动，化解积案19起，取消预备党员资格16人；完成软弱涣散村整顿转化4个，积极打造基层示范点16个。紧抓大党建工作，镇人武部推出拥军优属“三送”活动、“拥军贷”等创新举措，民族、宗教、对台、侨务和外事政策得到有效落实。

（李　慧）

沙头镇

概况　沙头镇位于永嘉县东南部，东临乐清市、西接大若岩镇、南靠东城街道、北至岩头镇，是永嘉沿江和山区的承接地带（沿江镇与山区镇的综合体），是大小源楠溪江、溪水和潮水的交汇之地，41省道、诸永高速贯穿全境，境内有花坦、古庙两个互通口。全镇镇域面积184平方千米，建成区面积60.73平方千米，耕地面积17169亩（水田12790亩、旱田4379亩），山林面积213358亩、共有户籍人口7.4万人、常住人口约4.2万人、外出人口约3.4万人、外来人口约0.2万人、72个行政村。

产业发展　2018年，沙头镇以建设“休闲旅游特色小镇”为核心目标，大力发展旅游产业，初步形成沙头旅游服务区、渠口休闲度假区、花坦养生体验区三大区域。特色民宿产业逐步形成规模，引进高档民宿“君兰系列”4家；完成2个AAA级景区、4个AA级景区村创建。2018年，全镇接待游客130余万人次，旅游总收入破9亿元。

坚持工业持续健康发展，走新型工业绿色健康可持续发展道路，2017年年底关停北山工业园区，2018年先后引进楠溪江铸造、虹威纺织等2个工业项目。2018年全镇有响山、高浦两大工业园区，共有58家企业，其中规上企业13家（2018年新增“小升规”企业2家），规上工业总产值7.69亿元，同比增长29.79%。

进一步巩固农业基础地位，加大农业结构调整力度，不断提高农业生产能力和基础，推进农业产业化、标准化、品牌化，形成珠岸村灵芝、东川村蓝莓、响山中药材、水岩村橘子等特色产业，以及“楠溪新农业”品牌系列绿色蔬果。全年完成农作物总播种面积36237亩，粮食作物面积26116亩。

表45　2018年沙头镇基本情况统计表

项　目	单　位	合　计
总面积	平方千米	184
耕地面积	公顷	1145
农作物播种面积	公顷	2416
粮食作物播种面积	公顷	1741
建置村	个	72
居委会	个	0
总人口	人	76103
外来民工	人	1750
农业总产值	万元	9871
工业总产值	万元	90000
第三产业产值	万元	76900（规上）
财税收入	万元	8826.58

城镇建设　2018年，沙头镇全力冲刺有效投资，坚持项目兴镇、项目强镇、项目活镇，新增项目8个，完成有效投资63058万元，其中工业固定资产投资10527万元，招商项目4个，亿元以上重大项目1个，共到位资金2.44亿元。完善重大项目协调推进机制，健全完善组织领导、分工负责、宣传引导、督查考核等机制，保障项目建设形象进度和质量安全，形成“大抓项目、抓大项目、抓好项目”工作氛围，以高质量项目支撑高质量发展。加快推进项目建设，完成东光村供水管网提升工程、珠岸山村饮水安全工程、小楠溪渠口段拦水坝工程；小城镇环境综合整治一次性顺利通过省级验收；石埠至西垟公路工程沙头过境段工程、花坦7村饮用水提升工程、珠岸—耕读小院美丽乡村精品线改造工程、珍上线公路拓宽工程有序推进。

生态环境　2018年，沙头镇加快推进“大拆大整”专项行动，边排查、边鉴定、边建档、边治理。全年共拆除违法建筑16.25万平方米，完成旧厂房改造16258平方米，完成城中村改造任务129户，完成危旧房治理59户，完成公厕提升132所。小城镇环境综合整治卓有成效，完成9个总投资2100万元的整治项目，拆除乱搭乱建649处，拆违面积18180平方米，创成省级卫生镇。

深化“五水共治”，抓好农村生活污水治理工程和农村生活污水提升工程；全面实施“河长制”，全年累计开展河道巡查3000余次；改造提升滨水公园1个（小游园）。推进农业面源污染整治，严格执行畜禽养殖禁区制度，强力整治沿河污染养殖。

同步推进村庄保洁、“四边三化”工作，有序推进垃圾分类工作，建立高浦社区、花坦社区、渠口社区3个农资废弃物回收点，累计回收农资废弃物3.2吨。针对“四边”区域，全面清理乱搭建、乱堆放、占道经营等各类乱象；加强“青山白化”专项整治力度，2018年共生态化改造坟墓53座。

社会稳定　2018年，沙头镇加大社会保障力度，完善社会保障救助机制，落实低保1200户，发放低保金10144250元，办理社会救助295例，发放医疗救助金2248754元。落实城乡居民医疗保险工作，完成率98.6%。做好卫计工作，全面落实二孩政策，“两癌”筛查完成2087例。

深化平安综治，抓好全国“两会”等重大会议和节假日期间的信访维稳工作，全年化解国家级信访件1件，县级信访积案43件，办理“12345”来电件188件，来信来访77件，网上投诉信访65件，调解家庭、邻里矛盾等案例284起。

牢筑安全防线，排查辖区道路交通、地质灾害、食品药品安全隐患，并及时整治。新创建标准化企业6家，厂中厂整治完成率100%，执法检查隐患整改率100%，取缔非法抛光场所5处。加快推进地质灾害点避让搬迁和治理工作，安置率100%。

优化营商环境，落实领导班子“九联系”制度，开展走企服企活动，主动帮助企业解决实际困难，坚决查处打击破坏营商环境行为。以“四个平台”建设、“最多跑一次”改革为契机，精简办事流程，优化服务，建成“互联网+政务服务”体系，促进实体大厅与网上平台互动融合，让群众少跑腿、好办事。镇便民服务中心全年共计

表46　2018年沙头镇建置村（居委会）情况统计表

村　名	书　记	主　任	村民小组（个）	人口（人）
乌龙川	杨寿浦	杨方燕	9	1007
东　章	朱家光	朱家闹	13	1517
古　一	刘衍敏	刘衍宁	12	856
古　二	刘永全		11	1519
罗　川	朱利忠	朱景炳	11	1432
新　星	谢智强	谢选炉	10	1446
上　光	谢建忠	朱小若	8	1045
中　堡	陈光永	陈环礼	10	1425
南　川	朱忠浩	朱丏梨	11	1408
北　山	陈孝长	高仁善	11	1139
陈住起	陈时统	朱维勤	2	295
西　垟	朱选择	张华兴	8	1065
下浮林	李忠平	李洁倩	2	289
上浮林	金佐敏	金永周	6	986
古庙口	朱清平	朱伯敏	4	526
龙　益	金国琳	朱百乐	6	415
响　山	刘雪芬	刘丏林	10	1526
阳　岙	黄文芳	朱维壮	8	918
石　埠	杨丏国	谢胜丈	4	688
高　浦	林崇兴	胡忠灿	11	1860
下　浦	夏星和	夏进国	6	706
龙潭下	叶建明	金兰分	4	284
潮　际	夏传区	夏旭平	7	888
渔　田	叶德有	叶茂池	12	992
庙　活	叶建敏	夏理泽	4	427
稠　树	叶礼藏	叶际林	10	1114
珍　溪	张安平	张　平	6	424
黄　村	王贤勇	王贤景	24	2151
珍　岙	朱家相	朱陆国	3	445
东　光	金立勇	金成松	12	1152
胡　头	胡志坚	胡文勤	8	738
溪　北	汪庆都	汪德孟	12	1137
霞　山	汪　敏	汪　辉	17	2279
董岙底	董碎区	董治国	4	545
东　川	邵敬川	邵敬川	21	3061
朱　垟	邵敏敏	陈时益	3	380
降　下		徐银满	10	688
降头山	李方平	李培培	4	306
花　一	朱景勇	朱惠钦	11	799
花　二	朱晓敏	朱连中	8	1405
花　三	朱成川	朱联明	7	1072
东　升	朱清勤	朱送喜	12	965

续表46

村 名	书 记	主 任	村民小组（个）	人口（人）
繁 荣	朱丐华	朱利炯	10	768
廊 一	朱千明	朱千明	12	1085
廊 二	朱启读	朱重胜	7	1153
廊 三	朱清义	朱千元	10	1534
石公田	朱千勇	朱长结	4	582
马 田	袁建国	朱加章	10	773
樟树岛	陈继林	陈继良	4	354
廿四最	朱贤顺	朱启杰	6	342
科 竹	朱加平	朱千兴	3	324
高 坑	朱景财	陈光表	5	392
架牙山	赖玉昆	赖建云	3	216
小 溪	朱黎明	朱德龙	6	320
双 溪	朱家忠	杨国光	7	541
水 岩	林其三	林其信	6	488
渠 口	叶碎台	叶建新	25	3437
珠岸山	朱和南	陈小勇	7	761
珠 岸	金梦芬	陈永乾	18	2811
豫 樟	胡建云	肖启云	8	1257
石 柱	王定进	王剑锋	13	2150
岭 垟	胡建庆	胡国良	3	342
坦 下	陈继孟	陈步龙	6	743
岭 下	金琴月	王国民	6	1054
塘 湾	郑丐芬	郑英星	12	1713
九 丈	郑 冬	郑 浩	8	747
呈 坑	潘统勇	潘太克	4	329
泰 石	潘未亮	潘石坚	21	2377
霞 川	黄新洲	黄丰年	14	1480
码 砖	金国锦	金佰飞	8	977
下 城	宁秋萍	王贤西	4	287
福 利	潘教言	潘小程	16	1860

办理事项26005件，其中一次性办理25471件。

协调推进各项工作，依托农家书屋、文化礼堂等场所举办各类文体教活动，共计160余场。完成文化中心百姓书屋建设工作，举办楠溪江大型徒步活动。推进校网布局优化提升工作，完成古庙、花坦8所中小学优化提升。积极推进民间信仰场所规范化建设；充分发挥商会、侨联以及工青妇等人民团体的桥梁和纽带作用。坚持党管武装，依法加强国防动员和后备力量建设，新兵录用25名。大力推进“移风易俗”，引导广大干群破除陋俗，树立新礼仪新风尚。

基层党建 2018年，沙头镇严把党员干部教育管理关，全面开展村级组织换届“回头看”，严格整顿村干部队伍，列出重点整治村4个，“下”干部12人；加强针对性教育培训，从理论学习、思想教育、作风建设、使命担当等方面，分批分期对全镇党员干部开展集中培训20余次。抓好党员干部日常工作常态化督查，对工作落实不到位的情况进行约谈、通报批评。

统筹111万元资金投入基层党建阵地建设，新建3个村级组织活动场所，完成5个在祠堂办公的村级组织办公场所搬迁工作，完善提升20个面积不足100平方米的活动场所，打造沙头镇“瓯江红”党群服务中心。

落实村级集体经济保障，2018年，全镇72个行政村总收入全部达10万元以上、经营性收入全部达5万元以上。在2018年4月18日的全省“千企结千村、消灭薄弱村”消除集体经济薄弱村现场会上，珠岸村、豫章村的特色经验做法得到全省肯定。2018年，全镇共创建党建样板村10个，整顿后进村4个，打造经济富裕村3个、美丽特色村7个；新增市级党建示范点1处、县级6处；“千企结千村”9个项目全部落地，到位资金5600万元；国仕邦党支部成为“两新”党建精品示范点。

党风廉政 2018年，沙头镇深入推进党风廉政建设，落实全面从严治党主体责任，严格执行“一岗双责”和“三书两报告”制度，建立健全教育、制度、监督并重的防腐败体系，对党员干部开展谈心提醒132次。加强作风建设，开展“营商环境提升年”行动和“铁腕纠四风、重拳治怠政”作风建设活动，在全镇设立营商环境监测点18处；共开展正风肃纪检查33次，解决问题60个，处理5人。开展扶贫领域作风和腐败问题专项治理、扫黑除恶专项斗争、整治形式主义、官僚主义、违规房产交易等一系列专项整治行动。落实监督执纪工作，全年办结涉纪信访案件56起；查办案件7起，警告以上处分7人。

荣誉　2018年，沙头镇创成浙江省卫生乡镇。

（董乃菲）

枫林镇

经济总情　2018年，枫林镇紧紧围绕建设“三区三镇”目标，凝心聚力、真抓实干，全力推进“一心一环一岛”发展战略，全镇经济社会稳步发展，各项工作有序开展。2018年累计完成有效投资额1.15亿元；完成徐定超故居修缮；完成杭温高铁征地政策处理；临江小庄酒店进入装修阶段；完成骏逸农林休闲生态园山林流转；楠溪江枫孤溪旅游服务区进入政策处理阶段，其中朱山头村顺利召开村民代表大会并通过决议；楠溪江旅游绿道枫林段正式动工；740亩的彩色景观林完成改造。

城镇建设　2018年，枫林镇顺利通过小城镇环境综合整治验收，全面完成交通、市政、环保等14个重点项目，走出一条整治新道路。建成精品街区3条，对镇前街、光跃路、芙蓉路三条主干道的管线进行地埋，引入多箱合一技术，安装19个弱电四合一箱，整治“空中蜘蛛网”10千米。新建镇前街临时生态停车场、高速桥下临时生态停车场等公共基础设施，增加车位300余个。新建充电桩756个。改造提升枫林农贸市场并投入使用。改造城中村122户，治理存量危旧房24户，改造治理率均达100%；拆除违法建筑物246处，拆除违法建筑面积7.3万平方米，提前完成县级下达任务。成功创成永嘉县域内首个“污水零直排区”建设试点镇，城镇生活污水处理设施实现全覆盖；顺利竣工枫孤溪河道治理项目。

表47　2018年枫林镇基本情况统计表

项　目	单　位	合　计
总面积	平方千米	73.6
耕地面积	公顷	737.83
农作物播种面积	公顷	1806.4
粮食作物播种面积	公顷	1215.7
建置村	个	45
居委会	个	1
总人口	人	44457
外来民工	人	165
农业总产值	万元	9580
工业总产值	万元	1172
财税收入	万元	156.81
农民人均收入	元	未统计

社会事业　2018年，枫林镇坚持以提升民生福祉为目标，各项民生保障工作有序推进。大木兑孝树湾地质灾害滑坡群治理工程竣工验收，上加寮陈贤区屋后地质灾害治理工程、福田地质灾害治理工程完成施工。办理低保户55户84人，办理低保边缘户71户167人，办理大病救助243例，办理临时救助103例。顺利完成农村土地承包经营权确权登记颁证工作。成功创成永嘉县域内首个语言文字规范乡镇。举办武术节、象棋比赛等各类地域特色民俗活动，修建徐定超家风家训纪念馆，挖掘和传承枫林特色地域文化。镇文化中心附属工程竣工，进一步集聚文体综合功能。新增6所文化礼堂，持续扩大文化礼堂辐射广度。

平安建设　2018年，枫林镇“4+1”人民调解工作模式成效显著，全镇各级调解组织共排查调处各类矛盾纠纷110起，案件覆盖村居46个，覆盖率100%。落实镇领导班子接访工作和信访化解百日攻坚大行动，积极推动信访案件化解。全年累计受理信访64件，已办结60件，化解积案20件，“12345”来电投诉件141件，成为全县信访案最少乡镇之一。深化“最多跑一次”改革，推进政务服务向村级便民服务平台延伸；加强“四个平台”建设，处理信息1.5万条，不断推进全科网格员工作队伍年轻化、高学历化。

基层党建　2018年，枫林镇牢固树立“抓党建就是抓最大的政绩”的理念，推进“两学一做”学习教育常态化制度化，夯实基层党建基础。定期召开党委理论中心组学习活动，严格落实党委中心组“三查”制，围绕基层党建、党风廉政建设、扶贫攻坚、农业产业化、农村环境整治、移风易俗、宣传思想工作等内容，组织中心组专题学习16次900余人次，参学率98%。开展“双整”工作，成功打造5个双整示范村；推进党建示范点打造，成功验收18个党建示范点。累计开展“不忘初心，牢记使命”主题教育理论培训活动3场，举办大型村干部党建培训会4场，有效提高村干部作为“领头雁”的

表48　2018年枫林镇建置村（居委会）情况统计表

村（居）名称	书　记	主　任	村（居）民小组（个）	人口（人）
枫　一	徐顺璞	徐建友	15	1840
枫　二	徐献华	徐旭程	15	1966
枫　三	徐成龙	徐贤彬	6	925
枫　四	徐益飞	徐志江	16	2346
枫　五	徐岳楼	徐建林	7	1108
大门台	彭顺丐	徐若望	12	946
后　山	徐丐宝	徐丐亮	10	1196
狮　溪	徐赛丽	徐林海	2	411
镜架山	徐　广	徐志光	8	1227
兑　垟	李顺省	胡晓利	5	643
徐家塆	徐泽国	徐阿铭	6	744
镬　炉	黄秋书	季荣海	10	1664
新　坊	季进彬	季统余	12	1874
西　优	李建浪	徐建南	8	725
东　升	董国强	季统国	2	403
陈　垟	潘教俊	潘修云	5	712
孤　山	潘东升	潘海秋	6	1352
新　强	潘修俭	潘建荣	10	1070
金山头	金书林	金衍聪	12	870
金　南	丁国有	柯雯卿	8	465
大木兑	徐象灯	徐统明	2	972
乌　弄	郭益伍	郭宪平	5	536
田　寮	徐存钿	李华北	6	1250
高　塘	叶际贵	曾青英	10	496
里　龙	徐川有	滕送兰	12	239
新　村	徐贤芬	徐送富	8	214
老　庵	徐建兵	戴成期	2	259
娄　山	徐顺建	徐志号	5	280
陈　田	徐　芳	徐贤分	6	388
福　田	杨端雨	李丐景	10	611
凤　岙	金志平	金学平	4	564
包　岙	陈云平	陈忠平	32	2760
内　档	周志海	徐建滔	24	1812
外　档	李友谊	徐顺相	8	1230
外　垟	金丐杰	金建芳	6	1056
朱山头	应青年	胡绵绵	4	248
田　东	周　巧	柯邦联	5	901
汤　岙	陈竹龙	徐寿其	12	2175
金　山	金学坤	金朝州	4	484
垟　山	朱益杰	丁志明	6	705
下　港	周志明	郭益光	6	450
兆　潭	王　博	王志浩	4	728
湖　西	周庆伟	周望东	8	1125
垟山头	周益明	周中华	16	1450
龚　埠	陈　飞	陈招统	4	634
居委会	李　华	李东光	3	403

责任担当意识。科学制定“一村一策”，促进村级集体经济持续较快增长，全镇村居总收入均达10万元以上且经营性收入达5万元以上，其中7个村年经营性收入达到10万元以上，1个村年收入达到100万元以上，100%完成县下达任务。

党风廉政　2018年，枫林镇党委在县委、县政府坚强领导下和县纪委具体指导下，坚决贯彻落实中共十九大精神，严格按照全面从严治党工作要求，制定出台《枫林镇2018年党风廉政建设和反腐败工作计划》《枫林镇2018年度党风廉政建设和反腐败重点工作组织领导和责任分工》，不断压实自身在加强和规范党内政治生活与党内监督的主体责任，以高度的政治自觉把全面从严治党和清廉永嘉建设的各项要求落到实处。全年共立案9起，结案9起，党政纪处理9人，其中党内警告处分2人，严重警告处分5人，行政降级处分1人，开除党籍1人。全年共查处群众身边不正之风和腐败问题4起，通报批评1人，诫勉谈话3人，严重警告2人，取消预备党员资格1人。协助县纪委查处扶贫领域腐败和作风问题3起，书面检查4人，提醒谈话1人，通报批评1人，诫勉谈话11人，党内警告5人，党内严重警告1人。全年“四种形态”处理24人次，其中第一种形态处理15人次，第二种形态处理8人次，第三种形态处理1人次。

荣誉　2018年，枫林镇获省级卫生镇、第三次全国农业普查先进集体等荣誉。

（林天男）

岩坦镇

概况　岩坦镇位居永嘉县北部，楠溪江源头，辖区分属大楠溪三大小流域即潘坑溪、岩坦溪、张溪流域。自然风貌以高山为主，溪谷中点缀着小面积的冲积谷地，其中以岩坦谷地为大。境内223省道、诸永高速穿境而过。辖区东邻鹤盛镇，南接岩头镇、碧莲镇，西与巽宅镇、仙居县相岭，北与仙居县、台州市黄岩区接壤。镇名来源于驻地岩坦村。据《永嘉县地名志》载：村前老宗祠前有一片平坦岩石而得名。全镇镇域面积445平方千米，耕地面积1680公顷，共有户籍人口6.4万人、常住人口约2万人、外出人口约4万人、79个行政村。

表49　2018年岩坦镇基本情况统计表

项　目	单　位	合　计
总面积	平方千米	445
耕地面积	公顷	1680.5
农作物播种面积	公顷	2185.7
粮食作物播种面积	公顷	1392.2
建置村	个	79
居委会	个	1
总人口	人	64268
农业总产值	亿元	1.7
工业总产值	亿元	0.9
财政收入	亿元	1.18

产业发展　2018年，岩坦镇创造性提出微型版"一带一路"发展思路，以全市唯一省级试点楠溪源头田园综合体为核心，整合全省首创"村企合作、整村置换"古村落保护开发模式的屿北古村、省第二批果蔬采摘旅游基地嘉纳庄园、花漫源头、水彩前溪等沿223省道"一带"农旅资源，复活船工文化，以舴艋舟水上"一路"连接各主要景点，打造10千米全域旅游水上新航线，做强沿线村庄"带状经济"。2018年，岩坦镇配合省、市等领导考察调研并得到充分肯定。在示范带建成后接待省内外考察团300余个，成为全市深化"千百工程"推进乡村振兴暨大花园建设现场会的主会场、2018世界温州人大会分会场、世界永嘉人大会等主会场。

2018年，岩坦镇坚持旅游业持续健康发展，紧紧围绕"旅游+"发展定位，完成招商选资1.9931亿元，任务完成率144.43%，居山区B类乡镇第一名，其中屿北古村整体开发项目已完成投资近3亿元，整个项目计划于2021年全部建成。嘉纳庄园到位资金约8000万元。2018年全镇固定资产投资项目共计12个，已完成固定资产投资2.2797亿元，任务完成率65.13%，居同类考核单位第三名，顺利推进楠溪源头田园综合体、楠溪云鼎森林休闲养生度假区等固定资产投资项目工程。

2018年，岩坦镇持续壮大村集体经济，全镇村集体经济总收入2572.8万元，完成率100.50%，全镇79个行政村均完成村集体总收入10万元以上且经营性收入5万元以上总收入10万元以上的任务，年经营性收入10万元以上村数5个，年收入100万元以上村完成数2个。

生态环境　2018年，岩坦镇以高压态势推进"青山白化"整治，开展集中拆除行动5次，清理祭祀场所50多处。

2018年，岩坦镇加大小城镇环境综合整治力度。2018年达标计划的小城镇整治项目共16个（包括规划引领设计），具体工程累计开工15个，基本完成岩坦街、屿北、屿西立面改造工程、眠牛山公园景观绿化提升工程等15个项目。成功完成小屋拆除1000余间，拆除违章临时棚等建筑3.2万平方米，累计拆违面积14万平方米。整治臭水沟150多条，硬化道路20余处共1000余米，新建农贸市场1处，加大交通秩序、"线乱拉"等工作整治力度，整治"空中蜘蛛网"20千米，新划分停车位45个，新建停车场8处。

2018年，岩坦镇推进村庄保洁、"四边三化"专项行动，共清理卫生死角4300余处，清理杂物堆放2300余处。全面推进"厕所革命"，拆除旱厕（露天坑）500余处，改建提升公厕143处，新建公厕8处，建成区实现全面禁养家禽家畜。

社会稳定　2018年，岩坦镇加大社会保障力度，完善社会保障救助机制，低保新增63户，发放低保金1446.6048万元，办理社会救助492件，发放医疗救助金349.0334万元。落实二孩政策，两癌筛查完成363例。深化平安综治，抓好全国"两会"等重大会议和节假日期间的信访维稳工作，全年化解积案23件，办理"12345"来电件131件，来信来访66件，网上投诉信访25件，调解家庭、邻里矛盾等案例119起。

以"四个平台"建设、"最多跑一次"改革为契机，岩坦镇加快推进政府治理从粗放式向精细化

表50　2018年岩坦镇建置村（居委会）情况统计表

村　名	书　记	主　任	村民小组（个）	人口（人）
坦街居委会		陈春波		665
岩坦村	戴显锋	董冬蕊	19	2415
坦一村	戴朋海	戴相勇	12	1200
蛙蟆垄村	戴秀琴	戴家浪	10	824
东岙村	潘金德	潘秀乾	21	1479
三面山村	李海亮	李修杰	3	245
屿北村	汪世昂	汪志义	20	1564
岩门村	戴香丹	周金标	8	907
闪坑村	戴建余	戴建金	16	1280
西塘村	戴恩光	李中相	5	458
源头村	王冬良	陈小静	8	1230
大岭村	周雪微	徐贤芽	2	196
龙园村	戴本聪	戴显德	4	453
叶坑村	江国民	陈时巧	2	232
下坑村	—	戴送区	11	751
永坦村	郑端蒙	郑少忠	7	520
分水村	郑贤聪	郑雪聪	21	1668
小舟垟	李顺利	李送强	8	938
西岛头	戴德朝	李海峰	8	758
后坪村	周海清	周顺良	3	212
岛头村	郑英潘	郑英明	3	286
溪二村	戴元彪	李海丰	17	1523
南岸村	周送爱	周金松	6	870
溪一村	戴建民	戴胜凑	17	1682
横路下村	李西玖	李西得	8	554
大谢村	郑一统	郑贤昆	14	1233
铁坑村	李红叶	戴理秀	5	567
到家山村	李国献	李聪明	1	104
前溪村	金衍义	金申华	15	1272
陈龙村	徐晓窕	周彬彬	7	766
北山村	戴元雷	徐时南	17	1162
前山村	周祝勇	周海瑞	9	520
上宅岸村	金银林	金海南	5	696
毛竹村	李岩连	李岩连	2	202
里上坑村	陈小兵	陈国华	4	281
石阵村	李世顺	潘岩东	9	950
小长坑村	邹寿法	戴少勇	3	506
张溪林坑村	周文元	周方超	7	780
张溪村	张金兵	张兴王	18	2177
桧染村	王建平	王老富	6	423
寺后村	周志正	周岩才	5	430
南正村	陈久荣	李妙福	9	910
金竹溪村	林先方	周昌善	7	650

转变，优化服务，建成“互联网+政务服务”体系，全年共计办理事项5321件，办结率100%。开展禁毒宣传教育100余次，发放宣传资料1800多份，开展安全检查180余次，发放各类宣传资料3000余份。

2018年，岩坦镇积极推进民间信仰场所规范化建设；充分发挥商会、侨联以及工青妇等人民团体的桥梁和纽带作用。坚持党管武装，依法加强国防动员和后备力量建设。推进“移风易俗”，引导广大干群破除陋俗，树立新礼仪新风尚。

基层党建　2018年，岩坦镇严把党员干部教育管理关，全面开展村级组织换届“回头看”，严格整顿村干部队伍，共调整村干部8名，其中村党支部书记2名；加强针对性教育培训，举办基层党组织书记培训班4期，对全镇80名村党支部书记进行培训，带片驻村干部到村上党课960余场次；抓好党员干部日常工作常态化督查，全年共开展督查20余次，通报处理党员干部17人；顺利转化4个软弱落后村。

在楠溪古韵乡村振兴示范带建设契机下，岩坦镇积极打造由14个村组成的岩坦党建示范带，并成立联合党委，将全镇70%的村纳入党建示范片，构建以小舟垟村嘉纳庄园及屿北古村为首的2个特色群；建成市级党建示范点3处，县级党建示范点6处，乡级党建示范点1处，规范建设“瓯江红”党群服务中心1处，13个村新建办公楼申请顺利通过审查。

党风廉政　2018年，岩坦镇按照县委统一部署，开展扶贫领域腐败和作风问题专项治理、领导干部违规房产交易专项治理、形式主义官僚主义问题专项整治等专项行动，共发现问题5个，处理党员17人。成功打造“楠溪古韵”乡村振兴示范带，在示范带打造过程中，运用“四种形态”处理不作为干部7人，镇班子成员组团认领项目53个，全体干部酷暑之下苦干，3个月完成乡村振兴示范带建设，综合考核持续全市第一。

规范权力，推动全面从严治党向基层延伸。2018年，岩坦镇以源头村为载体，创建“群众明白、干部清白”的“双白”村居，成为全县清廉村居创建工作示范点；深入推进党风廉政建设，开展座谈5次，约谈24人，对巡察村居建立“四清单一报告”制度，巡察发现问题15个，明确承办部门、科室，并完成整改。全年开展领导干部谈心谈话249人次，集体约谈4次，提醒谈话30人，通报批评16人，诫勉谈话10人。根据群众信访和公检法移送材料，处理党员22人，其中警告4人，严重警告14人，撤销党内职务1人，留党察看2人，开除党籍1人。

荣誉　2018年，岩坦镇获温州市美丽乡村标杆乡镇。

（陶温和　孙文洁）

续表50

村　名	书　记	主　任	村民小组（个）	人口（人）
深固坑村	张海鹏	王苍海	9	1017
福山村	叶建华	叶金满	5	410
水景村	郑英平		3	287
下潘村	潘得兴	潘顺盛	4	519
黄界坑村	陈明委	徐贤东	2	236
上岙村	徐岩里	张方察	7	586
江潭村	陈时杰	陈光平	6	796
陈周村	周海华	陈爱兵	5	582
上坳村	毛熙美	毛天海	6	403
理只村	李娇弟	毛文叔	2	223
岩门下村	李海罗	陈文青	4	412
霄岭村	周星德	周建斌	9	998
李庄村	王建文	李洪楼	6	556
碧油坑村	陈继恩	陈光田	4	422
西山村	王周德	陈金寿	4	398
山早村	徐文海	徐银海	4	468
岭背村	叶金龙	叶仁杰	2	265
王山村	王彩凤	王进元	4	456
岙头村	毛苍福	毛理聪	3	325
潘塘村	潘青聪	潘金国	12	743
深龙村	赵松有	陈秀法	15	1698
大学村	滕晓坚	戴寿银	9	1043
林坑村	毛苍河	毛统兴	4	485
道基村	林苍成	林西华	5	465
黄南村	潘成南	潘泰华	3	405
佳溪村	麻智荣	麻会兴	16	1456
金钟村	金可勇	郑庆兵	16	1458
田龙村	麻银藏	陈纯龙	10	922
陈庄村	金可总	麻志全	15	1210
岩龙村	季德寿	季康雄	8	851
垟降村	周崇地	张育明	10	1560
八亩村	金曾达	金本稳	15	1266
潘二村	张龙新	金宗龙	6	788
白岩村	张强锋	郑志强	13	1540
潘坑村	陈九安	谢永柱	15	1518
石鸟村	暨建兵	陈延义	6	315
周卫村	李建敏	吕红赛	8	647

大若岩镇

概况　大若岩镇位于永嘉县中西部，距离县城约30千米，是全国“环境优美镇”，同时也是“浙江省最美乡镇”“浙江省美丽乡村示范乡镇”、省级卫生镇。大若岩镇于1992年由桐州乡和白泉乡撤并而成，下辖36个行政村、1个居委会，户籍人口约3.09万人。全镇行政区划面积92平方千米，耕地面积9600亩，山场面积8.7万亩，园地、滩地和水面积3万余亩，形成“八山一水一分田”的自然格局。大若岩镇是楠溪江流域的生态重镇和旅游名镇，有着“天下第十二福地”的美称，山水旅游、红色旅游、宗教旅游、生态旅游资源丰富，全镇布有百丈瀑、五星潭、陶公洞、十二峰、石门台、崖下库、埭头古村、小若岩等各类知名景点8处。

表51　2018年大若岩镇基本情况统计表

项　目	单　位	合　计
总面积	平方千米	92
耕地面积	公顷	605
农作物播种面积	公顷	1708
粮食作物播种面积	公顷	944
建置村	个	36
居委会	个	1
总人口	人	30886
外来民工	人	—
农业总产值	万元	14771
工业总产值	万元	—
第三产业产值	万元	—
财税收入	万元	843.69
农民人均收入	元	—

产业发展　2018年，大若岩镇深入落实县委“一带两城五组团”战略举措，以打造陶公养生福地乡村振兴示范带为总抓手，推进农旅融合发展。实施九黄线沿线道路“白改黑”、房屋立面改造、强电弱电地埋、美丽庭院建设、环境综合整治提升、污水管网提升等23个项目，推进大元下村整村整治，打造陶公养生福地乡村振兴示范带，初步形成九黄线“C”型生态旅游产业带。采取“委托经营”“合股开发”“房屋出租”等方式，盘活农村闲置房屋，推动整村民宿开发，其中村企合作的“安和桥”“南山南”等民宿均已投用营业。推进A级景区村创建，埭头、大元下、水云、黄潭等4村通过省AAA级景区村评审，大东、李大屋、银泉、府岸4个村通过省AA级景区村评审。入选省级旅游风情小镇创建名单，大若岩旅游知名度不断提高，全镇共接待游客177万人次，门票总收入776万元，旅游总收入7.13亿元。

项目攻坚　2018年，大若岩镇实施“项目建设突破年”行动，狠抓项目落地，完成招商引资1.5亿元、有效投资2.7亿元，初步拉开坦五线“1”型产业框架。加大项目“清零清障”力度，推动一批“滞、迟、缓”项目重启破土，其中楠溪都府酒店完成工程量的50%，大若溪谷项目完成地块出让，百丈瀑景区在取得国家级森林康养基地“名片”基础上进入二期项目政策攻关，都南旧村改造项目进入立项阶段，芸枫农业项目进入土地丈量阶段。加强村集体经济“造血项目”建设，带动全镇36个村集体经济收入超3050万元、经营性收入超1780万元，全面完成每村集体收入超10万元、经营性收入超5万元的任务。

改革工作　2018年，大若岩镇推进“最多跑一次”改革，以全科网格推动“四个平台”的有机融合，在全镇36个村配备44名网格员，以“多员合一”方式解决农村治理问题。2018年，全镇44名网格员报送处理各类信息8852条，有效解决各类矛盾纠纷苗头。探索农村宅基地三权分置改革，率先在玉泉村谷原度假民宿进行试点，盘活闲置农房，增加村集体和村民收入。落实移风易俗新规定，实行预先告知、地毯式巡查等机制，在殡葬改革和喜事简办等方面取得明显成效，农村公序良俗渐趋完善。

民生及社会事务　2018年，大若岩镇把改善民生作为政府工作的出发点和落脚点，镇第十七届人大二次会议票决的5件民生实事全部完成。加大脱贫攻坚力度，2018全镇纳入农村低保户485户840人，医疗救助114人次，救助金额103.7万元。争取到省自然资源厅与下湾村结对帮扶。开展垃圾分类处理工作，建成大元下机械化垃圾分类处理终端，试点推行积分换礼品机制，提高垃圾减量化、资源化、无害化处理能力。实行城乡保洁月度考核督查奖惩机制，加大村庄洁化整治和常态管理力度，有效改善村庄容貌。大力加强平安建设，完成中共十九届三中全会、第五届世界互联网大会等重点时段维稳安保工作，荣获市级平安建设先进单位。严格落实安全生产责任制，安全生产形势持续保持稳定。此外，民宗事务、双拥优抚、统计、工青妇、老龄、残疾人等工作取得新进展。

基层组织建设　2018年，大若岩镇加强组织阵地建设，开展不达标村活动场所大排查，保证36个村办公场所全部达到100平方米以上，清除在祠堂办公现象；新建小若口等3村办公楼；改造提升大东村等8处便民服务中心；打造市级党建示范点3个、县级党建示范点2个，初步形成以九黄线、坦五线为重心的乡村振兴党建示范带，有力推动全镇党建工作上水平、上台阶。量化考核，变“软任务”为“硬指标”，运用基层党建工作二级督查制度，每月采取定期检查和不定期抽查的方式对各支部工作进行督促检查，指出各村存在的问题和不足110余条，限期整改。严格党内组织生活，推行支部主题党日“123”标准模式活动，开展领导干部、支部书记、党员干部上党课活动。组织大型微党课比赛1次，各级干部上党课90余次，提高广大党员干部政治素质。规范党员发展管理，严把入口关，坚持成熟一个发展一个。2018年吸收入党积极分子38名，发展党员22名。开展村级组织换届回头看工作，对7名履行职责不到位的村干部进行免职，同时任命5名优秀村干部，配齐配好村级组织队伍。

党风廉政 2018年，大若岩镇按照全面从严治党各项要求，从严落实“两个责任”，切实履行“一岗双责”，深入推进党风廉政建设和反腐败斗争，形成“党委负主体责任，纪委负监督责任，班子成员齐抓共管”的领导体制和工作机制。开展反腐倡廉教育，开展“初心守廉·510思廉”主题教育活动，通过“不忘初心、牢记使命”主题微型党课比赛、参观廉政壁画、“思廉·爱廉·践廉”主题文艺演出等廉政“套餐”增强全镇广大党员干部勤政廉政意识。运用监督执纪“四种形态”，始终把纪律和规矩挺在前面，以严明的纪律推进全面从严治党，2018年提醒谈话7人次，通报批评63人次，诫勉谈话9人次。推进谈心提醒常态化，做到对存在苗头性、倾向性问题的党员干部及时提醒，力求把可能发生的违纪问题解决在萌芽状态，让“红红脸、出出汗”成为常态，2018年共开展谈心提醒98人次。深入开展营商环境、扫黑除恶行动，贯彻落实县委、县政府“营商环境提升年”行动工作部署，确定1名效能监测联络员，以全镇唯一一家“四上”企业（永嘉华中房地产开发有限公司）楠溪云岚项目部为效能监测点，通过督查未发现有破坏

表52 2018年大若岩镇建置村（居委会）情况统计表

村（居）名	书 记	主 任	村（居）小组（个）	人口（人）
居委会	陈文良、陈德省	陈锦松	1	388
大若村	李干坛	陈贤平	10	766
黄潭村	林寿青	林松青	5	636
李茅村	陈继旦	叶忠臣	4	666
舟岙村	陈文亮	陈建伍	4	632
大元下村	陈宋汪	陈久敢	15	1407
陈岙村	陈久好	陈 敏	4	284
蒋山村	杨传马	杨学晓	7	845
田垟村	钱忠建	胡长丰	8	1015
藤溪村	陈久山	陈久和	8	984
水云村	陈久放	李永平	13	1543
双岙村	陈双定	陈成伍	4	315
龙垟村	陈建光	胡国建	10	802
白泉村	陈光林	陈久建	19	2083
黄岙村	陈建军	陈久远	4	490
府岸村	潘统祥	潘统林	4	263
涨岸垟村	陈锦如	陈渊湖	5	374
玉泉村	陈 忠	陈麟童	19	1957
银泉村	陈荣光	陈双峰	17	1606
钱泉村	徐志锋	徐新华	5	354
上榴湾村	李 闯	李益群	4	487
荆州村	潘太彪	潘国平	17	2217
石岙村	全培森	全育聪	5	304
下榴湾村	李启龙	李长和	4	603
桐州村	陈国平	陈北平	5	1089
寺前村	汪金生	汪振光	5	585
垟坑村	胡旺盛	李忠胜	6	768
里舍村	陈文福	王新浩	2	267
梧涨村	张文龙	杨笑秋	6	689
埭头村	陈 攀	陈 群	11	1307
九房村	陈秀奇	陈久合	4	525
小若口村	陈云生	陈丏顺	12	1747
李大屋村	陈 盛	李文可	8	907
下岸村	郑卿年	郑贤和	4	644
大东村	郑理敏	陈双理	4	541
都溪村	陈忠文	陈忠南	3	449
都南村	陈康辉	陈茂相	3	347

营商环境违纪违法问题，也未发现有影响企业发展或项目建设的强揽工程、强买强卖、暴力讨债等违法犯罪活动和村霸、地霸等黑恶势力，营商环境良好。

荣誉 2018年，大若岩镇获2017年度浙江省小城镇环境综合整治工作优秀单位。

（董淑淑）

碧莲镇

概况 碧莲镇位于永嘉县西北部，东邻大若岩，南接桥下，西连巽宅，北界岩坦、岩头，距县城42千米，是小楠溪流域文化、交通、经贸中心，为省级生态镇。2011年行政区划调整后，全镇下辖碧莲、山坑、应坑、大岙4个社区，43个行政村，1个居委会。

2018年，碧莲镇实现地方财政收入8499万元，同比增长21.15%；完成固定资产投资额500万元以上项目9个，实现固定资产总投资1.8533亿元；完成招商引资额0.76亿元。

表53 2018年碧莲镇基本情况统计表

项 目	单 位	合 计
总面积	平方千米	175
耕地面积	公顷	2636
农作物播种面积	公顷	2076
粮食作物播种面积	公顷	1297
建置村	个	43
居委会	个	1
总人口	人	46099
农业总产值	万元	15626
财政收入	万元	8499

效益农业 2018年，碧莲镇农作物播种面积31145亩，总计生产粮食6768吨、蔬菜7425.9吨、药材623.2吨、家禽19.17万羽、肉类产量1045.7吨、禽蛋99.4吨。转换发展动能，厚植发展优势，发挥镇域资源优势，以农旅融合发展为抓手，加快构建和完善现代农业产业发展体系。深化“早香柚富镇”计划，2018年早香柚产量8000余吨，产值6000万元，顺利举办2018年永嘉县早香柚推介会暨十大精品早香柚评比活动。持续以打造农业强镇为目标，做大做强生态农业，紧紧立足小楠溪生态资源和特色农业优势，依托早香柚、富铁大米、稻田养鱼三大农业支柱产业，加强农业品牌整合，邵园有乔栀子花基地、町岙山水农业基地、应坑中药材种植基地等农业特色基地发展势态良好。

城乡建设 2018年，碧莲镇以双桥中路、渡头街为主轴，实施污水设施整治、道路完善、沿街立面改造、绿化景观提升、配套设施完善等五大类环境整治项目工程，顺利通过小城镇环境综合整治省级验收，集镇环境面貌明显改善。围绕创卫工作目标，通过广宣传、抓重点、破难点，多措并举，全年建成区新增健康教育宣传栏3处，中小学健康教育开课率100%；医疗机构和学校实施全面禁烟；创建省级卫生村6个，市级卫生村5个；清理镇区内蓝棚295余处，拆除露天坑550余处、小屋2950余处；建成区新建公厕3个，改造提升4个；创建澄田溪健康步道，深入推进脏乱差整治，顺利创成省级卫生镇。纵深推进“五水共治”工作，大力开展“百名河长大巡河”专项活动、河道大排查大整改专项行动。全年创建无违建河道11.46千米，集中整治违建3处、新建水利工程标准化工程4处，封堵整治污水排放口4个；完成缸窑村排水工程、落坑村及碧莲中学周边接管工程；完成农村公厕改造提升65座，补缺新建7座；提升郑庄、应二、垅头、后九降、地凑饮用水工程。深入推动地质灾害隐患综合治理，顺利完成全部16个地质灾害点位的防治工作。

社会事业 2018年，碧莲镇深化“一周一村”现场办公制度，以“村民提事、片组约事、科室办事”为工作机制，直击群众述求，实现“最多跑一次”到“一次都不跑”转变，成功开展“一周一村”现场办公会议33场，现场办公解决问题77项，后续解决问题120余项，顺利推进亨嘉文化创意园、龙珠生态公园等数个民生项目的建设。推进文化礼堂建设，重点在特色文化村打造廉洁、和睦、孝德的文化礼堂，开工建设文化礼堂4处，确保文化礼堂发挥主阵地作用，利用理论讲堂、道德讲堂、文化讲堂、乡村学校少年宫等文化阵地和场所，组织开展各类优秀传统文化教育普及活动300余次。做好土地确权工作，激活“沉睡资产”，2018年，全镇土地确权工作应确权41个村，实际确权村42个村（外加石山村）。全部完成摸底调查、外业指界、复核校对等前期各阶段工作，签订合同9238份，签订率98%。通过土地确权，挖掘土地经营权中潜在的“黄金”，完成农村产权交易额123.8万元。深入实施教育优先发展战略，巩固省、市级教育强镇成果，扎实推进教育基础设施建设，加强校园周边环境治理和校园安全保护工作。加强国防教育，开展拥军优属活动，认真做好兵役登记，圆满完成2018年县定征兵任务。

民生工作　2018年，碧莲镇加强低保工作，进一步扩大低保面，严格规范低保申请审查程序，确保把真正困难的群众全部纳入低保范围。2018年有低保户2140人，为1154人提供低保边缘户生活保障，注销低保275人，低边127人，做到应保尽保。全面落实优待抚恤政策，确保各类优抚对象的抚恤补助优待经费及时足额发放，切实保障优抚对象生活水平与居民生活水平同步提高。全镇现有重点优抚对象39人，全年共发放优抚金3.77万元。认真做好老龄工作，广泛深入开展老龄宣传教育活动，大力弘扬尊老、敬老、助老优良传统，营造良好社会氛围。全年建设居家养老服务照料中心29处，居家照料中心"医养结合"及社会化运营均达100%，为在村老年人提供解决日常生活困难的社会化服务。

平安建设　2018年，碧莲镇强化综治基础，推进扫黑除恶专项斗争，深化基层四个平台建设，大力推进全科网格工作，做到网格指导员、网格长、专职网格员配备率100%，全年办理流转件11143件；创建邵园、黄岗等2个市级民主法治村，石山、北溪、上村等3个"善治示范村"和1个村级综治工作中心；累计办理上级交办信访件103件，其中来电件53件，初信初访50件，化解市级交办信访积案1件，县级交办信访积案21件，基层社会稳定，"一体两翼"工作体系建设到位。坚持安全生产，全面开

表54　2018年碧莲镇建置村（居委会）情况统计表

村（居）名	书　记	主　任	村（居）民小组	人　口
上　村		刘建永	15	2447
碧莲村	徐郁群	邵彩芬	20	3632
石湖村	邵三勇	邵庆响	24	2637
邵园村	邵伯平	邵忠生	17	2366
黄岗村	王海泉	王贤仕	10	1504
缸窑村	李中发	李中策	8	817
东边村	麻建晓	杨建福	4	478
东坑里	刘智勇	林天国	5	400
澄田村	陈久培	徐志望	21	2298
新岙村	刘世云	陈久钱	12	1222
石山村	刘真真	刘高波	3	224
鱼仓村	刘建孝	刘建申	5	481
地凑村	廖国训	郑庆树	6	487
梧岙村	潘金龙	潘永亲	10	1124
下岭根村	潘明理	潘光晓	6	669
梧町村	麻永西	潘忠仕	4	446
居委会	刘金华	徐宣民		815
山坑村	胡寿基	汤建斌	13	986
小巨村	汤海伦	汤金宝	20	1743
新宅村	董玉媚	汤瑞南	6	536
巨川村	王汉亮	王贤兴	3	324
了烈村	汤时来	刘永象	7	517
郑庄村	刘建国	刘昌统	10	952
驮平村	刘青聪	瞿阿乐	9	675
槎川村	郑建策	郑英归	8	836
汤店村	刘定福	刘　飞	10	1051
大树垟	陈　龙	邵志其	6	584
前九降	胡纯亮	刘良通	4	190
后九降	刘建鹏	刘光绪	4	235
应坑村	陈建平	陈光南	32	2043
应一村	麻育兴	麻棕棋	23	1324
应二村	麻浙绍	麻泰略	16	919
垅头村	陈继国	陈久仟	5	393
东庄村	陈国连	胡卫正	14	1172
半坑村	陈高武	陈志孝	4	330
炉熊村	陈久爽	金均蕴	16	984
章进岙村	叶娇华	尤佰建	4	330
大岙村	吕　淑	吕培城	27	2489
茶岙村	张光华	杜金来	27	1899
北溪村	杨晓区	杨圭成	13	1191
金益村	张永设	杨圭良	9	666
大柏村	汪政标	周清判	11	926
应岙村	麻云村	潘育地	6	353
孙山村	宁汉宗	章红红	6	404

展安全生产大检查和事故隐患整治工作，检查生产经营单位125家，发现并整改隐患23处，关闭因条件不符新规的烟花爆竹经营场所1家；大力推动智慧电桩建设，安装充电口626个，完成率128.54%，全年未发生重大安全事故，辖区内群众生命财产安全得到有效保障。

党的建设 2018年，碧莲镇贯彻从严治党新要求，深入贯彻落实中共十九大精神，在全镇各支部开展“两学一做”常态化学习教育系列活动，全力推行“123”主题党日标准模式，打造“四有党员”，努力当好打造永嘉“铁三角”的排头兵。深化组工六度意识，组织20多次村级党建工作情况督查，实行党建工作月排名，约谈末位村居的驻村干部和村干部累计20人次，对履职不力和不合格的村干部开展诫勉谈话12人次。深入开展清廉机关建设，紧紧围绕“碧水莲山，风清气正”，以“严法纪通政令，严作风通民心”的“双严双通”为抓手，出台《碧莲镇重点领域‘微权力’风险防控二十条》，深入开展“清风讲堂”，构建主体责任落实有力、廉政文化氛围浓厚、监督制约机制有效的清廉机关。扎实推进党风廉政建设，严格落实党风廉政建设主体责任，深入推进违反中央八项规定和扶贫领域监督执纪问责工作。积极配合县委第五巡察组对全镇的工作巡察，并按要求落实整改。全年开展常态化督察15次，检查单位75家，发现问题17个，下发通报1起，处理4人；开展领导干部谈心谈话120余次，集体约谈3次；进一步加强执纪监督“四种形态”，提醒谈话9人，党政纪立案9人，开除党籍2人，取消预备党员资格1人，撤销党内职务1人，党内警告6人。

荣誉 永嘉县2018年度征兵工作先进单位；永嘉县2018年度工作绩效考核优秀单位；永嘉县2018年度安全生产工作优秀单；永嘉县2018年度消防安全工作优秀单位；2018年度全面从严治党主体责任落实暨“清廉永嘉”建设情况考核优秀单位。

（胡乘豪）

巽宅镇

概况 巽宅镇位居小楠溪上游，是温州通往台州、丽水的西北门户和接壤青田、缙云、仙居三县市的边陲小镇。溪水东南向而流，东南为巽；古书又云，宅者，宜居也；故名之巽宅。全镇总面积183.4平方千米，建成区面积0.4平方千米，下辖45个行政村、1个居委会、2个社区，户籍人口3.5万人，常住人口1.8万人。

经济建设 2018年，巽宅镇完成有效投资2.06亿元，位列B类乡镇第二名。竣工一批扫尾项目，镇区自来水创标提升、石板桥、中央溪溪流整治、黄连龙和下二防洪堤、坭坑—上董公路等工程验收投产；完成耕地垦造293亩、“旱改水”227亩，小城镇环境综合治理项目基本建成，镇区面貌焕然一新。推进一批在建项目，继续推进精品街建设，基本建成沿溪东路北段延伸基础工程，完成路灯安装、管线优化等扫尾工程，沿溪东路、沿溪西路进一步“精品化”；全力保障215省道巽宅段无障碍施工，完成拆迁面积近2000平方米，迁移坟墓147穴，完成任务数的216%，管道迁移、土地测量、政策处理等全程保障，工程进度保持全线领先；加快推进坦五至云岩公路提升、山霞—周山坪、云岩—鱼鳞坑等5条农村联网公路建设，确保按时保质完成建设任务。“清零”一批遗留项目，消化处置“批而未供”土地103亩，“供而未用”土地10亩。

表55 2018年巽宅镇基本情况统计表

项 目	单 位	合 计
总面积	平方千米	183.4
耕地面积	亩	13259
全年种植粮食作物	亩	14077
全年种植各类蔬菜	亩	5360
建置村	个	45
居委会	个	1
总户数	户	10987
总人口	个	34962
农业总产值	万元	8831
工业总产值	万元	0
财税收入	万元	638.57

城乡整治 2018年，巽宅镇紧盯国家卫生城镇创建要求，深入开展“厕所革命”“垃圾革命”，以落实“三改一拆”“四边三化”等专项行动为载体，实施农村环境卫生大整治，启动16个“卫生村”创建工作，拆除旱厕280座，新建农村公厕16个、提升66个，拆除违法建筑237处9.7万平方米，拆除“两道”违法建筑182处2.6万立方米，清理“两道”垃圾3394吨，城区保洁连续多年排名同类乡镇第一。着力改善人居环境，严格落实“青山

白化”治理，加强殡葬动态管理和防控巡查机制，拆除各类新建、翻新坟墓23处，岭东村骨灰楼成为2017年永嘉县唯一一个新建公益性公墓，全力推动移风易俗，倡导文明新风尚。

政府建设　2018年，巽宅镇以学习贯彻中共十九大精神为重点，全面开展“大学习大调研大抓落实”活动，严格落实政府党风廉政建设“两个责任”，严肃治理不正之风，全力打造法治政府、廉洁政府、效能政府、诚信政府。深化“最多跑一次”改革，简化低保办理等工作的审批程序，重新装修办事服务中心，增设巽宅市监所，购置4台便民服务终端“瓯e办”，推进政府办事数字化转型。坚持依法行政，主动接受人大法律监督、工作监督，人大代表建议全部办结，镇人代会票选的5大民生实事项目基本完成；自觉接受上级政府工作指导、督促，第一时间办理、答复督办件，全年完成督办件办理、答复53件。进一步加强国有资产管理，完成不动产登记16宗。严格落实中央八项规定和实施细则精神，进一步转变政府工作作风，加强上下班纪律、公务用车、公务接待、办事时限等制度约束，政府廉政建设和作风建设全面加强。

民生事业　2018年，巽宅镇把教育摆在优先发展位置，顺利完成小溪小学校网优化，基本完成下嵊小学校网优化，为山区学生好上学、上好学奠定扎实基础。健全社会保障体系，完成上横、墨印等6个避灾场所提升和镇居家养老照料中心示范化建设，新增沙埠、麻

表56　2018年巽宅镇建置村（居委会）情况统计表

村　居	书　记	主　任	村民小组（个）	总户数（户）	总人口（人）
进书村		汤永杰	5	157	511
龙前村	吕建多	汤守雷	12	328	980
巽宅村	孙　立	孙永远	18	595	1820
三里村	吴九全	吴国征	5	122	345
中山村	叶晓新	叶海和	4	106	349
龟背村	叶纪听	章斌	16	278	916
小坑村	章永川	章建忠	6	165	563
里山村	胡宗杰	胡明武	3	80	248
居委会	胡芝铭	陈时春		317	491
小溪村	董如文	董忠晓	26	608	2029
下谢村	李玉鸣	李建明	4	119	412
金溪村	邹仙亮	陈仲达	8	120	374
麻埠村	麻天国	麻时村	12	286	951
岭东村	章益芬	麻德华	21	500	1728
麻庄村	叶春雷	叶秒晓	8	205	685
三里宅村	章长庚	章巡炫	12	236	772
邵川村	郑志才	郑建南	4	138	472
沙埠村	吴岷岷	张佰聪	4	120	391
巽一村	孙进华	陈忠实	6	173	540
石垟村	郑林好	郑艮溪	8	206	660
许头垟村	张大生	张千国	8	175	562
山霞村	胡长青	陈玉雷	15	441	1448
下一村	陈仙保	何兴强	15	397	1273
下二村	陈建平	陈文彬	18	335	1106
外宕村	胡时长	胡建满	5	135	472
木坑口	赵珠定	赵建龙	7	198	650
云岩村	章忠明	章进长	16	409	1311
茅山村	潘　莉	林章巢	7	239	762
墨印村	汤光荣	章国听	12	235	765
和平村	汤笔听	俞剑鹏	4	183	591
上横村	赵建仁	章仙波	9	296	975
下坑口	赵大华	章九代	7	146	424
珠龙村	陈时吉	吴学秀	9	117	392
石染村	章胜标	章永辉	16	479	1470
雷付村		徐进国	10	249	766
西岙村	董旭夫	董智宽	12	258	777
垷坑村	董章克	董银袍	11	302	960
郭坑村	麻茜茜	麻玲龙	10	218	699
川岙村	金炳群	金煊凯	4	131	399
后坑村	吴朱良	吴陈彬	4	113	371
野骨村	麻北龙	麻北龙	2	46	152
柴皮村	麻金柿	麻进多	14	380	1247
横彭村	吕俊微	章胜利	10	259	874
垷坑口	吕永连	金建友	6	187	615
白石垷	麻梅法	徐海梯	6	140	438
谢山村	章九树	章有明	2	60	226

埠等10家照料中心配送餐服务，全年新增低保45户86人，新增低收入农户补充保险1121户2207人，办理大病救助、临时救助311例，累计发放救助资金149.3万元，完成农村合作医疗保险33839人，参保率97.1%。深入实施文体惠民工程，开展基层理论宣讲84场、文体活动374场，免费开展产前筛查服务155人、更年期健康筛查210人、“两癌”检查924人、军属父母体检54人。全面深化“平安巽宅”建设，率全县之先推出村级信访预警机制，全年调解矛盾纠纷225件，化解信访积案12件，没有发生安全责任事故。全力提升全科网格治理水平，健全综治工作、市场监督、综合执法、便民服务“四个平台”建设，全年事件排查9633件，处理率100%。同时，统筹推进扫黑除恶、法治宣传、无欠薪镇创建等工作，全面防控非洲猪瘟、松柴线虫疫情，确保巽宅平安稳定。

基层党建 2018年，巽宅镇投入资金120万元新建村办公楼4个，打造市级党建示范点1个，县乡级党建示范点2个和镇级瓯江红党群服务中心1个，实现村级组织标准化建设全覆盖，软弱落后村整转全达标。强化管理，以村（社区）组织换届“回头看”为契机，巡查46个村居，处理村主职干部4人，村两委干部5人，对于后进村进行“回头看”整顿。以村干部绩效考核办法为依据，规范村主职干部坐值班制度和干事清单落实等工作，每月开展督查，2018年约谈党建工作落实不力的党员干部37人次，通报批评7人，扣除村干部基本报酬96人次4.094万元。创新模式，全面落实刚性制度，推行“村档乡管”，定期抽查确保程序规范动作到位。坚持问题导向，创新教育载体，打造“瓯北学习点”，开展社区党员集中学习，提高党员学习覆盖面和实效性。积极拓宽“党建+”服务平台，推动基层服务前置，推行党员干部“红色代办”，实行村民“少跑腿，零跑腿”。“引资造血”，通过土地流转、品牌打造、资源盘活、产业培育等途径，全面完成45个村“消薄”任务，实现集体收入100万元村1个，经营性收入10万元以上村5个，村集体收入1435.1万元，同比增长27.97%。

荣誉 巽宅镇荣获“浙江省园林城镇”称号；巽宅镇荣获温州市军分区基层武装部标兵单位；巽宅镇2018年度年终考核考绩荣获B类乡镇优秀单位。

（刘　仙）

鹤盛镇

概况 2018年，鹤盛镇紧紧围绕永嘉县“一带两城五组团”发展布局，以创建山水诗画乡村振兴示范带为发展契机，锚定方向、精准发力，担当实干、攻坚克难，较好完成了年度目标任务，实现社会治安愈加稳定，经济健康稳步发展，基础设施持续完善，各项社会事业均取得新成绩。

经济建设 2018年，鹤盛镇实现旅游、农业、养生三大产业高速发展，全年接待游客人数300多万人次，一、二、三产业总产值7亿多元，其中农业收入约1.8亿元、旅游业收入4.5亿元，财政收入约6000万元，人均可支配年收入约1.7万元。鹤盛镇始终把有效投资作为经济社会发展第一抓手，以扩大投资总量、提升投资质量、优化投资结构为主攻方向，推进雁楠逸园、楠溪书院、青箬山房等重点项目，累计完成有效投资2.6亿多元，完成招商额9200多万元。开展村集体经济壮大工作，调查摸底全镇41个村居，全面掌握每个村资源优势、经济收入等情况；截至2018年年底，全镇41个村居总收入均达10万元以上，经营性收入均达5万元以上。

表57　2018年鹤盛镇基本情况统计表

项　目	单　位	合　计
总面积	平方千米	176
耕地面积	亩	13182.3
农作物播种面积	亩	39790
粮食播种面积	亩	25627
建制村	个	41
总人口	人	43461
农业总产值	万元	13500
财税收入	万元	5600

城乡建设 2018年，鹤盛镇借助资源特色，以“山水诗画”为主题，11个村居为重点，投资2.16亿元，建设60多个项目，打造全县目前涉及范围最广的乡村振兴示范带——山水诗画示范带，精心美化“柿柿如意”西炉村、欧洲小镇岩上村、樱花王国过路滩村等特色村庄，以点带面、全面塑造示范带品牌特色。在全市乡村振兴示范带规划评审会上，鹤盛山水诗画示范带得到专家高度肯定。推进国家

级卫生镇创建，开展卫生综合整治、宣传等工作40多次；新建亲水步道2千米、改造公厕65座，卫生厕所普及率达100%；改造房屋外立面130多间，打造50多户美丽庭院示范户；大力推进鹤山路工程，全面修复断头路；顺利通过创国卫市级技术评估。委托浙江省亚热带作物研究所编制《鹤盛镇森林城镇建设方案》，成立创森工作领导小组，加强对森林资源保护和管理。全镇165株名木古树均进行挂牌保护和分级管理，投入100多万元用于建设森林防火林带、松材线虫病防治工作。顺利创成浙江省森林城镇、浙江省首批森林特色小镇。结合市级“四好公路”示范乡镇创建活动，投入1200多万元，完成雁楠公路沿线排水系统整治、景观提升工程，建设黄坑、箬袅2处公路服务站，获得全省最美公路示范路称号，在温州市“四好公路”创建推进会上，鹤盛镇代表永嘉县作典型发言。

环境整治　2018年，鹤盛镇通过开展环境整治行动，统筹推动“三改一拆”“五水共治”“四边三化”等省市县重点工作大提升。深入推进拆违治乱，巩固无违建镇创建成果，全年拆除违章130多处，累计7万多平方米；拆除D级危房23户、城中村改造72户；推进“四边三化”行动，完成路边整治点140多处、水边整治点70多处、“青山白化”整治点200多处；推进地质灾害搬迁治理工程，完成罗川、德岙、垟京村东南、大山头、岩峰、西垟、盖潭西等7处治理工程，完成上埠、霞岭根地质灾害转移安置点审批工作。深化“五水共

表58　2018年鹤盛镇建置村（居委会）情况统计表

村　名	书　记	主　任	人口（人）
鹤盛村	谢定聚	谢品元	2591
鹤垟村	谢建新	谢长荣	922
炉山村	谢美华	谢道南	1138
上埠村	谢寿海	赵德申	861
下岙村	龚春华	周振洲	906
霞岭根村	滕云怀	滕柏青	1029
谷庄村	谷建益	谷斌海	358
箬袅村	谢招豹	谢志国	1241
岩峰村	谢纯彪	谷志龙	1043
大矼村	龚祖顺	龚绍方	707
郑源村	叶星义	周梅青	674
黄坑村	滕朝龙	盛从南	1492
大山头村	谢送宝	谢定东	573
鹤泉村	吴益民	无	612
岩上村	周吉锋	谢纯南	814
塘　村	赵新勇	赵龙强	619
罗川村	金昌平	金建阳	1280
东　皋	周碎静	周寿秋	2848
上日川	周文卫	周礼真	2021
平龙山	周　宵	周星光	253
上塆村	周福程	周仙环	745
填垟村	周天国	周丐友	2760
西炉村	周益朋	周利法	616
东炉村	周仙琴	周红宵	714
大山底	谢丐领	谢伟聪	520
下家岙	李福有	李海光	2017
蓬一村	谢纯利	谢炉妹	1244
蓬二村	谢忠人	谢黎祥	1175
蓬三村	谢修乾	谢文斌	1230
藤家垄村	李松峰	潘统勋	1098
梅坦村	谷建孟	谷　舟	2351
垟京村	谷江鹏	谷曲有	809
岩舟村	谷高源	潘培利	783
西一村	谷明聪	谷寿国	760
南岸山村	王章满	王国静	562
西源村	谷吉发	谷明林	1362
下庄垟村	谢勇敢	谢岩金	385
谷山村	谷建新	谷福斌	436
德岙村	周江帆	周吉兴	728
齐山村	潘行松	谷亨利	266
鹤塆村	谢福德	赵玉东	902

治”，深化“河长制”管理，共设立镇级河长16名、村级河长31名，全年累计巡河2500多次。溪流保洁实现常态化，全年河流分段保洁累计3574千米，整治长度425千米；完成6个村的农村污水提升工程和玉带溪综合治理工程；下岙、岩上等村饮用水提升工程全面完工；开展污水零直排调查工作，对全镇民宿、农家乐展开地毯式排摸，累计排摸问题50多个。开展联合整治，加大沿溪沿路生态保护，联合水利部门制止违法采砂事件4起。严整畜牧养殖污染，联合畜牧局整治规模养殖场5家、关停2家、拆除1家。全面规范市场秩序，联合执法中队、市监所等部门开展规范经营、食品安全专项整治行动20多次，全镇公共场所经营单位有效卫生许可证持证率均为100%。

社会民生 2018年，鹤盛镇全面完善基础设施，完成镇区垃圾中转站、污水管网提升和农村生活污水提升等建设工程，截至年底，城区7个村污水管网工程全面完工，34个非城区村生活污水工程全覆盖；推进农业结构调整，完成罗川村、塘村旱改水工程200亩；持续推进箬袅、上日川、上七八自然村下山移民村安置工作；以石桅岩国家AAAAA景区创建为契机，进一步完善旅游配套设施，景区内标识标牌已全部放置，景区变配电工程、环山游步道一期二期、游客服务中心一期主体工程全面完工。全面夯实群众保障，率全县之先完成土地确权工作，涉及37个行政村、6619户，为深化农村产权制度改革，发展壮大农村集体经济奠定坚实基础；推进农村医疗保险工作，参保率100%；养老服务设施不断完善，完成鹤泉、大砡村、鹤盛村老年活动中心建设，东炉村老年电大提升工程、敬老院公建民营改制工作以及镇级养老服务中心建设；推进避灾安置场所建设，2018年规范化提升6处场所，实现41个村全覆盖。全面落实社会救助体系，动态关注低收入农户生活状况，涉及1931户3870人，通过全面落实雨露计划、安居圆梦、异地搬迁、创业就业贴息贷款、大病救助等帮扶政策，帮助低收入农户远离贫困。全面落实社会救助，实施低保动态管理，全年注销低保人员163户194人，新增低保人员100户185人，截至2018年年底全镇共有低保户1276户2460人，全年累计发放保障金、临时救助金、医疗救助金等1400多万元。

基层建设 2018年，鹤盛镇全力抓基层、打基础，营造乡风文明良好氛围。借助四大平台，开展矛盾纠纷隐患大排查大化解行动，全力化解纠纷，严防矛盾激化，做到不漏事、不漏户、不漏人。借助“4+1”调解模式，成功化解矛盾纠纷400多件，接待并办理来信来访324件、积案化解24件。严厉打击涉黑涉恶行为，完善社会治安防控体系，提高科技创安水平。落实责任、开展行动，高度重视安全生产。全镇严格履行“一岗双责”制度，党委书记牵头，使安全生产责任落实到人，签订各类安全生产目标责任书100多份；开展居住出租房、合用场所隐患整治专项行动，累计排查居住出租房、合用场所78家，发现并整改消防隐患160余处；完成鹤盛文化礼堂消防体验室展示区、岭上人家消防水池建设。完善设施、营造氛围，弘扬文明乡风。全镇有11个文化礼堂，其中2018年新建6处，借助文化礼堂平台，开展中共十九大宣讲、垃圾分类宣传等活动；将移风易俗工作纳入村规民约，全镇机关干部、村干部、党员带头示范，严格按照规定操办红白喜事；推进示范带沿线无坟化，打造公园式生态坟墓，累计整治坟墓200多处，其中西炉村整村打造高标准公园式生态坟墓150多座，吸引乐清、瑞安等相关单位前来参观学习。

政府建设 2018年，鹤盛镇全力强思想、健制度，加强责任担当。以“干部夜学”“班子会微党课”“领导干部下村上党课”等活动为载体，认真组织开展“两学一做”学习教育，把中共十九大精神作为学习教育重要内容，引导广大党员干部进一步增强“四个意识”、坚定“四个自信”。镇主要领导带头给全镇党员干部上专题党课8次，组织班子成员理论学习会35次，组织全体党员干部观看警示教育片2次，有效增强全体镇村干部廉洁自律意识，全面抓好从严治党主体责任落实建设工作。完善制度保障，出台《镇机关干部负面清单》考核制度，督促机关干部进一步落实工作任务。完善《鹤盛镇机关工作人员绩效督促与评估实施方案》，规范工作程序、细化行为规范，将管理职能和服务要求分解到岗、到人。进一步完善《鹤盛镇村级管理若干规定》，将各项中心工作落实到村干部，真正做到干部责任细化、明化。各项制度相辅相成，实现全面从严治党有制度可依、按程序办事，切实夯实全面从严治党制度保障。强化干部队伍，严格实施村和社区组织、党员队伍年检制度，对1630名党员做到“六个摸清”。开展村级组织换届选举回头看工作，评出优秀干部81名、合格干部216人、不合格干部4名。打造乡村干部实训基地，定期组织村干部开展业务培训。积极发展党的后备干部，全年发展党员84个。规范阵地建设，全面开展村级老年协会规范化提升工作，成立41个村级为老服务中心。全面规范党建阵地建设，开展村级不达标组织场所排查，提升办公场所8处，累计投资30多万元。全面推进瓯江红党群服务中心建设，结合红色教育基地建设，打造5个市级党建示范点、5个县级党建示范点、17个镇级党建示范点，成功转化2个软弱落后村。全面规范镇级宗教场所，加强对镇村干部以及三人驻堂小组的知识培训，组织镇级知识测验2场、村级知识测验41场。宗教场所挂钩领导定期下村检查，组织党员志愿者和社会爱心人士开展留守儿童培训、专家义诊、厨师班培训等“红色星期天”专项行动，共计20多场。全面提升鹤盛营商环境，联合派出所开展扫黑除恶专项行动。加快推进“最多跑一次”改革，完善《鹤盛镇便民办事九项制度》《便民服务中心工作守则》等规定，完成行政服务中心规范化建设，受理事项11596件，办理率100%；成立镇级巡察小组，对镇属科室、部门站所、村居开展工作巡察，累计40多次。加大干部处罚力度，累计惩戒镇村级干部300多人次。主动接受人大代表监督及社会各界舆论监督，共办理人大代表建议8件，办结率100%。

荣誉　集体：2018年，鹤盛镇获得中国老年宜居环境建设工作先进单位、浙江省森林城镇、浙江省首批森林特色小镇、浙江省卫生村（岩上村、霞岭根村、下岙村、黄坑村、鹤垮村、罗川村、德岙村、谷庄村、大山底村、南岸山村、东炉村、谷山村），2018年度市级征兵先进单位、2018年度市级“四好农村路”暨美丽乡村公路示范乡镇、温州市卫生村（上垮村）、AAA级景区村庄（岩上村、下岙村）、AA级景区村庄（过路滩、西炉、霞岭根、上垮、罗川、鹤垟、上日川）、2017年度永嘉县先进基层党组织（霞岭根村党支部、西炉村党支部）、2017年度永嘉县志愿服务优秀集体（鹤盛镇团委）、2018年度永嘉县平安永嘉建设工作突出贡献先进集体(鹤盛派出所、鹤盛镇中心卫生院)、2018永嘉县“美丽庭院”示范村（下岙村、岩上村）、2018年度永嘉县先进基层党组织（霞岭根村党总支）、李倩倩获全国青少年毒品预防教育“6·27”工程优秀校外辅导员荣誉称号。

（周聪聪）

金溪镇

经济发展　2018年，金溪镇粮食总产量7786.1吨，农林牧渔总产值6288万元，规上工业总产值10108.7万元，进出口总产值1984万元，完成企业上云3家，产业结构重心实现从第一产业向第二产业转移。2018年，全镇基础设施建设如火如荼开展，投资400余万元完成镇消防站楼、镇政府周边整治亮化景观工程；投资245余万元完成金溪镇中心卫生院门诊大楼扩建工程及瓯渠服务站修缮工程；投资200万元完成六龙至龙头的生态景观防洪坝工程；投资280万元完成潘宅、罗徐、呈岙三村饮用水提升改造工程；投资200万元完成坦头垟、湖庄、大阳三村的森林防火道建设；投资40余万元完成山根、茶一、里村、陈岙4个港湾式候车亭建设。乡贤回归助力乡村振兴，2018年2月，成立金溪（全国）总商会，8月成功举办金溪镇首届乡贤大会，引导商会会员、在外乡贤回乡投资建设，由坦头垟在外能人投资200万元的坦头垟大桥已经开工。创建潘活泼书画馆、潘松来收藏馆等民间特色文化展馆，筹资1200多万元打造8所特色文化礼堂，其中瓯渠和下徐两座文化礼堂入选永嘉县十大文化地标。

表59　2018年金溪镇基本情况统计表

项　目	单　位	合　计
总面积	平方千米	86.3
耕地面积	公顷	960.67
农作物播种面积	公顷	2125.07
粮食作物播种面积	公顷	1753.71
建置村	个	38
总人口	人	41055
外来民工	人	300
农业总产值	万元	4615
工业总产值	万元	23059
财税收入	万元	2143.32

环境整治　2018年，金溪镇开展城乡环境综合整治，对新建违章保持高压态势，开展“集中拆违日”行动49次，全年累计拆除各类违章建筑84800平方米，全面巩固

表60　2018年金溪镇建置村（居委会）情况统计表

村　名	书　记	主　任	村民小组（个）	人口（人）
下　徐	邹庆建	邹庆斌	19	2136
富　垟	鲍永敏	郑光国	4	446
龙　口	王忠宽	王玉武	4	392
墩　头	潘奕新	潘浩海	6	758
山　根	邹时南	邹立相	8	781
六　龙	李光托	李佰祥	19	3026
龙　头	郑庆通	李金平	13	1614
坦头垟	邹步通	邹　龙	26	3097
吴　宅	吴进潘	吴进坚	14	1654
潘　宅	潘志国	潘继续	16	2215
章　一	章寿永	章国兴	7	662
罗　徐	林长春	林嵩映	6	639
下　庄	李柏仁	李芙蓉	14	1194
呈　岙	潘长江	胡仕桥	6	750
朱坑垟	潘崇林	潘光亮	5	562
瓯　山	吴伯琴	吴海勇	16	1400
周　山	赵章平	戴晓燕	4	201
双　进	吴仕秀	吴建昆	10	999
金　园	吴光友	吴文云	10	979
洋　观	吴进福	吴王长	4	730
瓯　渠	吴　策	吴祖敢	17	1396
向　阳	吴勤和	胡晓滔	6	473
前　山	吴黎明	吴国和	17	1903
岭　一	尤振谦	尤长华	7	769
娄　川	陈佩施	潘长勇	4	326
湖　庄	李光建	李长飞	27	2269
济　根	赵章国	赵世南	5	467
双　联	赵大仗	李步政	6	585
陈　岙	潘建二	潘统扭	7	848
大　阳	李乐毅	李安义	3	356
黄　村	李　敏	李春益	8	764
黄　山	李建海	潘文平	11	764
里　村	陈建会	陈吉恩	14	1305
茶　一	季国平	季林立	15	1723
上朱山	赵晓燚	赵金晓	4	557
茶　二	赵德秀	赵秀海	10	977
朱　山	朱大海	朱文明	8	545
阮　山	陈　珏	陈光晓	12	823

“无违建镇”创建成果。开展违法堆放集装箱和违法搭建活动板房专项行动，全年共拆除13处。完成城中村改造60户，完成危旧房治理扫尾工作，排摸D级危房19户并于8月31日前全部拆除，成为永嘉县唯一获得温州市优秀单位称号的乡镇。开展城区环境综合整治行动20余次，全力清除“脏乱差”现象，投入100万元成功创成金溪镇农贸市场，顺利通过小城镇综合整治回头看督查。积极申报国家级卫生镇创建工作，投入80多万元完成宣传墙绘、蚊蝇消杀等工作，于10月率全县之先顺利通过国家卫生镇温州市市级技术评估。投入60余万元用于“垃圾分类”工程建设，垃圾分类终端处理设备运转正常，月产肥料量2.4吨，处于永嘉县前列。深入开展“公厕革命”，投入150余万元提升改造71座公厕，有效改善人居环境，城乡环境考核成绩稳居一类单位前三名，为打造美丽金溪打下坚实基础。

民生事业　2018年，金溪镇全民共享医保福利逐渐完善，新型农村合作医疗保险参保率98%以上。积极开展社会救助、慈善帮扶和义工活动，发放临时救助、医疗救助和慈善救助110万元，发放低保金560万余元。养老服务设施不断完善，投资340万元创建浙江省级示范养老院，提升2家居家养老照料中心。持续深化移风易俗改革，大力弘扬时代新风，严禁婚丧喜事大操大办，治理新建、翻新坟墓26座，审批村级公益性公墓8处。把教育发展摆在优先位置，新建公立幼儿园1所，积极优化义务教育阶段校网布局，将金溪镇第五小学合并到金溪镇第一小学。积极筹集社会资金，为镇中学全校学生提供免费营养午餐，保障学生营养。开展城乡妇女关爱项目，截至2018年年底已完成免费产前筛查153例，免费“两癌”筛查959例，动员国家免费孕前优生检测120例。开展优质服务创建幸福促进行动、爱国卫生运动健康教育活动，卫生健康服务持续提升，邀请上海永嘉人医疗公益基金会医疗专家队伍到金溪镇开展义诊活动，累计义诊群众500余人次，免费发放药品近3万元，医疗健康宣传单800余份，9名因病致贫的患者得到每人5000元的资助。群众文体活动日益丰富，在第十三届浙江国际传统武术比赛中斩获21块金牌，瓯渠武术文化影响力不断壮大。充分发挥金溪镇文体联作用，建立15个乡村艺术团，全年累计开展体育赛事、文艺演出等活动5场。基层武装工作有序推进，民兵队伍素质不断增强。民族宗教、外侨等工作不断加强，工青妇、老龄、慈善、关心下一代、残疾人等事业健康发展。

社会管理　2018年，金溪镇常态化开展企业安全生产、“四类场所”消防安全巡查，整改隐患63处。全力推进信访维稳，全年调解民间矛盾纠纷194宗，信访件总量98件，其中办理“12345”来电件44件，来信来访23件，网上投诉信访19件，办结率100%。顺利完成全国“两会”及第四届世界互联网大会等重点会议期间维稳安保工作，完善群防群治队伍建设，强化网格巡查，有效遏制全镇刑事案件发生，“平安四率”明显上升。扎实抓好禁毒工作，开展禁毒宣传20多次。深化基层食品安全规范化建设，组织牵头市场秩序和食品药品安全联合执法、综合整治行动。深入落实“互联网+政务督办”工作、“三会一批”等重点交办事项共20件次，办结率100%。全面落实、梳理“最多跑一次”事项169项，进驻窗口事项134项，全年累计办结1650件便民事务，极大提高为民办实事效率。坚持依法行政，主动接受镇人大法律监督、工作监督，人大代表建议办结率100%。全面落实中央八项规定精神和“六大禁令”，强化审计监督问责，审计核减扶贫资金10万余元，廉政建设和作风建设全面加强。

基层党建　2018年，金溪镇新建村级办公楼5处，完工2处，新打造4个县级和1个镇级党建示范点，全镇示范点村达到50%；以村级组织换届“回头看”为契机，拿下违反法律法规村干部1人、不按规坐值班或履职村干部5人，排摸优质后备干部86人；成立金溪镇老年协会、38个村级为老服务中心，规范账务资产管理，提升村级老年协会活动品质。建立健全党管人才体系，每个班子领导至少联系1名本土人才，成立人才走访小组，深入15家企业开展企业人才走访行动；与浙江农科所合作，柔性引进高级工程师1人，排摸出金溪籍海外人才12名，为后续人才引进储备力量；建立金溪镇信息员队伍，每季度召开一次专题培训会，由镇党委书记亲自授课，帮助镇机关年轻干部成长成才。坚持会前宣传委员讲政策、纪委书记反腐败两个五分钟教育，组织党员和村两委干部学习宗教知识，签署不信教承诺书，全面开展红色星期天活动，强势抢占基层意识形态领域高地。倡导“忠诚于党，正义于人，实干于事，廉洁于心，知行于一”的金溪党员干部价值观，严抓干部队伍思想政治教育，深化落实《村级信访责任追究办法》。

（吴将迪）

东城街道

概况　东城街道位于永嘉县东南部，成立于2011年5月，由县城主城区上塘环城西路以东、县前路以南以及原来的峙口乡、陡门乡等地组成，辖区面积约109平方千米，是温州市区域面积最大的街道。街道下辖41个行政村、1个城市社区，户籍人口4.5万人，常住人口约3.9万人，外来人口约0.2万人。辖区内交通便利，诸永高速、41省道、虹三线等交通主干道贯穿全境，康庄公路覆盖所有行政村。街道相继获得国家级生态街道、省级体育强镇（街道）、市级文明街道、卫生街道等一系列荣誉称号，城中村改造取得阶段性成效，前村综合农贸市场达到省放心市场标准，被评为全县唯一省四星级农贸市场。2018年，东城街道按照县委、县政府的决策部署，紧紧围绕“一带两城五组团”发展布局，聚焦精致县城建设，全力推动区域经济新提升，经济发展、社会各项事业呈现全面进步的良好势头。

表61　2018年东城街道基本情况统计表

项　目	单　位	合　计
总面积	平方千米	109
耕地面积	公顷	885
农作物播种面积	公顷	1592
粮食作物播种面积	公顷	984
建置村	个	41
居委会（城市社区）	个	1
农村新社区	个	3
总人口	个	44665
外来民工	人	6035
农业总产值	万元	9547
工业总产值	万元	70497
财税收入	万元	14989

经济发展 2018年，东城街道三大产业发展稳定，街道6家规上工业企业总产值达到5.44亿元，同比增速30.4%，规上工业增加值1.10亿元，增速21.5%。专利发明授权数完成3件，完成率150%，小升规任务数1家，完成2家（君品集团、亚宝生物科技）；服务业任务数1家，完成1家；企业转股份制完成1家。街道农作物播种面积23956亩，粮食作物总产量5625吨，农业可比价格总增加值3773万元，同比增加2.4%，种植业可比价格增加值2677万元，同比增加7.0%，畜牧业可比价格增加值641万元。项目建设有序推进，坚持"项目为王"，做到一切围绕项目转、一切聚焦项目干，政策处理工作势如破竹，君品旺达创业园、绿源药材、天朗二期3个项目已入库，温州绿世界生态农（林）业观光园、永嘉康宁医院迁建工程等项目进展顺利，滨工阀门等重点项目稳步推进，无障碍施工成为常态。"消薄"攻坚卓有成效，街道发展壮大村级集体经济工作各项任务已全部完成，其中，村级集体经济总收入完成4447.3万元，完成率100.79%，百万强村5个。

百日攻坚行动 2018年，东城街道开展百日攻坚行动，城中村改造项目深入推进。按照县委、县政府城中村改造项目五年（2017—2021）计划，打响县城史上最大规模城中村改造攻坚战，启动4个村、2个社区、1357户的连片改造。一期项目即A、B、C、D、E、F六个区块，二期项目即浦东村区块，两个项目征地合计面积304.79亩，1357户，拆迁面积约31.74万平方米。一期项目1130户已签约1059户，签约率93.72%，已启动该项目中的A、B、C三个区块腾空拆除工作，涉及前村、城东社区，共计609户，已签约581户，签约率95.4%，腾空验收合格579户，腾空率95.07%，拆除480户，拆除率79%。二期项目1号区块已签约225户，签约率99.12%，腾空218户，腾空率96%，拆除218户，拆除率96%。

"大拆大整"行动 2018年，东城街道开展"大拆大整"行动，深入推进城乡危旧房治理。街道城镇D级危房共13处，其中拆除6处，鉴定降为B级5处，货币安置签约2处。农村CD级危房20处，其中拆除15处，维修加固5处。拆除违法建筑物85处，建筑面积94700平方米，完成旧厂区改造1.6万平方米。

环境综合整治行动 2018年，东城街道开展环境综合整治行动，"五水共治"综合工作深入推进。推进创国卫复评迎检工作和省级文明县城复评工作，制定实施《东城街道农村保洁工作考核办法》。辖区内139条河道，分别由12名班子成员担任河长，河长每月至少开展三次巡查并记录巡河日志，履职"四率"实现100%，建立更新"一河一档"184条，制定实施"一河一策"方案139个，制作更新河长牌信息306个。山仓村清三河截污纳管工程项目已完工，沿江小区污水零直排项目稳步推进，旱改水项目260亩，涉及渭石村已进场施工，峙口村进入投标环节。

乡村振兴行动 2018年，东城街道开展乡村振兴行动，推进美丽乡村建设。完成生活垃圾分类建设16个村，其中机械化处理1个村，阳光堆肥房建设1个村、沤肥池建设14个村。创建美丽庭院示范户6户，绿色家庭6户，最美家庭6户，最美庭院示范村1个（全安村），完成长源村美丽田园建设100亩。公厕改造提升完成新建7个，改造69个。37个村土地确权已完成，合同下发35个，发放率94.6%。完成山仓—峙口农村联网公路建设，陡门—西湾农村联网公路、虹三线—上庄山提升公路于12月完工。

"除险安居"行动 2018年，东城街道开展"除险安居"行动，推进防汛防台和地质灾害综合治理。建设防汛基层体系村5个，更新村防汛图26幅，动员参与防汛演练800余人。地质灾害综合治理项目完成原房拆除2处，工程治理项目完工1处，选址安置率94%。绿峰村地质灾害点安置房建设以2个月签约拆除完毕、8个月建设完工的"东城速度"，进入最后验收阶段，计划12月交房。

社会事务管理 2018年，东城街道不断完善社会事务管理，最低生活保障526户，受理临时救助32户，火灾救助7户，医疗救助138人，教育救助150人。居家养老服务254人，新增养老服务床位150张，建设示范型居家养老中心3家。办理残疾人两项补贴86人，残疾人无障碍进家庭10户，残疾人辅具发放146人。办理市民生工程"一键通"80岁以上老人80人，残疾人122人，创建气象标准村1个，骨灰跟踪管理219人，改造生态坟墓45座，启动2个村生态公墓建设。

农业综合服务 2018年，东城街道提升农业综合服务，继续引进种植草莓、无花果、葡萄、火龙果等水果，2家专业合作社早晚稻亩产达到省级高丰收基地标准。农机补贴受理106份，受益农户99户。种植各类苗木1.8万株、2300亩，迹地原新360亩，基干林补植376亩。水利工程涉及18个村，共投资468.18万元。整治拆除11处违章养殖场，强化非洲猪瘟防控工作。

卫计流口管理 2018年，东城街道推进卫计流口管理，上门慰问12户计生困难户对象，生育关怀受益10户，爱心助学受益1户。城乡妇女“两癌”筛查1062例，完成率101.5%，国免检查136例，无偿爱心献血86例。开展“三优”目标人群培训4期，校园健康讲座4期，各种形式计生协会活动10余场，新家庭活动100余场，通过市级优质服务创建检查。外来流动人口登记在册2617人，外出流动人口登记在册3669人。

移风易俗行动 2018年，东城街道深化移风易俗行动，按照移风易俗“全域推进、全面深化、全程治理、全民参与”工作要求，围绕“简约婚礼进万家”“节俭办丧惠百姓”主题活动，全面推行喜事新办“五项制度”、深化丧事简办“五项治理”，将移风易俗写入村规民约，开展17场移风易俗宣讲活动，建立42个村（居）“四会”组织，对辖区县城范围进行网格化管理，全面禁止县城燃放烟花爆竹，处理案例2件。

文化体育事业 2018年，东城街道文化体育事业不断发展，创建村文化活动中心2处，新建文化礼堂4个，重组乡村艺术团32支。举办渭石村元旦大型文艺晚会等节庆文体活动160余场，各类讲座宣讲活动120余场次，文体培训班4期。参加省、市、县各类文体活动10余场，获国际辣妈中国区选拔赛最佳导师奖，温州市第十届排舞大赛中年组金奖，县第四届排舞大赛银奖、铜奖，县第四届农民文化节村歌大赛最佳创意奖，县农村文化体育建设深化年象棋比赛团体一等奖，“顶农杯”老友国际足球俱乐部联赛冠军。

综治网格化管理 2018年，东城街道强化综治网格化管理，建立健全“五位一体”村级综治办，制定落实《东城街道关于开展网格员管理办法的实施意见》，街道42个行政村划分为54个网格，其中A类网格员18名、B类网格员36名，2018年上报矛盾纠纷107条，调解率100%，涉及金额246.2万元。强化信访积案化解工作，化解历史积案15件，调处矛盾纠纷案件9起，受理信访案件51件，办理12345热线106件，满意率98%，来信18件，来访18件，网上投诉15件，街道领导接访12批157人次。

禁毒工作 2018年，东城街道强化禁毒工作，配备专职禁毒工作人员3人，禁毒社工6人，招募禁毒志愿者26名。举办宣传活动80余次，发放宣传资料1万余份，设立固定禁毒教育基地3处。在册吸毒人员325人，实有107人，年内复吸24人，新增吸毒6人，美沙酮在服4人，维持率在3个月以上3人，就业安置落实202人。

安全生产工作 2018年，东城街道强化安全生产保障工作，整治“厂中厂”企业43家，完成率95.6%。涉木粉尘企业9家，其中2家挂牌整治，7家完成三方会审。取缔非法抛光点2处，非法加油点、非法剪裁纸加工点、危险化学品非法储存点各1处。开展安全生产隐患排查，开具整改指令书36份，现场检查记录36份，复查意见书32份，行政立案处罚2家企业。开展出租房和合用场所排查，共出动113次235人次，查出消防隐患159处，督促整改隐患落实141处。完成较大危险源因素辨识51家，安装智慧用电系统85组、电瓶车充电桩75组。组织27家企业开展职工职业病体检工作，500余名员工完成体检。组织员工教育培训和消防演练800余人次。

民族宗教事务管理 2018年，东城街道强化民族宗教事务管理，创建“八个一”标准宗教场所3处，平安宗教场所5处。召开研究宗教会议13次，党工委宗教专题会议4次，党工委理论中心组宗教专项学习会1次，统战干部、“三人驻堂小组”学习会5次，宗教应知应会知识测试2次，宗教（民间信仰）场所负责人及教职人员业务培训会4次，各支部结合主题党日宗教学习活动2次。开展政策法规宣讲1893人次，谈心交心675人次。解决立新村宝胜禅寺合同纠纷、虹

表62　2018年东城街道建置村（社区）情况统计表

村　名	书　记	主　任	村（居）民小组（个）	总人口（人）
长　源	李仁兄	金胡宽	12	1375
城东社区	叶松鹤	杨丐月	50	9212
大岙坦	叶丐茂	胡念丰	6	458
大龙山	刘　旭	刘小龙	8	620
大　溪	张建新	陈招仁	12	1134
东　坑	陈金尧	陈昭仁	4	304
陡　门	陈翼良	陈海华	19	1458
高　山	高文峰	高恩明	6	693
河　岙	娄炳远	郑元泽	12	1651
河　底	潘建国	施小东	4	414
河　屿	陈宋璋	缪国仁	10	1401
焦　坑	朱丐胜	邵必云	3	371
金竹垟	张登文	张育林	12	1040
敬　仁	林锡铅	徐培阆	13	1878
立　新	李金龙	杨立雪	12	490
林　村	林化祥	林　晓	3	164
绿　峰	李圣晓	徐建朋	12	1500
绿　上	杨方来	陈克行	12	1095
绿　嶂	叶宏高	潘忠良	6	814
茅竹坑	李忠业	谢阿丐	4	281
梅　岙	陈丐忠	陈丐东	7	567
牛　伦	陈有龙	朱国有	2	139
潘　垟	刘秀明	陈益明	8	804
平　坑	林年孟	林宣荣	8	834
浦　东	叶崇甫	杜进仪	5	1112
浦　口	黄俊贺	黄仁众	11	1739
前　村	汪黎接	汪祥恩	4	564
全　安	柯碎华	柯荣靖	8	798
全　山	徐少考	陈贤福	2	244
仁　里	陈久旺	潘教海	4	548
山　仓	王一明	王云利	20	1848
山溪头	高仁德	金碎燕	4	227

岩寺土地纠纷等问题，拆除东坑村禅庆寺二层违章管理房2000余平方米，山仓村民间信仰场所违法建筑150平方米。

基层党建　2018年，东城街道落实保障措施，促进规范型基层组织建设，配齐配强从事基层党建人员3名，投入70多万元打造党建示范带，3个党建示范点建设通过验收（梅岙村县级整体改造，绿上村、河屿村县级完善提升）。推进村民中心建设，投入30余万元对各村进行规范化建设，长源等7个村经同意备案审批，进入审批阶段，绍山村新建办公楼投入使用。

密切干群关系，建设服务型党组织。开展联系群众服务民众行动，深化"网格化管理、组团式服务"，实行领导定点分片包村驻企联系点制度。深入落实"五件宝"制度和"鱼水情"行动，有效发挥"民情E通"微信平台作用，开展微心愿认领、党员志愿者活动，解决实际民情困难申诉355条。建立街道红色基金，充分发挥厉育平慈善基金和党内红色基金作用，春节、"七一"、国庆节期间对10名中华人民共和国成立前农村老党员进行慰问，慰问困难党员群众135人，县红色基金慰问1人。

提升干部形象，加强战斗型党组织建设。坚持每周作风效能督查不少于1次，强化对基层党建、城中村改造、土地确权、村务公开、效能作风、营商环境等重点工作的督查，其中提醒谈话7人、约谈13人、批评教育12人、通报批评8人、诫勉谈话2人。从严抓好机关干部和村干部上班值班纪律和作风效能建设，持续开展正风肃纪行动30次，发通报2期，批评教育7人，通报批评6人，扣发工资6人，约谈5人。2018年吸收预备党员15人，预备党员转正38人，取消预备党员资格2人。

强化意识形态，引领正能量型组织建设。围绕学习、宣传、贯彻党的方针政策及县委、县政府中心工作开展理论宣讲87场，文化礼堂各类活动217场，持续开展"红色亮旗"和"红色星期天"活动。

凝聚百名党外人士力量，围绕"乡村振兴"、重点工程建设等中心工作开展参政议政、民主监督、社会服务活动8次。打造"同心梅园"基地和滨江同心工业园区服务基地2个。收集党外人士议政建言4条，开展党外人士通报会、座谈会、意见征求会6次。

荣誉　2018年，东城街道荣获中国农业普查先进集体、省剿灭劣V类水工作突出贡献集体，浙江省体育强镇（乡）复评合格，温州市平安建设工作先进集体、全市中共十九大维稳安保工作先进集体、永嘉县2018年度工作绩效考核优秀单位、永嘉县2018年度安全生产工作优秀单位等荣誉。

（胡孝群）

南城街道

工贸　2018年，南城街道完成规上工业总产值4.43亿元，同比增长32.4%，批零住餐营业额1.17亿元，增长43%。

农业　2018年，南城街道积极稳定粮食生产，始终把粮食生产摆在更突出的位置，辖区粮食作物面积合计8265亩。基本完成农村生活垃圾分类处理工程。全面完成动物防疫任务。对农贸市场等农产品集中销售处进行不定期日常检查，全年共对285批次农产品进行农药残留检测，抽检合格率98.5%以上，顺利完成年初下达的检测任务。落实“河长制”，建立完善的组织机构，建立健全各种制度。全面配齐各级河长，街道所有河道按照管理层级配齐“县、街道、村”三级河长，真正实现河长全覆盖。

城乡建设　2018年，南城街道深入开展全国卫生县城与省文明县城复评工作，借力“大拆大整”良好机遇，精心组织，突出重点，集中力量，助推永嘉县“大建大美”总体进程。对违章建筑、危旧房拆除始终保持高压态势，全力排查危旧房、“四无”生产经营单位、违法建筑、出租房、合用场所等。拆除36处D级危房和违章建筑13.7万平方米。注重生态环境建设，推进“四边三化”工作，加强县城环境卫生综合整治，以“清洁化、秩序化、优美化”为标准，对城区环境进行彻底清理。市民居住环境发生巨大变化，卫生综合管理能力再上新水平。大力推进城中村改造工作，下塘第一期西后村、桥头村基本完成签约工作，其中西后村已开始腾空。完成172亩县人民医院迁建征地政策处理工作，已于12月5日进场开工建设。完成上瓯北公路246亩、城西小学下堡校区10.2亩、下塘溪河口段整治65亩、临城南路二标段44.9亩等征地政策处理工作。新民诗花田园小镇征地293.88亩政策处理工作也已基本完成。

表63　2018年南城街道基本情况统计表

项　目	单　位	合　计
总面积	平方千米	64
耕地面积	公顷	577
农作物播种面积	公顷	880
粮食作物播种面积	公顷	551
建制村	个	31
居委会	个	2
总人口	人	56450
外来民工	人	6860
农业总产值	万元	6211
工业总产值	万元	27246
财税收入	万元	3512

社会事业　2018年，南城街道深入开展移风易俗改革攻坚年行动，通过多种形式将移风易俗有关规定要求和动员大会精神传达到各村各户，不留死角，结合《共性指标》和《个性指标》要求制定改革攻坚行动实施方案，加强移风易俗承诺报告公示等制度的落实和核查，确保不发生违规操办的问题。持续开展农村文化体育建设提升年活动，精神文明生活水平持续提升，组织和参加大型文体活动30多场次。卫生计生工作、教育、民政、社会事务等工作取得长足进步。全力防御“玛莉亚”台风等自然灾害，积极抢修水毁工程，确保人民生命财产安全。认真开展全国第四次经济普查、全国第二次污染源普查、无偿献血、城乡居民医疗保险、意外人身小额保险、农房保险等相关工作。

平安建设　2018年，南城街道深入推进基层社会治理创新，做实做强做优全科网格，努力完善“四个平台”功能，深耕网格、细化责任，提升社会管理服务水平。加强各类社会风险排查化解管控，加快基层社会治理“一张网”建设，排查各类不稳定因素，着力解决前三村等村安置房、重点工程历史遗留问题，成功化解信访积案5起，全年没有出现进京上访现象，较好完成全国“两会”、世界互联网大会、上海进博会等重大活动安保工作。全年没有发生重大消防与安全生产事故，做到严把关、早防控、抓重点、补短板、清死角、强落实，聚焦安全，多措并举，促使安全生产与消防安全工作常态化，安全形势持续稳中向好，为广大人民群众筑牢安全篱笆，营造安全和谐的人居环境。

基层党建　2018年，南城街道加强责任落实，坚持正确导向，

表64　2018年南城街道建置村（居委会）情况统计表

村（居）名	书　记	主　任	村民小组（个）	人口（人）
前一村	胡志强	胡仙春	12	1625
麻山村	胡增海	胡青弟	13	810
外山村	尤长光	尤长崇	8	596
中联村	胡孙章	胡理考	10	590
中兴村	胡建友	陈光志	10	1722
大了降村	胡国荣	胡方楷	10	928
应山村	陈玖德	洪建周	11	770
桥头村	柯小雷	胡春爱	10	1160
龙翔村	金信法		12	1100
西前村	胡明勇	李秀佐	9	1220
西后村	张爱华	李海兵	8	1252
李家村	李秀达	李本良	10	950
仁堂村	李春光	张　豹	16	1178
罘一村	胡朝献	吴国锋	5	530
金平村	胡恩仁	胡和忠	6	322
李浦村	陈成岁	郑洪福	16	2063
前二村	周寿南	胡晓党	24	1710
前三村	胡文雄	胡强伟	22	1852
中西村	胡建勇	钱云棣	10	1168
溪了头村	施秀仁	胡秀灿	4	420
郭山村	施云飞	施海勇	8	611
金塘村	陈先锋		5	185
下堡村	南晓来	盛陈松	8	972
黄屿村	厉秀坚	张志东	33	4300
屿门村	汤胜炼	廖克乐	12	901
观前村	何松华	何定康	12	696
新民村	陈进友	陈敏清	24	2212
观下村	李仁赖	李龙进	8	734
芦湾村	陈爱新	陈时霖	6	472
东岸村	陈仁义	陈云芳	16	1656
东华村	陈龙通	李小康	10	810
城南社区	黄天芬	黄建飞		7386
城西社区	叶占一	柯海生		13554

严格作风建设，以“红色引擎”武装头脑，提升基层党建新水平。永葆信仰坚定、对党忠诚的政治本色，始终把政治建设放在首位，进一步增强“四个意识”，坚定“四个自信”，深入学习贯彻习近平新时代中国特色社会主义思想，持续推进“两学一做”学习教育常态化制度化，强化意识形态工作，加强舆论引导，践行核心价值观。建设带头示范、引领发展的基层组织，重点打造“党建示范带”，探索实施软弱落后村集中整顿“两回一检”模式。严格开展村社换届选举回头看工作，“下”不合格干部14名。发展村级集体经济取得明显成效，100%完成上级任务要求。严格落实支部主题党日“123”标准模式，扎实开展“红色星期日”行动，实现全街道村级组织阵地全面规范达标。充分重视人才工作，开展“走千家企业，访万名人才”活动，确保带着问题走企业，携着真情访人才，进一步梳理企业提出的人才问题，通过与相应部门沟通和衔接，促进相关问题的持续解决和落实，也为今后更好地服务企业经济发展奠定良好基础。强化宗教工作，坚持问题导向，着力解决农村宗教管理中的突出问题。加强理论和政策法规宣传教育，建立宗教管理长效机制，提升宗教工作法治化水平，切实将农村宗教问题管住、管好。加强作风建设，打造良好营商环境。梳理行政服务事项与办事流程，严格实行“最多跑一次”。开展“执纪监督治怠政”专项活动，严肃查处破坏营商环境的违纪违法行为，立案查处党员干部10名，确保优化营商环境措施落实到位。开展扫黑除恶专项斗争，严厉打击影响项目建设的强揽工程等违法犯罪活动和村霸黑恶势力。

（李今郁）

北城街道

经济建设　2018年，北城街道紧密围绕街道发展目标，同心协力，经济社会发展保持良好态势。深入实施“强村惠民三年行动计划”，牵头研究制定街道薄弱村转化攻坚方案，推行班子成员分片包干机制，坚持“项目为王、抱团发展、村企合作”发展路径，实行“一村一策”项目可行性论证全覆盖，强化人财物整合力度，推动项目落地生根，确保完成年度任务。2018年，街道42个村均已完成集体经济年总收入10万元以上、年经营性收入5万元以上的目标。2018年，北城街道稳步推进固定资产投资，投资188万元的鹅浦景园"污水零直排"小区建设项目已进场施工，投资124万元的朱寮村、阮家山村170亩的旱改水项目已完成。

2018年，北城街道获得温州市先进基层党组织、永嘉经济转型发展工作中做出突出贡献先进集体、永嘉县关心下一代工作先进集体等荣誉称号。

表65　2018年北城街道基本情况统计表

项　目	单　位	合　计
总面积	平方千米	68.2
耕地面积	公顷	443.2
农作物播种面积	公顷	769.2
粮食作物播种面积	公顷	491.9
建置村	个	42
居委会	个	2
总人口	人	34524
外来人口	人	7473
农业总产值	万元	4049

城乡建设　2018年，北城街道持续推进大建大美，大力推进永建路C区旧城改造。作为谋划实施"一带两城五组团"发展布局的重要举措，北城街道深入打造"精致县城"重点工作，积极谋划、集中攻坚永建路C区旧城改造项目。项目自2018年6月启动，占地28亩，通过前期摸底、丈量评估等一系列工作，11月15日正式开始签约，仅用15天时间完成签约，签约率100%，继上年中后村二期项目20天完成100%签约率的"北城速度"后，再创"北城快速度"。

大力整治城乡危旧房和地质灾害点。农村危旧房35处，全部完成治理。提前完成2018年新增D级危房的上报与治理工作。完成朱寮村地质灾害点工程治理。完成温州农村住房信息管理系统、浙江省城镇既有住宅房屋调查登记管理系统2个系统的录入与管理工作。

持续推进"三改一拆""大拆大整"专项行动，继续加强新建违建的管控和存量违建的消减工作，巡更点签率到保持在95%以上，加强重点区域存量违章的拆除工作，连续15天开展对重点区域的蓝棚拆违工作，拆除142户，面积约2800平方米。2018年共拆违122310平方米，完成年度任务104.32%，完成率列同类镇街第一名。与上塘中心城区共同完成中后村旧城改造项目后续"钉子户"的政策处理工作，完成整个地块的腾空和拆除工作。完成县重点工程上下线的政策处理工作，涉及民房5处800平方米，废弃预制场约585平方米。

"五水共治"　2018年，北城街道扎实推进"五水共治"，河道环境卫生全面提升，农村生活污水治理日趋完善，群众治水观念日益增强。2018年正式启动鹅浦溪河口段整治工程，建设投资4000万元，鹅浦溪治理长度2.1千米，已完成横溪村、水碓湾村、三元堂村等5个村土地征用及政策处理工作，完成鹅浦溪三元堂村桥下游段的设计变更，已正常施工。投资270余万元对虞家村、阮家降村、云嘉山村3个村的农村生活污水进行治理，于6月14日验收移交运维公司；投资503万元建成东山下村渠道工程、岭后村饮用水提升工程等12项水利工程，改善农村饮用水条件和山塘堤坝等防汛抗洪能力。深入村居农户分发宣传单开展"五水共治"满意度宣传，在8个辖区村居文化礼堂开展包含"五水共治"内容的文艺演出，提升辖区群众对"五水共治"的知晓率、满意率。

平安建设　2018年，基层社会治理更加精准化、精细化，完善全科网格暨网格员队伍建设和"四个平台"建设，街道共有专职网格员A类13名、B类39名，网格录入事件14118件，处理率100%，重点服务人员走访率100%。扎实开展信访积案化解工作，全年调处矛盾纠纷172起，调解成功率100%，接到各类信访件53起，办结率100%，化解历史遗留信访积案8起，完成任务的72.7%，有效杜绝重大群体性事件发生。做好平安北城创建工作，组织发动驻村干部、各村居干部定期开展进村入企、登门走访宣传活动，切实使平安宣传深入千家万户，深入百姓心中。2018年共开展对外平安和反邪教、禁毒等宣传活动90余次，发放宣传册7.8万余份和宣传纪念品1.1万余份。

北城街道扎实做好安全生产工作，建立安全责任体系，与街道辖区45个村（社区）以及出租房和合用场所766家签订消防安全责任书，签订率100%。街道全年投入经费10多万元用于安全生产和消防安全宣传，累计发放宣传材料4000余份。按照安全工作网格化管理责任划分，开展安全隐患排查治理工作。2018年共开展综合性隐患排查62次，开展安全生产和消防安全大

表66　2018年北城街道建置村（社区）情况统计表

村（居）名	书　记	主　任	村（居）民小组（个）	人口（人）
城中社区	汪祥本	汪　祥	1	4022
城北社区	盛栋梁	盛定孟	1	8953
中　村	柯永前	林卫周	1	592
后　村	陈光省	柯永久	1	606
云加山村	谢金松	盛云生	1	116
三元堂村	蔡永星	叶晓光	2	1189
下湾村	王　力	翁晓微	1	541
水碓湾村	方天顺	方存多	1	439
杭郭村	廖光碎	廖爱仲	1	723
岭后村	徐少静	徐建仲	1	375
横溪村	谢秀平	谢秀广	1	959
路口村	叶加永	曾忠星	1	452
东山下村	杨先验	杨显壁	3	887
牛角门村	叶瑶瑶	杨建国	4	143
朱岙村	胡连元	胡方成	1	631
江北田村	廖远珍	廖远锋	1	135
岭山村	杨晓通	杨志练	1	255
大亨村	叶会道	叶银媚	2	836
下庵村	虞绍丐	程蒙蒙	3	212
上庵村	叶林开	廖祥者	7	479
阮加降村	蒋珍康	蒋石城	2	532
柯师湾村	虞康日	廖建高	1	1001
虞家村	虞世恩	虞和平	1	352
金元降村	王巧慧	虞世崇	3	251
枫树下村	廖远锋	廖云国	1	273
山节村	叶会珍	叶祥雷	6	544
马兰坦村	叶丐开	叶国光	4	346
阮家山村	施龙星	施道金	1	477
塘山村	金友丰	金云枢	1	421
中降村	廖大宝	杨绵绵	4	204
陈下村	刘久林	陈国林	3	299
十二盘村	王云波	廖大克	5	532
江山村	陈松汉	王贤孝	3	639
芬益村	杨世林	杨益忠	6	367
中心村	肖　锚	杨丐亲	5	271
芬星村	温文英	温怀程	6	438
银场村	肖晓建	肖南华	2	1120
山坪村	肖士川	肖士楼	2	191
底寮村	王恩典	王长用	1	839
外寮村	王方星	王哲锋	1	878
前坪村	王启毫	王哲荣	2	412
江坑村	杨庆梯	王忠平	1	193
八里村	钱成统	钱建克	3	570
朱寮村	廖克藤	廖守源	1	829

巩固大提升大规范专项行动、消防安全“百日攻坚”专项行动等专项治理56次，取缔非法抛光厂2家，非法木门厂2家，排查隐患265条，整改率100%。2018年北城街道作为试点单位，开展电动自行车消防安全综合治理暨集中安全充电点建设工作，投入11万元建立电动车安全充电点55处，1578个充电位，超额完成任务，完成率107.6%。

民生事业　按照全面建设小康社会要求，2018年北城街道大力推进社会事业发展，铸就“幸福北城”招牌。全力推进民生工程建设，新增照料中心医养结合数9个，具有助餐、配送餐服务的照料中心数17个。完成外寮示范型居家养老中心的建设。

深入推进移风易俗改革攻坚工作，开展私坟“禁新”及生态化改造工作，对丧俗管理、骨灰跟踪管理和公墓建设工作等进行专项治理，加大殡改工作宣传力度，推进殡葬改革工作。加大对丧葬陋习整治力度，加大巡查力度，全程监管辖区内丧事办理，每月及时上报管理情况。对违反殡葬管理有关规定的群众及时给予处罚，对党员、干部和公职人员给予党纪、政纪处分。

加大文体设施建设投入力度，实施文化繁荣工程。新建成大亨、塘山、阮家降文化礼堂，以“文化体育深化年”活动为载体，建设农村体育文化样板村，开展“街道趣味运动会”等体育活动3次。开展“治水剿劣”主题文艺巡演15场，已建成的文化礼堂全年开展138场群众喜闻乐见的文艺演出、宣传讲座等活动，其中新青年下乡活动20场，极大丰富了农村文化生活。

全力推进城乡环境治理工作，抓好农村保洁工作，实现街道村居联动整治，开展“周清扫、月整治”行动。借助省级文明县城创建契机，以群众反映强烈的脏乱差区域为重点开展集中环境综合整治，出动650余人次，清理绿化带700余平方米，拆掉菜棚（架）、临时棚180多处400多平方米，清除乱堆乱放点280余处共计200余吨，极大改善城区和村居环境。2018年街道垃圾分类工作实现42个村全覆盖，大亨机械房、路口阳光房投入使用。投资168万元提升改造辖区内68座公厕，新建补缺10座公厕。

党的建设　2018年，北城街道强化党建引领，助推中心工作，引导党员干部在服务“大拆大整”“大建大美”等中心工作中发挥主力军作用，特别是在C区旧城改造项目中，成立5组攻坚组，全力攻坚，2018年11月底超额完成既定目标。坚持强基固本，激发基层活力。大力推进基层党建示范带建设，2018年重点打造22个示范点，覆盖率52.4%。全年新建竣工验收办公楼4个，在建办公楼2个。全力打造县级党建样板村3个、经济富裕村2个、美丽特色村11个、善治示范村2个，转化后进村3个。切实抓好村级带头人队伍建设。督促落实村干部“三项承诺”，对照履职负面清单、干事清单，每月定期公示。全年开展村主职干部业务知识培训15次。实施“党员管理大强化”行动。抓好主题党日活动，围绕中心工作开展各类志愿服务活动500多人次。深入开展“红色亮旗”行动，常态化开展“红色星期天”活动，北城卫生计生服务中心、各村社党支部先后开展义诊、学习教育、走访宣讲等各类志愿服务活动150多次，形成社会各界积极参与“红色星期天”活动的局面。

荣誉　2018年，北城街道获得温州市先进基层党组织、永嘉经济转型发展工作中做出突出贡献先进集体、永嘉县关心下一代工作先进集体等荣誉称号。

（邵玛丽）

乌牛街道

工业基础　2018年，乌牛街道致力于要素集聚，逐步夯实工业化基础。紧盯实体经济振兴，实行稳增长和调结构双管齐下，谋划岭下工业园区，引导传统产业转型升级，推进新动能培育。坚持科技引领，辖区内企业2018年度累计技改投入2500多万元，授权发明专利14件，落地技术改造项目7个。引导5家企业小升规，上报专精特新企业13家，整改亩均万元以下企业32家，实现企业上云120家，海星集团和大亚集团被列入温州市隐形冠军培育企业。加大力度推进高层次人才引进，积极开展企业家、知名人士新春团拜活动，以人才招揽人才，全年柔性引进浙江大学教授1名，清华大学研究生1名，高级工程师3名、中级工程师5名，帮助企业解决技术问题6项，攻克行业技术难题1项，建立省级研究院2个，省级博士站1个。坚持规划引领，推进产业平台打造新进展，完成岭下工业园区专项规划研究，对工业园区产业布局、配套品质、建筑风格、色彩搭配、停车空间等出具规划意见，同步谋划58亩工人邻里中心、滨水公园、慢行跑道等一批亮点工程，打造永嘉一流的现代化示范园区。在全县率先实施“标准地”政策，把投资强度和亩均税收作为硬性指标，严把企业准入关。深入实施营商环境服务年活动，进一步加大企业上市宣传力度和政策扶持力度，推动企业证券化。推进华邦股份、申乐股份、海星集团3家企业正式签订上市服务协议，数量位居全县第一位。积极鼓励企业设立股份有限公司，先后新设咏美生物、佳恒建筑、恒鑫股份、旭安售电等4家股份有限公司。

表67　2018年乌牛街道基本情况统计表

项　目	单　位	合　计
总面积	平方千米	76.6
耕地面积	公顷	929
农作物播种面积	公顷	1662
粮食作物播种面积	公顷	1379
建置村	个	37
社　区	个	2
户籍人口	人	43138
外来人口（年终）	人	23950
外来从业人员	人	20418
规上工业产值	万元	201994
财税收入	万元	34401
企业个数	家	473
产值超1亿元企业数	家	5
产值超2000万企业数	家	38

重大项目建设　2018年，乌牛街道紧紧抓住重点项目建设这个“牛鼻子”，按照“全程发力、集中攻坚”思路，持续部署开展“集体开工”“双月攻坚”等系列大会战，把干部执行力转化为项目推进

表68　2018年乌牛街道建置村（居委会）情况统计表

村（居）名称	书　记	主　任	村（居）民小组（个）	户籍人口（人）
码　道	金多存	南存新	30	2965
西　湾	林锦平	叶爱平	15	1248
祥　池	周蓬晨	周建华	39	3914
吴　岙	黄爱忠	吴和清	14	1461
岭　下	戴家多	戴成煜	17	1837
鸭　鹅	管长增	周嘉良	12	1357
西　垟	徐锦东	徐贤靖	18	1907
王　宅	郑冬勇	郑文权	19	944
孙　宅	孙建南	孙国贤	8	1010
古　塘	胡长光	陈云弟	12	1065
茅　楼	潘胜锋	傅玉林	12	1014
新　庄	金少微	何正直	13	1042
横岚岙	蔡正畏	蔡正侃	8	731
大　联	陈赢超	潘忠龙	9	664
泰　庄	周作森	夏帮标	8	179
荣　庄	柯方敏	张国丰	15	1094
金　合	刘云魁	马利珍	13	983
河口岙	张荣忠	张柏銮	7	716
河口埭	金孝善	金飞达	6	711
项　岙	黄浙蒙	陈明德	8	334
杨家山		黄　梓	8	737
岳　田	吴永胜	吴秀昌	12	966
仁家垟	林雪浦	黄建平	16	853
洪　山	杨小龙	杨小龙	15	776
水对头	叶建光	徐定坚	12	859
上　叶	叶星法	陈胜寿	8	604
西　岙	夏志毅	夏德西	36	2599
西　叶	叶建秋	孙刚强	6	637
东　嶂	陈珠玉	陈益银	14	1119
乌　岩	蔡庆寿	吴恒千	6	663
青　塘	钱成富	陈文杰	8	652
十八垅	钱云海	叶信柱	8	969
横　屿	黄洪兴	黄宝喜	18	1027
上三房	陈德顺	陈利勇	40	2758
马　岙	胡荣欣	胡莛枢	16	1332
东坦头	黄建国	黄洪宣	8	344
大　嶂	余德松	余宪达	10	630
居委会	周吉彭	周吉彭		137

力，取得一系列新速度。成功破冰重大民生工程，把解决困扰乌牛多年的“吃水难”“行路难”问题作为头等大事，调集一切资源，破难攻坚、蓄力而上，乌牛人民期盼多年的三江到乌牛给排水工程、建成区路灯工程顺利上马，人民路精品街工程、新宅路修复工程、城区截污纳管工程、芦池河治理工程顺利完工，让“白象白、乌牛乌”和“行路难、环境差、生活不便民怨大”的调侃彻底成为历史。成功清障重大续建项目，坚持直面难题、自力更生，在工作人员力量有限情况下，接连攻下乌仁大道拆迁、市监管中心拆迁、220千伏高压线迁改、乌牛溪治理工程征地等一个个难关，实现乌牛省市重点工程全线“无障碍”施工新气象。相继落地重大产业项目，坚持以服务促进度，15天抢修通车经四路桥梁，顺利结顶海星岭下厂房和朝瑞电气岭下厂房，比预计时间提前至少半年。四个半月实现总投资10亿元的江心调味品项目落地开工，创造永嘉政策处理新速度。90天完成东蒙智造31亩地块和码道水产市场地块政策处理，建成后将为街道带来每年2000万元的税收收入。

中心城区“精建精美”　2018年，乌牛街道聚焦中心城区首位度提升，积极对接融入温州主城区，推进城区空间优化、品质提升、功能重构。投入100万元率先在建成区开展城市设计，优化用地布局，规划管控重点区块，冻结私建审批，更新城市建设理念，启动城中村改造前期工作。梳理建设难点，开展点对点专项攻坚行动，重启停滞近八年的乌牛文化中心项目，完成占地58亩的文化广场地块政策处理。介入解决村级疑难问题，推进祥池、码道、孙宅等安置房建设步入正轨。系统推进“治危拆违”“治水剿劣”“脏乱差”环境整治等工作，全年共拆除违章近27万平方米，地质灾害避让搬迁66人，疏通雨水管网8千米，改造新建农村公厕65座，新设路灯346盏、视频抓拍监控10个，暂扣“四小车”148辆。城市面貌大幅改善，居民生活便利度和舒适度大幅提升。

社会事业 2018年，乌牛街道致力于民生改善，社会事业协调发展。不断加强和完善社会治理，高质量推进平安建设。2018年共破获各类刑事案件40起，刑拘53人，辖区未发生一起邪教组织的违法活动和“两抢”案件。推进“四个平台”建设，实现部门协同、高效办公，全年共受理170件，办结率99.4%。强化流动人口管理，创新推出“两主一品”打造及流动人口旅业式管理方案，居住出租房屋火灾及其他隐患同比下降45.5%，成功举办“两主一品”全县现场会。持续发力乡风文明建设，全年新建文化礼堂6个，开展丰富多彩的群众文化活动，共举办晚会24场，义诊、送春联等活动80余场。全年创建市级文明村3个。下猛药革除丧葬陋习，全年制止新建坟墓17座，拆除新建及翻新坟墓67座，在全县率先实施丧事简办“乌牛标准”，创新成立移风易俗监察中队，全过程管理109户丧户，节约社会资金近2000万元。突出民生导向，建立班子成员十大实事行事历制度，全年领办130件民生实事，包括45件村级事务，涉及村庄道路建设、水利设施建设、村级办公楼建设、村级文化礼堂建设等，挂牌销号38件，做到件件有着落、事事有回音，打造鸭鹅到古塘机耕路、镇东路、光伏发电、除险安居等一批群众满意的亮点工程。

党的建设 2018年，乌牛街道坚持以中共十九大精神为“方向标”，坚决树立“党建抓实了就是生产力，抓细了就是凝聚力，抓强了就是战斗力”工作理念，系统打好意识形态领域主动仗、干部队伍建设攻坚战、基层组织规范化建设持久战。全面提升党建引领力，党工委充分发挥凝聚共识、协调各方作用，全面做好乌牛发展快车上的“方向盘”，坚持以上率下、示范引领，建立班子成员周安排制度、重点工程项目月督月考制度、挂钩联系村居制度等一系列规范，划好工作“责任田”。全面抓好党建向各领域延伸，全年共新建党群服务中心1个，党建示范点3个，新发展党员26名，让政治引领更有深度、护航中心更有力度、服务群众更有温度。全面深化“党建+执行力”“能上能下+容错纠错”“严管+厚爱”三项机制，干部战斗力显著增强。突出干事创业导向，延伸党组织和党员引领带动的辐射半径，实行“党建+竞赛”模式，为担当者担当，让有为者有位，着力打造一流中层干部队伍。引导5名超过55岁机关干部退出中层岗位，交流4名优秀中层干部到重要岗位锻炼，中层干部平均年龄下降5岁，精神面貌和工作状态焕然一新。坚持以制度管人，构建以全员考绩法为代表的全方面监督体系，以“快乐星期五”为代表的放松机制，让干部在感受到工作压力的同时感受到家庭般的温暖。加强基层组织力，把清洁家园、红色星期天、移风易俗、平安建设等元素注入党建活动，打造乌牛“周末一片红、党日一片新”新风尚。以阵地标准化助推支部运行机制规范化，坚持示范引领和严督严考“两手抓、两手硬”，高标准推进“瓯江红”党群服务中心建设，创新推出支部和党员管理问题预警机制，首创试点村级会议标准化模式，实现规范化建设从硬件到软件全覆盖。强化纪律约束力，不折不扣执行中央八项规定实施细则，推进正风肃纪，深挖细查隐形“四风”问题，坚决杜绝问题反弹回潮。坚持无禁区、全覆盖、零容忍，从征地拆迁、招标投标、村务管理等关键领域入手，从发生在群众身边的“微腐败”问题抓起，综合运用监督执纪“四种形态”，发现问题31个，处理人员31人，扣发村干部报酬近3万元。创新推出机关工作人员“积分警示制”管理办法，反向计分干部11名，罚款3000元。

（陈 琦）

黄田街道

经济总情 2018年，黄田街道实现规上工业总产值7.551亿元，同比增速30.77%（奥康已纳入瓯北统计）。按行业来分，五金行业工业产值2.175亿元，增长11.43%；鞋类行业工业产值1.685亿元，增长33.2%。规模以下工业保持较快增长，1至4季度黄田街道规下工业总产值9.302亿元，同比增长39.1%。全年街道限上社会消费品零售额8.847亿元，同比增长16.35%，完成有效投资12.391亿元，完成率118.01%，其中工业投资3.173亿元，完成率176.26%。

2018年，黄田街道科创活力不断增强，全年街道完成高新技术产业产值2.325亿元；完成新产品产值2.134亿元，同比增长107.82%；

完成技术研发支出2541万元，同比增长75.83%。招商引资工作成效显著，全年完成招商引资4.534亿元（全年任务1.45亿元），完成率312.7%，全县排名第一。大力扶持汽车销售服务业，形成以41省道两侧布局、10多个品牌入驻的汽车4S店集聚区，实现限上四大行业销售额27.114亿元。

表69　2018年黄田街道基本情况统计表

项　目	单　位	合　计
总面积	平方千米	32.5
耕地面积	公顷	398.8
农作物播种面积	公顷	623.67
粮食作物播种面积	公顷	482.67
建置村	个	18
社区	个	1
总人口	人	28686
外来民工	人	21088
农业总产值	万元	4250
工业总产值（规模以上）	亿元	7.551
限上四大行业销售额	亿元	27.114

城乡建设　2018年，黄田街道把抓好征地拆迁作为扛在肩上的第一责任，举全街道之力抓好攻坚落实，全年共完成征地951亩。重视土地要素保障，开展珠江、江边681亩标田提升工程建设，同步实现旱改水7.36亩，滩涂改水田7.1亩。全力攻坚杭温高铁黄田段征迁工作，解决千石村57亩三期安置房异地选址征地等历史遗留问题21个，大浦垟自然村拆迁历时39天高效完成175户100%签约，比既定目标提早57天完成。总结出“党建+125拆迁工作法”，为下一步高铁新城征地拆迁打下扎实基础和提供样板。全力保障重点项目无障碍施工，全年共涉及重点建设项目5个，其中乐清湾港区铁路支线、上瓯公路全部完成交地，预计2019年可建成运行；水门路工程已完成交地131亩，投资5931万元，超额完成年度目标；韵达浙南电商总部基地项目已签约，总投资14.2亿元。全力抓好环境综合整治，加快推进截污纳管，污水处理厂主体结顶工作，建成污水干管10千米、村级截污纳管工程8个，4个在建项目完成工程量的90%以上。全面落实河长责任，全年开展河长培训会4次，约谈履职不到位河长10人次。全力创建基本无违建街道，牵头建立新增违建管控“四到场”联合巡查制度，全年拆除违建26.67万平方米，完成率106.1%。建成千石夜市临时疏导点，彻底消除千石大街“脏乱差”面貌。积极争取县政府、交通局、体育局拼盘资金500万元，成功打造绕城高速外窑村桥下空间利用示范项目。

民生事业　2018年，黄田街道扎实开展低保低边工作，全面落实“公正、公平、公开”原则，做到“应保尽保”，街道民政部门在全辖区开展低保“主动发现”工作，切实推进城乡低保工作。不断深化救助救灾工作，2018年完成避灾场所规范化提升任务指标，受理申办医疗救助67起，临时救助15起。积极响应上级号召，顺利开展退役军人和其他优抚对象信息采集工作，街道民政部门切实做好基础数据核实比对和登记造册工作，截至2018年12月底，黄田街道已采集378户，录入377户，悬挂光荣牌家庭378户。进一步优化退役士兵社会化服务，建成街道退役军人服务站，开展“八一”建军节走访慰问活动，将义务兵家庭优待金落实到位。广泛开展村居社区民主协商工作，截至2018年12月底，黄田街道已有14个村完成民主协商工作。规范开展村务公开工作，每季度按时开展村务公开日活动，定期对村务工作进行自查。积极开展困境儿童关爱服务，加大对留守儿童和困境儿童的走访和排摸，全年共计13名孤儿及困境儿童得到生活补助。有序推进残联工作，切实保障残疾人利益，全年新增办理残疾人两项补贴35起，残疾人动态更新调查463人，残疾人就业创业调查78人，残疾人“一键通”服务78人，残疾人责任意识签约260人。全面落实老年人关爱服务工作，全年共计为141户80岁以上老人提供居家养老服务，为45户老人提供“一键通”服务，新增居家养老机构2家。深化殡葬改革，拆除新建私坟53座，掩埋坟墓22座。牵头理顺城乡保洁责任体系，创新建立红黄旗激励和“最脏村”评比机制，新创省级卫生村1个、市级卫生村2个，3个市级卫生村通过复评。认真落实宗教场所“三人坐堂”制度，支持新建文化礼堂3所，全年开展“我们的村晚”和礼仪、文化、公益等宣传活动60场次。

平安建设　2018年，黄田街道全面深化平安建设，进一步改善民生福祉，提高民众生活幸福感。全域抓好安全生产和消防安全工作，深入开展安全生产和消防安全隐患排查整治2250次，重点巩固粉尘行业挂牌整治成果，拆除非法抛光作坊32家，整改企业、合用场所和出租房安全隐患3430处，立案处罚24家（其中安全生产6家、消防安全18家），罚款金额共计6.69万元；2018年度全街道企业安全生产伤亡数为0，火灾死亡人数为0。强力推进街道全科网格建设，出台《全科网格管理的实施意见（试行）》，明确网格队伍工作职责，实行“三定三查”制度、“1+1+1”工作例会制度、“三个一”考核制度。2018年，街道专职网格员动态事件新增、在线率、网格巡查、平安浙江APP使用等工作在全县乡镇（街道）排名前列。不断加强维稳安保工作，在世界互联网大会等系列重大活动期间，对重点领域、重点人群、重点问题进行全面排查。共排查出1件重点事、3处重点区域、1名重点稳控人员、3名严重精神障碍者，重大活动期间没有发生越级上访等事件。积极开展信访积案化解工作，积案化解任务完成率100%。全年共回复或处理信访件96件，其中来电59件、来访21件、来信6件、网上投诉10件。

表70 2018年黄田街道建置村（居委会）情况统计表

村名	书记	主任	村民小组（个）	人口（人）
千石	王圣亮	王振义	32	4507
外窑	柯柏春	范黎成	10	1389
下白岩	朱爱义	朱清云	19	1251
上白岩	夏晓忠	杨建东	12	1013
夹里	李建	李忠巧	16	1687
新寿湾	陈东雷	杨杰	18	1224
雅村	包巨东	柯永乐	13	1558
浦边	叶永丰	林庆松	13	1340
江边	黄志隆	张金国	12	1198
雅林	金炳仙	林秀	22	2811
池头	陈伟东	金剑	12	1282
岭下	李忠滔	陈小林	8	1025
凤屿	郑田虎	郑春节	16	1620
东联	林剑锋	潘金品	16	1926
黄田岙	李忠进	许周照	11	1191
埭下	李宝勤	金陈义	21	1492
珠江	史道枢	项洪光	10	1226
黄浦	戴艳红	李坚	12	946

基层党建 2018年，黄田街道认真履行党建主体责任，抓队伍、激活力，全面推进基层党建工作提档升级。压实基层党建责任。完善驻村联户、基层党建督查考核办法等5项制度，创新领导班子“每周二下村”机制，建立农村党建全程指导把关的硬指标体系，切实推动基层党建责任落实到位。多元化开展基层党组织建设工作，深入开展“红色星期天”系列活动，累计开展活动35场、服务党员群众5600余人。加强党员队伍建设，全年发展党员37名，选派街道7名优秀党员干部和3名两新党支部书记指导薄弱组织；每半年开展党员星级评定和先锋指数考评，全面发挥党员先锋模范作用。成立考察组对街道183名村四套班子成员进行综合研判，倒逼村干部履职尽责。做好红色领航行动，率先完成党建示范点创建工作，打造市级样板村2个，县级示范村2个，创建市级民主法治村1个，市级善治村1个。成立软弱涣散村整治工作组，领导干部包村负责、驻村干部蹲点攻坚。全面完成村级集体经济各项指标任务，辖区内总收入1095.98万元，同比增长164%；村级集体经济经营性总收入826万元，同比增长227%，创建集体经济富裕村1个，总收入百万元以上的村4个。

党风廉政 2018年，黄田街道始终贯穿落实全面从严治党主体责任，牢固树立“四个意识”，把握运用好监督执纪“四种形态”，抓好“一岗双责”落实，切实推动全面从严治党纵深发展。筑牢思想道德防线，党工委中心理论组每月开展专题学习1次，通报反面典型案例18起，召开大型党章党规党纪学习会4次、监察法学习会3次。建立健全党内监督制度，查处违反中央八项规定精神问题1例，问责1人。开展“七个有之”相关论述学习2次，制定出台《黄田街道2018年党风廉政建设和腐败工作组织领导和责任分工》，结合落实“三书两报告”制度，共召开履责报告会3次、专题例会4次。积极推动主体责任落到实处，全年召开主体责任落实汇报会1次，专题会议4次，开展主体责任落实情况督查2次，检查39人次。针对党员干部履责不到位等问题通报批评1人、提醒谈话8人。运用“四种形态”处理16人，其中通报批评1人，提醒谈话15人，街道自上而下逐级签订党风廉政建设责任书18份，承诺书71份。加强纪律作风整治，全年开展正风肃纪督查16次，累计出动68人次，检查单位113家，发现问题4起，处理16人。以“两范两促”为抓手，开展基层党建“二级督查”，每季度对街道18个村进行党建督查全覆盖。刚性执行村干部坐值班制度，每月定期检查村干部履职情况，全年提醒谈话11人，通报3位驻村干部、3位村党支部书记。全力推进“清廉黄田”建设，加强组织领导，出台《“清廉黄田”建设工作实施方案》，进一步明确各班子成员责任分工。加大宣传教育，以“510”思廉日主题教育活动为契机，组织开展参观廉政教育基地、家庭助廉座谈会、廉政文艺晚会等一系列活动。注重基层创建，组织实施“清廉机关”“清廉村居”“清廉站所”等培育工作，确定一批创建名单并实施动态管理。

荣誉 2018年，黄田街道被授予全市平安建设工作先进单位；黄田街道被评为市级计划生育优质服务街道；黄鹤楼被授予全县中共十九大维稳安保工作中做出突出贡献个人奖；岭下村专职网格员金胜勇被评为浙江省“优秀网格员”；叶晓卉、戴国光被授予2018年永嘉县平安建设工作先进个人称号。

（戴煜昊）

云岭乡

概况 2018年，云岭乡紧紧围绕各项目标任务，牢牢把握“生态立乡、农业强基、旅游富民”总基调，携手与共、砥砺奋进，各项事业均取得稳健发展。

经济转型 2018年，云岭乡立足产业优势和地域优势，推动产业结构优化，加快转型步伐。强化重大项目盯引，新引进亿元项目2个，完成有效投资2.38亿元，完成率119%；完成招商引资投资额1.52亿元，完成率267.1%。永嘉温情云岭田园综合体项目被纳入市级田园综合体项目培育名单，温泉小镇项目代表永嘉参加“温州擂台·六比竞赛”，累计完成投资3亿元，流转土地4800亩，温泉度假、森林康养等工程全面开工，温泉度假酒店已结顶转装修，云鹤公路通过初步设计会审；乡镇长项目清境农场已落地开工。保持招商工作良好势头，积极谋划山根民宿、寒坑龙潭、永龙门一线、透天洞旅游观光等生态旅游项目。

表71 2018年云岭乡基本情况统计表

项 目	单 位	合 计
总面积	平方千米	94.4
耕地面积	公顷	1677.6
农作物播种面积	公顷	1129.4
粮食播种面积	公顷	615.3
建制村	个	17
总人口	人	14153
农业总产值	万元	未统计
财税收入	万元	未统计
农民人均收入	元	未统计

城乡建设 2018年，云岭乡坚持规划引领城乡建设，完善城镇基础与功能配套设施，切实提高老百姓生活幸福感。推进乡域总体规划编制，坚持把以人为本、尊重自然、传承历史、绿色低碳等理念融入规划编制全过程，注重统筹、集约、可持续、特色化发展，实现控规全覆盖。对乡域旅游规划及消防建设规划进行专题研究。加大建成区环境整治力度，实施“四大行动”，总投资1510万元，完成12个整治项目，彻底解决“六乱”现象，创成省级卫生乡镇并通过小城镇环境综合整治“省考”。巩固“无违建乡”创建成果，加大违法建筑管控力度，全面完成危旧房排查整治工作，对新建违章建筑保持“零容忍”。累计完成危旧房治理21户，城中村（旧村）改造20户，处置127处违法建筑，面积46993平方米。加快基础设施建设，开工小陈至蔡岙米桶圻林区道路，完成英岙至南陈道路改造提升工程施工图纸设计，黄家山至半山林区道路和红枫村道路改造提升工程路基部分；完成农村公厕改造32座，其中新建6座，对标提升26座。

生态文明 2018年，云岭乡大力推进美丽乡村建设，深入实施“美丽家园 生态云岭”三年行动计划，全面落实农村生活污水治理和垃圾分类处理，强力推进“厕所革命”，完成两条美丽云岭景观带建设，打造南陈“一村万树”示范村，创成AA级景区村1个、垃圾分类示范村2个、无旱厕村4个，完成南陈村农村生活污水提升工程以及中源、半山村旱改水91.5亩。持续推进四边三化，建成山根村生态公墓，拆除路边各类乱搭乱建4200平方米，累计清理河长93千米，完成美丽田园建设100亩。深入推进五水共治，发动全乡参与，深化河长制，举办“五水共治”文艺演出2次，宣传活动11次。积极开展第二次全国污染源普查工作，推动生态循环农业发展，加强农业面源污染治理。

民生事业 2018年，云岭乡下大力气做好教育、文体、社保、社会治理等工作，城乡医疗保险基本实现全覆盖，养老服务体系不断完善，完成岭北村避灾安置场所提升工程，全面完成五大民生实事，全年发放低保金278万余元。教育和文体事业快速发展，整合优化教育资源，合并岭头中、小学；精心打造文化礼堂2个，开展各类文化活动17场；云岭乡排舞队作为温州市唯一一支山区代表队参加温州第十届排舞比赛并取得优异成绩。扎实推进文明创建工作，建立健全移风易俗四级督查机制，打造移风易俗“云岭模式”，市级文明乡、文明村创建成效显著。持续推进扶贫开发工作，低收入农户家庭人均可支配收入同比增长15.6%，全乡提前完成消薄任务，实现总收入494万元，其中6个村经营性收入达到10万元以上。圆满完成农村土地承包经营权确权颁证工作，农村集体“三资”管理制度建设不断完善。进一步推进“最多跑一次”改革，整合行政服务资源，加强服务企业意识，营造良好办事环境，特别是对重点招商项目、重点投资项目，成立专班实行即时服务，及时解决企业难题。

社会稳定 2018年，云岭乡不断夯实社会治理基础，高标准推进综治工作、市场监管、综合执法、便民服务等“四个平台”建设，重点抓好“网格员”队伍建设。圆满完成全年各项维稳安保任务，受理来信来访件24起，按时办结率100%。严格落实社会稳定风险评估和矛盾纠纷多元化解机制，执行矛盾纠纷排查月报告制度，调处各类矛盾纠纷42起，成功率100%。完善公共安全应急处理和日常监管机制，建立健全各项安全工作责任制，加强事故隐患的排查、整改以及危险源的监控工作，实现毒品原植物“零种植”，从源头上防范各类安全事故发生，开展应急队伍应急演练4次。强化平安建设工作，创成市级善治村1个，县级善治村1个，县级“无邪教”村居1个，增加视频监控点6处，安全生产、防汛防台、消防安全、市场维序和食品安全等形势保持稳定。

表72 2018年云岭乡建置村（居委会）情况统计表

村 名	书 记	主 任	村民小组	人 口
岭北村	潘教显	潘教蒙	22	1583
岭南村	潘教清	潘文君	23	1962
南陈村	潘武杰	潘教军	14	1122
中源村	潘志富	潘海浩	13	1273
富源村	潘海华	潘海军	15	1408
上港村	潘统正	潘统正	13	741
南坑村	潘教清	潘杨志寿	8	511
山南村	马锡宝	卓杨程	8	664
蔡岙村	潘太旺	陈天法	8	715
金墩村	郑昌良	陈达米	6	338
鱼里村	刘立香	刘仁云	5	456
英岙村	潘统军	潘海风	8	519
小陈村	潘余林	陈余军	10	569
半山村	李远西	王苍满	12	803
红枫村	李世华	李岩连	6	478
山根村	谷文辉	谷 熙	8	504
黄家山村	李晓兵	潘太成	5	507

政府建设 2018年，云岭乡巩固和扩大“不忘初心、牢记使命，贯彻落实中共十九大精神”学习实践活动成果。落实机关效能建设的相关制度规定，进一步增强机关事业单位干部宗旨意识、纪律意识和规矩意识。开展大调研行动，督促干部深入基层、脚踏实地参与各项重点工作。自觉接受人大监督，强化监察、审计等专门监督，重视群众监督和舆论监督。认真办理人大代表的意见建议，做到事事有答复、件件有落实。落实“三重一大”事项集体决策制度。深化政务公开工作，政府信息公开力度不断加大。严格落实中央八项规定精神，加强干部教育管理，增强法治观念，规范行政行为。严肃财经纪律，完善预算编制，加强财务审计。严格执行政府采购、建设项目公开招投标等制度。高度重视社情民意，维护政府的良好形象。

（李 宁）

茗岙乡

产业发展 2018年，茗岙乡农

村土地承包经营权确权工作全县领先，颁证完成95%以上。突出茗岙“高山生态”优势，推进特色农产品优势区创建，打造千亩覆盆子基地，培育田鱼育苗养殖基地，千亩油菜花连片农业示范区基本成型，章当村五井早茶获2018年浙江绿茶（银川）博览会金奖。全力接轨乡村旅游，打造长坦垄梯田彩色水稻景观区，长坦垄梯田以综合类第四、田园类第一的成绩获评2018年浙江省最美田园，在中央电视台新闻频道和直播浙江等频道播出。成功举办第三届楠溪江茗岙梯田开犁节、2018年度浙江省摄影家协会高峰论坛等活动，被授予“中国摄影创作基地”、温州市“摄影小镇”称号，获批浙江省休闲农业与乡村旅游示范乡。2018年，全乡接待游客10万余人次，实现旅游收入400多万元。新增“茗茗之中遇见你”等4家民宿，完成建设2家，在建2家，岩山村民宿纳入省级农村集体经济消薄试点范围，特色民宿产业逐步形成规模。

基础建设　2018年，茗岙乡在道路交通、小城镇环境整治、垃圾分类、饮水安全提升等领域累计投入资金8958万元，完善基础设施建设，提升公共服务能力。完成南山道路硬化工程、徐宅至麻岙联网公路建设，扩大村村通覆盖范围，持续完善乡级交通“微循环圈”。外徐村、坐凳村饮用水安全提升工程通过验收并投入使用。当地四村饮用水安全提升工程进展顺利。完成外徐村农村污水提标改造工程建设，章当村农村污水提标改造工程基本完成。启动岩山村、平川村、石坑村垃圾分类工作，剩庄村开展垃圾分类回收试点工作，茗中村完成垃圾减量化处理设备采购及安装。全年新建公厕12个，改建24个。

表73　2018年茗岙乡基本情况统计表

项　目	单　位	合　计
总面积	平方千米	42.5
耕地面积	公顷	9863
农作物播种面积	公顷	1201
粮食作物播种面积	公顷	788
建置村	个	22
居委会	个	0
总人口	人	16609
外来民工	人	0
农业总产值	万元	未统计
工业总产值	万元	0
第三产业产值	万元	未统计
财税收入	万元	未统计

环境整治　2018年，茗岙乡高度重视环境综合整治工作，全力推进小城镇综合环境整治，成功通过小城镇环境综合整治省级验收。全力攻坚“大拆大整”工作，累计拆除违章建筑3.5万平方米，完成城中村改造任务30户，完成率均达100%，基本落实省级无违建县创建要求。强力推进公厕革命，启动新建公厕12个，改建公厕24个，已完工31个，预计11月底前全部完工。全面开展“五水共治”，完成外徐村农村污水提标改造工程建设，章当村农村污水提标改造工程稳步推进。全面实施“河长制”，推广使用温州河长通APP，对全乡9条乡级河道、9条村级河道开展巡查，河长制考核位居全县前列。河道保洁实行常态化管理，拆除河面违章建筑面积800平方米，切实巩固“清三河”治理成果。全速推进“四边三化”，清理乱搭建、乱堆放、占道经营等各类乱象。加强“青山白化”专项整治力度，新增无人机巡查模式，加强全乡私建坟墓巡查工作。完成茗川生态公墓建设，推广树葬2例。

民生事业　2018年，茗岙乡坚持完善社会保障，全面铺开城乡医疗保险，覆盖率99.5%。完成低收入农户信息录入与认定，全面落实精准扶贫补充保险工作，落实低保户330户，低保边缘对象135户，社会救助67例，重度残疾人生活补贴123名，困难残疾人生活补贴185名，合计落实资金320万元。超额完成“两癌”筛查及更年期建档任务，新增计划生育利益导向服务对象31人。新建居家养老服务中心3个，村居覆盖率近70%。

社会事业　2018年，新建茗后、石田坑、外徐、底岙4个文化礼堂，依托农家书屋、文化礼堂等场所举办各类文体教活动40余场次。创成省级卫生村4个，市级卫生村3个。成功创建市级文明乡，创成市、县级文明村各2个，其中坐凳村成功创建市级五美乡村，新增十星文明户81户。率先完成校网优化工作，周光小学撤并入茗岙中心小学，新设茗岙公立幼儿园。

平安建设　2018年，茗岙乡共排查调处各项纠纷、矛盾158起，调处成功157件，调处成功率99%以上，被温州市“12345”政务热线评为优秀办理件1件，实现矛盾纠纷调解基本不出乡，获市领导批示。开展禁毒宣传教育37次，发放宣传资料4000余份。已转化邪教对象实现零复信。依法开展基督教私设聚会点专项治理工作，私设聚会点取缔2处，纳入规范管理4处，完成民间信仰活动场所登记编号工作，建成“光影梯田”同心服务基地。深入排查辖区道路交通、地质灾害、食品药品、出租房、合用场所等区域安全隐患，各类隐患整改率100%，取缔非法抛光场所1处。积极做好防汛抗台、森林消防等工作，切实保障人民生命财产安全。

基层党建 2018年，茗岙乡重视践行意识形态工作，深入贯彻落实习近平新时代中国特色社会主义思想，坚持把好方向管好阵地，牢牢掌握意识形态工作主动权。深入开展“明德崇廉、明辨笃行”主题“510思廉日”活动、“树新形象，做好榜样主题实践教育”活动、中国共产党成立97周年庆等活动，进一步增强党员干部“四个意识”。坚持全面从严治党，深入开展村务监督质询工作，22个行政村开展44次质询会。收集问题56个，现场解决51个，限期整改5个。常态化开展正风肃纪督查，已开展11次专项督查，检查单位205家次；合理使用“四种形态”，诫勉谈话3人；优化谈心提醒制度，2018年已开展谈心提醒66次。排查群众身边腐败问题，立案6起，其中1件移交县纪委，给予2人开除党籍处分，2人党内严重警告，7人党内警告，2人通报批评。紧抓组织建设工作，成立党建示范点创建工作领导小组和软弱落后党组织整顿工作组，打造提升章当村、茗下村、剩庄村等3个党建示范点，新建外徐村办公楼，完善提升平川村、岩山村等15个村的办公楼，转化1个软弱落后党组织。常态化推进主题党日学习活动，深入开展党员志愿者服务活动。严格按照规范提升老年协会工作要求，扎实推进全乡老年协会整顿工作，“村级老年协会”顺利平稳过渡到“为老服务中心”。

表74 2018年茗岙乡建置村（居委会）情况统计表

村 名	书 记	主 任	村民小组	人 口
茗上村	胡伯夫	胡进勇	8	1350
茗中村	胡建强	胡东兴	8	1695
茗下村	陈建新	陈永朴	9	835
茗后村	胡九灯	邵建义	8	830
平川村	潘恩正	潘志笑	8	991
岩山村	钱芹省	钱中贵	13	1259
南山村	胡学林	胡立统	4	214
外徐村	郑建武	郑荣国	4	528
乾口村	郑建利	郑忠强	4	359
龙外村	郑金文	郑金榜	4	346
光塘垟	郑九山	郑彩兴	16	861
章当村	潘泰合	潘成旦	8	1153
胜山村	陈伯娇	潘建静	8	479
石田坑	胡伯和	吴有千	4	386
坐凳村	王忠武	郑光荣	6	502
剩庄村	徐成丰	徐宗豹	8	719
马界山	胡耀宜	胡金标	5	553
麻岙村	胡安忠	胡明招	5	510
底岙村	胡相云	胡建任	10	1020
章岙村	吴松华	胡林龙	9	1058
徐宅村	郑明辉	徐永南	7	756
石坑村	汤娟娟	邱征西	4	205

荣誉 茗岙乡获评全县2018年度工作绩效考核优秀单位，茗岙乡长坦垄梯田获评浙江省“最美田园”。

（周 光）

溪下乡

经济总情 2018年，溪下乡坚持“项目为王”理念，大力实施乡村振兴和“项目建设突破年”行动。2018年，全乡累计建设项目55个，完成固定投资8844万元，完成率110.55%，完成招商选资3463万元，完成率111.7%，其中民间投资比重高达39%。在所有55个项目中，政府投资项目53个，签约绿珠、骏马等乡贤回归投资项目2个。项目实施时，常态化推进“清障清零”攻坚行动，多渠道破解资金、土地等要素瓶颈制约，消化处置供而未用土地26亩，保障项目建设需求和经济的持续发展。刘山、黄二、邵坑3个村的旱改水项目均已立项，总投资200余万元，总面积约97.3亩，预计新增水田约75.4亩，已完成进度50%。乌坑宅基地复垦7.3亩，已完成验收，新增建设用地指标6亩。乌坑移民点建设完成民房审批并且建成地下一层，后续将持续完善配套设施。高标准农田建设项目完成招投标，建成将有力提高农田等级，促使产量提升。积极争取邵坑、金山原已立项的低产林项目。投资960万元的乡文体综合中心正在进行招投标流程。罗垟重建工程经历十几年的“冰冻期”后，迎来第一批6户人员建房，后续批次逐步跟进。投资200多万元的罗垟溪流治理项目现已进行招投标。预计投资3000万元的源头信号基站，已完成方案设计，建成后将为源头景区开发提供有力的通信保障，确保当地群众和游客的生命财产安全，为源头探险旅游提供有力支撑。

表75　2018年溪下乡基本情况统计表

项　目	单　位	合　计
总面积	平方千米	109.468
耕地面积	公顷	903.664
农作物播种面积	公顷	516.53
粮食作物播种面积	公顷	336.66
建置村	个	12
总人口	人	8730
农业总产值	万元	2025
财政收入	万元	1050.48
农民人均纯收入	元	—

基础设施　基于溪下现状，2018年溪下乡主要从两个方面布局当地交通网。一方面，对外打通出山路。溪下至界坑农村联网公路已于2018年2月启动建设，总投资2.1亿元。这条期盼已久的“出山路”得到当地群众“政策零处理，施工无障碍”的承诺和无条件支持，受到县主要领导肯定与点赞。刘山桃山自然村至仙居公路打通连接，321省道列入规划。另一方面打通对内路梗阻，借助四好农村公路相关政策，逐年安排公路提升建设。2018年，全乡新改建“四好农村公路”20多千米，总投资约1000万元的黄二至刘山村公路完成建设。茶山村公路提升工程、刘山至黄山头自然村公路联网工程等3条公路完成总工程量的80%。陈山头至稻洞坑公路完成设计，正进行立项。随着几条公路的建成，全乡内部交通路况进一步改善，极大方便群众的出行和生产生活。

社会事业　2018年，溪下乡坚持以人民为中心的发展思想，2017年乡人代会票决的民生实事项目均已圆满完成，全乡民生领域财政支出增长50%以上，一般公共预算收入1050.48万元。落实惠民政策，不断健全社会保障体系，全年累计发放低保、五保、医疗救助等补助资金300多万元，2018年度社会医疗保险、意外险参保率达98%以上。始终将教育发展摆在优先位置，溪下学校和省公安厅挂钩的金盾学校2018年中考成绩喜人，共有2名学生考上永嘉中学。加快“健康溪下”建设，助推乡卫生院标准化提升，医疗设施不断完善，医护人员有所增加。投资20余万元建立党建示范带，全乡举办文体活动100多场次。完成陈坑村办公楼、麻村文化礼堂建设，成功举办首届楠溪江溪下马灯戏文化节，被央视新闻联播报道。做好“平安溪下”工作，按照“德治、法治、自治”三治模式，在全乡推广“4+1”基层人民调解模式，社会治安态势良好，安全生产形势保持总体稳定。非洲猪瘟防控工作积极有效，人防民防、双拥双扶、工会、团委、妇联、卫计、残联等工作扎实开展，食品药品、供销、档案、地方志、文化等工作取得新成绩。

环境整治　2018年，溪下乡坚持绿色发展理念，深化农业农村改革，积极推进“厕所革命”“垃圾革命”。根据美丽乡村建设要求，拆除各村的露天茅厕，投资120多万元建立农村标准无公害化公厕18个，其中新建12个、提升6个，极大提升农村居住环境；投资40多万元建立溪下乡生态资源利用

表76　2018年溪下乡建置村（居委会）情况统计表

村　名	书　记	主　任	村民小组（个）	人口（人）
溪下村	金锡伟	金志贤	11	1421
邵坑村	麻福财	麻华兴	5	389
麻村村	麻云乾	麻云其	4	369
黄一村	金财福	应祥东	8	655
罗垟村	麻建武	麻国强	6	515
刘山村	崔秀明	刘树标	7	1598
陈坑村	金国钒	金桂龙	10	810
金山村	麻荣宝	麻光福	5	465
茶山村	麻土金	麻云勤	5	593
马上山村	麻岩火	麻乾虎	4	472
黄二村	王威华	王金权	10	785
陈山头村	麻慧君	刘树其	5	658

中心1个，对全乡生活垃圾进行无害化处理，提升垃圾收集点15个。坚持城乡农村卫生保洁常态化管理机制，城乡农村保洁工作始终在全县前列。加强“五水共治”、河道保洁、“三改一拆”、“四边三化”、大棚房整治等工作，群众知晓率、参与率和满意度不断提高。根据省小城镇环境整治工作要求和本地实际，在溪下村完成11个整治项目，总投资1050万元。启动“白加黑”“2+5”工作模式，拆除违章建筑28735平方米，其中拆除鸡栏猪圈等小屋157间，创成浙江省卫生乡镇、温州市基本无违建乡，被提前列为全市两个之一、全县唯一的考核免检单位。

平安建设 2018年，溪下乡建立健全“一三五”应急体系，结合运行四个平台，全面推行全科网格管理，不间断开展安全生产、森林消防和民房消防巡查和整改，加强车站、卫生院、校园周边安全建设及交通安全建设。深入巩固平安反邪教禁毒等宣传阵地，不断提高平安宣传覆盖率、知晓率、满意率，营造“平安溪下人人参与，平安环境人人共享”的良好氛围。

基层党建 2018年，溪下乡坚持以“两强三提高”为要求，全面开展“大学习大调研大抓落实”活动，坚决贯彻执行中央、省市县政府廉政会议精神，加强“会前十分钟”学习，推进政府自身转型升级，深化“政务督办”工作，及时办结督办件9件。积极转变传统工作观念，党员示范带头撸起袖子加油干，其他干部迎头赶上一起干，深入贯彻服务为民、求真务实工作理念，打造能干、会干、高效的乡村两级干部队伍，筑牢偏远山区红色阵地。针对溪下地域偏远、村居散乱、弱势群体多的本地实际，深化“最多跑一次”改革，设立一台“瓯e办”便民服务终端，推广“先锋号”便民大篷车定期或不定期到村开展宣讲、服务，统一代收件，集中齐办理，变“最多跑一次”为“最少送一次”，2017年统一待办咨询件500余件。严格管控公用经费，降低行政成本，盘活国有资产1处，收回国有资产2处。推行“互联网+政务服务”，规范便民服务管理，要求窗口对民众实行一次性告知，简化审批手续，提高服务办事效率，政务服务环境持续优化。认真听取各方面意见，自觉接受乡人大监督，加强政务信息公开，主动接受公众的社会监督和媒体的舆论监督，100%办复人大代表建议和提案。

荣誉 2018年，溪下乡创成浙江省卫生乡镇，顺利通过小城镇环境综合整治验收。

（潘冬梅）

界坑乡

概况 界坑乡位于永嘉县西北部、小楠溪上游，总面积76.6平方千米。北接溪下乡，南联巽宅镇西岙社区，西界缙云县、仙居县，东邻碧莲镇应坑社区，是旧时盐客往来的重要商道。界坑乡下辖11个行政村（31个自然村），总户数3266户，全乡耕地面积348.07公顷（水田282.57公顷、旱地65.5公顷），林地面积7520.4公顷。

表77 2018年界坑乡基本情况统计表

项 目	单 位	合 计
总面积	平方千米	76.6
耕地面积	亩	5221
农作物播种面积	亩	8892.35
粮食作物播种面积	亩	6002.25
建置村	个	11
总人口	人	10883
农业总产值	万元	829
财税收入	万元	288.03
农民人均收入	元	10200

效益农业 2018年，界坑乡坚持做好生态休闲文章，聚焦村级经济发展，加速乡村振兴，不断推进农旅产业转型升级。完善乡财政管理体制，在开源节流上下功夫，在坑口古村、千岩头等地进行民房流转，做好精品民宿和农家乐文章，吸引村民新办农家乐6家、民宿2家。打响茭白、葱、田鱼等特色农业品牌，成功举办第二届茭白文化节，收回茭白采购权，直接与仙居、缙云等地商户签订购销协议，拓宽农产品销路。以“千亩桃源”为抓手，通过“能人出资、村集体参股、农户报名”模式，谋划村集体经济发展。项目总规模600亩，桃树种植覆盖6个村，带动300多户村民跟种。2018年项目已进入田间管理阶段，完成管理房等建设，园区内道路以及灌溉系统均已立项，并进行施工。立足“一心两翼”发展布局，“东翼”打造古村山水经济带，“西翼”打造特色农业产业带；明确“休闲驿站”发展定位，乡村集体经济总收入同比增长28%。引入民间资本，信岙村采用“乡贤出资、群众参与，合作共赢”开发模式，筹资600余万元组

建旅游发展公司，打造中国华夏美院等4个院校的写生基地；推行“体农家生活、品农家酒菜、赏农家风景”旅游模式，开展民俗节庆活动6场，开展木偶戏等“非遗”文化宣传4场。2018年农作物播种面积8892.35亩；蔬菜种植面积915.15亩。加强动物疫病防控，促进畜牧业发展，2018年全乡肉猪存栏106头，出栏590头；牛存栏235头，出栏43头；羊存栏1279头，出栏1329头；家禽存栏3255羽，出栏6651羽；兔存栏502头，出栏605头。

城镇建设 2018年，界坑乡坚持不断推进小城镇提档升级，全方位抓好环境整治，精雕细琢“盐商驿站·桃源界坑”，努力绘好山水桃源画卷。打好环境综合整治持久战，以“盐商驿站、桃源界坑”为主线，加速小城镇提档升级，继续挖掘界坑盐商文化、民俗文化、旅游文化等特色文化，以界坑村为中心，推进环境整治向全乡11个村辐射，确保环境整治横向到边纵向到底，已完成省级卫生乡创建申报、城镇管理方案制定等工作。打好“拆违治违”攻坚战，强化拆、治结合，全方位推进环境转变，坚持一把尺子量到底，拆除金溪等河流沿线违章建筑17处，拆除违建小屋58间，关停花岗岩厂3家，填埋露天粪坑263处；对辖区内19家合用场所、2家出租房进行有力整治，拆除各类违章3万平方米。结合全科网格建设，建立“联村领导+驻村干部+村干部+网格员”四级动态巡查机制，有效遏制新建违章，2018年及时制止、拆除新建违章20余处。打好“五水共治”保卫战，以河长制为基础，对全乡范围内18条主要河道全部落实具体责任人，细化河长任务，压实河长责任，切实保证全乡河长巡查到位率100%；做好生活污水排放监管，关停2家不符合排放标准的农家乐，抓实建成区家禽家畜圈养工作，强化农村生活污水日常运维。在做好河道日常巡查基础上，广泛动员做好宣传，开展“志愿者河道保洁”“文化礼堂水日宣传”等系列活动20余次，切实提高群众“治水”知晓率、满意率。

社会事业 2018年，界坑乡坚持政府主导、民间主办原则，以文化体育联合会为着力点组织开展农村文化体育建设深化年活动，借助民间力量不断深化农村文体工作；组织开展农民摄影巡回展、农民排舞比赛、农民合唱比赛等活动，丰富农民精神文化生活；进一步健全文化礼堂建管用机制，开展“文化礼堂嘉年华”活动，设立文化礼堂健康档案库，抢占农村思想阵地。不断丰富群众文化生活，新建杨庄、盛山等文化礼堂2个；成功举办美丽乡村岙运会等活动。启动“最美家庭”“十星级文明户”等创建活动，评选“十星级文明户”118户，有力带动精神文明建设。通过不断加强乡村两级文化阵地建设，完善文体基础设施设备，开展丰富多彩的群体性文化活动，动员群众参加排舞和合唱活动，取得良好反响；积极组织举办戏曲下乡、文娱晚会等多种形式的文化活动116场，开展宣讲活动42场，有效增强群众工作活力，有力促进界坑乡文化软实力发展。深入实施教育优先发展战略，扎实推进教育基础设施建设，加强校园周边环境治理和校园安全保护工作，圆满完成校网优化工作。加强国防教育，开展拥军优属活动，认真做好兵役登记，超额完成2018年县定征兵任务。发展医疗卫生事业，全面实施“二孩”政策，优生优育，确保人口质量，计生年度考核在全县前列。

民生工程 2018年，界坑乡坚持在优化民生上下功夫，不断提高群众生活水平，提升群众获得感。完善基础设施建设，稳步推进溪下至界坑公路建设，继续抓好隧道开挖、掘进工作；扎实推进农村“四好公路”建设，推进杨庄凹至高庄、饭盘尖至跑田等3条公路共5千米的建设施工。切实抓好坑口村、千亩桃源基地、千岩头等重点项目周边配套设施建设，新建生态停车场2个，积极推进管线上改下工作。完成信岙村108亩旱改水项目和黄岙头村220多亩低产林开发工程，提升农业水平，巩固农旅融合发展基础。不断改善教育发展水平，全面完善城乡医疗卫生服务体系，完成10家养老服务中心医养结合协议的签订，居家照料中心“医养结合”及社会化运营均达100%，养老服务补贴人数465人；借助送医下乡、送药下乡等关怀活动，提升医疗服务水平；推进移风易俗全覆盖，严格落实移风易俗承诺制度，深入村居开展移风易俗新规解读和宣传教育活动12余场，营造乡村文明新风尚。加大民生保障力度，重点抓好低保边缘户排摸与低收入人群基本保障工作，规范低保审批，全乡农村低保户共计337户577人；医疗救助对象56人次，

表78　2018年界坑乡建置村（居委会）情况统计表

村（居）名	书　记	主　任	村（居）民小组（个）	人口（人）
界坑村	董文广	董大荣	10	821
上董村	董水通	董周青	13	1418
盛山村	应洪村	应光力	15	1528
界岛村	杨贵益	杨贵梯	5	502
黄岙头村	金锡喜	金晓满	8	795
杨庄村	杨春明（8月—12月）	杨天东	20	1690
美岙村	杨九弟	杨志育	8	750
坑口村	麻国华	杨美赛	5	478
兴发村	金明益	汤裕挑	7	985
信岙村	吴长松（1—8月） 汤琛琛（9月—12月）	章键广	13	1038
饭盘尖村	陈　浩	陈建策	10	878

救助金额492282元；为1名残疾人办理重度残疾人护理补贴，为12名残疾人办理困难生活补贴。

平安建设　2018年，界坑乡坚持以“四个平台”建设为支撑，推进基层治理体系现代化。重点抓好全科网格建设，借助平安建设信息系统，每天督促13名网格员做好巡查和信息录入，有效提高农村卫生、水利、林业、违章等多个领域问题的处置效率，网格员入格率100%，信息率、巡查达标率均在全县前列。信息录入日均增长70条，网格员每月巡查280人次，为平安建设提供有力支撑。出台信访举报工作制度、村级组织信访工作责任制等，压实驻村干部、村干部工作职责。结合全科网格建设，做好矛盾纠纷和各类隐患排查，每月开展专项排查1次，特别是11月以来开展平安巡防1360多人次，排摸并化解矛盾纠纷38件。界坑乡充分发挥村级调解组织和乡调解中心能动性，努力做好信访积案化解，全乡信访积案3件，圆满化解2件，剩余1件已通过法院进行裁定。结合“雪亮工程”，新建公安监控17个，完成辖区公安监控视频接入工作，有效提高突发事件应急处置能力。完善24小时值班、值宿、巡护制度，重点做好森林防火、防汛抗台和重点时段值班备勤工作，确保突发情况及时发现、及时处置，组织开展应急演练2次，不断完善“一三五”应急机制，加强与碧莲、大若岩、巽宅等乡镇的应急联动。

基层党建　2018年，界坑乡党委高度重视基层组织建设，不断切实加强组织领导，以基层党建示范带建设为抓手，压实基层党建责任，力促“两学一做”常态化。完善经常性督查，压实责任，采取清单督、日常督、责任督方式，列出督查清单，每月开展党建督查工作2次，对督查情况进行及时通报，对工作不力的村进行问责。截至2018年年底，共约谈村主职干部24人次，对工作不到位的驻村干部进行绩效扣分8人次。打造特色性亮点，创新思路，深入挖掘各村党建特色，形成以“三色党建示范带”为主，各党建示范点亮点相辅的创建思路。将红色人文党建，绿色农旅党建和金色党员示范党建有机融合，重点打造“线上线下”党建阵地，健全红色党课讲师队伍，有效加强红色教育；以党建为统领，深化农旅融合，把党的政治优势和界坑的生态优势进行有机结合。充分发挥金色党员先锋模范作用，围绕当前环境整治、扶贫帮扶、“五水共治”等重点工作任务，开展“包干承诺、设岗定责、亮牌示范”活动，以点带面，带动村民共同进步。在村干部中组织开展“比承诺晒行动、比作风晒队伍、比业绩晒担当”的“三比三晒”活动。通过多种形式的活动，促进乡村两级干部互学互比，着力培养一支敢担当、能干事、有作为的基层干部队伍，锻造一支富有凝聚力和战斗力的干部铁军。

党风廉政建设　2018年，界坑乡坚持全面从严治党，不断强化党风廉政建设，努力打造忠诚干净担当的界坑干部铁军。强化组织领导，推进党的政治建设，借助理论中心组学习和全乡党员大会等契机，强化廉政教育。召开班子会议开展批评与自我批评，通报学习典型案例；出台“三重一大”“党政五不直接分管”等制度文件26个，在乡、村会议上深入开展“会前十分钟”纪律教育活动50余次；与全体党员签订廉政承诺书、不信教承诺书1100多份。强化监督执纪，推进干部队伍建设，加强干部日常管理，坚持个人有关事项报告制度。有效运用监督执纪“四种形态”，提醒谈话4人次、诫勉谈话2人次、党内警告2人次。处理发生在群众身边的不正之风1件。完善

“铁腕纠四风、重拳治怠政”、积分警示制等规章制度，有效保证界坑干部队伍的“铁军”形象，对干部进行绩效扣分43人次。以岗位风险点为切入点，对各岗位的廉政风险做好详细登记和承诺，在公开栏予以公开。优化服务水平，推进清廉界坑建设。设立“清风茶”、清廉长廊，不断推动清廉阵地建设，要求专业设计师，对界坑整乡进行规划，将清廉机关、清廉村居进行深度凝练，打造一体化“清廉界坑”。深化即办制，推进“最多跑一次”改革，建立即办制清单，五张清单一张网等，营造积极干事工作氛围。深化政务公开，运用“互联网+”思维实行“线上线下”三务双公开制度，共在12个微信群公开三务22次。

荣誉 2018年，界坑乡被评为浙江省美丽乡村示范乡镇，坑口村获评浙江省美丽乡村特色精品村，创成信岙村、坑口村等2个省AAA级景区村。

（徐同昌）

生态宜居·乡风文明（大若岩镇　供图）

上图　古庙拦街福（沙头镇　供图）
下图　“红色星期天”全域联动活动（三江街道　供图）